出る順 2025年版

Deru-jun
Kanrigyoumushuninsha

管理業務主任者

分野別過去問題集

はしがき

　本書は、2025年度管理業務主任者試験の受験対策用過去問題集です。「2025年版 出る順 マンション管理士・管理業務主任者 合格テキスト」並びに「2025年版 出る順 管理業務主任者 速習テキスト」の姉妹編として作成されました。

【本書の特長】

● 法改正にしっかり対応！ 旧法下の改題対応！

　本書は2024年12月1日時点で施行されている法令、および同日時点で判明している2025年4月1日施行の法改正に基づいて記載されています。さらに、標準管理規約等の各種改正にしっかり対応しております。また、試験実施後、法改正等により変更が必要となった問題については、適宜問題を修正するとともに問題本文の後に（改題）と記しました。

● 直近10年分のすべての問題と解説を網羅

　2015年度（平成27年度）から2024年度（令和6年度）までの問題と解説（本書籍（8年分）＋購入者特典（2年分）合わせて全500問）を、網羅しています。

● 持ち運びに便利な「セパレート方式」、分野別に3分冊化（分冊背表紙シール付き）

　通勤・通学などの外出時に、持ち運びがしやすいように「セパレート方式」（分野ごとの分冊化）を採用しています。

　第①分冊：法令編上では「民法・その他法令」「区分所有法等」を、

　第②分冊：法令編下では、「標準管理規約」「適正化法」を、

　第③分冊：管理実務・会計・設備系編では、「管理実務」「会計」「建築・設備」「設備系法令」を、収録しています。

　また、取り外した分冊の背表紙に貼る「分冊背表紙シール」を付録として同梱しております。これを貼ると、取り外した際に生じた背の部分のほつれを補強でき、本を立て置きにする場合等には、分冊名が視認しやすくなります。ぜひ、ご利用ください。

● わかりやすい解説、重要箇所には着色し、さらに「出る順 マン管・管業 合格テキスト」「出る順 管業 速習テキスト」の参考ページを掲載

　本書は、講師、実務家等がわかりやすさを第一に解説を執筆しています。ぜひ、類書と見比べてください。解説文の中で特に重要な箇所には着色し、解答に至るポイントをスムーズに理解できるように工夫しました。また、LECの「2025年版 出る順 マンション管理士・管理業務主任者 合格テキスト」「2025年版 出る順 管理業務主任者 速習テキスト」の参考ページを解説各肢に掲載しました。その肢で問われている知識や関連する知識も含まれていますので、間違えてしまった問題や知識が不十分と感じた箇所を復習する際にお役立てください。

● 充実のデータ

　本試験後に実施したLEC解答オンラインリサーチの集計データから、問題ごとの重要度、難易度、正解率、肢別解答率を抽出し、掲載しています。このデータにより、弱点発見や現在の実力の診断をすることができます。

● 過去問学習法を収録

　同じく過去問を学習しても、合格する人と合格できない人がいます。その原因は、ズバリ、過去問の学習の仕方にあります。そこで本書では「講師が教える本書を利用した過去問学習法」を収録しています。

　このように、本書には、試験合格のための多くの情報、多様な工夫が満載です。2025年度管理業務主任者試験合格のための必勝ツールとして「出る順 マン管・管業 合格テキスト」「出る順 管業 速習テキスト」とともに有効にご活用いただければ幸いです。

2025年4月吉日

株式会社　東京リーガルマインド
マンション管理士・管理業務主任者試験部

目　次

はしがき …………………………………………………… (3)
本書の利用方法……………………………………………… (7)
アプリの利用方法…………………………………………… (12)
マンション管理士・管理業務主任者　受験ガイダンス … (16)
講師が教える過去問学習法 ………………………………… (22)
資料編……………………………………………………… (27)

法令編 上 （民法他・区分所有法等）　　第①分冊

第1編　民法・その他法令

総則	2	共有	62
売買	20	不法行為	66
賃貸借	26	相続	78
請負	38	その他	84
委任	42	総合	102
時効	48	宅建業法	110
債務不履行	58	品確法	126

第2編　区分所有法等

共用部分	138	復旧・建替え	190
敷地・敷地利用権	144	団地	196
管理者	152	その他	204
管理組合法人	156	総合	214
規約	166	マンション建替え円滑化法	232
集会	176		

法令編 下 （標準管理規約・適正化法）　　第②分冊

第3編　マンション標準管理規約

用法・管理	2	会計	60
費用の負担	16	団地型	76
役員	22	複合用途型	82
総会	44	その他	84
理事会	54	総合	92

(5)

第4編　マンション管理適正化法

定義	120	基本方針	190
マンション管理業者	126	その他	196
管理業務主任者	180		

管理実務・会計・設備系編　　　第③分冊

第5編　管理実務

標準管理委託契約書	2	個人情報保護法	102
滞納対策	64	消費者契約法	108
不動産登記法	96	その他	112

第6編　会計

仕訳	132	税務	172
計算書類	164		

第7編　建築・設備

建築構造	182	劣化・調査・診断	260
遮音	188	修繕工事・改修工事	274
給水	190	防水	280
排水・通気・浄化槽	198	耐震	282
電気	206	その他	286
消防用設備等	214	総合	296
長期修繕計画	216		

第8編　設備系法令

建築基準法	302	消防法	338
水道法	334	その他	354

本書の利用方法

■ 持ち運びに便利な「セパレート方式」

本書は、通勤・通学などの外出時に、持ち運びがしやすいように分冊できる「セパレート方式」を採用しています。

> 持ち運びに便利！

- 第①分冊：**法令編 上**（民法他・区分所有法等）
- 第②分冊：**法令編 下**（標準管理規約・適正化法）
- 第③分冊：**管理実務・会計・設備系編**

【セパレートの手順】

色紙

① 各冊子を区切っている緑色の厚紙を本体に残し、分冊冊子をつまんでください。
② 冊子をしっかりとつかんで手前に引っ張り、取り外してください。

※緑色の厚紙と分冊冊子は、のりで接着されていますので、丁寧に分解・取り外してください。なお、分解・取り外しの際の破損等による返品・交換には応じられませんのでご注意ください。

■ 使いやすさアップ！「分冊背表紙シール」

付録の「分冊背表紙シール」を分冊の背表紙に貼ることで、各冊子のタイトルが一目でわかり、使いやすさがアップします。

【付録 分冊背表紙シールの使い方】

① 破線（----）を切り取る。
② 実線（——）を山折りに。
③ 分冊の背表紙に貼る。

> 見た目もきれい！

(7)

■ 問題ページ

出題項目

「分野」「科目」の次の階層として問題を分類しています。

正解チェック欄

どの問題を間違えたのか記録に残すことで、自分の弱点を把握できます。

重要度

各問題の見出しに、重要度を表すランクを Ａ Ｂ Ｃ の3段階で表示し、特に重要な問題をひと目でわかるようにしました。

出題年度と問題番号

本試験での出題年度・問題番号です。資料編の「本試験出題年度索引」と対応しています。西暦と和暦の対応は以下の通りです。

- ●2015年→平成27年※
- ●2016年→平成28年※
- ●2017年→平成29年
- ●2018年→平成30年
- ●2019年→令和元年
- ●2020年→令和2年
- ●2021年→令和3年
- ●2022年→令和4年
- ●2023年→令和5年
- ●2024年→令和6年

※購入者特典「分野別過去問題集プラス2」に掲載しています。

法令等の改正に対応

本試験実施後の法令等の改正により、内容が現行のものに一致しなくなった問題は、今後の出題予測を踏まえて、適宜改題しています。

※本書は、2024年12月1日時点で施行されている法令、および同日時点で判明している2025年4月1日施行の法改正等に基づいて記載されています。

㉜ 共有

2024年度 問1　　Check □□□　重要度 ▶ Ｃ

共有に関する次の記述のうち、民法の規定によれば、最も不適切なものはどれか。

[1] 裁判所は、共有者やその所在が不明な共有建物について、必要があると認めるときは、利害関係人の請求により、その請求に係る建物又は共有持分を対象として、管理不全建物管理人による管理を命ずる処分をすることができる。

[2] 共有者が、持分に応じた管理の費用の支払を1年以内に履行しないときは、他の共有者は、相当の償金を支払ってその者の持分を取得することができる。

[3] 共有物が分割された場合、各共有者は、他の共有者が分割によって取得した物について、売主と同じく、その持分に応じて担保の責任を負う。

[4] 共有物の全部又はその持分が相続財産に属する場合において、共同相続人間で当該共有物の全部又はその持分について遺産の分割をすべきときは、相続開始の時から10年を経過しなければ、当該共有物又はその持分について裁判による分割をすることができない。

64　LEC東京リーガルマインド　2025年版 出る順管理業務主任者 分野別過去問題集　①分冊

(**8**)

■ 解説ページ

重要箇所
解説文の中で、特に重要な箇所は色付け文字で強調しました。解答に至るポイントがスムーズに理解できます。

「合格テキスト」「速習テキスト」参考ページ
「2025年版 出る順 マンション管理士・管理業務主任者 合格テキスト」並びに「2025年版 出る順 管理業務主任者 速習テキスト」の参考ページを掲載しています。その肢で問われている知識や関連する周辺知識も含まれています。
【例】

合 ①分冊p118 4~

「25マン管・管業 合格テキスト①分冊p118 4共有」を指します。

速 p108 3~

「25管業 速習テキストp108 3共有」を指します。

※参考ページがない肢もあります。

1 **不適切** 裁判所は、所有者を知ることができず、又はその所在を知ることができない建物（建物が数人の共有に属する場合にあっては、共有者を知ることができず、又はその所在を知ることができない建物の共有持分）について、必要があると認めるときは、利害関係人の請求により、その請求に係る建物又は共有持分を対象として、所有者不明建物管理人による管理を命ずる処分をすることができる〈民264条の8第1項〉。また、裁判所は、所有者による建物の管理が不適当であることによって他人の権利又は法律上保護される利益が侵害され、又は侵害されるおそれがある場合において、必要があると認めるときは、利害関係人の請求により、当該建物を対象として、管理不全建物管理人による管理を命ずる処分をすることができる〈民264条の14第1項〉。管理不全建物管理命令は、所有者不明建物管理命令とは異なり、共有持分を対象としては発令されない。
合 ①分冊 pp127 5~ 速 p111 4~

2 **適切** 各共有者は、その持分に応じ、管理の費用を支払い、その他共有物に関する負担を負う〈民253条1項〉。これを共有者が1年以内に履行しないときは、他の共有者は、相当の償金を支払ってその者の持分を取得することができる〈同条2項〉。
合 ①分冊p118 4~ 速 p108 3~

3 **適切** 各共有者は、他の共有者が分割によって取得した物について、売主と同じく、その持分に応じて担保の責任を負う〈民261条〉。

4 **不適切** 共有物の全部又はその持分が相続財産に属する場合において、共同相続人間で当該共有物の全部又はその持分について遺産の分割をすべきときは、当該共有物又はその持分について共有物分割をすることができない〈民258条の2第1項〉。もっとも、共有物の持分が相続財産に属する場合において、相続開始の時から10年を経過したときは、相続財産に属する共有物の持分について共有物分割をすることができる〈同条2項〉。したがって、共有物の全部が相続財産に属する場合において、共同相続人間で当該共有物の全部について遺産の分割をすべきときは、相続開始の時から10年を経過しても、当該共有物について裁判による分割をすることはできない。

難易度
難・普・易の3段階であらわしています。

難【正解率50%未満】
4~5問に1問の割合で正解できればよい問題です。

普【正解率50%以上70%未満】
合否の分かれ目となる正解したい問題です。

易【正解率70%以上】
必ず正解しなければならない問題です。

正解率
すべての解答者（採点不能者等を含む）の中で正解者が占める割合です。

正解番号
正解肢の番号です。

肢別解答率
受験者が間違えやすい肢が一目でわかります。本試験後解答オンラインリサーチで集計したLEC独自のデータで、受験者の解答状況をリアルに反映しています。

※肢1~4の解答率を足しても100%にならないことがあります。これは、マークミス等による採点不能者が含まれていることによるものです。
※改題した問題の正解率・肢別解答率の数値は、参考として改題前の数値のまま掲載しています。

(9)

■ 資料編

● 本試験データ編

本試験後、オンラインリサーチで集計した「得点分布グラフ」と「設問別正答率」を掲載しています。

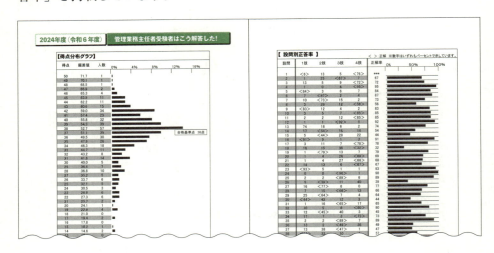

● 本試験出題年度索引

各年度の本試験の問題番号から、本書でその問題が掲載されているページを調べることができます。

引用法令等略称一覧

　解説文中において引用する頻度の高い法令等は、文章の読みやすさを考慮して、下記の通り省略した本書独自の表記をしています。これらの略称は本書独自のものであり、一般的に使用されているものと異なる場合があります。

正式名称	略称	正式名称	略称
民法	民	水道法	水
借地借家法	借	浄化槽法	浄
宅地建物取引業法	宅	環境省関係浄化槽法施行規則	浄規
宅地建物取引業法施行規則	宅規	電気工事士法	電工
住宅の品質確保等に関する法律	品	電気工事士法施行規則	電工規
建物の区分所有等に関する法律	区	電気事業法	電事
建物の区分所有等に関する法律施行規則	区規	電気事業法施行規則	電事規
マンションの建替え等の円滑化に関する法律	円	長期修繕計画作成ガイドライン	長ガ
マンションの建替え等の円滑化に関する法律施行令	円令	長期修繕計画作成ガイドラインコメント	長ガコ
マンションの建替え等の円滑化に関する法律施行規則	円規	マンションの修繕積立金に関するガイドライン	修ガ
被災区分所有建物の再建等に関する特別措置法	被	アフターサービス規準適用上の留意事項	ア規留
マンション標準管理規約（単棟型）	標規（単）	中高層住宅アフターサービス規準	ア規
マンション標準管理規約（単棟型）コメント	標規（単）コ	防犯に配慮した共同住宅に係る設計指針	防犯指針
マンション標準管理規約（団地型）	標規（団）	都市計画法	都計
マンション標準管理規約（団地型）コメント	標規（団）コ	建築基準法	建基
マンション標準管理規約（複合用途型）	標規（複）	建築基準法施行令	建基令
マンション標準管理規約（複合用途型）コメント	標規（複）コ	建築基準法施行規則	建基規
マンションの管理の適正化の推進に関する法律	適	消防法	消
マンションの管理の適正化の推進に関する法律施行規則	適規	消防法施行令	消令
マンションの管理の適正化の推進を図るための基本的な方針	基本方針	消防法施行規則	消規
不動産登記法	不	特定共同住宅等における必要とされる防火安全性能を有する消防の用に供する設備等に関する省令	特定共同住宅消防設備令
不動産登記規則	不規		
会社法	会	高齢者、障害者等の移動等の円滑化の促進に関する法律	バリアフリー
民事訴訟法	民訴		
民事再生法	民再	自動車の保管場所の確保等に関する法律	自
破産法	破	自動車の保管場所の確保等に関する法律施行令	自令
マンション標準管理委託契約書	標契	警備業法	警
マンション標準管理委託契約書コメント	標契コ	警備業法施行規則	警規
個人情報保護法	個	エネルギーの使用の合理化及び非化石エネルギーへの転換等に関する法律	エ
個人情報保護法施行令	個令		
消費者契約法	消契	エネルギーの使用の合理化及び非化石エネルギーへの転換等に関する法律施行令	エ令
賃貸住宅管理業法	賃		
消費税法	消税	建築物の耐震改修の促進に関する法律	耐
所得税法	所税	建築物の耐震改修の促進に関する法律施行令	耐令
法人税法	法税	マンション耐震化マニュアル	耐マ

　また、解説文中において、その記述直前に引用した法令等を繰り返し引用する場合、"同法"（法令）・"同"（法令以外の規定）と表記しています。

(11)

アプリの利用方法

本書は、デジタルコンテンツ（アプリ）と併せて学習ができます。
パソコン、スマートフォン、タブレット等でも問題演習が可能です。

■ 利用期間

利用開始日　2025年5月1日
登録期限　　2025年12月6日
利用期限　　登録から8ヶ月間

■ 動作環境（2025年1月現在）

【スマートフォン・タブレット】
- Android 8 以降
- iOS 10 以降

※ご利用の端末の状況により、動作しない場合があります。OSのバージョンアップをされることで正常にご利用いただけるものもあります。

【パソコン】
- Microsoft Windows 10、11
　ブラウザ：Google Chrome、Mozilla Firefox、Microsoft Edge
- MacOS X
　ブラウザ：Safari

■ 利用方法

① タブレットまたはスマートフォンをご利用の場合は、GooglePlayまたはAppStoreで、「ノウン」と検索し、ノウンアプリをダウンロードしてください。

② パソコン、タブレット、スマートフォンのWebブラウザで下記URLにアクセスして「アクティベーションコード入力」ページを開きます。次ページ⑧に記載のアクティベーションコードを入力して「次へ」ボタンをクリックしてください。

［アクティベーションコード入力ページ］
https://knoun.jp/activate

③ 「次へ」ボタンをクリックすると「ログイン」ページが表示されます。ユーザーIDとパスワードを入力し、「ログイン」ボタンをクリックしてください。
ユーザー登録が済んでいない場合は、「ユーザー登録」ボタンをクリックします。

(13)

④ 「ユーザー登録」ページでユーザー登録を行ってください。

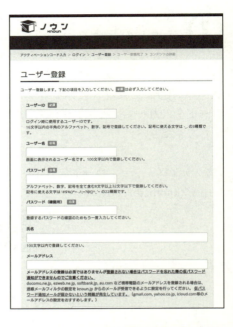

⑤ ログインまたはユーザー登録を行うと、コンテンツが表示されます。

⑥ 「学習開始」ボタンをクリックすると、タブレット及びスマートフォンの場合はノウンアプリが起動し、コンテンツがダウンロードされます。パソコンの場合はWebブラウザで学習が開始されます。

⑦ ２回目以降は、パソコンをご利用の場合は下記の「ログイン」ページからログインしてご利用ください。タブレット及びスマートフォンをご利用の場合はノウンアプリから直接ご利用ください。

[ログインページ]
https://knoun.jp/login

⑧ アクティベーションコード

LECv-2025-Deru-tpXG

[**ノウンアプリ　お問い合わせ窓口**]

ログインやアプリの操作方法のお問い合わせについては、以下の方法にて承ります。
なお、回答は、メールにてお返事させていただきます。
○ノウンアプリのメニュー＜お問い合わせ＞から
○ノウン公式サイト　お問い合わせフォームから
　URL：https://knoun.jp/knounclient/ui/inquiry/regist
○メールから
　お問い合わせ先アドレス：support@knoun.jp
お電話でのお問い合わせはお受けしておりませんので、予めご了承ください。

※「ノウン」はNTTアドバンステクノロジ株式会社の登録商標です。
※記載された会社名及び製品名は、各社の商標または登録商標です。

(15)

マンション管理士・管理業務主任者 受験ガイダンス

1 マンション管理士・管理業務主任者とは

①マンション管理士

「マンション管理士」とは、マンション管理士試験に**合格**し、国土交通大臣の**登録**を受け、マンション管理士の**名称**を用いて、専門的知識をもって、管理組合の運営その他マンションの管理に関し、管理組合の管理者等又はマンションの区分所有者等の相談に応じ、助言、指導その他の援助を行うことを**業務**（他の法律においてその業務を行うことが制限されているものを除く。）とする者をいう。

②管理業務主任者

「**管理業務主任者**」とは、管理業務主任者試験に**合格**し、国土交通大臣の**登録**を受け、管理業務主任者**証**の**交付**を受けた者をいう。マンション管理業者は、その事務所ごとに、事務所の規模を考慮して国土交通省令で定める数（事務所ごとに、**30管理組合**につき**1人以上**）の成年者である専任の管理業務主任者を**置かなければならない**。

2 マンション管理士試験・管理業務主任者試験の制度

① 試験概要

(1) マンション管理士試験の試験概要

受験資格	なし
受験料	9,400円
願書受付	Web申込：8月上旬〜9月下旬 郵送申込：8月上旬〜8月下旬
試験日	例年11月最終日曜日
合格発表	例年1月初旬
出題形式	四肢択一のマークシート式
試験構成	50問出題を2時間で解答
一部免除	管理業務主任者試験合格者はマンション管理適正化法の5問免除
試験実施団体	（公財）マンション管理センター 電話番号　　03-3222-1611（試験案内専用） ホームページ　http://www.mankan.or.jp/

※令和6年度の試験要項に基づくものです。本年度の要項は各自でご確認ください。

(2) 管理業務主任者試験の試験概要

受験資格	なし
受験料	8,900円
願書受付	Web申込：例年8月上旬〜9月下旬 郵送申込：例年8月上旬〜下旬
試験日	例年12月第一日曜日
合格発表	例年1月中旬
出題形式	四肢択一のマークシート式
試験構成	50問出題を2時間で解答
一部免除	マンション管理士試験合格者はマンション管理適正化法の5問免除
試験実施団体	（一社）マンション管理業協会 電話番号　　03-3500-2720（試験研修部） ホームページ　http://www.kanrikyo.or.jp

※令和6年度の試験要項に基づくものです。本年度の要項は各自でご確認ください。

(17)

② 試験結果

(1) マンション管理士試験の結果（過去15年分）

	受験者数	合格者数	合格点	合格率
2010年度	17,704人	1,524人	37点	8.6%
2011年度	17,088人	1,587人	36点	9.3%
2012年度	16,404人	1,498人	34点	9.1%
2013年度	15,383人	1,265人	38点	8.2%
2014年度	14,937人	1,260人	36点	8.4%
2015年度	14,094人	1,158人	38点	8.2%
2016年度	13,737人	1,101人	35点	8.0%
2017年度	13,037人	1,168人	36点	9.0%
2018年度	12,389人	975人	38点	7.9%
2019年度	12,021人	991人	37点	8.2%
2020年度	12,198人	1,045人	36点	8.6%
2021年度	12,520人	1,238人	38点	9.9%
2022年度	12,209人	1,402人	40点	11.5%
2023年度	11,158人	1,125人	36点	10.1%
2024年度	**10,955人**	**1,389人**	**37点**	**12.7%**

(2) 管理業務主任者試験の結果（過去15年分）

	受験者数	合格者数	合格点	合格率
2010年度	20,620人	4,135人	36点	20.1%
2011年度	20,625人	4,278人	35点	20.7%
2012年度	19,460人	4,254人	37点	21.9%
2013年度	18,850人	4,241人	32点	22.5%
2014年度	17,443人	3,671人	35点	21.0%
2015年度	17,021人	4,053人	34点	23.8%
2016年度	16,952人	3,816人	35点	22.5%
2017年度	16,950人	3,679人	36点	21.7%
2018年度	16,249人	3,531人	33点	21.7%
2019年度	15,591人	3,617人	34点	23.2%
2020年度	15,667人	3,739人	37点	23.9%
2021年度	16,538人	3,203人	35点	19.4%
2022年度	16,217人	3,065人	36点	18.9%
2023年度	14,652人	3,208人	35点	21.9%
2024年度	**14,850人**	**3,159人**	**38点**	**21.3%**

③ 出題内容

(1) マンション管理士試験の想定出題内容

～マンション管理士受験案内　より～

① マンションの管理に関する法令及び実務に関すること

建物の区分所有等に関する法律、被災区分所有建物の再建等に関する特別措置法、マンションの建替え等の円滑化に関する法律、民法（取引、契約等マンション管理に関するもの）、不動産登記法、マンション標準管理規約、マンション標準管理委託契約書、マンションの管理に関するその他の法律（建築基準法、都市計画法、消防法、水道法、住宅の品質確保の促進等に関する法律等）　等

② 管理組合の運営の円滑化に関すること

管理組合の組織と運営（集会の運営等）、管理組合の業務と役割（役員、理事会の役割等）、管理組合の苦情対応と対策、管理組合の訴訟と判例、管理組合の会計　等

③ マンションの建物及び附属施設の構造及び設備に関すること

マンションの構造・設備、長期修繕計画、建物・設備の診断、大規模修繕　等

④ マンションの管理の適正化の推進に関する法律に関すること

マンションの管理の適正化の推進に関する法律、マンションの管理の適正化の推進を図るための基本的な方針

(2) 管理業務主任者試験の想定出題内容

～管理業務主任者試験受験申込案内書　より～

① 管理事務の委託契約に関すること

民法（「契約」及び契約の特別な類型としての「委託契約」を締結する観点から必要なもの）、マンション標準管理委託契約書　等

② 管理組合の会計の収入及び支出の調定並びに出納に関すること

簿記、財務諸表論　等

③ 建物及び附属設備の維持又は修繕に関する企画又は実施の調整に関すること

建築物の構造及び概要、建築物に使用されている主な材料の概要、建築物の部位の名称等、建築設備の概要、建築物の維持保全に関する知識及びその関係法令（建築基準法、水道法等）、建築物等の劣化、修繕工事の内容及びその実施の手続に関する事項　等

④ マンションの管理の適正化の推進に関する法律に関すること

マンションの管理の適正化の推進に関する法律、マンション管理適正化指針　等

⑤ ①から④に掲げるもののほか、管理事務の実施に関すること

建物の区分所有等に関する法律（管理規約、集会に関すること等管理事務の実施を行うにつき必要なもの）　等

【マンション管理をめぐる法律関係】

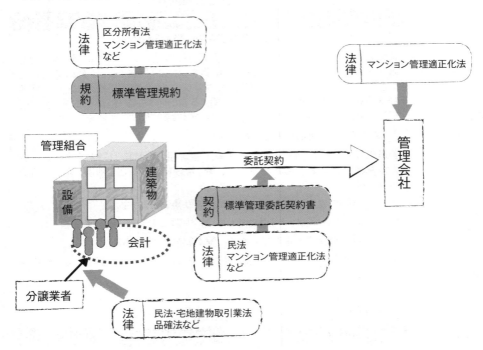

④ 2024年度試験出題状況

(1) 2024年度 マンション管理士試験の出題状況

分野	法令		管理実務・会計		建築・設備系	
出題数	32問		3問		15問	
出題科目	マンション管理適正化法	5問	管理実務	1問	建築・設備	10問
	区分所有法等	12問				
	標準管理規約	9問	会計	2問	設備系法令	5問
	民法その他法令	6問				

(2) 2024年度 管理業務主任者試験の出題状況

分野	法令		管理実務・会計		建築・設備系	
出題数	24問		14問		12問	
出題科目	マンション管理適正化法	5問	管理実務	10問	建築・設備	7問
	区分所有法等	6問				
	標準管理規約	9問	会計	4問	設備系法令	5問
	民法その他法令	4問				

ワンポイント

『法令』…「マンション管理適正化法」「区分所有法」「民法」「宅地建物取引業法」などの法律やこれらの法律と密接に関係する「標準管理規約」などの科目を便宜上、"法令"としています。

『管理実務・会計』…マンション管理の実務（標準管理委託契約書など）やマンションの会計に関する科目を便宜上、"管理実務・会計"としています。

(21)

講師が教える過去問学習法

1 過去問学習とは？

① 過去問を解く必要性

　試験に合格するためには、その試験の合格に求められる知識と能力を身につける必要があります。この知識や能力を身につける方法は、人によって様々ですが、最も効率的にこれを身につけるための素材が「実際に過去の本試験で出題された問題」、すなわちそれは「過去問」であるといえます。

② データ分析と過去問

　過去問を解くことには、以下のような効果があります。
- ●本試験で要求されるレベルがわかる。
- ●優先的に学習すべき箇所がわかる。
- ●出題傾向がわかる、出題予想ができる。
- ●本試験の独特な言い回しに慣れる。
- ●自信がつく。etc…

　合格点は年度ごとに異なりますが、今までのデータから、全問題中8割（50点満点中40点）得点できれば、合格は確実といえます。とすれば、難問や奇問に学習時間を割くのは、得策とはいえません。試験が相対評価である以上、"他の受験者が解けるであろう問題は絶対に落とさない"姿勢が重要です。そのためには、信頼のおけるデータの分析が不可欠となります。本書には、「肢別解答率」、「得点分布グラフ」などの詳細なLECオリジナルデータを収めています。これは、10年間で約4,000名の受験者の協力に基づくもので、これらのデータにより、受験者全体における自分の実力を相対的に確認することができ、より効率の良い受験対策ができるようになります。

③過去問のオモテ学習法とウラ学習法

　テキストや講義でインプット学習をして、過去問を解く、というようなオーソドックスな学習法のことを「過去問オモテ学習法」と呼ぶことにします。確実に合格を狙う方には、この方法をお奨めします。

　これに対して、「過去問ウラ学習法」とは、過去問学習から勉強を始める学習法のことです。ウラ技的な要素があることから、こう名づけました。この方法は、あまりお奨めはできませんが、時間がなく、じっくり取り組むことができない方やオモテ学習法が性に合わない人向けのものです。

2 過去問オモテ学習法

①インプット（解法に必要な知識や理解を習得すること）してから解く

　まず、テキストを読む、あるいは講義を聴きます。あるテーマの基礎学習を終えたら、その該当テーマの過去問を解きます（1回目）。本書がテーマ別の分類になっているのは、この点に配慮しているからです。この段階では、「学習内容が身についているかどうか」の確認に重点をおきましょう。

②難易度を確認しながら解く

　問題を解いた後は、答え合わせをしますが、はじめに、解説ページの難易度をチェックします。「易」の問題ができていない場合は、基本的な理解、知識が不十分ですので、必ずテキストに戻って復習しましょう。「普」の問題ができていない場合は、解説（特に正しくない文章の肢）を中心に復習します。ただし、解説そのものが理解できない場合には、テキストや条文まで戻って知識を確認する必要があります。「難」の問題ができていない場合は、正解肢を中心に解説を一読しておけばよいでしょう。

（23）

③ 繰り返し解く

　過去問については、本試験までに、ほとんどの問題を正解できるようになっておく必要があります。一説によれば、学習した内容は、その日のうちに半分以上忘れ、6日後には約76％を失うといわれています（エビングハウスの忘却曲線）。そこで具体的な方策として、例えば3日後、さらに1週間後、1か月後というように、定期的に繰り返し解くことが効果的です。本書の「正解チェック欄」を有効に活用しましょう。

④ 肢ごとに解く

　問題の解き方には、大別して正攻法と消去法があります。正攻法とは、正解肢を探す方法で、消去法とは、他の肢の正誤を判断して、残った肢を正解肢とする方法です。本番の試験では、時間との勝負が決め手となることもありますから、正解さえ出せばよいのですが、勉強している段階では、すべての肢につき理解しておく必要があります。各肢について、正誤の判断にとどまらず、基本原則、制度の趣旨まで遡ってその理由までわかれば、クリアーといえます。

3 過去問ウラ学習法

　過去問ウラ学習法は、本過去問集をテキスト代わりにして、過去問集中心に学習し、過去問集に情報を一元化する方法です。本書は、今年の本試験対策上特に重要と思われる平成27年度（2015年度）から令和6年度（2024年度）までの本試験問題計500問を網羅（購入者特典含む）しているため、効果的に利用すれば、基本書に代わる学習ツールとしての機能を期待できます。

① 過去問を読む

　過去問オモテ学習法では、主に、習得した知識等が身についているかどうかを確認するために過去問を利用します。しかし、過去問ウラ学習法は、過去問集をテキスト代わりにも使用します。すなわち、過去問ウラ学習法は、問題を「解く」のではなく、「読む」ことが中心となります。

そこでまず、自分の知らない専門用語を書き出します。

② 過去問集に書き込む

解説や参考書を利用して、書き出した専門用語の意味を調べて、書き込みます。このときのポイントは、解説のあるページ（右側）ではなく問題のあるページ（左側）に書き込むことです。これを繰り返すことにより、本過去問集が徐々にテキスト代わりになっていきます。

③ 予想問題を解く

過去問ウラ学習法に基づいて過去問を検討すれば、本試験で出題される多くの範囲をつぶすことができます。しかし、さらに、今年度の本試験で新たに出題されるような問題についても備えておきたいという人は、ＬＥＣの演習講座や答練・公開模試等を同じように読んで書き込んでテキスト代わりにする、という作業を行えばよいでしょう。

④ 公開模試で解く力を養う

このように、過去問ウラ学習法は、試験対策の学習の初期段階から、本試験で要求されるものが何かを探りつつ、それを一元的に補充する学習法であることから、極めて効率の良い学習法といえます。しかし、過去問ウラ学習法では、"問題を解く能力"を養うことができないということに注意する必要があります。

本試験では、時間内に所定の問題数を解く必要があります。ですから、問題自体を解くための能力及び本試験と同様の50問を2時間で解く総合的な能力を、ＬＥＣの答練や公開模擬試験を相当数受けて、養う必要があります。

(25)

● 過去問オモテ学習法と過去問ウラ学習法のイメージ図

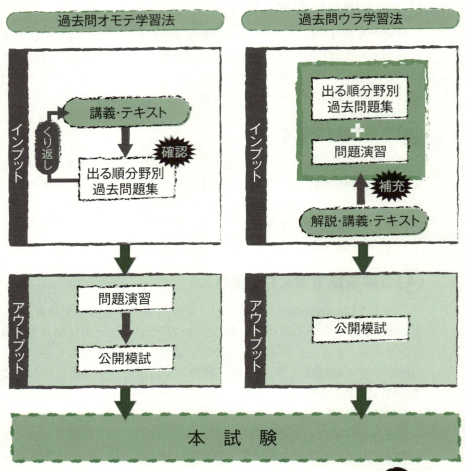

資料編

本試験データ編 ──────────── (28)
本試験出題年度索引 ────────── (44)

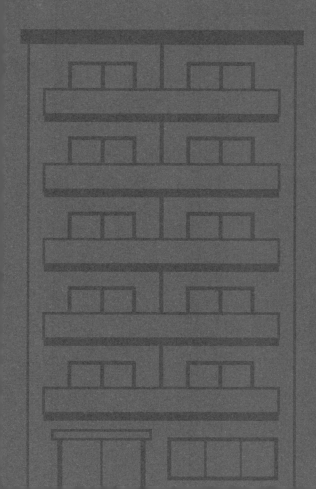

2024年度(令和6年度) 管理業務主任者受験者はこう解答した!

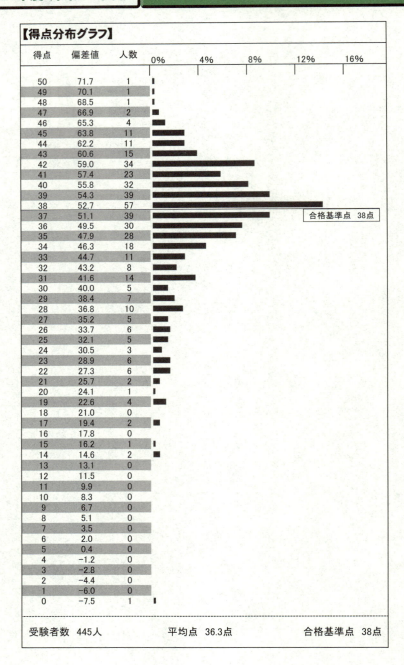

【得点分布グラフ】

得点	偏差値	人数
50	71.7	1
49	70.1	1
48	68.5	1
47	66.9	2
46	65.3	4
45	63.8	11
44	62.2	11
43	60.6	15
42	59.0	34
41	57.4	23
40	55.8	32
39	54.3	39
38	52.7	57
37	51.1	39
36	49.5	30
35	47.9	28
34	46.3	18
33	44.7	11
32	43.2	8
31	41.6	14
30	40.0	5
29	38.4	7
28	36.8	10
27	35.2	5
26	33.7	6
25	32.1	5
24	30.5	3
23	28.9	6
22	27.3	6
21	25.7	2
20	24.1	1
19	22.6	4
18	21.0	0
17	19.4	2
16	17.8	0
15	16.2	1
14	14.6	2
13	13.1	0
12	11.5	0
11	9.9	0
10	8.3	0
9	6.7	0
8	5.1	0
7	3.5	0
6	2.0	0
5	0.4	0
4	−1.2	0
3	−2.8	0
2	−4.4	0
1	−6.0	0
0	−7.5	1

合格基準点 38点

受験者数 445人　　平均点 36.3点　　合格基準点 38点

【 設問別正答率 】

< >:正解 ※数字はいずれもパーセントで示しています。

設問	1肢	2肢	3肢	4肢	正解率
1	<6>	13	5	<76>	***
2	1	25	<67>	7	67
3	13	5	9	<72>	72
4	1	0	4	<95>	95
5	<84>	3	6	7	84
6	7	<87>	2	4	87
7	10	<73>	15	2	73
8	3	29	12	<56>	56
9	<83>	12	4	2	83
10	3	5	7	<85>	85
11	2	2	12	<85>	85
12	1	1	<92>	5	92
13	74	18	6	2	74
14	17	<54>	16	14	54
15	5	<44>	28	22	44
16	<91>	5	1	3	91
17	3	11	7	<78>	78
18	18	15	36	<32>	32
19	1	<79>	13	7	79
20	1	4	26	<69>	69
21	1	4	27	<68>	68
22	14	13	6	<67>	67
23	<93>	5	1	1	93
24	0	0	<98>	1	98
25	2	2	<89>	6	89
26	9	<39>	11	40	39
27	16	<77>	6	0	77
28	7	15	<66>	12	66
29	25	<64>	7	4	64
30	<44>	42	12	2	44
31	1	16	<65>	17	65
32	10	5	6	<80>	80
33	12	<45>	40	3	45
34	17	7	3	<73>	73
35	2	2	<89>	7	89
36	13	2	<49>	36	49
37	13	38	<47>	1	47
38	<57>	32	10	1	57
39	1	1	<97>	0	97
40	2	<96>	1	1	96
41	10	9	<72>	9	72
42	<79>	7	4	11	79
43	2	37	12	<49>	49
44	<36>	1	46	17	36
45	12	1	<78>	9	78
46	4	4	1	<91>	91
47	1	<90>	3	6	90
48	3	4	<87>	5	87
49	4	<82>	10	4	82
50	4	6	<86>	4	86

* 本データは、本試験終了後の解答オンラインリサーチにて、445名の受験者から集めたアンケートによるものです。

* 肢1～4の数字を足しても、100%にならない場合があります。
　これは、記入上の不備(マークミス・ダブルマーク・採点不能など)によるものです。

* 正解肢における数字は、正答率を四捨五入したものです。

本試験データ編

(29)

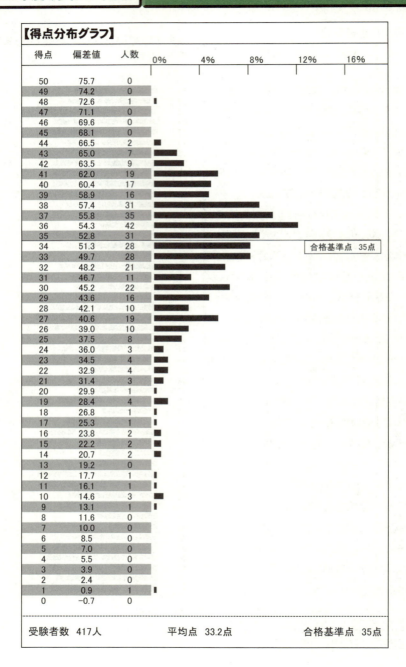

【 設問別正答率 】

＜ ＞:正解　※数字はいずれもパーセントで示しています。

設問	1肢	2肢	3肢	4肢	正解率
1	7	＜42＞	50	1	42
2	13	＜67＞	7	13	67
3	2	＜88＞	4	6	88
4	3	20	4	＜73＞	73
5	14	12	7	＜68＞	68
6	＜88＞	5	5	3	88
7	5	13	3	＜80＞	80
8	＜85＞	13	1	1	85
9	3	1	＜79＞	17	79
10	2	7	32	＜60＞	60
11	10	＜89＞	1	0	89
12	1	＜95＞	1	3	95
13	7	6	＜86＞	1	86
14	24	＜55＞	6	16	55
15	＜77＞	1	12	11	77
16	3	13	＜66＞	19	66
17	＜27＞	30	18	25	27
18	＜78＞	16	2	4	78
19	19	6	6	＜69＞	69
20	9	20	7	＜63＞	63
21	6	34	＜49＞	11	49
22	5	5	＜73＞	18	73
23	＜91＞	4	4	1	91
24	＜25＞	45	3	26	25
25	4	1	6	＜88＞	88
26	12	＜73＞	15	1	73
27	15	＜50＞	34	1	50
28	＜31＞	28	2	38	31
29	19	16	18	＜47＞	47
30	13	15	＜59＞	13	59
31	7	22	＜54＞	17	54
32	13	21	18	＜48＞	48
33	23	＜49＞	23	5	49
34	12	25	＜60＞	3	60
35	37	＜43＞	16	4	43
36	5	1	5	＜90＞	90
37	33	＜47＞	18	3	47
38	3	2	7	＜87＞	87
39	4	4	3	＜90＞	90
40	5	2	＜91＞	2	91
41	3	1	＜94＞	1	94
42	＜90＞	3	7	1	90
43	15	23	＜51＞	12	51
44	17	＜76＞	4	2	76
45	6	＜37＞	42	16	37
46	10	43	＜44＞	3	44
47	41	＜49＞	9	1	49
48	8	＜51＞	39	1	51
49	＜70＞	11	4	16	70
50	5	15	＜78＞	2	78

* 本データは、本試験終了後の解答オンラインリサーチにて、417名の受験者から集めたアンケートによるものです。

* 肢1～4の数字を足しても、100%にならない場合があります。
　これは、記入上の不備（マークミス・ダブルマーク・採点不能など）によるものです。

* 正解肢における数字は、正答率を四捨五入したものです。

本試験データ編

（31）

2022年度（令和4年度） 管理業務主任者受験者はこう解答した！

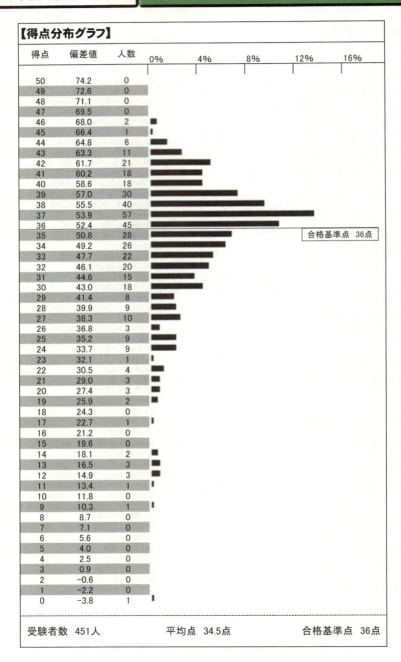

【 設問別正答率 】

<　>:正解　※数字はいずれもパーセントで示しています。

設問	1肢	2肢	3肢	4肢	正解率
1	2	<76>	19	2	76
2	12	<72>	5	11	72
3	8	<76>	16	0	76
4	13	<77>	4	6	77
5	<65>	20	13	2	65
6	4	4	2	<90>	90
7	2	2	<94>	1	94
8	29	8	<62>	1	62
9	4	12	<82>	2	82
10	15	<67>	17	1	67
11	3	3	<88>	6	88
12	5	10	4	<82>	82
13	10	5	4	<82>	82
14	1	1	18	<79>	79
15	1	2	6	<90>	90
16	8	1	<79>	12	79
17	<67>	10	15	8	67
18	1	2	<96>	1	96
19	44	36	<18>	2	18
20	17	15	<51>	17	51
21	5	<32>	8	55	32
22	<58>	10	25	6	58
23	6	4	<89>	1	89
24	2	1	<91>	6	91
25	8	<86>	4	2	86
26	<95>	2	2	2	95
27	1	2	23	<73>	73
28	5	14	26	<54>	54
29	36	28	12	<24>	24
30	<86>	11	1	1	86
31	11	<43>	44	2	43
32	8	28	<57>	7	57
33	34	8	4	<53>	53
34	12	<53>	16	19	53
35	18	8	<60>	15	60
36	9	<82>	4	5	82
37	<43>	25	8	23	43
38	8	13	<68>	11	68
39	2	8	32	<58>	58
40	16	<42>	12	30	42
41	11	<61>	21	6	61
42	<88>	6	5	1	88
43	13	6	<64>	16	64
44	<62>	12	3	23	62
45	<57>	3	27	12	57
46	53	<35>	9	3	35
47	0	1	1	<97>	97
48	<93>	2	3	2	93
49	<64>	6	26	3	64
50	1	10	1	<88>	88

* 本データは、本試験終了後の解答オンラインリサーチにて、451名の受験者から集めたアンケートによるものです。

* 肢1～4の数字を足しても、100%にならない場合があります。
　これは、記入上の不備（マークミス・ダブルマーク・採点不能など）によるものです。

* 正解肢における数字は、正答率を四捨五入したものです。

本試験データ編

2021年度（令和3年度）　管理業務主任者受験者はこう解答した！

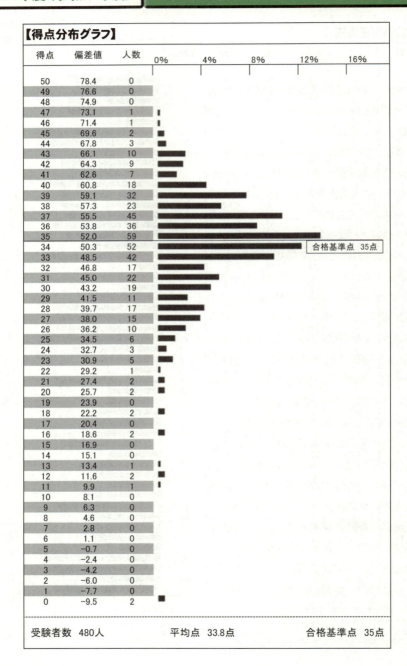

【 設問別正答率 】

< >：正解　※数字はいずれもパーセントで示しています。

設問	1肢	2肢	3肢	4肢	正解率
1	<74>	10	13	3	74
2	8	12	<46>	34	46
3	9	3	10	<77>	77
4	4	5	<89>	2	89
5	3	3	3	<91>	91
6	<92>	2	1	4	92
7	6	<52>	39	2	52
8	2	<95>	2	1	95
9	<96>	1	1	2	96
10	5	<42>	6	47	42
11	<88>	3	7	2	88
12	15	<73>	10	1	73
13	2	14	2	<81>	81
14	<76>	2	20	2	76
15	<90>	0	8	1	90
16	<82>	9	4	5	82
17	4	17	<70>	9	70
18	23	19	6	<51>	51
19	3	7	<88>	2	88
20	<80>	2	13	5	80
21	2	35	<38>	25	38
22	27	<59>	1	13	59
23	26	17	11	<45>	45
24	4	2	<91>	3	91
25	9	<75>	3	13	75
26	15	4	29	<51>	51
27	5	22	17	<56>	56
28	6	<48>	40	5	48
29	14	<57>	25	4	57
30	5	<39>	52	4	39
31	3	23	<63>	10	63
32	<84>	1	7	7	84
33	19	<65>	14	1	65
34	11	28	15	<44>	44
35	16	4	<77>	3	77
36	25	<51>	19	4	51
37	22	5	<70>	3	70
38	18	<72>	8	2	72
39	19	<59>	19	3	59
40	19	<54>	24	3	54
41	1	4	<89>	5	89
42	<42>	49	4	5	42
43	34	<25>	23	16	25
44	<75>	20	3	2	75
45	<84>	1	0	14	84
46	1	<94>	2	3	94
47	6	32	<58>	4	58
48	2	13	39	<45>	45
49	3	1	<56>	39	56
50	10	3	<82>	4	82

* 本データは、本試験終了後の解答オンラインリサーチにて、480名の受験者から集めたアンケートによるものです。
* 肢1～4の数字を足しても、100％にならない場合があります。
　これは、記入上の不備（マークミス・ダブルマーク・採点不能など）によるものです。
* 正解肢における数字は、正答率を四捨五入したものです。

本試験データ編

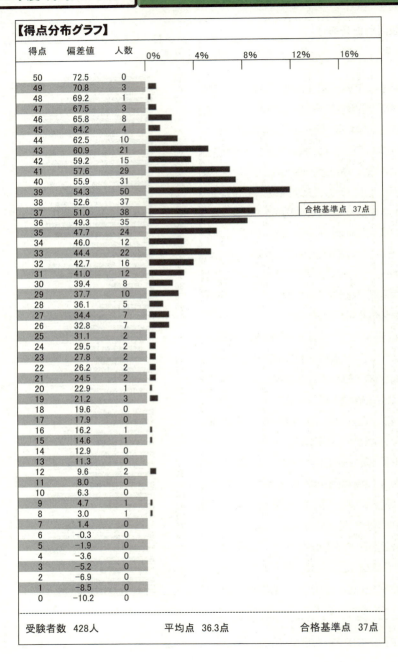

【 設問別正答率 】

＜　＞：正解　※数字はいずれもパーセントで示しています。

設問	1肢	2肢	3肢	4肢	正解率
1	3	＜86＞	6	6	86
2	16	11	＜69＞	5	69
3	7	3	8	＜83＞	83
4	4	9	＜71＞	16	71
5	＜78＞	4	4	15	78
6	7	＜85＞	6	2	85
7	9	＜78＞	11	1	78
8	＜82＞	2	7	9	82
9	1	7	40	＜53＞	53
10	＜82＞	2	11	5	82
11	＜86＞	4	8	3	86
12	3	3	＜91＞	3	91
13	16	＜53＞	28	4	53
14	4	＜94＞	0	2	94
15	1	2	6	＜92＞	92
16	3	1	＜87＞	10	87
17	3	16	20	＜61＞	61
18	＜15＞	＜23＞	＜30＞	32	？
19	＜83＞	8	2	8	83
20	3	＜77＞	11	10	77
21	4	8	11	＜77＞	77
22	2	2	4	＜91＞	91
23	26	＜40＞	26	8	40
24	5	＜45＞	37	13	45
25	＜38＞	17	17	29	38
26	1	15	1	＜83＞	83
27	1	6	42	＜51＞	51
28	6	14	＜54＞	26	54
29	1	8	31	＜59＞	59
30	16	1	2	＜81＞	81
31	4	4	＜91＞	1	91
32	11	＜84＞	2	3	84
33	5	＜82＞	5	7	82
34	2	29	＜62＞	6	62
35	18	6	5	＜71＞	71
36	15	26	＜29＞	30	29
37	＜87＞	2	5	6	87
38	＜64＞	9	4	23	64
39	5	＜87＞	5	3	87
40	4	19	＜76＞	0	76
41	1	1	＜96＞	2	96
42	10	＜46＞	38	6	46
43	＜72＞	14	6	8	72
44	15	＜11＞	16	＜58＞	？
45	13	8	＜76＞	4	76
46	20	＜68＞	11	1	68
47	2	1	＜89＞	8	89
48	1	3	8	＜89＞	89
49	4	16	16	＜64＞	64
50	＜64＞	8	10	18	64

* 本データは、本試験終了後の解答オンラインリサーチにて、428名の受験者から集めたアンケートによるものです。

* 肢1〜4の数字を足しても、100%にならない場合があります。
　これは、記入上の不備（マークミス・ダブルマーク・採点不能など）によるものです。

* 正解肢における数字は、正答率を四捨五入したものです。

本試験データ編

2019年度（令和元年度） 管理業務主任者受験者はこう解答した!

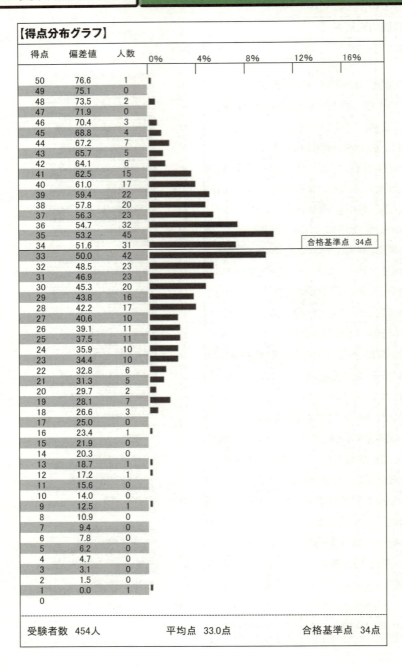

【 設問別正答率 】

< >：正解　※数字はいずれもパーセントで示しています。

設問	1肢	2肢	3肢	4肢	正解率
1	4	<81>	11	5	80.8
2	<73>	10	14	3	73.1
3	6	6	<88>	1	87.7
4	<24>	34	4	38	24.4
5	12	27	8	<53>	53.1
6	<40>	10	17	33	39.9
7	7	37	<49>	7	49.1
8	<84>	3	1	12	84.1
9	12	30	<44>	13	43.8
10	2	<93>	2	3	92.5
11	4	<72>	23	1	71.6
12	<91>	4	1	4	91.2
13	8	<78>	5	8	78.0
14	5	23	<69>	4	68.5
15	7	11	<73>	9	72.9
16	2	6	8	<84>	83.7
17	<70>	11	16	3	70.0
18	<37>	6	22	35	36.8
19	13	<61>	6	20	60.6
20	10	29	12	<49>	48.7
21	<76>	8	12	4	76.2
22	4	28	<63>	5	63.2
23	<43>	21	6	29	43.2
24	74	<16>	3	7	16.1
25	2	<49>	1	47	49.3
26	2	7	2	<89>	89.0
27	14	17	4	<65>	65.0
28	9	1	<89>	1	89.2
29	4	24	<64>	8	64.1
30	9	8	44	<39>	39.2
31	9	21	<52>	18	52.4
32	9	<76>	5	10	75.8
33	11	1	2	<87>	86.6
34	13	<77>	9	0	77.3
35	17	38	<21>	24	21.4
36	<78>	11	2	9	78.2
37	24	<44>	23	9	43.6
38	<77>	6	15	2	77.3
39	4	1	12	<84>	83.9
40	1	5	<85>	8	85.2
41	5	18	8	<69>	69.2
42	12	5	15	<68>	68.1
43	15	<36>	9	41	35.5
44	<92>	4	1	2	91.6
45	33	<58>	5	3	58.4
46	0	0	11	<89>	88.6
47	<69>	6	19	6	68.8
48	2	<59>	37	2	59.0
49	6	2	<85>	7	85.1
50	5	4	<86>	4	86.2

* 本データは、本試験終了後の解答オンラインリサーチにて、454名の受験者から集めたアンケートによるものです。

* 肢1〜4の数字を足しても、100%にならない場合があります。
  これは、記入上の不備（マークミス・ダブルマーク・採点不能など）によるものです。

* 正解肢における数字は、正答率を四捨五入したものです。

本試験データ編

2018年度(平成30年度) 管理業務主任者受験者はこう解答した!

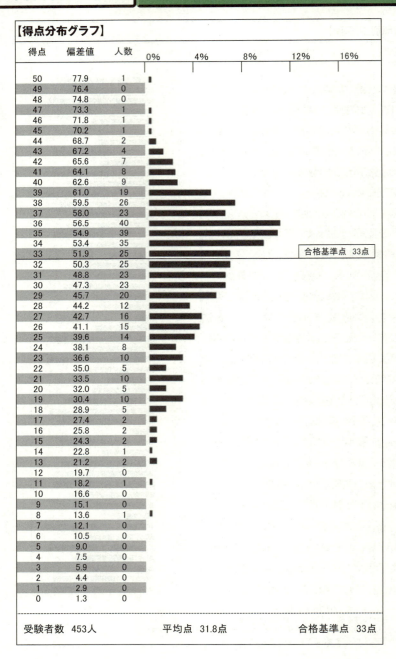

【 設問別正答率 】

< >:正解　※数字はいずれもパーセントで示しています。

設問	1肢	2肢	3肢	4肢	正解率	0%〜100%
1	13	17	<68>	2	68.0	
2	22	<73>	3	3	72.6	
3	7	8	<82>	3	81.9	
4	<77>	8	4	12	76.6	
5	5	10	14	<71>	71.1	
6	4	4	21	<71>	71.1	
7	8	71	<20>	1	20.3	
8	23	<70>	5	2	70.0	
9	1	1	1	<97>	97.1	
10	6	<87>	3	5	86.5	
11	6	2	<91>	1	90.9	
12	3	<90>	4	4	89.6	
13	5	2	9	<84>	84.1	
14	8	<76>	14	2	75.7	
15	<89>	8	2	2	88.7	
16	21	16	35	<28>	27.6	
17	<34>	21	28	17	34.4	
18	<43>	17	20	20	42.8	
19	7	22	<21>	50	21.2	
20	2	6	6	<86>	86.3	
21	<19>	7	14	61	18.8	
22	<72>	5	19	5	71.5	
23	<39>	8	19	34	38.9	
24	1	10	6	<83>	82.6	
25	17	5	26	<52>	51.7	
26	<75>	2	21	2	75.1	
27	24	<40>	2	34	40.2	
28	6	52	7	<35>	35.1	
29	<82>	7	8	2	82.1	
30	3	<88>	3	6	87.6	
31	21	<46>	20	14	45.9	
32	1	6	<79>	14	78.6	
33	13	24	<54>	9	53.6	
34	8	8	<80>	5	79.9	
35	6	<52>	32	11	51.7	
36	22	20	24	<34>	34.4	
37	1	4	22	<73>	73.3	
38	24	<57>	16	3	57.4	
39	6	9	16	<70>	69.8	
40	1	4	<91>	4	90.9	
41	11	<60>	13	17	59.6	
42	<81>	6	6	7	81.0	
43	11	<64>	15	10	64.2	
44	20	22	10	<49>	48.6	
45	4	4	<87>	4	87.4	
46	<23>	52	13	12	23.4	
47	9	20	10	<61>	61.4	
48	14	41	<36>	9	36.2	
49	22	<48>	19	12	47.5	
50	<62>	<29>	8	1	?	

* 本データは、本試験終了後の解答オンラインリサーチにて、453名の受験者から集めたアンケートによるものです。

* 肢1〜4の数字を足しても、100%にならない場合があります。
　これは、記入上の不備(マークミス・ダブルマーク・採点不能など)によるものです。

* 正解肢における数字は、正答率を四捨五入したものです。

本試験データ編

2017年度（平成29年度） 管理業務主任者受験者はこう解答した！

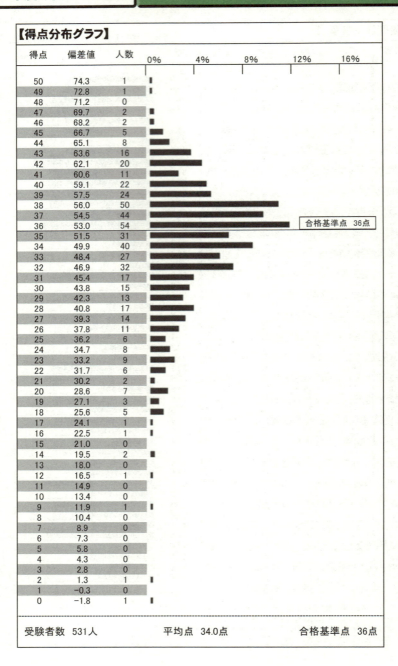

【 設問別正答率 】

< >：正解　※数字はいずれもパーセントで示しています。

設問	1肢	2肢	3肢	4肢	正解率
1	<68>	12	16	4	67.8
2	<60>	29	7	4	60.1
3	4	9	<55>	32	55.0
4	19	10	9	<63>	62.7
5	7	5	<84>	4	83.8
6	<67>	21	9	3	66.5
7	6	8	<81>	5	81.0
8	2	<95>	3	1	94.5
9	14	6	12	<68>	67.6
10	5	4	6	<85>	84.6
11	27	<64>	5	4	63.5
12	1	<93>	3	3	93.4
13	1	18	<64>	16	64.4
14	<78>	1	6	14	77.8
15	5	1	<93>	1	93.2
16	2	3	2	<93>	93.4
17	3	3	12	<81>	81.2
18	<77>	9	2	11	76.5
19	1	11	<59>	29	58.9
20	13	22	3	<62>	61.8
21	27	<57>	7	9	57.3
22	10	12	22	<55>	55.2
23	<52>	12	18	18	52.2
24	3	9	<70>	18	70.2
25	1	<89>	3	6	89.3
26	<94>	0	3	2	94.0
27	<41>	16	25	19	40.7
28	47	<43>	9	1	42.7
29	3	<76>	12	8	76.1
30	4	16	9	<71>	70.6
31	<27>	29	20	24	26.7
32	5	18	<71>	6	70.8
33	7	18	<49>	26	49.0
34	10	9	25	<56>	55.9
35	25	19	27	<30>	29.6
36	6	20	26	<48>	47.5
37	<80>	8	8	5	79.5
38	9	8	<76>	6	76.3
39	2	<45>	50	2	45.2
40	6	5	<72>	17	72.3
41	6	<82>	2	9	81.7
42	10	13	17	<59>	58.8
43	<56>	29	10	4	55.7
44	<85>	6	4	6	84.6
45	4	7	18	<71>	70.8
46	2	15	<59>	23	59.1
47	13	<78>	8	1	78.2
48	0	5	10	<84>	83.8
49	0	<79>	19	2	78.7
50	<64>	7	24	4	64.4

* 本データは、本試験終了後の解答オンラインリサーチにて、531名の受験者から集めたアンケートによるものです。

* 肢1〜4の数字を足しても、100%にならない場合があります。
　これは、記入上の不備（マークミス・ダブルマーク・採点不能など）によるものです。

* 正解肢における数字は、正答率を四捨五入したものです。

本試験データ編

本試験出題年度索引　2024年度（令和6年度）管理業務主任者試験

問	科目		重要度	難易度	掲載箇所		
					分冊	ページ数	番号
1	民法・その他	共有	C	?	①	P 64	32
2	民法・その他	総合	C	普	①	P 106	53
3	民法・その他	総合	A	易	①	P 108	54
4	管理実務	標準管理委託契約書	A	易	③	P 54	27
5	管理実務	標準管理委託契約書	A	易	③	P 56	28
6	管理実務	標準管理委託契約書	A	易	③	P 58	29
7	管理実務	標準管理委託契約書	A	易	③	P 60	30
8	管理実務	標準管理委託契約書	B	普	③	P 62	31
9	会計	税務	A	易	③	P 178	24
10	会計	計算書類	A	易	③	P 170	20
11	会計	仕訳	A	易	③	P 160	15
12	会計	仕訳	A	易	③	P 162	16
13	設備系法令	建築基準法	B	易	③	P 330	15
14	設備系法令	建築基準法	C	普	③	P 332	16
15	設備系法令	消防法	B	難	③	P 350	25
16	設備系法令	消防法	A	易	③	P 352	26
17	建築・設備	劣化・調査・診断	B	易	③	P 272	46
18	建築・設備	修繕工事・改修工事	C	難	③	P 278	49
19	設備系法令	水道法	B	易	③	P 336	18
20	建築・設備	長期修繕計画	A	普	③	P 250	35
21	建築・設備	長期修繕計画	A	普	③	P 252	36
22	建築・設備	長期修繕計画	A	普	③	P 254	37
23	建築・設備	長期修繕計画	A	易	③	P 256	38
24	建築・設備	長期修繕計画	B	易	③	P 258	39
25	区分所有法等	総合	A	易	①	P 228	46

注　①…第1分冊　法令編上（民法他・区分所有法等）　②…第2分冊　法令編下（標準管理規約・適正化法）
　　③…第3分冊　管理実務・会計・設備系編

問	科目		重要度	難易度	掲載箇所		
					分冊	ページ数	番号
26	区分所有法等	復旧・建替え	B	難	①	P 194	29
27	区分所有法等	共用部分	A	易	①	P 142	3
28	区分所有法等	団地	B	普	①	P 202	33
29	標準管理規約	費用の負担	B	普	②	P 20	10
30	標準管理規約	会計	B	難	②	P 74	37
31	標準管理規約	総会	A	普	②	P 50	25
32	標準管理規約	役員	A	易	②	P 42	21
33	標準管理規約	総会	A	難	②	P 52	26
34	標準管理規約	その他	B	易	②	P 90	45
35	標準管理規約	総合	A	易	②	P 112	56
36	標準管理規約	総合	A	難	②	P 114	57
37	標準管理規約	総合	C	難	②	P 116	58
38	区分所有法等	総合	B	普	①	P 230	47
39	管理実務	滞納対策	A	易	③	P 92	46
40	管理実務	滞納対策	A	易	③	P 94	47
41	区分所有法等	マンション建替え円滑化法	B	易	①	P 238	51
42	管理実務	不動産登記法	A	易	③	P 100	50
43	管理実務	その他	B	難	③	P 126	63
44	管理実務	その他	B	難	③	P 128	64
45	民法・その他	宅建業法	A	易	①	P 124	62
46	適正化法	基本方針	A	易	②	P 194	38
47	適正化法	マンション管理業者	A	易	②	P 172	27
48	適正化法	マンション管理業者	A	易	②	P 174	28
49	適正化法	マンション管理業者	A	易	②	P 176	29
50	適正化法	マンション管理業者	A	易	②	P 178	30

本試験出題年度索引

本試験出題年度索引　2023年度（令和5年度）管理業務主任者試験

問	科目		重要度	難易度	掲載箇所		
					分冊	ページ数	番号
1	民法・その他	不法行為	B	難	①	P 76	38
2	民法・その他	総則	B	普	①	P 16	8
3	民法・その他	総則	A	易	①	P 18	9
4	民法・その他	総合	B	易	①	P 102	51
5	管理実務	標準管理委託契約書	A	普	③	P 46	23
6	管理実務	標準管理委託契約書	A	易	③	P 48	24
7	管理実務	標準管理委託契約書	A	易	③	P 50	25
8	管理実務	標準管理委託契約書	A	易	③	P 52	26
9	標準管理規約	総合	A	易	②	P 106	53
10	標準管理規約	用法・管理	A	普	②	P 12	6
11	会計	計算書類	A	易	③	P 168	19
12	会計	仕訳	A	易	③	P 156	13
13	会計	仕訳	A	易	③	P 158	14
14	設備系法令	建築基準法	C	普	③	P 328	14
15	設備系法令	消防法	A	易	③	P 348	24
16	建築・設備	劣化・調査・診断	A	普	③	P 268	44
17	建築・設備	劣化・調査・診断	C	難	③	P 270	45
18	建築・設備	給水	A	易	③	P 194	7
19	建築・設備	給水	C	普	③	P 196	8
20	建築・設備	電気	A	普	③	P 212	16
21	建築・設備	長期修繕計画	A	難	③	P 240	30
22	建築・設備	長期修繕計画	A	易	③	P 242	31
23	建築・設備	長期修繕計画	A	易	③	P 244	32
24	建築・設備	長期修繕計画	B	難	③	P 246	33
25	建築・設備	長期修繕計画	A	易	③	P 248	34

注　①…第1分冊　法令編上（民法他・区分所有法等）　②…第2分冊　法令編下（標準管理規約・適正化法）
　　③…第3分冊　管理実務・会計・設備系編

問	科目		重要度	難易度	掲載箇所		
					分冊	ページ数	番号
26	区分所有法等	集会	A	易	①	P 186	25
27	標準管理規約	費用の負担	A	普	②	P 18	9
28	標準管理規約	総合	A	難	②	P 108	54
29	民法・その他	総合	C	難	①	P 104	52
30	区分所有法等	その他	B	普	①	P 212	38
31	区分所有法等	集会	A	普	①	P 188	26
32	区分所有法等	総合	A	難	①	P 226	45
33	区分所有法等	団地	B	難	①	P 200	32
34	区分所有法等	管理組合法人	A	普	①	P 164	14
35	標準管理規約	役員	A	難	②	P 40	20
36	標準管理規約	用法・管理	B	易	②	P 14	7
37	標準管理規約	総合	A	難	②	P 110	55
38	区分所有法等	規約	A	易	①	P 174	19
39	管理実務	滞納対策	A	易	③	P 88	44
40	管理実務	滞納対策	A	易	③	P 90	45
41	民法・その他	品確法	A	易	①	P 134	67
42	管理実務	個人情報保護法	A	易	③	P 106	53
43	管理実務	その他	B	普	③	P 122	61
44	管理実務	その他	B	易	③	P 124	62
45	民法・その他	宅建業法	B	難	①	P 122	61
46	適正化法	その他	C	難	②	P 198	40
47	適正化法	定義	A	難	②	P 124	3
48	適正化法	マンション管理業者	A	普	②	P 166	24
49	適正化法	マンション管理業者	A	易	②	P 168	25
50	適正化法	マンション管理業者	A	易	②	P 170	26

本試験出題年度索引

(**47**)

本試験出題年度索引　2022年度（令和4年度）管理業務主任者試験

問	科目		重要度	難易度	掲載箇所		
					分冊	ページ数	番号
1	民法・その他	委任	A	易	①	P　46	23
2	民法・その他	時効	A	易	①	P　56	28
3	民法・その他	請負	A	易	①	P　40	20
4	民法・その他	その他	A	易	①	P　98	49
5	民法・その他	相続	B	普	①	P　82	41
6	管理実務	標準管理委託契約書	A	易	③	P　40	20
7	管理実務	標準管理委託契約書	A	易	③	P　42	21
8	管理実務	標準管理委託契約書	B	普	③	P　44	22
9	管理実務	滞納対策	A	易	③	P　82	41
10	管理実務	滞納対策	A	普	③	P　84	42
11	管理実務	滞納対策	A	易	③	P　86	43
12	標準管理規約	役員	A	易	②	P　38	19
13	標準管理規約	会計	A	易	②	P　70	35
14	会計	計算書類	A	易	③	P　166	18
15	会計	仕訳	A	易	③	P　152	11
16	会計	仕訳	A	易	③	P　154	12
17	設備系法令	建築基準法	A	普	③	P　324	12
18	設備系法令	消防法	A	易	③	P　346	23
19	建築・設備	劣化・調査・診断	C	難	③	P　266	43
20	建築・設備	修繕工事・改修工事	B	普	③	P　276	48
21	建築・設備	その他	C	難	③	P　292	56
22	建築・設備	給水	A	普	③	P　192	6
23	建築・設備	その他	A	易	③	P　294	57
24	設備系法令	建築基準法	A	易	③	P　326	13
25	建築・設備	長期修繕計画	A	易	③	P　232	26

注　①…第1分冊　法令編上（民法他・区分所有法等）　②…第2分冊　法令編下（標準管理規約・適正化法）
　　③…第3分冊　管理実務・会計・設備系編

問	科目		重要度	難易度	掲載箇所		
					分冊	ページ数	番号
26	建築・設備	長期修繕計画	B	易	③	P 234	27
27	建築・設備	長期修繕計画	B	易	③	P 236	28
28	建築・設備	長期修繕計画	A	普	③	P 238	29
29	区分所有法等	規約	A	難	①	P 170	17
30	標準管理規約	会計	A	易	②	P 72	36
31	標準管理規約	理事会	B	難	②	P 58	29
32	標準管理規約	総合	A	普	②	P 104	52
33	標準管理規約	用法・管理	A	普	②	P 10	5
34	区分所有法等	規約	A	普	①	P 172	18
35	区分所有法等	敷地・敷地利用権	C	普	①	P 150	7
36	区分所有法等	集会	A	易	①	P 184	24
37	民法・その他	その他	C	難	①	P 100	50
38	区分所有法等	団地	A	普	①	P 198	31
39	区分所有法等	総合	A	普	①	P 224	44
40	民法・その他	品確法	A	難	①	P 132	66
41	区分所有法等	マンション建替え円滑化法	B	普	①	P 236	50
42	設備系法令	その他	B	易	③	P 374	37
43	管理実務	その他	C	普	③	P 118	59
44	管理実務	その他	B	普	③	P 120	60
45	民法・その他	宅建業法	B	普	①	P 120	60
46	適正化法	その他	A	難	②	P 196	39
47	適正化法	マンション管理業者	A	易	②	P 160	21
48	適正化法	マンション管理業者	A	易	②	P 162	22
49	適正化法	マンション管理業者	A	普	②	P 164	23
50	適正化法	管理業務主任者	A	易	②	P 188	35

本試験出題年度索引

(**49**)

本試験出題年度索引　2021年度（令和3年度）管理業務主任者試験

問	科目		重要度	難易度	掲載箇所		
					分冊	ページ数	番号
1	民法・その他	総則	A	易	①	P 12	6
2	民法・その他	その他	B	難	①	P 94	47
3	民法・その他	その他	B	易	①	P 96	48
4	民法・その他	総則	A	易	①	P 14	7
5	民法・その他	時効	A	易	①	P 54	27
6	管理実務	標準管理委託契約書	A	易	③	P 32	16
7	管理実務	標準管理委託契約書	A	普	③	P 34	17
8	管理実務	標準管理委託契約書	A	易	③	P 36	18
9	管理実務	滞納対策	A	易	③	P 76	38
10	管理実務	滞納対策	B	難	③	P 78	39
11	管理実務	滞納対策	A	易	③	P 80	40
12	標準管理規約	会計	A	易	②	P 68	34
13	管理実務	標準管理委託契約書	A	易	③	P 38	19
14	会計	計算書類	A	易	③	P 164	17
15	会計	仕訳	A	易	③	P 148	9
16	会計	仕訳	A	易	③	P 150	10
17	建築・設備	防水	C	易	③	P 280	50
18	建築・設備	劣化・調査・診断	A	普	③	P 264	42
19	建築・設備	建築構造	A	易	③	P 186	3
20	建築・設備	給水	A	易	③	P 190	5
21	建築・設備	排水・通気・浄化槽	C	難	③	P 204	12
22	建築・設備	その他	B	普	③	P 290	55
23	設備系法令	建築基準法	A	難	③	P 322	11
24	設備系法令	消防法	A	易	③	P 344	22
25	建築・設備	長期修繕計画	B	易	③	P 226	23

注　①…第1分冊　法令編上（民法他・区分所有法等）　②…第2分冊　法令編下（標準管理規約・適正化法）
　　③…第3分冊　管理実務・会計・設備系編

問	科目		重要度	難易度	掲載箇所		
					分冊	ページ数	番号
26	建築・設備	長期修繕計画	A	普	③	P 228	24
27	建築・設備	長期修繕計画	A	普	③	P 230	25
28	標準管理規約	役員	A	難	②	P 36	18
29	標準管理規約	団地型	C	普	②	P 80	40
30	標準管理規約	総合	B	難	②	P 100	50
31	標準管理規約	理事会	B	普	②	P 56	28
32	区分所有法等	総合	A	易	①	P 220	42
33	区分所有法等	集会	A	普	①	P 182	23
34	区分所有法等	復旧・建替え	B	難	①	P 192	28
35	区分所有法等	管理組合法人	A	易	①	P 162	13
36	標準管理規約	総会	A	普	②	P 48	24
37	区分所有法等	共用部分	A	易	①	P 140	2
38	標準管理規約	総合	A	易	②	P 102	51
39	区分所有法等	総合	A	普	①	P 222	43
40	管理実務	消費者契約法	B	普	③	P 110	55
41	民法・その他	賃貸借	A	易	①	P 36	18
42	設備系法令	その他	B	難	③	P 372	36
43	管理実務	その他	C	難	③	P 114	57
44	管理実務	その他	C	易	③	P 116	58
45	民法・その他	宅建業法	A	易	①	P 118	59
46	適正化法	マンション管理業者	A	易	②	P 152	17
47	適正化法	マンション管理業者	A	普	②	P 154	18
48	適正化法	管理業務主任者	A	難	②	P 186	34
49	適正化法	マンション管理業者	A	普	②	P 156	19
50	適正化法	マンション管理業者	A	易	②	P 158	20

本試験出題年度索引

(51)

本試験出題年度索引　2020年度（令和2年度）管理業務主任者試験

問	科目		重要度	難易度	掲載箇所		
					分冊	ページ数	番号
1	民法・その他	相続	B	易	①	P 80	40
2	民法・その他	請負	A	普	①	P 38	19
3	民法・その他	総則	A	易	①	P 8	4
4	民法・その他	不法行為	A	易	①	P 72	36
5	民法・その他	総則	A	易	①	P 10	5
6	民法・その他	債務不履行	A	易	①	P 60	30
7	管理実務	標準管理委託契約書	A	易	③	P 26	13
8	管理実務	標準管理委託契約書	A	易	③	P 28	14
9	管理実務	標準管理委託契約書	A	普	③	P 30	15
10	管理実務	滞納対策	A	易	③	P 72	36
11	管理実務	滞納対策	A	易	③	P 74	37
12	標準管理規約	会計	A	易	②	P 66	33
13	標準管理規約	役員	A	普	②	P 34	17
14	会計	税務	A	易	③	P 176	23
15	会計	仕訳	A	易	③	P 144	7
16	会計	仕訳	A	易	③	P 146	8
17	設備系法令	建築基準法	B	普	③	P 318	9
18	設備系法令	建築基準法	C	?	③	P 320	10
19	建築・設備	その他	B	易	③	P 286	53
20	設備系法令	消防法	A	易	③	P 340	20
21	設備系法令	消防法	B	易	③	P 342	21
22	建築・設備	その他	C	易	③	P 288	54
23	建築・設備	総合	B	難	③	P 298	59
24	設備系法令	その他	B	難	③	P 368	34
25	民法・その他	品確法	C	難	①	P 130	65

注　①…第1分冊　法令編田（民法他・区分所有法等）　②…第2分冊　法令編下（標準管理規約・適正化法）
　　③…第3分冊　管理実務・会計・設備系編

問	科目		重要度	難易度	掲載箇所		
					分冊	ページ数	番号
26	建築・設備	長期修繕計画	B	易	③	P 220	20
27	建築・設備	長期修繕計画	B	普	③	P 222	21
28	建築・設備	長期修繕計画	A	普	③	P 224	22
29	区分所有法等	集会	A	普	①	P 180	22
30	区分所有法等	総合	A	易	①	P 214	39
31	標準管理規約	総会	A	易	②	P 44	22
32	標準管理規約	総会	A	易	②	P 46	23
33	区分所有法等	総合	A	易	①	P 216	40
34	区分所有法等	共用部分	A	普	①	P 138	1
35	区分所有法等	敷地・敷地利用権	A	易	①	P 148	6
36	区分所有法等	管理者	A	難	①	P 154	9
37	区分所有法等	総合	B	易	①	P 218	41
38	区分所有法等	規約	A	普	①	P 168	16
39	民法・その他	不法行為	B	易	①	P 74	37
40	管理実務	不動産登記法	A	易	③	P 98	49
41	管理実務	個人情報保護法	A	易	③	P 104	52
42	管理実務	その他	C	難	③	P 112	56
43	民法・その他	賃貸借	A	易	①	P 34	17
44	設備系法令	その他	C	?	③	P 370	35
45	民法・その他	宅建業法	A	易	①	P 116	58
46	適正化法	管理業務主任者	A	普	②	P 184	33
47	適正化法	マンション管理業者	A	易	②	P 144	13
48	適正化法	マンション管理業者	A	易	②	P 146	14
49	適正化法	マンション管理業者	A	普	②	P 148	15
50	適正化法	マンション管理業者	A	普	②	P 150	16

本試験出題年度索引

（53）

本試験出題年度索引　2019年度（令和元年度）管理業務主任者試験

問	科目		重要度	難易度	掲載箇所		
					分冊	ページ数	番号
1	民法・その他	相続	A	易	①	P 78	39
2	民法・その他	その他	B	易	①	P 86	43
3	民法・その他	不法行為	A	易	①	P 70	35
4	民法・その他	その他	C	難	①	P 88	44
5	民法・その他	その他	A	普	①	P 90	45
6	民法・その他	その他	B	難	①	P 92	46
7	管理実務	標準管理委託契約書	B	難	③	P 18	9
8	管理実務	標準管理委託契約書	A	易	③	P 20	10
9	管理実務	標準管理委託契約書	B	難	③	P 22	11
10	管理実務	滞納対策	A	易	③	P 70	35
11	民法・その他	時効	A	易	①	P 52	26
12	標準管理規約	会計	A	易	②	P 64	32
13	管理実務	標準管理委託契約書	A	易	③	P 24	12
14	標準管理規約	役員	A	普	②	P 28	14
15	会計	仕訳	A	易	③	P 140	5
16	会計	仕訳	A	易	③	P 142	6
17	設備系法令	建築基準法	A	易	③	P 312	6
18	設備系法令	建築基準法	C	難	③	P 314	7
19	設備系法令	建築基準法	A	普	③	P 316	8
20	設備系法令	その他	C	難	③	P 362	31
21	建築・設備	建築構造	A	易	③	P 184	2
22	設備系法令	その他	C	普	③	P 364	32
23	建築・設備	排水・通気・浄化槽	B	難	③	P 202	11
24	建築・設備	消防用設備等	B	難	③	P 214	17
25	建築・設備	電気	B	難	③	P 210	15

注　①…第1分冊　法令編上（民法他・区分所有法等）　②…第2分冊　法令編下（標準管理規約・適正化法）
　　③…第3分冊　管理実務・会計・設備系編

(54)

問	科目		重要度	難易度	掲載箇所		
					分冊	ページ数	番号
26	標準管理規約	用法・管理	A	易	②	P 6	3
27	建築・設備	長期修繕計画	A	普	③	P 216	18
28	建築・設備	長期修繕計画	A	易	③	P 218	19
29	標準管理規約	その他	A	普	②	P 88	44
30	標準管理規約	団地型	B	難	②	P 78	39
31	標準管理規約	役員	A	普	②	P 30	15
32	標準管理規約	複合用途型	B	易	②	P 82	41
33	標準管理規約	用法・管理	A	易	②	P 8	4
34	標準管理規約	役員	A	易	②	P 32	16
35	区分所有法等	その他	C	難	①	P 208	36
36	区分所有法等	その他	A	易	①	P 210	37
37	区分所有法等	規約	B	難	①	P 166	15
38	区分所有法等	管理組合法人	A	易	①	P 160	12
39	区分所有法等	管理者	A	易	①	P 152	8
40	民法・その他	品確法	A	易	①	P 128	64
41	標準管理規約	総合	A	普	②	P 98	49
42	民法・その他	賃貸借	A	普	①	P 32	16
43	区分所有法等	マンション建替え円滑化法	C	難	①	P 234	49
44	設備系法令	その他	A	易	③	P 366	33
45	民法・その他	宅建業法	A	普	①	P 114	57
46	適正化法	基本方針	A	易	②	P 192	37
47	適正化法	マンション管理業者	A	普	②	P 136	9
48	適正化法	マンション管理業者	A	普	②	P 138	10
49	適正化法	マンション管理業者	A	易	②	P 140	11
50	適正化法	マンション管理業者	A	易	②	P 142	12

本試験出題年度索引

（55）

本試験出題年度索引 2018年度（平成30年度）管理業務主任者試験

問	科目		重要度	難易度	掲載箇所		
					分冊	ページ数	番号
1	民法・その他	委任	A	普	①	P 44	22
2	民法・その他	売買	B	易	①	P 22	11
3	民法・その他	債務不履行	A	易	①	P 58	29
4	民法・その他	総則	A	易	①	P 6	3
5	民法・その他	賃貸借	A	易	①	P 28	14
6	民法・その他	不法行為	B	易	①	P 68	34
7	管理実務	標準管理委託契約書	A	難	③	P 12	6
8	管理実務	標準管理委託契約書	A	易	③	P 14	7
9	管理実務	標準管理委託契約書	A	易	③	P 16	8
10	管理実務	滞納対策	A	易	③	P 66	33
11	管理実務	滞納対策	A	易	③	P 68	34
12	標準管理規約	会計	A	易	②	P 62	31
13	標準管理規約	費用の負担	A	易	②	P 16	8
14	会計	仕訳	A	易	③	P 136	3
15	会計	仕訳	A	易	③	P 138	4
16	会計	税務	B	難	③	P 174	22
17	設備系法令	建築基準法	C	難	③	P 308	4
18	設備系法令	建築基準法	C	難	③	P 310	5
19	建築・設備	劣化・調査・診断	A	難	③	P 260	40
20	建築・設備	総合	A	易	③	P 296	58
21	設備系法令	水道法	C	難	③	P 334	17
22	建築・設備	電気	C	易	③	P 208	14
23	設備系法令	消防法	C	難	③	P 338	19
24	設備系法令	その他	C	易	③	P 358	29
25	設備系法令	その他	C	普	③	P 360	30

注 ①…第1分冊 法令編上（民法他・区分所有法等） ②…第2分冊 法令編下（標準管理規約・適正化法）
③…第3分冊 管理実務・会計・設備系編

(56)

問	科目		重要度	難易度	掲載箇所		
					分冊	ページ数	番号
26	建築・設備	劣化・調査・診断	A	易	③	P 262	41
27	建築・設備	耐震	A	難	③	P 284	52
28	建築・設備	修繕工事・改修工事	B	難	③	P 274	47
29	標準管理規約	用法・管理	A	易	②	P 2	1
30	標準管理規約	総合	A	易	②	P 92	46
31	標準管理規約	理事会	B	難	②	P 54	27
32	標準管理規約	用法・管理	A	易	②	P 4	2
33	標準管理規約	総合	A	普	②	P 94	47
34	区分所有法等	その他	B	易	①	P 206	35
35	標準管理規約	総合	A	普	②	P 96	48
36	区分所有法等	復旧・建替え	B	難	①	P 190	27
37	標準管理規約	その他	C	易	②	P 84	42
38	標準管理規約	その他	B	普	②	P 86	43
39	民法・その他	時効	A	易	①	P 50	25
40	民法・その他	売買	A	易	①	P 24	12
41	管理実務	消費者契約法	B	普	③	P 108	54
42	民法・その他	賃貸借	A	易	①	P 30	15
43	管理実務	個人情報保護法	A	普	③	P 102	51
44	管理実務	不動産登記法	A	難	③	P 96	48
45	民法・その他	宅建業法	A	易	①	P 112	56
46	適正化法	管理業務主任者	A	難	②	P 182	32
47	適正化法	定義	A	普	②	P 122	2
48	適正化法	マンション管理業者	B	難	②	P 130	6
49	適正化法	マンション管理業者	A	難	②	P 132	7
50	適正化法	マンション管理業者	A	?	②	P 134	8

本試験出題年度索引

（57）

本試験出題年度索引　2017年度（平成29年度）管理業務主任者試験

問	科目		重要度	難易度	掲載箇所		
					分冊	ページ数	番号
1	民法・その他	共有	A	普	①	P 62	31
2	民法・その他	不法行為	A	普	①	P 66	33
3	民法・その他	総則	A	普	①	P 2	1
4	民法・その他	総則	A	普	①	P 4	2
5	民法・その他	その他	B	易	①	P 84	42
6	民法・その他	委任	A	普	①	P 42	21
7	管理実務	標準管理委託契約書	A	易	③	P 2	1
8	管理実務	標準管理委託契約書	A	易	③	P 4	2
9	管理実務	標準管理委託契約書	A	普	③	P 6	3
10	管理実務	滞納対策	A	易	③	P 64	32
11	民法・その他	時効	A	普	①	P 48	24
12	標準管理規約	会計	A	易	②	P 60	30
13	標準管理規約	役員	A	普	②	P 22	11
14	会計	仕訳	A	易	③	P 132	1
15	会計	仕訳	A	易	③	P 134	2
16	会計	税務	A	易	③	P 172	21
17	設備系法令	建築基準法	B	易	③	P 302	1
18	設備系法令	建築基準法	B	易	③	P 304	2
19	建築・設備	建築構造	B	普	③	P 182	1
20	建築・設備	耐震	C	普	③	P 282	51
21	建築・設備	遮音	C	普	③	P 188	4
22	建築・設備	排水・通気・浄化槽	B	普	③	P 198	9
23	建築・設備	排水・通気・浄化槽	C	普	③	P 200	10
24	建築・設備	電気	C	易	③	P 206	13
25	設備系法令	その他	C	易	③	P 354	27

注　①…第1分冊　法令編上（民法他・区分所有法等）　②…第2分冊　法令編下（標準管理規約・適正化法）
　　③…第3分冊　管理実務・会計・設備系編

問	科目		重要度	難易度	掲載箇所		
					分冊	ページ数	番号
26	管理実務	標準管理委託契約書	A	易	③	P 8	4
27	設備系法令	建築基準法	B	難	③	P 306	3
28	管理実務	標準管理委託契約書	B	難	③	P 10	5
29	区分所有法等	集会	A	易	①	P 176	20
30	区分所有法等	管理組合法人	A	易	①	P 156	10
31	標準管理規約	団地型	C	難	②	P 76	38
32	標準管理規約	役員	A	易	②	P 24	12
33	標準管理規約	役員	A	難	②	P 26	13
34	区分所有法等	敷地・敷地利用権	B	普	①	P 144	4
35	区分所有法等	その他	B	難	①	P 204	34
36	区分所有法等	敷地・敷地利用権	B	難	①	P 146	5
37	区分所有法等	集会	A	易	①	P 178	21
38	区分所有法等	管理組合法人	A	易	①	P 158	11
39	区分所有法等	団地	B	難	①	P 196	30
40	民法・その他	品確法	B	易	①	P 126	63
41	民法・その他	売買	A	易	①	P 20	10
42	区分所有法等	マンション建替え円滑化法	B	普	①	P 232	48
43	設備系法令	その他	C	普	③	P 356	28
44	民法・その他	賃貸借	A	易	①	P 26	13
45	民法・その他	宅建業法	A	易	①	P 110	55
46	適正化法	基本方針	A	普	②	P 190	36
47	適正化法	マンション管理業者	A	易	②	P 126	4
48	適正化法	定義	A	易	②	P 120	1
49	適正化法	管理業務主任者	A	易	②	P 180	31
50	適正化法	マンション管理業者	A	普	②	P 128	5

本試験出題年度索引

（59）

書籍購入者特典のご案内

「2025年版 出る順管理業務主任者 分野別過去問題集」をお買い上げいただきましてありがとうございました。

WEBアンケートにお答えいただいた方に、「2025 管業 分野別過去問題集プラス2」を発送いたします。

「2025 管業 分野別過去問題集プラス2」をプレゼント!
2015・2016年度の2年分の分野別過去問題集!

(特典発送:2025年6月上旬より順次発送予定、WEBアンケート回答期限:2025年11月18日(火)まで)

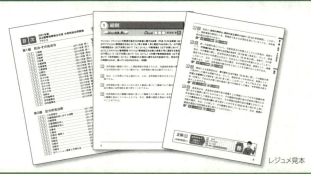

レジュメ見本

申込方法 パソコン・スマートフォンからお申し込みください。

二次元コードが読み込めない方はこちら↓
lec.jp/mankan/book/kangyoukakomon2025/

アクセスはこちらから

2025年度合格目標 答練・模試のご案内

基礎固め、実力チェック、総仕上げに!

答練・模試の解説には、**本書籍『分野別過去問題集』**同様、解説各肢に『マン管・管業 合格テキスト』『管業 速習テキスト』の参考ページを掲載しております。効果的に使って、知識の定着が図れます。

チャレンジ答練	全国公開模擬試験第1回	全国公開模擬試験第2回
[全1回] 7~8月	[全1回] 10月	[全1回] 10月~11月
答練(四肢択一×50問)/2時間 解説/1時間	答練(四肢択一×50問)/2時間 解説/1時間	模試(四肢択一×50問)/2時間 解説/1時間
LEC本試験リサーチで蓄積したデータから、試験では絶対に落とせない難易度「易」を中心としたオリジナル問題を出題! 成績処理サービスで現在の学習進捗レベルを確認しましょう。	チャレンジ答練からレベルアップ! 他受験者と差がつく難易度「普」「難」を中心としたオリジナル問題を出題! 成績処理サービスで現在の本試験実戦レベルを確認しましょう。 全国のLEC本校にて会場受験できます(一部除く)。	本試験直前期の模試受験により、残りの期間でどの知識を強化すべきか分析するのは大変重要です。 個人成績表・総合成績表を活用して本試験対策の完成度を最終確認! 全国のLEC本校にて会場受験できます(一部除く)。

LEC2025年コース・講座の詳細は | LEC マン管 管業 | 検索

2025年版 出る順管理業務主任者 分野別過去問題集

2014年 4 月10日　　第 1 版　　第 1 刷発行
2025年 4 月25日　　第12版　　第 1 刷発行

　　　　編著者●株式会社　東京リーガルマインド
　　　　　　　　LEC総合研究所　マンション管理士・管理業務主任者試験部

　　　　発行所●株式会社　東京リーガルマインド
　　　　　　〒164-0001　東京都中野区中野4-11-10
　　　　　　　　　　　アーバンネット中野ビル
　　　　　　LECコールセンター　　☎0570-064-464
　　　　　　　　受付時間　平日9：30～19：30/土・日・祝10：00～18：00
　　　　　　　　※このナビダイヤルは通話料お客様ご負担となります。
　　　　　　書店様専用受注センター　　TEL 048-999-7581 / FAX 048-999-7591
　　　　　　　　受付時間　平日9：00～17：00/土・日・祝休み
　　　　　　www.lec-jp.com/

　　　　本文デザイン・イラスト●アップライン株式会社
　　　　印刷・製本●三美印刷株式会社

©2025 TOKYO LEGAL MIND K.K., Printed in Japan　　　　　ISBN978-4-8449-7423-9
複製・頒布を禁じます。
本書の全部または一部を無断で複製・転載等することは，法律で認められた場合を除き，著作
者及び出版者の権利侵害になりますので，その場合はあらかじめ弊社あてに許諾をお求めくだ
さい。
なお，本書は個人の方々の学習目的で使用していただくために販売するものです。弊社と競合
する営利目的での使用等は固くお断りいたしております。
落丁・乱丁本は，送料弊社負担にてお取替えいたします。出版部（TEL03-5913-6336）までご連
絡ください。

2025年合格目標　マンション管理士・

2025年 **2〜5**月　理解⇒知識定着

| コース申込者全員特典 入門講座 全2回 マン管・管業共通 ■全範囲 | 合格講座 全28回 マン管・管業共通 | 民法・その他法令 8回 | 区分所有法等 6回 | 標準管理規約 3回 | 適正化法 2回 | 実務・会計 3回 | 建築・設備系 6回 |

試験に必要な知識を基礎からしっかりと効率的に学べます。インプットした知識は、適時にサブテキスト「一問一答集」で確認し、正確な知識として定着を図ります。（デジタル学習アプリ付き）

マンション管理士・管理業務主任者 W合格のためのフルコース！

本コースは、知識ゼロから始めて無理なくマンション管理士・管理業務主任者の合格を目指すためのコースとなります。

本コースでは、「合格講座」でじっくりと知識をインプットし、適時にサブテキスト「一問一答集」（デジタル学習アプリ付き）で知識の確認・定着を図ります。学習開始時期に本試験形式での四肢択一に取り掛かっても効果は上がりません。この時期、「正解すること」よりも「着実に知識を身に付けること」に注力して、知識を定着させましょう。

その後に「過去問スタンダード演習講座」「チャレンジ答練」で、必須となる知識の習得・確認をします。
さらに「実戦演習総まとめ講座」で知識の確認・整理を行い、問題を解くための力を養成します。
試験直前期には、「全国公開模擬試験」を受験していただきます。模擬試験の結果を通して、何を勉強すべきかを確認することで、本試験までの限られた残り時間を有効に使うことが出来ます。
最後に、超直前期の「試験直前重要ポイント整理講座」を受講して、知識の最終確認とともに総仕上げを行いましょう。
LECのコースは、知識の理解、定着、演習、仕上げという工程が全て含まれています。無理・無駄のない合格へ向けて、"今"学習を開始しましょう！

※　通学クラスには、通学専用講座が2つ加わります。

お得な割引制度！

早期申込割引
3月末まで
5%OFF
対象者：期間中にお申し込みの方
対象コース：マン管・管業 W合格コース通信／マン管・管業 W合格コース通学

※4/1（火）以降は一般価格（税込）での販売となります。

＋

宅建・マン管・管業賃貸管理士受験者割引
20%OFF
対象者：宅地建物取引士、マンション管理士、管理業務主任者、賃貸不動産経営管理士試験の受験者・合格者の方
対象コース：各種合格コース／マン管上級コース

or

LEC受講生割引
25%OFF
対象者：過去の累積支払い額が50,000円(税込)以上の場合（但し書籍代は除く）
対象コース：各種合格コース／マン管上級コース

管理業務主任者 W合格コース

6〜9月 過去問学習⇒知識の正確化・弱点補強	10〜11月 予行演習⇒総まとめ	11・12月

過去問スタンダード演習講座
全14回
マン管7回・管業7回
> 厳選した過去問を解いて必須知識を確実にします。

全国公開模擬試験 第1回
全2回　マン管1回・管業1回
受験方法は会場か自宅か選択可能
> 合否をわけた論点を中心に出題し、解答力を養います。

チャレンジ答練
全2回
マン管1回・管業1回
> 本試験で正解率の高い論点を中心に出題し、基礎力を確認します。

全国公開模擬試験 第2回
全2回　マン管1回・管業1回
受験方法は会場か自宅か選択可能
> 本試験対策の完成度を最終確認・総仕上げにお役立てください。

実戦演習総まとめ講座
全8回
マン管・管業共通6回＋マン管・管業重点分野各1回
> オリジナル問題を通して解答力・実戦力を高めます。

試験直前重要ポイント整理講座
全2回
マン管・管業共通
> 問題・ポイント・図表で知識の整理・総まとめができます。

管理業務主任者 マンション管理士 本試験　2026年1月合格

こんな方におすすめ
- 法律に触れたことがなく不安
- 一からマン管・管業の学習を始める

W受験のためのフルコース！

1 マン管・管業の相互学習がW合格を引き寄せる！ 一気にW合格を狙う方へおすすめコース！

2 直前期の知識は効率重視！ マン管・管業を一緒に学習する！

---

①2025マンション管理士・管理業務主任者 W合格コース通信（全58回）　【通信】
【受講料】（税込）合格テキスト・分野別過去問題集付き

受講形態	一般価格（税込）	講座コード
通信（Ｗｅｂ動画＋スマホ＋音声ＤＬ）	115,500円	VB25702（模試会場） VB25701（模試自宅）
通信（ＤＶＤ）	143,000円	VB25704（模試会場） VB25703（模試自宅）
提携校通学（Ｗｅｂ動画＋スマホ＋音声ＤＬ）	132,000円	VB25701（模試自宅）
提携校通学（ＤＶＤ）	159,500円	VB25703（模試自宅）

②2025マンション管理士・管理業務主任者 W合格コース通学（全54回・通信全58回フォロー付）　【通学】
【受講料】（税込）合格テキスト・分野別過去問題集付き

受講形態		一般価格（税込）	講座コード
通学クラス（生講義） 渋谷駅前本校 梅田駅前本校	通学（Web動画＋スマホ＋音声ＤＬ）フォロー付き	137,500円	VA25745（模試会場）
	通学（ＤＶＤ）フォロー付き	165,000円	VA25746（模試会場）

講座詳細・お得な割引・お申込は　　LEC　マン管　管業

2025 マン管合格コース　管業合格コース

時期	2025年 2→5月 理解⇒知識定着	6月〜9月 過去問学習⇒知識の正確化・弱点補強	10月〜11月予行演習⇒ 総まとめ	11・12月

コース申込者全員特典

- **入門講座**（全2回　マン管・管業共通　■全範囲）
- **合格講座**（全28回　マン管・管業共通）
- **過去問スタンダード演習講座**（マン管7回／管業7回）
- **チャレンジ答練**（マン管1回／管業1回）
- **実戦演習総まとめ講座**（マン管・管業共通6回／マン管・管業重点分野各1回）
- **全国公開模擬試験**（マン管各2回／管業各2回）
- **試験直前重要ポイント整理講座**（マン管・管業共通2回）
- **マンション管理士本試験**
- **管理業務主任者本試験**

2026年 1月 合格

マンション管理士、管理業務主任者 専願合格のためのフルコース！

本コースは、知識ゼロから始めて無理なくマンション管理士試験または管理業務主任者試験の専願合格を目指すためのコースです。

「合格講座」でじっくりとインプットし、適時に「一問一答集」（デジタル学習アプリ付き）で知識の確認、定着を図ります。その後に「過去問スタンダード演習講座」「チャレンジ答練」で必須となる知識の習得・確認をします。さらに「実戦演習総まとめ講座」で知識の確認・整理を行います。試験直前期には、「全国公開模擬試験」「試験直前重要ポイント整理講座」で知識の最終確認とともに総仕上げをしましょう！

※　通学クラスには、通学専用講座が2つ加わります。

2025 マン管合格コース（全47回）　管業合格コース（全47回）　通信／通学

【受講料】（税込）合格テキスト・分野別過去問付き

受講形態		マンション管理士 一般価格（税込）	講座コード	管理業務主任者 一般価格（税込）	講座コード
通信	通信 （Web動画＋スマホ＋音声DL）	99,000円	VB25710 （模試会場）	99,000円	VB25706 （模試会場）
			VB25709 （模試自宅）		VB25705 （模試自宅）
	通信（DVD）	121,000円	VB25712 （模試会場）	121,000円	VB25708 （模試会場）
			VB25711 （模試自宅）		VB25707 （模試自宅）
	提携校通学（Web動画＋スマホ＋音声DL）	110,000円	VB25709 （模試自宅）	110,000円	VB25705 （模試自宅）
	提携校通学（DVD）	132,000円	VB25711 （模試自宅）	132,000円	VB25707 （模試自宅）
通学クラス （生講義） 渋谷駅前本校 梅田駅前本校	通学 （Web動画＋スマホ＋音声DL） フォロー付き	115,500円	VA25747 （模試会場）	115,500円	VA25749 （模試会場）
	通学 （DVD）フォロー付き	137,500円	VA25748 （模試会場）	137,500円	VA25750 （模試会場）

2025マンション管理士上級コース

| 2025年 3→6月 最重要科目⇒知識のブラッシュアップ | 7月～9月 過去問学習⇒実戦力・解答力養成 | 10月～11月 予行演習⇒総仕上げ | 11月 |

上級コース合格ナビ講義

全1回

マン管
■全範囲

インプット系

区分所有法条文ローラー講座
全6回
マン管・管業共通
■区分所有法

標準規約・区分法対照解説講座
全3回
マン管・管業共通
■区分法・規約

演習・直前対策

過去問パーフェクト演習講座
マン管5回

実戦演習総まとめ講座
マン管・管業共通6回
＋
マン管重点分野1回

答練・模試

チャレンジ答練
マン管1回

全国公開模擬試験
マン管全2回

直前対策

試験直前重要ポイント整理講座
マン管・管業共通2回

設備系科目直前3点アップ講座
マン管・管業共通2回

マンション管理士本試験

2026年1月合格

選択と集中でこれまでの試験対策を変える！

本コースは、マンション管理士試験の学習経験という知識のアドバンテージを活かし、インプット・アウトプットともに選択と集中を効かせた講座構成で"合格"を目指すコースです。

まず始めに「上級コース合格ナビ講義」で近時のマン管試験の傾向とその具体的な対策、さらにスケジューリング等について丁寧に解説していきます。

インプットは、マン管試験の本丸である区分所有法・標準管理規約を集中的に学習します。「区分所有法条文ローラー講座」「標準規約・区分法対照解説講座」では、区分所有法・標準管理規約それぞれの条文に沿った逐条形式での講義により、ひとつひとつ、知識を整理・整頓し、この分野で高得点を狙えるよう土台をしっかり固めます。

続く「過去問パーフェクト演習講座」では、合否の分かれ目となった問題を中心に演習し、さらに「実戦演習総まとめ講座」で、問題を解く力を養成します。

「チャレンジ答練」「全国公開模擬試験」では、"十分な合格圏内の得点"が目標です。

直前期の「設備系科目直前3点アップ講座」と「試験直前重要ポイント整理講座」で知識の総点検をして万全の態勢で本試験を迎えましょう。

LECのマン管上級コースは、知識のブラッシュアップから、アウトプット、総仕上げまで精選された講座構成になっています。"揺ぎない合格"へ向けて、"今"学習を開始しましょう！

2025マンション管理士上級コース（全29回） 通信

【受講料】（税込）合格テキスト・分野別過去問付き

受講形態	一般価格（税込）	講座コード
通信（Ｗｅｂ動画・スマホ・音声ＤＬ）	77,000円	VB25714（模試会場）
		VB25713（模試自宅）
通信（ＤＶＤ）	93,500円	VB25716（模試会場）
		VB25715（模試自宅）
提携校通学(Ｗｅｂ動画+スマホ+音声ＤＬ)	88,000円	VB25713（模試自宅）
提携校通学（ＤＶＤ）	104,500円	VB25715（模試自宅）

大好評の3分冊セパレート式（3in1）!
講座使用テキスト

出る順 合格テキスト

見やすいから解りやすい！超効率的テキスト！

基礎から応用までしっかり解説し、圧倒的な情報量を豊富な図表と学習ポイントの掲載など、様々な工夫により正確な知識を体系的に理解できるよう、ノウハウを注ぎ込んでいます。

3分冊セパレート式なので携帯しやすい1冊の中が3つに分かれています。「分野別過去問題集」内の同じ分野の持ち歩きが可能になって、イン⇔アウトさらに効率的に！

※画像は制作中のイメージです。

3分冊セパレート式（3in1）
①法令編（上）②法令編（下）③管理実務・会計・設備系
4,180円（税込）

工夫が満載、ここが便利！

2025年版 出る順マンション管理士・管理業務主任者 合格テキスト（3分冊セパレート式）

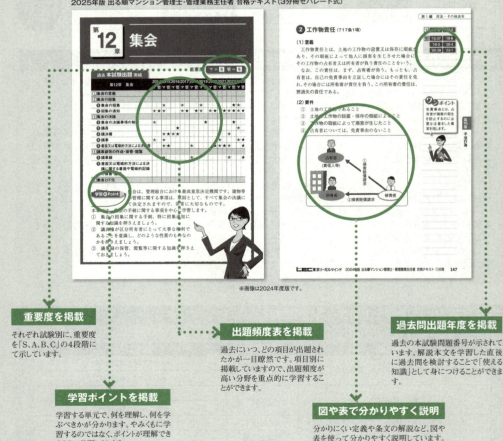

※画像は2024年度版です。

重要度を掲載
それぞれ試験別に、重要度を「S、A、B、C」の4段階に示しています。

学習ポイントを掲載
学習する単元で、何を理解し、何を学ぶべきかが分かります。やみくもに学習するのではなく、ポイントが理解できるように学習しましょう。

出題頻度表を掲載
過去にいつ、どの項目が出題されたかが一目瞭然です。項目別に掲載していますので、出題頻度が高い分野を重点的に学習することができます。

図や表で分かりやすく説明
分かりにくい定義や条文の解説など、図や表を使って分かりやすく説明しています。学習が苦手な方でも理解しやすい教材を心がけています。

過去問出題年度を掲載
過去の本試験問題番号が示されています。解説本文を学習した直後に過去問を検討することで「使える知識」として身につけることができます。

出る順 分野別過去問題集

過去問分析なくして合格なし!

計10年分(※)・500問の過去問を網羅。過去問の分析に有用なデータ(「肢別解答率」「合格テキスト参考ページ」「難易度」)が満載!試験対策の決定版です。

10年分のうち、2015年度、2016年度分は、Webアンケートの特典となります。
デジタル学習アプリ付き。

2025年版 出る順マンション管理士 分野別過去問題集
2025年版 出る順管理業務主任者 分野別過去問題集

3分冊セパレート式(3in1)
①法令編(上) ②法令編(下) ③管理実務・会計・設備系編
マンション管理士　2,750円(税込)
管理業務主任者　2,750円(税込)

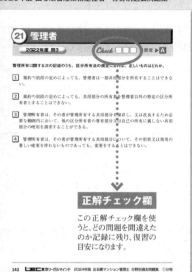

合格テキストの参考ページ
問の解説で正誤のポイントを確認したら、関連知識を固めるためにテキストで復習しましょう。
LECの過去問題集はテキストの参考ページが一目でわかります。
復習の際に該当箇所を都度探す手間が省けます。

難易度
難【正解率50%未満】
4〜5問に1問の割合で正解できれば良い問題です。
普【正解率50%以上70%未満】
合否の分かれ目となる正解したい問題です。
易【正解率70%以上】
必ず正解しなければならない問題です。

肢別解答率
受験生が間違えやすい肢が一目でわかります。本試験後の解答オンラインリサーチで集計したLEC独自のデータですので受験生の解答状況をリアルに反映させています。

出る順一問一答集

知識の確実な定着を図るために、過去の本試験問題からピックアップした重要な肢とオリジナル問題を本系に沿って一問一答の形式でまとめました。

①法令編(上) ②法令編(下)
③管理実務・会計・設備系編

※「合格講座」、「一問一答解きまくり講座」で使用するオリジナル問題集です。
「一問一答集」の一般販売はしておりません。
※デジタル学習アプリ付き。

※画像は2024年度版です。

LEC Webサイト ▷▷▷ www.lec-jp.com/

情報盛りだくさん！

資格を選ぶときも，
講座を選ぶときも，
最新情報でサポートします！

最新情報
各試験の試験日程や法改正情報，対策講座，模擬試験の最新情報を日々更新しています。

資料請求
講座案内など無料でお届けいたします。

受講・受験相談
メールでのご質問を随時受付けております。

よくある質問
LECのシステムから，資格試験についてまで，よくある質問をまとめました。疑問を今すぐ解決したいなら，まずチェック！

書籍・問題集（LEC書籍部）
LECが出版している書籍・問題集・レジュメをこちらで紹介しています。

充実の動画コンテンツ！

ガイダンスや講演会動画，
講義の無料試聴まで
Webで今すぐCheck！

動画視聴OK
パンフレットやWebサイトを見てもわかりづらいところを動画で説明。いつでもすぐに問題解決！

Web無料試聴
講座の第1回目を動画で無料試聴！気になる講義内容をすぐに確認できます。

スマートフォン・タブレットから簡単アクセス！ ▷▷▷

自慢のメールマガジン配信中！（登録無料）

LEC講師陣が毎週配信！ 最新情報やワンポイントアドバイス，改正ポイントなど合格に必要な知識をメールにて毎週配信。

www.lec-jp.com/mailmaga/

LEC オンラインショップ

充実のラインナップ！ LECの書籍・問題集や講座などのご注文がいつでも可能です。また，割引クーポンや各種お支払い方法をご用意しております。

online.lec-jp.com/

LEC 電子書籍シリーズ

LECの書籍が電子書籍に！ お使いのスマートフォンやタブレットで，いつでもどこでも学習できます。

※動作環境・機能につきましては，各電子書籍ストアにてご確認ください。

www.lec-jp.com/ebook/

LEC書籍・問題集・レジュメの紹介サイト **LEC書籍部** www.lec-jp.com/system/book/

LECが出版している書籍・問題集・レジュメをご紹介	当サイトから書籍などの直接購入が可能（＊）
書籍の内容を確認できる「チラ読み」サービス	発行後に判明した誤字等の訂正情報を公開

＊商品をご購入いただく際は，事前に会員登録(無料)が必要です。
＊購入金額の合計・発送する地域によって，別途送料がかかる場合がございます。

※資格試験によっては実施していないサービスがありますので，ご了承ください。

LEC 全国学校案内

*講座のお問合せ，受講相談は最寄りのLEC各校へ

LEC本校

■ 北海道・東北

札　幌本校　☎011(210)5002
〒060-0004 北海道札幌市中央区北4条西5-1　アスティ45ビル

仙　台本校　☎022(380)7001
〒980-0022 宮城県仙台市青葉区五橋1-1-10　第二河北ビル

■ 関東

渋谷駅前本校　☎03(3464)5001
〒150-0043 東京都渋谷区道玄坂2-6-17　渋東シネタワー

池　袋本校　☎03(3984)5001
〒171-0022 東京都豊島区南池袋1-25-11　第15野萩ビル

水道橋本校　☎03(3265)5001
〒101-0061 東京都千代田区神田三崎町2-2-15　Daiwa三崎町ビル

新宿エルタワー本校　☎03(5325)6001
〒163-1518 東京都新宿区西新宿1-6-1　新宿エルタワー

早稲田本校　☎03(5155)5501
〒162-0045 東京都新宿区馬場下町62　三朝庵ビル

中　野本校　☎03(5913)6005
〒164-0001 東京都中野区中野4-11-10　アーバンネット中野ビル

立　川本校　☎042(524)5001
〒190-0012 東京都立川市曙町1-14-13　立川MKビル

町　田本校　☎042(709)0581
〒194-0013 東京都町田市原町田4-5-8　MIキューブ町田イースト

横　浜本校　☎045(311)5001
〒220-0004 神奈川県横浜市西区北幸2-4-3　北幸GM21ビル

千　葉本校　☎043(222)5009
〒260-0015 千葉県千葉市中央区富士見2-3-1　塚本大千葉ビル

大　宮本校　☎048(740)5501
〒330-0802 埼玉県さいたま市大宮区宮町1-24　大宮GSビル

■ 東海

名古屋駅前本校　☎052(586)5001
〒450-0002 愛知県名古屋市中村区名駅4-6-23　第三堀内ビル

静　岡本校　☎054(255)5001
〒420-0857 静岡県静岡市葵区御幸町3-21　ペガサート

■ 北陸

富　山本校　☎076(443)5810
〒930-0002 富山県富山市新富町2-4-25　カーニープレイス富山

■ 関西

梅田駅前本校　☎06(6374)5001
〒530-0013 大阪府大阪市北区茶屋町1-27　ABC-MART梅田ビル

難波駅前本校　☎06(6646)6911
〒556-0017 大阪府大阪市浪速区湊町1-4-1
大阪シティエアターミナルビル

京都駅前本校　☎075(353)9531
〒600-8216 京都府京都市下京区東洞院通七条下ル2丁目
東塩小路町680-2　木村食品ビル

四条烏丸本校　☎075(353)2531
〒600-8413 京都府京都市下京区烏丸通仏光寺下ル
大政所町680-1　第八長谷ビル

神　戸本校　☎078(325)0511
〒650-0021 兵庫県神戸市中央区三宮町1-1-2　三宮セントラルビル

■ 中国・四国

岡　山本校　☎086(227)5001
〒700-0901 岡山県岡山市北区本町10-22　本町ビル

広　島本校　☎082(511)7001
〒730-0011 広島県広島市中区基町11-13　合人社広島紙屋町アネクス

山　口本校　☎083(921)8911
〒753-0814 山口県山口市吉敷下東 3-4-7　リアライズⅢ

高　松本校　☎087(851)3411
〒760-0023 香川県高松市寿町2-4-20　高松センタービル

松　山本校　☎089(961)1333
〒790-0003 愛媛県松山市三番町7-13-13　ミツネビルディング

■ 九州・沖縄

福　岡本校　☎092(715)5001
〒810-0001 福岡県福岡市中央区天神4-4-11
天神ショッパーズ福岡

那　覇本校　☎098(867)5001
〒902-0067 沖縄県那覇市安里2-9-10　丸姫産業第2ビル

■ EYE関西

EYE 大阪本校　☎06(7222)3655
〒530-0013　大阪府大阪市北区茶屋町1-27　ABC-MART梅田ビル

EYE 京都本校　☎075(353)2531
〒600-8413　京都府京都市下京区烏丸通仏光寺下ル
大政所町680-1　第八長谷ビル

【LEC公式サイト】www.lec-jp.com/

スマホから簡単アクセス！

＊提携校はLECとは別の経営母体が運営をしております。
＊提携校は実施講座およびサービスにおいてLECと異なる部分がございます。

LEC提携校

■ 北海道・東北 ■

八戸中央校【提携校】 ☎0178(47)5011
〒031-0035　青森県八戸市寺横町13　第1朋友ビル
新教育センター内

弘前校【提携校】 ☎0172(55)8831
〒036-8093　青森県弘前市城東中央1-5-2
まなびの森　弘前城東予備校内

秋田校【提携校】 ☎018(863)9341
〒010-0964　秋田県秋田市八橋鯲沼町1-60
株式会社アキタシステムマネジメント内

■ 関東 ■

水戸校【提携校】 ☎029(297)6611
〒310-0912　茨城県水戸市見川2-3079-5

所沢校【提携校】 ☎050(6865)6996
〒359-0037　埼玉県所沢市くすのき台3-18-4　所沢K・Sビル
合同会社_Pエデュケーション内

日本橋校【提携校】 ☎03(6661)1188
〒103-0025　東京都中央区日本橋茅場町2-5-6　日本橋大江戸ビル
株式会社大江戸コンサルタント内

■ 北陸 ■

新潟校【提携校】 ☎025(240)7781
〒950-0901　新潟県新潟市中央区弁天3-2-20　弁天501ビル
株式会社大江戸コンサルタント内

金沢校【提携校】 ☎076(237)3925
〒920-8217　石川県金沢市近岡町845-1
株式会社アイ・アイ・ピー金沢内

福井南校【提携校】 ☎0776(35)8230
〒918-8014　福井県福井市羽水2-701
株式会社ヒューマン・デザイン内

■ 中国・四国 ■

松江殿町校【提携校】 ☎0852(31)1661
〒690-0887　島根県松江市殿町517　アルファステイツ殿町
山路イングリッシュスクール内

岩国駅前校【提携校】 ☎0827(23)7424
〒740-0018　山口県岩国市麻里布町1-3-3　岡村ビル　英光学院内

新居浜駅前校【提携校】 ☎0897(32)5356
〒792-0812　愛媛県新居浜市坂井町2-3-8
パルティフジ新居浜駅前店内

■ 九州・沖縄 ■

佐世保駅前校【提携校】 ☎0956(22)8623
〒857-0862　長崎県佐世保市白南風町5-15　智翔館内

日野校【提携校】 ☎0956(48)2239
〒858-0925　長崎県佐世保市椎木町336-1　智翔館日野校内

長崎駅前校【提携校】 ☎095(895)5917
〒850-0057　長崎県長崎市大黒町10-10　KoKoRoビル
minatoコワーキングスペース内

高原校【提携校】 ☎098(989)8009
〒904-2163　沖縄県沖縄市大里2-24-1
有限会社スキップヒューマンワーク内

※上記は2025年2月1日現在のものです。

書籍の訂正情報について

このたびは,弊社発行書籍をご購入いただき,誠にありがとうございます。
万が一誤りの箇所がございましたら,以下の方法にてご確認ください。

1 訂正情報の確認方法

書籍発行後に判明した訂正情報を順次掲載しております。
下記Webサイトよりご確認ください。

www.lec-jp.com/system/correct/

2 ご連絡方法

上記Webサイトに訂正情報の掲載がない場合は,下記Webサイトの
入力フォームよりご連絡ください。

lec.jp/system/soudan/web.html

フォームのご入力にあたりましては,「Web教材・サービスのご利用について」の
最下部の「ご質問内容」に下記事項をご記載ください。

- ・対象書籍名(○○年版,第○版の記載がある書籍は併せてご記載ください)
- ・ご指摘箇所(具体的にページ数と内容の記載をお願いいたします)

ご連絡期限は,次の改訂版の発行日までとさせていただきます。
また,改訂版を発行しない書籍は,販売終了日までとさせていただきます。

※上記「2ご連絡方法」のフォームをご利用になれない場合は,①書籍名,②発行年月日,③ご指摘箇所,を記載の上,郵送
にて下記送付先にご送付ください。確認した上で,内容理解の妨げとなる誤りについては,訂正情報として掲載させてい
ただきます。なお,郵送でご連絡いただいた場合は個別に返信しておりません。

送付先:〒164-0001 東京都中野区中野4-11-10 アーバンネット中野ビル
株式会社東京リーガルマインド 出版部 訂正情報係

- ・誤りの箇所のご連絡以外の書籍の内容に関する質問は受け付けておりません。
 また,書籍の内容に関する解説,受験指導等は一切行っておりませんので,あらかじめ
 ご了承ください。
- ・お電話でのお問合せは受け付けておりません。

講座・資料のお問合せ・お申込み

LECコールセンター 📞 0570-064-464

受付時間:平日9:30～19:30/土・日・祝10:00～18:00

※このナビダイヤルの通話料はお客様のご負担となります。
※このナビダイヤルは講座のお申込みや資料のご請求に関するお問合せ専用ですので,書籍の正誤に関
 するご質問をいただいた場合,上記「2ご連絡方法」のフォームをご案内させていただきます。

付録 分冊背表紙シール

使い方
① 破線(……)を切り取る
② 実線(———)を山折りに
③ 各分冊の背表紙に貼る

2025 出る順 管理業務主任者 分野別過去問題集 ③分冊 管理実務・会計・設備系編

2025 出る順 管理業務主任者 分野別過去問題集 ②分冊 法令編 下(標準管理規約・適正化法)

2025 出る順 管理業務主任者 分野別過去問題集 ①分冊 法令編 上(民法他・区分所有法等)

便利!

持ち運びに便利な「セパレート方式」

① この緑色の厚紙を本体に残し、分冊冊子をつまんでください。
② 冊子をしっかりとつかんで手前に引っ張り、取り外してください。

※緑色の厚紙と分冊冊子は、のりで接着されていますので、丁寧に分解・取り外してください。なお、分解・取り外しの際の破損等による返品・交換には応じられませんのでご注意ください。

使いやすさアップ！「分冊背表紙シール」

① 破線（‥‥）を切り取る。
② 実線（─）を山折りに。
③ 分冊の背表紙に貼る。

出る順 管理業務主任者
分野別 過去問題集

2025年版

①分冊 **法令編 上**
（民法他・区分所有法等）

LEC東京リーガルマインド 編著

**2025年版
出る順管理業務主任者 分野別過去問題集
法令編 上（民法他・区分所有法等）**

第①分冊

第1編　民法・その他法令

			重要度	難易度	
□□□	①総則	2017年度 問3	A	普	2
□□□	②総則	2017年度 問4	A	普	4
□□□	③総則	2018年度 問4	A	易	6
□□□	④総則	2020年度 問3	A	易	8
□□□	⑤総則	2020年度 問5	A	易	10
□□□	⑥総則	2021年度 問1	A	易	12
□□□	⑦総則	2021年度 問4	A	易	14
□□□	⑧総則	2023年度 問2	B	普	16
□□□	⑨総則	2023年度 問3	A	易	18
□□□	⑩売買	2017年度 問41	A	易	20
□□□	⑪売買	2018年度 問2	B	易	22
□□□	⑫売買	2018年度 問40	A	易	24
□□□	⑬賃貸借	2017年度 問44	A	易	26
□□□	⑭賃貸借	2018年度 問5	A	易	28
□□□	⑮賃貸借	2018年度 問42	A	易	30
□□□	⑯賃貸借	2019年度 問42	A	普	32
□□□	⑰賃貸借	2020年度 問43	A	易	34
□□□	⑱賃貸借	2021年度 問41	A	易	36
□□□	⑲請負	2020年度 問2	A	普	38
□□□	⑳請負	2022年度 問3	A	易	40
□□□	㉑委任	2017年度 問6	A	普	42
□□□	㉒委任	2018年度 問1	A	普	44
□□□	㉓委任	2022年度 問1	A	易	46
□□□	㉔時効	2017年度 問11	A	普	48
□□□	㉕時効	2018年度 問39	A	易	50
□□□	㉖時効	2019年度 問11	A	易	52
□□□	㉗時効	2021年度 問5	A	易	54
□□□	㉘時効	2022年度 問2	A	易	56
□□□	㉙債務不履行	2018年度 問3	A	易	58
□□□	㉚債務不履行	2020年度 問6	A	易	60
□□□	㉛共有	2017年度 問1	A	普	62
□□□	㉜共有	2024年度 問1	C	?	64
□□□	㉝不法行為	2017年度 問2	A	普	66
□□□	㉞不法行為	2018年度 問6	B	易	68

i

□□□	㉟不法行為	2019年度	問3	A	易	70
□□□	㊱不法行為	2020年度	問4	A	易	72
□□□	㊲不法行為	2020年度	問39	B	易	74
□□□	㊳不法行為	2023年度	問1	B	難	76
□□□	㊴相続	2019年度	問1	A	易	78
□□□	㊵相続	2020年度	問1	B	易	80
□□□	㊶相続	2022年度	問5	B	普	82
□□□	㊷その他	2017年度	問5	B	易	84
□□□	㊸その他	2019年度	問2	B	易	86
□□□	㊹その他	2019年度	問4	C	難	88
□□□	㊺その他	2019年度	問5	A	普	90
□□□	㊻その他	2019年度	問6	B	難	92
□□□	㊼その他	2021年度	問2	B	難	94
□□□	㊽その他	2021年度	問3	B	易	96
□□□	㊾その他	2022年度	問4	A	易	98
□□□	㊿その他	2022年度	問37	C	難	100
□□□	(51)総合	2023年度	問4	B	易	102
□□□	(52)総合	2023年度	問29	C	難	104
□□□	(53)総合	2024年度	問2	C	普	106
□□□	(54)総合	2024年度	問3	A	易	108
□□□	(55)宅建業法	2017年度	問45	A	易	110
□□□	(56)宅建業法	2018年度	問45	A	易	112
□□□	(57)宅建業法	2019年度	問45	A	普	114
□□□	(58)宅建業法	2020年度	問45	A	易	116
□□□	(59)宅建業法	2021年度	問45	A	易	118
□□□	(60)宅建業法	2022年度	問45	B	普	120
□□□	(61)宅建業法	2023年度	問45	B	難	122
□□□	(62)宅建業法	2024年度	問45	A	易	124
□□□	(63)品確法	2017年度	問40	B	易	126
□□□	(64)品確法	2019年度	問40	A	易	128
□□□	(65)品確法	2020年度	問25	C	難	130
□□□	(66)品確法	2022年度	問40	A	難	132
□□□	(67)品確法	2023年度	問41	A	易	134

第2編　区分所有法等

				重要度	難易度	
□□□	①共用部分	2020年度	問34	A	普	138
□□□	②共用部分	2021年度	問37	A	易	140
□□□	③共用部分	2024年度	問27	A	易	142
□□□	④敷地·敷地利用権	2017年度	問34	B	普	144

☐☐☐	⑤敷地・敷地利用権	2017年度 問36	B	難	146
☐☐☐	⑥敷地・敷地利用権	2020年度 問35	A	易	148
☐☐☐	⑦敷地・敷地利用権	2022年度 問35	C	普	150
☐☐☐	⑧管理者	2019年度 問39	A	易	152
☐☐☐	⑨管理者	2020年度 問36	A	難	154
☐☐☐	⑩管理組合法人	2017年度 問30	A	易	156
☐☐☐	⑪管理組合法人	2017年度 問38	A	易	158
☐☐☐	⑫管理組合法人	2019年度 問38	A	易	160
☐☐☐	⑬管理組合法人	2021年度 問35	A	易	162
☐☐☐	⑭管理組合法人	2023年度 問34	A	普	164
☐☐☐	⑮規約	2019年度 問37	B	難	166
☐☐☐	⑯規約	2020年度 問38	A	普	168
☐☐☐	⑰規約	2022年度 問29	A	難	170
☐☐☐	⑱規約	2022年度 問34	A	普	172
☐☐☐	⑲規約	2023年度 問38	A	易	174
☐☐☐	⑳集会	2017年度 問29	A	易	176
☐☐☐	㉑集会	2017年度 問37	A	易	178
☐☐☐	㉒集会	2020年度 問29	A	普	180
☐☐☐	㉓集会	2021年度 問33	A	普	182
☐☐☐	㉔集会	2022年度 問36	A	易	184
☐☐☐	㉕集会	2023年度 問26	A	易	186
☐☐☐	㉖集会	2023年度 問31	A	普	188
☐☐☐	㉗復旧・建替え	2018年度 問36	B	難	190
☐☐☐	㉘復旧・建替え	2021年度 問34	B	難	192
☐☐☐	㉙復旧・建替え	2024年度 問26	B	難	194
☐☐☐	㉚団地	2017年度 問39	B	難	196
☐☐☐	㉛団地	2022年度 問38	A	普	198
☐☐☐	㉜団地	2023年度 問33	B	難	200
☐☐☐	㉝団地	2024年度 問28	B	普	202
☐☐☐	㉞その他	2017年度 問35	B	難	204
☐☐☐	㉟その他	2018年度 問34	B	易	206
☐☐☐	㊱その他	2019年度 問35	C	難	208
☐☐☐	㊲その他	2019年度 問36	A	易	210
☐☐☐	㊳その他	2023年度 問30	B	普	212
☐☐☐	㊴総合	2020年度 問30	A	易	214
☐☐☐	㊵総合	2020年度 問33	A	易	216
☐☐☐	㊶総合	2020年度 問37	B	易	218
☐☐☐	㊷総合	2021年度 問32	A	易	220
☐☐☐	㊸総合	2021年度 問39	A	普	222
☐☐☐	㊹総合	2022年度 問39	A	普	224

iii

□□□ ㊺総合 ……………………………… 2023年度 問32 A 難 226
□□□ ㊻総合 ……………………………… 2024年度 問25 A 易 228
□□□ ㊼総合 ……………………………… 2024年度 問38 B 普 230
□□□ ㊽マンション建替え円滑化法 ………… 2017年度 問42 B 普 232
□□□ ㊾マンション建替え円滑化法 ………… 2019年度 問43 C 難 234
□□□ ㊿マンション建替え円滑化法 ………… 2022年度 問41 B 普 236
□□□ (51)マンション建替え円滑化法 ………… 2024年度 問41 B 易 238

第1編 民法・その他法令

年度別出題論点一覧

第1編 民法・その他法令	2015 H27	2016 H28	2017 H29	2018 H30	2019 R1	2020 R2	2021 R3	2022 R4	2023 R5	2024 R6
総則	1	2	2	1		2	2		2	
売買	1		1	2						
賃貸借	2	1	1	2	1	1	1			
請負		1				1		1		
委任			1	1				1		
時効	1	1	1	1	1		1	1		
債務不履行					1		1			
共有		1	1							1
不法行為			1	1	1	2			1	
相続		1			1	1		1		
その他	3		1		4		2	2		
総合									2	2
宅建業法	1	2	1	1	1	1	1	1	1	1
品確法			1		1	1		1	1	
計	9	9	11	10	10	10	7	8	7	4

※ 表内の数字は出題問題数を指します。
※ 2015、2016年度は購入者特典の「分野別過去問題集プラス2」に掲載しています。

1 総則

2017年度 問3

Check ☐☐☐ 重要度 ▶ A

売主Aと買主Bが、マンションの一住戸甲（以下、本問において「甲」という。）の売買契約（以下、本問において「本件契約」という。）を締結した場合に関する次の記述のうち、民法の規定及び判例によれば、正しいものはどれか。（改題）

1 本件契約が、AとBの通謀虚偽表示により締結された場合、Bが甲の所有者と称して、甲を、その事情を知らないCに譲渡したときであっても、AはCに対し、自己の所有権を主張することができる。

2 本件契約が、Bの強迫により締結された場合、Bが、甲を、その事情を知らないDに譲渡したときは、Aは、Bに対する意思表示を取り消したことをDに対抗することができない。

3 本件契約が、Bの詐欺により締結された場合、Aに、それを信じたことに重大な過失があったときでも、Aは、売却の意思表示を取り消すことができる。

4 本件契約が、甲とは別の住戸を購入する意思を有していたBの錯誤により締結された場合、Bがその錯誤を理由に本件契約を取り消さなくても、Aは、原則として本件契約を取り消すことができる。

| 1 | 誤 | 相手方と通じてした虚偽の意思表示は、無効とする〈民94条1項〉。もっとも、この意思表示の無効は、**善意の第三者に対抗することができない**〈同条2項〉。Cは、AB間の事情を知らないので、Aは、Cに対し、AB間の売買契約の無効を対抗できず、所有権を主張することはできない。
☞ 合 ①分冊 p15 **2**〜 速 p15 **3**〜

| 2 | 誤 | 強迫による意思表示は、取り消すことができる〈民96条1項〉。この意思表示の取消しは、**善意の第三者に対しても対抗することができる**〈同条3項参照〉。したがって、Aは、Bに対する意思表示の取消しをDに対抗することができる。
☞ 合 ①分冊 p15 **2**〜 速 p19 **6**〜

| 3 | 正 | 詐欺による意思表示は、取り消すことができる〈民96条1項〉。これは、**表意者に重大な過失がある場合に禁止されるわけではない**。したがって、Aは、売却の意思表示を取り消すことができる。
☞ 合 ①分冊 p15 **2**〜 速 p18 **5**〜

| 4 | 誤 | 意思表示は、意思表示に対応する意思を欠く錯誤に基づくものであって、その錯誤が法律行為の目的及び取引上の社会通念に照らして重要なものであるときは、取り消すことができる〈民95条1項1号〉。ここで、錯誤、詐欺又は強迫によって取り消すことができる行為は、**瑕疵ある意思表示をした者又はその代理人若しくは承継人に限り**、取り消すことができる〈同法120条2項〉。Aは、「瑕疵ある意思表示をした者又はその代理人若しくは承継人」にあたらず、本件契約を取り消すことはできない。
☞ 合 ①分冊 p28 **3**〜 速 p10 **5**〜

正解 3
（正解率 55%）

肢別解答率
受験生はこう答えた！

1	4%
2	9%
3	55%
4	32%

難易度 **普**

② 総則

2017年度 問4　　Check ☐☐☐　重要度 ▶ **A**

Aは、所有するマンションの一住戸甲（以下、本問において「甲」という。）をBに売却しようと考え、Cとの間で、甲の売却についてCを代理人とする委任契約を締結した。この場合に関する次の記述のうち、民法の規定及び判例によれば、**誤っているもの**はどれか。

1　AB間の売買契約の成立後に、甲についてAからBへの所有権移転登記手続を行う場合、Cは、AとBの双方を代理することができる。

2　甲の売却について、Cが、Aの許諾を得てDを復代理人に選任した場合、Cは代理権を失わず、CとDの両者がAの代理人となる。

3　AC間の委任契約が解除されCの代理権が消滅した後に、CがAの代理人と称してBに対して甲を売却した場合、売買契約締結の際にCに代理権がないことをBが知っていたときは、Cは、Bに対し無権代理人の責任を負わない。

4　AC間の委任契約が解除されCの代理権が消滅した後に、CがAの代理人と称してBに対して甲を売却した場合、売買契約締結の際にCに代理権がないことをBが知っていたときは、Bは、Aに対し相当期間内に当該行為を追認するかどうかの催告をすることができない。

1 正 同一の法律行為について、相手方の代理人として、又は当事者双方の**代理人としてした行為は、代理権を有しない者がした行為とみなす**〈民108条1項本文〉。もっとも、**登記申請につき双方を代理することは、上記規定によって禁止されるものではない**〈最判昭和43.3.8〉。したがって、Cは、AとBの双方を代理することができる。

☞ 合 ①分冊 p37 **3**〜 速 p40 **4**〜

2 正 復代理人は、その権限内の行為について、**本人を代理する**〈民106条1項〉。また、**復代理人の選任は、代理権の消滅事由にあたらず**〈民111条参照〉、代理人は、代理権を失わない。したがって、Cが、Dを復代理人に選任した場合、Cは代理権を失わず、CとDがAの代理人となる。

☞ 合 ①分冊 p37 **3**〜 速 p40 **4**〜

3 正 他人の代理人として契約をした者は、自己の代理権を証明したとき、又は本人の追認を得たときを除き、相手方の選択に従い、相手方に対して履行又は損害賠償の責任を負う〈無権代理人の責任 民117条1項〉。もっとも、他人の代理人として契約をした者が代理権を有しないことを**相手方が知っていたときは**、上記規定は適用されない〈同条2項1号〉。売買契約締結の際にCに代理権がないことをBが知っていたときは、Cは、Bに対し無権代理人の責任を負わない。

☞ 合 ①分冊 p31 **2**〜 速 p36 **3**〜

4 誤 代理権を有しない者が他人の代理人として契約を締結した場合において、相手方は、本人に対し、相当の期間を定めて、その期間内に追認をするかどうかを確答すべき旨の催告をすることができる〈民114条前段〉。これは、相手方が無権代理につき**悪意である場合にも行うことができる**。したがって、Bは、売買契約締結の際にCに代理権がないことを知っていた場合にも、本肢の催告をすることができる。

☞ 合 ①分冊 p31 **2**〜 速 p36 **3**〜

正解 **4**
（正解率 **63%**）

肢別解答率 受験生はこう答えた！
1 19%
2 10%
3 9%
4 63%

難易度 **普**

3 総則

2018年度 問4　Check ☐☐☐　重要度 ▶ **A**

Aは、Bに対し、Aが所有するマンションの1住戸甲（以下、本問において「甲」という。）に抵当権を設定する旨の代理権を授与していた。この場合に関する次の記述のうち、民法の規定及び判例によれば、正しいものはどれか。

1 Bが、Cとの間で、甲の売買契約を締結した場合において、Bの無権代理行為について表見代理が成立するときでも、Cは、Aに対して表見代理の成立を主張せず、Bに対して、無権代理人としての責任を追及することができる。

2 AがBに代理権を授与した時に、Bが制限行為能力者であった場合は、Bは、代理人となることはできない。

3 Bは、Aが復代理人の選任について拒否し、かつ、やむを得ない事由がない場合でも、自己の責任で復代理人Dを選任することができる。

4 Bがやむを得ない事由により復代理人Eを選任した場合、Eは、Bの名においてBを代理する。

6　**LEC**東京リーガルマインド　2025年版 出る順管理業務主任者 分野別過去問題集　①分冊

1 正 　表見代理とは、善意の相手方を保護する制度であるから、表見代理が成立すると認められる場合であっても、**この主張をするかどうかは、相手方の自由**であり、相手方としては、表見代理を主張して本人の責任を問うことができるが、**これを主張しないで、無権代理人に対しその責任を問うことも可能である**〈最判昭和33.6.17〉。したがって、Cは、Bに対して、無権代理人の責任を追及することができる。
☞ 合 ①分冊 p31 2〜　速 p36 3〜

2 誤 　代理人は、**行為能力者であることを要しない**〈民102条〉。したがって、Bは、制限行為能力者であっても、Aの代理人となることができる。
☞ 合 ①分冊 p31 2〜　速 p33 2〜

3 誤 　委任による代理人は、**本人の許諾を得たとき、又はやむを得ない事由があるとき**でなければ、復代理人を選任することができない〈民104条〉。本肢の場合、上記要件をみたしていないので、Bは、復代理人Dを選任することはできない。
☞ 合 ①分冊 p37 3〜　速 p40 4〜

4 誤 　復代理人は、その権限内の行為について、**本人を代表する**〈民106条1項〉。したがって、復代理人Eは、**Aの名においてAを代理する**。
☞ 合 ①分冊 p37 3〜　速 p40 4〜

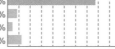

④ 総則

2020年度 問3 Check ☐☐☐ 重要度 ▶ A

Aが所有するマンションの一住戸甲の売却に関する次の記述のうち、民法の規定によれば、正しいものはどれか。

1 　成年被後見人であるAが、甲を第三者に売却した場合に、Aが成年後見人Bの事前の同意を得ていたときは、Aは、甲の売買を取り消すことができない。

2 　行為能力者であるAが、Cを代理人として甲を第三者に売却した場合に、代理行為の時にCが被保佐人であったときは、Aは、Cの制限行為能力を理由に、甲の売買を取り消すことができる。

3 　被保佐人であるAが、保佐人Dの同意を得ることなく甲を売却した後に、相手方がAに対し、1箇月以上の期間を定めて、Dの追認を得るべき旨の催告をした場合において、Aがその期間内にその追認を得た旨の通知を発しないときは、Dがその行為を追認したものとみなされる。

4 　被保佐人であるAが甲を売却しようとした場合に、保佐人であるEが、Aの利益を害するおそれがないにもかかわらずこれに同意をしないときは、家庭裁判所は、Aの請求により、Eの同意に代わる許可を与えることができる。

8　　LEC東京リーガルマインド　2025年版 出る順管理業務主任者 分野別過去問題集　①分冊

| 1 | 誤 | **成年被後見人の法律行為**は、日用品の購入その他日常生活に関する行為を除き、**取り消すことができる**〈民9条〉。Aは成年被後見人であるから、その行為は、Bの同意がある場合にも、取り消すことができる。
合 ①分冊 p24 2～ 速 p24 2～

| 2 | 誤 | 制限行為能力者が代理人としてした行為は、**行為能力の制限によっては取り消すことができない**〈民102条本文〉。したがって、Aは、Cの制限行為能力を理由に、甲の売買を取り消すことができない。
合 ①分冊 p31 2～ 速 p33 2～

| 3 | 誤 | 制限行為能力者の相手方は、被保佐人に対しては、1か月以上の期間を定めて、その期間内にその保佐人の追認を得るべき旨の催告をすることができる〈民20条4項前段〉。この場合において、その被保佐人がその期間内にその追認を得た旨の通知を発しないときは、**その行為を取り消したものとみなす**〈同条項後段〉。したがって、本肢の場合、Dがその行為を取り消したものとみなされる。
合 ①分冊 p24 2～ 速 p24 2～

| 4 | 正 | 保佐人の同意を得なければならない行為について、**保佐人が被保佐人の利益を害するおそれがないにもかかわらず同意をしないときは、家庭裁判所は、被保佐人の請求により、保佐人の同意に代わる許可を与えることができる**〈民13条3項〉。不動産その他重要な財産に関する権利の得喪を目的とする行為は、保佐人の同意を得なければならない行為であり〈同条1項3号〉、Eが、Aの利益を害するおそれがないにもかかわらず、甲の売却につき同意をしない場合には、家庭裁判所は、Aの請求により、Eの同意に代わる許可を与えることができる。
合 ①分冊 p24 2～ 速 p24 2～

正解 4（正解率83%）

肢別解答率 受験生はこう答えた！
1 7%
2 3%
3 8%
4 83%

難易度 **易**

5 総則

2020年度 問5　Check ☐☐☐　重要度 ▶ A

Aがマンション管理業者Bの代理人と称して、マンション甲の管理組合Cとの間で管理委託契約（以下、本問において「本件契約」という。）を締結したが、Aは代理権を有していなかった場合に関する次の記述のうち、民法の規定によれば、誤っているものはどれか。

1　CがBに対し、相当の期間を定めて、その期間内に本件契約を追認するかどうかを確答すべき旨の催告をしたが、当該期間内にBから確答を得られなかった場合には、Bは、追認をしたものとみなされる。

2　Cは、本件契約の締結時に、Aが代理権を有していないことを知らなかったときは、Bが追認しない間は、本件契約を取り消すことができる。

3　Bが本件契約の追認を拒絶した場合には、Cは、Aに対し、Cの選択に従い、損害賠償の請求又は契約の履行を請求することができる。

4　Aが本件契約の締結時に制限行為能力者であった場合に、Aの代理行為が制限行為能力を理由に取り消されたときは、CはAに対し、無権代理人の責任を追及することができない。

10　LEC東京リーガルマインド　2025年版 出る順管理業務主任者 分野別過去問題集　①分冊

① 誤　無権代理により契約が締結された場合において、相手方は、本人に対し、相当の期間を定めて、その期間内に追認をするかどうかを確答すべき旨の催告をすることができる〈民114条前段〉。この場合において、本人がその期間内に確答をしないときは、**追認を拒絶したものとみなす**〈同条後段〉。したがって、Bは、追認を拒絶したものとみなされる。

　合 ①分冊 p31 ②～　速 p36 ③～

② 正　代理権を有しない者がした契約は、**本人が追認をしない間は、契約の時において代理権を有しないことを相手方が知っていたときを除き、相手方が取り消すことができる**〈民115条〉。Cは、本件契約の締結時に、Aが代理権を有していないことを知らなかったから、Bが追認をしない間は、本件契約を取り消すことができる。

　合 ①分冊 p31 ②～　速 p36 ③～

③ 正　他人の代理人として契約をした者は、**自己の代理権を証明したとき、又は本人の追認を得たときを除き**、相手方の選択に従い、相手方に対して履行又は損害賠償の責任を負う〈民117条1項〉。Aは、代理権を有しておらず、また、Bが追認を拒絶したことから、Cの選択に従い、Cに対して履行又は損害賠償の責任を負う。したがって、Cは、Aに対し、Cの選択に従い、損害賠償の請求又は契約の履行を請求することができる。

　合 ①分冊 p31 ②～　速 p36 ③～

④ 正　他人の代理人として契約をした者は、自己の代理権を証明したとき、又は本人の追認を得たときを除き、相手方の選択に従い、相手方に対して履行又は損害賠償の責任を負う〈民117条1項〉。もっとも、**他人の代理人として契約をした者が行為能力の制限を受けていたときは、上記責任を負わない**〈同条2項3号〉。したがって、Aは無権代理人の責任を負わず、Cは、Aに対し、無権代理人の責任を追及することはできない。

　合 ①分冊 p31 ②～　速 p36 ③～

正解 ①
（正解率 78%）

肢別解答率　受験生はこう答えた！

1	78%
2	4%
3	4%
4	15%

難易度　易

6 総則

2021年度 問1　　*Check* ☐☐☐　重要度 ▶ **A**

Aが、Bとの間で、自己の所有するマンションの一住戸甲をBに売却する旨の契約を締結した場合に関する次の記述のうち、民法の規定によれば、最も適切なものはどれか。

1　Aが、所有権を移転する意思がないにもかかわらず、Bと売買契約を締結した場合に、Bがその真意を知り、又は知ることができたときは、Aは、Bに対して当該契約の無効を主張することができる。

2　Aが、所有権を移転する意思がないにもかかわらず、Bと通謀して売買契約を締結し、所有権移転登記を済ませた後に、BがAに無断で、その事情を知らない第三者Cに甲を転売した場合に、Cにその事情を知らないことについて過失があるときは、Aは、Cに対して、虚偽表示による当該売買契約の無効を主張することができる。

3　Aが、Bの詐欺を理由として当該売買契約を取り消した場合に、Aの取消し前に、Bが、その事情を知らず、かつその事情を知らないことについて過失のある第三者Dに甲を転売していたときは、Aは、Dに対して取消しの効果を主張することができない。

4　Aが、Bの強迫を理由として当該売買契約を取り消した場合に、Aの取消し前に、Bが、その事情を知らず、かつその事情を知らないことについて過失のない第三者Eに甲を転売していたときは、Aは、Eに対して取消しの効果を主張することができない。

12　LEC東京リーガルマインド　2025年版 出る順管理業務主任者 分野別過去問題集　①分冊

1 **適切** 意思表示は、表意者がその真意ではないことを知ってしたときであっても、そのためにその効力を妨げられない〈民93条1項本文〉。もっとも、相手方がその意思表示が**表意者の真意ではないことを知り、又は知ることができたとき**は、その意思表示は、無効とする〈同条項ただし書〉。Aは、所有権を移転する意思がないままに甲を売却する意思表示をしているが、BがAの真意を知り、又は知ることができたときは、Aの意思表示は無効となり、Aはこれを主張することができる。

👉 合 ①分冊 p15 ❷～ 速 p14 ❷～

2 **不適切** 相手方と通じてした虚偽の意思表示は、無効とする〈民94条1項〉。もっとも、上記の意思表示の無効は、**善意の第三者に対抗することができない**〈同条2項〉。Cは、AB間の事情を知らないので、「善意の第三者」にあたり、Aは、Cに対して、虚偽表示による売買契約の無効を主張することはできない。

👉 合 ①分冊 p15 ❷～ 速 p15 ❸～

3 **不適切** 詐欺による意思表示は、取り消すことができる〈民96条1項〉。もっとも、詐欺による意思表示の取消しは、**善意でかつ過失がない第三者に対抗することができない**〈同条3項〉。Dは、AB間の事情を知らないが、その事情を知らないことについて過失があるので、「善意でかつ過失がない第三者」にあたらず、Aは、Dに対して、詐欺による売買契約の取消しの効果を主張することができる。

👉 合 ①分冊 p15 ❷～ 速 p18 ❺～

4 **不適切** 強迫による意思表示は、取り消すことができる〈民96条1項〉。この取消しの効果は、**善意でかつ過失がない第三者に対抗することができる**〈同条3項参照〉。したがって、Aは、Eに対して、強迫による売買契約の取消しの効果を主張することができる。

👉 合 ①分冊 p15 ❷～ 速 p19 ❻～

正解 1
（正解率74%）

肢別解答率 受験生はこう答えた！
1 74%
2 10%
3 13%
4 3%

難易度 **易**

7 総則

2021年度 問4   *Check* ☐☐☐ 重要度 ▶ **A**

Aが、自己の所有するマンションの一住戸甲をBに売却する契約の締結について、Cに代理権を授与した場合に関する次の記述のうち、民法の規定によれば、最も不適切なものはどれか。

1 Cが制限行為能力者であった場合に、Aは、Cの制限行為能力を理由に代理行為を取り消すことができない。

2 Cが、売却代金を着服する目的で、当該代理権の範囲内において、当該契約を締結した場合に、Bが、Cの当該目的を知ることができたときは、Cの行為は代理権を有しない者がした行為とみなされる。

3 Cの子Dは、CがAから預かった書類をA及びCに無断で持ち出し、Aの代理人と称して当該契約を締結したところ、これを知ったBが、Aに対して、追認をするかどうかを確答すべき旨の催告をした場合に、相当の期間内に確答がなかったときは、Aは追認をしたものとみなされる。

4 Cは、Aの許諾を得たとき、又はやむを得ない事由があるときでなければ、復代理人を選任することができない。

---

14   **LEC**東京リーガルマインド　2025年版 出る順管理業務主任者 分野別過去問題集 ①分冊

1 適切

制限行為能力者が代理人としてした行為は、**行為能力の制限によっては取り消すことができない**〈民102条本文〉。したがって、Aは、Cの制限行為能力を理由に代理行為を取り消すことはできない。

☞ 合 ①分冊 p31 **2**～ 速 p33 **2**～

2 適切

代理人が自己又は第三者の利益を図る目的で代理権の範囲内の行為をした場合において、**相手方がその目的を知り、又は知ることができたとき**は、その行為は、代理権を有しない者がした行為とみなす〈民107条〉。Cは、売買代金を着服する目的で代理権の範囲内の行為をしており、また、BはCの目的を知ることができたので、Cの行為は代理権を有しない者がした行為とみなされる。

☞ 合 ①分冊 p37 **3**～ 速 p40 **4**～

3 不適切

代理権を有しない者が他人の代理人として契約を締結した場合において、相手方は、本人に対し、相当の期間を定めて、その期間内に追認をするかどうかを確答すべき旨の催告をすることができる〈民114条前段〉。この場合において、本人がその期間内に確答をしないときは、**追認を拒絶したものとみなす**〈同条後段〉。本肢の場合、Bの催告に対し、Aは確答をしていないので、Aは追認を拒絶したものとみなされる。

☞ 合 ①分冊 p31 **2**～ 速 p36 **3**～

4 適切

委任による代理人は、**本人の許諾を得たとき、又はやむを得ない事由があるとき**でなければ、復代理人を選任することができない〈民104条〉。したがって、Cは、Aの許諾を得たとき、又はやむを得ない事由があるときでなければ、復代理人を選任することができない。

☞ 合 ①分冊 p37 **3**～ 速 p40 **4**～

正解 3（正解率 89%）

肢別解答率 受験生はこう答えた！
1　4%
2　5%
3　89%
4　2%

難易度 **易**

8 総則

2023年度 問2　Check ☐☐☐　重要度 ▶ **B**

制限行為能力者であるAは、甲マンションの一住戸を所有し、同住戸に居住している。この場合に関する次の記述のうち、民法の規定によれば、最も不適切なものはどれか。

1　Aが成年被後見人である場合は、Aの後見人がAを代理して当該住戸の区分所有権を売却するためには、家庭裁判所の許可を得なければならない。

2　Aが成年被後見人である場合は、Aは、あらかじめその後見人の同意を得ることにより、第三者との間で、当該住戸のリフォーム工事に係る契約を有効に締結することができる。

3　Aが被保佐人である場合は、家庭裁判所は、Aの請求により、Aのために当該住戸の区分所有権の売却についてAの保佐人に代理権を付与する旨の審判をすることができる。

4　Aが被補助人である場合は、家庭裁判所が、Aの補助人の請求により、Aが当該住戸の区分所有権を売却することについてAの補助人の同意を得なければならない旨の審判をするためには、Aの同意が必要である。

1 適切

成年後見人は、成年被後見人に代わって、その**居住の用に供する建物**又はその敷地について、**売却**、**賃貸**、賃貸借の解除又は抵当権の設定その他これらに準ずる処分をするには、**家庭裁判所の許可を得なければならない**〈民859条の3〉。成年被後見人であるAの後見人がAを代理してAの所有する住戸の区分所有権を売却するためには、家庭裁判所の許可を得なければならない。

☞ 速 p24 2~

2 不適切

成年被後見人の法律行為は、日用品の購入その他日常生活に関する行為を除き、**取り消すことができる**〈民9条〉。したがって、成年被後見人であるAは、あらかじめその後見人の同意を得たとしても、第三者との間で、住戸のリフォーム工事に係る契約を有効に締結することはできない。

☞ 合 ①分冊 p24 2~ 速 p24 2~

3 適切

家庭裁判所は、**本人**、配偶者、4親等内の親族、後見人、後見監督人、保佐人、保佐監督人、補助人、補助監督人又は検察官の請求によって、被保佐人のために特定の法律行為について**保佐人に代理権を付与する旨の審判**をすることができる〈民876条の4第1項〉。

4 適切

家庭裁判所は、本人、配偶者、4親等内の親族、後見人、後見監督人、保佐人、保佐監督人、**補助人**、補助監督人又は検察官の請求により、被補助人が特定の法律行為をするにはその**補助人の同意を得なければならない旨の審判**をすることができる〈民17条1項〉。**本人以外の者の請求**によりこの審判をするには、**本人の同意がなければならない**〈同条2項〉。したがって、Aの補助人の請求により、Aが住戸の区分所有権を売却することについてAの補助人の同意を得なければならない旨の審判をするためには、Aの同意が必要である。

正解 **2** （正解率 **67%**）

肢別解答率 受験生はこう答えた！
1 13%
2 67%
3 7%
4 13%

難易度 **普**

⑨ 総則

2023年度 問3　　Check ☐☐☐　重要度 ▶ A

Aが、代理権を有しないにもかかわらず、Bの代理人と称して、Cとの間でB所有のマンションの一住戸の売買契約（以下、本問において「本件売買契約」という。）を締結した場合に関する次の記述のうち、民法の規定によれば、最も不適切なものはどれか。ただし、Aは制限行為能力者ではないものとする。

1 Aの行為は無権代理行為であるが、Bが追認をすれば、本件売買契約は有効となる。

2 本件売買契約が締結されたときに、CがAに代理権がないことを知っていた場合は、Cは、Bに対して、追認をするかどうかを確答すべき旨を催告することができない。

3 CがBに対し、相当の期間を定めて、その期間内にAの無権代理行為を追認するかどうかを確答すべき旨を催告した場合において、Bがその期間内に確答をしないときは、Bは、追認を拒絶したものとみなされる。

4 CがBに対し、相当の期間を定めて、その期間内にAの無権代理行為を追認するかどうかを確答すべき旨を催告した場合において、Bが追認を拒絶したときは、Aは、Cに対して、Cの選択に従い、本件売買契約の履行又は損害賠償の責任を負う。

18　　LEC東京リーガルマインド　2025年版 出る順管理業務主任者 分野別過去問題集　①分冊

1 **適切** 代理権を有しない者が他人の代理人としてした契約は、**本人がその追認をしなければ、本人に対してその効力を生じない**〈民113条1項〉。したがって、本件売買契約は、Bが追認すれば、有効となる。
　合 ①分冊p31 **2**〜　速 p36 **3**〜

2 **不適切** 代理権を有しない者が他人の代理人として契約を締結した場合において、**相手方**は、本人に対し、相当の期間を定めて、その期間内に**追認をするかどうかを確答すべき旨の催告をすることができる**〈民114条前段〉。Aは、Bの代理人として本件売買契約を締結しているから、Cは、Aに代理権がないことを知っていたとしても、Bに対して、追認をするかどうかを確答すべき旨の催告をすることができる。
　合 ①分冊p31 **2**〜　速 p36 **3**〜

3 **適切** 相手方が本人に対して相当の期間を定めてその期間内に無権代理人による契約を追認するかどうかを確答すべき旨の催告をした場合において、**本人がその期間内に確答をしないときは、追認を拒絶したものとみなす**〈民114条後段〉。したがって、Bが相当の期間内に追認をするかどうかを確答しないときは、Bは、追認を拒絶したものとみなされる。
　合 ①分冊p31 **2**〜　速 p36 **3**〜

4 **適切** 他人の代理人として契約をした者は、**自己の代理権を証明したとき、又は本人の追認を得たときを除き**、相手方の選択に従い、相手方に対して**履行又は損害賠償の責任を負う**〈民117条1項〉。Aは、代理権を有していないので、これを証明することはできず、また、Bが追認を拒絶しているから、Aは、Cに対して、Cの選択に従い、本件売買契約の履行又は損害賠償の責任を負う。
　合 ①分冊p31 **2**〜　速 p36 **3**〜

正解 2
（正解率88%）

肢別解答率 受験生はこう答えた！
1　2%
2　88%
3　4%
4　6%

難易度 **易**

⑩ 売買

2017年度 問41　　Check ☐☐☐　重要度 ▶ **A**

買主Aと売主Bが、マンションの一住戸の売買契約を締結した場合におけるBの契約不適合責任に関する次の記述のうち、民法の規定によれば、誤っているものはどれか。なお、AとBは、ともに宅地建物取引業者ではない個人とする。（改題）

1 　別段の特約がない限り、AがBに対して品質に関する契約不適合を理由とする損害賠償請求をする場合、Aがその不適合を知った時から1年以内にその不適合の事実をBに通知しなければならない。

2 　「AはBに対して、欠陥の修補請求はできるが、損害賠償請求はできない」旨の特約をすることはできない。

3 　「売買目的物が契約の内容に適合しないものであったとしても、BはAに対してその責任を負わない」旨の特約があっても、Bが、売買契約締結時に契約不適合があることを知りながらAに告げなかった事実については、Bはその責任を免れることができない。

4 　売買の目的物の種類、品質又は数量に関する契約不適合がAの責めに帰すべき事由によるものである場合に、AはBに対し履行の追完の請求をすることができない。

1 正　売主が種類又は品質に関して契約の内容に適合しない目的物を買主に引き渡した場合において、**買主がその不適合を知った時から1年以内にその旨を売主に通知しないときは**、買主は、その不適合を理由として、履行の追完の請求、代金の減額の請求、損害賠償の請求及び契約の解除をすることができない〈民566条〉。
☞ 合 ①分冊 p44 ③〜　速 p64 ②〜

2 誤　売主の契約不適合責任に関する規定は、任意規定であるから、これと**異なる内容の特約をすることは可能である**。したがって、本肢の特約をすることも可能である。
☞ 合 ①分冊 p44 ③〜　速 p64 ②〜

3 正　売主は、契約不適合責任を負わない旨の特約をしたときであっても、**知りながら告げなかった事実**については、その責任を**免れることができない**〈民572条〉。
☞ 合 ①分冊 p44 ③〜　速 p64 ②〜

4 正　引き渡された目的物が種類、品質又は数量に関して契約の内容に適合しないものであるときは、買主は、売主に対し、履行の追完を請求することができる〈民562条1項本文〉。もっとも、その不適合が**買主の責めに帰すべき事由によるものであるとき**は、買主は、履行の追完の請求をすることが**できない**〈同条2項〉。したがって、AはBに対し履行の追完の請求をすることができない。
☞ 合 ①分冊 p44 ③〜　速 p64 ②〜

正解 ②（正解率82％）

肢別解答率　受験生はこう答えた！
① 6%
② 82%
③ 2%
④ 9%

難易度 易

⑪ 売買

2018年度 問2　　　Check ☐☐☐　重要度 ▶ B

AB間で、Aの所有するマンション（マンション管理適正化法第2条第1号に規定するものをいう。以下同じ。）の1住戸甲（以下、本問において「甲」という。）をBに売却する契約（以下、本問において「本件契約」という。）が締結され、AB間の協議により、BはAに解約手付としての手付金を交付した。また、本件契約において、Aは、契約締結の日から1か月後に代金と引換えに甲を引き渡すことが約定されていた。この場合に関する次の記述のうち、民法の規定及び判例によれば、正しいものはどれか。

1 Bが本件契約の履行に着手していない場合、Aは、Bに対し、手付金の倍額を償還することにより本件契約を解除する旨の通知を送達すれば、本件契約を解除することができる。

2 Aが本件契約の履行に着手していない場合、BがAに対し、手付金を放棄し、本件契約を解除する旨の意思表示をしたときは、Aは、Bに対して損害賠償を請求することができない。

3 契約締結の日から1か月後に、Aが甲の引渡しの準備をしていなかった場合でも、Bが代金の支払の準備を整えていたときは、AとBはいずれも、解約手付による解除権を行使することができない。

4 BがAの債務不履行により売買契約を解除した場合、Bは、Aに対して手付金の返還を請求することができるが、損害賠償を請求することはできない。

買主が売主に手付を交付したときは、**相手方が契約の履行に着手するまでは**、買主はその手付を**放棄**し、売主はその**倍額を現実に提供して**、契約の解除をすることができる〈民557条1項〉。

1 誤 売主は、手付の倍額を**現実に提供**しなければ、手付解除をすることはできない。したがって、Aは、Bに対し、手付金の倍額につき現実の提供をしなければ、**本件契約を解除することはできない**。
☞ 合 ①分冊 p48 4〜 速 p68 3〜

2 正 買主が手付を放棄し、又は売主がその倍額を現実に提供して、売買契約を解除したときは、相手方は、**損害賠償の請求をすることはできない**。本肢の場合、Bは、手付金を放棄して売買契約を解除しているが、Aは、Bに対して、損害賠償を請求することはできない。
☞ 合 ①分冊 p48 4〜 速 p68 3〜

3 誤 Aは、甲の引渡しの準備を行っていないことから、「履行に着手」したとはいえない。したがって、Bは、手付を放棄することによって売買契約を**解除することができる**。
☞ 合 ①分冊 p48 4〜 速 p68 3〜

4 誤 債務不履行を理由とする解除権の行使は、**損害賠償の請求を妨げない**〈民545条4項〉。したがって、Bは、Aに対して、**債務不履行による損害賠償請求をすることができる**。なお、本肢の売買契約の解除は、Aの債務不履行によるものであり、Bの手付の放棄によるものではないから、Bは、Aに対し、手付の返還を請求することができる。
☞ 合 ①分冊 p48 4〜 速 p68 3〜

正解 **2** （正解率73%）

肢別解答率 受験生はこう答えた！
1 22%
2 73%
3 3%
4 3%

難易度 **易**

⑫ 売買

2018年度 問40　　　*Check* ☐☐☐　重要度 ▶ **A**

買主Aが売主Bからマンションの住戸を買ったところ、その専有部分について欠陥があり、その品質に関して契約内容に適合しなかった場合（以下、本問において「本件契約不適合」という。）に関する次の記述のうち、民法の規定によれば、正しいものはどれか。なお、AとBは、ともに宅地建物取引業者ではない個人とする。（改題）

1　売買契約において、BがAに対して本件契約不適合につき責任を一切負わない旨の特約をした場合には、Bが本件契約不適合を知りながら、Aに告げなかったときであっても契約不適合責任を負わない。

2　売買契約において、別段の特約がない限り、Aが、売買の目的物の引渡しを受けた時から1年以内にBに対して本件契約不適合につき通知をしなければ、Bは契約不適合責任を免れる。

3　売買契約において、AとBが契約不適合責任について何らの取り決めをしなかった場合でも、AはBに対して、契約不適合責任を追及することができる。

4　AがBに対して、修補請求をするときは、Bが定める補修方法によらなければならない旨の特約は無効である。

24　**LEC**東京リーガルマインド　2025年版 出る順管理業務主任者 分野別過去問題集　①分冊

1 誤
売主は、契約不適合責任を負わない旨の特約をしたときであっても、**知りながら告げなかった事実**については、**その責任を免れることはできない**〈民572条〉。したがって、Bが本件契約不適合を知りながら、Aに告げなかった場合、Bは、契約不適合責任を負う。

☞ 合 ①分冊 p44 ❸～　速 p64 ❷～

2 誤
売主が種類又は品質に関して契約の内容に適合しない目的物を買主に引き渡した場合において、**買主がその不適合を知った時から1年以内にその旨を売主に通知しないとき**は、買主は、その不適合を理由として、履行の追完の請求、代金の減額の請求、損害賠償の請求及び契約の解除をすることができない〈民566条〉。したがって、Aが、売買の目的物の引渡しを受けた時から1年以内にBに対して本件契約不適合につき通知をしていなくても、Aが、本件契約不適合があることを知った時から1年以内にその旨を通知したときは、Bは契約不適合責任を免れない。

☞ 合 ①分冊 p44 ❸～　速 p64 ❷～

3 正
民法は、契約不適合責任について定めている〈民562条～564条〉。AとBが契約不適合責任について何らの取り決めをしなかったとしても、Aは、**民法の規定に基づいて、Bに対して、契約不適合責任を追及することができる**。

☞ 合 ①分冊 p44 ❸～　速 p64 ❷～

4 誤
民法上、契約不適合責任につき、**民法の規定と異なる内容の特約を定めることは可能である**。AB間で、補修方法をBが定めるとすることも可能である。

☞ 合 ①分冊 p44 ❸～　速 p64 ❷～

正解 ③　（正解率91％）

肢別解答率　受験生はこう答えた！
1　1％
2　4％
3　91％
4　4％

難易度　易

⑬ 賃貸借

2017年度 問44

Check ☐☐☐ 重要度 ▶ A

区分所有者Aが、自己所有のマンションの専有部分についてBと定期建物賃貸借契約（以下、本問において「本件契約」という。）を締結する場合に関する次の記述のうち、借地借家法の規定によれば、誤っているものはどれか。

1 本件契約は、公正証書によってしなければならない。

2 本件契約は、期間を１年未満とすることもできる。

3 本件契約を締結するに当たり、Aが、あらかじめBに対し、期間満了により当該建物の賃貸借が終了し、契約の更新がないことについて書面を交付して説明しなかった場合には、契約の更新がないこととする旨の本件契約の定めは無効となる。

4 本件契約においては、相互に賃料の増減額請求をすることはできない旨の特約は有効である。

1 **誤** 定期建物賃貸借契約は、**公正証書による等書面によって**しなければならない〈借38条1項前段〉。したがって、必ずしも公正証書による必要はなく、何らかの書面で契約をすれば足りる。
☞ 合 ①分冊 p62 **7**~ 速 p83 **5**~

2 **正** 通常の建物賃貸借で、期間を1年未満としたものは、期間の定めのない建物の賃貸借とみなされる〈借29条1項〉。もっとも、**定期建物賃貸借の場合、この規定は適用されず**〈借38条1項後段〉、期間を1年未満とすることも可能である。
☞ 合 ①分冊 p62 **7**~ 速 p83 **5**~

3 **正** 定期建物賃貸借をしようとするときは、建物の賃貸人は、あらかじめ、建物の賃借人に対し、建物の賃貸借は契約の更新がなく、期間の満了により当該建物の賃貸借は終了することについて、その旨を記載した書面を交付して説明しなければならない〈借38条3項〉。この**説明をしなかったときは、契約の更新がないこととする旨の定めは、無効となる**〈同条5項〉。
☞ 合 ①分冊 p62 **7**~ 速 p83 **5**~

4 **正** 定期建物賃貸借においては、**借賃の改定に係る特約をすることができる**〈借38条9項参照〉。したがって、本肢の特約は有効である。
☞ 合 ①分冊 p62 **7**~ 速 p83 **5**~

正解 ① （正解率85%）
肢別解答率 受験生はこう答えた！
1 85%
2 6%
3 4%
4 6%

難易度 **易**

⑭ 賃貸借

2018年度 問5　　Check ☐☐☐　重要度 ▶ A

AとBとの間で、Aが所有するマンションの1住戸甲（以下、本問において「甲」という。）についての賃貸借契約が締結され、AはBに甲を引き渡した。この場合に関する次の記述のうち、民法の規定及び判例によれば、誤っているものはどれか。

1　Bが、Aの承諾を得ないで、甲をCに転貸した場合であっても、Bの行為についてAに対する背信行為と認めるに足りない特段の事情があるときは、Aは、Bとの間の賃貸借契約を、無断転貸を理由として解除することができない。

2　Bが、Aの承諾を得て、甲をCに転貸した場合、Bの債務不履行を理由としてAが賃貸借契約を解除したときは、Cの転借権も消滅する。

3　Bが、Aの承諾を得て、甲をCに転貸した場合、Cは、Aに対して直接に義務を負う。

4　Bが、Aの承諾を得て、甲の賃借権をCに譲渡した場合、BがAに交付した敷金に関する権利義務関係は、当然にCに承継される。

1 正　賃借人は、賃貸人の承諾を得なければ、その賃借権を譲り渡し、又は賃借物を転貸することができない〈民612条1項〉。賃借人がこれに違反して第三者に賃借物の使用又は収益をさせたときは、賃貸人は、契約の解除をすることができる〈同条2項〉。もっとも、賃借人が賃貸人の承諾なく第三者に賃借物の使用収益をさせた場合においても、**賃借人の当該行為が賃貸人に対する背信的行為と認めるに足らない特段の事情がある場合**においては、**上記の解除権は発生しない**〈最判昭和28.9.25〉。本肢の場合、上記の特段の事情があるので、Aは、Bとの間の賃貸借契約を、無断転貸を理由として解除することはできない。
☞ 合 ①分冊 p59 5～　速 p78 3～

2 正　賃貸借契約が転貸人の債務不履行を理由とする解除により終了した場合、賃貸人の承諾のある転貸借は、原則として、賃貸人が転借人に対して目的物の返還を請求した時に、転貸人の転借人に対する債務の履行不能により**終了する**〈最判平成9.2.25〉。したがって、本肢の場合、Aが、Cに対して、甲の返還を請求すれば、Cの転貸借は消滅する。
☞ 合 ①分冊 p59 5～　速 p78 3～

3 正　賃借人が適法に賃借物を転貸したときは、**転借人は、**賃貸人と賃借人との間の賃貸借に基づく賃借人の債務の範囲を限度として、賃貸人に対して転貸借に基づく債務を**直接履行する義務を負う**〈民613条1項前段〉。したがって、Cは、Aに対して、直接に義務を負う。
☞ 合 ①分冊 p59 5～　速 p78 3～

4 誤　賃貸人は、敷金を受け取っている場合において、賃借人が適法に賃借権を譲り渡したときは、賃借人に対し、その受け取った敷金の額から賃貸借に基づいて生じた賃借人の賃貸人に対する金銭の給付を目的とする債務の額を控除した残額を**返還しなければならない**〈民622条の2第1項2号〉。したがって、BがAに交付した敷金に関する権利義務関係は、特段の事情のない限り、Cに承継されない。
☞ 合 ①分冊 p57 3～　速 p76 2～

正解 4　（正解率 71％）

肢別解答率　受験生はこう答えた！
1　5％
2　10％
3　14％
4　71％

難易度　易

⑮ 賃貸借

2018年度 問42　　Check ☐☐☐　重要度 ▶ **A**

区分所有者Aが、自己所有のマンションの専有部分甲（以下、本問において「甲」という。）をBに賃貸する場合に関する次の記述のうち、民法、借地借家法の規定及び判例によれば、正しいものはどれか。なお、AB間の賃貸借契約は、定期建物賃貸借契約ではないものとする。

1　AB間において、一定期間、賃料を増額しない旨の特約がある場合には、経済事情の変動により、当該賃料が近傍同種の建物に比較して不相当になったときでも、Aは、当該特約に定める期間、増額請求をすることができない。

2　AB間で賃貸借契約を締結し、Bが入居した後に、Aが甲を第三者Cに譲渡し、Cが移転登記をした場合でも、Cに賃貸人たる地位が移転した旨をAがBに通知しなければ、Cに賃貸人の地位は移転しない。

3　AB間の賃貸借契約において、Aからの解約は6月の予告期間を置き、Bからの解約は1月の予告期間を置けば、正当の事由の有無を問わず中途解約できる旨の特約は有効である。

4　AB間において、甲の使用目的を専らBの事務所として賃貸借する旨を賃貸借契約書に明示した場合は、借地借家法は適用されない。

1 **正** 建物の借賃が、土地若しくは建物に対する租税その他の負担の増減により、土地若しくは建物の価格の上昇若しくは低下その他の経済事情の変動により、又は近傍同種の建物の借賃に比較して不相当となったときは、契約の条件にかかわらず、当事者は、**将来に向かって建物の借賃の額の増減を請求することができる**〈借32条1項本文〉。もっとも、**一定の期間建物の借賃を増額しない旨の特約がある場合には、その定めに従う**〈同条項ただし書〉。本肢の場合、一定期間、賃料を増額しない旨の特約があるので、Aは、当該特約の定める期間、増額請求をすることはできない。

👉 合 ①分冊 p62 **7**～ 速 p83 **5**～

2 **誤** 賃貸借の対抗要件を備えた場合において、その不動産が譲渡されたときは、その不動産の賃貸人たる地位は、**その譲受人に移転する**〈民605条の2第1項〉。Bは、専有部分に入居しており、対抗要件を備えている〈借31条〉。したがって、本肢のAのBに対する通知がなくとも、賃貸人の地位は、Cに移転する。

👉 合 ①分冊 p58 **4**～ 速 p83 **5**～

3 **誤** 建物の賃貸人が賃貸借の解約の申入れをする場合、その申入れは、**正当の事由があると認められる場合でなければ、することができない**〈借28条〉。この規定に反する特約で建物の賃借人に不利なものは、**無効**とする〈借30条〉。本肢の特約は、Aの解約申入れに正当の事由がなくてもよいとするものであり、借地借家法28条に反するもので、Bに不利な内容であるから、**無効となる**。

👉 合 ①分冊 p62 **7**～ 速 p83 **5**～

4 **誤** 借地借家法は、建物の所有を目的とする地上権及び土地の賃貸借並びに建物の賃貸借につき適用される〈借1条参照〉。「建物の賃貸借」は、**建物の使用目的による制限がない**。本肢の賃貸借契約は、「建物の賃貸借」であるから、**借地借家法が適用される**。

👉 合 ①分冊 p62 **7**～ 速 p83 **5**～

正解 1
（正解率81%）

肢別解答率
受験生は
こう答えた！

1	81%
2	6%
3	6%
4	7%

難易度 易

LEC東京リーガルマインド 2025年版 出る順管理業務主任者 分野別過去問題集 ①分冊 **31**

⑯ 賃貸借

2019年度 問42　　*Check* ☐☐☐　重要度 ▶ A

Aが所有するマンションの一住戸について、自らを貸主とし、借主Bと、期間を5年とする定期建物賃貸借契約（以下、本問において「本件契約」という。）を締結しようとする場合に関する次の記述のうち、借地借家法の規定及び判例によれば、正しいものはどれか。

1 本件契約において、相互に賃料の増減額請求をすることはできない旨の特約は無効である。

2 Aは、本件契約を締結するに当たり、あらかじめBに対し、本件契約期間満了後の更新はなく終了することについて、その旨を記載した書面を交付して説明しなければならないが、本件契約書に明確にその旨が記載され、Bがその内容を認識しているときは、説明をしなくてもよい。

3 本件契約の期間を6箇月とした場合においては、本件契約は期間の定めのない契約とみなされる。

4 本件契約の目的が、事業用のものであるか否かにかかわらず、公正証書による等書面によりしなければならない。

32　**LEC**東京リーガルマインド　2025年版 出る順管理業務主任者 分野別過去問題集　①分冊

1 誤

借賃増減請求権を定める借地借家法32条は、定期建物賃貸借において、借賃の改定に係る特約がある場合には、適用しない〈借38条9項〉。したがって、本件契約において、相互に賃料の増減額請求をすることはできない旨の特約は**有効である**。

合 ①分冊 p62 7～　速 p83 5～

2 誤

定期建物賃貸借をしようとするときは、建物の賃貸人は、あらかじめ、建物の賃借人に対し、建物の賃貸借は契約の更新がなく、期間の満了により当該建物の賃貸借は終了することについて、その旨を記載した**書面を交付して説明しなければならない**〈借38条3項〉。この書面は、賃借人が、当該契約に係る賃貸借は契約の更新がなく、期間の満了により終了すると認識しているか否かにかかわらず、**契約書とは別個独立の書面であることを要する**〈最判平成24.9.13〉。したがって、Aは、Bの認識にかかわらず、契約書とは別に書面を交付して、説明をしなければならない。

合 ①分冊 p62 7～　速 p83 5～

3 誤

通常の建物の賃貸借の場合、期間を1年未満としたときは、期間の定めがない建物の賃貸借とみなされる〈借29条1項〉。もっとも、定期建物賃貸借の場合、**上記規定は適用されない**〈借38条1項後段〉。したがって、本件契約の期間を6か月とした場合、本件契約の期間は6か月となる。

合 ①分冊 p62 7～　速 p83 5～

4 正

期間の定めがある建物の賃貸借をする場合においては、公正証書による等書面によって契約をするときに限り、契約の更新がないこととする旨を定めることができる〈定期建物賃貸借　借38条1項前段〉。したがって、本件契約は、事業用のものであるか否かにかかわらず、公正証書による等書面によりしなければならない。

合 ①分冊 p62 7～　速 p83 5～

正解 4（正解率68%）

肢別解答率 受験生はこう答えた！
1　12%
2　5%
3　15%
4　68%

難易度 普

17 賃貸借

2020年度 問43　　　Check ☐☐☐　重要度 ▶ A

区分所有者Aが、自己所有のマンションの専有部分をBに賃貸した場合に関する次の記述のうち、民法及び借地借家法の規定によれば、正しいものはどれか。なお、AB間の賃貸借契約は、定期建物賃貸借契約ではないものとする。

1 Bが、Aの承諾を得ないで、その専有部分を第三者Cに転貸する契約を締結した場合でも、Cがその専有部分の使用・収益を始めない限り、AはBとの賃貸借契約を解除することができない。

2 AB間で建物賃貸借の期間を2年間と定め、中途解約ができる旨の特約を定めなかった場合でも、Bからは、1箇月の予告期間を置けば中途解約ができる。

3 BがAの同意を得て付加した畳、建具その他の造作について、Bは、Aに対し、賃貸借が終了したときにそれらの買取りを請求することができない旨の特約は無効である。

4 Bが賃料を支払わなければならない時期は、特約をしなければ、当月分について前月末日である。

34　LEC東京リーガルマインド　2025年版 出る順管理業務主任者 分野別過去問題集　①分冊

1 正
賃借人は、賃貸人の承諾を得なければ、その賃借権を譲り渡し、又は賃借物を転貸することができない〈民612条1項〉。賃借人がこの規定に違反して**第三者に賃借物の使用又は収益をさせたとき**は、賃貸人は、契約の解除をすることができる〈同条2項〉。したがって、BがAの承諾を得ないで、その専有部分を第三者Cに転貸する契約を締結した場合でも、Cがその専有部分の使用・収益を始めない限り、「第三者に賃借物の使用又は収益をさせたとき」にあたらず、AはBとの賃貸借契約を解除することはできない。

☞ 合 ①分冊 p59 5～ 速 p78 3～

2 誤
期間の定めのある賃貸借契約は、**解約権を留保していない限り、当事者双方とも中途解約をすることはできない**〈民618条〉。本肢の賃貸借では、中途解約ができる旨の特約を定めていないので、Bは、中途解約をすることはできない。

☞ 合 ①分冊 p61 6～ 速 p82 4～

3 誤
建物の賃貸人の同意を得て建物に付加した畳、建具その他の造作がある場合には、建物の賃借人は、建物の賃貸借が期間の満了又は解約の申入れによって終了するときに、建物の賃貸人に対し、その造作を時価で買い取るべきことを請求することができる〈造作買取請求権　借33条1項前段〉。造作買取請求権を廃除する旨の特約は、**有効**である〈借37条参照〉。

☞ 合 ①分冊 p62 7～ 速 p83 5～

4 誤
賃料は、建物については、**毎月末**に支払わなければならない〈民614条本文〉。つまり、当月分の支払時期は、当月末日となる。

☞ 合 ①分冊 p53 2～ 速 p73 1～

18 賃貸借

2021年度 問41

Check ☐☐☐ 重要度 ▶ A

区分所有者Aが、自己の所有するマンションの専有部分をBに賃貸する契約において、AB間で合意した次の特約のうち、民法及び借地借家法の規定によれば、無効であるものを全て含む組合せはどれか。

ア Bが、賃料を滞納した場合には、Aは、直ちに専有部分に入る玄関扉の鍵を取り替える特約

イ Bは、賃貸借の契約期間中、中途解約できる特約

ウ Bが死亡したときは、同居する相続人がいる場合であっても、賃貸借契約は終了する特約

エ BがAの同意を得て建物に付加した造作であっても、賃貸借契約の終了に際して、造作買取請求はできない特約

1 エ
2 ア・イ
3 ア・ウ
4 イ・ウ・エ

36 　LEC東京リーガルマインド　2025年版 出る順管理業務主任者 分野別過去問題集　①分冊

ア 　**無効である**　本肢のような特約は、**公序良俗に反する**ものと解され、**無効**である〈民90条〉。

👉 合 ①分冊 p62 **7**~　速 p83 **5**~

イ 　**有効である**　当事者は、賃貸借の期間を定めた場合であっても、**当事者の一方又は双方が中途解約する権利を留保する特約をすることができる**〈民618条〉。したがって、この特約は有効である。

👉 合 ①分冊 p61 **6**~　速 p82 **4**~

ウ 　**無効である**　賃借人が死亡した場合、賃貸借契約に基づく賃借権は、**相続人が承継し、賃貸人が賃貸借契約を終了させる場合には、正当事由のある解約の申入れなどが必要である**〈借28条〉。本肢の特約は、賃借人が死亡した場合、当然に賃貸借契約が終了するとするものであり、上記規定に反する特約で、賃借人に不利なものであるから、**無効**となる。

👉 合 ①分冊 p160 **1**~　速 p83 **5**~

エ 　**有効である**　建物の賃貸人の同意を得て建物に付加した畳、建具その他の造作がある場合には、建物の賃借人は、建物の賃貸借が期間の満了又は解約の申入れによって終了するときに、建物の賃貸人に対し、その造作を時価で買い取るべきことを請求することができる〈造作買取請求権　借33条1項〉。もっとも、**造作買取請求権を排除する特約を結ぶことは可能**であり〈借37条参照〉、本問の特約は有効である。

👉 合 ①分冊 p62 **7**~　速 p83 **5**~

以上より、無効であるものを全て含む組合せはア・ウであり、本問の正解肢は3となる。

正解 3
（正解率 89%）

肢別解答率
受験生はこう答えた！

1	1%
2	4%
3	89%
4	5%

難易度　**易**

⑲ 請負

2020年度 問2

Check ☐☐☐　重要度 ▶ A

マンションの区分所有者Aは、リフォーム会社Bとの間で、住戸内の浴室をリフォームする内容の請負契約（以下、本問において「本件契約」という。）を締結したが、この場合に関する次の記述のうち、民法の規定によれば、誤っているものはどれか。

1 Bの施工ミスにより浴室から水漏れが生じていても、修補が可能な場合には、AはBに対して、直ちに代金減額請求をすることはできない。

2 Bの工事完成前に、Aが破産手続開始の決定を受けたときは、B又は破産管財人は、本件契約の解除をすることができる。

3 Bが本件契約内容に適合した工事を完成させた場合であっても、Aは、Bに生じる損害を賠償すれば、本件契約の解除をすることができる。

4 Bの工事完成後に、完成品に本件契約内容との不適合があることをAが知った場合には、AはBに対し、その時から1年以内にその旨を通知しなければ、追完請求としての修補請求をすることはできない。

38　　LEC東京リーガルマインド　2025年版 出る順管理業務主任者 分野別過去問題集　①分冊

1 正 　引き渡された仕事の目的物が種類、品質又は数量に関して契約の内容に適合しないものである場合において、**注文者が相当の期間を定めて履行の追完の催告をし、その期間内に履行の追完がないときは**、注文者は、その不適合の程度に応じて代金の減額を請求することができる〈民559条、563条1項〉。したがって、浴室の修補が可能である場合、Aは、まず、Bに対して、履行の追完の催告をする必要があり、直ちに、代金減額請求をすることはできない。
　☞ 合 ①分冊 p73 4～　速 p93 4～

2 正 　注文者が破産手続開始の決定を受けたときは、請負人又は破産管財人は、契約の解除をすることができる（請負人による契約の解除は、仕事を完成した後を除く。）〈民642条1項〉。本肢の場合、Bの工事は完成前であるから、B又は破産管財人は、本件契約の解除をすることができる。
　☞ 合 ①分冊 p76 5～　速 p95 5～

3 誤 　請負人が仕事を完成しない間は、注文者は、いつでも損害を賠償して契約の解除をすることができる〈民641条〉。Bは、本件契約内容に適合した工事を完成させているから、Aは契約の解除をすることはできない。
　☞ 合 ①分冊 p76 5～　速 p95 5～

4 正 　請負人が種類又は品質に関して契約の内容に適合しない仕事の目的物を注文者に引き渡した場合（その引渡しを要しない場合にあっては、仕事が終了した時に仕事の目的物が種類又は品質に関して契約の内容に適合しない場合）において、**注文者がその不適合を知った時から1年以内にその旨を請負人に通知しないときは**、注文者は、その不適合を理由として、履行の追完の請求、報酬の減額の請求、損害賠償の請求及び契約の解除をすることができない〈民637条1項〉。本肢の場合、Aは、Bに対し、不適合を知った時から1年以内にその旨を通知しなければ、追完請求としての修補請求をすることはできない。
　☞ 合 ①分冊 p73 4～　速 p93 4～

正解 **3**
（正解率 **69%**）

肢別解答率　受験生はこう答えた！
1 16%
2 11%
3 69%
4 5%

難易度 普

⑳ 請負

2022年度 問3　　Check ☐☐☐　重要度 ▶ A

マンションの管理組合Aが、施工会社Bとの間で締結したリフォーム工事の請負契約に関する次の記述のうち、民法の規定によれば、適切なものはいくつあるか。

ア　Aは、Bとの別段の合意がない限り、Bに対し、仕事に着手した時に報酬の全額を支払わなければならない。

イ　Aは、仕事が完成した後でも、Bに生じた損害を賠償して請負契約を解除することができる。

ウ　Bの行ったリフォーム工事に契約不適合がある場合、Aは、その不適合を知った時から1年以内にその旨をBに対して通知しなければ、履行の追完の請求をすることができない。

エ　請負契約が仕事の完成前に解除された場合であっても、Bが既にしたリフォーム工事によってAが利益を受けるときは、Bは、Aが受ける利益の割合に応じて報酬を請求することができる。

1 一つ

2 二つ

3 三つ

4 四つ

ア **不適切** 報酬は、**仕事の目的物の引渡しと同時に**、支払わなければならない〈民633条本文〉。したがって、Aは、Bとの別段の合意がない限り、Bに対し、リフォームの目的物の引渡しと同時に、報酬を支払わなければならないにとどまり、仕事の着手時に支払うことは義務づけられない。

☞ 合 ①分冊 p72 **2**~ 速 p92 **2**~

イ **不適切** **請負人が仕事を完成しない間**は、注文者は、いつでも損害を賠償して契約の解除をすることができる〈民641条〉。したがって、Aは、Bが仕事を完成するまでは、Bに生じた損害を賠償して請負契約を解除することができるものの、仕事の完成後は、Bに生じた損害を賠償しても請負契約を解除することはできない。

☞ 合 ①分冊 p76 **5**~ 速 p95 **5**~

ウ **適切** 請負人が種類又は品質に関して契約の内容に適合しない仕事の目的物を注文者に引き渡した場合において、**注文者がその不適合を知った時から1年以内に**その旨を請負人に通知しないときは、注文者は、その不適合を理由として、履行の追完の請求、報酬の減額の請求、損害賠償の請求及び契約の解除をすることができない〈民637条1項〉。したがって、Aは、Bの行ったリフォーム工事の契約不適合を知った時から1年以内にその旨をBに通知しなければ、履行の追完の請求をすることができない。

☞ 合 ①分冊 p73 **4**~ 速 p93 **4**~

エ **適切** 請負が仕事の完成前に解除された場合において、請負人が既にした仕事の結果のうち可分な部分の給付によって注文者が利益を受けるときは、その部分を仕事の完成とみなす〈民634条2号〉。この場合において、請負人は、**注文者が受ける利益の割合に応じて報酬を請求することができる**〈同条後段〉。したがって、本肢の場合、Bは、Aが受ける利益の割合に応じて報酬を請求することができる。

☞ 合 ①分冊 p72 **2**~ 速 p92 **2**~

以上より、適切なものはウ、エの二つであり、本問の正解肢は2となる。

正解 2
（正解率76%）

肢別解答率
受験生はこう答えた！

1	8%	
2	76%	
3	16%	
4	0%	

難易度 **易**

㉑ 委任

2017年度 問6　　*Check* ☐☐☐　重要度 ▶ A

AとBが、Bを受任者とする委任契約を締結した場合に関する次の記述のうち、民法の規定及び判例によれば、正しいものはどれか。

1　Bは、Aの承諾がなければ、受任者たる地位を第三者に譲渡することができない。

2　Bが後見開始又は保佐開始の審判を受けた場合、AB間の委任契約は終了する。

3　Bが、委任事務の処理に際して、自己の過失によらず損害を受けた場合であっても、Aの指図について過失がなければ、Bは、Aに対し損害賠償の請求をすることができない。

4　Bが無償で受任した場合は、Bが委任事務の処理に際して善管注意義務に違反したときであっても、Bは、Aに対し債務不履行責任を負わない。

42　　LEC東京リーガルマインド　2025年版 出る順管理業務主任者 分野別過去問題集　①分冊

第1編 民法・その他法令

委任

1 正 委任契約は、当事者の信頼関係を基礎とする契約であるから、受任者は、委任者の承諾なく、受任者たる地位を第三者に**譲渡することができない**。
👉 合 ①分冊 p79 **3**〜 速 p99 **3**〜

2 誤 委任は、①委任者又は受任者の死亡、②委任者又は受任者が破産手続開始の決定を受けたこと、③受任者が後見開始の審判を受けたことによって終了する〈民653条〉。Bが保佐開始の審判を受けたことは、上記のいずれにもあたらず、これによっては、**AB間の委任契約は終了しない**。
👉 合 ①分冊 p80 **4**〜 速 p100 **4**〜

3 誤 受任者は、委任事務を処理するため**自己に過失なく損害を受けたとき**は、委任者に対し、その賠償を請求することができる〈民650条3項〉。したがって、Bが、委任事務の処理に際して、自己の過失によらずに損害を受けた場合、Aの指図に過失がある場合でなくても、Bは、Aに対し損害賠償の請求をすることができる。
👉 合 ①分冊 p78 **2**〜 速 p98 **2**〜

4 誤 受任者は、委任の本旨に従い、**善良な管理者の注意をもって、委任事務を処理する義務を負う**〈善管注意義務 民644条〉。**善管注意義務に違反した場合、債務不履行となる**。したがって、Bの善管注意義務違反は債務不履行となり、Bは、Aに対し、債務不履行責任を負う。
👉 合 ①分冊 p79 **3**〜 速 p99 **3**〜

正解 **1**
（正解率 **67%**）

肢別解答率 受験生はこう答えた！
1 67%
2 21%
3 9%
4 3%

難易度 **普**

委任

2018年度 問1

委任契約に関する次の記述のうち、民法の規定によれば、正しいものはどれか。

1. 委任とは、当事者の一方が相手方のために法律行為をすることを約し、相手方がこれに対してその報酬を支払うことを約することによって、その効力を生ずる契約である。

2. 受任者が、委任事務を処理するのに必要と認められる費用を支出したときは、委任者は、現に利益を受けている限度において受任者に対して費用の償還義務を負う。

3. 委任契約が解除された場合に、解除の効力は将来に向かってのみ生じる。

4. 受任者が、委任者に引き渡すべき金額を自己のために消費した場合でも、委任者に損害が生じていないときは、受任者は、利息を支払う義務を負わない。

1 **誤** 委任は、**当事者の一方が法律行為をすることを相手方に委託し、相手方がこれを承諾することによって、その効力を生ずる**〈民 643 条〉。したがって、報酬を支払うことを約していなかったとしても、委任契約は効力を生ずる。

☞ 合 ①分冊 p78 **1**〜　速 p98 **1**〜

2 **誤** 受任者は、委任事務を処理するのに必要と認められる費用を支出したときは、委任者に対し、**その費用及び支出の日以後におけるその利息の償還**を請求することができる〈民 650 条 1 項〉。

☞ 合 ①分冊 p78 **2**〜　速 p98 **2**〜

3 **正** 委任の解除をした場合には、その解除は、**将来に向かってのみ**その効力を生ずる〈民 652 条、620 条前段〉。

☞ 合 ①分冊 p80 **5**〜　速 p100 **5**〜

4 **誤** 受任者は、委任者に引き渡すべき金額又はその利益のために用いるべき金額を**自己のために消費したとき**は、その消費した日以後の利息を支払わなければならない〈民 647 条前段〉。本肢の場合、委任者に引き渡すべき金額を自己のために消費しているので、**委任者に損害が生じていなかったとしても**、受任者は、利息を支払わなければならない。

☞ 合 ①分冊 p79 **3**〜　速 p99 **3**〜

正解 **3**
（正解率 68%）

肢別解答率 受験生はこう答えた！

1　13%
2　17%
3　68%
4　2%

難易度 普

23 委任

2022年度 問1　　　Check ☐☐☐　重要度 ▶ A

委任契約に関する次の記述のうち、民法の規定によれば、最も適切なものはどれか。

1　受任者は、委任が終了した後に、遅滞なくその経過及び結果を報告すればよく、委任者の請求があっても委任事務の処理の状況を報告する義務はない。

2　受任者は、特約がなければ、委任者に対して報酬を請求することができない。

3　委任者は、受任者に不利な時期には、委任契約を解除することができない。

4　受任者が報酬を受けるべき場合、履行の中途で委任が終了したときには、受任者は、委任者に対し、既にした履行の割合に応じた報酬についても請求することはできない。

46　**LEC**東京リーガルマインド　2025年版 出る順管理業務主任者 分野別過去問題集　①分冊

1 **不適切** 受任者は、**委任者の請求があるときは、いつでも**委任事務の処理の状況を報告し、委任が終了した後は、遅滞なくその経過及び結果を報告しなければならない〈民645条〉。

☞ 合 ①分冊 p79 **3**～ 速 p99 **3**～

2 **適切** 受任者は、**特約がなければ**、委任者に対して報酬を請求することができない〈民648条1項〉。

☞ 合 ①分冊 p78 **2**～ 速 p98 **2**～

3 **不適切** 委任は、各当事者が**いつでも**その解除をすることができる〈民651条1項〉。したがって、委任者は、受任者に不利な時期にも、委任契約を解除することができる。

☞ 合 ①分冊 p80 **5**～ 速 p100 **5**～

4 **不適切** 受任者は、委任が履行の中途で終了した場合には、**既にした履行の割合に応じて報酬を請求することができる**〈民648条3項2号〉。

☞ 合 ①分冊 p78 **2**～ 速 p98 **2**～

正解 2
（正解率76%）

肢別解答率
受験生は
こう答えた！

1	2%
2	76%
3	19%
4	2%

難易度 易

24 時効

2017年度 問11　　　Check ☐☐☐　重要度 ▶ **A**

マンションの管理組合が区分所有者に対して有する管理費支払請求権の消滅時効の完成猶予及び更新に関する次の記述のうち、民法の規定によれば、誤っているものはどれか。（改題）

1　支払督促は、所定の期間内に仮執行の宣言の申立てをしないことによりその効力を失うときは、時効の更新の効力を生じない。

2　民事調停法による民事調停が調わないときは、その時から１年を経過するまでの間は、時効は完成しない。

3　管理費を滞納している区分所有者が、滞納の事実を認める承認書を管理組合の管理者あてに提出したときは、管理費支払請求権の時効が更新する。

4　管理組合の管理者が死亡し、後任の管理者が決まらなかったとしても、管理費支払請求権の時効は更新しない。

1 正　支払督促があり、**確定判決と同一の効力を有するものによって権利が確定したとき**は、時効は、その事由が終了した時から新たにその進行を始める〈民147条2項、1項2号〉。本肢の支払督促は、所定の期間内に仮執行の宣言の申立てをせずにその効力が失われているので、「確定判決と同一の効力を有するものによって権利が確定したとき」にあたらず、時効の更新の効力を生じない。

　　合　①分冊 p95 **5**〜　　速 p44 **2**〜

2 誤　民事調停法による民事調停があったが、確定判決と同一の効力を有するものによって権利が確定することなくその事由が終了した場合、**その終了の時から6か月を経過するまでの間は、時効は、完成しない**〈民147条1項3号〉。

　　合　①分冊 p95 **5**〜　　速 p44 **2**〜

3 正　時効は、**権利の承認があったとき**は、その時から新たにその進行を始める〈民152条1項〉。本肢の承認書を提出したことにより、区分所有者は承認をしたといえるので、管理費支払請求権の時効が更新する。

　　合　①分冊 p95 **5**〜　　速 p44 **2**〜

4 正　管理者が死亡し、後任の管理者が決まらないことは、**時効の更新事由にあたらず**、これにより時効は更新しない。

　　合　①分冊 p95 **5**〜　　速 p44 **2**〜

正解 **2**（正解率 **64%**）

肢別解答率　受験生はこう答えた！
1　27%
2　64%
3　5%
4　4%

難易度　普

㉕ 時効

2018年度 問39

Check ☐☐☐ 重要度 ▶ A

以下の文章は、マンションの管理組合が有する管理費等の債権について述べたものである。その文中の（ ア ）～（ ウ ）に入るべき語句の組み合わせとして、正しいものは次の1～4のうちどれか。（改題）

「管理費等の債権は、‥（略）‥、（ ア ）の規定に基づいて、区分所有者に対して発生するものであり、その具体的な額は（ イ ）の決議によって確定し、月ごとに所定の方法で支払われるものである。このような管理費等の債権が、民法第166条第1項に規定する債権に含まれるとすると、管理費等の債権は、債権者が権利を行使することができることを知った時から（ ウ ）行使しないときは、時効によって消滅すると解することができる。」

	（ ア ）	（ イ ）	（ ウ ）
1	管理規約	理事会	3年間
2	建物の区分所有等に関する法律	理事会	5年間
3	建物の区分所有等に関する法律	集会	3年間
4	管理規約	総会	5年間

完成文は以下のとおりである。

> 「管理費等の債権は、・・・（略）・・・、（**ア＝管理規約**）の規定に基づいて、区分所有者に対して発生するものであり、その具体的な額は（**イ＝総会**）の決議によって確定し、月ごとに所定の方法で支払われるものである。このような管理費等の債権が、民法第166条第1項に規定する債権に含まれるとすると、管理費等の債権は、債権者が権利を行使することができることを知った時から（**ウ＝5年間**）行使しないときは、時効によって消滅すると解することができる。」

以上より、ア＝管理規約、イ＝総会、ウ＝5年間となり、本問の正解肢は4となる。

👉 合 ①分冊 p95 **5**～ 速 p44 **2**～

正解 **4**
（正解率**70%**）

肢別解答率
受験生は
こう答えた！

1	6%
2	9%
3	16%
4	70%

難易度 **易**

26 時効

2019年度 問11 Check ☐☐☐ 重要度 ▶ **A**

マンションの管理費の支払債務の時効の完成猶予及び更新に関する次のア～エの記述のうち、民法の規定によれば、正しいものはいくつあるか。（改題）

ア 管理費の滞納者が死亡した場合においては、時効は更新する。

イ 管理費の滞納者が破産手続開始の決定を受けた場合においては、その破産手続開始決定の時から時効の完成が猶予される。

ウ 管理費の滞納者に対して内容証明郵便による催告をした時から6か月以内に再度の催告をしたとしても、その再度の催告は、時効の完成猶予の効力を有しない。

エ 管理費の滞納者が、滞納している事実を認める旨の承認書を管理組合に提出した場合においては、その承認書が公正証書によるものでなくても、時効が更新する。

1 一つ

2 二つ

3 三つ

4 四つ

ア 誤　債務者の死亡は、**時効の更新事由にあたらず**、本肢の場合、時効は更新しない。
　合 ①分冊 p95 **5**〜　速 p44 **2**〜

イ 誤　**破産手続参加**がある場合には、その事由が終了するまでの間は、時効は、完成しない〈民147条1項4号〉。これは、破産手続において破産債権の届出を行うことをいう。したがって、債務者が破産手続開始の決定を受けただけでは、時効の完成は猶予されない。
　合 ①分冊 p95 **5**〜　速 p44 **2**〜

ウ 正　催告があったときは、その時から6か月を経過するまでの間は、時効は、完成しない〈民150条1項〉。もっとも、催告によって時効の完成が猶予されている間にされた再度の催告は、**時効の完成猶予の効力を有しない**〈同条2項〉。
　合 ①分冊 p95 **5**〜　速 p44 **2**〜

エ 正　時効は、権利の承認があったときは、その時から新たにその進行を始める〈民152条1項〉。承認は、**特別の方式は必要ない**。したがって、管理費の滞納者が承認書を提出した場合、その承認書が公正証書によるものでなくとも、時効は更新する。
　合 ①分冊 p95 **5**〜　速 p44 **2**〜

以上より、正しいものはウ、エの二つであり、本問の正解肢は2となる。

27 時効

2021年度 問5 　重要度 ▶ A

マンションの管理組合Aの管理費に関する次の記述のうち、民法の規定によれば、最も不適切なものはどれか。

1. Aが、管理費を滞納している区分所有者Bに対して、滞納管理費を請求する訴訟を提起し、勝訴した場合には、当該滞納管理費債権は、確定判決を得た時から10年間これを行使しないときは、時効によって消滅する。

2. Aが、管理費を滞納している区分所有者Cに対して、管理費の支払を催告した場合に、その時から6箇月を経過するまでに管理組合が再度催告をしたときには、再度の催告は時効の完成猶予の効力を有しない。

3. 管理費を滞納している区分所有者Dが、Aに対して、管理費を滞納していることを書面により認めたときは、その時から時効の更新の効力が生じる。

4. Aの管理規約において、各区分所有者は、Aに対する債務の消滅時効を主張することができない旨が定められていた場合には、区分所有者Eは、滞納した管理費の債務について、時効が完成したとしても、それによる債務の消滅を主張することができない。

1 適切　確定判決又は確定判決と同一の効力を有するものによって確定した権利については、10年より短い時効期間の定めがあるものであっても、その時効期間は、**10年**とする〈民169条〉。AのBに対する管理費債権は、確定判決によって確定した権利であるから、その時効期間は10年となり、確定判決を得た時から10年間これを行使しないときは、時効によって消滅する。
　　合 ①分冊 p95 5〜　速 p44 2〜

2 適切　催告があったときは、その時から6か月を経過するまでの間は、時効は、完成しない〈民150条1項〉。もっとも、催告によって時効の完成が猶予されている間にされた**再度の催告は、時効の完成猶予の効力を有しない**〈同条2項〉。本肢のAのCに対する再度の催告は、最初の催告によって時効の完成が猶予されている間になされたものであるから、時効の完成猶予の効力を有しない。
　　合 ①分冊 p95 5〜　速 p44 2〜

3 適切　時効は、**権利の承認**があったときは、**その時から新たにその進行を始める**〈民152条1項〉。Dは、Aに対して、管理費を滞納していることを認めていることから、AのDに対する管理費債権を承認しているといえる。したがって、Dの承認時から、時効の更新の効力が生じる。
　　合 ①分冊 p95 5〜　速 p44 2〜

4 不適切　**時効の利益は、あらかじめ放棄することができない**〈民146条〉。Aの管理規約は区分所有者にあらかじめ時効の利益を放棄させるものであるから、Eは、滞納した管理費の債務について時効が完成した場合、この管理規約にかかわらず、時効による債務の消滅を主張することができる。
　　合 ①分冊 p95 5〜　速 p44 2〜

正解 **4**（正解率91%）

肢別解答率 受験生はこう答えた！
1: 3%
2: 3%
3: 3%
4: 91%

難易度 **易**

28 時効

2022年度 問2 Check ☐☐☐ 重要度 ▶ A

時効に関する次の記述のうち、民法の規定によれば、最も不適切なものはどれか。

1 消滅時効が完成し、時効が援用されて権利が消滅すると、その権利は最初からなかったものとされる。

2 時効の利益は、時効完成後には放棄することができない。

3 債権者が、債務者に対して金銭の支払を求めて訴えを提起した場合に、確定判決によって権利が確定したときは、時効が更新される。

4 地上権や地役権についても、時効による権利の取得が認められる。

56　LEC東京リーガルマインド　2025年版 出る順管理業務主任者 分野別過去問題集　①分冊

1 適切　時効の効力は、その**起算日にさかのぼる**〈民 144 条〉。したがって、消滅時効が完成し、時効が援用されて権利が消滅すると、その権利は起算日からなかったものとされる。

☞ 合 ①分冊 p95 **5**~　速 p44 **2**~

2 不適切　時効の利益は、**あらかじめ放棄することができない**〈民 146 条〉。したがって、時効の利益は、時効完成後には放棄することができる。

☞ 合 ①分冊 p95 **5**~　速 p44 **2**~

3 適切　裁判上の請求があった場合において、**確定判決**又は確定判決と同一の効力を有するものによって権利が確定したときは、時効は、その事由が終了した時から**新たにその進行を始める**〈民 147 条 2 項、1 項 1 号〉。

☞ 合 ①分冊 p95 **5**~　速 p44 **2**~

4 適切　**所有権以外の財産権**を、自己のためにする意思をもって、平穏に、かつ、公然と行使する者は、所定の期間を経過した後、その権利を取得する〈民 163 条〉。地上権や地役権は、「所有権以外の財産権」であるから、上記規定により、時効による取得をすることができる。

正解 2
（正解率 **72%**）

肢別解答率
受験生は
こう答えた！

1	12%
2	72%
3	5%
4	11%

難易度　**易**

29 債務不履行

2018年度 問3

Check ☐☐☐　重要度 ▶ A

債務不履行責任に関する次の記述のうち、民法の規定及び判例によれば、誤っているものはどれか。（改題）

1 損害賠償額が予定されている場合において、債務不履行の事実があったときは、債権者は、原則として、損害の発生及び損害額を証明することなく、予定された賠償額を請求することができる。

2 損害賠償額が予定されている場合において、予定された賠償額が過大であり、その予定が公序良俗に反するときは、裁判所は、賠償額を一部減額することができる。

3 債務不履行により通常生ずべき損害が生じた場合、債務者が、当該債務不履行時までにその損害が生じることを予見し、又は予見することができた場合でなければ、債権者は、損害賠償を請求することができない。

4 金銭債務の債務者は、不可抗力により期日に金銭の支払をすることができなかったときであっても、その不履行によって生じた損害の賠償責任を免れない。

58　LEC東京リーガルマインド　2025年版 出る順管理業務主任者 分野別過去問題集　①分冊

1 正　当事者は、債務の不履行について損害賠償の額を予定することができる〈民420条1項〉。これは、**債務不履行があるときは、損害の有無又は多少を問わず、常に債権者に約定の損害額を得させるものである**〈大判大正11.7.26〉。したがって、本肢の場合、債権者は、損害の発生及び損害額を証明することなく、予定された賠償額を請求することができる。
　　合　①分冊 p104 **2**〜　速 p52 **2**〜

2 正　当事者は、債務の不履行について損害賠償の額を予定することができる〈民420条1項〉。もっとも、予定額が予想される損害額と比べ著しく過大であり、**公序良俗に反する場合**には、裁判所は、これを**減額することができる**。
　　合　①分冊 p104 **2**〜　速 p52 **2**〜

3 誤　債務の不履行に対する損害賠償の請求は、**これによって通常生ずべき損害の賠償をさせること**をその目的とする〈民416条1項〉。したがって、通常生ずべき損害につき損害賠償を請求するのに、債務者が債務不履行時までにその損害が生じることを予見し、又は予見することができることは必要でない。
　　合　①分冊 p104 **2**〜　速 p52 **2**〜

4 正　金銭の給付を目的とする債務の不履行による損害賠償については、債務者は、**不可抗力をもって抗弁とすることができない**〈民419条3項〉。
　　合　①分冊 p104 **2**〜　速 p52 **2**〜

正解 **3**（正解率82%）

肢別解答率　受験生はこう答えた！
1: 7%
2: 8%
3: 82%
4: 3%

難易度 **易**

㉚ 債務不履行

2020年度 問6　　　*Check* ☐☐☐　重要度 ▶ **A**

マンションの管理組合Aとマンション管理業者Bとの間の管理委託契約が、Aの責めに帰する事由がなく、Bの債務不履行を理由として解除された場合に関する次の記述のうち、民法の規定によれば、誤っているものはどれか。

1 Aは、この解除の意思表示を撤回することができない。

2 ＡＢ間の管理委託契約の解除により、Bが、Aに対して、受領した金銭を返還する義務を負う場合は、Bは受領した金額を返還すればよく、利息を付す必要はない。

3 Bの債務の全部が履行不能である場合には、それについてBの責めに帰する事由がないときでも、Aは直ちに管理委託契約を解除することができる。

4 Bの債務の履行不能が一部である場合であっても、残存する部分のみでは契約の目的を達することができないときは、Aは契約の全部を解除することができる。

1 正　解除の意思表示は、**撤回することができない**〈民540条2項〉。したがって、Aは、解除の意思表示を撤回することができない。
☞ 合 ①分冊 p107 **4**〜　速 p54 **4**〜

2 誤　当事者の一方がその解除権を行使したときは、各当事者は、その相手方を原状に復させる義務を負う〈民545条1項本文〉。この場合において、金銭を返還するときは、**その受領の時から利息を付さなければならない**〈同条2項〉。したがって、Bは、受領した金額を返還するほか、利息も付さなければならない。
☞ 合 ①分冊 p107 **4**〜　速 p54 **4**〜

3 正　債権者は、**債務の全部の履行が不能であるときは**、履行の催告をすることなく、**直ちに契約の解除をすることができる**〈民542条1項1号〉。履行の不能につき債務者の責めに帰すべき事由は求められていない。したがって、Aは、Bの履行の不能につきBの責めに帰する事由がないときでも、直ちに管理委託契約を解除することができる。
☞ 合 ①分冊 p107 **4**〜　速 p54 **4**〜

4 正　債権者は、**債務の一部の履行が不能である場合**又は債務者がその債務の一部の履行を拒絶する意思を明確に表示した場合において、**残存する部分のみでは契約をした目的を達することができないときは**、履行の催告をすることなく、直ちに契約の解除をすることができる〈民542条1項3号〉。したがって、本肢の場合、Aは、契約の全部を解除することができる。
☞ 合 ①分冊 p107 **4**〜

正解 **2**
（正解率 **85%**）

肢別解答率
受験生はこう答えた！

1	7%
2	85%
3	6%
4	2%

難易度　**易**

③1 共有

2017年度 問1　　　*Check* ☐☐☐　重要度 ▶ **A**

A、B及びCは、マンション（マンション管理適正化法第2条第1号に規定するものをいう。以下同じ。）の一住戸を共有しており、その持分は、Aが3分の2、BとCがそれぞれ6分の1である。この場合に関する次の記述のうち、民法、区分所有法の規定及び判例によれば、誤っているものはどれか。

1　Aは、BとCの同意を得なくても、当該住戸について、単独で抵当権を設定できる。

2　Cが当該住戸を単独で占有している場合に、AとBは、Cの持分が少ないからといって、Cに対して明渡しを請求できるとは限らない。

3　Bが、自らの専有部分の共有持分を放棄したときは、その共有持分は、共用部分及び敷地のBの共有持分とともに、AとCにそれぞれの持分に応じて帰属する。

4　Cは、当該住戸を不法占拠する第三者に対し、単独で、その明渡しを請求することができる。

62　　LEC東京リーガルマインド　2025年版 出る順管理業務主任者 分野別過去問題集　①分冊

1 **誤** 各共有者は、**他の共有者の同意を得なければ、共有物を処分することができ**ない。共有物への抵当権の設定は、共有物の処分にあたり、Aは、当該住戸について、単独で抵当権を設定することはできない。
☞ 合 ①分冊 p118 **4**〜 速 p108 **3**〜

2 **正** 共有者の１人であって、その持分の価格が共有物の価格の過半数に満たない者（以下単に「少数持分権者」という。）は、他の共有者の協議を経ないで当然に共有物を単独で占有する権原を有するものではないが、他方、他のすべての共有者らがその共有持分を合計すると、その価格が共有物の価格の過半数をこえるからといって、**共有物を現に占有する少数持分権者に対し、当然にその明渡しを請求することができるものではない**〈最判昭和41.5.19〉。したがって、AとBは、Cに対して、当該住戸の明渡しを請求できるとは限らない。

3 **正** 共有者の１人が、その持分を**放棄したとき**は、その持分は、**他の共有者に帰属する**〈民255条〉。したがって、専有部分及びその敷地のBの共有持分は、AとCにそれぞれの持分に応じて帰属する。また、共用部分の共有者の持分は、**その有する専有部分の処分に従う**〈区15条１項〉。したがって、共用部分のBの共有持分は、AとCにそれぞれの持分に応じて帰属する。
☞ 合 ①分冊 p118 **4**〜 速 p108 **3**〜

4 **正** 保存行為は、**各共有者がすることができる**〈民252条５項〉。不法占拠者に対する明渡し請求は、保存行為にあたり、Cは、単独でこれを行うことができる。
☞ 合 ①分冊 p118 **4**〜 速 p108 **3**〜

正解 **1**
（正解率**68%**）

肢別解答率
受験生はこう答えた！

1	68%
2	12%
3	16%
4	4%

難易度 **普**

32 共有

2024年度 問1　　　Check ☐☐☐　重要度 ▶ C

共有に関する次の記述のうち、民法の規定によれば、最も不適切なものはどれか。

1 裁判所は、共有者やその所在が不明な共有建物について、必要があると認めるときは、利害関係人の請求により、その請求に係る建物又は共有持分を対象として、管理不全建物管理人による管理を命ずる処分をすることができる。

2 共有者が、持分に応じた管理の費用の支払を1年以内に履行しないときは、他の共有者は、相当の償金を支払ってその者の持分を取得することができる。

3 共有物が分割された場合、各共有者は、他の共有者が分割によって取得した物について、売主と同じく、その持分に応じて担保の責任を負う。

4 共有物の全部又はその持分が相続財産に属する場合において、共同相続人間で当該共有物の全部又はその持分について遺産の分割をすべきときは、相続開始の時から10年を経過しなければ、当該共有物又はその持分について裁判による分割をすることができない。

1 **不適切** 裁判所は、所有者を知ることができず、又はその所在を知ることができない建物（建物が数人の共有に属する場合にあっては、共有者を知ることができず、又はその所在を知ることができない建物の共有持分）について、必要があると認めるときは、利害関係人の請求により、その請求に係る建物又は共有持分を対象として、所有者不明建物管理人による管理を命ずる処分をすることができる〈民264条の8第1項〉。また、裁判所は、所有者による建物の管理が不適当であることによって他人の権利又は法律上保護される利益が侵害され、又は侵害されるおそれがある場合において、必要があると認めるときは、利害関係人の請求により、当該建物を対象として、管理不全建物管理人による管理を命ずる処分をすることができる〈民264条の14第1項〉。**管理不全建物管理命令は、所有者不明建物管理命令とは異なり、共有持分を対象としては発令されない。**

☞ 合 ①分冊 p127 6～　速 p111 4～

2 **適切** 各共有者は、その**持分に応じ**、管理の費用を支払い、その他**共有物に関する負担**を負う〈民253条1項〉。これを共有者が1年以内に履行しないときは、他の共有者は、**相当の償金**を支払ってその者の**持分を取得**することができる〈同条2項〉。

☞ 合 ①分冊 p118 4～　速 p108 3～

3 **適切** 各共有者は、他の共有者が分割によって取得した物について、売主と同じく、その**持分に応じて担保の責任**を負う〈民261条〉。

4 **不適切** 共有物の全部又はその持分が相続財産に属する場合において、**共同相続人間で当該共有物の全部又はその持分について遺産の分割をすべきときは、当該共有物又はその持分について共有物分割をすることができない**〈民258条の2第1項〉。もっとも、共有物の持分が相続財産に属する場合において、相続開始の時から10年を経過したときは、相続財産に属する共有物の持分について共有物分割をすることができる〈同条2項〉。したがって、共有物の全部が相続財産に属する場合において、共同相続人間で当該共有物の全部について遺産の分割をすべきときは、相続開始の時から10年を経過しても、当該共有物について裁判による分割をすることはできない。

正解 1 4（正解率 ?%）

肢別解答率 受験生はこう答えた！
1　6%
2　13%
3　5%
4　76%

㉝ 不法行為

2017年度 問2

Check ☐☐☐　重要度 ▶ A

甲マンション（以下、本問において「甲」という。）において生じた不法行為に関する次の記述のうち、民法、区分所有法の規定及び判例によれば、正しいものはどれか。

1 甲の管理組合法人の防災担当理事Aが、過失により防災訓練実施中に区分所有者Bにけがをさせた場合、甲の管理組合法人とともにAもBに対して損害賠償責任を負う。

2 甲の管理組合法人から設備点検を受託している設備会社Cの従業員が、過失により甲の施設を点検中に設備を損傷した場合、Cは、その従業員の選任及び監督について過失がなかったときでも、甲に生じた損害について損害賠償責任を負う。

3 甲の区分所有者Dが、過失により浴室から漏水させ、階下の区分所有者Eに損害を与えた場合、EがDに対して損害賠償請求をした時からDは遅滞の責任を負う。

4 甲の大規模修繕工事に際し、同工事を請け負った建設会社の従業員が、過失により建築資材を地上に落下させ、通行人が負傷した場合、甲の管理組合法人は、注文又は指図について過失がない場合でも、当該通行人に対して損害賠償責任を負う。

1 正　故意又は過失によって他人の権利又は**法律上保護される利益**を侵害した者は、これによって生じた損害を賠償する責任を負う〈民709条〉。Aは、過失により、Bにけがをさせているので、損害賠償責任を負う。また、管理組合法人は、**代表理事その他の代表者がその職務を行うについて第三者に加えた損害**を賠償する責任を負う〈区47条10項、一般社団法人及び一般財団法人に関する法律78条〉。Aは、理事であり、管理組合法人を代表する〈区49条4項〉から、甲の管理組合法人は、Bに対し、損害賠償責任を負う。

2 誤　ある事業のために他人を使用する者は、被用者がその事業の執行について第三者に加えた損害を賠償する責任を負う〈民715条1項本文〉。もっとも、使用者が**被用者の選任及びその事業の監督について相当の注意をしたとき**、又は相当の注意をしても損害が生ずべきであったときは、この責任を負わない〈同条項ただし書〉。Cは、従業員の選任及び監督について過失がなかったので、甲に生じた損害について損害賠償責任を負わない。
☞ 合 ①分冊 p151 **2**～　速 p129 **2**～

3 誤　不法行為に基づく損害賠償債務は、何らの催告を要することなく、**損害の発生と同時に遅滞に陥る**〈最判昭和37.9.4〉。Dは、Eに損害が発生した時から遅滞の責任を負う。
☞ 合 ①分冊 p104 **2**～

4 誤　注文者は、請負人がその仕事について第三者に加えた損害を賠償する責任を負わない〈民716条本文〉。もっとも、**注文又は指図についてその注文者に過失があったとき**は、その**責任を負う**〈同条ただし書〉。甲の管理組合法人は、注文又は指図について過失がないので、通行人に対して損害賠償責任を負わない。
☞ 合 ①分冊 p76 **6**～　速 p96 **6**～

正解 ①
（正解率 60%）

肢別解答率　受験生はこう答えた！
1　60%
2　29%
3　7%
4　4%

難易度　普

㉞ 不法行為

2018年度 問6

Check ☐☐☐ 重要度 ▶ B

不法行為に関する次の記述のうち、民法の規定及び判例によれば、正しいものはどれか。

1 不法行為の時点で胎児であった被害者は、出生後、加害者に対して財産的損害の賠償を請求することはできない。

2 不法行為による慰謝料請求権は、被害者がこれを行使する意思を表明し、又はこれを表明したと同視すべき状況にあったときはじめて相続の対象となる。

3 使用者が被用者の選任及びその事業の監督について相当の注意をしたこと、又は相当の注意をしても損害が生ずべきであったことを証明できなければ、被用者に故意又は過失がなくても、使用者は、被用者がその事業の執行につき第三者に加えた損害を賠償しなければならない。

4 土地の工作物の設置又は保存に瑕疵があることによって他人に損害を生じたときは、その工作物の占有者がその損害を賠償する責任を負うが、当該占有者が損害の発生を防止するのに必要な注意をしたときは、所有者がその損害を賠償しなければならない。

1 誤　原則として、私権の享有は、出生に始まる〈民3条1項〉ことから、胎児は権利義務の主体となることはできない。もっとも、胎児は、損害賠償の請求権については、**既に生まれたものとみなす**〈民721条〉。したがって、不法行為時に被害者が胎児であったとしても、例外的に、出生後、加害者に対して財産的損害の賠償を請求することができる。

2 誤　ある者が他人の故意過失によって財産以外の損害を被った場合には、その者は、財産上の損害を被った場合と同様、損害の発生と同時にその賠償を請求する権利、すなわち慰謝料請求権を取得し、その請求権を放棄したものと解することができる特別の事情がない限り、これを行使することができ、その損害の賠償を請求する意思を表明するなど各別の行為をすることを必要とするものではない。そして、当該被害者が死亡したときは、その相続人は**当然に慰謝料請求権を相続する**〈最判昭和42.11.1〉。

3 誤　ある事業のために他人を使用する者は、被用者がその事業の執行について第三者に加えた損害を賠償する責任を負う〈使用者責任　民715条1項本文〉。**使用者責任は、被用者の加害行為が不法行為の要件をみたさなければ生じないと解されている。**したがって、**被用者に故意又は過失がなければ、使用者責任は生じず、**使用者は、被用者がその事業の執行につき第三者に加えた損害を賠償することを義務づけられない。

合 ①分冊 p151 **2**〜　速 p129 **2**〜

4 正　土地の工作物の設置又は保存に瑕疵があることによって他人に損害を生じたときは、**その工作物の占有者**は、被害者に対してその損害を賠償する責任を負う〈民717条1項本文〉。もっとも、**占有者が損害の発生を防止するのに必要な注意をしたときは、所有者がその損害を賠償しなければならない**〈同条項ただし書〉。

合 ①分冊 p151 **2**〜　速 p129 **2**〜

正解 **4**
（正解率**71%**）

肢別解答率
受験生はこう答えた！

1	4%
2	4%
3	21%
4	71%

難易度　易

㉟ 不法行為

2019年度 問3　　Check □□□　重要度 ▶ A

不法行為に関する次の記述のうち、民法の規定及び判例によれば、正しいものはどれか。（改題）

1 債権が悪意による不法行為によって生じたときは、被害者は、加害者の反対債権が金銭債権の場合であっても、相殺をもってその加害者に対抗することができない。

2 土地の工作物の設置又は保存に瑕疵があり、それによって他人に損害を生じた場合において、当該工作物の占有者及び所有者は、その損害の発生を防止するのに必要な注意をしたときは、その損害を賠償する責任を負わない。

3 被害者に対する加害行為とその加害行為の前から存在した当該被害者の疾患がともに原因となり損害が発生した場合において、加害者にその損害の全部を賠償させるのが公平を失するときは、裁判所は、その加害行為の前から存在した当該被害者の疾患を考慮して、損害賠償の額を定めることができる。

4 不法行為により被害者が死亡した場合において、当該被害者の父母は、非財産的損害については、加害者に対して、賠償請求をすることができない。

1 **誤** **悪意による不法行為に基づく損害賠償の債務の債務者**は、相殺をもって債権者に**対抗することができない**〈民509条1号〉。被害者は、「悪意による不法行為に基づく損害賠償の債務の債務者」ではないので、相殺をもってその加害者に対抗することができる。
☞ 合 ①分冊 p91 **4**〜

2 **誤** 土地の工作物の設置又は保存に瑕疵があることによって他人に損害を生じたときは、その工作物の占有者は、被害者に対してその損害を賠償する責任を負う〈民717条1項本文〉。もっとも、占有者が損害の発生を防止するのに必要な注意をしたときは、所有者がその損害を賠償しなければならない〈同条項ただし書〉。したがって、占有者は、損害の発生を防止するのに必要な注意をしたときは、損害を賠償する責任を負わないが、**所有者は上記注意をしても、責任を負う**。
☞ 合 ①分冊 p151 **2**〜 速 p129 **2**

3 **正** 被害者に対する加害行為と被害者のり患していた疾患とがともに原因となって損害が発生した場合において、当該疾患の態様、程度などに照らし、加害者に損害の全部を賠償させるのが公平に失するときは、裁判所は、損害賠償の額を定めるに当たり、過失相殺の規定を類推適用して、**被害者の当該疾患を斟酌することができる**〈最判平成4.6.25〉。したがって、本肢の場合、裁判所は、その加害行為の前から存在した被害者の疾患を考慮して、損害賠償の額を定めることができる。
☞ 合 ①分冊 p156 **3**〜

4 **誤** 他人の生命を侵害した者は、**被害者の父母**、配偶者及び子に対しては、その財産権が侵害されなかった場合においても、**損害の賠償をしなければならない**〈民711条〉。

正解 **3**
(正解率 88%)

肢別解答率 受験生はこう答えた！
1 6%
2 6%
3 88%
4 1%

難易度 **易**

㊱ 不法行為

2020年度 問4　　　*Check* ☐☐☐　重要度 ▶ **A**

マンションにおいて不法行為が発生した場合に関する次の記述のうち、民法及び区分所有法の規定並びに判例によれば、正しいものはどれか。

1　マンション甲の管理組合法人でない管理組合Aから甲の外壁の修繕工事を依頼された施工会社Bの従業員Cが、建物の周囲に足場を組んでいたところ、その部品が外れて落下し、通行人Dが負傷した場合には、Aが損害賠償責任を負う。

2　マンション乙の外壁のタイルが落下し、通行人Eが負傷した場合には、管理組合法人FがEに対して負う損害賠償債務は、EがFに損害賠償を請求した時点で履行遅滞になる。

3　マンション丙において、区分所有者Gが所有し、現に居住している専有部分に設置又は保存に瑕疵があり、それにより他人に損害が発生した場合には、当該瑕疵が丙の建築工事を請負った施工会社Hの過失によるものであっても、Gは損害賠償責任を免れない。

4　マンション丁において、区分所有者Iの17歳の子Jが、丁の敷地内を自転車で走行中に不注意で他の区分所有者Kに衝突し、Kが負傷した場合には、KはIに対して損害賠償を請求することはできるが、Jに対しては、原則として損害賠償を請求できない。

72　**LEC**東京リーガルマインド　2025年版 出る順管理業務主任者 分野別過去問題集　①分冊

1 **誤** 注文者は、注文又は指図について過失があった場合を除き、**請負人がその仕事について第三者に加えた損害を賠償する責任を負わない**〈民716条〉。したがって、本肢の場合、Aは、損害賠償責任を負わない。

☞ 合 ①分冊 p76 **6**〜 速 p80 **6**〜

2 **誤** 不法行為に基づく損害賠償債務は、**損害の発生と同時に**、何らの催告を要することなく、遅滞に陥る〈最判昭和37.9.4〉。したがって、本肢の損害賠償債務は、EがFに損害賠償を請求した時点で履行遅滞になるわけではない。

☞ 合 ①分冊 p104 **2**〜

3 **正** 土地の工作物の設置又は保存に瑕疵があることによって他人に損害が生じたときは、その工作物の占有者は、被害者に対してその損害を賠償する責任を負う〈民717条1項本文〉。**損害の原因について他にその責任を負う者がある場合であっても、この責任を免れることはできない。** したがって、Gは、損害賠償責任を免れることはできない。

☞ 合 ①分冊 p151 **2**〜 速 p129 **2**〜

4 **誤** 故意又は過失によって他人の権利又は法律上保護される利益を侵害した者は、これによって生じた損害を賠償する責任を負う〈民709条〉。もっとも、未成年者は、他人に損害を加えた場合において、**自己の行為の責任を弁識するに足りる知能を備えていなかったときは、その行為について賠償の責任を負わない**〈責任能力 民712条〉。**責任能力の有無は、12歳前後を基準に判断されている。** 本肢の場合、Jは、17歳であるから責任能力が認められ、Kは、Jに対して、損害賠償請求をすることができる。

☞ 合 ①分冊 p151 **2**〜

正解 3
（正解率 **71%**）

肢別解答率
受験生は
こう答えた！

1	4%
2	9%
3	71%
4	16%

難易度 易

第1編 民法・その他法令

不法行為

LEC東京リーガルマインド 2025年版 出る順管理業務主任者 分野別過去問題集 ①分冊 73

③⑦ 不法行為

2020年度 問39

Check ☐☐☐ 重要度 ▶ B

次の文章は、マンション等の建物に関する最高裁判所の判決の一部である。その文中の（　ア　）～（　エ　）に入る語句の組合せとして正しいものはどれか。なお、文中にある「居住者等」は、建物利用者、隣人、通行人等である。

建物の建築に携わる設計者、施工者及び（　ア　）（以下、併せて「設計・施工者等」という。）は、建物の建築に当たり、契約関係にない居住者等に対する関係でも、当該建物に建物としての（　イ　）が欠けることがないように配慮すべき注意義務を負うと解するのが相当である。そして、設計・施工者等がこの義務を怠ったために建築された建物に建物としての（　イ　）を損なう瑕疵があり、それにより居住者等の（　ウ　）が侵害された場合には、設計・施工者等は、・・（中略）・・これによって生じた損害について（　エ　）による賠償責任を負うというべきである。

	（　ア　）	（　イ　）	（　ウ　）	（　エ　）
1	工事監理者	契約適合性	生命又は身体	不法行為
2	工事監理者	基本的な安全性	生命、身体又は財産	不法行為
3	工事注文者	基本的な安全性	生命又は身体	債務不履行
4	工事注文者	契約適合性	生命、身体又は財産	債務不履行

この文章は、最判平成 19.7.6 の一部である。完成文は以下のとおりである。

> 建物の建築に携わる設計者、施工者及び（**ア＝工事監理者**）（以下、併せて「設計・施工者等」という。）は、建物の建築に当たり、契約関係にない居住者等に対する関係でも、当該建物に建物としての（**イ＝基本的な安全性**）が欠けることがないように配慮すべき注意義務を負うと解するのが相当である。そして、設計・施工者等がこの義務を怠ったために建築された建物に建物としての（**イ＝基本的な安全性**）を損なう瑕疵があり、それにより居住者等の（**ウ＝生命、身体又は財産**）が侵害された場合には、設計・施工者等は、・・（中略）・・これによって生じた損害について（**エ＝不法行為**）による賠償責任を負うというべきである。

以上より、ア＝工事監理者、イ＝基本的な安全性、ウ＝生命、身体又は財産、エ＝不法行為となり、本問の正解肢は 2 となる。

☞ 合 ①分冊 p151 **2**～ 速 p129 **2**～

正解 **2**
（正解率**87%**）

肢別解答率
受験生は
こう答えた！

1	5%
2	87%
3	5%
4	3%

難易度 **易**

38 不法行為

2023年度 問1　　　Check ☐☐☐　重要度 ▶ B

マンションにおける不法行為責任に関する次の記述のうち、民法の規定によれば、適切なものはいくつあるか。

ア マンション管理業者は、自らが雇用する管理員が、その業務の執行について第三者に損害を加えたときは、当該管理員個人に不法行為が成立しなくても、使用者責任を負う場合がある。

イ マンション管理業者は、自らが雇用する管理員が、その業務の執行について第三者に損害を加えた場合、使用者責任に基づいて当該第三者に対してその賠償をしたときでも、当該管理員に対して求償権を行使することは認められない。

ウ マンションの専有部分にある浴室から水漏れが発生し、階下の区分所有者に損害が生じた場合、当該専有部分に居住する区分所有者は、その損害を賠償する責任を負うが、水漏れの原因が施工会社の責任によるときは、当該施工会社に対して求償権を行使することができる。

エ マンションの共用部分の修繕工事を請け負った施工会社が、その工事について第三者に損害を加えた場合に、注文者である当該マンションの管理組合は、注文又は指図について過失がない限り、損害を賠償する責任を負わない。

1 一つ

2 二つ

3 三つ

4 四つ

76　**LEC**東京リーガルマインド　2025年版 出る順管理業務主任者 分野別過去問題集　①分冊

ア **不適切** ある事業のために他人を使用する者は、被用者がその事業の執行について第三者に加えた損害を賠償する責任を負う〈使用者責任　民715条1項本文〉。使用者責任の発生には、**被用者の行為につき不法行為が成立することが要件**となっている。したがって、マンション管理業者は、管理員個人に不法行為が成立しない場合、使用者責任を負わない。
　合　①分冊p151 ❷〜　速　p 129 ❷〜

イ **不適切** ある事業のために他人を使用する者は、被用者がその事業の執行について第三者に加えた損害を賠償する責任を負う〈使用者責任　民715条1項本文〉。使用者は、使用者責任に基づいて、第三者に対して、その損害を賠償したときは、**被用者に対して、求償権を行使することができる**〈同条3項〉。したがって、マンション管理業者は、使用者責任に基づいて第三者に対してその損害を賠償したときは、管理員に対して、求償権を行使することができる。
　合　①分冊p151 ❷〜　速　p 129 ❷〜

ウ **適切** 土地の工作物の設置又は保存に瑕疵があることによって他人に損害を生じたときは、その工作物の占有者は、被害者に対してその損害を賠償する責任を負う〈工作物責任　民法717条1項本文〉。**損害の原因について他にその責任を負う者があるときは、占有者は、その者に対して求償権を行使することができる**〈同条3項〉。浴室の水漏れにより、階下の区分所有者に損害が発生した場合、当該専有部分に居住する区分所有者は、占有者として工作物責任を負う。また、浴室の水漏れの原因が施工会社の責任による場合、専有部分に居住する区分所有者は、当該施工会社に対して求償権を行使することができる。
　合　①分冊p151 ❷〜　速　p 129 ❷〜

エ **適切** **注文者は、請負人がその仕事について第三者に加えた損害を賠償する責任を負わない**〈民716条本文〉。もっとも、**注文又は指図についてその注文者に過失があったときは、この限りでない**〈同条ただし書〉。したがって、注文者である管理組合は、注文又は指図について過失がない限り、第三者に対し、損害を賠償する責任を負わない。
　合　①分冊p76 ❻〜　速　p 96 ❻〜

以上より、適切なものはウ、エの二つであり、本問の正解肢は2となる。

㊴ 相続

2019年度 問1　　　Check ☐☐☐　重要度 ▶ A

相続に関する次の記述のうち、民法の規定によれば、正しいものはどれか。

1　未成年者が法定代理人の同意を得ずに相続を放棄した場合において、当該未成年者及びその法定代理人は、制限行為能力を理由に、相続の放棄の意思表示を取り消すことができない。

2　相続人が数人あるときは、限定承認は、共同相続人の全員が共同してのみこれをすることができる。

3　相続の放棄は、相続の開始があった時から3箇月以内にしなければならない。

4　被相続人Aの子Bが相続の放棄をした場合において、Bの子CがAの直系卑属であるときは、CがBを代襲する。

78　**LEC**東京リーガルマインド　2025年版 出る順管理業務主任者 分野別過去問題集　①分冊

1 **誤** 未成年者が法律行為をするには、その法定代理人の同意を得なければならず〈民5条1項〉、これに反する法律行為は、取り消すことができる〈同条2項〉。この規定による**相続の放棄の取消しは可能である**〈民919条2項〉。したがって、本肢の場合、未成年者及びその法定代理人は、制限行為能力を理由に、相続の放棄の意思表示を取り消すことができる。
　　合 ①分冊 p24 **2**〜　速 p24 **2**〜

2 **正** 相続人が数人あるときは、限定承認は、**共同相続人の全員が共同してのみ**これをすることができる〈民923条〉。
　　合 ①分冊 p170 **3**〜　速 p143 **3**〜

3 **誤** 相続人は、自己のために**相続の開始があったことを知った時**から3か月以内に、相続について、単純若しくは限定の承認又は放棄をしなければならない〈民915条1項本文〉。
　　合 ①分冊 p170 **3**〜　速 p143 **3**〜

4 **誤** 被相続人の子が、**相続の開始以前に死亡したとき、又は相続人の欠格事由に該当し、若しくは廃除によって、その相続権を失ったとき**は、その者の子がこれを代襲して相続人となる〈民887条2項本文〉。**相続の放棄は代襲原因となっていない**ので、本肢の場合、CはBを代襲しない。
　　合 ①分冊 p160 **2**〜　速 p136 **2**〜

正解 2（正解率81％）

肢別解答率 受験生はこう答えた！
1　4％
2　81％
3　11％
4　5％

難易度 **易**

40 相続

2020年度 問1　Check ☐☐☐ 重要度 ▶ B

土地甲を所有するAが死亡した場合に、甲の相続に関する次の記述のうち、民法の規定によれば、正しいものはどれか。なお、Aには配偶者B、子C、直系尊属の父Dのみがいるものとする。

1　AとCは同乗する飛行機の墜落事故で死亡したが、AとCのどちらが先に死亡したか明らかでない場合は、Dの相続分は2分の1である。

2　Aが死亡した後に、Cが交通事故で死亡した場合には、Bのみが甲を相続する。なお、Cには配偶者及び直系卑属はいないものとする。

3　Aが死亡する前に、Cが交通事故で死亡していた場合には、Bの相続分は2分の1である。

4　BとCが法定相続分に従い甲を共同相続したが、その後、Cが甲の共有持分を放棄した場合には、その持分は国庫に帰属する。

80　**LEC**東京リーガルマインド　2025年版 出る順管理業務主任者 分野別過去問題集　①分冊

1 誤

相続は、被相続人の死亡により、開始し〈民882条〉、被相続人に属した権利義務が相続人に包括的に承継されることから、**被相続人の死亡時に相続人が存在していなければならない**。ここで、数人の者が死亡した場合において、そのうちの1人が他の者の死亡後になお生存していたことが明らかでないときは、これらの者は、同時に死亡したものと推定される〈民32条の2〉。本肢の場合、AとCは、同時に死亡したものと推定され、A死亡時にCは死亡して存在していないことになる。そのため、Aの相続人は、B及びDとなり〈民889条1項1号、890条〉、その相続分は、Bが3分の2、**Dが3分の1となる**〈民900条2号〉。

合 ①分冊 p160 2〜　速 p136 2〜

2 正

A死亡時には、配偶者B及び子Cが生存しているので、これらが相続人となり〈民887条1項、890条〉、**B及びCが甲を相続する**。さらに、C死亡時にCには配偶者及び直系卑属がいないことから、直系尊属であるBがCを相続し〈民889条1項1号〉、**CがAから相続した甲の持分をBが相続することになる**。結果として、Bのみが甲を相続することとなる。

合 ①分冊 p160 2〜　速 p136 2〜

3 誤

本肢の場合、A死亡前にCが死亡して存在していないことから、Aの相続人は、B及びDとなり〈民889条1項1号、890条〉、その相続分は、**Bが3分の2**、Dが3分の1となる〈民900条2号〉。

合 ①分冊 p160 2〜　速 p136 2〜

4 誤

共有者の1人が、**その持分を放棄したとき**、又は死亡して相続人がないときは、その持分は、**他の共有者に帰属する**〈民255条〉。本肢の場合、BとCが甲を共同相続し、甲を共有しており〈民898条〉、その後、Cが甲の共有持分を放棄していることから、その持分は、共有者であるBに帰属する。

合 ①分冊 p118 4〜　速 p108 3〜

正解 ②
(正解率86％)

肢別解答率
受験生は
こう答えた！

① 3％
② 86％
③ 6％
④ 6％

難易度
易

41 相続

2022年度 問5　　　Check ☐☐☐　重要度 ▶ B

Aが死亡した場合における相続に関する次の記述のうち、民法の規定によれば、不適切なものはいくつあるか。

ア　Aの子Bが相続放棄をした場合は、Bの子でAの直系卑属であるCが、Bに代わって相続人となる。

イ　Aの子Dに相続欠格事由が存在する場合は、Dの子でAの直系卑属であるEが、Dに代わって相続人となる。

ウ　Aの遺言によりAの子Fが廃除されていた場合は、Fの子でAの直系卑属であるGが、Fに代わって相続人となる。

エ　Aの子HがAより前に死亡し、さらにHの子でAの直系卑属であるIもAより前に死亡していた場合は、Iの子でAの直系卑属であるJが相続人となる。

1　一つ

2　二つ

3　三つ

4　四つ

被相続人の子が、**相続の開始以前に死亡**したとき、又は相続人の**欠格事由**に該当し、若しくは**廃除**によって、その相続権を失ったときは、その者の子がこれを代襲して相続人となる〈民887条2項本文〉。

ア 不適切　Bは、相続を放棄している。**相続の放棄は、上記の代襲原因のいずれにもあたらないので**、Cは、Bに代わって、Aの相続人とならない。
　　合 ①分冊 p160 ❷〜　速 p136 ❷〜

イ 適切　Dは、相続人の**欠格事由**に該当し、相続権を失っているから、Eは、Dに代わって、Aの相続人となる。
　　合 ①分冊 p160 ❷〜　速 p136 ❷〜

ウ 適切　Fは、**廃除**により相続権を失っているから、Gは、Fに代わって、Aの相続人となる。
　　合 ①分冊 p160 ❷〜　速 p136 ❷〜

エ 適切　代襲者が、相続の開始以前に死亡し、又は相続人の欠格事由に該当し、若しくは廃除によって、**その代襲相続権を失ったときは、その者の子がこれを代襲して相続人となる**〈民887条3項〉。Hは、Aより前に死亡しているので、Iは、代襲相続をするはずであったものの、Iも、Aより前に死亡しているので、その子であるJがAの相続人となる。
　　合 ①分冊 p160 ❷〜　速 p136 ❷〜

以上より、不適切なものはアの一つであり、本問の正解肢は1となる。

正解 [1]　（正解率65％）

肢別解答率　受験生はこう答えた！
1　65％
2　20％
3　13％
4　2％

難易度　普

42 その他

2017年度 問5

Check ☐☐☐ 重要度 ▶ B

AとBが、連帯債務者としてCから5,000万円の融資を受け、甲マンションの一住戸を購入した場合に関する次の記述のうち、民法の規定によれば、誤っているものはどれか。（改題）

1 Cが、Aに対し5,000万円の弁済を請求した場合、これにより、Bも5,000万円の弁済の請求を受けたことにはならない。

2 Bが、Cに対し、自己の300万円の反対債権をもって相殺する旨の意思表示をしたときは、これにより、300万円の範囲でAとBはともに債務を免れる。

3 Cに対するAとBの連帯債務につき、Dが保証人となる旨の保証契約は、CとDの口頭による合意で成立する。

4 Aが、Cに対し5,000万円を弁済したときは、Aは、Bに対し、その負担部分について求償することができる。

1 正 連帯債務者の１人について生じた事由は、原則として、**他の連帯債務者に対してその効力を生じない**〈民441条本文〉。したがって、Cが、Aに対し5,000万円の弁済を請求した場合、Bも5,000万円の弁済の請求を受けたことにはならない。
☞ 合 ①分冊 p143 **5**〜 速 p123 **4**〜

2 正 連帯債務者の１人が債権者に対して債権を有する場合において、その連帯債務者が**相殺を援用したとき**は、債権は、**すべての連帯債務者の利益のために消滅する**〈民439条１項〉。したがって、Bが、Cに対し、自己の300万円の反対債権をもって相殺する旨の意思表示をしたときは、これにより、300万円の範囲で、Bの債務だけでなく、Aの債務も消滅する。
☞ 合 ①分冊 p143 **5**〜 速 p123 **4**〜

3 誤 保証契約は、**書面又は電磁的記録**でしなければ、その効力を生じない〈民446条２項、３項〉。したがって、Dが保証人となる旨の保証契約は、CとDの口頭による合意によっては成立しない。
☞ 合 ①分冊 p137 **4**〜 速 p118 **3**〜

4 正 連帯債務者の１人が**弁済をし**、その他自己の財産をもって共同の免責を得たときは、その連帯債務者は、その免責を得た額が自己の負担部分を超えるかどうかにかかわらず、他の連帯債務者に対し、その免責を得るために支出した財産の額（その財産の額が共同の免責を得た額を超える場合にあっては、その免責を得た額）のうち各自の負担部分に応じた額の**求償権を有する**〈民442条１項〉。したがって、Aが、Cに対し5,000万円を弁済したときは、Aは、Bに対し、その負担部分について求償権を有し、求償することができる。
☞ 合 ①分冊 p143 **5**〜 速 p123 **4**〜

正解 3 （正解率84％）

肢別解答率 受験生はこう答えた！
1 7％
2 5％
3 84％
4 4％

難易度 易

43 その他

2019年度 問2

Check ☐☐☐　重要度 ▶ B

Aは、自己の所有するマンション（マンション管理適正化法第2条第1号に規定するものをいう。以下同じ。）の一住戸甲（以下、本問において「甲」という。）をBに贈与する契約を締結した。この場合に関する次の記述のうち、民法の規定及び判例によれば、誤っているものはどれか。（改題）

1 贈与契約を締結する前から甲には欠陥があったものの、AB双方がその欠陥に気づいておらず、特に甲に求められる品質等について合意をしていなかった場合、Aは、契約不適合責任を負う。

2 AB間の贈与契約が書面でなされた場合において、その贈与契約の効力がAの死亡によって生じるものとされていたときは、遺贈の規定が準用されるから、Aはいつでもこの贈与契約を書面で撤回することができる。

3 AB間の贈与契約が口頭でなされた場合において、甲をBに引き渡した後は、Bに所有権移転登記をする前であっても、Aは、贈与契約を撤回することができない。

4 AB間の贈与契約が書面でなされた場合において、AB間の贈与契約の内容に、BがAを扶養する旨の負担が付いていたときは、Bが契約で定められた扶養を始めない限り、Aは、甲の引渡しを拒むことができる。

1 誤 贈与者は、贈与の目的である物又は権利を、贈与の目的として**特定した時の状態**で引き渡し、又は移転することを約したものと推定する〈民551条1項〉。ＡＢ間の贈与契約では、甲に求められる品質等について合意をしていなかったことから、Ａは、贈与の目的として特定された契約締結時の甲の状態で引き渡すことを約したものと推定される。したがって、Ａは、契約の内容に適合する甲を引き渡したことから、契約不適合責任を負わない。

2 正 贈与者の死亡によって効力を生ずる贈与については、遺贈に関する民法1022条がその方式に関する部分を除いて準用され、贈与者は、**いつでも、その贈与の全部又は一部を撤回することができる**〈民554条、1022条〉。したがって、Ａは、いつでも贈与契約を書面で撤回することができる。

3 正 書面によらない贈与は、各当事者が撤回することができる〈民550条本文〉。もっとも、**履行が終わった部分については、撤回することができない**〈同条ただし書〉。不動産の贈与は、その所有権の移転のみでは「履行が終わった」とはいえず、**占有の移転を要する**〈最判昭和31.1.27〉。本肢の場合、甲をＢに引き渡しているから、「履行が終わった」といえ、Ａは、贈与契約を撤回することができない。

4 正 負担付贈与については、その性質に反しない限り、双務契約に関する規定が準用され〈民553条〉、当事者の一方は、相手方がその義務の履行を提供するまでは、**自己の義務の履行を拒むことができる**〈民533条〉。したがって、Ａは、Ｂが契約で定められた扶養を始めない限り、甲の引渡しを拒むことができる。

第1編　民法・その他法令

その他

正解 ①
（正解率73%）

肢別解答率
受験生はこう答えた！

①	73%	
②	10%	
③	14%	
④	3%	

難易度　**易**

44 その他

2019年度 問4　　Check ☐☐☐　重要度 ▶ C

留置権に関する次の記述のうち、民法の規定及び判例によれば、正しいものはどれか。

1　ＡＢ間で建物甲（以下、本問において「甲」という。）につき売買契約が締結されたが、買主Ｂが代金を支払わずに甲をＣに転売し、Ｃへの登記を済ませた場合においては、Ａは、Ｃからの甲の所有権に基づく引渡請求に対し、甲について留置権を主張することができる。

2　ＡＢ間で甲につき売買契約が締結され、売主Ａが買主Ｂへの登記を済ませたが、代金の支払いがなされていなかった場合において、Ｂへの引渡し前に甲が火災により焼失したときは、Ａは、売買代金を確保するため、Ｂが取得する火災保険金請求権に対し、留置権に基づく物上代位をすることができる。

3　Ａが、Ｂに甲を譲渡し、その後、Ｃにも甲を譲渡した場合において、ＣがＢより先に登記を備えたときは、Ｂは、Ａに対する履行不能に基づく塡補賠償請求権を保全するため、甲について留置権を主張することができる。

4　ＡＢ間における甲の賃貸借契約が終了し、賃借人Ｂが賃貸人Ａに対して造作買取請求権を行使した場合においては、Ｂは、その造作代金債権を保全するため、甲について留置権を主張することができる。

他人の物の占有者は、その物に関して生じた債権を有するときは、その債権の弁済を受けるまで、その物を留置することができる〈留置権　民295条〉。

1 正　AのBに対する代金債権は、甲に関して生じた債権であるから、Aは留置権を取得し、代金債権の弁済を受けるまで、甲を留置することができる。ここで、留置権は物権であるから、債権者は、**留置権が成立した後に債務者からその目的物を譲り受けた者に対しても**、その留置権を主張することができる〈最判昭和47.11.16〉。したがって、Aは、Cからの甲の所有権に基づく引渡請求に対し、甲について留置権を主張することができる。

☞　合　①分冊 p113 **1**〜

2 誤　留置権者は、**留置権に基づく物上代位をすることができない**。したがって、Aは、Bが取得する火災保険金請求権に対し、留置権に基づく物上代位をすることはできない。

☞　合　①分冊 p113 **1**〜

3 誤　不動産の二重売買がされ、その譲受人の一方が登記を具備した場合、他の譲受人が有する引渡請求権は、履行不能となり、損害賠償債権に転じる。この損害賠償債権は、**その物自体を目的とする債権がその態様を変じたものであり、このような債権は、「その物に関して生じた債権」とはいえない**〈最判昭和43.11.21〉。したがって、本肢の場合、留置権は生じず、Bは、甲について留置権を主張することはできない。

☞　合　①分冊 p113 **1**〜

4 誤　建物の賃貸人の同意を得て建物に付加した畳、建具その他の造作がある場合には、建物の賃借人は、建物の賃貸借が期間の満了又は解約の申入れによって終了するときに、建物の賃貸人に対し、その造作を時価で買い取るべきことを請求することができる〈借33条1項〉。**造作買取代金債権は、造作に関して生じた債権であって、建物に関して生じた債権ではない**〈最判昭和29.1.14〉。したがって、本肢の場合、甲について留置権は生じず、Bは、甲について留置権を主張することはできない。

☞　合　①分冊 p113 **1**〜

正解 **1**
（正解率 **24%**）

肢別解答率
受験生はこう答えた！

肢	解答率
1	24%
2	34%
3	4%
4	38%

難易度　**難**

LEC東京リーガルマインド　2025年版 出る順管理業務主任者 分野別過去問題集　①分冊

45 その他

2019年度 問5

Check ☐☐☐ 重要度 ▶ A

Aが、Bに対するCの債務を保証するためBとの間で保証契約を締結する場合に関する次の記述のうち、民法の規定及び判例によれば、正しいものはどれか。

1 AがCの委託を受けて保証人となり、保証債務を弁済した場合において、BがC所有の不動産に抵当権の設定を受けていたときは、Aは、Bの同意を得なければ、Bに代位して当該抵当権を実行することができない。

2 AがCの委託を受けずに保証人となったが、それがCの意思に反する場合において、AがCに代わり弁済をしたときは、Aは、弁済の当時にCが利益を受けた限度で求償することができる。

3 BC間で特定物の売買を内容とする契約が締結され、売主Cの目的物引渡債務についてAが保証人となった場合において、Aは、Cの債務不履行により契約が解除されたときの代金返還債務については、特に保証する旨の意思表示のない限り、責任を負わない。

4 AがCの委託を受けずに保証人となった場合において、Aは、Cに対し、事前の求償権を行使することはできない。

90　LEC東京リーガルマインド　2025年版 出る順管理業務主任者 分野別過去問題集　①分冊

1 誤　債務者のために弁済をした者は、債権者に代位する〈民499条〉。この規定により債権者に代位した者は、自己の権利に基づいて求償をすることができる範囲内において、**債権の効力及び担保としてその債権者が有していた一切の権利を行使することができる**〈民501条1項〉。したがって、保証人Aは、保証債務を弁済した場合、当然にBに代位し、Cに対して求償することができる範囲内において、Bが有していた抵当権を行使することができる。

👉 合 ①分冊 p137 **4**〜　速 p118 **3**〜

2 誤　主たる債務者の意思に反して保証をした者は、主たる債務者が**現に利益を受けている限度においてのみ求償権を有する**〈民462条2項前段〉。したがって、Aは、Cが現に利益を受けている限度においてのみ求償をすることができる。

👉 合 ①分冊 p137 **4**〜　速 p118 **3**〜

3 誤　保証人は、債務不履行により売主が買主に対し負担する損害賠償義務についてはもちろん、特に反対の意思表示のない限り、**売主の債務不履行により契約が解除された場合における原状回復義務についても保証の責めに任ずる**〈最大判昭和40.6.30〉。したがって、Aは、Cの債務不履行により契約が解除されたときの代金返還債務についても、特に反対の意思表示のない限り、責任を負う。

4 正　保証人は、**主たる債務者の委託を受けて保証をした場合において**、債務が弁済期にあるときなどに、主たる債務者に対して、あらかじめ、求償権を行使することができる〈民460条〉。したがって、Cの委託を受けずに保証人となったAは、事前の求償権を行使することはできない。

👉 合 ①分冊 p137 **4**〜　速 p118 **3**〜

正解 4（正解率53%）

肢別解答率 受験生はこう答えた！
1　12%
2　27%
3　8%
4　53%

難易度　普

46 その他

2019年度 問6 Check ☐☐☐ 重要度 ▶ B

同時履行の抗弁権に関する次の記述のうち、民法の規定及び判例によれば、誤っているものはどれか。

1 ＡＢ間の売買契約を、売主Ａが、買主Ｂの詐欺を理由として取り消した場合においては、Ａの原状回復義務とＢの原状回復義務とは同時履行の関係に立たない。

2 ＡＢ間の建物の賃貸借契約が期間の満了により終了する場合において、それに伴う賃貸人Ａの敷金返還債務と賃借人Ｂの建物明渡債務とは、特別の約定のない限り、同時履行の関係に立たない。

3 ＡＢ間の借地契約の終了に伴い、賃貸人Ａに対して賃借人Ｂの建物買取請求権が行使された場合においては、その土地の賃貸人Ａの建物代金債務と賃借人Ｂの建物土地明渡債務とは、同時履行の関係に立つ。

4 ＡＢ間の金銭消費貸借契約にかかる担保のために、債権者Ａに対して債務者Ｂが、自己所有の土地に抵当権を設定した場合においては、Ａの抵当権設定登記の抹消義務とＢの債務の弁済とは、同時履行の関係に立たない。

1 誤　契約を詐欺により取り消した場合、両当事者の原状回復義務は**同時履行の関係に立つ**〈最判昭和47.9.7〉。
　　合 ①分冊 p106 ③～　速 p54 ③～

2 正　賃貸人は、敷金を受け取っている場合において、**賃貸借が終了し、かつ、賃貸物の返還を受けたとき**は、賃借人に対し、その受け取った敷金の額から賃貸借に基づいて生じた賃借人の賃貸人に対する金銭の給付を目的とする債務の額を控除した残額を返還しなければならない〈民622条の2第1項1号〉。つまり、賃貸物の返還後に、敷金返還債務が生じる。
　　合 ①分冊 p106 ③～　速 p54 ③～

3 正　建物買取請求権を行使した場合、賃貸人の建物代金債務と賃借人の建物土地明渡債務とは、**同時履行の関係に立つ**。
　　合 ①分冊 p106 ③～　速 p54 ③～

4 正　債務の弁済とその債務担保のために経由された抵当権設定登記の抹消登記手続とは、債務の弁済が先履行の関係にあるものであって、**同時履行の関係に立たない**〈最判昭和57.1.19〉。
　　合 ①分冊 p106 ③～　速 p54 ③～

正解 **1**
（正解率 40%）

肢別解答率　受験生はこう答えた！
1　40%
2　10%
3　17%
4　33%

難易度　**難**

47 その他

2021年度 問2

Check ☐☐☐ 重要度 ▶ **B**

A、B、Cが、マンションの一住戸甲を共同して購入するための資金として、Dから900万円を借り受け、Dとの間で、各自が連帯してその債務を負う旨の合意をした場合に関する次の記述のうち、民法の規定によれば、最も不適切なものはどれか。ただし、A、B、Cの間の負担部分は等しいものとし、元本900万円以外は考慮しないものとする。

1 Aが、Dに対して600万円を弁済し、残債務の支払を免除された場合に、Bは、Dから300万円の支払の請求を受けたときは、これを拒むことができない。

2 Bが、Dに対して、270万円を弁済した場合に、Bは、AとCのそれぞれに対して、90万円について求償することができる。

3 Cが、Dに対して有する600万円の代金債権との相殺を援用しない場合に、Aは、Dから900万円の支払請求を受けたときは、CがDに対して当該債権を有することを理由に600万円についてDの支払請求を拒むことができる。

4 Cが、Dに対して、700万円を弁済したが、Bに資力がない場合に、Bから償還を受けることができないことについてCに過失がないときは、Cは、Aに対して、350万円を求償することができる。

1 **適切** 連帯債務者の1人について生じた事由は、原則として、**他の連帯債務者に対してその効力を生じない**〈民441条本文〉。本肢の場合、Aは、300万円の債務の免除を受けているが、特段の事情がない限り、この免除はBに対してその効力を生じない。したがって、Bは、Dに対し300万円の債務を負担しており、Dから300万円の支払の請求を受けたときは、これを拒むことができない。

合 ①分冊 p143 **5**～　速 p123 **4**～

2 **適切** 連帯債務者の1人が弁済をし、その他自己の財産をもって共同の免責を得たときは、その連帯債務者は、**その免責を得た額が自己の負担部分を超えるかどうかにかかわらず**、他の連帯債務者に対し、その免責を得るために支出した財産の額（その財産の額が共同の免責を得た額を超える場合にあっては、その免責を得た額）のうち**各自の負担部分に応じた額**の求償権を有する〈民442条1項〉。A、B、Cの間の負担部分は等しいので、Bが、Dに対して、270万円を弁済した場合、Bは、AとCのそれぞれに対して、90万円の求償権を有し、90万円について求償することができる。

合 ①分冊 p143 **5**～　速 p123 **4**～

3 **不適切** 連帯債務者の1人が債権者に対して債権を有しているものの、その連帯債務者が相殺を援用しない間は、**その連帯債務者の負担部分の限度**において、他の連帯債務者は、債権者に対して債務の履行を拒むことができる〈民439条2項〉。したがって、Cが、Dに対して有する600万円の代金債権との相殺を援用しない場合、Aは、CがDに対して代金債権を有することを理由に、Cの負担部分の限度、すなわち300万円についてDの支払請求を拒むことができる。

合 ①分冊 p143 **5**～　速 p123 **4**～

4 **適切** 連帯債務者の中に**償還をする資力のない者**があるときは、その償還をすることができない部分は、求償者及び他の資力のある者の間で、**各自の負担部分に応じて分割して負担する**〈民444条1項〉。Aは、700万円を弁済したので、B及びCに対し、それぞれその3分の1の額を求償することができる〈民442条1項〉。しかし、Bに資力がなく、Bから償還を受けることができない場合、その分は、A及びCがその負担部分、つまり等しい割合で負担することになる。したがって、Aは、Cに対し、700万円の3分の1の額とは別に、さらに700万円の6分の1（Bの負担すべき3分の1の2分の1）の額を求償することができるので、合計で350万円（700万円×（3分の1＋6分の1））を求償することができる。

合 ①分冊 p143 **5**～　速 p123 **4**～

正解 3（正解率46%）

肢別解答率 受験生はこう答えた！
1　8%
2　12%
3　46%
4　34%

難易度　**難**

48 その他

2021年度 問3

Check ☐☐☐ 重要度 ▶ B

マンションの管理組合法人Aは、区分所有者Bに対して有する200万円の管理費債権を保全するため、Bの債務者Cに対する500万円の金銭債権を代位行使した場合に関する記述のうち、民法の規定によれば、最も適切なものはどれか。

1 Aの代位権の行使は、Bの代理人としてBの権利を行使するものであるから、Aが自己の権利として行使することは認められない。

2 Aが代位権を行使をすることができる債権額は500万円であり、Bに対する債権額である200万円に制限されない。

3 CがBに対して反対債権を有していたときでも、Cは、Aに対して、相殺の抗弁を主張することができない。

4 Aは、Cに対して、A自身への直接の支払を求めることができる。

1 **不適切** 債権者は、自己の債権を保全するため必要があるときは、債務者に属する権利（被代位権利）を行使することができる〈民423条1項本文〉。これは、**債権者が自己の名において債務者の権利を行使する**ものである。

2 **不適切** 債権者は、被代位権利を行使する場合において、被代位権利の目的が可分であるときは、**自己の債権の額の限度においてのみ**、被代位権利を行使することができる〈民423条の2〉。被代位権利は、BのCに対する金銭債権であり、可分であるから、Aは、自己の債権の額200万円の限度においてのみ、BのCに対する金銭債権を代位して行使することができる。

3 **不適切** 債権者が被代位権利を行使したときは、**相手方は、債務者に対して主張することができる抗弁をもって、債権者に対抗することができる**〈民423条の4〉。Cは、Bに対して反対債権を有しており、Bに対して相殺の抗弁を主張することができるから、これをもってAに対抗することができる。

4 **適切** 債権者は、被代位権利を行使する場合において、被代位権利が金銭の支払又は動産の引渡しを目的とするものであるときは、相手方に対し、その支払又は引渡しを**自己に対してすることを求めることができる**〈民423条の3前段〉。被代位権利は、BのCに対する金銭債権であるから、Aは、Cに対し、自身に対して金銭の支払をすることを求めることができる。

正解 4 （正解率 **77%**）

肢別解答率 受験生はこう答えた！
1 9%
2 3%
3 10%
4 77%

難易度 **易**

49 その他

2022年度 問4

Check ☐☐☐　重要度 ▶ **A**

甲土地を所有するAが、B銀行から融資を受けるに当たり、甲土地にBのために抵当権を設定した場合に関する次の記述のうち、民法の規定によれば、最も適切なものはどれか。ただし、甲土地には、Bの抵当権以外の担保権は設定されていないものとする。

1 抵当権設定当時、甲土地上にA所有の建物があった場合には、当該抵当権の効力は当該建物にも及ぶ。

2 抵当権設定当時、甲土地が更地であった場合、当該抵当権の実行手続により買い受けたCから甲土地の明渡しが求められたときには、Aは、その請求に応じなければならない。

3 抵当権の設定行為において別段の合意がない限り、被担保債権の利息は当該抵当権によって担保されない。

4 Bの抵当権は、Aに対しては、被担保債権が存在していても、時効によって消滅する。

98　**LEC**東京リーガルマインド　2025年版 出る順管理業務主任者 分野別過去問題集　①分冊

1 **不適切** 抵当権は、**抵当地の上に存する建物を除き**、抵当不動産に付加して一体となっている物に及ぶ〈民370条本文〉。したがって、甲土地に設定された抵当権の効力は甲土地上の建物には及ばない。
☞ 合 ①分冊 p132 **2**〜 速 p114 **1**〜

2 **適切** 所有者は、その所有物を**自由**に使用し、又は**収益**することができる〈民206条〉から、これが侵害された場合、所有権に基づいて、円満に所有物を支配することができるよう、請求をすることができる。Cは、甲土地を買い受け、甲土地の所有者となったので、甲土地の所有権に基づいて、Aに対し、甲土地の明渡しを請求することができ、Aは、その請求に応じなければならない。
☞ 合 ①分冊 p116 **3**〜 速 p107 **2**〜

3 **不適切** 抵当権は、**被担保債権から生じる利息債権も担保する**〈民375条参照〉。したがって、抵当権の設定行為において別段の合意がない限り、被担保債権の利息はAの設定した抵当権によって担保される。
☞ 速 p114 **1**〜

4 **不適切** 抵当権は、債務者及び抵当権設定者に対しては、**その担保する債権と同時でなければ、時効によって消滅しない**〈民396条〉。したがって、Bの抵当権は、被担保債権と同時でなければ、時効によって消滅しない。
☞ 合 ①分冊 p132 **2**〜 速 p114 **1**〜

正解 **2**
(正解率 77%)

肢別解答率 受験生はこう答えた！
1 13%
2 77%
3 4%
4 6%

難易度 **易**

50 その他

2022年度 問37　　Check ☐☐☐　重要度 ▶ C

滞納管理費が一部弁済された場合の充当順序を判断する要素である次のア～オについて、民法の規定によれば、優先順位の高い順に並べたものとして、最も適切なものはどれか。

ア　規約の定めによる充当順序

イ　管理組合が滞納組合員に対する意思表示により指定した充当順序（滞納組合員から直ちに異議を意思表示しなかった場合）

ウ　滞納組合員が管理組合に対する意思表示により指定した充当順序

エ　滞納組合員の利益の多い順序

オ　弁済期の先後

充当順序

	第一順位	第二順位	第三順位	第四順位	第五順位
1	ア	ウ	イ	エ	オ
2	イ	オ	ア	ウ	エ
3	ウ	イ	エ	ア	オ
4	オ	ウ	ア	イ	エ

債務者が同一の債権者に対して同種の給付を目的とする数個の債務を負担する場合において、弁済として提供した給付が全ての債務を消滅させるのに足りないときは、以下の順序で弁済を充当する。
(1) 弁済をする者と弁済を受領する者との間に弁済の充当の順序に関する**合意**があるときは、その順序に従い、その弁済を充当する〈民490条〉。…ア
(2) **弁済をする者**が、給付の時に、弁済を充当すべき債務を指定したときは、その指定に従い、その弁済を充当する〈民488条1項〉。…ウ
(3) (2)の指定がない場合において、**弁済を受領する者**が、その受領の時に、弁済を充当すべき債務を指定したときは、その指定に従い、その弁済を充当する(弁済をする者がその充当に対して直ちに異議を述べた場合を除く。)〈同条2項〉。…イ
(4) (2)(3)の指定がないときは、次の順序によりその弁済を充当する〈同条4項〉。
① 債務の中に弁済期にあるものと弁済期にないものとがあるときは、**弁済期にあるもの**に先に充当する。
② 全ての債務が弁済期にあるとき、又は弁済期にないときは、**債務者のために弁済の利益が多いもの**に先に充当する。…エ
③ 債務者のために弁済の利益が相等しいときは、**弁済期が先に到来したもの又は先に到来すべきもの**に先に充当する。…オ
④ ②、③に掲げる事項が相等しい債務の弁済は、**各債務の額**に応じて充当する。

以上より、優先順位の高い順に並べたものはア、ウ、イ、エ、オであり、本問の正解肢は1となる。

(51) 総合

2023年度 問4　　Check □□□　重要度 ▶ B

管理組合法人Aと施工会社Bとのマンションの外壁補修工事請負契約における工事代金に関する次の記述のうち、民法の規定によれば、最も適切なものはどれか。

1　Bが、Aに対し契約で定めた工事代金より高い金額を請求したところ、Aがそれに気づかずに請求された金額を支払った場合には、Aは、Bに対し、過払い分の返還を請求することはできない。

2　BのAに対する請負代金債権について、AB間においてその譲渡を禁止する旨の特約があった場合に、BがAの承諾を得ないで行った当該債権の第三者に対する譲渡は無効である。

3　AのBに対する請負代金債務について、Aの理事が当該債務を保証する旨の契約をBとの間で締結する場合に、その契約は、口頭の合意によっても成立する。

4　AのBに対する請負代金の支払期日の前日に、地震で管理事務室が損壊したため、Aが支払期日にその代金を支払うことができなかった場合でも、Aは、Bに対する債務不履行責任を免れない。

102　**LEC**東京リーガルマインド　2025年版 出る順管理業務主任者 分野別過去問題集　①分冊

1 **不適切** 法律上の原因なく他人の財産又は労務によって利益を受け、そのために他人に損失を及ぼした者は、その利益の存する限度において、**これを返還する義務を負う**〈民703条〉。Bは契約で定めた工事代金よりも高い金額を受け取り、その分だけAは金銭を失っており、Bはこれを返還する義務を負うので、Aは、Bに対し、過払い分の返還を請求することができる。

2 **不適切** 債権は、譲り渡すことができる〈民466条1項本文〉。**当事者が債権の譲渡を禁止し、又は制限する旨の意思表示をしたときであっても、債権の譲渡は、その効力を妨げられない**〈同条2項〉。したがって、AB間においてBのAに対する請負代金債権の譲渡を禁止する旨の特約があったとしても、BがAの承諾を得ないで行った当該債権の第三者に対する譲渡は有効である。

3 **不適切** 保証契約は、**書面でしなければ、その効力を生じない**〈民446条2項〉。したがって、Aの理事とBとの間の保証契約は、口頭の合意によっては成立しない。
☞ 合 ①分冊 p137 **4**～ 速 p118 **3**～

4 **適切** 債務者がその債務の本旨に従った履行をしないときは、債権者は、これによって生じた損害の賠償を請求することができる〈民415条1項本文〉。ここで、**金銭の給付を目的とする債務の不履行による損害賠償**については、債務者は、**不可抗力をもって抗弁とすることができない**〈民419条3項〉。Aは、請負代金の支払期日にこれを支払っていないので、債務不履行責任を負う。請負代金の支払債務は、金銭の給付を目的とする債務であるので、Aは、地震で管理事務室が損壊したことをもって、抗弁とすることはできず、Bに対する債務不履行責任を免れない。
☞ 合 ①分冊 p104 **2**～ 速 p52 **2**～

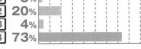

正解 **4**
（正解率 **73%**）

肢別解答率
受験生は
こう答えた！

1	3%
2	20%
3	4%
4	73%

難易度 **易**

52 総合

2023年度 問29　　　Check ☐☐☐　重要度 ▶ C

甲マンションの住戸 101 号室をA、B、Cの 3 人が共有し、住戸 102 号室を所有者に無断でDが占有している場合に関する次の記述のうち、民法、区分所有法及び判例によれば、最も適切なものはどれか。

1　A、B、Cは、共有する区分所有権について 5 年を超えない期間内は分割をしない旨の契約をしていた場合であっても、いつでも 101 号室の区分所有権の分割を請求することができる。

2　101 号室の区分所有権について、Aが分割を請求した場合、A、B、Cの協議が調わないときは、裁判上の現物分割はできずに競売による方法しか認められない。

3　Dは、102 号室の専有部分の区分所有権について時効によって取得した場合でも、共用部分の共有持分については、時効により取得することはできない。

4　102 号室について、Dは、所有の意思をもって、善意で、平穏に、かつ、公然と占有をするものと推定される。

104　　LEC東京リーガルマインド　2025年版 出る順管理業務主任者 分野別過去問題集　①分冊

1 **不適切** 各共有者は、いつでも共有物の分割を請求することができる〈民256条本文〉。もっとも、**5年を超えない期間内**は分割をしない旨の契約をすることを妨げない〈同条ただし書〉。A、B、Cは、共有する区分所有権について5年を超えない期間内は分割をしない旨の契約をした場合、その契約に従って、合意した期間内は101号室の区分所有権の分割を請求することはできない。
☞ 合 ①分冊 p118 **4**〜 速 p108 **3**〜

2 **不適切** 共有物の分割について共有者間に協議が調わないとき、又は協議をすることができないときは、その分割を**裁判所に請求**することができる〈民258条1項〉。裁判所は、①共有物の現物を分割する方法、②共有者に債務を負担させて、他の共有者の持分の全部又は一部を取得させる方法により、共有物の分割を命ずることができる〈同条2項〉。また、上記①②の方法により、共有物を分割することができないとき、又は分割によってその価格を著しく減少させるおそれがあるときは、裁判所は、その**競売を命ずることができる**〈同条3項〉。したがって、A、B、Cによる101号室の区分所有権の分割に関する協議が調わない場合であっても、競売による方法以外の方法による分割も認められる。
☞ 合 ①分冊 p118 **4**〜 速 p108 **3**〜

3 **不適切** 共有者の持分は、その有する**専有部分の処分に従う**〈区15条1項〉。したがって、Dが102号室の専有部分の区分所有権について時効によって取得した場合、共用部分の共有持分についても時効により取得することができる。
☞ 合 ①分冊 p232 **4**〜 速 p181 **5**〜

4 **適切** 占有者は、**所有の意思**をもって、**善意**で、**平穏**に、かつ、**公然**と**占有をするものと推定する**〈民186条1項〉。Dは、102号室を占有する占有者であるから、所有の意思をもって、善意で、平穏に、かつ、公然と102号室を占有するものと推定される。

(53) 総合

2024年度 問2 Check ☐☐☐ 重要度 ▶ **C**

マンションに関する次の記述のうち、民法、区分所有法及び判例によれば、最も適切なものはどれか。

1 区分所有者は、区分所有権を取得した旨の届出を管理組合に提出すれば、登記の有無にかかわらず、第三者にその区分所有権を対抗することができる。

2 マンションに居住する区分所有者が管理費を滞納したまま区分所有権を譲渡した場合、管理組合は、当該前区分所有者が転出に際して届け出た転居場所に滞納管理費の支払を催告すれば、その到達の有無にかかわらず、有効な請求となる。

3 マンションの敷地上の駐車場を賃借している区分所有者が、管理組合に無断で当該駐車場を外部の第三者に転貸して収入を得ているときは、管理組合は、当該賃貸借契約を解除することができる。

4 区分所有法第3条によって組織される区分所有者の団体は、同法第25条に基づく管理者を選任さえしていれば、当該団体として契約の当事者となることができる。

106 **LEC**東京リーガルマインド 2025年版 出る順管理業務主任者 分野別過去問題集 ①分冊

1 不適切　不動産に関する物権の得喪及び変更は、その登記をしなければ、第三者に対抗することができない〈民177条〉。したがって、区分所有者は、区分所有権を取得した旨の登記がなければ、第三者にその区分所有権を対抗することはできない。
☞ 合 ①分冊 p116 **3**~　速 p107 **2**~

2 不適切　意思表示は、その通知が相手方に到達した時からその効力を生ずる〈民97条1項〉。したがって、管理組合は、滞納管理費の支払の催告をしても、これが相手方に到達しなければ、有効な請求とはならない。
☞ 速 p14 **1**~

3 適切　賃借人は、賃貸人の承諾を得なければ、その賃借権を譲り渡し、又は賃借物を転貸することができない〈民612条1項〉。賃借人がこれに違反して第三者に賃借物の使用又は収益をさせたときは、賃貸人は、契約の解除をすることができる〈同条2項〉。したがって、マンションの敷地上の駐車場を賃借している区分所有者が、管理組合に無断で当該駐車場を外部の第三者に転貸して収入を得ているときは、管理組合は、賃貸借契約を解除することができる。
☞ 合 ①分冊 p59 **5**~　速 p78 **3**~

4 不適切　区分所有法第3条によって組織される区分所有者の団体は、法人化しなければ、法人格を有しておらず〈区47条1項参照〉、管理者を選任していても、団体として契約の当事者となることはできない。
☞ 合 ①分冊 p280 **1**~　速 p218 **1**~

正解 **3**（正解率67%）

肢別解答率 受験生はこう答えた！
① 1%
② 25%
③ 67%
④ 7%

難易度　普

54 総合

2024年度 問3 *Check* ☐☐☐ 重要度 ▶ **A**

契約の解除に関する次の記述のうち、民法の規定によれば、最も適切なものはどれか。

1 委任者は、受任者に不利な時期になる場合や、当該委任契約が受任者の利益（専ら報酬を得ることによるものを除く。）をも目的とする場合には、委任者にやむを得ない事由がない限り、当該契約を解除することができない。

2 管理組合が発注した大規模修繕工事契約は、施工会社がその修繕に着手した後は、管理組合の側からは、その損害を賠償しても当該契約を解除することができない。

3 管理組合が購入した防災用発電機に契約不適合がある場合に、当該契約不適合部分についての履行の追完請求としての修補請求や代金減額請求はできるが、当該売買契約を解除することはできない。

4 管理組合が、第三者に賃貸している敷地上の駐車場に対して行った保存行為が、第三者の意思に反する場合であっても、駐車場の目的を達することができるかぎり、第三者は、当該駐車場賃貸借契約を解除することができない。

1 不適切　委任は、**各当事者がいつでもその解除をすることができる**〈民651条1項〉。したがって、委任者は、本肢の場合、やむを得ない事由がなくとも、委任契約を解除することができる。
　合 ①分冊 p80 5～　速 p100 5～

2 不適切　**請負人が仕事を完成しない間**は、**注文者**は、いつでも損害を賠償して契約の解除をすることができる〈民641条〉。したがって、管理組合は、施工会社がその修繕に着手した後も、修繕が完了するまでの間は、いつでも損害を賠償して請負契約を解除することができる。
　合 ①分冊 p76 5～　速 p95 5～

3 不適切　引き渡された目的物が**種類、品質又は数量**に関して**契約の内容に適合しない**ものである場合において、買主が相当の期間を定めて**履行の追完の催告をし**、その期間内に**履行の追完がないとき**は、買主は、契約の解除をすることができる〈民564条、541条1項〉。したがって、管理組合が購入した防災用発電機に契約不適合がある場合、要件をみたせば、売買契約を解除することができる。
　合 ①分冊 p44 3～　速 p64 2～

4 適切　賃貸人が賃借人の意思に反して保存行為をしようとする場合において、そのために**賃借人が賃借をした目的を達することができなくなるとき**は、賃借人は、契約の解除をすることができる〈民607条〉。管理組合が、第三者に賃貸している敷地上の駐車場に対して行った保存行為が、第三者の意思に反する場合であっても、駐車場の目的を達することができる限り、「そのために賃借人が賃借をした目的を達することができなくなるとき」にあたらず、第三者は、駐車場賃貸借契約を解除することができない。

正解 **4**
（正解率 **72%**）

肢別解答率　受験生はこう答えた！
1　13%
2　5%
3　9%
4　72%

難易度　**易**

55 宅建業法

2017年度 問45

Check ☐☐☐　重要度 ▶ A

宅地建物取引業者Aが自ら売主として、宅地建物取引業者ではないB又は宅地建物取引業者Cとの間で、マンションの住戸の売買を行う場合、宅地建物取引業法第35条の規定に基づく重要事項の説明等に関する次の記述のうち、正しいものはどれか。

1　AB間の売買において、Aは、飲用水、電気及びガスの供給並びに排水のための施設の整備の状況について、これらの施設が整備されていない場合、これら施設の整備に関して説明する必要はない。

2　AB間の売買において、Aが、Bから預り金を受領しようとする場合、当該預り金について保全措置を講ずるときは、AはBに対して、保全措置を講ずる旨の説明をすれば、その措置の概要については説明する必要はない。

3　AC間の売買において、Aは、売買契約締結後のマンションの住戸の引渡しの時期について、書面に記載しなければならない。

4　AC間の売買において、Aは、書面の交付を行えば、重要事項の説明を行う必要はない。

110　LEC東京リーガルマインド　2025年版 出る順管理業務主任者 分野別過去問題集　①分冊

宅地建物取引業者は、宅地建物取引業者の相手方等に対して、その者が取得し、又は借りようとしている宅地又は建物に関し、その売買、交換又は貸借の契約が成立するまでの間に、宅地建物取引士をして、重要事項について、これらの事項を記載した書面を交付して説明をさせなければならない〈宅35条1項〉。

1 誤 飲用水、電気及びガスの供給並びに排水のための施設の整備の状況（これらの施設が**整備されていない場合**においては、**その整備の見通し及びその整備についての特別の負担に関する事項**）は、重要事項にあたる〈宅35条1項4号〉。したがって、本肢の施設が整備されていない場合には、その整備の見通し等に関して説明をしなければならない。

☞ **合** ①分冊 p182 **2**～ **速** p146 **2**～

2 誤 支払金又は預り金を受領しようとする場合において、保証の措置その他国土交通省令・内閣府令で定める保全措置を講ずるかどうか、及び**その措置を講ずる場合におけるその措置の概要**は、重要事項にあたる〈宅35条1項11号〉。したがって、本肢の預り金について保全措置を講ずるときは、その措置の概要について説明をしなければならない。

☞ **合** ①分冊 p182 **2**～ **速** p146 **2**～

3 誤 **建物の引渡しの時期は、重要事項にあたらない**〈宅35条1項参照〉。したがって、これを重要事項を記載した書面に記載することは義務づけられない。

4 正 宅地建物取引業者の相手方等が宅地建物取引業者である場合、宅地建物取引業者は、宅地建物取引業者の相手方等に対して、その者が取得し、又は借りようとしている宅地又は建物に関し、その売買、交換又は貸借の契約が成立するまでの間に、**重要事項を記載した書面を交付しなければならない**〈宅35条6項、1項〉。Cは、宅地建物取引業者であるから、Aは、重要事項を記載した書面を交付すれば足り、**重要事項の説明を行う必要はない**。

☞ **合** ①分冊 p182 **2**～ **速** p146 **2**～

正解 4
（正解率71%）

肢別解答率
受験生はこう答えた！

1	4%
2	7%
3	18%
4	71%

難易度 **易**

56 宅建業法

2018年度 問45　Check ☐☐☐　重要度 ▶ A

宅地建物取引業者A（以下、本問において「A」という。）が自ら売主として、宅地建物取引業者ではないB又は宅地建物取引業者であるCを買主として、マンションの1住戸の売買を行う場合に、宅地建物取引業法第35条の規定に基づく重要事項の説明等に関する次の記述のうち、正しいものはどれか。

1 　Aは、当該マンションが既存の建物であるときは、自ら建物状況調査（実施後国土交通省令で定める期間を経過していないものに限る。）を実施した上で、その結果の概要について、Bに説明しなければならない。

2 　Aは、当該マンションの管理が他の者に委託されているときは、その委託を受けている者の氏名（法人にあっては、その商号又は名称）、住所（法人にあっては、その主たる事務所の所在地）及び主たる事務所に置かれる専任の管理業務主任者の氏名を、Bに説明しなければならない。

3 　Aは、当該マンションの所有者が負担しなければならない通常の管理費用の額について、Bに説明しなければならない。

4 　Aは、Cに交付する重要事項説明書への宅地建物取引士の記名を省略することができる。

宅地建物取引業者は、宅地建物取引業者の相手方等に対して、その者が取得し、又は借りようとしている宅地又は建物に関し、その売買、交換又は貸借の契約が成立するまでの間に、宅地建物取引士をして、重要事項について、これらの事項を記載した書面を交付して説明をさせなければならない〈宅35条1項〉。

1 誤　建物が既存の建物である場合、建物状況調査（実施後国土交通省令で定める期間を経過していないものに限る。）を実施しているかどうか、及びこれを実施している場合におけるその結果の概要は重要事項にあたる〈宅35条1項6号の2イ〉が、**建物状況調査が実施されていない場合に、自らこれを実施することは義務づけられない**。したがって、Aは、自ら建物状況調査を実施して、その結果の概要をBに説明することは義務づけられない。

☞ 合 ①分冊 p182 **2**〜　速 p146 **2**〜

2 誤　売買の目的物が専有部分である場合において、当該一棟の建物及びその敷地の管理が委託されているときは、**その委託を受けている者の氏名（法人にあっては、その商号又は名称）及び住所（法人にあっては、その主たる事務所の所在地）は重要事項にあたる**〈宅35条1項6号、宅規16条の2第8号〉が、**その委託を受けている者の主たる事務所に置かれる専任の管理業務主任者の氏名は重要事項にあたらない**。したがって、Aは、マンションの管理の委託を受けている者の主たる事務所に置かれる専任の管理業務主任者の氏名を、Bに説明することは義務づけられない。

☞ 合 ①分冊 p182 **2**〜　速 p146 **2**〜

3 正　売買の目的物が専有部分である場合、**当該建物の所有者が負担しなければならない通常の管理費用の額は重要事項にあたる**〈宅35条1項6号、宅規16条の2第7号〉。したがって、Aは、これをBに説明しなければならない。

☞ 合 ①分冊 p182 **2**〜　速 p146 **2**〜

4 誤　宅地建物取引業者は、宅地建物取引業者の相手方等が宅地建物取引業者である場合、その相手方等に対して、その者が取得し、又は借りようとしている宅地又は建物に関し、その売買、交換又は貸借の契約が成立するまでの間に、重要事項を記載した書面を交付しなければならない〈宅35条6項、1項〉。宅地建物取引業者は、この書面を作成したときは、宅地建物取引士をして、**当該書面に記名させなければならない**〈同条7項〉。したがって、Aは、Cに交付する重要事項説明書への宅地建物取引士の記名を省略することはできない。

☞ 合 ①分冊 p182 **2**〜　速 p146 **2**〜

正解 3
（正解率 **87%**）

肢別解答率
受験生はこう答えた！

1	4%
2	4%
3	87%
4	4%

難易度 **易**

57 宅建業法

2019年度 問45　Check ☐☐☐　重要度 ▶ A

宅地建物取引業者Aが、自ら売主として、宅地建物取引業者ではないB又は宅地建物取引業者Cを買主として、マンションの一住戸の売買を行う場合における、宅地建物取引業法第35条の規定に基づき宅地建物取引士が書面を交付して行う重要事項の説明等に関する次の記述のうち、正しいものはどれか。

1　ＡＢ間の売買において、天災その他不可抗力による損害の負担に関する定めがあるときは、Aは、Bに対して、その内容について、説明しなければならない。

2　ＡＢ間の売買において、Aは、Bに対して、代金又は交換差金に関する金銭の貸借のあっせんの内容及び当該あっせんに係る金銭の貸借が成立しないときの措置について、説明しなければならない。

3　ＡＢ間の売買において、共用部分に関する規約が案の段階である場合にあっては、Aは、Bに対して、当該規約案の内容について、説明する必要はない。

4　ＡＣ間の売買において、Aは、Cに対して、重要事項について説明しなければならない。

1 **誤** 宅地建物取引業者は、宅地又は建物の売買に関し、自ら売主として契約を締結したときは、天災その他不可抗力による損害の負担に関する定めがあるときは、その内容を**契約成立時の書面に記載しなければならない**〈宅37条1項10号〉。しかし、重要事項として説明をすることは義務づけられていない。

☞ 合 ①分冊 p182 **2**～ 速 p146 **2**～

2 **正** 宅地建物取引業者は、宅地建物取引業者の相手方等に対して、その者が取得し、又は借りようとしている宅地又は建物に関し、その契約が成立するまでの間に、宅地建物取引士をして、重要事項について、これらの事項を記載した書面を交付して説明をさせなければならない〈宅35条1項〉。代金又は交換差金に関する金銭の貸借のあっせんの内容及び当該あっせんに係る金銭の貸借が成立しないときの措置は、**重要事項にあたり**〈同条項12号〉、Aは、Bに対して、これについて説明をしなければならない。

☞ 合 ①分冊 p182 **2**～ 速 p146 **2**～

3 **誤** 宅地建物取引業者は、宅地建物取引業者の相手方等に対して、その者が取得し、又は借りようとしている宅地又は建物に関し、その契約が成立するまでの間に、宅地建物取引士をして、重要事項について、これらの事項を記載した書面を交付して説明をさせなければならない〈宅35条1項〉。共用部分に関する規約の定め（その案を含む。）があるときは、その内容は、**重要事項にあたり**〈宅35条1項6号、宅規16条の2第2号〉、Aは、Bに対して、共用部分に関する規約の案の内容について、説明をしなければならない。

☞ 合 ①分冊 p182 **2**～ 速 p146 **2**～

4 **誤** 宅地建物取引業者の相手方等が宅地建物取引業者である場合、宅地建物取引業者は、その者が取得し、又は借りようとしている宅地又は建物に関し、その契約が成立するまでの間に、重要事項を記載した**書面を交付しなければならない**〈宅35条6項、1項〉。しかし、重要事項について**説明をすることは義務づけられない**。したがって、Aは、Cに対して、重要事項について説明する必要はない。

☞ 合 ①分冊 p182 **2**～ 速 p146 **2**～

正解 **2** （正解率58%）
肢別解答率 受験生はこう答えた！
1 33%
2 58%
3 5%
4 3%
難易度 普

58 宅建業法

2020年度 問45　　Check ☐☐☐　重要度 ▶ **A**

宅地建物取引業者Aが、自ら売主として、宅地建物取引業者ではないBを買主として、マンションの住戸の売買を行う場合に、宅地建物取引業法によれば、同法第35条の規定に基づく重要事項の説明等に関する次の記述のうち、誤っているものはどれか。

1　Aは、Bに対して、損害賠償額の予定又は違約金に関する事項について、その内容を説明しなければならない。

2　Aは、Bに対して、当該マンションが既存の建物であるときは、建物状況調査（実施後国土交通省令で定める期間を経過していないものに限る。）を実施しているかどうか、及びこれを実施している場合におけるその結果の概要を説明しなければならない。

3　Aは、Bに対して、当該マンションの計画的な維持修繕のための費用の積立てを行う旨の規約の定めがあるときは、その規約の内容について説明すれば足りる。

4　AがBに対して交付する重要事項説明書に記名する宅地建物取引士は、専任の宅地建物取引士である必要はない。

宅地建物取引業者は、宅地建物取引業者の相手方等に対して、その者が取得し、又は借りようとしている宅地又は建物に関し、その売買、交換又は貸借の契約が成立するまでの間に、宅地建物取引士をして、重要事項について、これらの事項を記載した書面を交付して説明をさせなければならない〈宅35条1項〉。

1 正　損害賠償額の予定又は違約金に関する事項は、**重要事項として挙げられており**〈宅35条1項9号〉、Aは、Bに対し、その内容を説明しなければならない。
　　合 ①分冊 p182 **2**〜　速 p146 **2**〜

2 正　当該建物が既存の建物であるときは、建物状況調査（実施後国土交通省令で定める期間を経過していないものに限る。）を実施しているかどうか、及びこれを実施している場合におけるその結果の概要は、**重要事項として挙げられており**〈宅35条1項6号の2イ〉、Aは、Bに対して、これを説明しなければならない。
　　合 ①分冊 p182 **2**〜　速 p146 **2**〜

3 誤　当該建物が区分所有権の目的であるものである場合において、当該一棟の建物の計画的な維持修繕のための費用の積立てを行う旨の規約の定めがあるときは、その内容及び既に積み立てられている額は、**重要事項として挙げられており**〈宅35条1項6号、宅規16条の2第6号〉、Aは、Bに対し、規約の内容だけでなく、**既に積み立てられている額についても**説明しなければならない。
　　合 ①分冊 p182 **2**〜　速 p146 **2**〜

4 正　重要事項を記載した書面の交付に当たっては、**宅地建物取引士は、当該書面に記名しなければならない**〈宅35条5項〉。記名する者は、宅地建物取引士であれば足り、専任の宅地建物取引士である必要はない。
　　合 ①分冊 p182 **2**〜　速 p146 **2**〜

正解 **3**（正解率76％）

肢別解答率 受験生はこう答えた！
1　13％
2　8％
3　76％
4　4％

難易度　易

59 宅建業法

2021年度 問45 — Check ☐☐☐ 重要度 ▶ A

宅地建物取引業者Aが自ら売主としてマンションの一住戸の売買を行う場合、宅地建物取引業法第35条の規定に基づく重要事項の説明に関する次の記述のうち、最も適切なものはどれか。なお、説明の相手方は宅地建物取引業者ではないものとする。

1 Aは、「水防法施行規則」第11条第1号の規定により当該マンションが所在する市町村の長が提供する図面に当該マンションの位置が表示されているときは、当該図面における当該マンションの所在地を買主に説明しなければならない。

2 Aは、当該マンションについて、石綿の使用の有無を買主に説明するために、自らその調査を行わなければならない。

3 Aは、当該マンションが既存の建物である場合には、当該マンションについて、建物状況調査結果の概要を記載した書面で、買主に説明するために、自らその調査を実施しなければならない。

4 Aは、台所、浴室、便所その他の当該住戸の設備の整備の状況について、記載した書面で、買主に説明しなければならない。

宅地建物取引業者は、宅地建物取引業者の相手方等に対して、その者が取得し、又は借りようとしている宅地又は建物に関し、その売買、交換又は貸借の契約が成立するまでの間に、宅地建物取引士をして、所定の重要事項について、これらの事項を記載した書面を交付して説明をさせなければならない〈宅35条1項〉。

1 **適切** 水防法施行規則11条1号の規定により当該宅地又は建物が所在する市町村の長が提供する図面に当該宅地又は建物の位置が表示されているときは、当該図面における当該**宅地又は建物の所在地**は、重要事項にあたり〈宅35条1項14号、宅規16条の4の3第3号の2〉、Aは、これを買主に説明をしなければならない。
☞ 合 ①分冊 p182 **2**〜 速 p146 **2**〜

2 **不適切** 当該建物について、**石綿の使用の有無の調査の結果が記録されているときは、その内容**は、重要事項にあたる〈宅35条1項14号、宅規16条の4の3第4号〉。これは、石綿の使用の有無の調査の実施自体を宅地建物取引業者に義務づけるものではなく、Aは、**自ら石綿の使用の有無の調査を行う必要はない**。
☞ 合 ①分冊 p182 **2**〜 速 p146 **2**〜

3 **不適切** 当該建物が既存の建物であるときは、**建物状況調査**（実施後国土交通省令で定める期間を経過していないものに限る。）**を実施しているかどうか、及びこれを実施している場合におけるその結果の概要**は、重要事項にあたる〈宅35条1項6号の2イ〉。これは、建物状況調査の実施自体を宅地建物取引業者に義務づけるものではなく、Aは、**自ら建物状況調査を行う必要はない**。
☞ 合 ①分冊 p182 **2**〜 速 p146 **2**〜

4 **不適切** 建物の**貸借**を行う場合、**台所、浴室、便所その他の当該建物の設備の整備の状況**は、重要事項にあたる〈宅35条1項14号、宅規16条の4の3第7号〉。Aは、マンションの一住戸の売買を行おうとしているので、これを説明する必要はない。
☞ 合 ①分冊 p182 **2**〜 速 p146 **2**〜

正解 1
（正解率84%）

肢別解答率
受験生は
こう答えた！

1	84%
2	1%
3	0%
4	14%

難易度
易

60 宅建業法

2022年度 問45　　Check ☐☐☐　重要度 ▶ **B**

宅地建物取引業者の媒介によりマンションの売買契約が成立した場合における宅地建物取引業法第37条の規定により交付すべき書面（以下、本問において「37条書面」という。）に関する次の記述のうち、宅地建物取引業法によれば、**最も不適切なもの**はどれか。

1　宅地建物取引業者は、専有部分の用途その他の利用の制限に関する規約において、ペットの飼育が禁止されているときは、その旨を37条書面に記載しなければならない。

2　宅地建物取引業者は、契約の解除に関する定めがあるときは、その内容を37条書面に記載しなければならない。

3　宅地建物取引業者は、代金についての金銭の貸借のあっせんに関する定めがある場合、当該あっせんに係る金銭の貸借が成立しないときの措置を37条書面に記載しなければならない。

4　宅地建物取引業者は、天災その他不可抗力による損害の負担に関する定めがあるときは、その内容を37条書面に記載しなければならない。

1 不適切 専有部分の用途その他の利用の制限に関する規約の定めがある場合におけるその内容は、**37条書面の記載事項ではない**〈宅37条1項参照〉。したがって、宅地建物取引業者は、専有部分の用途その他の利用の制限に関する規約において、ペットの飼育が禁止されていても、その旨を37条書面に記載することは義務づけられない。

合 ①分冊 p182 2~　速 p146 2~

2 適切 **契約の解除**に関する定めがあるときは、その内容は、37条書面の記載事項である〈宅37条1項7号〉。したがって、宅地建物取引業者は、契約の解除に関する定めがあるときは、その内容を37条書面に記載しなければならない。

合 ①分冊 p182 2~　速 p146 2~

3 適切 代金又は交換差金についての金銭の貸借のあっせんに関する定めがある場合においては、**当該あっせんに係る金銭の貸借が成立しないときの措置**は、37条書面の記載事項である〈宅37条1項9号〉。したがって、宅地建物取引業者は、代金についての金銭の貸借のあっせんに関する定めがある場合、当該あっせんに係る金銭の貸借が成立しないときの措置を37条書面に記載しなければならない。

合 ①分冊 p182 2~　速 p146 2~

4 適切 **天災その他不可抗力による損害の負担**に関する定めがあるときは、その内容は、37条書面の記載事項である〈宅37条1項10号〉。したがって、宅地建物取引業者は、天災その他不可抗力による損害の負担に関する定めがあるときは、その内容を37条書面に記載しなければならない。

合 ①分冊 p182 2~　速 p146 2~

正解 1 （正解率57％）

肢別解答率 受験生はこう答えた！
1 57%
2 3%
3 27%
4 12%

難易度 普

61 宅建業法

2023年度 問45　　Check ☐☐☐　重要度 ▶ B

法人である宅地建物取引業者Aが、自ら売主として、宅地建物取引業者ではない買主Bに対してマンションの一住戸の売買を行う場合に、宅地建物取引業法第35条の規定により行う重要事項の説明に関する次の記述のうち、最も適切なものはどれか。

1 AがBに対して交付する重要事項説明書に記名する宅地建物取引士は、専任の宅地建物取引士でなければならない。

2 AはBに対して、当該マンションについて、私道に関する負担がない場合であっても、これがない旨の説明をしなければならない。

3 AはBに対して、当該マンションが「土砂災害警戒区域等における土砂災害防止対策の推進に関する法律」第7条第1項により指定された土砂災害警戒区域内にない場合であっても、その旨の説明をしなければならない。

4 AはBに対して、当該住戸の台所や浴室などの設備の整備状況について、説明をしなければならない。

122　**LEC**東京リーガルマインド　2025年版 出る順管理業務主任者 分野別過去問題集　①分冊

宅地建物取引業者は、宅地建物取引業者の相手方等に対して、その者が取得し、又は借りようとしている宅地又は建物に関し、その売買、交換又は貸借の契約が成立するまでの間に、宅地建物取引士をして、**重要事項**について、これらの事項を記載した**書面を交付して説明をさせなければならない**〈宅35条1項〉。

1 不適切 重要事項説明書の交付に当たっては、**宅地建物取引士**は、当該書面に**記名**しなければならない〈宅35条5項〉。したがって、AがBに対して交付する重要事項説明書に記名する宅地建物取引士は、専任の宅地建物取引士である必要はない。
　合 ①分冊 p182 **2**〜　速 p146 **2**〜

2 適切 宅地建物取引業者とその相手方等との間の契約が建物の貸借の契約以外のものであるときは、**私道に関する負担に関する事項**は、**重要事項にあたる**〈宅35条1項3号〉。ＡＢ間の契約は建物の**売買契約**であり、建物の貸借の契約ではないから、Ａは、Ｂに対して、マンションについて、私道に関する負担がない場合であっても、これがない旨の**説明をしなければならない**。
　合 ①分冊 p182 **2**〜　速 p146 **2**〜

3 不適切 宅地建物取引業者とその相手方等との間の契約が建物の売買の契約である場合において、当該建物が土砂災害警戒区域等における土砂災害防止対策の推進に関する法律7条1項により指定された**土砂災害警戒区域内にあるときは、その旨は、重要事項にあたる**〈宅35条1項14号、宅規16条の4の3第2号〉。したがって、Ａは、Ｂに対して、マンションが土砂災害警戒区域等における土砂災害防止対策の推進に関する法律7条1項により指定された土砂災害警戒区域内に**ないときは、その旨を説明する必要はない**。
　合 ①分冊 p182 **2**〜　速 p146 **2**〜

4 不適切 宅地建物取引業者とその相手方等との間の契約が**建物の貸借の契約**である場合、**台所、浴室、便所その他の当該建物の設備の整備の状況**は、**重要事項にあたる**〈宅35条1項14号、宅規16条の4の3第7号〉。ＡＢ間の契約は建物の売買契約であり、建物の貸借の契約ではないから、Ａは、Ｂに対して、住戸の台所や浴室などの設備の整備状況について、説明をする必要はない。
　合 ①分冊 p182 **2**〜　速 p146 **2**〜

正解 **2**（正解率37％）

肢別解答率　受験生はこう答えた！
1　6％
2　37％
3　42％
4　16％

難易度　**難**

62 宅建業法

2024年度 問45　　Check ☐☐☐ 重要度 ▶ A

宅地建物取引業者Aが、自ら売主として、宅地建物取引業者ではない買主Bに対してマンションの一住戸の売買を行う場合における宅地建物取引業法第35条に規定する重要事項の説明に関する次の記述のうち、最も適切なものはどれか。ただし、書面の交付に代えて電磁的方法により提供する場合については考慮しないものとする。

1　AはBに対し、AB間の売買において天災その他不可抗力による損害の負担に関する事項を定める場合には、その内容を説明しなければならない。

2　AはBに対し、売買契約の成立前に重要事項を記載した書面を交付しなければならないが、その説明は売買契約の締結後、遅滞なく行えばよい。

3　AはBに対し、当該住戸が「住宅の品質確保の促進等に関する法律」第5条第1項に規定する住宅性能評価を受けた新築住宅であるときは、その旨を説明しなければならない。

4　AはBに対し、当該マンションの管理が委託されているときは、その管理委託契約の内容について説明しなければならない。

124　LEC東京リーガルマインド　2025年版 出る順管理業務主任者 分野別過去問題集　①分冊

宅地建物取引業者は、宅地建物取引業者の相手方等に対して、その者が取得し、又は借りようとしている宅地又は建物に関し、その売買、交換又は貸借の契約が成立するまでの間に、宅地建物取引士をして、少なくとも**重要事項**について、これらの事項を記載した**書面を交付して説明をさせなければならない**〈宅35条1項〉。

1　不適切　天災その他不可抗力による損害の負担に関する定めがある場合におけるその内容は、**重要事項にあたらない**〈宅35条参照〉。したがって、Aは、Bに対し、AB間の売買において天災その他不可抗力による損害の負担に関する事項を定めたとしても、その内容を説明することを義務づけられない。
👉 合 ①分冊 p182 2～　速 p146 2～

2　不適切　重要事項の説明は、**契約が成立するまでの間**に行わなければならない〈宅35条1項〉。したがって、Aは、Bに対し、売買契約の締結前に、重要事項の説明を行わなければならない。
👉 合 ①分冊 p182 2～　速 p146 2～

3　適切　当該建物が住宅の品質確保の促進等に関する法律5条1項に規定する**住宅性能評価を受けた新築住宅であるときは、その旨**は、**重要事項にあたる**〈宅35条1項14号、宅規16条の4の3第6号〉。したがって、Aは、Bに対し、当該住戸が住宅の品質確保の促進等に関する法律5条1項に規定する住宅性能評価を受けた新築住宅であるときは、その旨を説明しなければならない。
👉 合 ①分冊 p182 2～　速 p146 2～

4　不適切　当該一棟の建物及びその敷地の管理が委託されているときは、その委託を受けている者の**氏名（法人にあっては、その商号又は名称）**及び**住所（法人にあっては、その主たる事務所の所在地）**は、**重要事項にあたる**〈宅35条1項6号、宅規16条の2第8号〉。したがって、Aは、Bに対し、マンションの管理が委託されているときは、その委託を受けている者の氏名等を説明しなければならないものの、管理委託契約の内容について説明することを義務づけられない。
👉 合 ①分冊 p182 2～　速 p146 2～

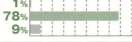

正解 3
（正解率78%）

肢別解答率
受験生はこう答えた！
1　12%
2　1%
3　78%
4　9%

難易度 易

63 品確法

2017年度 問40　Check ☐☐☐　重要度 ▶ B

住宅の品質確保の促進等に関する法律に関する次の記述のうち、正しいものはどれか。

1 「新築住宅」とは、新たに建設された住宅で、建設工事の完了の日から起算して1年を経過していないものをいい、既に人の居住の用に供したことがあるか否かを問わない。

2 新築住宅の売買契約においては、売主が構造耐力上主要な部分及び雨水の浸入を防止する部分について瑕疵担保責任を負うべき期間を、買主に引き渡した時から5年間に短縮することができる。

3 既存の共同住宅に係る建設住宅性能評価を受ける場合、共用部分と専有部分の両方の評価が必要である。

4 指定住宅紛争処理機関が行う、建設住宅性能評価書が交付された住宅の建設工事の請負契約又は売買契約に関する紛争処理の対象は、新築住宅のみである。

1 **誤**　「新築住宅」とは、新たに建設された住宅で、**まだ人の居住の用に供したことのないもの**（建設工事の完了の日から起算して１年を経過したものを除く。）をいう〈品２条２項〉。

☞ 合 ①分冊 p190 **2**〜 　速 p156 **2**〜

2 **誤**　新築住宅の売買契約においては、売主は、**買主に引き渡した時から10年間**、住宅の構造耐力上主要な部分等の瑕疵について、瑕疵担保責任を負う〈品95条１項〉。**この規定に反する特約で買主に不利なものは、無効となる**（同条２項）。本肢の場合、瑕疵担保責任を負うべき期間を10年から５年に短縮するもので、買主に不利なものである。したがって、このような特約をしても無効となるので、本肢の短縮をすることはできない。

☞ 合 ①分冊 p190 **2**〜 　速 p157 **3**〜

3 **正**　日本住宅性能表示基準では、例えば、維持管理対策等級（専用配管）、維持管理対策等級（共用配管）との項目があり、**共用部分と専有部分の両方の評価が必要となる**。

☞ 速 p159 **4**〜

4 **誤**　指定住宅紛争処理機関は、建設住宅性能評価書が交付された住宅の建設工事の請負契約又は売買契約に関する紛争の当事者の双方又は一方からの申請により、当該紛争のあっせん、調停及び仲裁の業務を行う〈品67条１項〉。「住宅」とは、人の居住の用に供する家屋又は家屋の部分（人の居住の用以外の用に供する家屋の部分との共用に供する部分を含む。）をいい〈品２条１項〉、既存住宅も含まれるので、**紛争処理の対象には既存住宅も含まれる**。

☞ 速 p159 **4**〜

正解 3
（正解率72%）

肢別解答率
受験生はこう答えた！

1	6%
2	5%
3	72%
4	17%

難易度　**易**

64 品確法

2019年度 問40　Check ☐☐☐　重要度 ▶ A

「住宅の品質確保の促進等に関する法律」に関する次の記述のうち、誤っているものはどれか。

1　新築住宅とは、新たに建設された住宅で、かつ、まだ人の居住の用に供したことのないもので、建設工事完了の日から1年を経過していないものをいう。

2　新築住宅について、住宅新築請負契約に基づき請負人が注文者に引き渡した時から10年間瑕疵担保責任を負う部位は、同住宅の構造耐力上主要な部分又は雨水の浸入を防止する部分として政令で定めるものである。

3　新築住宅に係る瑕疵担保責任の規定は、法人が買主である売買契約においては適用されない。

4　新築住宅の瑕疵担保責任について、瑕疵を修補する責任に限定し、契約の解除や損害賠償の請求はできないこととする特約は無効である。

1 正 「新築住宅」とは、**新たに建設された住宅で、まだ人の居住の用に供したことのないもの（建設工事の完了の日から起算して1年を経過したものを除く。）** をいう〈品2条2項〉。
☞ 合 ①分冊 p190 2～ 速 p156 2～

2 正 住宅新築請負契約においては、請負人は、注文者に引き渡した時から10年間、**住宅のうち構造耐力上主要な部分又は雨水の浸入を防止する部分として政令で定めるものの瑕疵（構造耐力又は雨水の浸入に影響のないものを除く。）** について、瑕疵担保責任を負う〈品94条1項〉。
☞ 合 ①分冊 p190 2～ 速 p157 3～

3 誤 新築住宅の売買契約においては、売主は、買主に引き渡した時（当該新築住宅が住宅新築請負契約に基づき請負人から当該売主に引き渡されたものである場合にあっては、その引渡しの時）から10年間、住宅の構造耐力上主要な部分等の瑕疵について、担保の責任を負う〈品95条1項〉。**上記「買主」は、法人を除外するものではなく、法人が買主である売買契約にも適用される。**
☞ 合 ①分冊 p190 2～ 速 p157 3～

4 正 新築住宅の売買契約においては、売主は、買主に引き渡した時（当該新築住宅が住宅新築請負契約に基づき請負人から当該売主に引き渡されたものである場合にあっては、その引渡しの時）から10年間、住宅の構造耐力上主要な部分等の瑕疵について、担保の責任を負う〈品95条1項〉。この瑕疵担保責任の追及として、買主は、履行の追完の請求、代金減額請求、損害賠償請求又は契約の解除をすることができる。**この規定に反する特約で買主に不利なものは無効となる**〈同条2項〉。本肢の特約は、契約の解除や損害賠償請求を禁止するものであるから、住宅の品質確保の促進等に関する法律95条1項に反するもので、かつ、買主に不利なものであり、無効となる。
☞ 合 ①分冊 p190 2～ 速 p157 3～

正解 3
（正解率85%）

肢別解答率
受験生は
こう答えた！

1　1%
2　5%
3　85%
4　8%

65 品確法

2020年度 問25

Check ☐☐☐ 重要度 ▶ C

「住宅の品質確保の促進等に関する法律」第1条（目的）に関する以下の文章について、（ ア ）～（ ウ ）に入る語句の組合せとして、正しいものはどれか。

　この法律は、住宅の性能に関する（ ア ）及びこれに基づく評価の制度を設け、住宅に係る紛争の処理体制を整備するとともに、（ イ ）の請負契約又は売買契約における瑕疵担保責任について特別の定めをすることにより、住宅の品質確保の促進、住宅購入者等の利益の保護及び住宅に係る紛争の迅速かつ適正な解決を図り、もって国民生活の安定向上と（ ウ ）に寄与することを目的とする。

	（ ア ）	（ イ ）	（ ウ ）
1	表示基準	新築住宅	国民経済の健全な発展
2	表示基準	住宅	公共の福祉の増進
3	性能基準	住宅	国民経済の健全な発展
4	性能基準	新築住宅	公共の福祉の増進

完成文は以下のとおりである。

> この法律は、住宅の性能に関する（**ア＝表示基準**）及びこれに基づく評価の制度を設け、住宅に係る紛争の処理体制を整備するとともに、（**イ＝新築住宅**）の請負契約又は売買契約における瑕疵担保責任について特別の定めをすることにより、住宅の品質確保の促進、住宅購入者等の利益の保護及び住宅に係る紛争の迅速かつ適正な解決を図り、もって国民生活の安定向上と（**ウ＝国民経済の健全な発展**）に寄与することを目的とする。

以上より、ア＝表示基準、イ＝新築住宅、ウ＝国民経済の健全な発展となり、本問の正解肢は1となる。

合 ①分冊 p190 1～　速 p156 1～

(66) 品確法

2022年度 問40　　Check ☐☐☐　重要度 ▶ **A**

新築の分譲マンションの売買契約における売主の担保責任に関する次の記述のうち、住宅の品質確保の促進等に関する法律（以下、本問において「品確法」という。）によれば、最も不適切なものはどれか。ただし、当該マンションは、品確法上の新築住宅に該当するものとする。

1 当該マンションの構造耐力上主要な部分等の瑕疵については、売主とは別の建築請負会社が建築したものである場合、当該売主が瑕疵担保責任を負う期間は、当該売主がその建築請負会社から引渡しを受けた時から10年間とされる。

2 買主が購入後1年以内に当該マンションを第三者に転売した場合に、その第三者（転得者）は、当初の買主（転売者）が引渡しを受けた時から10年以内であれば、元の売主に対して直接に瑕疵担保責任を当然に追及することができる。

3 当該マンションの買主は、売主に対し、瑕疵の修補請求はできるが、損害賠償請求はできない旨の特約は、買主がそれを容認したとしても無効である。

4 当該マンションが建設工事の完了の日から起算して1年を経過して初めて分譲された場合には、品確法上の担保責任は問えない。

新築住宅の売買契約においては、売主は、買主に引き渡した時（当該新築住宅が住宅新築請負契約に基づき請負人から当該売主に引き渡されたものである場合にあっては、その引渡しの時）から**10年間**、**住宅の構造耐力上主要な部分等の瑕疵**について、瑕疵担保責任を負う〈品95条1項〉。

1 適切 売主とは別の建築請負会社が建築し、売主がこれを引き渡され、売った場合には、売主が瑕疵担保責任を負う期間は、**売主がその建築請負会社から引渡しを受けた時**から10年間となる。
☞ 合 ①分冊 p190 **2**～ 速 p157 **3**～

2 不適切 本肢の第三者（転得者）にとって、**売主は、当初の買主（転売者）**であり、元の売主ではないから、本肢の第三者（転得者）は、元の売主に対して、直接に、瑕疵担保責任を追及することはできない。
☞ 合 ①分冊 p190 **2**～ 速 p157 **3**～

3 適切 品確法95条1項の規定に反する特約で**買主に不利なものは無効**である〈品95条2項〉。買主は、瑕疵担保責任の追及として、履行の追完の請求、代金の減額の請求、**損害賠償の請求**及び契約の解除をすることができる。本肢の特約は、損害賠償請求をすることができないとするもので、品確法95条1項の規定に反し、買主に不利であるから、買主がそれを容認したとしても無効である。
☞ 合 ①分冊 p190 **2**～ 速 p157 **3**～

4 適切 新築住宅とは、新たに建設された住宅で、まだ人の居住の用に供したことのないもの（**建設工事の完了の日から起算して1年を経過したものを除く。**）をいう〈品2条2項〉。本肢の場合、マンションは建設工事の完了の日から起算して1年を経過して初めて分譲されているので、「新築住宅」にあたらず、買主は、品確法上の担保責任を問うことはできない。
☞ 合 ①分冊 p190 **2**～ 速 p156 **2**～

正解 **2**（正解率 **42%**）

肢別解答率 受験生はこう答えた！
1 16%
2 42%
3 12%
4 30%

難易度 **難**

67 品確法

2023年度 問41　　　Check ☐☐☐　重要度 ▶ A

「住宅の品質確保の促進等に関する法律」に関する次の記述のうち、最も不適切なものはどれか。

1　新築住宅の売主は、構造耐力上主要な部分又は雨水の浸入を防止する部分として政令で定めるものについて、引渡しの時から 10 年間、瑕疵担保責任を負わなければならない。

2　新築住宅の瑕疵担保責任について、瑕疵を修補する責任に限定し、契約の解除や損害賠償の請求はできないこととする特約は無効である。

3　新築住宅とは、新たに建設された住宅で、かつ、まだ人の居住の用に供したことのないもので、建設工事完了の日から起算して 2 年を経過していないものをいう。

4　新築住宅の売買契約において、特約により、構造耐力上主要な部分及び雨水の浸入を防止する部分だけでなくその他の部分も含め、瑕疵担保責任の期間を引き渡した時から 20 年以内とすることができる。

134　**LEC**東京リーガルマインド　2025年版 出る順管理業務主任者 分野別過去問題集　①分冊

1 適切 **新築住宅**の売買契約においては、**売主は、買主に引き渡した時**（当該新築住宅が住宅新築請負契約に基づき請負人から当該売主に引き渡されたものである場合にあっては、その引渡しの時）**から10年間**、住宅の構造耐力上主要な部分又は雨水の浸入を防止する部分として政令で定めるものの瑕疵について、**瑕疵担保責任を負う**〈品95条1項〉。

☞ 合 ①分冊 p190 **2**～ 速 p157 **3**～

2 適切 新築住宅の売主は、住宅の構造耐力上主要な部分等の瑕疵について、瑕疵担保責任を負い、買主は、**履行の追完の請求、代金の減額の請求、損害賠償の請求及び契約の解除**をすることができる〈品95条1項〉。**この規定に反する特約で買主に不利なものは、無効である**〈同条2項〉。本肢の特約は、契約の解除や損害賠償の請求をできないこととするものであり、上記規定に反するものであり、また、買主に不利なものであるから、無効である。

☞ 合 ①分冊 p190 **2**～ 速 p157 **3**～

3 不適切 新築住宅とは、新たに建設された住宅で、まだ**人の居住の用に供したことのないもの**（建設工事の完了の日から起算して**1年を経過したものを除く。**）をいう〈品2条2項〉。

☞ 合 ①分冊 p190 **2**～ 速 p156 **2**～

4 適切 新築住宅の売買契約において、売主が住宅の構造耐力上主要な部分又は雨水の浸入を防止する部分として政令で定めるものの瑕疵その他の住宅の瑕疵について担保の責任を負うべき期間は、**買主に引き渡した時から20年以内**とすることができる〈品97条〉。

☞ 合 ①分冊 p190 **2**～ 速 p157 **3**～

正解 3
（正解率94%）

肢別解答率
受験生はこう答えた！

1	3%
2	1%
3	94%
4	1%

難易度 **易**

第2編 区分所有法等

年度別出題論点一覧

第2編　区分所有法等	2015 H27	2016 H28	2017 H29	2018 H30	2019 R1	2020 R2	2021 R3	2022 R4	2023 R5	2024 R6
定義										
共用部分						1	1			1
敷地・敷地利用権			2			1		1		
義務違反者に対する措置										
管理者					1	1				
管理組合法人	2		2		1		1		1	
規約	1	1			1	1		2	1	
集会			2				1	1	2	
復旧・建替え				1			1			1
団地	1		1					1	1	1
その他	2	1	1	1	2				1	
総合	3	4				3	2	1	1	2
マンション建替え円滑化法	1		1		1			1		1
被災マンション法										
計	10	6	9	2	6	8	6	7	7	6

※表内の数字は出題問題数を指します。
※2015、2016年度は購入者特典の「分野別過去問題集プラス2」に掲載しています。

1 共用部分

2020年度 問34   Check ☐☐☐   重要度 ▶ A

共用部分に関する次の記述のうち、区分所有法の規定によれば、**誤っている**ものはどれか。

1 区分所有法第2条第4項に規定される共用部分には、全体共用部分と一部共用部分がある。

2 一部共用部分を管理する団体は、全体共用部分を管理する団体とは別に、当然に団体が構成される。

3 一部共用部分は、全体の利害に関係する場合でも、規約を定めなければ、区分所有者全員で管理することはできない。

4 民法第177条の登記に関する規定は、法定共用部分には適用しない。

1 正
共用部分とは、専有部分以外の建物の部分、専有部分に属しない建物の附属物及び規約により共用部分とされた附属の建物をいう〈区2条4項〉。共用部分には、区分所有者の全員の共用に供されるべき**全体共用部分**と一部の区分所有者のみの共用に供されるべき**一部共用部分**とがある。
☞ 合 ①分冊 p218 **2**~ 速 p174 **1**~

2 正
一部共用部分をこれを共用すべき一部の区分所有者が管理するときは、それらの区分所有者全員は、**一部共用部分の管理を行うための団体を構成する**〈区3条後段〉。この団体は、全体共用部分を管理する団体とは**別に構成される**ものである。
☞ 合 ①分冊 p253 **4**~ 速 p196 **4**~

3 誤
一部共用部分の管理のうち、区分所有者全員の利害に関係するもの又は区分所有者全員の規約に定めがあるものは区分所有者全員で、その他のものはこれを共用すべき区分所有者のみで行う〈区16条〉。したがって、一部共用部分の管理であって、区分所有者全員の利害に関係するものは、**区分所有者全員の規約の定めがなくても、区分所有者全員で**管理をする。
☞ 合 ①分冊 p253 **4**~ 速 p196 **4**~

4 正
民法177条の規定は、**共用部分には適用しない**〈区11条3項〉。したがって、民法177条の登記に関する規定は、法定共用部分には適用しない。
☞ 合 ①分冊 p228 **2**~ 速 p174 **1**~

正解 3（正解率62%）

肢別解答率 受験生はこう答えた！
1 2%
2 29%
3 62%
4 6%

難易度 普

LEC東京リーガルマインド 2025年版 出る順管理業務主任者 分野別過去問題集 ①分冊

2 共用部分

2021年度 問37　Check ☐☐☐　重要度 ▶ A

次に掲げるもののうち、区分所有法第4条第2項の規定により規約共用部分とすることができるものは、どれか。

1 団地内にある集会場に使われている建物

2 建物横に設置した屋根のない駐輪場

3 区分所有者全員が利用可能な専有部分

4 エントランスホール

区分所有権の目的となり得る建物の部分及び附属の建物は、規約により共用部分とすることができる〈区4条2項前段〉。

1 できない 附属の建物が区分所有者とそれ以外の者の共有に属する場合には、その附属の建物を規約共用部分とすることはできない。集会場が団地建物所有者全員の共有に属する場合、これを規約共用部分とすることはできない。
👉 合 ①分冊 p351 **3**～ 速 p276 **1**～

2 できない 本肢の駐輪場は、建物横に設置されたものであるから、**建物の部分ではない**。また、屋根がないので、**附属の建物ではない**。したがって、本肢の駐車場は、規約共用部分とすることはできない。
👉 合 ①分冊 p228 **2**～ 速 p174 **1**～

3 できる 専有部分とは、**区分所有権の目的たる建物の部分である**〈区2条3項〉から、本肢の専有部分は、規約共用部分とすることができる。
👉 合 ①分冊 p228 **2**～ 速 p174 **1**～

4 できない エントランスホールは、その構造上、**区分所有者全員の共用に供されるべき建物の部分**であるから、いわゆる**法定共用部分にあたる**〈区2条4項、4条1項〉。したがって、これを規約共用部分とすることはできない。
👉 合 ①分冊 p228 **2**～ 速 p174 **1**～

正解 3（正解率70%）

肢別解答率 受験生はこう答えた！
1 22%
2 5%
3 70%
4 3%

難易度 **易**

③ 共用部分

2024年度 問27 | *Check* ☐☐☐ 重要度 ▶ **A**

マンションの共用部分に関する次の記述のうち、区分所有法によれば、不適切なものはいくつあるか。ただし、規約に別段の定めはないものとする。

ア マンションの専有部分を集会室とするために、規約でこれを共用部分とすることができる。

イ 一部共用部分の管理は、区分所有者全員の利害に関係するものであっても、これを共用すべき区分所有者のみで行う。

ウ 管理者が選任されている場合、共用部分の保存行為は、管理者を通じて行わなければならない。

エ 共用部分につき損害保険契約をすることは、共用部分の管理に関する事項とみなされる。

1 一つ

2 二つ

3 三つ

4 四つ

142　LEC東京リーガルマインド　2025年版 出る順管理業務主任者 分野別過去問題集　①分冊

ア 適切　**区分所有権の目的となり得る建物の部分及び附属の建物**は、規約により共用部分とすることができる〈区4条2項前段〉。したがって、マンションの専有部分を集会室とするために、規約でこれを共用部分とすることができる。
☞ 合 ①分冊 p228 ②〜　速 p174 ①〜

イ 不適切　**一部共用部分の管理**のうち、**区分所有者全員の利害に関係するもの**又は一部共用部分に関する事項で区分所有者全員の利害に関係しないものについての区分所有者全員の規約に定めがあるものは区分所有者全員で、その他のものはこれを共用すべき区分所有者のみで行う〈区16条〉。
☞ 合 ①分冊 p253 ④〜　速 p196 ④〜

ウ 不適切　保存行為は、共用部分の**各共有者**がすることができる〈区18条1項ただし書〉。また、管理者は、共用部分等の保存をする権利を有し、義務を負う〈区26条1項〉。したがって、管理者が選任されている場合であっても、共用部分の保存行為は、区分所有者が自ら行うことができるので、必ずしも、管理者を通じて行う必要はない。
☞ 合 ①分冊 p248 ②〜　速 p192 ②〜

エ 適切　共用部分につき損害保険契約をすることは、**共用部分の管理に関する事項とみなす**〈区18条4項〉。
☞ 合 ①分冊 p248 ②〜　速 p192 ②〜

以上より、不適切なものはイ、ウの二つであり、本問の正解肢は2となる。

正解 2（正解率77%）

肢別解答率　受験生はこう答えた！
1　16%
2　77%
3　6%
4　0%

難易度　易

4 敷地・敷地利用権

2017年度 問34 Check ☐☐☐ 重要度 ▶ B

区分所有法の規定によれば、規約による建物の敷地に関する次の記述のうち、誤っているものはどれか。

1 区分所有者が建物及び建物が所在する土地と一体として管理又は使用をする庭、通路その他の土地は、規約により建物の敷地とすることができる。

2 建物が所在する土地が建物の一部の滅失により建物が所在する土地以外の土地となったときは、その土地は、規約で建物の敷地と定められたものとみなされる。

3 建物が所在する土地の一部が分割により建物が所在する土地以外の土地となったときは、その土地は、規約で建物の敷地と定められたものとみなされる。

4 建物が所在する土地に隣接する土地を、当該建物の区分所有者全員が取得したときは、その土地は、規約で建物の敷地と定められたものとみなされる。

1 正 区分所有者が**建物及び建物が所在する土地と一体として管理又は使用をする**庭、通路その他の土地は、規約により建物の敷地とすることができる〈区5条1項〉。

2 正 建物が所在する土地が建物の一部の滅失により建物が所在する土地以外の土地となったときは、その土地は、規約で建物の敷地と定められたものとみなされる〈区5条2項前段〉。

3 正 建物が所在する土地の一部が分割により建物が所在する土地以外の土地となったときは、その土地は、規約で建物の敷地と定められたものとみなされる〈区5条2項後段〉。

4 誤 建物が所在する土地が建物の一部の滅失により建物が所在する土地以外の土地となったとき、又は建物が所在する土地の一部が分割により建物が所在する土地以外の土地となったときは、その土地は、規約で建物の敷地と定められたものとみなされる〈区5条2項〉。本肢の土地は、上記にあたらないので、規約で建物の敷地と定められたものと**みなされない**。

⑤ 敷地・敷地利用権

2017年度 問36

Check ☐☐☐ 重要度 ▶ B

専有部分と敷地利用権との分離処分等に関する次の記述のうち、民法及び区分所有法の規定によれば、誤っているものはどれか。

1 敷地利用権が数人で有する所有権その他の権利である場合には、区分所有者は、規約に別段の定めがない限り、その有する専有部分とその専有部分に係る敷地利用権とを分離して処分することができない。

2 敷地利用権が数人で有する所有権その他の権利である場合、規約の定めに違反した専有部分又は敷地利用権の分離処分については、当該処分の前に、不動産登記法の定めるところにより分離して処分することができない専有部分及び敷地利用権であることを登記していたときは、当該規約の定めを知らなかった相手方に対して、その処分の無効を主張することができる。

3 敷地利用権が借地権であるマンションにおいて、区分所有者の一人が借地料を滞納し、当該区分所有者と土地所有者との借地契約が解除された場合には、その区分所有者の敷地利用権は消滅する。

4 敷地利用権を有しない専有部分の所有者があるときは、その者は、敷地の所有者に対して、それぞれの敷地利用権の持分の割合に応じて、敷地利用権を時価で売り渡すべきことを請求することができる。

146 LEC東京リーガルマインド 2025年版 出る順管理業務主任者 分野別過去問題集 ①分冊

1 正 敷地利用権が数人で有する所有権その他の権利である場合には、区分所有者は、規約に別段の定めがない限り、その有する専有部分とその専有部分に係る敷地利用権とを**分離して処分することができない**〈区22条1項〉。
👉 合 ①分冊 p240 ③〜　速 p187 ③〜

2 正 区分所有法22条1項本文に規定する専有部分とその敷地利用権との分離処分の禁止に違反する専有部分又は敷地利用権の処分については、その無効を善意の相手方に主張することができない〈区23条本文〉。もっとも、不動産登記法の定めるところにより分離して処分することができない専有部分及び敷地利用権であることを**登記した後**においては、**善意の相手方に対しても、これを主張することができる**〈同条ただし書〉。本肢の場合、処分の前に上記の登記がなされていることから、善意の相手方に対しても、処分の無効を主張することができる。
👉 合 ①分冊 p240 ③〜　速 p187 ③〜

3 正 敷地利用権が数人で有する所有権その他の権利である場合には、区分所有者は、規約に別段の定めがない限り、その有する専有部分とその専有部分に係る敷地利用権とを分離して処分することができない〈区22条1項〉。この「処分」とは、専有部分と敷地利用権とについて**一体的にすることができる処分**をいう。敷地利用権が借地権である場合の債務不履行による解除は、**一体的にすることができる処分ではない**から、区分所有法22条1項の適用を受けず、借地契約の解除も有効で、その区分所有者の敷地利用権は消滅する。
👉 合 ①分冊 p240 ③〜　速 p187 ③〜

4 誤 敷地利用権を有しない区分所有者があるときは、**その専有部分の収去を請求する権利を有する者**は、その区分所有者に対し、**区分所有権を時価で売り渡すべきこと**を請求することができる〈区10条〉。
👉 合 ①分冊 p245 ⑤〜　速 p189 ⑤〜

正解 **4**（正解率 **48%**）

肢別解答率 受験生はこう答えた！
1 　6%
2 　20%
3 　26%
4 　48%

難易度 **難**

6 敷地・敷地利用権

2020年度 問35　　Check ☐☐☐　重要度 ▶ A

敷地に関する次の記述のうち、区分所有法の規定によれば、正しいものはどれか。

1 区分所有者が建物及び建物が所在する土地と一体として管理又は使用をする庭、通路その他の土地は、その旨の登記により建物の敷地とすることができる。

2 甲地と乙地の2筆の土地の上に1棟のAマンションが建っていた場合には、規約で、甲地、乙地ともにAマンションの敷地とする旨の定めが必要である。

3 甲地と乙地の2筆の土地の上に1棟のAマンションが建っていた場合に、Aマンションの一部が滅失して、乙地上には建物部分がなくなったときは、乙地は、規約でAマンションの敷地であることを定めない限り、Aマンションの敷地ではなくなる。

4 1筆の甲地の上にAマンションが建っていたが、その後、甲地が乙地と丙地に分筆され、丙地上にAマンションの建物部分がなくなった場合には、丙地は、規約でAマンションの敷地であることを定めなくても、Aマンションの敷地である。

148　LEC東京リーガルマインド　2025年版 出る順管理業務主任者 分野別過去問題集　①分冊

1 誤
区分所有者が建物及び建物が所在する土地と一体として管理又は使用をする庭、通路その他の土地は、**規約により**建物の敷地とすることができる〈区5条1項〉。登記によって建物の敷地とするわけではない。

☞ 合 ①分冊 p236 ①～　速 p184 ①～

2 誤
建物の敷地とは、**建物が所在する土地及び規約により建物の敷地とされた土地をいう**〈区2条5項〉。本肢の場合、**甲地及び乙地は、Aマンションが所在する土地である**から、敷地とする旨の規約の定めがなくとも、建物の敷地にあたる。

☞ 合 ①分冊 p236 ①～　速 p184 ①～

3 誤
建物が所在する土地が建物の一部の滅失により建物が所在する土地以外の土地となったときは、その土地は、**規約で建物の敷地と定められたものとみなす**〈区5条2項前段〉。本肢の乙地は、上記規定により、規約でAマンションの敷地と定められたものとみなされるため、規約でAマンションの敷地であることを定めなくても、Aマンションの敷地である。

☞ 合 ①分冊 p236 ①～　速 p184 ①～

4 正
建物が所在する土地の一部が分割により建物が所在する土地以外の土地となったときは、その土地は、**規約で建物の敷地と定められたものとみなす**〈区5条2項後段〉。本肢の丙地は、上記規定により、規約でAマンションの敷地と定められたものとみなされるため、規約でAマンションの敷地であることを定めなくても、Aマンションの敷地である。

☞ 合 ①分冊 p236 ①～　速 p184 ①～

正解 4（正解率71%）

肢別解答率 受験生はこう答えた！
1 18%
2 6%
3 5%
4 71%

難易度 易

7 敷地・敷地利用権

2022年度 問35   *Check* ☐☐☐   重要度 ▶ **C**

借地上のマンションに関する次の記述のうち、民法及び区分所有法によれば、最も適切なものはどれか。

1   土地所有者と各区分所有者との間で締結された借地契約相互の関係は、一つの借地契約を準共有する関係にある。

2   区分所有者の一人に借地料の不払いが生じた場合には、土地所有者は、当該区分所有者の借地料を他の区分所有者に請求することができる。

3   区分所有者の一人が借地契約を解除された場合には、当該区分所有者は、敷地利用権を有しない区分所有者となる。

4   敷地利用権を有しない区分所有者は、土地所有者に対して当該区分所有権を時価で買い取るように請求することができる。

1 不適切　土地所有者と各区分所有者との間で、借地契約を締結した場合、それぞれ別個の契約が成立し、各区分所有者は、**単独で**、借地契約に基づく借地権を有する。
☞ 合 ①分冊 p236 **1**〜　速 p186 **2**〜

2 不適切　土地所有者と区分所有者との間で、借地契約を締結した場合、その区分所有者が借地料を支払う債務を負い、**他の区分所有者は、これを負わない**。

3 適切　敷地利用権とは、**専有部分を所有するための建物の敷地に関する権利**をいう〈区２条６項〉。区分所有者の１人が借地契約を解除された場合、その区分所有者は、借地権を失い、専有部分を所有するための建物の敷地に関する権利を失うので、区分所有者は、敷地利用権を有しない区分所有者となる。
☞ 合 ①分冊 p236 **1**〜　速 p186 **2**〜

4 不適切　敷地利用権を有しない区分所有者があるときは、その**専有部分の収去を請求する権利を有する者**は、その区分所有者に対し、**区分所有権を時価で売り渡すべきことを請求することができる**〈区10条〉。敷地利用権を有しない区分所有者は、本肢の請求権を有しない。
☞ 合 ①分冊 p245 **5**〜　速 p189 **5**〜

正解 3
（正解率60%）

肢別解答率　受験生はこう答えた！
1　18%
2　8%
3　60%
4　15%

難易度　普

8 管理者

2019年度 問39　Check ☐☐☐　重要度 ▶ **A**

次のア～エの文を正しく並べると、理事長の解任に関する最高裁判所の判決文の一部となるが、正しい順番に並べたものは 1 ～ 4 のうちどれか。

ア　これは、理事長を理事が就く役職の 1 つと位置付けた上、総会で選任された理事に対し、原則として、その互選により理事長の職に就く者を定めることを委ねるものと解される。

イ　そうすると、このような定めは、理事の互選により選任された理事長について理事の過半数の一致により理事長の職を解き、別の理事を理事長に定めることも総会で選任された理事に委ねる趣旨と解するのが、本件規約を定めた区分所有者の合理的意思に合致するというべきである。

ウ　そして、本件規約は、理事長を区分所有法に定める管理者とし（43条2項）、役員である理事に理事長等を含むものとした上（40条1項）、役員の選任及び解任について総会の決議を経なければならない（53条13号）とする一方で、理事は、組合員のうちから総会で選任し（40条2項）、その互選により理事長を選任する（同条3項）としている。

エ　区分所有法は、集会の決議以外の方法による管理者の解任を認めるか否か及びその方法について区分所有者の意思に基づく自治的規範である規約に委ねているものと解される。

1　ア、イ、ウ、エ
2　イ、ア、ウ、エ
3　ウ、ア、イ、エ
4　エ、ウ、ア、イ

完成文は以下のとおりである。

> 　区分所有法は、集会の決議以外の方法による管理者の解任を認めるか否か及びその方法について区分所有者の意思に基づく自治的規範である規約に委ねているものと解される（**エ**）。
>
> 　そして、本件規約は、理事長を区分所有法に定める管理者とし（43条2項）、役員である理事に理事長等を含むものとした上（40条1項）、役員の選任及び解任について総会の決議を経なければならない（53条13号）とする一方で、理事は、組合員のうちから総会で選任し（40条2項）、その互選により理事長を選任する（同条3項）としている（**ウ**）。これは、理事長を理事が就く役職の1つと位置付けた上、総会で選任された理事に対し、原則として、その互選により理事長の職に就く者を定めることを委ねるものと解される（**ア**）。そうすると、このような定めは、理事の互選により選任された理事長について理事の過半数の一致により理事長の職を解き、別の理事を理事長に定めることも総会で選任された理事に委ねる趣旨と解するのが、本件規約を定めた区分所有者の合理的意思に合致するというべきである（**イ**）。

以上より、正しい順番に並べたものはエ、ウ、ア、イであり、本問の正解肢は4となる。

正解 4
（正解率84%）

肢別解答率
受験生はこう答えた！

1	4%
2	1%
3	12%
4	84%

難易度　**易**

LEC東京リーガルマインド　2025年版 出る順管理業務主任者 分野別過去問題集　①分冊　**153**

9 管理者

2020年度 問36　　Check ☐☐☐　重要度 ▶ A

管理所有に関する次の記述のうち、区分所有法の規定によれば、正しいものはどれか。

1 管理所有の主体は、区分所有権を有する管理者でなければならない。

2 管理所有の対象物は、共用部分、共有の建物、附属施設、敷地に限られる。

3 管理者が、その職務の範囲内の行為として、区分所有者の専有部分等の一時使用権を請求する場合には、当該管理者は管理所有者であることが必要である。

4 管理所有が成立するためには、区分所有者及び議決権の各4分の3以上の多数による集会の決議と管理所有である旨の登記が必要である。

1 **誤** 管理所有の主体は、**区分所有者又は管理者**でなければならない〈区11条2項、27条1項〉。区分所有者であれば管理者である必要はなく、また、管理者であれば区分所有者である必要はない。
☞ 合 ①分冊 p252 ❸～　速 p195 ❸～

2 **誤** 管理所有の対象は、**共用部分に限られる**〈区11条2項、27条1項〉。共有の建物、附属施設、建物の敷地は対象とならない。
☞ 合 ①分冊 p252 ❸～　速 p195 ❸～

3 **正** **管理所有者である管理者**は、共用部分を保存し、又は改良するため必要な範囲内において、区分所有者の専有部分又は自己の所有に属しない共用部分の使用を請求することができる〈区27条2項、6条2項〉。管理所有者でない管理者は、上記請求をすることはできない。
☞ 合 ①分冊 p252 ❸～　速 p195 ❸～

4 **誤** 管理所有は、**規約でその旨の定めをすることによって行う**〈区11条2項〉。管理所有である旨の登記は不要である。
☞ 合 ①分冊 p252 ❸～　速 p195 ❸～

正解 ③（正解率29％）

肢別解答率　受験生はこう答えた！
① 15％
② 26％
③ 29％
④ 30％

難易度　難

10 管理組合法人

2017年度 問30　　Check ☐☐☐　重要度 ▶ A

管理組合法人に関する次の記述のうち、区分所有法の規定によれば、誤っているものはどれか。

1 管理組合法人は、その事務に関し、区分所有者を代理する。

2 理事は、規約又は集会の決議によって禁止されていないときに限り、特定の行為の代理を他人に委任することができる。

3 理事は、管理組合法人の事務のうち、保存行為について、決することができる。

4 理事は、管理組合法人の事務に関し、区分所有者のために、原告又は被告になることができる。

1 正 **管理組合法人**は、その事務に関し、区分所有者を代理する〈区47条6項前段〉。
👉 合 ①分冊 p288 ②〜 速 p227 ②〜

2 正 理事は、規約又は集会の決議によって**禁止されていないとき**に限り、**特定の行為の代理**を他人に委任することができる〈区49条の3〉。
👉 合 ①分冊 p291 ③〜 速 p231 ③〜

3 正 管理組合法人の事務は、原則として、集会の決議によって行う〈区52条1項本文〉。もっとも、**保存行為は、理事が決することができる**〈同条2項〉。
👉 合 ①分冊 p288 ②〜 速 p231 ③〜

4 誤 **管理組合法人**は、規約又は集会の決議により、その事務に関し、区分所有者のために、原告又は被告となることができる〈区47条8項〉。
👉 合 ①分冊 p288 ②〜 速 p227 ②〜

正解 4（正解率71%）

肢別解答率 受験生はこう答えた！
1 4%
2 16%
3 9%
4 71%

難易度 易

⑪ 管理組合法人

2017年度 問38　　　*Check* ☐☐☐　重要度 ▶ **A**

管理組合法人に関する次の記述のうち、区分所有法の規定によれば、誤っているものはどれか。

1 管理組合法人の住所は、その主たる事務所の所在地にあるものとする。

2 管理組合法人の財産をもってその債務を完済することができないときは、区分所有者は、規約に別段の定めがない限り共用部分の持分の割合に応じて、その債務の弁済の責任を負う。

3 法人格を有していない管理組合が管理組合法人になった場合、管理者の職務のうち、不当利得による返還金の請求及び受領については、当該管理組合法人の代表理事が承継することになる。

4 管理組合法人の代理権に加えた制限は、善意の第三者に対抗することができない。

1 正 管理組合法人の住所は、**その主たる事務所の所在地**にあるものとする〈区47条10項、一般社団法人及び一般財団法人に関する法律4条〉。

2 正 管理組合法人の財産をもってその債務を完済することができないときは、区分所有者は、規約に別段の定めがない限り**共用部分の持分割合と同一の割合**で、その債務の弁済の責めに任ずる〈区53条1項〉。
☞ 合 ①分冊 p297 **4**～ 速 p236 **4**～

3 誤 **管理組合法人**は、共用部分等に係る損害保険契約に基づく保険金額並びに共用部分等について生じた損害賠償金及び不当利得による返還金の請求及び受領に関し、区分所有者を代理する〈区47条6項後段〉。
☞ 合 ①分冊 p288 **2**～ 速 p227 **2**～

4 正 管理組合法人の**代理権に加えた制限**は、**善意の第三者**に対抗することができない〈区47条7項〉。
☞ 合 ①分冊 p288 **2**～ 速 p227 **2**～

正解 **3**（正解率76%）

肢別解答率 受験生はこう答えた！
1: 9%
2: 8%
3: 76%
4: 6%

難易度

⑫ 管理組合法人

2019年度 問38　　　　*Check* ☐☐☐　重要度 ▶ **A**

管理組合法人に関する次の記述のうち、区分所有法の規定によれば、誤っているものはどれか。

1 管理組合法人は、理事の任期を5年と定めることができる。

2 管理組合法人は、代表権のない理事を置くことができる。

3 管理組合法人は、管理者を置くことができない。

4 管理組合法人の監事は、理事又は管理組合法人の使用人を兼ねてはならない。

1 誤　理事の任期は、2年とする〈区49条6項本文〉。もっとも、**規約で3年以内において別段の期間を定めたとき**は、その期間とする〈同条項ただし書〉。本肢の場合、理事の任期を5年とする定めは、3年を超えるものであるから、このような定めをすることはできない。
☞ 合 ①分冊 p291 ❸〜　速 p231 ❸〜

2 正　管理組合法人に理事を数人置いた場合、規約又は集会の決議によって、管理組合法人を代表すべき理事を定めることができる〈区49条5項〉。この場合、**管理組合を代表すべき理事以外の理事は、代表権のない理事となり**、これを置くことは可能であるといえる。
☞ 合 ①分冊 p291 ❸〜　速 p231 ❸〜

3 正　管理組合法人は、理事を通じて、その事務を行うことが予定されており、理事の設置が義務づけられている。そのため、**管理者を置くことはできない**。
☞ 合 ①分冊 p287 ❶〜　速 p226 ❶〜

4 正　監事は、**理事又は管理組合法人の使用人と兼ねてはならない**〈区50条2項〉。
☞ 合 ①分冊 p291 ❸〜　速 p231 ❸〜

正解 1
（正解率77%）

肢別解答率　受験生はこう答えた！
1　77%
2　6%
3　15%
4　2%

難易度　易

13 管理組合法人

2021年度 問35   *Check* ☐☐☐ 重要度 ▶ **A**

管理組合法人に関する次の記述のうち、区分所有法の規定によれば、最も不適切なものはどれか。

1 代表理事を管理者とする旨を規約で定めても無効である。

2 管理組合法人及び理事について、その代理権に加えた制限を規約で定めても、善意の第三者に対抗することができない。

3 代表権のない理事を置くことを規約で定めても無効である。

4 監事の任期を3年間とすることを規約で定めることができる。

1 適切　管理組合法人には、理事が置かれる〈区49条1項〉ため、管理組合法人において管理者を定めることはできず、代表理事を管理者とする旨を定めても、その規定は**無効**である。
　合 ①分冊 p287 **1**〜　速 p226 **1**〜

2 適切　**管理組合法人の代理権に加えた制限**は、**善意の第三者**に対抗することができない〈区47条7項〉。また、**理事の代理権に加えた制限**は、**善意の第三者**に対抗することができない〈区49条の2〉。
　合 ①分冊 p288 **2**〜　速 p227 **2**〜

3 不適切　**理事が数人あるときは**、**各自管理組合法人を代表する**〈区49条4項〉。もっとも、規約又は集会の決議により、管理組合法人を**代表すべき理事を定めることができる**〈同条5項〉。管理組合法人を代表すべき理事を定めることは、**それ以外の理事に代表権がない**ことを定めることなので、代表権のない理事を置くことを規約に定めた場合、その定めは無効とならない。
　合 ①分冊 p291 **3**〜　速 p231 **3**〜

4 適切　**監事の任期は2年**であるが、**規約で3年以内において別段の期間を定めたときは**、**その期間が任期となる**〈区50条4項、49条6項〉。本肢の規約の定めは、監事の任期を3年間とするもので、その期間は3年以内の別段の期間であるから、この定めをすることはできる。
　合 ①分冊 p291 **3**〜　速 p231 **3**〜

正解 **3**（正解率77%）

肢別解答率 受験生はこう答えた！
1　16%
2　4%
3　77%
4　3%

難易度　易

⑭ 管理組合法人

2023年度 問34　　　*Check* ☐☐☐　重要度 ▶ **A**

管理組合法人に関する次の記述のうち、区分所有法によれば、**不適切なもの**はいくつあるか。

ア　規約で、数人の理事のみが共同して管理組合法人を代表する旨を定めることはできない。

イ　理事の任期を、規約で5年と定めることができる。

ウ　管理組合法人の成立前の集会の決議、規約及び管理者の職務の範囲内の行為は、成立後の管理組合法人についても効力を生ずる。

エ　管理組合法人の代表理事に管理者を兼任させることができる。

1 一つ
2 二つ
3 三つ
4 四つ

ア **不適切** 理事が数人あるときは、原則として、各自管理組合法人を代表する〈区49条4項〉。もっとも、規約若しくは集会の決議によって、管理組合法人を代表すべき理事を定め、若しくは**数人の理事が共同して管理組合法人を代表**すべきことを定め、又は規約の定めに基づき理事の互選によって管理組合法人を代表すべき理事を定めることができる〈同条5項〉。したがって、規約で数人の理事のみが共同して管理組合法人を代表すべきことを定めることは可能である。

☞ 合 ①分冊 p291 **3**~ 速 p231 **3**~

イ **不適切** 理事の任期は、**2年**とする〈区49条6項本文〉。もっとも、規約で**3年以内**において別段の期間を定めたときは、その期間とする〈同条項ただし書〉。したがって、理事の任期は最長で3年であり、規約によっても5年とすることはできない。

☞ 合 ①分冊 p291 **3**~ 速 p231 **3**~

ウ **適切** 管理組合法人の**成立前**の集会の決議、規約及び管理者の職務の範囲内の行為は、**管理組合法人につき効力を生ずる**〈区47条5項〉。

☞ 合 ①分冊 p287 **1**~ 速 p226 **1**~

エ **不適切** 管理組合法人の事務は、その機関である理事によって行われるため、管理者の存在は管理組合法人とは相容れず、**管理者に関する規定は、管理組合法人には、適用しない**〈区47条11項〉。したがって、管理組合法人の代表理事に管理者を兼任させることはできない。

☞ 合 ①分冊 p287 **1**~ 速 p226 **1**~

以上より、不適切なものはア、イ、エの三つであり、本問の正解肢は3となる。

正解 ③
（正解率60%）

肢別解答率
受験生はこう答えた！

1	12%
2	25%
3	60%
4	3%

難易度 **普**

15 規約

2019年度 問37　　　*Check* ☐☐☐　重要度 ▶ **B**

次の事項のうち、区分所有法の規定によれば、規約で別段の定めをすることができないものはどれか。

1　専有部分と敷地利用権の分離処分の禁止

2　先取特権の被担保債権の範囲

3　集会におけるあらかじめ通知していない事項（集会の決議につき特別の定数が定められているものを除く。）の決議

4　解散した管理組合法人の残余財産の帰属の割合

1 **できる**　敷地利用権が数人で有する所有権その他の権利である場合には、区分所有者は、その有する専有部分とその専有部分に係る敷地利用権とを分離して処分することができない〈区22条1項本文〉。もっとも、**規約に別段の定めをすることができる**〈同条項ただし書〉。
　👉 合 ①分冊 p240 ❸〜　速 p187 ❸〜

2 **できない**　区分所有法7条に規定する先取特権の被担保債権は、①共用部分、建物の敷地又は共用部分以外の建物の附属施設につき区分所有者が他の区分所有者に対して有する債権、②規約又は集会の決議に基づき区分所有者が他の区分所有者に対して有する債権、③管理者又は管理組合法人がその職務又は業務を行うにつき区分所有者に対して有する債権である〈区7条1項〉。これらは、**規約で別段の定めをすることはできない**。
　👉 合 ①分冊 p257 ❶〜　速 p201 ❷〜

3 **できる**　集会においては、集会の招集の通知によりあらかじめ通知された事項についてのみ、決議をすることができる〈区37条1項〉。これは、区分所有法に集会の決議につき特別の定数が定められている事項を除いて、**規約で別段の定めをすることができる**〈同条2項〉。
　👉 合 ①分冊 p315 ❸〜　速 p254 ❸〜

4 **できる**　解散した管理組合法人の財産は、**規約に別段の定めがある場合を除いて**、共用部分の持分割合と同一の割合で各区分所有者に帰属する〈区56条〉。
　👉 合 ①分冊 p298 ❺〜　速 p237 ❺〜

正解 **2**（正解率44%）

肢別解答率　受験生はこう答えた！
1　24%
2　44%
3　23%
4　9%

難易度　**難**

16 規約

2020年度 問38　Check ☐☐☐　重要度 ▶ A

公正証書による原始規約（以下、本問において「本件規約」という。）の設定に関する次の記述のうち、区分所有法の規定によれば、誤っているものはどれか。

1 本件規約は内部関係に関する規律であるため、規約共用部分を定める場合に、その旨の登記をしなくても第三者に対抗することができる。

2 本件規約の設定ができる者には、最初に建物の専有部分の全部を所有する者や、当該建物を新たに区分所有建物とすることによってその全部を所有することになった者が想定されている。

3 本件規約の設定は相手方のない単独行為であり、かつ、その後に取得する区分所有者の、団体的な権利義務関係を規律することから、あらかじめその内容を明確にしておくために、公正証書によることが求められている。

4 本件規約に設定できる内容は、規約共用部分に関する定め、規約による建物の敷地に関する定め、専有部分と敷地利用権を分離処分できる旨の定め、各専有部分に係る敷地利用権の割合に関する定めに限られる。

168 LEC東京リーガルマインド　2025年版 出る順管理業務主任者 分野別過去問題集 ①分冊

最初に建物の専有部分の全部を所有する者は、公正証書により、以下の規約を設定することができる〈区32条〉。
① 規約共用部分を定める規約（区4条2項）
② 規約敷地を定める規約（区5条1項）
③ 専有部分と敷地利用権とを分離して処分することができる旨を定める規約（区22条1項ただし書）
④ 敷地利用権が数人で有する所有権その他の権利である場合において、区分所有者が数個の専有部分を有するときにおける各専有部分に係る敷地利用権の割合を定める規約（区22条2項ただし書）

1 誤 区分所有権の目的となり得る建物の部分及び附属の建物は、規約により共用部分とすることができる〈区4条2項前段〉。この場合には、**その旨の登記をしなければ、これをもって第三者に対抗することができない**〈同条項後段〉。
☞ 合 ①分冊 p228 **2**～ 速 p174 **1**～

2 正 「最初に建物の専有部分を所有する者」とは、**建物の区分所有権は成立したがその各専有部分が未だ個別の区分所有者に帰属しない段階で、その全部を所有している者**をいう。例えば、区分所有建物の新築によって専有部分の全部を原始的に取得した分譲業者、区分所有でない建物をその所有者が新たに区分することによってその専有部分の全部を所有することになった者などが該当する。
☞ 合 ①分冊 p304 **2**～ 速 p243 **2**～

3 正 公正証書による規約の設定は、相手方のない単独行為であり、かつ、専有部分の分譲により生じた区分所有者の権利義務を規律することから、規約の内容を明確にし、専有部分の分譲後においてもその内容を確実に証明する必要があるため、**公正証書によらなければならない**。
☞ 合 ①分冊 p304 **2**～ 速 p243 **2**～

4 正 最初に建物の専有部分の全部を所有する者が公正証書によって設定することができる規約は、**上記4つの事項を定める規約に限られる**。
☞ 合 ①分冊 p304 **2**～ 速 p243 **2**～

17 規約

2022年度 問29　　Check ☐☐☐　重要度 ▶ A

マンションの管理規約の定めに関する次の記述のうち、区分所有法によれば、不適切なものはいくつあるか。

ア　管理組合法人の理事の任期を１年と定めること

イ　共用部分の管理に関する事項を議事とする総会が成立する定足数を組合員総数の３分の２以上と定めること

ウ　共用部分の変更（その形状又は効用の著しい変更を伴わないものを除く。）は、組合員総数の過半数及び議決権総数の４分の３以上の多数による集会の決議で決すると定めること

エ　マンションの価格の２分の１以下に相当する部分が滅失した場合の共用部分の復旧は、組合員総数及び議決権総数の各過半数の賛成による集会の決議で決すると定めること

1 一つ
2 二つ
3 三つ
4 なし

170　LEC東京リーガルマインド　2025年版 出る順管理業務主任者 分野別過去問題集　①分冊

ア 適切 理事の任期は、**2年とする**〈区49条6項本文〉。もっとも、規約で**3年以内**において別段の期間を定めたときは、その期間とする〈同条項ただし書〉。管理組合法人の理事の任期を1年と規約で定める場合、その任期は3年以内となるので、この定めは適切である。
☞ 合 ①分冊 p291 **3**〜 速 p231 **3**〜

イ 適切 区分所有法上、**定足数に関する定めはなく**、本肢のような規約の定めをしても差し支えない。

ウ 適切 共用部分の変更（その形状又は効用の著しい変更を伴わないものを除く。）は、**区分所有者及び議決権の各4分の3以上**の多数による集会の決議で決する〈区17条1項本文〉。もっとも、この**区分所有者の定数は、規約でその過半数まで減ずることができる**〈同条項ただし書〉。本肢の規約の定めは、共用部分の重大変更につき、その決議要件のうち区分所有者の定数をその過半数まで減ずるものであるから、適切である。
☞ 合 ①分冊 p248 **2**〜 速 p192 **2**〜

エ 適切 建物の価格の**2分の1以下**に相当する部分が滅失したときは、**各区分所有者**は、滅失した共用部分を復旧することができる〈区61条1項本文〉。もっとも、この点につき、**規約で別段の定めをすることを妨げない**〈同条4項〉。本肢の規約の定めは、小規模一部滅失が生じた場合における共用部分の復旧につき、集会の決議を要するとするものであり、適切である。
☞ 合 ①分冊 p329 **2**〜 速 p266 **2**〜

以上より、不適切なものはなく、本問の正解肢は4となる。

正解 4（正解率24%）

肢別解答率 受験生はこう答えた！
1 36%
2 28%
3 12%
4 24%

難易度 難

18 規約

2022年度 問34　Check ☐☐☐　重要度 ▶ A

マンションの規約の保管に関する次の記述のうち、区分所有法によれば、最も不適切なものはどれか。

1　区分所有者全員で構成する団体に管理者が選任されている場合には、規約は、管理者が保管しなければならない。

2　区分所有者全員で構成する団体に管理者がいない場合には、区分所有者で規約又は集会の決議で定めるものが保管しなければならない。

3　規約を保管する者は、利害関係人の請求があったときは、正当な理由がある場合を除いて、規約の閲覧（規約が電磁的記録で作成されているときは、当該電磁的記録に記録された情報の内容を法務省令で定める方法により表示したものの当該規約の保管場所における閲覧）を拒んではならない。

4　規約の保管場所は、建物内の見やすい場所に掲示しなければならない。

172　LEC東京リーガルマインド　2025年版 出る順管理業務主任者 分野別過去問題集　①分冊

1 適切 管理者が選任されている場合、規約は、**管理者**が保管しなければならない〈区33条1項本文〉。

2 不適切 管理者がないときは、**建物を使用している区分所有者又はその代理人で規約又は集会の決議で定めるもの**が保管しなければならない〈区33条1項ただし書〉。したがって、区分所有者の代理人で規約又は集会の決議で定めるものが規約を保管してもよい。

3 適切 規約を保管する者は、利害関係人の請求があったときは、**正当な理由がある場合を除いて、規約の閲覧**（規約が電磁的記録で作成されているときは、当該電磁的記録に記録された情報の内容を法務省令で定める方法により表示したものの当該規約の保管場所における閲覧）**を拒んではならない**〈区33条2項〉。

4 適切 規約の保管場所は、**建物内の見やすい場所に掲示**しなければならない〈区33条3項〉。

正解 2
（正解率53%）

肢別解答率 受験生はこう答えた！
1 12%
2 53%
3 16%
4 19%

⑲ 規約

2023年度 問38　　Check ☐☐☐　重要度 ▶ A

マンションの分譲業者が、区分所有者に対して、建物の専有部分の区分所有権、共用部分の共有持分及び敷地の共有持分を分譲したが、一部の区分所有者に対しては、それらとともに敷地の駐車場の専用使用権を分譲した。この場合において専用使用権及び専用使用料に関する次の記述のうち、最高裁判所の判決によれば、適切なものの組合せはどれか。

ア　駐車場の専用使用権は、区分所有者全員の共有に属するマンション敷地の使用に関する事項ではなく、専用使用権を有する区分所有者のみに関する事項であるから、区分所有者全員の規約及び集会決議による団体的規制に服すべき事項ではない。

イ　規約の設定、変更等をもって、一部の区分所有者の権利を変更するときには、その承諾を得なければならないから、当該駐車場の専用使用権者の承諾を得ないで当該駐車場の使用料を増額することはできない。

ウ　規約の設定、変更等をもって、一部の区分所有者の権利に特別の影響を及ぼすべきときには、その承諾を得なければならないが、ここでの「特別の影響を及ぼすべきとき」とは、一部の区分所有者の受ける不利益がその区分所有者の受忍限度を超えると認められる場合をいう。

エ　規約の設定、変更等をもって、増額された駐車場の使用料が、増額の必要性及び合理性が認められ、かつ、当該区分所有関係において社会通念上相当な額であると認められる場合には、専用使用権者は、当該駐車場の使用料の増額を受忍すべきである。

1 ア・イ

2 ア・ウ

3 イ・エ

4 ウ・エ

174 LEC東京リーガルマインド　2025年版 出る順管理業務主任者 分野別過去問題集　①分冊

ア **不適切** 駐車場の専用使用権は、**区分所有者全員の共有に属するマンション敷地の使用に関する権利**であるから、これが分譲された後は、管理組合と組合員たる専用使用権者との関係においては、区分所有法の規定の下で、**規約及び集会決議による団体的規制に服すべきもの**である〈最判平成10.10.30〉。

👉 合 ①分冊 p304 **2**~ 速 p243 **2**~

イ **不適切** 規約の設定、変更又は廃止が一部の区分所有者の権利に特別の影響を及ぼすべきときは、その承諾を得なければならない〈区31条1項後段〉。「特別の影響を及ぼすべきとき」とは、規約の設定、変更等の**必要性及び合理性**とこれによって**一部の区分所有者が受ける不利益とを比較衡量**し、当該区分所有関係の実態に照らして、その不利益が**区分所有者の受忍すべき限度を超えると認められる場合**をいう。これを使用料の増額についていえば、使用料の増額は一般的に専用使用権者に不利益を及ぼすものであるが、増額の必要性及び合理性が認められ、かつ、増額された使用料が当該区分所有関係において社会通念上相当な額であると認められる場合には、専用使用権者は使用料の増額を受忍すべきであり、使用料の増額に関する規約の設定、変更等は専用使用権者の権利に**「特別の影響」を及ぼすものではない**〈最判平成10.10.30〉。そうだとすると、駐車場の専用使用権者の承諾を得ないで当該駐車場の使用料を増額することができることになる。

👉 合 ①分冊 p304 **2**~ 速 p243 **2**~

ウ **適切** 規約の設定、変更又は廃止が一部の区分所有者の権利に特別の影響を及ぼすべきときは、その承諾を得なければならない〈区31条1項後段〉。「特別の影響を及ぼすべきとき」とは、規約の設定、変更等の**必要性及び合理性**とこれによって**一部の区分所有者が受ける不利益とを比較衡量**し、当該区分所有関係の実態に照らして、その不利益が**区分所有者の受忍すべき限度を超えると認められる場合**をいう〈最判平成10.10.30〉。

👉 合 ①分冊 p304 **2**~ 速 p243 **2**~

エ **適切** 使用料の増額についていえば、使用料の増額は一般的に専用使用権者に不利益を及ぼすものであるが、**増額の必要性及び合理性が認められ**、かつ、増額された使用料が当該区分所有関係において**社会通念上相当な額である**と認められる場合には、専用使用権者は使用料の増額を**受忍すべき**である〈最判平成10.10.30〉。

👉 合 ①分冊 p304 **2**~ 速 p243 **2**~

以上より、適切なものの組合せはウ・エであり、本問の正解肢は4となる。

正解 4
（正解率87%）

肢別解答率
受験生はこう答えた！

1	3%
2	2%
3	7%
4	87%

難易度 **易**

⑳ 集会

2017年度 問29

Check ☐☐☐ 重要度 ▶ A

区分所有者の承諾を得て専有部分を占有する者（以下、本問において「占有者」という。）の集会（総会）への出席に関する次の記述のうち、最も不適切なものはどれか。

1 区分所有法によれば、占有者は、会議の目的たる事項につき利害関係を有する場合には、集会に出席して意見を述べることができる。

2 区分所有法によれば、集会における意見陳述権を有する占有者がいる場合には、集会を招集する者は、集会の日時、場所及び会議の目的たる事項を示して、招集の通知を区分所有者及び当該占有者に発しなければならない。

3 標準管理規約によれば、総会における意見陳述権を有する占有者が総会に出席して意見を述べようとする場合には、当該占有者は、あらかじめ理事長にその旨を通知しなければならない。

4 標準管理規約によれば、理事会が必要と認めた場合には、占有者は総会に出席することができる。

1 適切 区分所有者の承諾を得て専有部分を占有する者は、会議の目的たる事項につき利害関係を有する場合には、集会に出席して意見を述べることができる〈区44条1項〉。
☞ 合 ①分冊 p325 **2**〜 速 p261 **2**〜

2 不適切 区分所有者の承諾を得て専有部分を占有する者が会議の目的たる事項につき利害関係を有する場合には、集会を招集する者は、その招集の通知を発した後遅滞なく、集会の日時、場所及び会議の目的たる事項を建物内の見やすい場所に掲示しなければならない〈区44条2項〉。しかし、区分所有者の承諾を得て専有部分を占有する者に対して、集会の招集の通知を発することは義務づけられない。
☞ 合 ①分冊 p325 **2**〜 速 p261 **2**〜

3 適切 区分所有者の承諾を得て専有部分を占有する者は、会議の目的につき利害関係を有する場合には、総会に出席して意見を述べることができる〈標規(単)45条2項前段〉。この場合において、総会に出席して意見を述べようとする者は、あらかじめ理事長にその旨を通知しなければならない〈同条項後段〉。
☞ 合 ②分冊 p67 **4**〜 速 p357 **5**〜

4 適切 組合員のほか、理事会が必要と認めた者は、総会に出席することができる〈標規(単)45条1項〉。
☞ 合 ②分冊 p67 **4**〜 速 p357 **5**〜

正解 **2** （正解率76%）

肢別解答率 受験生はこう答えた！
1: 3%
2: 76%
3: 12%
4: 8%

難易度 易

㉑ 集会

2017年度 問37　Check ☐☐☐　重要度 ▶ A

集会の招集及び決議に関する次の記述のうち、区分所有法の規定によれば、誤っているものはどれか。ただし、規約に別段の定めはないものとする。

1 管理者を解任するには、集会において区分所有者及び議決権の各4分の3以上の多数による決議が必要である。

2 共用部分の変更で、その形状又は効用の著しい変更を伴わないものについては、集会において区分所有者及び議決権の各過半数による決議が必要である。

3 集会の招集手続を省略して集会を開くには、区分所有者全員の同意が必要である。

4 規約を変更するには、集会において区分所有者及び議決権の各4分の3以上の多数による決議が必要であり、この場合において、当該変更が一部の区分所有者の権利に特別の影響を及ぼすべきときは、その承諾が必要である。

---

178 LEC東京リーガルマインド　2025年版 出る順管理業務主任者 分野別過去問題集　①分冊

1 誤　区分所有者は、規約に別段の定めがない限り集会の決議によって、管理者を選任し、又は解任することができる〈区25条1項〉。この集会の決議は、規約に別段の定めがない限り、**区分所有者及び議決権の各過半数**で決する〈区39条1項〉。
　　合　①分冊 p280 ②〜　速 p219 ②〜

2 正　共用部分の管理に関する事項は、規約に別段の定めがなければ、集会の決議で決する〈区18条1項〉。この集会の決議は、規約に別段の定めがない限り、**区分所有者及び議決権の各過半数**で決する〈区39条1項〉。
　　合　①分冊 p248 ②〜　速 p192 ②〜

3 正　集会は、**区分所有者全員の同意があるとき**は、招集の手続を経ないで開くことができる〈区36条〉。
　　合　①分冊 p310 ②〜　速 p250 ②〜

4 正　規約の設定、変更又は廃止は、**区分所有者及び議決権の各4分の3以上**の多数による集会の決議によってする〈区31条1項前段〉。この場合において、規約の設定、変更又は廃止が**一部の区分所有者の権利に特別の影響**を及ぼすべきときは、その**承諾**を得なければならない〈同条項後段〉。
　　合　①分冊 p304 ②〜　速 p243 ②〜

正解 **1**（正解率80%）

肢別解答率　受験生はこう答えた！
1　80%
2　8%
3　8%
4　5%

難易度　**易**

㉒ 集会

2020年度 問29
Check ☐☐☐ 重要度 ▶ A

集会に関する次の記述のうち、区分所有法の規定によれば、正しいものはいくつあるか。

ア　集会は、会日より少なくとも1週間前に、会議の目的たる事項を示して各区分所有者に通知を発しなければならず、議案の要領をも通知しなければならない場合もある。

イ　集会は、区分所有者全員の同意があるときは、招集の手続きを経ないで開催することができる。

ウ　集会で決議すべき場合において、区分所有者全員の承諾があるときは、書面による決議をすることができ、その承諾を得た事項についての書面による決議は、集会の決議と同一の効力を有する。

エ　集会で決議すべきものとされた事項について、区分所有者全員の書面による合意があったときは、書面による決議があったものとみなす。

1　一つ

2　二つ

3　三つ

4　四つ

180 **L≡C**東京リーガルマインド　2025年版 出る順管理業務主任者 分野別過去問題集　①分冊

ア 正 集会の招集の通知は、規約に別段の定めがなければ、**会日より少なくとも1週間前に**、会議の目的たる事項を示して、各区分所有者に発しなければならない〈区35条1項〉。また、会議の目的たる事項が共用部分の変更(その形状又は効用の著しい変更を伴わないものを除く。)などであるときは、**その議案の要領をも通知しなければならない**〈同条5項〉。

 合 ①分冊 p310 ②〜 速 p250 ②〜

イ 正 集会は、**区分所有者全員の同意があるときは**、招集の手続を経ないで開くことができる〈区36条〉。

 合 ①分冊 p310 ②〜 速 p250 ②〜

ウ 正 区分所有法又は規約により集会において決議をすべき場合において、**区分所有者全員の承諾があるときは**、書面又は電磁的方法による決議をすることができる〈区45条1項本文〉。区分所有法又は規約により集会において決議すべきものとされた事項についての書面又は電磁的方法による決議は、**集会の決議と同一の効力を有する**〈同条3項〉。

 合 ①分冊 p315 ③〜 速 p254 ③〜

エ 正 区分所有法又は規約により集会において決議すべきものとされた事項については、区分所有者全員の書面又は電磁的方法による合意があったときは、**書面又は電磁的方法による決議があったものとみなす**〈区45条2項〉。

 合 ①分冊 p315 ③〜 速 p254 ③〜

以上より、正しいものはア、イ、ウ、エの四つであり、本問の正解肢は4となる。

正解 4 (正解率59%)

肢別解答率 受験生はこう答えた！
1 1%
2 8%
3 31%
4 59%

難易度 普

23 集会

2021年度 問33　　Check ☐☐☐　重要度 ▶ A

共用部分の変更（その形状又は効用の著しい変更を伴わないものを除く。）又は規約の変更を集会で決議する場合に関する次の記述のうち、区分所有法の規定によれば、適切なものはいくつあるか。

ア　集会決議の要件に関し、共用部分の変更については、規約で別段の定めをして区分所有者の定数のみを過半数まで減ずることはできるが、規約については、同様の変更はできない。

イ　共用部分の変更は、区分所有者全員の承諾があれば、集会によらず書面による決議することができるが、規約の変更は、集会によらず書面による決議することはできない。

ウ　集会の招集通知を発するに際して、共用部分の変更にかかる議案については、議案の要領を各区分所有者に通知しなければならないが、規約の変更にかかる議案については、その必要はない。

エ　規約の変更は、その規約事項について区分所有者間の利害の衡平が図られなければならない。

1 一つ
2 二つ
3 三つ
4 四つ

182　LEC東京リーガルマインド　2025年版 出る順管理業務主任者 分野別過去問題集　①分冊

ア 適切　共用部分の変更（その形状又は効用の著しい変更を伴わないものを除く。）は、区分所有者及び議決権の各4分の3以上の多数による集会の決議で決する〈区17条1項本文〉。もっとも、この**区分所有者の定数**は、**規約でその過半数まで減ずることができる**〈同条項ただし書〉。他方、規約の設定、変更又は廃止は、**区分所有者及び議決権の各4分の3以上の多数による集会の決議によってする**〈区31条1項前段〉。この決議要件を変更することはできない。

👉 合 ①分冊 p248 **2**~　速 p192 **2**~

イ 不適切　区分所有法又は規約により集会において決議をすべき場合において、**区分所有者全員の承諾があるとき**は、**書面又は電磁的方法による決議をすることができる**〈区45条1項本文〉。共用部分の変更（その形状又は効用の著しい変更を伴わないものを除く。）も規約の変更も「区分所有法により…集会において決議をすべき場合」にあたるから、区分所有者全員の承諾があれば、いずれも集会によらず書面による決議ですることができる。

👉 合 ①分冊 p315 **3**~　速 p254 **3**~

ウ 不適切　集会の招集の通知をする場合において、会議の目的たる事項が共用部分の変更（その形状又は効用の著しい変更を伴わないものを除く。）であるときも、**規約の設定、変更又は廃止であるときも、その議案の要領をも通知しなければならない**〈区35条5項、17条1項、31条1項〉。

👉 合 ①分冊 p310 **2**~　速 p250 **2**~

エ 適切　規約は、専有部分若しくは共用部分又は建物の敷地若しくは附属施設（建物の敷地又は附属施設に関する権利を含む。）につき、これらの形状、面積、位置関係、使用目的及び利用状況並びに区分所有者が支払った対価その他の事情を総合的に考慮して、**区分所有者間の利害の衡平が図られるように定めなければならない**〈区30条3項〉。

👉 合 ①分冊 p301 **1**~　速 p240 **1**~

以上より、適切なものはア、エの二つであり、本問の正解肢は2となる。

正解 2
（正解率65%）

肢別解答率
受験生はこう答えた！

1	19%	
2	65%	
3	14%	
4	1%	

難易度 **普**

㉔ 集会

2022年度 問36　　　*Check* ☐☐☐　重要度 ▶ **A**

集会及び集会招集通知に関する次の記述のうち、区分所有法によれば、最も適切なものはどれか。

1　規約には集会の招集の通知を少なくとも会日の2週間前までに発すると定めていたが、集会の会議の目的たる事項が理事会でまとまらなかったため、集会の開催日時及び場所を会日の2週間前に通知し、その1週間後に会議の目的たる事項が記載された招集の通知を発した。

2　集会招集通知で示していなかった会議の目的たる事項について、出席した区分所有者から決議を求められたが、規約に別段の定めがなかったので議事とすることを認めなかった。

3　集会の招集通知手続は、あらかじめ各区分所有者の日程や会議の目的たる事項についての熟慮期間を確保するものであるから、区分所有者全員の同意があっても、当該手続を省略することはできない。

4　一部の区分所有者による集会招集権の濫用を防ぐため、規約を変更して、集会の招集を請求できる者の定数を区分所有者及び議決権の各4分の1以上にすることは可能である。

184　**LEC**東京リーガルマインド　2025年版 出る順管理業務主任者 分野別過去問題集　①分冊

1 **不適切** 集会の招集の通知は、会日より少なくとも**1週間前**に、**会議の目的たる事項を示して**、各区分所有者に発しなければならない〈区35条1項本文〉。もっとも、この期間は、**規約で伸縮することができる**〈同条項ただし書〉。本肢の場合、規約により、集会の招集の通知を少なくとも会日の2週間前までに発することとしているので、会日より少なくとも2週間前に、会議の目的たる事項を示して、集会の招集の通知を発しなければならない。
☞ 合 ①分冊 p310 **2**~　速 p250 **2**~

2 **適切** 集会においては、**集会の招集の通知によりあらかじめ通知した事項についてのみ**、決議をすることができる〈区37条1項〉。これは、区分所有法に集会の決議につき特別の定数が定められている事項を除いて、**規約で別段の定めをすることを妨げない**〈同条2項〉。本肢の場合、規約に別段の定めがないので、集会の招集の通知であらかじめ各区分所有者に示されていない事項を、議事とすることはできない。
☞ 合 ①分冊 p315 **3**~　速 p254 **3**~

3 **不適切** 集会は、**区分所有者全員の同意**があるときは、招集の手続を経ないで開くことができる〈区36条〉。
☞ 合 ①分冊 p310 **2**~　速 p250 **2**~

4 **不適切** **区分所有者の5分の1以上で議決権の5分の1以上を有するものは、管理者に対し、会議の目的たる事項を示して、集会の招集を請求することができる**〈区34条3項本文〉。もっとも、この定数は、規約で**減ずる**ことができる〈同条項ただし書〉。本肢の規約変更は、上記定数を5分の1から4分の1に増すものであるから、これを行うことはできない。
☞ 合 ①分冊 p310 **2**~　速 p250 **2**~

正解 2
（正解率82％）

肢別解答率　受験生はこう答えた！
1　9%
2　82%
3　4%
4　5%

難易度 **易**

㉕ 集会

2023年度 問26

Check ☐☐☐ 重要度 ▶ A

集会の招集通知に関する次の記述のうち、区分所有法によれば、**不適切なもの**はいくつあるか。

ア 夫婦共有住戸で夫が議決権行使者としての届出があったが、夫が長期海外出張中だと分かっていた場合には、その妻にあてて招集通知を発しなければならない。

イ 区分所有者が管理者に対して通知を受けるべき場所を通知しなかったときは、区分所有者の所有する専有部分が所在する場所にあててすれば足りる。

ウ 全ての区分所有者が建物内に住所を有する場合には、集会の招集の通知は、規約に特別の定めをしなくても、建物内の見やすい場所に掲示してすることができる。

エ 集会は、区分所有者全員の同意があるときは、招集の手続を経ないで開くことができる。

1 一つ

2 二つ

3 三つ

4 四つ

186 　LEC東京リーガルマインド　2025年版 出る順管理業務主任者 分野別過去問題集　①分冊

ア **不適切** 専有部分が数人の共有に属するときは、集会の招集の通知は、**共有者が定めた議決権を行使すべき者**（その者がないときは、共有者の1人）にすれば足りる〈区35条2項〉。したがって、夫婦共有住戸で夫が議決権行使者としての届出がされている場合、夫にあてて集会の招集の通知を発すれば足りる。
👉 合 ①分冊 p310 **2**〜 速 p250 **2**〜

イ **適切** 集会の招集の通知は、区分所有者が管理者に対して通知を受けるべき場所を通知したときはその場所に、これを**通知しなかったとき**は区分所有者の所有する**専有部分が所在する場所**にあててすれば足りる〈区35条3項前段〉。
👉 合 ①分冊 p310 **2**〜 速 p250 **2**〜

ウ **不適切** **建物内に住所を有する区分所有者**又は集会の招集の通知を受けるべき場所を通知しない区分所有者に対する集会の招集の通知は、**規約に特別の定めがあるときは**、建物内の見やすい場所に掲示してすることができる〈区35条4項前段〉。
👉 合 ①分冊 p310 **2**〜 速 p250 **2**〜

エ **適切** 集会は、**区分所有者全員の同意がある**ときは、招集の手続を経ないで開くことができる〈区36条〉。
👉 合 ①分冊 p310 **2**〜 速 p250 **2**〜

以上より、不適切なものはア、ウの二つであり、本問の正解肢は2となる。

正解 **2**
（正解率 73%）

肢別解答率 受験生はこう答えた！
1 12%
2 73%
3 15%
4 1%

難易度 **易**

26 集会

2023年度 問31 Check ☐☐☐ 重要度 ▶ A

総住戸数 60 の甲マンションで、管理組合を管理組合法人にするための集会に関する次の記述のうち、民法及び区分所有法によれば、適切なものはいくつあるか。ただし、規約で 1 住戸 1 議決権の定めがあり、その他別段の定めはないものとする。なお、甲マンションには、単独名義で 2 住戸を所有する区分所有者が 5 人いるものとする。

ア 集会開催日を令和 5 年 12 月 3 日とする場合に、集会招集通知は同年 11 月 25 日までに各区分所有者に発しなければならない。

イ 集会開催のための招集通知書は、55 部で足りる。

ウ 管理組合を管理組合法人にするためには、区分所有者数 42 以上及び議決権数 45 以上の多数による集会の決議が必要である。

エ 集会の目的たる事項が「管理組合を管理組合法人にする件」のため、議案の要領をも通知しなければならない。

1 一つ
2 二つ
3 三つ
4 四つ

188 **LEC**東京リーガルマインド　2025年版 出る順管理業務主任者 分野別過去問題集　①分冊

甲マンションの総住戸数は 60 であり、規約に 1 住戸 1 議決権の定めがあることから、議決権総数は 60 である。また、甲マンションには、単独名義で 2 住戸を所有する区分所有者が 5 人いることから、他の区分所有者がそれぞれ 1 住戸を単独名義で所有する場合、区分所有者数は 55 となる。

ア 適切　集会の招集の通知は、会日より少なくとも **1 週間前**に、会議の目的たる事項を示して、各区分所有者に発しなければならない〈区 35 条 1 項本文〉。「1 週間前」とは、**集会の招集の通知を発する日と集会の会日との間に中 1 週間をとる**ことを意味し、集会開催日を令和 5 年 12 月 3 日とする場合、集会の招集の通知は、同年 11 月 25 日までに各区分所有者に発しなければならない。

☞ 合 ①分冊 p310 **2**～　速 p250 **2**～

イ 適切　集会の招集の通知は、会日より少なくとも 1 週間前に、会議の目的たる事項を示して、**各区分所有者**に発しなければならない〈区 35 条 1 項本文〉。甲マンションの区分所有者は 55 人いるから、集会開催のための招集通知書を 55 部準備すれば、各区分所有者に集会の招集の通知を発することができる。したがって、集会開催のための招集通知書は、55 部で足りる。

☞ 合 ①分冊 p310 **2**～　速 p250 **2**～

ウ 適切　管理組合は、**区分所有者及び議決権の各 4 分の 3 以上**の多数による集会の決議で法人となる旨並びにその名称及び事務所を定め、かつ、その主たる事務所の所在地において登記をすることによって法人となる〈区 47 条 1 項〉。甲マンションの区分所有者数は 55 であり、議決権総数は 60 であるから、管理組合を管理組合法人にするためには、区分所有者数 42 以上及び議決権数 45 以上の多数による集会の決議が必要である。

☞ 合 ①分冊 p287 **1**～　速 p226 **1**～

エ 不適切　集会の招集の通知をする場合において、会議の目的たる事項が①**共用部分の重大変更**、②**規約の設定等**、③**大規模一部滅失があった場合における滅失した共用部分の復旧**、④**建替え**、⑤**団地内の専有部分のある建物につき団地の規約を定めることについての承認**、⑥**建替え承認決議に係る一括付議**であるときは、その**議案の要領をも通知しなければならない**〈区 35 条 5 項〉。管理組合を管理組合法人とすることは、上記の**いずれにもあたらず**、これを会議の目的とする集会の招集の通知をする場合において、議案の要領を通知する必要はない。

☞ 合 ①分冊 p310 **2**～　速 p250 **2**～

以上より、適切なものはア、イ、ウの三つであり、本問の正解肢は 3 となる。

正解 ③
（正解率 **54%**）

肢別解答率
受験生はこう答えた！

1	7%
2	22%
3	54%
4	17%

難易度　普

(27) 復旧・建替え

2018年度 問36

Check ☐☐☐ 重要度 ▶ B

1棟の区分所有建物の復旧に関する次の記述のうち、区分所有法の規定によれば、誤っているものはどれか。

1 建物の価格の2分の1以下に相当する部分が滅失した場合、規約に別段の定めがない限り、滅失した共用部分について、各区分所有者は、その復旧工事に着手するまでに、集会において、滅失した共用部分を復旧する旨の決議、建物の建替え決議又は団地内の建物の一括建替え決議があったときは、滅失した共用部分を復旧することができない。

2 建物の価格の2分の1を超える部分が滅失（以下、本問において「大規模滅失」という。）した場合、復旧の決議がされた後2週間を経過したときは、復旧の決議に賛成しなかった者（以下、本問において「決議非賛成者」という。）は、賛成者（以下、本問において「決議賛成者」という。）の全部又は一部に対して、その者が有する建物及び敷地に関する権利を時価で買い取るべきことを請求（以下、本問において「買取請求」という。）することができる。

3 大規模滅失した場合、復旧の決議の日から2週間以内に、決議賛成者の全員の合意により買取指定者が指定され、決議非賛成者が、当該買取指定者から書面でその旨の通知を受け取ったときは、以後、決議非賛成者は、その買取指定者に対してのみ、買取請求を行うことができる。

4 買取指定者が、買取請求に基づく売買の代金に係る債務の弁済をしないときは、当該債務について、決議賛成者は、当該買取請求を行う者に対して、決議非賛成者を除いて算定した区分所有法第14条に定める割合に応じて弁済の責めに任じられる。

190 LEC東京リーガルマインド 2025年版 出る順管理業務主任者 分野別過去問題集 ①分冊

1 正 建物の価格の2分の1以下に相当する部分が滅失したときは、各区分所有者は、滅失した共用部分及び自己の専有部分を復旧することができる〈区61条1項本文〉。もっとも、共用部分については、復旧の工事に着手するまでに滅失した共用部分を復旧する旨の集会の決議、建替え決議又は団地内の建物の一括建替え決議があったときは、**各区分所有者は、復旧することができない**〈同条項ただし書〉。

👉 合 ①分冊 p329 **2**〜 速 p266 **2**〜

2 正 **建物の価格の2分の1を超える部分が滅失し、滅失した共用部分を復旧する旨の集会の決議がされた場合**において、**その決議の日から2週間を経過したときは、決議賛成者以外の区分所有者は、決議賛成者の全部又は一部に対し、建物及びその敷地に関する権利を時価で買い取るべきことを請求することができる**〈区61条7項前段〉。

👉 合 ①分冊 p329 **2**〜 速 p266 **2**〜

3 正 建物の価格の2分の1を超える部分が滅失し、滅失した共用部分を復旧する旨の集会の決議がされた場合において、**その決議の日から2週間以内に、決議賛成者がその全員の合意により買取指定者を指定し、かつ、買取指定者がその旨を決議賛成者以外の区分所有者に対して書面で通知したときは、その通知を受けた区分所有者は、買取指定者に対してのみ**、建物及びその敷地に関する権利を時価で買い取るべきことを請求することができる〈区61条8項〉。

👉 合 ①分冊 p329 **2**〜 速 p266 **2**〜

4 誤 決議賛成者以外の区分所有者が買取指定者に対して建物及びその敷地に関する権利を時価で買い取るべきことを請求した場合において、**買取指定者がその請求に基づく売買の代金に係る債務の全部又は一部の弁済をしないときは、決議賛成者（買取指定者となった者を除く。）は、連帯してその債務の全部又は一部の弁済の責めに任ずる**〈区61条10項本文〉。したがって、決議賛成者は、決議非賛成者を除いて算定した区分所有法14条に定める割合に応じて弁済の責めに任じられるというわけではない。

👉 合 ①分冊 p329 **2**〜 速 p266 **2**〜

正解 **4**
（正解率 **34%**）

肢別解答率 受験生はこう答えた！
1 22%
2 20%
3 24%
4 34%

難易度 **難**

28 復旧・建替え

2021年度 問34 Check ☐☐☐ 重要度 ▶ B

区分所有法の規定によれば、建替え決議が可決した後、建替えに参加するか否かの催告期間が終了するまでの間に、次の行動をとった区分所有者に対し、買受指定者として定められている者が、当該催告期間経過後に、売渡請求できるのはどれか。

1 建替え決議で建替えに賛成したが、事情により建替えに参加できない旨を申し出た。

2 建替え決議で建替えに反対したが、建替えに参加する旨を回答し、その後さらに、その回答を撤回して、参加しない旨を申し出た。

3 建替え決議で建替えに反対し、建替えに参加しない旨を回答したが、その後さらに、その回答を撤回して、参加する旨を申し出た。

4 建替え決議で議決権を行使しなかったが、建替えに参加するか否かの回答もしなかった。

192 **LEC**東京リーガルマインド 2025年版 出る順管理業務主任者 分野別過去問題集 ①分冊

建替え決議があったときは、集会を招集した者は、遅滞なく、建替え決議に賛成しなかった区分所有者（その承継人を含む。）に対し、建替え決議の内容により建替えに参加するか否かを回答すべき旨を書面で催告しなければならない〈区63条1項〉。建替えに参加するか否かの回答期間が経過したときは、建替え決議に賛成した各区分所有者若しくは建替え決議の内容により建替えに参加する旨を回答した各区分所有者（これらの者の承継人を含む。）又は買受指定者は、建替えに参加するか否かの回答期間の満了の日から2月以内に、**建替えに参加しない旨を回答した区分所有者（その承継人を含む。）** に対し、区分所有権及び敷地利用権を**時価で売り渡すべきことを請求することができる**〈同条5項前段〉。

1 できない　本肢の区分所有者は、建替え決議で建替えに**賛成している**ことから、建替えに参加しない旨を回答した区分所有者にあたらず、買受指定者は、この区分所有者に対して、売渡請求をすることはできない。
　合　①分冊 p332 ❸〜　速 p270 ❸〜

2 できない　建替え決議の内容により建替えに参加するか否かの回答は、**不参加の回答であれば撤回して参加の回答をすることができるが、参加の回答を撤回して不参加の回答をすることはできない**と解されている。本肢の区分所有者は、建替えに参加する旨を回答しているから、建替えに参加しない旨を回答した区分所有者にあたらず、買受指定者は、この区分所有者に対して、売渡請求をすることはできない。
　合　①分冊 p332 ❸〜　速 p270 ❸〜

3 できない　建替え決議の内容により建替えに参加するか否かの回答は、**不参加の回答であれば撤回して参加の回答をすることができるが、参加の回答を撤回して不参加の回答をすることはできない**と解されている。本肢の区分所有者は、建替えに参加しない旨の回答を撤回して建替えに参加する旨を回答しているから、建替えに参加しない旨を回答した区分所有者にあたらず、買受指定者は、この区分所有者に対して、売渡請求をすることはできない。
　合　①分冊 p332 ❸〜　速 p270 ❸〜

4 できる　本肢の区分所有者は、**建替えに参加するか否かの回答をしておらず、建替えに参加しない旨を回答した区分所有者とみなされる**〈区63条4項〉ので、買受指定者は、この区分所有者に対して、売渡請求をすることができる。
　合　①分冊 p332 ❸〜　速 p270 ❸〜

正解 ④（正解率44%）

肢別解答率　受験生はこう答えた！
1: 11%
2: 28%
3: 15%
4: 44%

難易度 難

㉙ 復旧・建替え

2024年度 問26　　Check ☐☐☐　重要度 ▶ **B**

1棟の区分所有建物が、災害により、その価格の2分の1を超える部分が滅失した場合に関する次の記述のうち、区分所有法によれば、最も不適切なものはどれか。ただし、本問において「復旧決議」とは、滅失した共用部分を復旧する旨の決議をいう。

1 　区分所有者は、集会において、区分所有者及び議決権の各4分の3以上の多数で、復旧決議をすることができる。

2 　復旧決議又は建替え決議がされる前に、自己の専有部分とともに滅失した共用部分を復旧した区分所有者は、他の区分所有者に対し、共用部分の持分に応じた割合で、当該共用部分の復旧に要した金額の償還を請求することができる。

3 　復旧決議の後に買取指定者が指定された場合、書面でその旨の通知を受けた区分所有者は、当該買取指定者に対してのみ、建物及びその敷地に関する権利を時価で買い取るべきことを請求することができる。

4 　建物の滅失の日から6月以内に復旧決議又は建替え決議がないときは、各区分所有者は、他の区分所有者に対し、建物及びその敷地に関する権利を時価で買い取るべきことを請求することができる。

1 **適切** 建物の価格の2分の1を超える部分が減失したときは、集会において、区分所有者及び議決権の各4分の3以上の多数で、減失した共用部分を復旧する旨の決議をすることができる〈区61条5項〉。
合 ①分冊 p329 **2**〜 速 p266 **2**〜

2 **不適切** 建物の価格の2分の1以下に相当する部分が減失した場合において、区分所有者が減失した共用部分を復旧したときは、当該区分所有者は、他の区分所有者に対し、復旧に要した金額を共用部分の持分割合に応じて償還すべきことを請求することができる〈区61条2項〉。しかし、**建物の価格の2分の1を超える部分が減失した場合には**、上記のような**償還請求をすることはできない**。
合 ①分冊 p329 **2**〜

3 **適切** 建物の価格の2分の1を超える部分が減失し、減失した共用部分を復旧する旨の集会の決議があった場合において、その決議の日から2週間以内に、決議賛成者がその全員の合意により建物及びその敷地に関する権利を買い取ることができる者を指定し、かつ、その指定された者（買取指定者）がその旨を決議賛成者以外の区分所有者に対して書面で通知したときは、その通知を受けた区分所有者は、買取指定者に対してのみ、建物及びその敷地に関する権利を時価で買い取るべきことを請求することができる〈区61条8項〉。
合 ①分冊 p329 **2**〜 速 p266 **2**〜

4 **適切** 建物の価格の2分の1を超える部分が減失した場合において、**建物の一部が減失した日から6月以内に**、減失した共用部分を復旧する旨の集会の決議、建替え決議又は団地内の建物の一括建替え決議がないときは、各区分所有者は、他の区分所有者に対し、建物及びその敷地に関する権利を**時価で買い取るべきことを請求することができる**〈区61条14項〉。
合 ①分冊 p329 **2**〜 速 p266 **2**〜

正解 **2**（正解率 **39%**）

肢別解答率 受験生はこう答えた！
1 9%
2 39%
3 11%
4 40%

難易度 **難**

㉚ 団地

2017年度 問39   Check ☐☐☐   重要度 ▶ B

次の文章は、団地内の区分所有建物の建替えに関する事件についての最高裁判所の判決の一部である。その文中の（　ア　）～（　エ　）に入るべき語句の組み合わせとして正しいものはどれか。なお、文中の「同法」は、「建物の区分所有等に関する法律」をいう。

「同法70条1項は、団地内の各建物の区分所有者及び議決権の各（　ア　）以上の賛成があれば、団地内区分所有者及び議決権の各（　イ　）以上の多数の賛成で団地内全建物一括建替えの決議ができるものとしているが、団地内全建物一括建替えは、団地全体として計画的に良好かつ安全な住環境を確保し、その敷地全体の効率的かつ一体的な利用を図ろうとするものであるところ、・・・（略）・・・、団地全体では同法62条1項の議決要件と同一の議決要件を定め、各建物単位では区分所有者の数及び議決権数の過半数を相当超える議決要件を定めているのであり、同法70条1項の定めは、なお合理性を失うものではないというべきである。また、団地内全建物一括建替えの場合、1棟建替えの場合と同じく、・・・（略）・・・、建替えに参加しない区分所有者は、（　ウ　）ことにより、区分所有権及び敷地利用権を（　エ　）こととされているのであり（同法70条4項、63条4項）、その経済的損失については相応の手当がされているというべきである。」

	（　ア　）	（　イ　）	（　ウ　）	（　エ　）
1	3分の2	4分の3	買取請求権を行使する	敷地利用権のみの価格で買い取らせる
2	3分の2	5分の4	売渡請求権の行使を受ける	時価で売り渡す
3	4分の3	5分の4	買取請求権を行使する	時価で買い取らせる
4	4分の3	4分の3	売渡請求権の行使を受ける	敷地利用権のみの価格で売り渡す

完成文は以下のとおり。

> 「同法70条1項は、団地内の各建物の区分所有者及び議決権の各（**ア＝3分の2**）以上の賛成があれば、団地内区分所有者及び議決権の各（**イ＝5分の4**）以上の多数の賛成で団地内全建物一括建替えの決議ができるものとしているが、団地内全建物一括建替えは、団地全体として計画的に良好かつ安全な住環境を確保し、その敷地全体の効率的かつ一体的な利用を図ろうとするものであるところ、・・・（略）・・・、団地全体では同法62条1項の議決要件と同一の議決要件を定め、各建物単位では区分所有者の数及び議決権数の過半数を相当超える議決要件を定めているのであり、同法70条1項の定めは、なお合理性を失うものではないというべきである。また、団地内全建物一括建替えの場合、1棟建替えの場合と同じく、・・・（略）・・・、建替えに参加しない区分所有者は、（**ウ＝売渡請求権の行使を受ける**）ことにより、区分所有権及び敷地利用権を（**エ＝時価で売り渡す**）こととされているのであり（同法70条4項、63条4項）、その経済的損失については相応の手当がされているというべきである。」

以上より、ア＝3分の2、イ＝5分の4、ウ＝売渡請求権の行使を受ける、エ＝時価で売り渡すとなり、本問の正解肢は2となる。

31 団地

2022年度 問38　Check □□□　重要度▶A

団地関係に関する次の図についての各記述のうち、区分所有法によれば、最も不適切なものはどれか。

1　Aの建物所有者とBの建物所有者とCの建物所有者が甲地を共有している場合には、甲地を目的とするAとBとCの団地関係が成立する。

2　Aの建物所有者とBの建物所有者が敷地駐車場を共有し、Aの建物所有者とBの建物所有者とCの建物所有者がDと通路を共有している場合には、Dと通路を目的としたAとBとCの団地関係と、敷地駐車場を目的としたAとBの団地関係が、重畳的に成立する。

3　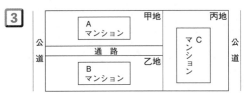
Aの建物所有者とBの建物所有者が通路を共有している場合でも、規約で定めれば、甲地と乙地と丙地を団地共用部分とするAとBとCの団地関係が成立する。

4　
Aの建物所有者が甲地を単独所有し、Bの建物所有者とCの建物所有者が乙地を共有し、Aの建物所有者とBの建物所有者とCの建物所有者が通路を共有し、AとB、AとCの往来に利用されている場合には、通路を目的としたAとBとCの団地関係と、乙地を目的としたBとCの団地関係が、重畳的に成立する。

一団地内に数棟の建物があって、**その団地内の土地又は附属施設**（これらに関する権利を含む。）がそれらの建物の**所有者**（専有部分のある建物にあっては、**区分所有者**）**の共有**に属する場合には、団地関係が成立する〈区65条〉。団地関係は、一団地内に**重畳的**に成立する。

1 適切　甲地にA戸建建物、Bマンション、Cマンションがあり、これらの建物の所有者が甲地を共有しているから、**甲地を目的とするAとBとCの団地関係**が成立する。
　合　①分冊 p341 **1**〜　速 p276 **1**〜

2 適切　一団地内にAマンション、Bマンションがあり、これらの所有者が敷地駐車場を共有しているから、**敷地駐車場を目的としたAとBの団地関係**が成立する。また、一団地内に、Aマンション、Bマンション、Cマンションがあり、これらの所有者がDと通路を共有しているから、**Dと通路を目的としたAとBとCの団地関係**が成立する。これらの団地関係は重畳的に成立する。
　合　①分冊 p341 **1**〜　速 p276 **1**〜

3 不適切　一団地内の**附属施設たる建物**（区分所有権の目的となり得る建物の部分を含む。）は、規約により団地共用部分とすることができる〈区67条1項前段〉。したがって、甲地、乙地、丙地を団地共用部分とすることはできない。
　合　①分冊 p341 **1**〜　速 p276 **1**〜

4 適切　乙地にBマンション、Cマンションがあり、これらの建物の所有者が乙地を共有しているから、**乙地を目的とするBとCの団地関係**が成立する。また、一団地内にAマンション、Bマンション、Cマンションがあり、これらの所有者が通路を共有しているから、**通路を目的としたAとBとCの団地関係**が成立する。これらの団地関係は重畳的に成立する。
　合　①分冊 p341 **1**〜　速 p276 **1**〜

正解 **3**（正解率68%）

肢別解答率　受験生はこう答えた！
1　8%
2　13%
3　68%
4　11%

難易度　普

32 団地

2023年度 問33　　Check ☐☐☐　重要度 ▶ **B**

団地内建物の建替え決議に関する次の記述のうち、区分所有法によれば、不適切なものはいくつあるか。

ア　団地内建物の建替え決議については、一括建替え決議をする場合でも、団地内の特定の建物のみを建て替える場合でも、いずれも、全ての建物が専有部分のある建物である必要はない。

イ　一括建替え決議は、団地内建物の敷地が、その団地内建物の区分所有者全員の共有になっている場合でなければならない。

ウ　団地管理組合の規約の定めにより、団地内の専有部分のある建物の管理を棟別の管理組合で行うことになっている場合には、その規約の定めを、団地管理組合の管理で行う旨に改正しない限り一括建替え決議はできない。

エ　団地内の特定の建物のみで建替え決議をする場合には、当該建物の建替え決議に加えて、団地管理組合の集会において、敷地共有者の数及び議決権の各４分の３以上の特別多数による建替え承認決議と、当該建替えによって特別の影響を受ける者の承諾が別途必要である。

1 一つ
2 二つ
3 三つ
4 四つ

200　LEC東京リーガルマインド　2025年版 出る順管理業務主任者 分野別過去問題集　①分冊

ア **不適切** 団地内の建物の一括建替え決議をするには、**団地内建物の全部が専有部分のある建物**でなければならない〈区70条1項本文〉。
　☞ 合 ①分冊 p357 **5**～　速 p280 **2**～

イ **適切** 団地内の建物の一括建替え決議をするには、団地内建物の**敷地が当該団地内建物の区分所有者の共有**に属していなければならない〈区70条1項本文〉。
　☞ 合 ①分冊 p357 **5**～　速 p280 **2**～

ウ **適切** 団地内の建物の一括建替え決議をするには、**団地内建物について団地管理組合で管理する旨の規約**が定められていなければならない〈区70条1項本文〉。したがって、団地管理組合の規約の定めにより、団地内の専有部分のある建物の管理を棟別の管理組合で行うことになっている場合、その規約の定めを、団地管理組合で行うと変更しない限り、一括建替え決議をすることはできない。
　☞ 合 ①分冊 p357 **5**～　速 p280 **2**～

エ **不適切** 建替え承認決議は、団地管理組合の集会において、**議決権**の4分の3以上の多数により行うことができる〈区69条1項〉。したがって、敷地共有者の数及び議決権の各4分の3以上の特別多数による必要はない。また、建替え承認決議をする場合において、建替え承認決議に係る建替えが建替えの対象となっている特定の建物以外の建物の建替えに特別の影響を及ぼすべきときは、**当該建替えによって影響を受けるべき所定の者が当該建替え承認決議に賛成しているときに限り**、当該特定の建物の建替えをすることができる〈同条5項〉。したがって、建替えによって特別の影響を受ける者の承諾を別途得る必要はない。
　☞ 合 ①分冊 p352 **4**～　速 p280 **2**～

以上より、不適切なものはア、エの二つであり、本問の正解肢は2となる。

③③ 団地

2024年度 問28　　Check ☐☐☐　重要度 ▶ B

A棟、B棟及びC棟の3棟からなる団地に関する次の記述のうち、区分所有法によれば、最も適切なものはどれか。

1　A棟及びB棟が区分所有建物であり、C棟が区分所有建物以外の建物である場合、団地内の土地がそれらの建物の区分所有者及び所有者の全員の共有に属しているときは、団地内建物の一括建替え決議をすることができる。

2　A棟、B棟及びC棟が全て区分所有建物であり、団地内の土地がそれらの建物の区分所有者全員の共有に属する場合には、団地内建物を団地管理組合で管理する旨の団地管理組合の規約がなくても、団地内建物の一括建替え決議をすることができる。

3　A棟及びB棟が区分所有建物であり、C棟が区分所有建物以外の建物である場合、団地内の土地がそれらの建物の区分所有者及び所有者の全員の共有に属しているときは、団地内の特定の建物の建替えを承認する旨の決議をすることができる。

4　A棟、B棟及びC棟が全て区分所有建物である場合に、A棟及びB棟の敷地がA棟及びB棟の区分所有者の共有に属し、C棟の敷地がC棟の区分所有者のみの共有に属するときでも、A棟、B棟及びC棟の団地管理組合において、団地内の特定の建物の建替えを承認する旨の決議をすることができる。

202　LEC東京リーガルマインド　2025年版 出る順管理業務主任者 分野別過去問題集　①分冊

1 **不適切** 団地内建物の全部が専有部分のある建物であり、かつ、当該団地内建物の敷地が当該団地内建物の区分所有者の共有に属する場合において、当該団地内建物について管理対象とする旨の団地規約が定められているときは、団地管理組合の集会において、当該団地内建物の区分所有者及び議決権の各5分の4以上の多数で、当該団地内建物につき一括して、その全部を取り壊し、かつ、当該団地内建物の敷地若しくはその一部の土地又は当該団地内建物の敷地の全部若しくは一部を含む土地に新たに建物を建築する旨の決議をすることができる〈団地内の建物の一括建替え決議　区分所有法70条1項〉。本肢の団地には、区分所有建物以外の建物であるC棟があるので、「団地内建物の全部が専有部分のある建物」であるとはいえず、団地内の建物の一括建替え決議をすることはできない。

☞ 合 ①分冊 p357 **5**～　速 p280 **2**～

2 **不適切** 団地内建物の全部が専有部分のある建物であり、かつ、当該団地内建物の敷地が当該団地内建物の区分所有者の共有に属する場合において、当該団地内建物について管理対象とする旨の団地規約が定められているときは、団地管理組合の集会において、当該団地内建物の区分所有者及び議決権の各5分の4以上の多数で、当該団地内建物につき一括して、その全部を取り壊し、かつ、当該団地内建物の敷地若しくはその一部の土地又は当該団地内建物の敷地の全部若しくは一部を含む土地に新たに建物を建築する旨の決議をすることができる〈団地内の建物の一括建替え決議　区分所有法70条1項〉。団地内建物を団地管理組合で管理する旨の団地管理組合の規約がない場合、「団地内建物について管理対象とする旨の団地規約が定められているとき」にあたらず、団地内の建物の一括建替え決議をすることはできない。

☞ 合 ①分冊 p357 **5**～　速 p280 **2**～

3 **適切** 一団地内にある数棟の建物（団地内建物）の全部又は一部が専有部分のある建物であり、かつ、その団地内の特定の建物の所在する土地が団地内建物の団地建物所有者の共有に属する場合においては、その特定の建物を建て替えるときは、団地管理組合の集会において議決権の4分の3以上の多数による承認の決議を得て行うことができる〈区69条1項〉。したがって、本肢の場合、団地内の特定の建物の建替えを承認する旨の決議をすることができる。

☞ 合 ①分冊 p352 **4**～　速 p280 **2**～

4 **不適切** 一団地内にある数棟の建物（団地内建物）の全部又は一部が専有部分のある建物であり、かつ、その団地内の特定の建物の所在する土地が団地内建物の団地建物所有者の共有に属する場合においては、その特定の建物を建て替えるときは、団地管理組合の集会において議決権の4分の3以上の多数による承認の決議を得て行うことができる〈区69条1項〉。本肢の場合、例えば、C棟の敷地は、A棟、B棟及びC棟の団地建物所有者の共有に属していないので、A棟、B棟及びC棟の団地管理組合において、C棟の建替えを承認する旨の決議をすることはできない。

☞ 合 ①分冊 p352 **4**～　速 p280 **2**～

正解 3
（正解率66%）

肢別解答率　受験生はこう答えた！
1　7%
2　15%
3　66%
4　12%

難易度　普

34 その他

2017年度 問35

Check ☐☐☐ 重要度 ▶ B

区分所有法第7条に規定される先取特権に関する次の記述のうち、民法及び区分所有法の規定によれば、誤っているものはどれか。

1 区分所有者は、共用部分、建物の敷地又は共用部分以外の建物の附属施設につき他の区分所有者に対して有する債権について、債務者の区分所有権（共用部分に関する権利及び敷地利用権を含む。）及び建物に備え付けた動産の上に先取特権を有する。

2 区分所有者は、規約又は集会の決議に基づき他の区分所有者に対して有する債権について、債務者の区分所有権（共用部分に関する権利及び敷地利用権を含む。）及び建物に備え付けた動産の上に先取特権を有する。

3 管理者又は管理組合法人は、その職務又は業務を行うにつき区分所有者に対して有する債権について、債務者の区分所有権（共用部分に関する権利及び敷地利用権を含む。）及び建物に備え付けた動産の上に先取特権を有する。

4 区分所有法第7条に規定される先取特権は、優先権の順位、効力及び目的物については、民法に規定される共益費用の先取特権とみなされる。

1 正　区分所有者は、**共用部分、建物の敷地又は共用部分以外の建物の附属施設につき他の区分所有者に対して有する債権**について、債務者の区分所有権（共用部分に関する権利及び敷地利用権を含む。）及び建物に備え付けた動産の上に先取特権を有する〈区7条1項前段〉。
　　合 ①分冊 p257 **1**〜　速 p201 **2**〜

2 正　区分所有者は、**規約又は集会の決議に基づき他の区分所有者に対して有する債権**について、債務者の区分所有権（共用部分に関する権利及び敷地利用権を含む。）及び建物に備え付けた動産の上に先取特権を有する〈区7条1項前段〉。
　　合 ①分冊 p257 **1**〜　速 p201 **2**〜

3 正　管理者又は管理組合法人は、**その職務又は業務を行うにつき区分所有者に対して有する債権**について、債務者の区分所有権（共用部分に関する権利及び敷地利用権を含む。）及び建物に備え付けた動産の上に先取特権を有する〈区7条1項後段〉。
　　合 ①分冊 p257 **1**〜　速 p201 **2**〜

4 誤　区分所有法7条に規定する先取特権は、**優先権の順位及び効力**については、共益費用の先取特権とみなす〈区7条2項〉。先取特権の目的物については、共益費用の先取特権とはみなされず、その目的物は、区分所有法7条1項に規定するとおり、債務者の区分所有権（共用部分に関する権利及び敷地利用権を含む。）及び建物に備え付けた動産となる。
　　合 ①分冊 p257 **1**〜　速 p201 **2**〜

正解 **4**（正解率30%）

肢別解答率　受験生はこう答えた！
1　25%
2　19%
3　27%
4　30%

難易度　難

35 その他

2018年度 問34　　　　Check ☐☐☐　重要度 ▶ **B**

区分所有法第8条に規定される特定承継人の責任に関する次の記述のうち、民法及び区分所有法の規定によれば、誤っているものの組み合わせはどれか。

ア　債務者たる区分所有者の特定承継人とは、特定の原因により区分所有権を承継して実質的に区分所有関係に入る者をいい、単に当該区分所有権を転売する目的で取得した者は、特定承継人には該当しない。

イ　区分所有者は、共用部分、建物の敷地若しくは共用部分以外の建物の附属施設につき他の区分所有者に対して有する債権について、債務者たる区分所有者の特定承継人に対しても行うことができる。

ウ　区分所有者は、規約若しくは集会の決議に基づき他の区分所有者に対して有する債権について、債務者たる区分所有者の特定承継人に対しても行うことができる。

エ　マンションの外壁の剥落事故により負傷した第三者は、事故後に当該マンションの区分所有者となった特定承継人に対して、その損害の賠償を請求することができる。

1　ア・イ
2　ア・ウ
3　ア・エ
4　イ・エ

206　**LEC**東京リーガルマインド　2025年版 出る順管理業務主任者 分野別過去問題集　①分冊

以下の債権は、債務者たる区分所有者の特定承継人に対しても行うことができる〈区8条、7条1項〉。
① 区分所有者が、共用部分、建物の敷地又は共用部分以外の建物の附属施設につき他の区分所有者に対して有する債権
② 区分所有者が、規約又は集会の決議に基づき他の区分所有者に対して有する債権
③ 管理者又は管理組合法人がその職務又は業務を行うにつき区分所有者に対して有する債権

ア 誤 「区分所有者の特定承継人」とは、**区分所有者から売買などにより区分所有権を承継取得する者**をいう。単に区分所有権を転売する目的で取得した者も、売買などにより区分所有権を承継取得することから、**区分所有者の特定承継人に該当する**。
☞ 合 ①分冊 p259 ②〜 速 p202 ③〜

イ 正 本肢の債権は、**上記①にあたり**、債務者たる区分所有者の特定承継人に対しても**行うことができる**。
☞ 合 ①分冊 p259 ②〜 速 p202 ③〜

ウ 正 本肢の債権は、**上記②にあたり**、債務者たる区分所有者の特定承継人に対しても**行うことができる**。
☞ 合 ①分冊 p259 ②〜 速 p202 ③〜

エ 誤 本肢の債権は、一被害者である第三者が有する工作物責任による損害賠償請求権であり、**上記のいずれにもあたらないことから**、債務者たる区分所有者の特定承継人に対して**行うことはできない**。
☞ 合 ①分冊 p259 ②〜 速 p202 ③〜

以上より、誤っているものの組み合わせは、ア・エであり、本問の正解肢は3となる。

36 その他

2019年度 問35　　　Check ☐☐☐　重要度 ▶ C

区分所有法第 71 条の罰則規定に関する次の記述のうち、誤っているものはどれか。

1　管理組合法人において、登記に関して必要な事項の登記を怠った場合にあっては、理事は過料に処せられる。

2　議長は、集会の議事において、議事録に記載すべき事項を記載しなかった場合に、過料に処せられる。

3　監事は、集会の議事において、管理者の管理事務についての監査報告を怠った場合に、過料に処せられる。

4　管理組合法人において、規約に定めた理事の員数が欠けた場合にあって、その選任手続を怠ったときは、理事は過料に処せられる。

208　**LEC**東京リーガルマインド　2025年版 出る順管理業務主任者 分野別過去問題集　①分冊

1 正　管理組合法人においては、所定の事項を登記する。**この登記を怠った理事は、20万円以下の過料に処する**〈区71条5号〉。

2 正　集会の議事については、議長は、書面又は電磁的記録により、議事録を作成しなければならず〈区42条1項〉、議事録には、議事の経過の要領及びその結果を記載し、又は記録しなければならない〈同条2項〉。この規定に違反して、議事録を作成せず、又は**議事録に記載し、若しくは記録すべき事項を記載せず、若しくは記録せず**、若しくは虚偽の記載若しくは記録をした議長は、20万円以下の過料に処する〈区71条3号〉。

3 誤　区分所有法上、管理組合法人が設置された場合、管理者は当然にその地位を失うことから、**監事が管理者の管理事務についての監査報告を行うことは義務づけられず**、これを怠ったとしても、過料に処せられない。

4 正　理事若しくは監事が欠けた場合又は規約で定めたその員数が欠けた場合において、**その選任手続を怠った理事は、**20万円以下の過料に処する〈区71条7号〉。

正解 3（正解率21%）

肢別解答率　受験生はこう答えた！
1　17%
2　38%
3　21%
4　24%

難易度　難

㊲ その他

2019年度 問36　　　Check ☐☐☐　重要度 ▶ A

専有部分の用途に関する次の記述のうち、区分所有法の規定及び標準管理規約（単棟型）によれば、最も不適切なものはどれか。

1　専有部分を居住用借家として使用することを可能とする場合においては、専有部分の用途を住宅専用である旨を規約に明記しておくだけでは足りない。

2　専有部分を住宅宿泊事業として使用することを禁止とする場合においては、専有部分の用途を住宅専用である旨を規約に明記しておくだけでは足りない。

3　専有部分の用途として住宅宿泊事業を可能とする規約があったとしても、他の居住者の住宅としての使用を妨げる行為については、当該住宅宿泊事業を営む者は、共同の利益に反する義務違反者としての責任を免れない。

4　専有部分の用途として住宅宿泊事業を可能とする規約があったとしても、旅館業法に違反して行われる宿泊事業は認められない。

210　LEC東京リーガルマインド　2025年版 出る順管理業務主任者 分野別過去問題集　①分冊

1 不適切 標準管理規約（単棟型）19条1項は、「区分所有者は、その専有部分を第三者に貸与する場合には、この規約及び使用細則に定める事項をその第三者に遵守させなければならない。」と規定して、専有部分を居住用借家として使用することを許容している。他方、同12条1項は、「区分所有者は、その専有部分を専ら住宅として使用するものとし、他の用途に供してはならない。」と規定しており、専有部分の用途を住宅専用である旨を明記するのみである。したがって、専有部分を居住用借家として使用することを可能とする場合、**専有部分の用途を住宅専用である旨を規約に明記しておけば足りる。**

　☞ 合 ②分冊 p19 **1**～ 速 p318 **1**～

2 適切 標準管理規約（単棟型）12条2項では、住宅宿泊事業を禁止する場合、「区分所有者は、その専有部分を住宅宿泊事業法第3条第1項の届出を行って営む同法第2条第3項の住宅宿泊事業に使用してはならない。」と規定する。したがって、専有部分を住宅宿泊事業として使用することを禁止する場合においては、**専有部分の用途を住宅専用である旨を規約に明記しておくだけでは足りず、**上記のような禁止する旨を明記する必要がある。

　☞ 合 ②分冊 p19 **1**～ 速 p318 **1**～

3 適切 区分所有者は、建物の保存に有害な行為その他建物の管理又は使用に関**し区分所有者の共同の利益に反する行為をしてはならない**〈区6条1項〉。他の居住者の住宅としての使用を妨げる行為は、「区分所有者の共同の利益に反する行為」であるから、住宅宿泊事業を営む区分所有者は、これを行った場合、共同の利益に反する義務違反者としての**責任を免れない。**

4 適切 標準管理規約（単棟型）12条2項は、住宅宿泊事業を可能とする場合、「区分所有者は、その専有部分を住宅宿泊事業法第3条第1項の届出を行って営む同法第2条第3項の住宅宿泊事業に使用することができる。」と規定する。これは、適法な住宅宿泊事業を許容する趣旨であり、**旅館業法や住宅宿泊事業法に違反して行われる事業は、管理規約に明記するまでもなく、当然に禁止される**〈標規（単）コ12条関係②〉。

　☞ 合 ②分冊 p19 **1**～ 速 p318 **1**～

正解 1
（正解率78%）

肢別解答率
受験生はこう答えた！

1	78%
2	11%
3	2%
4	9%

難易度 **易**

38 その他

2023年度 問30　　Check ☐☐☐　重要度 ▶ B

甲マンションの住戸301号室を所有するAが、債権者Bのために301号室の区分所有権にBの抵当権を設定及び登記した場合に関する次の記述のうち、民法、区分所有法、民事執行法及び判例によれば、最も適切なものはどれか。なお、301号室の区分所有権には、Bの抵当権以外に担保権は設定されていないものとする。

1　管理組合が、Aの滞納管理費について、Aの301号室の区分所有権に対し先取特権を行使するためには、先取特権の登記が必要である。

2　Bの抵当権の効力は、301号室の専有部分と共に、当該マンションの共用部分等のAの共有持分にも及ぶが、抵当権設定契約で別段の設定をした場合には、その効力は及ばない。

3　Aが、301号室をCに賃貸している場合に、Aが、管理組合及びBに対する債務について不履行を生じさせたときは、管理組合が先取特権に基づきAのCに対する賃料債権を差し押さえたとしても、Bが物上代位に基づき当該賃料債権を差し押さえた場合には、管理組合は、Bに優先することはできない。

4　Bの抵当権の効力は、管理組合が滞納管理費の回収のために先取特権を行使する場合と同様に、Aによって301号室に備え付けられた動産に及ぶが、AB間に別段の合意がない限り、抵当権設定時に存在した動産に限られる。

212　LEC東京リーガルマインド　2025年版 出る順管理業務主任者 分野別過去問題集　①分冊

1 不適切 区分所有法7条に規定する先取特権の実行は、その存在を証する文書を提出して行うことができる〈民執181条1項4号〉。したがって、管理組合が、Aの滞納管理費について、Aの301号室の区分所有権に対し**先取特権を行使するために、先取特権の登記は不要である**。
　👉 合 ①分冊 p257 **1**〜　速 p201 **2**〜

2 不適切 共用部分の共有者の持分は、その有する専有部分の処分に従う〈区15条1項〉。したがって、Bの抵当権の効力は、別段の設定をしたか否かにかかわらず、甲マンションの共用部分のAの共有持分にも及ぶ。
　👉 合 ①分冊 p132 **2**〜　速 p114 **1**〜

3 適切 区分所有法7条に規定する**先取特権は、登記した抵当権を有する第三者に対して、対抗することができない**〈区7条2項、民336条ただし書〉。Bの抵当権は登記されているから、本肢の先取特権は、Bに対して、対抗することができず、管理組合は、Bに優先することはできない。

4 不適切 従物は、主物の処分に従う〈民87条2項〉。本肢の301号室に備え付けられた動産が301号室の従物にあたらない場合、当該動産が301号室の抵当権設定に従うことはなく、Bの抵当権の効力は当該動産に及ばない。
　👉 合 ①分冊 p132 **2**〜　速 p114 **1**〜

正解 **3**
（正解率 59%）

肢別解答率　受験生はこう答えた！
1　13%
2　15%
3　59%
4　13%

難易度　普

39 総合

2020年度 問30　Check ☐☐☐　重要度 ▶ A

甲マンションの管理組合の総会の招集通知に関する次の記述のうち、区分所有法及び標準管理規約の定めによれば、最も適切なものはどれか。

1 甲マンションに現に居住していない区分所有者の相続人から、電話により当該区分所有者が死亡した旨の連絡があったので、当該相続人の住所、氏名を聞き、そこにあてて総会の招集通知を発送した。

2 組合員名簿によると妻が甲マンションの区分所有者となっていたが、管理費等の引落し口座は夫の名義になっているので、夫にあてて総会の招集通知を発送した。

3 甲マンションの区分所有者が、新たに購入した乙マンションの住所を、通知を受けるべき場所として届出をしてきたが、甲マンションの住戸にも毎日来ているので、甲マンションの住戸にあてて、甲マンションの総会の招集通知を発送した。

4 外国に長期間滞在する甲マンションの区分所有者から、購入当初より通知を受けるべき場所の届出がないので、規約の定めに従って、甲マンション内の見やすい場所にある掲示板に総会の招集通知を掲示した。

総会の招集の通知は、管理組合に対し組合員が**届出をしたあて先**に発するものとする〈標規(単)43条2項本文〉。もっとも、その届出のない組合員に対しては、**対象物件内の専有部分の所在地あてに**発するものとする〈同条項ただし書〉。

1 不適切　本肢の場合、組合員である相続人から**総会の招集の通知のあて先に関する届出はなされていない**ので、専有部分の所在地にあてて総会の招集の通知を発送する。
　　☞ 合 ①分冊 p310 ❷~　速 p250 ❷~

2 不適切　本肢の場合、**組合員は、区分所有者である妻であるから、妻にあてて**総会の招集の通知を発しなければならない。
　　☞ 合 ①分冊 p310 ❷~　速 p250 ❷~

3 不適切　本肢の場合、**組合員である区分所有者が総会の招集の通知を受けるべき場所を届け出ている**ので、その場所にあてて総会の招集の通知を発しなければならない。
　　☞ 合 ①分冊 p310 ❷~　速 p250 ❷~

4 適切　総会の招集の通知は、**対象物件内に居住する組合員及び総会の招集の通知の届出のない組合員に対しては**、その内容を所定の掲示場所に掲示することをもって、これに代えることができる〈標規(単)43条3項〉。本肢の場合、組合員である区分所有者は、**通知を受けるべき場所を届け出ていない**ので、総会の招集の通知は、所定の掲示場所に掲示することをもって代えることができる。
　　☞ 合 ①分冊 p310 ❷~　速 p250 ❷~

正解 **4**
（正解率81％）

肢別解答率　受験生はこう答えた！
1　16%
2　1%
3　2%
4　81%

難易度　易

40 総合

2020年度 問33　　Check ☐☐☐　重要度 ▶ A

区分所有法に規定する管理組合法人及び標準管理規約に定める管理組合に関する次の1～4の記述の組合せのうち、誤りが含まれているものはどれか。

	区分所有法に規定する管理組合法人	標準管理規約に規定する管理組合
1	代表する理事を複数名とすることができる。	代表する理事は理事長1名である。
2	理事の任期は規約により3年以内とすることができるが、再任することはできない。	理事の任期は規約により自由に定めることができ、再任することもできる。
3	管理組合法人と理事との利益相反事項については、監事が管理組合法人を代表する。	管理組合と理事長との利益相反事項については、監事又は理事長以外の理事が管理組合を代表する。
4	監事は、理事の業務執行について法令違反等があると認める場合に、その報告をするため必要があるときは、集会を招集することができる。	監事は、管理組合の業務執行等について不正があると認めるときは、臨時総会を招集することができる。

216　LEC東京リーガルマインド　2025年版 出る順管理業務主任者 分野別過去問題集　①分冊

1 含まれていない　区分所有法上、理事が数人ある場合、規約若しくは集会の決議によって、管理組合法人を代表すべき理事を定め、若しくは数人の理事が共同して管理組合法人を代表すべきことを定め、又は規約の定めに基づき理事の互選によって管理組合法人を代表すべき理事を定めることができる〈区49条5項〉。管理組合法人を代表すべき理事の人数は特に限定されておらず、**複数人を代表すべき理事としても差し支えない**。他方、標準管理規約（単棟型）上、管理組合は、**理事長1名を置くこととしている**〈標規(単)35条1項1号〉。
☞ 合　②分冊 p58 ③〜　速 p349 ③〜

2 含まれている　区分所有法上、理事の任期は、2年とするが、**規約で3年以内において別段の期間を定めたときは、その期間とされる**〈区49条6項〉。ただ、再任は禁止されておらず、**再任することも可能である**。他方、標準管理規約（単棟型）上、「役員の任期は○年とする」とされ〈標規(単)36条1項本文〉、**管理組合が役員の任期を具体的に定める。また、役員の再任も可能である**〈同条項ただし書〉。
☞ 合　②分冊 p58 ③〜　速 p349 ③〜

3 含まれていない　区分所有法上、管理組合法人と理事との利益が相反する事項については、**監事が管理組合法人を代表する**〈区51条〉。他方、標準管理規約（単棟型）上、管理組合と理事長との利益が相反する事項については、**監事又は理事長以外の理事が管理組合を代表する**〈標規(単)38条6項後段〉。
☞ 合　②分冊 p58 ③〜　速 p354 ④〜

4 含まれていない　区分所有法上、監事は、財産の状況又は業務の執行について、法令若しくは規約に違反し、又は著しく不当な事項があると認めるときは、集会に報告をする〈区50条3項3号〉。また、この報告をするため必要があるときは、**集会を招集する**〈同条項4号〉。他方、標準管理規約（単棟型）上、監事は、管理組合の業務の執行及び財産の状況について不正があると認めるときは、**臨時総会を招集することができる**〈標規(単)41条3項〉。
☞ 合　②分冊 p58 ③〜　速 p354 ④〜

正解 **2**（正解率82%）

肢別解答率　受験生はこう答えた！
1: 5%
2: 82%
3: 5%
4: 7%

難易度　**易**

41 総合

2020年度 問37

Check ☐☐☐　重要度 ▶ B

区分所有者の責任に関する次の記述のうち、区分所有法の規定によれば、正しいものはどれか。なお、規約に別段の負担割合の定めはないものとする。

1 区分所有法第7条第1項に係る債権については、債務者たる区分所有者の特定承継人に対しても行うことができる。

2 管理組合が権利能力なき社団の性質を有する場合には、組合財産の有無にかかわらず、各区分所有者は、連帯して無限責任を負う。

3 管理組合が法人である場合には、区分所有者は、その法人の総財産の範囲で有限責任を負う。

4 管理者がその職務の範囲内において第三者との間にした行為につき、区分所有者の負担は共用部分の持分の割合に応じた負担であるが、第三者との関係では連帯かつ無限責任を負う。

1 **正** 区分所有法7条1項に規定する債権（区分所有法に規定する先取特権の被担保債権）は、**債務者たる区分所有者の特定承継人に対しても行うことができる**〈区8条〉。
👉 合 ①分冊 p259 **2**～ 速 p202 **3**～

2 **誤** 管理者がその職務の範囲内において第三者との間にした行為につき区分所有者がその責めに任ずべき割合は、規約に別段の定めがない場合、共用部分の持分割合と同一の割合とする〈区29条1項〉。この区分所有者の責任は、**分割責任であり**、連帯責任ではない。
👉 合 ①分冊 p280 **2**～ 速 p219 **2**～

3 **誤** 管理組合法人の財産をもってその債務を完済することができないときは、区分所有者は、規約に別段の定めがない場合、共用部分の持分割合と同一の割合で、その債務の弁済の責めに任ずる〈区53条1項〉。ここで、有限責任とは、財産中のある物だけを債務の引当てとする責任をいう。上記のとおり、区分所有者は、**管理組合法人の財産の範囲を超えて責任を負うので**、管理組合法人の総財産の範囲で有限責任を負うとはいえない。
👉 合 ①分冊 p297 **4**～ 速 p236 **4**～

4 **誤** 管理者がその職務の範囲内において第三者との間にした行為につき区分所有者がその責めに任ずべき割合は、規約に別段の定めがない場合、共用部分の持分割合と同一の割合とする〈区29条1項〉。この区分所有者の責任は、**分割責任であり**、連帯責任ではない。
👉 合 ①分冊 p280 **2**～ 速 p219 **2**～

正解 **1**
（正解率87%）

肢別解答率 受験生はこう答えた！
1　87%
2　2%
3　5%
4　6%

難易度 **易**

42 総合

2021年度 問32　Check ☐☐☐　重要度 ▶ A

共用部分及びその持分等に関する次の記述のうち、区分所有法の規定によれば、最も不適切なものはどれか。

1 区分所有者が数個の専有部分を所有する場合の各敷地利用権の割合は、共用部分の持分の割合と同一であり、規約で別段の定めをすることができない。

2 共用部分の管理に関する事項であっても、それが専有部分の使用に特別の影響を及ぼすべきときは、その専有部分の所有者の承諾を得なければならない。

3 共用部分の持分の割合と管理費等の負担割合は、一致しないこともある。

4 共用部分の共有者は、この法律に別段の定めがある場合を除いて、その有する専有部分と分離して共用部分の持分を処分することができない。

1 不適切　敷地利用権が数人で有する所有権その他の権利である場合において、区分所有者が数個の専有部分を所有するときは、各専有部分に係る敷地利用権の割合は、区分所有法14条1項から3項までに定める割合（専有部分の床面積の割合）による〈区22条2項〉。もっとも、**規約でこの割合と異なる割合が定められているときは、その割合による**〈同条項ただし書〉。したがって、規約で別段の定めをすることは可能である。

合 ①分冊 p240 ❸〜　速 p186 ❷〜

2 適切　共用部分の管理が専有部分の使用に**特別の影響を及ぼすべきとき**は、その**専有部分の所有者の承諾を得なければならない**〈区18条3項、17条2項〉。

合 ①分冊 p248 ❷〜　速 p192 ❷〜

3 適切　共用部分の各共有者は、**規約に別段の定めがない限り**その持分に応じて、共用部分の負担に任じ、共用部分から生ずる利益を収取する〈区19条〉。管理費等の負担割合につき規約で別段の定めをした場合、その負担割合は、共用部分の持分の割合と一致しない。

合 ①分冊 p230 ❸〜　速 p178 ❸〜

4 適切　共用部分の共有者は、区分所有法に別段の定めがある場合を除いて、**その有する専有部分と分離して持分を処分することができない**〈区15条2項〉。

合 ①分冊 p232 ❹〜　速 p181 ❺〜

43 総合

2021年度 問39　　　Check ☐☐☐　重要度 ▶ A

次の記述のうち、判例によれば、適切なものはいくつあるか。

ア　特定の専有部分の排水を階下の専有部分の天井裏の枝管を通じて排水する場合、その枝管は、その構造及び設置場所に照らし、専有部分に属しない建物の附属物に当たり、区分所有者全員の共用部分と解される。

イ　区分所有者の全員又は管理組合法人が、共同利益背反行為をした賃借人に係る賃貸借契約を解除し、賃借人に対し、当該専有部分の引渡しを求める集会決議をするには、あらかじめ、賃貸人たる区分所有者及び当該賃借人に対し、弁明の機会を与えなければならない。

ウ　管理組合は、区分所有者全員の共有に属する敷地につき、一部の区分所有者に係る駐車場専用使用料の増額について、その必要性及び合理性が認められ、かつ、その増額された額が社会通念上相当な額であると認められる場合には、規約又は集会決議をもって、その専用使用権者の承諾を得ることなく増額を決することができる。

エ　政党ビラの配布行為は、憲法21条1項で保障されている表現の自由の行使に該当することから、マンションの各住戸のポストへの政党ビラの投函のために各階の廊下等に立ち入る行為が住居侵入罪（刑法130条）に該当することはない。

1 一つ

2 二つ

3 三つ

4 四つ

ア **適切** マンションの専有部分である甲室の床下コンクリートスラブと階下にある乙室の天井板との間の空間に配された排水管の枝管を通じて甲室の汚水が本管に流される構造となっている場合において、甲室から右枝管の点検、修理を行うことは不可能であり、乙室からその天井裏に入ってこれを実施するほか方法はないなどの事実関係の下において、その枝管は、区分所有法2条4項にいう「**専有部分に属しない建物の附属物**」であり、**区分所有者全員の共用部分に当たる**とした判例がある〈最判平成12.3.21〉。したがって、特定の専有部分の汚水を排水本管に流す排水管は、構造及び設置場所によっては、区分所有者全員の共用部分と解される場合がある。

☞ 合 ①分冊 p218 2~ 速 p165 2~

イ **不適切** 区分所有法60条に規定する占有者に対する引渡し請求は、集会の決議に基づいて行う必要があり〈区60条1項〉、この集会の決議をするには、あらかじめ、占有者に対し、弁明する機会を与えなければならない〈同条2項、58条3項〉。この弁明する機会は**占有者に対して与えれば足り**、占有者に対し専有部分の使用、収益をさせている**区分所有者に対して与える必要はない**〈最判昭和62.7.17〉。

☞ 合 ①分冊 p273 6~ 速 p213 6~

ウ **適切** 規約の設定、変更又は廃止が一部の区分所有者の権利に特別の影響を及ぼすべきときは、その承諾を得なければならない〈区31条1項後段〉。使用料の増額についていえば、使用料の増額は一般的に専用使用権に不利益を及ぼすものであるが、**増額の必要性及び合理性が認められ、かつ、増額された使用料が当該区分所有関係において社会通念上相当な額であると認められる場合には、専用使用権者は使用料の増額を受忍すべき**であり、使用料の増額に関する規約の設定、変更等は**専用使用権者の権利に「特別の影響」を及ぼすものではない**〈最判平成10.10.30〉。したがって、本肢の場合は、一部の区分所有者の権利に特別の影響を及ぼすべきときにあたらず、その専用使用権者の承諾を得ることなく駐車場専用使用料の増額を決することができる。

☞ 合 ①分冊 p304 2~ 速 p243 2~

エ **不適切** 確かに、表現の自由は、民主主義社会において特に重要な権利として尊重されなければならず、政党の政治的意見等を記載したビラの配布は、表現の自由の行使ということができる。しかしながら、憲法21条1項も、表現の自由を絶対無制限に保障したものではなく、公共の福祉のため必要かつ合理的な制限を是認するものであって、たとえ思想を外部に発表するための手段であっても、その手段が他人の権利を不当に害するようなものは許されないというべきである。ここで、共用部分は、マンションの住人らが私的生活を営む場所であり、その所有者によって構成される管理組合がそのような場所として管理しているものであるから、一般に人が自由に出入りすることのできる場所ではない。そのため、たとえ表現の自由の行使のためとはいっても、そこに管理組合の意思に反して立ち入ることは、管理組合の管理権を侵害するのみならず、そこで私的生活を営む者の私生活の平穏を侵害するものといわざるを得ない。そのため、**政党の政治的意見等を記載したビラを配布するため共用部分に立ち入る行為をもって住居侵入罪の罪に問うことは憲法21条1項に反するものではない**〈最判平成21.11.30〉。したがって、本肢の行為が住居侵入罪に該当することはあり得る。

以上より、適切なものはア、ウの二つであり、本問の正解肢は2となる。

正解 2
（正解率 59%）

肢別解答率 受験生はこう答えた！
① 19%
② 59%
③ 19%
④ 3%

難易度 普

次の記述のうち、判例によれば、適切なものはいくつあるか。

ア 区分所有者の団体のみが共用部分から生ずる利益を収取する旨を集会で決議し、又は規約で定めた場合には、各区分所有者は、その持分割合に相当する利益についての返還を請求することはできない。

イ 区分所有者の集会で複数の理事を選任し、理事長は理事会で理事の互選で選任する旨を規約で定めた場合には、理事の職は維持しつつ、理事長の職を解くことについて、理事会の決議で決することができる。

ウ 建物の建築に携わる設計者、施工者及び工事監理者は、建物の建築に当たり、契約関係にない居住者を含む建物利用者、隣人、通行人等に対する関係でも、当該建物の建物としての基本的な安全性が欠けることのないように配慮すべき注意義務を負う。

エ 管理組合の業務を分担することが一般的に困難な不在組合員に対し一定の金銭負担を求めることは、規約の変更に必要性及び合理性があり、不在組合員の受ける不利益の程度を比較衡量して一定の金銭負担に相当性のある場合には、受忍限度を超えるとまではいうことはできない。

1 一つ
2 二つ
3 三つ
4 四つ

ア 適切　一部の区分所有者が共用部分を第三者に賃貸して得た賃料のうち各区分所有者の持分割合に相当する部分につき生ずる不当利得返還請求権は各区分所有者に帰属するから、各区分所有者は、原則として、上記請求権を行使することができる。もっとも、区分所有者の団体は、**区分所有者の団体のみが上記請求権を行使することができる旨**を集会で決議し、又は規約で定めることができ、このような**集会の決議又は規約の定めがある場合には、各区分所有者は、上記請求権を行使することができない**〈最判平成 27.9.18〉。

☞ 合 ①分冊 p248 **2**～　速 p192 **2**～

イ 適切　理事長を区分所有法に定める管理者とし、役員である理事に理事長を含むものとした上、役員の選任及び解任について総会の決議を経なければならないとする一方で、**理事を組合員のうちから総会で選任し、理事の互選により理事長を選任する旨**の定めがある規約を有する管理組合においては、理事の互選により選任された理事長につき、当該規約中の理事の互選により理事長を選任する旨の定めに基づいて、**理事の過半数の一致により理事長の職を解くことができる**〈最判平成 29.12.18〉。

ウ 適切　**建物の建築に携わる設計者、施工者及び工事監理者**は、建物の建築に当たり、契約関係にない居住者を含む建物利用者や隣人、通行人等に対する関係でも、当該建物に建物としての**基本的な安全性が欠けることがないように配慮すべき注意義務を負う**〈最判平成 19.7.6〉。

☞ 合 ①分冊 p151 **2**～　速 p129 **2**～

エ 適切　規約で役員は専有部分に居住する組合員から選任するとの定めがあるマンションにおいて、専有部分に居住しない組合員が役員になる義務を免れるなど管理組合の活動に貢献しない一方で、専有部分に居住する組合員の貢献によって維持される良好な住環境を享受するという不公平を是正するため、専有部分に居住しない組合員に対し規約を変更して金銭的負担を課した事案において、規約の変更に**必要性及び合理性**があり、**不在組合員が受ける不利益の程度を比較衡量**し、一定の金銭負担に**相当性**がある場合には、その規約変更は、不在組合員において**受任すべき限度を超えるとまではいえない**と判断した〈最判平成 22.1.26〉。

以上より、適切なものはア、イ、ウ、エの四つであり、本問の正解肢は 4 となる。

正解 4
（正解率 58%）

肢別解答率 受験生はこう答えた！
1　2%
2　8%
3　32%
4　58%

難易度 普

㊺ 総合

2023年度 問32　　　Check ☐☐☐　重要度 ▶ **A**

管理組合が管理組合の運営において、電磁的記録及び電磁的方法を採用する場合に関する次の記述のうち、区分所有法によれば、最も不適切なものはどれか。

1 集会の議事録は、規約にその旨の定めがなくても、電磁的記録により作成することができる。

2 管理規約は、規約にその旨の定めがなくても、電磁的記録により作成することができる。

3 議決権の行使は、集会の決議又は規約にその旨を定めることにより、書面に代えて電磁的方法によることができる。

4 集会の決議は、規約にその旨の定めがなければ、電磁的方法によることができない。

1 適切　集会の議事については、議長は、**書面又は電磁的記録**により、議事録を作成しなければならない〈区42条1項〉。したがって、集会の議事録は、規約にその旨の定めがなくても、法律の規定に基づいて、電磁的記録により作成することができる。
　　合　①分冊 p319 ❹～　速　p258 ❹～

2 適切　規約は、**書面又は電磁的記録**により、これを作成しなければならない〈区30条5項〉。したがって、管理規約は、規約にその旨の定めがなくても、法律の規定に基づいて、電磁的記録により作成することができる。
　　合　①分冊 p306 ❹～　速　p245 ❹～

3 適切　区分所有者は、**規約又は集会の決議**により、書面による議決権の行使に代えて、電磁的方法によって議決権を行使することができる〈区39条3項〉。
　　合　①分冊 p315 ❸～　速　p254 ❸～

4 不適切　区分所有法又は規約により集会において決議をすべき場合において、**区分所有者全員の承諾**があるときは、書面又は電磁的方法による決議をすることができる〈区45条1項〉。したがって、区分所有者全員の承諾があれば、規約にその旨の定めがなくとも、電磁的方法による決議をすることができる。
　　合　①分冊 p315 ❸～　速　p254 ❸～

正解 **4**　（正解率 **48%**）

肢別解答率　受験生はこう答えた！
1　13%
2　21%
3　18%
4　48%

難易度　難

46 総合

2024年度 問25　　Check ☐☐☐　重要度 ▶ **A**

区分所有者が、その所有する住戸を賃貸している場合に関する次の記述のうち、民法及び区分所有法によれば、**不適切なもの**の組合せはどれか。

ア　賃貸借契約において、管理費の支払は賃借人が行う旨の合意があった場合でも、賃貸人である区分所有者が管理費の支払義務を負う。

イ　賃借人は、建物の使用方法に関して、区分所有者が集会の決議に基づいて負う義務と同一の義務を負うものではない。

ウ　賃借人は、住戸の設置又は保存に瑕疵があることによって、他人に損害が発生した場合には、その賃借人の免責事由の有無にかかわらず、損害賠償責任を負う。

1　ア・イ
2　ア・ウ
3　イ・ウ
4　ア・イ・ウ

ア **適切** 管理費債務は、規約に基づいて、**区分所有者**が負担するものである〈区30条1項参照〉。したがって、賃貸借契約において、管理費の支払は賃借人が行う旨の合意があった場合でも、賃貸人である区分所有者が管理費の支払義務を負う。

👉 合 ①分冊 p248 ❷~　速 p192 ❷~

イ **不適切** **占有者**は、**建物又はその敷地若しくは附属施設の使用方法**につき、区分所有者が規約又は集会の決議に基づいて負う義務と**同一の義務を負う**〈区46条2項〉。

👉 合 ①分冊 p325 ❷~　速 p261 ❷~

ウ **不適切** 土地の工作物の設置又は保存に**瑕疵**があることによって他人に**損害を生じた**ときは、その工作物の**占有者**は、被害者に対してその損害を賠償する責任を負う〈民717条1項本文〉。もっとも、**占有者が損害の発生を防止するのに必要な注意をしたときは、所有者**がその損害を賠償しなければならない〈同条項ただし書〉。したがって、賃借人は、免責事由がある場合、損害賠償責任を負わない。

👉 合 ①分冊 p151 ❷~　速 p129 ❷~

以上より、不適切なものの組合せはイ・ウであり、本問の正解肢は3となる。

47 総合

2024年度 問38　　Check ☐☐☐　重要度 ▶ B

マンションに関する次の記述のうち、**最高裁判所の判決によれば、適切なものはいくつあるか。**

ア　管理人室と管理事務室が一体として利用することが予定され両室を機能的に分離することができない場合には、管理人室には構造上の独立性があるとしても利用上の独立性はないというべきであるから、管理人室は、区分所有権の目的とはならない。

イ　各住戸（専有部分）からの専用排水管（枝管）は、その構造や設置場所いかんにかかわらず、専有部分に属しない建物の附属物であるから、同排水管に起因する水漏れ事故による損害の賠償は、管理組合がその責任を負う。

ウ　管理組合法人の規約において、理事に事故があり、理事会に出席できないときは、その配偶者又は一親等内の親族に限り、これを代理出席させることができる旨を定めることは認められず、当該規約は無効である。

エ　管理者が共用部分の管理を行い、特定の区分所有者に当該共用部分を使用させることができる旨の規約の定めがある場合においても、各区分所有者は、当該特定の区分所有者に対し、共用部分の自己の持分割合相当額につき不当利得返還請求権を行使することができる。

1　一つ
2　二つ
3　三つ
4　四つ

ア 適切　最判平成5.2.12は、問題となった事件の事実関係において、「本件管理人室は管理事務室と合わせて**一体として利用する**ことが予定されていたものというべきであり、両室は機能的にこれを分離することができないものといわなければならない。そうすると、本件管理人室には、構造上の独立性があるとしても、**利用上の独立性**はないというべきであり、本件管理人室は、区分所有権の目的とならない」とした。

☞ 合 ①分冊 p224 **2**〜

イ 不適切　最判平成12.3.21は、マンションの専有部分である甲室の床下コンクリートスラブと階下にある乙室の天井板との間の空間に配された排水管の枝管を通じて甲室の汚水が本管に流される構造となっている場合において、甲室から右枝管の点検、修理を行うことは不可能であり、乙室からその天井裏に入ってこれを実施するほか方法はないなどの事実関係の下においては、右枝管は、その**構造及び設置場所に照らし、区分所有法2条4項**にいう専有部分に属しない建物の附属物にあたり、かつ、区分所有者全員の共用部分にあたるとした。したがって、専用排水管（枝管）の構造及び設置場所によっては、共用部分にあたらない場合があり、その場合、管理組合は、排水管に起因する水漏れ事故による損害の賠償の責任を負わない。

☞ 合 ①分冊 p228 **2**〜

ウ 不適切　管理組合法人が、その規約によって、代表権のある理事の外に複数の理事を定め、理事会を設けた場合において、「理事に事故があり、理事会に出席できないときは、その配偶者又は一親等の親族に限り、これを代理出席させることができる。」と規定する**規約の条項を違法とすべき理由はない**〈最判平成2.11.26〉。

エ 不適切　一部の区分所有者が共用部分を第三者に賃貸して得た賃料のうち各区分所有者の持分割合に相当する部分につき生ずる不当利得返還請求権は各区分所有者に帰属するから、各区分所有者は、原則として、上記請求権を行使することができる。もっとも、区分所有者の団体は、区分所有者の団体のみが上記請求権を行使することができる旨を集会で決議し、又は規約で定めることができるものと解され、この場合、各区分所有者は、上記請求権を行使することはできない。区分所有者の団体の執行機関である**管理者が共用部分の管理を行い、共用部分を使用させることができる旨の集会の決議又は規約の定め**がある場合には、上記の集会の決議又は規約の定めは、**区分所有者の団体のみが上記請求権を行使することができる旨を含むものと解される**〈最判平成27.9.18〉。したがって、本肢の規約の定めがある場合、各区分所有者は、特定の区分所有者に対し、共用部分の自己の持分割合相当額につき不当利得返還請求権を行使することはできない。

☞ 合 ①分冊 p248 **2**〜

以上より、適切なものはアの一つであり、本問の正解肢は1となる。

48 マンション建替え円滑化法

2017年度 問42　　　*Check* ☐☐☐　重要度 ▶ B

マンションの建替え等の円滑化に関する法律の規定によれば、マンション敷地売却に関する次の記述のうち、誤っているものはどれか。なお、本問において、「マンション」とは、同法第2条第1項第1号に規定するものとする。（改題）

1　建築物の耐震改修の促進に関する法律に規定する耐震診断が行われた結果、耐震性が不足していると認められたマンションの管理者等は、特定行政庁に対し、当該マンションを除却する必要がある旨の認定を申請することができる。

2　特定要除却認定を受けたマンションについては、区分所有者集会において、区分所有者、議決権及び敷地利用権の持分の価格の各5分の4以上の多数で、当該マンション及びその敷地（敷地利用権が借地権であるときは、その借地権）を売却する旨の決議をすることができる。

3　マンション敷地売却組合は、その名称中に「マンション敷地売却組合」という文字を用いた法人でなければならない。

4　マンション敷地売却組合を設立するためには、マンション敷地売却合意者が5人以上共同して、定款及び資金計画を定め、都道府県知事等の認可を求めるとともに、マンション敷地売却組合の設立について、マンション敷地売却合意者の敷地利用権の持分の価格の5分の4以上の同意を得なければならない。

1 **正** マンションの管理者等は、国土交通省令で定めるところにより、特定行政庁に対し、当該マンションを除却する必要がある旨の認定を申請することができる〈円102条1項〉。
☞ 合 ①分冊 p380 **3**~ 速 p291 **3**~

2 **正** 特定要除却認定を受けた場合において、その認定を受けたマンションに係る敷地利用権が数人で有する所有権又は借地権であるときは、区分所有者集会において、**区分所有者、議決権及び当該敷地利用権の持分の価格の各5分の4以上**の多数で、その認定を受けたマンション及びその敷地（当該敷地利用権が借地権であるときは、その借地権）を売却する旨の決議をすることができる〈円108条1項〉。
☞ 合 ①分冊 p382 **4**~ 速 p291 **3**~

3 **正** マンション敷地売却組合は、**法人**である〈円117条1項〉。また、マンション敷地売却組合は、その名称中にマンション敷地売却組合という文字を**用いなければならない**〈円119条1項〉。

4 **誤** マンション敷地売却合意者は、5人以上共同して、定款及び資金計画を定め、国土交通省令で定めるところにより、都道府県知事等の認可を受けてマンション敷地売却組合を設立することができる〈円120条1項〉。上記の認可を申請しようとするマンション敷地売却合意者は、マンション敷地売却組合の設立について、マンション敷地売却合意者の4分の3以上の同意（同意した者の区分所有法38条の議決権の合計がマンション敷地売却合意者の議決権の合計の4分の3以上であり、かつ、同意した者の敷地利用権の持分の価格の合計がマンション敷地売却合意者の敷地利用権の持分の価格の合計の**4分の3以上**となる場合に限る。）を得なければならない〈同条2項〉。
☞ 合 ①分冊 p382 **4**~ 速 p291 **3**~

正解 4（正解率59%）

肢別解答率 受験生はこう答えた！
1 10%
2 13%
3 17%
4 59%

難易度 **普**

㊾ マンション建替え円滑化法

2019年度 問43　Check ☐☐☐ 重要度 ▶ C

マンション建替事業に関する次の記述のうち、「マンションの建替え等の円滑化に関する法律」の規定によれば、正しいものはどれか。

1 権利変換計画の決定及びその変更を行うときは、マンション建替組合（以下、本問において「組合」という。）の総会において、組合員の議決権及び持分割合の各4分の3以上の決議で決する。

2 マンション建替事業は、組合によるほか、区分所有者又はその同意を得た者が1人でも施行することができる。

3 参加組合員として組合の組合員となることができる者は、当該マンションの区分所有者又はその包括承継人に限られる。

4 建替えに参加しない旨を組合に回答した区分所有者（その承継人を含み、その後に建替え合意者等となった者を除く。）は、組合に対し、区分所有権及び敷地利用権を時価で買い取るべきことを請求することができる。

234　**LEC**東京リーガルマインド　2025年版 出る順管理業務主任者 分野別過去問題集　①分冊

1 **誤** 権利変換計画及びその変更は、組合員の議決権及び持分割合の**各5分の4以上**で決する〈円30条3項、27条7号〉。
　合 ①分冊 p366 **2**～　速 p286 **2**～

2 **正** マンションの区分所有者又はその同意を得た者は、**1人**で、又は数人共同して、当該マンションについてマンション建替事業を施行することができる〈円5条2項〉。したがって、マンション建替事業は、区分所有者又はその同意を得た者が1人でも施行することができる。
　合 ①分冊 p366 **2**～　速 p286 **2**～

3 **誤** 組合が施行するマンション建替事業に参加することを希望し、かつ、それに必要な資力及び信用を有する者であって、**定款で定められたもの**は、参加組合員として、組合の組合員となる〈円17条〉。上記をみたせば、マンションの区分所有者又はその包括承継人以外の者も参加組合員として組合の組合員となることができる。
　合 ①分冊 p366 **2**～　速 p286 **2**～

4 **誤** 組合は、組合設立認可の公告の日から2月以内に、建替えに参加しない旨を回答した区分所有者（その承継人を含み、その後に建替え合意者等となったものを除く。）に対し、区分所有権及び敷地利用権を時価で**売り渡すべきことを請求**することができる〈円15条1項前段〉。本肢のような買取請求は認められていない。
　合 ①分冊 p366 **2**～　速 p286 **2**～

正解 2
（正解率36%）

肢別解答率　受験生はこう答えた！
1	15%
2	36%
3	9%
4	41%

難易度 **難**

50 マンション建替え円滑化法

2022年度 問41 *Check* ☐☐☐ 重要度 ▶ **B**

次の記述のうち、マンションの建替え等の円滑化に関する法律によれば、最も不適切なものはどれか。ただし、本問において「マンション」とは、同法第2条第1項第1号に規定するものとする。

1 非法人の管理組合において、マンションの管理者又は区分所有者集会で指定された区分所有者は、特定行政庁に対し、当該マンションを除却する必要がある旨の認定を申請することができる。

2 特定行政庁が行う除却の必要性に係る認定は、外壁等が剥離し、落下することにより周辺に危害を生ずるおそれに対する安全性に係る基準に該当するのみでは行われない。

3 特定要除却認定を受けた場合において、特定要除却認定マンションに係る敷地利用権が数人で有する所有権又は借地権であるときは、区分所有者集会において、区分所有者、議決権及び当該敷地利用権の持分の価格の各5分の4以上の多数で、当該特定要除却認定マンション及びその敷地（当該敷地利用権が借地権であるときは、その借地権）を売却する旨の決議をすることができる。

4 その敷地面積が政令で定める規模以上であるマンションのうち、要除却認定マンションに係るマンションの建替えにより新たに建築されるマンションで、特定行政庁が交通上、安全上、防火上及び衛生上支障がなく、かつ、その建ぺい率、容積率及び各部分の高さについて総合的な配慮がなされていることにより市街地の環境の整備改善に資すると認めて許可したものの容積率には、特例が認められる。

236　LEC東京リーガルマインド　2025年版 出る順管理業務主任者 分野別過去問題集　①分冊

1 適切 マンションの管理者等（**管理者**（管理者がないときは、**区分所有者集会において指定された区分所有者**）又は管理組合法人の理事をいう。）は、国土交通省令で定めるところにより、特定行政庁に対し、当該マンションを**除却する必要がある旨の認定を申請することができる**〈円102条1項〉。

合 ①分冊 p380 ❸～ 速 p291 ❸～

2 不適切 特定行政庁は、除却の必要性に係る認定の申請があった場合において、当該申請に係るマンションが**外壁、外装材その他これらに類する建物の部分が剥離し、落下することにより周辺に危害を生ずるおそれがあるもの**として国土交通大臣が定める基準に該当すると認められるときは、その旨の認定をするものとする〈円102条2項3号〉。したがって、特定行政庁が行う除却の必要性に係る認定は、外壁等が剥離し、落下することにより周辺に危害を生ずるおそれに対する安全性に係る基準に該当するのみで行われる。

合 ①分冊 p380 ❸～ 速 p291 ❸～

3 適切 特定要除却認定を受けた場合において、特定要除却認定マンションに係る敷地利用権が数人で有する所有権又は借地権であるときは、区分所有者集会において、**区分所有者、議決権及び当該敷地利用権の持分の価格の各5分の4以上**の多数で、**マンション敷地売却決議**（当該特定要除却認定マンション及びその敷地（当該敷地利用権が借地権であるときは、その借地権）を売却する旨の決議）をすることができる〈円108条1項〉。

合 ①分冊 p382 ❹～ 速 p291 ❸～

4 適切 その敷地面積が政令で定める規模以上であるマンションのうち、**要除却認定マンションに係るマンションの建替えにより新たに建築されるマンション**で、特定行政庁が交通上、安全上、防火上及び衛生上支障がなく、かつ、その建ぺい率、容積率及び各部分の高さについて総合的な配慮がなされていることにより市街地の環境の整備改善に資すると認めて許可したものの容積率は、その許可の範囲内において、**建築基準法の規定による限度を超えるものとすることができる**〈円105条1項〉。

合 ①分冊 p380 ❸～

正解 2（正解率61％）

肢別解答率 受験生はこう答えた！
① 11％
② 61％
③ 21％
④ 6％

51 マンション建替え円滑化法

2024年度 問41
Check ☐☐☐ 重要度 ▶ B

マンション建替円滑化法第2条第1項第1号のマンションの建替事業に関する次の記述のうち、マンション建替円滑化法によれば、最も不適切なものはどれか。

1 「マンションの建替え」とは、現に存する1又は2以上のマンションを除却するとともに、当該マンションの敷地（これに隣接する土地を含む。）にマンションを新たに建築することをいう。

2 マンション建替事業を行う団体は、その名称中に「マンション建替組合」という文字を用いなければならない。

3 マンション建替事業を行う団体を法人とするか否かは、当該団体の任意で決めることができる。

4 マンション建替事業を行う団体を構成することができる者は、その施行マンションの建替え合意者又はその包括承継人に限られない。

[1] **適切** マンションの建替えとは、現に存する一又は二以上のマンションを除却するとともに、**当該マンションの敷地（これに隣接する土地を含む。）** にマンションを新たに建築することをいう〈円2条1項2号〉。
☞ 合 ①分冊 p363 **1**〜 速 p284 **1**〜

[2] **適切** マンション建替組合は、マンション建替事業を施行することができる〈円5条1項〉。マンション建替組合は、その名称中にマンション建替組合という文字を用いなければならない〈円8条1項〉。したがって、マンション建替事業を行う団体は、その名称中に「マンション建替組合」という文字を**用いなければならない**。
☞ 合 ①分冊 p366 **2**〜

[3] **不適切** マンション建替組合は、マンション建替事業を施行することができる〈円5条1項〉。マンション建替組合は、**法人とする**〈円6条1項〉。したがって、マンション建替事業を行う団体を法人とするか否かは、当該団体で決めることはできない。
☞ 合 ①分冊 p366 **2**〜 速 p286 **2**〜

[4] **適切** マンション建替組合は、マンション建替事業を施行することができる〈円5条1項〉。施行マンションの建替え合意者等（その承継人（マンション建替組合を除く。）を含む。）は、すべてマンション建替組合の組合員とする〈円16条1項〉。また、マンション建替組合が施行するマンション建替事業に参加することを希望し、かつ、それに必要な資力及び信用を有する者であって、定款で定められたものは、**参加組合員**として、マンション建替組合の組合員となる〈円17条〉。したがって、マンション建替事業を行う団体を構成することができる者は、その施行マンションの建替え合意者又はその包括承継人に限られない。
☞ 合 ①分冊 p366 **2**〜 速 p286 **2**〜

正解 3（正解率72%）

肢別解答率 受験生はこう答えた：
1　10%
2　9%
3　72%
4　9%

難易度 **易**

memo

●**「解答かくしシート」で解答・解説を隠そう！**
　問題を解く前に解答・解説が見えないようにしたい方は、
　「解答かくしシート」をご利用ください。

解答かくしシート

破線にそってハサミ等で切り取ってご使用ください。

LEC東京リーガルマインド

持ち運びに便利な「セパレート方式」

① この緑色の厚紙を本体に残し、分冊冊子をつまんでください。
② 冊子をしっかりとつかんで手前に引っ張り、取り外してください。

※緑色の厚紙と分冊冊子は、のりで接着されていますので、丁寧に分解・取り外してください。なお、分解・取り外しの際の破損等による返品・交換には応じられませんのでご注意ください。

使いやすさアップ！「分冊背表紙シール」

① 破線（····）を切り取る。
② 実線（―）を山折りに。
③ 分冊の背表紙に貼る。

持ち運びに便利！

出る順 管理業務主任者

2025年版

合格の
れっく
LEC

分野別 過去問題集

② 分冊　法令編 下

（標準管理規約・適正化法）

れっく LEC東京リーガルマインド 編著

**2025年版
出る順管理業務主任者 分野別過去問題集
法令編 下（標準管理規約・適正化法）**

第3編　マンション標準管理規約

		年度	問	重要度	難易度	頁
☐☐☐	①用法・管理	2018年度	問29	A	易	2
☐☐☐	②用法・管理	2018年度	問32	A	易	4
☐☐☐	③用法・管理	2019年度	問26	A	易	6
☐☐☐	④用法・管理	2019年度	問33	A	易	8
☐☐☐	⑤用法・管理	2022年度	問33	A	普	10
☐☐☐	⑥用法・管理	2023年度	問10	A	普	12
☐☐☐	⑦用法・管理	2023年度	問36	B	易	14
☐☐☐	⑧費用の負担	2018年度	問13	A	易	16
☐☐☐	⑨費用の負担	2023年度	問27	A	普	18
☐☐☐	⑩費用の負担	2024年度	問29	B	普	20
☐☐☐	⑪役員	2017年度	問13	A	普	22
☐☐☐	⑫役員	2017年度	問32	A	易	24
☐☐☐	⑬役員	2017年度	問33	A	難	26
☐☐☐	⑭役員	2019年度	問14	A	普	28
☐☐☐	⑮役員	2019年度	問31	A	普	30
☐☐☐	⑯役員	2019年度	問34	A	易	32
☐☐☐	⑰役員	2020年度	問13	A	普	34
☐☐☐	⑱役員	2021年度	問28	A	難	36
☐☐☐	⑲役員	2022年度	問12	A	易	38
☐☐☐	⑳役員	2023年度	問35	A	難	40
☐☐☐	㉑役員	2024年度	問32	A	易	42
☐☐☐	㉒総会	2020年度	問31	A	易	44
☐☐☐	㉓総会	2020年度	問32	A	易	46
☐☐☐	㉔総会	2021年度	問36	A	普	48
☐☐☐	㉕総会	2024年度	問31	A	普	50
☐☐☐	㉖総会	2024年度	問33	A	難	52
☐☐☐	㉗理事会	2018年度	問31	B	難	54
☐☐☐	㉘理事会	2021年度	問31	B	普	56
☐☐☐	㉙理事会	2022年度	問31	B	難	58
☐☐☐	㉚会計	2017年度	問12	A	易	60
☐☐☐	㉛会計	2018年度	問12	A	易	62
☐☐☐	㉜会計	2019年度	問12	A	易	64
☐☐☐	㉝会計	2020年度	問12	A	易	66
☐☐☐	㉞会計	2021年度	問12	A	易	68

i

□□□ ㉟会計 ………… 2022年度 問13 A 易 70
□□□ ㊱会計 ………… 2022年度 問30 A 易 72
□□□ ㊲会計 ………… 2024年度 問30 B 難 74
□□□ ㊳団地型 ………… 2017年度 問31 C 難 76
□□□ ㊴団地型 ………… 2019年度 問30 B 難 78
□□□ ㊵団地型 ………… 2021年度 問29 C 普 80
□□□ ㊶複合用途型 ………… 2019年度 問32 B 易 82
□□□ ㊷その他 ………… 2018年度 問37 C 易 84
□□□ ㊸その他 ………… 2018年度 問38 B 普 86
□□□ ㊹その他 ………… 2019年度 問29 A 普 88
□□□ ㊺その他 ………… 2024年度 問34 B 易 90
□□□ ㊻総合 ………… 2018年度 問30 A 易 92
□□□ ㊼総合 ………… 2018年度 問33 A 普 94
□□□ ㊽総合 ………… 2018年度 問35 A 普 96
□□□ ㊾総合 ………… 2019年度 問41 A 普 98
□□□ ㊿総合 ………… 2021年度 問30 B 難 100
□□□ (51)総合 ………… 2021年度 問38 A 易 102
□□□ (52)総合 ………… 2022年度 問32 A 普 104
□□□ (53)総合 ………… 2023年度 問 9 A 易 106
□□□ (54)総合 ………… 2023年度 問28 A 難 108
□□□ (55)総合 ………… 2023年度 問37 A 難 110
□□□ (56)総合 ………… 2024年度 問35 A 易 112
□□□ (57)総合 ………… 2024年度 問36 A 難 114
□□□ (58)総合 ………… 2024年度 問37 C 難 116

第4編　マンション管理適正化法

重要度 難易度

□□□ ①定義 ………… 2017年度 問48 A 易 120
□□□ ②定義 ………… 2018年度 問47 A 普 122
□□□ ③定義 ………… 2023年度 問47 A 難 124
□□□ ④マンション管理業者 ………… 2017年度 問47 A 易 126
□□□ ⑤マンション管理業者 ………… 2017年度 問50 A 普 128
□□□ ⑥マンション管理業者 ………… 2018年度 問48 B 難 130
□□□ ⑦マンション管理業者 ………… 2018年度 問49 A 難 132
□□□ ⑧マンション管理業者 ………… 2018年度 問50 A ? 134
□□□ ⑨マンション管理業者 ………… 2019年度 問47 A 普 136
□□□ ⑩マンション管理業者 ………… 2019年度 問48 A 普 138
□□□ ⑪マンション管理業者 ………… 2019年度 問49 A 易 140
□□□ ⑫マンション管理業者 ………… 2019年度 問50 A 易 142
□□□ ⑬マンション管理業者 ………… 2020年度 問47 A 易 144

□□□	⑭マンション管理業者 ……………………	2020年度	問48	A 易	146
□□□	⑮マンション管理業者 ……………………	2020年度	問49	A 普	148
□□□	⑯マンション管理業者 ……………………	2020年度	問50	A 普	150
□□□	⑰マンション管理業者 ……………………	2021年度	問46	A 易	152
□□□	⑱マンション管理業者 ……………………	2021年度	問47	A 普	154
□□□	⑲マンション管理業者 ……………………	2021年度	問49	A 普	156
□□□	⑳マンション管理業者 ……………………	2021年度	問50	A 易	158
□□□	㉑マンション管理業者 ……………………	2022年度	問47	A 易	160
□□□	㉒マンション管理業者 ……………………	2022年度	問48	A 易	162
□□□	㉓マンション管理業者 ……………………	2022年度	問49	A 普	164
□□□	㉔マンション管理業者 ……………………	2023年度	問48	A 普	166
□□□	㉕マンション管理業者 ……………………	2023年度	問49	A 易	168
□□□	㉖マンション管理業者 ……………………	2023年度	問50	A 易	170
□□□	㉗マンション管理業者 ……………………	2024年度	問47	A 易	172
□□□	㉘マンション管理業者 ……………………	2024年度	問48	A 易	174
□□□	㉙マンション管理業者 ……………………	2024年度	問49	A 易	176
□□□	㉚マンション管理業者 ……………………	2024年度	問50	A 易	178
□□□	㉛管理業務主任者 ……………………………	2017年度	問49	A 易	180
□□□	㉜管理業務主任者 ……………………………	2018年度	問46	A 難	182
□□□	㉝管理業務主任者 ……………………………	2020年度	問46	A 普	184
□□□	㉞管理業務主任者 ……………………………	2021年度	問48	A 難	186
□□□	㉟管理業務主任者 ……………………………	2022年度	問50	A 易	188
□□□	㊱基本方針 ……………………………………	2017年度	問46	A 普	190
□□□	㊲基本方針 ……………………………………	2019年度	問46	A 易	192
□□□	㊳基本方針 ……………………………………	2024年度	問46	A 易	194
□□□	㊴その他 ………………………………………	2022年度	問46	A 難	196
□□□	㊵その他 ………………………………………	2023年度	問46	C 難	198

iii

第3編 マンション標準管理規約

年度別出題論点一覧

第3編 マンション標準管理規約	2015 H27	2016 H28	2017 H29	2018 H30	2019 R1	2020 R2	2021 R3	2022 R4	2023 R5	2024 R6
用法・管理	1	2		2	2			1	2	
費用の負担		1		1					1	1
役員		1	3		3	1	1	1	1	1
総会	1					2	1			2
理事会				1				1		
会計	1	1	1	1	1	1	1	2		1
団地型	1		1		1		1			
複合用途型					1					
その他		1		2	1					1
総合	1	1		3	1		2	1	3	3
計	5	7	5	10	10	4	7	6	7	9

※表内の数字は出題問題数を指します。
※2015、2016年度は購入者特典の「分野別過去問題集プラス2」に掲載しています。

1 用法・管理

2018年度 問29

Check ☐☐☐ 重要度 ▶ A

地震等の災害時に備えて管理組合が共用部分の工事を行う場合の次の記述のうち、区分所有法の規定及び標準管理規約によれば、集会（総会）の普通決議で行うことができないものはどれか。

1 マンションの地下に設けられた駐輪場を、壁と扉を設置して、災害用の備蓄倉庫とすること。

2 エレベーター設備を、地震時には最寄りの階に停止して、扉が開く性能のものに更新すること。

3 各住戸の玄関扉を、枠を含めて耐震（対震）性のあるものに更新すること。

4 マンションの敷地のブロック塀が地震時に倒壊しないよう、必要な箇所に控壁を設置すること。

2　　LEC東京リーガルマインド　2025年版 出る順管理業務主任者 分野別過去問題集　②分冊

1 **できない** 集会室、駐車場、駐輪場の増改築工事などで、大規模なものや著しい加工を伴うものは、**特別多数決議**によって実施する〈標規(単)コ47条関係⑥ク〉。本肢の場合、駐車場に柱と壁を設置し、災害用の備蓄倉庫に用途を変更するものであるから、上記にあたり、特別多数決議によって実施するから、集会（総会）の普通決議で行うことはできない。

合 ②分冊 p67 **4**〜 速 p357 **5**〜

2 **できる** 計画修繕工事に関し、鉄部塗装工事、外壁補修工事、屋上等防水工事、給水管更生・更新工事、照明設備、共聴設備、消防用設備、エレベーター設備の更新工事は、**普通決議**で実施可能である〈標規(単)コ47条関係⑥キ〉。本肢のエレベーターの更新は、上記にあたり、集会（総会）の普通決議で行うことができる。

合 ②分冊 p67 **4**〜 速 p357 **5**〜

3 **できる** 窓枠、窓ガラス、玄関扉等の一斉交換工事、既に不要となったダストボックスや高置水槽等の撤去工事は**普通決議**により、実施可能と考えられる〈標規(単)コ47条関係⑥ク〉。本肢の玄関扉の更新は、これにあたり、集会（総会）の普通決議で行うことができる。

合 ②分冊 p67 **4**〜 速 p357 **5**〜

4 **できる** 耐震改修工事に関し、柱やはりに炭素繊維シートや鉄板を巻き付けて補修する工事や、構造躯体に壁や筋かいなどの耐震部材を設置する工事で基本的構造部分への加工が小さいものは**普通決議**により実施可能と考えられる〈標規(単)コ47条関係⑥イ〉。本肢のブロック塀に控壁を設置する工事は、上記に準ずるものであり、集会（総会）の普通決議で行うことができる。

合 ②分冊 p67 **4**〜 速 p357 **5**〜

正解 1（正解率82%）

肢別解答率 受験生はこう答えた！
1 82%
2 7%
3 8%
4 2%

難易度 **易**

② 用法・管理

2018年度 問32　　Check ☐☐☐　重要度 ▶ A

専用使用権の設定された１階に面する庭（以下、本問において「専用庭」という。）又はマンションの敷地上の駐車場に関する次の記述のうち、標準管理規約によれば、最も不適切なものはどれか。なお、駐車場は、現在、区分所有者のみが駐車場使用契約により使用しているものとする。

1　駐車場使用料は、総会の決議により値上げすることができる。

2　専用庭使用料は、総会の決議により値上げすることができる。

3　区分所有者が専有部分を譲渡した場合、譲受人は、前区分所有者が管理組合と締結した駐車場使用契約に基づいて、その契約期間中は当該駐車場を使用することができる。

4　区分所有者が専有部分を賃貸した場合、賃借人は、専用庭を使用することができるが、駐車場は当然には使用することができない。

4　　LEC東京リーガルマインド　2025年版 出る順管理業務主任者 分野別過去問題集　②分冊

第3編 マンション標準管理規約 用法・管理

1 適切 管理組合との間で締結した駐車場使用契約により駐車場を使用している者は、別に定めるところにより、管理組合に駐車場使用料を納入しなければならない〈標規(単)15条2項〉。駐車場使用料の額は、**総会の決議によって決する**〈同48条6号〉から、駐車場使用料は、総会の決議により値上げをすることができる。
☞ 合 ②分冊 p67 **4**~ 速 p357 **5**~

2 適切 1階に面する庭について専用使用権を有している者は、別に定めるところにより、管理組合に専用使用料を納入しなければならない〈標規(単)14条2項〉。専用使用料の額は、**総会の決議によって決する**〈同48条6号〉から、専用庭使用料は、総会の決議により値上げをすることができる。
☞ 合 ②分冊 p67 **4**~ 速 p357 **5**~

3 不適切 区分所有者がその所有する専有部分を、他の区分所有者又は第三者に譲渡又は貸与したときは、**その区分所有者の駐車場使用契約は効力を失う**〈標規(単)15条3項〉。本肢の前区分所有者が管理組合と締結していた駐車場使用契約は、専有部分の譲渡により効力を失うから、譲受人は、この駐車場使用契約に基づいて駐車場を使用することはできない。
☞ 合 ②分冊 p23 **3**~ 速 p321 **3**~

4 適切 区分所有者から専有部分の貸与を受けた者は、**その区分所有者が専用使用権を有しているバルコニー等を使用することができる**〈標規(単)14条3項〉。したがって、専有部分の賃借人は、賃貸人である区分所有者が専用使用権を有する専用庭を使用することができる。他方、区分所有者がその所有する専有部分を、他の区分所有者又は第三者に譲渡又は貸与したときは、**その区分所有者の駐車場使用契約は効力を失う**〈標規(単)15条3項〉。したがって、専有部分の賃貸により、駐車場使用契約は効力を失うので、賃借人は、当然には駐車場を使用することはできない。
☞ 合 ②分冊 p23 **3**~ 速 p321 **3**~

正解 3 （正解率 **79%**）

肢別解答率 受験生はこう答えた！
1 1%
2 6%
3 79%
4 14%

難易度 **易**

3 用法・管理

2019年度 問26

Check ☐☐☐ 重要度 ▶ A

標準管理規約（単棟型）の定めによれば、マンションの住戸の次の修繕工事のうち、共用部分の工事に該当するものの組み合わせとして、最も適切なものはどれか。

ア 床のフローリング工事

イ 玄関扉内部塗装の補修工事

ウ 網戸の交換工事

エ バルコニー床面の防水工事

1 ア・イ
2 ア・エ
3 イ・ウ
4 ウ・エ

ア 該当しない　天井、床及び壁は、躯体部分を除く部分を**専有部分とする**〈標規(単)7条2項1号〉。したがって、床のフローリング工事は、専有部分の工事に該当する。
　☞ 合 ②分冊 p10 ❷〜　速 p310 ❶〜

イ 該当しない　玄関扉は、錠及び内部塗装部分を**専有部分とする**〈標規(単)7条2項2号〉。したがって、玄関扉内部塗装の補修工事は、専有部分の工事に該当する。
　☞ 合 ②分冊 p10 ❷〜　速 p310 ❶〜

ウ 該当する　網戸は、**専有部分に含まれない**〈標規(単)7条2項3号、同コ7条関係④〉。したがって、網戸の交換工事は、共用部分の工事に該当する。
　☞ 合 ②分冊 p10 ❷〜　速 p310 ❶〜

エ 該当する　バルコニーは、**共用部分である**〈標規(単)別表第2〉。したがって、バルコニー床面の防水工事は、共用部分の工事に該当する。
　☞ 合 ②分冊 p10 ❷〜　速 p311 ❷〜

以上より、共用部分の工事に該当するものの組み合わせはウ・エであり、本問の正解肢は4となる。

正解 ④
（正解率89%）

肢別解答率　受験生はこう答えた！
① 2%
② 7%
③ 2%
④ 89%

難易度 易

4 用法・管理

2019年度 問33　Check ☐☐☐　重要度 ▶ A

専有部分の修繕等に関する次の記述のうち、区分所有法の規定及び標準管理規約（単棟型）によれば、最も不適切なものはどれか。

1 区分所有者は、工事業者に依頼し、畳の交換や壁紙の張替えを行う場合においては、あらかじめ、理事長にその旨を届け出る必要がある。

2 理事長の承認を受けた工事であっても、当該工事の結果、共用部分又は他の専有部分に生じた事後的な影響については、当該工事を発注した区分所有者は、その責任や負担を免れるわけではない。

3 理事長は、施工状況の確認のために立入り、調査を行った結果、申請又は届出を受けたものとは異なる内容の工事が行われていることが確認された場合においては、原状回復のための必要な措置等をとることができる。

4 理事長の承認を受けた工事であれば、総会の決議を経なくても、当該工事に必要な外壁の穿孔、躯体の一部撤去を行うことができる。

8　LEC東京リーガルマインド　2025年版 出る順管理業務主任者 分野別過去問題集　②分冊

1 適切　区分所有者は、**標準管理規約（単棟型）17条1項の理事長の承認を要しない修繕等のうち、工事業者の立入り**、工事の資機材の搬入、工事の騒音、振動、臭気等工事の実施中における共用部分又は他の専有部分への影響について管理組合が事前に把握する必要があるものを行おうとするときは、あらかじめ、**理事長にその旨を届け出なければならない**〈標規（単）17条7項〉。畳の交換や壁紙の張替えによっては、共用部分又は他の専有部分に影響を与えるおそれはないことから、標準管理規約（単棟型）17条1項の理事長の承認は不要であるが、工事業者の出入りがあることから、区分所有者は、本肢の届出を行う必要がある。

☞ 合　②分冊 p26 **5**　速 p323 **5**～

2 適切　標準管理規約（単棟型）17条1項の理事長の承認を受けた修繕等の工事後に、当該工事により共用部分又は他の専有部分に影響が生じた場合は、**当該工事を発注した区分所有者の責任と負担により必要な措置をとらなければならない**〈標規（単）17条6項〉。

☞ 合　②分冊 p26 **5**　速 p323 **5**～

3 適切　区分所有者等が規約若しくは使用細則等に違反したとき、又は区分所有者等若しくは区分所有者等以外の第三者が敷地及び共用部分等において不法行為を行ったときは、理事長は、理事会の決議を経て、行為の差止め、排除又は原状回復のための必要な措置の請求に関し、管理組合を代表して、訴訟その他法的措置を追行することができる〈標規（単）67条3項1号〉。理事長が施工状況の確認のため行った立入り、調査の結果、理事長に申請又は届出を行った内容と異なる内容の工事が行われている等の事実が確認された場合、上記規定により、理事長は、**その差止め、排除又は原状回復のための必要な措置等をとることができる**〈同コ17条関係⑬〉。

4 不適切　標準管理規約（単棟型）17条1項の理事長の承認があったときは、区分所有者は、承認の範囲内において、専有部分の修繕等に係る共用部分の工事を行うことができる〈標規（単）17条4項〉。もっとも、工事が、**共用部分の変更（その形状又は効用の著しい変更を伴わないものを除く。）に該当する場合**には、上記にかかわらず、**総会の決議を要する**〈同コ17条関係④〉。外壁の穿孔、躯体の一部撤去は、共用部分の変更（その形状又は効用の著しい変更を伴わないものを除く。）にあたり、これらを行うには、総会の決議を経なければならない。

☞ 合　②分冊 p26 **5**　速 p323 **5**～

正解 **4**　（正解率 **87%**）

肢別解答率　受験生はこう答えた！
1: 11%
2: 1%
3: 2%
4: 87%

難易度 **易**

5 用法・管理

2022年度 問33　Check ☐☐☐　重要度 ▶ A

専有部分にある設備の管理に関し、理事長から次のア～エの順で説明があった。**標準管理規約（単棟型）**によれば、不適切なものはいくつあるか。

ア　そもそも、専有部分に係る配管の取替えに要する費用については、各区分所有者が実費に応じて負担するのが原則です。

イ　ただし、専有部分に係る配管のうち共用部分と構造上一体となった部分の管理を共用部分の管理と一体として行う必要があるときは、専有部分に係る配管を含めて管理組合が管理を行うことができます。

ウ　その場合には、あらかじめ長期修繕計画において専有部分の配管の取替えについても記載することで、共用部分と一体的な専有部分の配管の取替工事も行うことができます。

エ　そして、その工事費用を修繕積立金から拠出することについて規約に規定することで、修繕積立金を取り崩して専有部分の工事費用に充てることができます。

1　一つ

2　二つ

3　三つ

4　なし

10　LEC東京リーガルマインド　2025年版 出る順管理業務主任者 分野別過去問題集　②分冊

ア 適切 配管の取替え等に要する費用のうち専有部分に係るものについては、**各区分所有者が実費に応じて負担すべきもの**である〈標規(単)コ 21 条関係⑦〉。
☞ 合 ②分冊 p36 **1**～ 速 p330 **1**～

イ 適切 専有部分である設備のうち共用部分と構造上一体となった部分の管理を共用部分の管理と**一体として行う必要があるときは、管理組合がこれを行うことができる**〈標規(単)21 条 2 項〉。
☞ 合 ②分冊 p36 **1**～ 速 p330 **1**～

ウ 適切 共用部分の配管の取替えと専有部分の配管の取替えを同時に行うことにより、専有部分の配管の取替えを単独で行うよりも費用が軽減される場合において、これらについて一体的に工事を行うときは、**あらかじめ長期修繕計画において専有部分の配管の取替えについて記載**し、その工事費用を修繕積立金から拠出することについて規約に規定するとともに、先行して工事を行った区分所有者への補償の有無等についても十分留意することが必要である〈標規(単)コ 21 条関係⑦〉。
☞ 合 ②分冊 p36 **1**～ 速 p330 **1**～

エ 適切 共用部分の配管の取替えと専有部分の配管の取替えを同時に行うことにより、専有部分の配管の取替えを単独で行うよりも費用が軽減される場合において、これらについて一体的に工事を行うときは、あらかじめ長期修繕計画において専有部分の配管の取替えについて記載し、その**工事費用を修繕積立金から拠出することについて規約に規定**するとともに、先行して工事を行った区分所有者への補償の有無等についても十分留意することが必要である〈標規(単)コ 21 条関係⑦〉。
☞ 合 ②分冊 p36 **1**～ 速 p330 **1**～

以上より、不適切なものはなく、本問の正解肢は 4 となる。

正解 4
（正解率 53%）

肢別解答率
受験生はこう答えた！

1	34%
2	8%
3	4%
4	53%

難易度 **普**

6 用法・管理

2023年度 問10　Check ☐☐☐　重要度 ▶ A

次の記述のうち、標準管理規約（単棟型）によれば、適切なものはいくつあるか。

ア　敷地及び共用部分等の一部に広告塔や看板等を第三者に設置させる場合は、総会の決議を経なければならない。

イ　管理組合は、駐車場区画の位置等による利便性・機能性の差異や、特定の位置の駐車場区画を希望する者がいる等の状況に応じて、駐車場使用料について柔軟な料金設定を行うことも考えられる。

ウ　管理組合は、町内会等との渉外業務に要する費用に管理費を充当することができる。

エ　管理組合は、共用部分と構造上一体となった専有部分の配管の清掃等に要する費用については、「共用設備の保守維持費」として管理費を充当することができる。

1 一つ
2 二つ
3 三つ
4 四つ

ア **適切** 管理組合は、**総会の決議**を経て、敷地及び共用部分等（駐車場及び専用使用部分を除く。）の一部について、**第三者に使用**させることができる〈標規(単)16条2項〉。
☞ 合 ②分冊 p25 **4**~ 速 p322 **4**~

イ **適切** 管理組合は、平置きか機械式か、屋根付きの区画があるかなど駐車場区画の位置等による利便性・機能性の差異や、使用料が高額になっても特定の位置の駐車場区画を希望する者がいる等の状況に応じて、**駐車場使用料について柔軟な料金設定を行うことも考えられる**〈標規(単)コ15条関係⑩〉。
☞ 合 ②分冊 p23 **3**~ 速 p321 **3**~

ウ **適切** 管理組合は、官公署、町内会等との**渉外業務**を行い〈標規(単)32条11号〉、これを行うのに要する費用には、**管理費を充当**することができる〈同27条11号〉。
☞ 合 ②分冊 p44 **2**~ 速 p335 **2**~

エ **適切** 専有部分である設備のうち共用部分と構造上一体となった部分の管理を共用部分の管理と一体として行う必要があるときは、**管理組合がこれを行う**ことができる〈標規(単)21条2項〉。この管理として配管の清掃等を行う場合、これに要する費用については、「**共用設備の保守維持費**」として**管理費を充当**することが可能である〈同コ21条関係⑦〉。
☞ 合 ②分冊 p36 **1**~ 速 p330 **1**~

以上より、適切なものはア、イ、ウ、エの四つであり、本問の正解肢は4となる。

7 用法・管理

2023年度 問36

Check ☐☐☐ 重要度 ▶ B

専有部分及び共用部分の工事等に関する次の記述のうち、標準管理規約（単棟型）によれば、最も適切なものはどれか。

1 区分所有者は専有部分の床のフローリングの設置をしようとするときは、理事長にその旨を申請し、理事長の判断により書面による承認を受けなければならない。

2 専用使用部分である窓ガラスが、当該住戸の区分所有者の過失により破損した場合には、当該区分所有者の申請に基づき、管理組合が修繕する。

3 区分所有者が、屋上からの雨漏りにより専有部分の使用に支障が生じ緊急を要するため当該共用部分の保存行為を行ったが、あらかじめ理事長に申請して書面による承認を受けなかったときは、当該保存行為に要した費用は、当該保存行為を行った区分所有者が負担する。

4 共用部分のうち各住戸に付属する玄関扉の改良工事で住宅の性能向上に資するものについて、計画修繕としてこれを速やかに実施できる場合には、管理組合がその責任と負担において実施するものとする。

14　LEC東京リーガルマインド　2025年版 出る順管理業務主任者 分野別過去問題集　②分冊

1 **不適切** 理事長は、専有部分の修繕等に係る申請について、**理事会の決議**により、その承認又は不承認を決定しなければならない〈標規（単）17条3項〉。したがって、書面による承認は、理事長の判断によるものではない。

☞ 合 ②分冊 p26 **5**～ 速 p323 **5**～

2 **不適切** バルコニー等の保存行為のうち、**通常の使用に伴うもの**については、**専用使用権を有する者**がその責任と負担においてこれを行わなければならない〈標規（単）21条1項ただし書〉。窓ガラスが割れたときの入替えは、上記保存行為にあたり〈同コ21条関係④〉、専用使用権を有する者がこれを行う。

☞ 合 ②分冊 p36 **1**～ 速 p330 **1**～

3 **不適切** 標準管理規約（単棟型）21条3項の規定に違反して敷地及び共用部分等の保存行為を行った場合には、当該保存行為に要した費用は、当該保存行為を行った区分所有者が負担する〈標規（単）21条5項〉。ここで、標準管理規約（単棟型）21条3項は、**専有部分の使用に支障が生じている場合**において、**緊急を要するとき**は、あらかじめ理事長に申請して書面による承認を受けなかったとしても、**当該専有部分を所有する区分所有者**は、敷地及び共用部分等の**保存行為を行うことができる**旨規定する〈同条3項ただし書〉。そのため、本肢の区分所有者が行った保存行為は、標準管理規約（単棟型）21条3項に違反したものとはいえず、当該保存行為を行った区分所有者は、当該保存行為に要した費用を負担しない。

☞ 合 ②分冊 p36 **1**～ 速 p330 **1**～

4 **適切** 共用部分のうち各住戸に附属する窓枠、窓ガラス、**玄関扉**その他の開口部に係る改良工事であって、防犯、防音又は断熱等の住宅の性能の向上等に資するものについては、**管理組合がその責任と負担において**、計画修繕としてこれを実施するものとする〈標規（単）22条1項〉。また、区分所有者は、管理組合が上記工事を**速やかに実施できない場合**には、あらかじめ理事長に申請して書面による承認を受けることにより、当該工事を当該**区分所有者の責任と負担において実施**することができる〈同条2項〉。したがって、本肢の工事について、計画修繕としてこれを速やかに実施できる場合には、管理組合がその責任と負担において実施することになる。

☞ 合 ②分冊 p36 **1**～ 速 p330 **1**～

正解 4 （正解率90%）

肢別解答率 受験生はこう答えた！

1	5%
2	1%
3	5%
4	90%

難易度 **易**

8 費用の負担

2018年度 問13　　　*Check* ☐☐☐　重要度 ▶ **A**

標準管理規約によれば、管理費等に関する次の記述のうち、最も不適切なものはどれか。

1　管理費等に不足を生じた場合には、管理組合は組合員に対して、管理費等の負担割合により、その都度必要な金額の負担を求めることができる。

2　管理費等の負担割合を定めるに当たっては、共用部分等の使用頻度等は勘案しない。

3　管理費のうち、管理組合の運営に要する費用については、組合費として管理費とは分離して徴収することができる。

4　議決権割合の設定方法について、1戸1議決権や価値割合を採用する場合、管理費等の負担もこの割合によらなければならない。

1 適切　管理費等に不足が生じた場合には、管理組合は組合員に対して管理費等の負担割合により、**その都度必要な金額の負担を求めることができる**〈標規(単)61条2項〉。
　👉 合　②分冊 p97 **2**～　速 p382 **2**～

2 適切　管理費等の負担割合を定めるに当たっては、**使用頻度等は勘案しない**〈標規(単)コ25条関係①〉。
　👉 合　②分冊 p44 **2**～　速 p335 **2**～

3 適切　管理費のうち、管理組合の運営に要する費用については、**組合費として管理費とは分離して徴収することもできる**〈標規(単)コ25条関係②〉。
　👉 合　②分冊 p44 **2**～　速 p335 **2**～

4 不適切　議決権割合の設定方法について、一戸一議決権や価値割合を採用する場合であっても、**これとは別に管理費等の負担額については、共用部分の共有持分に応じて算出することが考えられる**〈標規(単)コ25条③〉。
　👉 合　②分冊 p44 **2**～　速 p335 **2**～

正解 **4**　（正解率 84%）
肢別解答率　受験生はこう答えた！
1　5%
2　2%
3　9%
4　84%

難易度　易

9 費用の負担

2023年度 問27   Check ☐☐☐ 重要度 ▶ A

次の記述のうち、標準管理規約（単棟型）によれば、管理組合が修繕積立金を充当できる費用として適切なものはいくつあるか。ただし、規約に別段の定めはないものとする。

ア 外灯設備の管球の交換に要した費用

イ 一定年数の経過ごとに計画的に行う修繕工事を前提に専門家に建物診断を委託した費用

ウ 新たに整備された公共下水道に汚水を直接放流するので、不要となった浄化槽を解体し、その場所にプレイロットを新設するのに要した費用

エ 排水管取替え工事において、共用配管と構造上一体となった専有部分である配管の工事に要した費用

1 一つ
2 二つ
3 三つ
4 四つ

18　LEC東京リーガルマインド　2025年版 出る順管理業務主任者 分野別過去問題集 ②分冊

ア **不適切** **共用設備の保守維持費及び運転費**には、管理費を充当する〈標規(単)27条3号〉。外灯設備の管球の交換に要した費用は、上記にあたり、**管理費を充当**するものであるから、修繕積立金を充当できる費用にはあたらない。

☞ 合 ②分冊 p44 **2**~ 速 p335 **2**~

イ **適切** **修繕工事の前提としての劣化診断（建物診断）**に要する経費の充当については、修繕工事の一環としての経費であることから、原則として**修繕積立金**から取り崩すこととなる〈標規(単)コ32条関係④〉。

☞ 合 ②分冊 p44 **2**~ 速 p335 **2**~

ウ **適切** **敷地及び共用部分等の変更**に要する経費には、**修繕積立金を充当**する〈標規(単)28条1項3号〉。浄化槽の解体及びプレイロットの新設は、敷地及び共用部分等の変更にあたり、これに要する費用は、修繕積立金を充当できる費用にあたる。

☞ 合 ②分冊 p44 **2**~ 速 p335 **2**~

エ **不適切** 配管の取替え等に要する費用のうち専有部分に係るものについては、**各区分所有者が実費に応じて負担すべきものである**〈標規(単)コ21条関係⑦〉。したがって、これに要する費用は、修繕積立金を充当できる費用にはあたらない。

☞ 合 ②分冊 p36 **1**~ 速 p330 **1**~

以上より、適切なものはイ、ウの二つであり、本問の正解肢は2となる。

正解 2
（正解率50%）

肢別解答率 受験生はこう答えた！

1	15%
2	50%
3	34%
4	1%

難易度 **普**

⑩ 費用の負担

2024年度 問29

Check ☐☐☐ 重要度 ▶ B

以下の表は、A列に「管理費を充当することができる経費」、B列に「修繕積立金を取り崩すことができる経費」の具体例をそれぞれアからウとしてまとめ、示しているが、標準管理規約（単棟型）によれば、A列及びB列ともに適切なものは、アからウのうちいくつあるか。

	A列 管理費を充当することができる経費	B列 修繕積立金を取り崩すことができる経費
ア	マンション周辺の清掃活動に要する費用	各住戸の玄関扉の改良工事の費用
イ	住戸から発生した火災により変質・損傷した外壁等の修繕費用	一定期間ごとに計画的に行うバルコニー床の防水工事費用
ウ	管理計画認定制度の認定手数料	機械式駐車場の一部を平置き駐車場に変更する工事費用

1 一つ

2 二つ

3 三つ

4 なし

20 　LEC東京リーガルマインド　2025年版 出る順管理業務主任者 分野別過去問題集　②分冊

ア 　**A列：適切、B列：適切**　清掃費、消毒費及びごみ処理費には、管理費を充当する〈標規(単)27条7号〉。また、**一定年数の経過ごとに計画的に行う修繕に要する経費**に充当する場合、**修繕積立金を取り崩すことができる**〈同28条1項1号〉。

👉 合 ②分冊 p44 **2**～、②分冊 p47 **2**　速 p335 **2**～、p338 **2**

イ 　**A列：不適切、B列：適切**　**不測の事故その他特別の事由により必要となる修繕**に充当する場合、**修繕積立金を取り崩すことができる**〈標規(単)28条1項2号〉。また、**一定年数の経過ごとに計画的に行う修繕に要する経費**に充当する場合、**修繕積立金を取り崩すことができる**〈同条項1号〉。

👉 合 ②分冊 p44 **2**～、②分冊 p47 **2**　速 p335 **2**～、p338 **2**

ウ 　**A列：適切、B列：適切**　**管理組合の業務に要する費用**（修繕積立金を充当すべき経費を除く。）には、**管理費を充当する**〈標規(単)27条11号〉。また、**敷地及び共用部分等の変更に要する経費**に充当する場合、**修繕積立金を取り崩すことができる**〈同28条1項3号〉。

👉 合 ②分冊 p44 **2**～、②分冊 p47 **2**　速 p335 **2**～、p338 **2**

以上より、A列及びB列ともに適切なものはア、ウの二つであり、本問の正解肢は2となる。

正解 2
（正解率 **64%**）

肢別解答率
受験生はこう答えた！

1	25%
2	64%
3	7%
4	4%

難易度 **普**

11 役員

2017年度 問13　　　*Check* ☐☐☐　重要度 ▶ **A**

管理組合の監事に関する次の記述のうち、標準管理規約の定めによれば、適切なものはいくつあるか。

ア　監事は、理事会に出席し、必要があると認めるときは、意見を述べなければならない。

イ　監事は、理事が不正の行為をするおそれがあると認めるときは、理事長に対し、臨時総会の招集を求めなければならない。

ウ　監事は、いつでも、理事に対して業務の報告を求め、又は業務及び財産の状況の調査をすることができる。

エ　監事は、管理組合の業務の執行及び財産の状況を監査し、その結果を総会に報告しなければならない。

1 一つ
2 二つ
3 三つ
4 四つ

ア 　**適切**　監事は、**理事会に出席し、必要があると認めるときは、意見を述べなければならない**〈標規(単)41条4項〉。

☞ 合 ②分冊 p58 **3**～ 速 p354 **4**～

イ 　**不適切**　監事は、**理事が不正の行為をし、若しくは当該行為をするおそれがあると認めるとき、又は法令、規約、使用細則等、総会の決議若しくは理事会の決議に違反する事実若しくは著しく不当な事実があると認めるときは、遅滞なく、その旨を理事会に報告しなければならない**〈標規(単)41条5項〉。この場合、監事は、必要があると認めるときは、理事長に対し、理事会の招集を請求することができる〈同条6項〉。したがって、臨時総会の招集を求めることは義務づけられていない。

☞ 合 ②分冊 p58 **3**～ 速 p354 **4**～

ウ 　**適切**　監事は、いつでも、理事及び管理組合の職員に対して**業務の報告を求め、又は業務及び財産の状況の調査をすることができる**〈標規(単)41条2項〉。

☞ 合 ②分冊 p58 **3**～ 速 p354 **4**～

エ 　**適切**　監事は、管理組合の業務の執行及び財産の状況を**監査し、その結果を総会に報告しなければならない**〈標規(単)41条1項〉。

☞ 合 ②分冊 p58 **3**～ 速 p354 **4**～

以上より、適切なものはア、ウ、エの三つであり、本問の正解肢は3となる。

正解 3
（正解率64%）

肢別解答率
受験生はこう答えた！

1	1%
2	18%
3	64%
4	16%

難易度 **普**

12 役員

2017年度 問32　　　*Check* ☐☐☐　重要度 ▶ **A**

次の記述のうち、標準管理規約の定めによれば、理事長がその職務を行うにつき、理事会の承認又は決議を必要としないものはどれか。

1 管理組合の業務の遂行に際し、職員を採用し、又は解雇すること

2 他の理事に、その職務の一部を委任すること

3 組合員の総会招集請求権に基づき、適正な手続を経て臨時総会の招集を請求された場合に、その招集通知を発すること

4 組合員から、その専有部分について、共用部分又は他の専有部分に影響を与えるおそれのある修繕等の工事を行う旨の申請があった場合、当該申請に対し承認すること

第3編 マンション標準管理規約 役員

1 **必要とする** 理事長は、**理事会の承認を得て、職員を採用し、又は解雇する**〈標規（単）38条1項2号〉。
👉 合 ②分冊 p58 ③〜 速 p354 ④〜

2 **必要とする** 理事長は、**理事会の承認を受けて、他の理事に、その職務の一部を委任することができる**〈標規（単）38条5項〉。
👉 合 ②分冊 p58 ③〜 速 p354 ④〜

3 **必要としない** **組合員が組合員総数の5分の1以上及び議決権総数の5分の1以上に当たる組合員の同意を得て、会議の目的を示して総会の招集を請求した場合**には、理事長は、2週間以内にその請求があった日から4週間以内の日（会議の目的が建替え決議又はマンション敷地売却決議であるときは、2か月と2週間以内の日）を会日とする臨時総会の**招集の通知を発しなければならない**〈標規（単）44条1項〉。
👉 合 ②分冊 p67 ④〜 速 p357 ⑤〜

4 **必要とする** 理事長は、区分所有者から専有部分の修繕等であって共用部分又は他の専有部分に影響を与えるおそれのあるものを行うことに関する申請があったときは、その申請について、**理事会の決議により**、その承認又は不承認を決定しなければならない〈標規（単）17条3項〉。
👉 合 ②分冊 p26 ⑤〜 速 p323 ⑤〜

正解 ③（正解率 **71%**）

肢別解答率 受験生はこう答えた！
① 5%
② 18%
③ 71%
④ 6%

難易度 **易**

⑬ 役員

2017年度 問33 Check ☐☐☐ 重要度 ▶ A

管理組合の役員の職務に関する次の記述のうち、標準管理規約によれば、最も不適切なものはどれか。

1 会計担当理事は、管理費等の収納、保管、運用、支出等の会計業務を行う。

2 理事長は、管理組合が締結した共用部分等に関する損害保険契約に基づく保険金額の請求及び受領について、区分所有者を代理する。

3 理事長は、その責任と権限の範囲内において、専門委員会を設置し、特定の課題を調査又は検討させ、その結果を具申させることができる。

4 大規模な災害や突発的な被災では、理事会の開催も困難な場合があることから、そのような場合には、保存行為に限らず、応急的な修繕行為の実施まで理事長単独で判断し実施することができる旨を、規約において定めることもできる。

1 適切　会計担当理事は、**管理費等の収納、保管、運用、支出等の会計業務**を行う〈標規(単)40条3項〉。
　👉 合 ②分冊 p58 **3**〜　速 p354 **4**〜

2 適切　理事長は、共用部分等に係る火災保険、地震保険その他の損害保険の契約に基づく保険金額の**請求及び受領**について、**区分所有者を代理する**〈標規(単)24条2項〉。
　👉 合 ②分冊 p36 **1**〜　速 p330 **1**〜

3 不適切　**理事会**は、その責任と権限の範囲内において、専門委員会を設置し、特定の課題を調査又は検討させることができる〈標規(単)55条1項〉。したがって、理事長は、専門委員会を設置することはできない。
　👉 合 ②分冊 p82 **5**〜　速 p370 **6**〜

4 適切　大規模な災害や突発的な被災では、理事会の開催も困難な場合があることから、そのような場合には、保存行為に限らず、**応急的な修繕行為の実施**まで**理事長単独で判断し実施することができる旨**を、規約において定めることも考えられる〈標規(単)コ21条関係⑩〉。
　👉 合 ②分冊 p36 **1**〜　速 p330 **1**〜

正解 **3**（正解率49%）

肢別解答率　受験生はこう答えた！
1 7%
2 18%
3 49%
4 26%

難易度　難

⑭ 役員

2019年度 問14　Check ☐☐☐　重要度 ▶ A

管理組合の監事が行う業務に関する次の記述のうち、標準管理規約（単棟型）の定めによれば、最も不適切なものはどれか。

1　監事は、理事が不正の行為をし、若しくは当該行為をするおそれがあると認めるときは、遅滞なく、その旨を理事会に報告しなければならない。

2　監事は、管理組合の業務の執行及び財産の状況について特段の意見がない場合であっても、理事会に出席しなければならない。

3　監事は、管理組合の業務の執行及び財産の状況について不正があると認めるときは、直ちに、理事会を招集することができる。

4　監事は、いつでも、理事に対して業務の報告を求め、又は業務及び財産の状況の調査をすることができる。

28　**LEC**東京リーガルマインド　2025年版 出る順管理業務主任者 分野別過去問題集　②分冊

1 適切 監事は、**理事が不正の行為をし、若しくは当該行為をするおそれがあると認めるとき**、又は法令、規約、使用細則等、総会の決議若しくは理事会の決議に違反する事実若しくは著しく不当な事実があると認めるときは、遅滞なく、その旨を**理事会に報告しなければならない**〈標規(単)41条5項〉。
👉 合 ②分冊 p58 3~　速 p354 4~

2 適切 監事は、**理事会に出席し**、必要があると認めるときは、意見を述べなければならない〈標規(単)41条4項〉。
👉 合 ②分冊 p58 3~　速 p354 4~

3 不適切 監事は、管理組合の業務の執行及び財産の状況について不正があると認めるときは、**臨時総会を招集することができる**〈標規(単)41条3項〉。
👉 合 ②分冊 p58 3~　速 p354 4~

4 適切 監事は、いつでも、理事及び管理組合の職員に対して**業務の報告を求め**、又は業務及び財産の状況の**調査をすることができる**〈標規(単)41条2項〉。
👉 合 ②分冊 p58 3~　速 p354 4~

正解 **3** （正解率 **69%**）

肢別解答率　受験生はこう答えた！
1: 5%
2: 23%
3: 69%
4: 4%

難易度 普

⑮ 役員

2019年度 問31

Check ☐☐☐ 重要度 ▶ A

理事長が、自己の経営する会社のために管理組合と取引（以下、本問において「当該取引」という。）をしようとする場合における次の記述のうち、標準管理規約（単棟型）によれば、最も不適切なものはどれか。

1 理事長は、理事会において、当該取引につき重要な事実を開示し、その承認を受けなければならない。

2 当該取引の承認について、理事長は、理事会の議決に加わることができない。

3 管理組合が当該取引のための契約を締結するに当たっては、必ず理事長以外の理事が、管理組合を代表しなければならない。

4 理事長以外の理事は、当該取引が管理組合に著しい損害を及ぼすおそれがあることを発見したときは、直ちに、その事実を監事に報告しなければならない。

30　LEC東京リーガルマインド　2025年版 出る順管理業務主任者 分野別過去問題集　②分冊

[1] **適切** 役員は、自己又は第三者のために管理組合と取引をしようとするときは、**理事会**において、当該取引につき**重要な事実を開示し、その承認を受けなければならない**〈標規(単)37条の2第1号〉。
👉 合 ②分冊 p58 ③〜　速 p349 ③〜

[2] **適切** 理事会の決議に特別の利害関係を有する理事は、**議決に加わることができない**〈標規(単)53条3項〉。
👉 合 ②分冊 p58 ③〜　速 p370 ⑥〜

[3] **不適切** 管理組合と理事長との利益が相反する事項については、理事長は、代表権を有さず、**監事又は理事長以外の理事が管理組合を代表する**〈標規(単)38条6項〉。したがって、本肢の場合、監事が管理組合を代表する場合も考えられる。
👉 合 ②分冊 p58 ③〜　速 p354 ④〜

[4] **適切** 理事は、管理組合に著しい損害を及ぼすおそれのある事実があることを発見したときは、直ちに、当該事実を**監事に報告しなければならない**〈標規(単)40条2項〉。
👉 合 ②分冊 p58 ③〜　速 p354 ④〜

正解 [3]（正解率52%）

肢別解答率 受験生はこう答えた！
1: 9%
2: 21%
3: 52%
4: 18%

難易度 普

16 役員

2019年度 問34　Check □□□　重要度 ▶ A

役員の任期に関する次のア～エの記述のうち、標準管理規約（単棟型）の定めによれば、適切なものはいくつあるか。

ア　任期満了により退任する会計担当理事は、後任の会計担当理事が就任するまでの間、引き続きその職務を行う。

イ　任期途中に理事長が海外に単身赴任した場合においては、後任の理事長が就任するまでの間、当該住戸に居住する配偶者が、不在区分所有者となった理事長の職務を代理する。

ウ　任期途中で辞任した監事は、後任の監事が就任するまでの間、引き続きその職務を行う。

エ　任期途中で理事長が、総会決議で解任された場合においては、後任の理事長が就任するまでの間、引き続きその職務を行う。

1 一つ
2 二つ
3 三つ
4 四つ

32　**LEC**東京リーガルマインド　2025年版 出る順管理業務主任者 分野別過去問題集　②分冊

任期の満了又は辞任によって退任する役員は、後任の役員が就任するまでの間引き続きその職務を行う〈標規(単)36条3項〉。

ア 適切 本肢の会計担当理事は、**任期の満了**により退任した役員であるから、後任の会計担当理事が就任するまでの間、引き続きその職務を行う。
☞ 合 ②分冊 p58 **3**〜 速 p349 **3**〜

イ 不適切 副理事長は、理事長を補佐し、理事長に事故があるときは、**その職務を代理し**、理事長が欠けたときは、その職務を行う〈標規(単)39条〉。本肢の場合、副理事長が理事長を代理する。
☞ 合 ②分冊 p58 **3**〜 速 p354 **4**〜

ウ 適切 本肢の監事は、**辞任**により退任した役員であるから、後任の監事が就任するまでの間、引き続きその職務を行う。
☞ 合 ②分冊 p58 **3**〜 速 p349 **3**〜

エ 不適切 本肢の理事長は、**解任**により退任する役員であり、「任期の満了又は辞任によって退任する役員」ではないから、退任後その職務を行わない。
☞ 合 ②分冊 p58 **3**〜 速 p349 **3**〜

以上より、適切なものはア、ウの二つであり、本問の正解肢は2となる。

第3編 マンション標準管理規約

役員

正解 ②
（正解率**77%**）

肢別解答率
受験生は
こう答えた！

1	13%
2	77%
3	9%
4	0%

難易度 **易**

LEC東京リーガルマインド　2025年版 出る順管理業務主任者 分野別過去問題集　②分冊　**33**

17 役員

2020年度 問13　　　　Check ☐☐☐　重要度 ▶ A

管理組合の役員に関する次のア〜エの記述のうち、標準管理規約の定めによれば、適切なものはいくつあるか。

ア　理事長は、必要と認める場合には、理事長の権限で臨時総会を招集することができる。

イ　監事は、必要と認めるときは、直ちに理事会を招集することができる。

ウ　理事は、管理組合に著しい損害を及ぼすおそれのある事実があることを発見したときは、直ちに、当該事実を監事に報告しなければならない。

エ　管理組合は、会計に関する業務を担当させるために、会計担当理事を置かなければならない。

1 一つ
2 二つ
3 三つ
4 四つ

ア **不適切** 理事長は、必要と認める場合には、**理事会の決議を経て**、いつでも臨時総会を招集することができる〈標規(単)42条4項〉。したがって、理事長の権限で臨時総会を招集するわけではない。

☞ **合** ②分冊 p67 **4**~ **速** p357 **5**~

イ **不適切** 監事は、理事が不正の行為をし、若しくは当該行為をするおそれがあると認める場合、又は法令、規約、使用細則等、総会の決議若しくは理事会の決議に違反する事実若しくは著しく不当な事実があると認める場合において、必要があると認めるときは、理事長に対し、理事会の招集を請求することができる〈標規(単)41条6項〉。**この請求があった日から5日以内に、その請求があった日から2週間以内の日を理事会の日とする理事会の招集の通知が発せられない場合は**、その請求をした監事は、**理事会を招集することができる**〈同条7項〉。したがって、監事は、まず、理事長に対し、理事会の招集を請求しなければならず、直ちに理事会を招集することはできない。

☞ **合** ②分冊 p58 **3**~ **速** p354 **4**~

ウ **適切** 理事は、**管理組合に著しい損害を及ぼすおそれのある事実があることを発見したとき**は、直ちに、当該事実を**監事に報告**しなければならない〈標規(単)40条2項〉。

☞ **合** ②分冊 p58 **3**~ **速** p354 **4**~

エ **適切** 管理組合は、会計担当理事を置く〈標規(単)35条1項3号〉。会計担当理事は、管理費等の収納、保管、運用、支出等の**会計業務を行う**〈同40条3項〉。

☞ **合** ②分冊 p58 **3**~ **速** p354 **4**~

以上より、適切なものはウ、エの二つであり、本問の正解肢は2となる。

正解 ②
（正解率53%）

肢別解答率 受験生はこう答えた！

肢	解答率
1	16%
2	53%
3	28%
4	4%

難易度 **普**

⑱ 役員

2021年度 問28　　　*Check* ☐☐☐　重要度 ▶ **A**

監事の職務に関する次の記述のうち、標準管理規約（単棟型）によれば、適切なものはいくつあるか。

ア　監事は、管理組合の業務執行及び財産の状況について不正があると認めるときは、臨時総会を招集することができる。

イ　監事は、当該会計年度の収支決算案の会計監査をし、通常総会に報告し、その承認を得なければならない。

ウ　監事は、理事の業務執行が著しく不当であると認めるときは、直ちに理事会を招集することができる。

エ　監事は、理事が理事会の決議に違反する事実があると認めるときは、遅滞なく、その旨を理事会に報告しなければならない。

1 一つ
2 二つ
3 三つ
4 四つ

36　**LEC**東京リーガルマインド　2025年版 出る順管理業務主任者 分野別過去問題集 ②分冊

ア 適切　監事は、管理組合の業務の執行及び財産の状況について不正があると認めるときは、**臨時総会を招集することができる**〈標規(単)41条3項〉。
　　合 ②分冊 p58 **3**〜　速 p354 **4**〜

イ 不適切　**理事長**は、毎会計年度の収支決算案を**監事の会計監査を経て、通常総会に報告し**、その承認を得なければならない〈標規(単)59条〉。したがって、監事は、通常総会への報告をしない。
　　合 ②分冊 p91 **1**〜　速 p378 **1**〜

ウ 不適切　監事は、理事が不正の行為をし、若しくは当該行為をするおそれがあると認めるとき、又は法令、規約、使用細則等、総会の決議若しくは理事会の決議に違反する事実若しくは著しく不当な事実があると認めるときは、遅滞なく、その旨を**理事会に報告しなければならない**〈標規(単)41条5項〉。この場合、監事は、必要があると認めるときは、**理事長に対し、理事会の招集を請求することができる**〈同条6項〉。この請求があった日から5日以内に、その請求があった日から2週間以内の日を理事会の日とする理事会の招集の通知が発せられない場合は、その請求をした監事は、**理事会を招集することができる**〈同条7項〉。したがって、監事は、理事の業務執行が著しく不当であると認める場合であっても、直ちに理事会を招集することはできない。
　　合 ②分冊 p58 **3**〜　速 p354 **4**〜

エ 適切　監事は、理事が不正の行為をし、若しくは当該行為をするおそれがあると認めるとき、又は法令、規約、使用細則等、総会の決議若しくは**理事会の決議に違反する事実**若しくは著しく不当な事実があると認めるときは、遅滞なく、その旨を**理事会に報告しなければならない**〈標規(単)41条5項〉。
　　合 ②分冊 p58 **3**〜　速 p354 **4**〜

以上より、適切なものはア、エの二つであり、本問の正解肢は2となる。

正解 **2**（正解率48%）

肢別解答率　受験生はこう答えた！
① 6%
② 48%
③ 40%
④ 5%

難易度　難

19 役員

2022年度 問12　　　Check ☐☐☐　重要度 ▶ A

管理組合の監事に関する次の記述のうち、標準管理規約（単棟型）によれば、最も不適切なものはどれか。

1 　監事は、いつでも、理事及び管理組合の職員に対して業務の報告を求め、又は業務及び財産の状況の調査をすることができる。

2 　監事は、管理組合の業務の執行及び財産の状況について不正があると認めるときは、臨時総会を招集することができる。

3 　監事は、理事会に出席し、必要があると認めるときは、意見を述べなければならない。

4 　監事は、理事が不正の行為をし、若しくは当該行為をするおそれがあると認めるときは、直ちに、理事会を招集することができる。

1 **適切** 監事は、いつでも、理事及び管理組合の職員に対して**業務の報告を求め、又は業務及び財産の状況の調査をすることができる**〈標規（単）41条2項〉。

👉 **合** ②分冊 p58 **3**~ **速** p354 **4**~

2 **適切** 監事は、管理組合の業務の執行及び財産の状況について不正があると認めるときは、**臨時総会を招集**することができる〈標規（単）41条3項〉。

👉 **合** ②分冊 p58 **3**~ **速** p354 **4**~

3 **適切** 監事は、**理事会に出席**し、必要があると認めるときは、**意見を述べなければならない**〈標規（単）41条4項〉。

👉 **合** ②分冊 p58 **3**~ **速** p354 **4**~

4 **不適切** 監事は、理事が不正の行為をし、若しくは当該行為をするおそれがあると認めるとき、又は法令、規約、使用細則等、総会の決議若しくは理事会の決議に違反する事実若しくは著しく不当な事実があると認めるときは、遅滞なく、その旨を**理事会に報告**しなければならない〈標規（単）41条5項〉。この場合において、必要があると認めるときは、監事は、理事長に対し、**理事会の招集を請求**することができる〈同条6項〉。この請求があった日から**5日以内**に、その請求があった日から**2週間以内の日を理事会の日とする理事会の招集の通知が発せられない場合**は、その請求をした監事は、理事会を招集することができる〈同条7項〉。したがって、監事は、本肢の場合であっても、直ちに、理事会を招集することはできない。

👉 **合** ②分冊 p58 **3**~ **速** p354 **4**~

正解 4
（正解率82%）

肢別解答率 受験生はこう答えた！

1	5%
2	10%
3	4%
4	82%

難易度 易

⑳ 役員

2023年度 問35　　　*Check* ☐☐☐　重要度 ▶ **A**

管理組合の役員に関する次の記述のうち、標準管理規約（単棟型）によれば、適切なものはいくつあるか。

ア　組合員以外の者から理事又は監事を選任する場合の選任方法については細則で定める。

イ　理事は、管理組合に著しい損害を及ぼすおそれのある事実があることを発見したときは、直ちに、当該事実を理事長に報告しなければならない。

ウ　役員は、別に定めるところにより、役員としての活動に応ずる必要経費の支払と報酬を受けることができる。

エ　監事は、管理組合の業務の執行及び財産の状況について不正があると認めるときは、理事長に対し、直ちに、理事会の招集を請求しなければならない。

1 一つ

2 二つ

3 三つ

4 四つ

ア 適切 組合員以外の者から理事又は監事を選任する場合の選任方法については細則で定める〈標規(単)35条4項〉。
☞ 合 ②分冊 p58 ❸〜 速 p349 ❸〜

イ 不適切 理事は、管理組合に著しい損害を及ぼすおそれのある事実があることを発見したときは、直ちに、当該事実を監事に報告しなければならない〈標規(単)40条2項〉。
☞ 合 ②分冊 p58 ❸〜 速 p354 ❹〜

ウ 適切 役員は、別に定めるところにより、役員としての活動に応ずる必要経費の支払と報酬を受けることができる〈標規(単)37条2項〉。
☞ 合 ②分冊 p58 ❸〜 速 p349 ❸〜

エ 不適切 監事は、管理組合の業務の執行及び財産の状況について不正があると認めるときは、臨時総会を招集することができる〈標規(単)41条3項〉。
☞ 合 ②分冊 p58 ❸〜 速 p354 ❹〜

以上より、適切なものはア、ウの二つであり、本問の正解肢は2となる。

正解 ②
（正解率 43%）

肢別解答率 受験生はこう答えた！
① 37%
② 43%
③ 16%
④ 4%

難易度 難

㉑ 役員

2024年度 問32　　　*Check* ☐☐☐　重要度 ▶ A

管理組合の役員に関する次の記述のうち、**標準管理規約（単棟型）**によれば、**最も不適切なもの**はどれか。

1 禁錮以上の刑に処せられても、その執行を終わり、又はその執行を受けることがなくなった日から5年を経過していれば、役員になることは可能である。

2 組合員である理事が転出、死亡その他の事情により任期途中で欠けた場合に対応するため、あらかじめ組合員から補欠の理事を定めて、理事会の決議で選任することができる旨を管理規約に規定することができる。

3 役員が、管理組合と利益相反取引（直接取引又は間接取引）をしようとするときは、理事会において、当該取引につき重要な事実を開示し、その承認を受けなければならない。

4 理事長は、総会の決議によって、理事のうちから選任する。

42　　**LEC**東京リーガルマインド　2025年版 出る順管理業務主任者 分野別過去問題集　②分冊

1 適切 禁錮以上の刑に処せられ、その執行を終わり、又はその執行を受けることがなくなった日から**5年を経過しない者**は、役員となることができない〈標規（単）36条の2第2号〉。したがって、禁錮以上の刑に処せられても、その執行を終わり、又はその執行を受けることがなくなった日から5年を経過していれば、役員になることは可能である。

☞ 合 ②分冊 p58 **3**〜 速 p349 **3**〜

2 適切 役員が任期途中で欠けた場合に備えて、**規約において**、あらかじめ補欠を定めておくことができる旨規定するなど、補欠の役員の選任方法について定めておくことが望ましい〈標規（単）コ36条関係④〉。また、組合員である役員が転出、死亡その他の事情により任期途中で欠けた場合には、組合員から補欠の役員を理事会の決議で選任することができると、**規約に規定する**こともできる〈同コ36条関係④〉。したがって、組合員である理事が転出、死亡その他の事情により任期途中で欠けた場合に対応するため、あらかじめ組合員から補欠の理事を定めて、理事会の決議で選任することができる旨を管理規約に規定することは可能である。

☞ 合 ②分冊 p58 **3**〜 速 p349 **3**〜

3 適切 役員は、利益相反取引をしようとする場合には、**理事会**において、当該取引につき**重要な事実を開示**し、その**承認を受けなければならない**〈標規（単）37条の2〉。

☞ 合 ②分冊 p58 **3**〜 速 p349 **3**〜

4 不適切 理事長、副理事長及び会計担当理事は、**理事会の決議**によって、理事のうちから選任し、又は解任する〈標規（単）35条3項〉。

☞ 合 ②分冊 p58 **3**〜 速 p349 **3**〜

正解 **4**
（正解率80%）

肢別解答率
受験生はこう答えた！

1	10%
2	5%
3	6%
4	80%

難易度 **易**

22 総会

2020年度 問31　　　Check ☐☐☐　重要度 ▶ A

マンションの共用部分の工事における総会の決議要件に関する次の記述のうち、標準管理規約の定めによれば、最も不適切なものはどれか。

1　各住戸の玄関扉の一斉交換工事には、出席組合員の議決権の過半数の賛成が必要である。

2　マンションの耐震改修工事のために、1階の全ての柱下部を切断し、その箇所に免震部材を挿入する工事には、組合員総数の4分の3以上及び議決権総数の4分の3以上の賛成が必要である。

3　下水道が完備されたため、不要となった浄化槽を撤去する工事には、組合員全員の合意が必要である。

4　エントランスホールの一部を集会室に変更する工事には、組合員総数の4分の3以上及び議決権総数の4分の3以上の賛成が必要である。

44　**LEC**東京リーガルマインド　2025年版 出る順管理業務主任者 分野別過去問題集　②分冊

1 適切　玄関扉等の一斉交換工事は、**出席組合員の議決権の過半数による総会の決議**によって行う〈標規(単)コ 47 条関係⑥ク〉。
👉 合 ②分冊 p67 **4**～ 速 p357 **5**～

2 適切　本肢の耐震改修工事は、1 階の柱下部を切断するなどするもので、共用部分の変更（その形状又は効用の著しい変更を伴わないものを除く。）にあたる。したがって、これを行うには、**総会において、組合員総数の 4 分の 3 以上及び議決権総数の 4 分の 3 以上で決する**〈標規(単)47 条 3 項 2 号〉。
👉 合 ②分冊 p67 **4**～ 速 p357 **5**～

3 不適切　既に不要となったダストボックスや高置水槽等の撤去工事は、**出席組合員の議決権の過半数による総会の決議**によって行う〈標規(単)コ 47 条関係⑥ク〉。
👉 合 ②分冊 p67 **4**～ 速 p357 **5**～

4 適切　本肢の工事は、エントランスホールの一部を集会室に変更するもので、共用部分の変更（その形状又は効用の著しい変更を伴わないものを除く。）にあたる。したがって、これを行うには、**総会において、組合員総数の 4 分の 3 以上及び議決権総数の 4 分の 3 以上で決する**〈標規(単)47 条 3 項 2 号〉。
👉 合 ②分冊 p67 **4**～ 速 p357 **5**～

正解 **3**
（正解率 **91%**）

肢別解答率
受験生はこう答えた！

肢	解答率
1	4%
2	4%
3	91%
4	1%

難易度 **易**

㉓ 総会

2020年度 問32　　Check ☐☐☐　重要度 ▶ A

総会に出席することができる者に関する次の記述のうち、区分所有法及び標準管理規約の定めによれば、最も不適切なものはどれか。

1 数人の共有に属する場合の住戸で、議決権を行使する者として選任され理事長に届け出た者以外の当該住戸の区分所有者

2 修繕積立金の値上げが議題になっている場合の賃借人

3 区分所有者から議決権行使の委任状を受け取った当該区分所有者の配偶者

4 共同利益背反行為により、賃借人に対する専有部分の引渡し請求訴訟が議題になっている場合の当該賃借人

46　**LEC**東京リーガルマインド　2025年版 出る順管理業務主任者 分野別過去問題集　②分冊

[1] 適切　住戸1戸が数人の共有に属する場合、その議決権行使については、これら共有者をあわせて一の組合員とみなす〈標規(単)46条2項〉。また、一の組合員とみなされる者は、議決権を行使する者1名を選任し、その者の氏名をあらかじめ総会開会までに理事長に届け出なければならない〈同条3項〉。そのため、議決権行使の前提となる総会の出席権も、この届出のあった1名の共有者のみが有すると解されている。もっとも、その他の共有者も組合員であるから、**標準管理規約（単棟型）45条1項の理事会の承認を経ずに、総会の招集者又は議長の裁量によって、共有者を2名以上出席させることとしても差し支えないと解されている。**
☞ 合 ②分冊 p67 4～　速 p357 5～

[2] 不適切　**区分所有者の承諾を得て専有部分を占有する者**は、会議の目的につき利害関係を有する場合には、総会に出席して意見を述べることができる〈標規(単)45条2項前段〉。賃借人は、修繕積立金を負担しないので、本肢の会議の目的につき**利害関係を有していない**。したがって、本肢の賃借人は、総会に出席することはできない。
☞ 合 ②分冊 p67 4～　速 p357 5～

[3] 適切　組合員が代理人により議決権を行使しようとする場合において、その代理人は、①**その組合員の配偶者**（婚姻の届出をしていないが事実上婚姻関係と同様の事情にある者を含む。）又は一親等の親族、②その組合員の住戸に同居する親族、③他の組合員でなければならない〈標規(単)46条5項〉。したがって、本肢の配偶者は、区分所有者の代理人として、総会に出席することができる。
☞ 合 ②分冊 p67 4～　速 p357 5～

[4] 適切　**区分所有者の承諾を得て専有部分を占有する者**は、会議の目的につき利害関係を有する場合には、総会に出席して意見を述べることができる〈標規(単)45条2項前段〉。本肢の会議の目的は占有者に対する引渡し請求をすることであり、賃借人は**利害関係を有する**といえる。したがって、本肢の賃借人は、総会に出席することができる。
☞ 合 ②分冊 p67 4～　速 p357 5～

正解 [2]（正解率84％）

肢別解答率　受験生はこう答えた！
[1] 11%
[2] 84%
[3] 2%
[4] 3%

難易度　易

24 総会

2021年度 問36 Check ☐☐☐ 重要度 ▶ A

総住戸数 96（この中には、1人で2住戸を所有する区分所有者が6人おり、それ以外に2人で1住戸を共有する住戸が3つ含まれる。）の甲マンションにおける総会に関する次のア〜エの記述のうち、標準管理規約（単棟型）によれば、不適切なものはいくつあるか。ただし、議決権については1住戸1議決権の定めがあるものとする。

ア 総会開催のための招集通知書は、最低93部が必要である。

イ 総会の会議は、出席する組合員の議決権数の合計が49以上でなければ成立しない。

ウ 理事長に対し会議の目的を示して総会の招集を請求するためには、組合員数18以上及び議決権数20以上の同意が必要である。

エ 総会で規約変更の決議をするためには、組合員数68以上及び議決権数72以上の賛成が必要である。

1 一つ
2 二つ
3 三つ
4 四つ

48　LEC東京リーガルマインド　2025年版 出る順管理業務主任者 分野別過去問題集　②分冊

住戸1戸が数人の共有に属する場合、これらの共有者をあわせて一の組合員とみなす。したがって、本問の**組合員総数は90**である。また、**議決権総数は96**である。

ア 　**不適切**　総会を招集するためには、少なくとも会議を開く日の2週間前（会議の目的が建替え決議又はマンション敷地売却決議であるときは2か月前）までに、会議の目的、場所（WEB会議システム等を用いて会議を開催するときは、その開催方法）及び目的を示して、**組合員**に通知を発しなければならない〈標規（単）43条1項〉。組合員総数は90であるから、総会の招集の通知は、最低90部あれば足りる。

☞ 合 ②分冊 p67 **4**~ 速 p357 **5**~

イ 　**不適切**　総会の会議（WEB会議システム等を用いて開催する会議を含む。）は、**議決権総数の半数以上を有する組合員**が出席しなければならない〈標規（単）47条1項〉。本問の総会の議決権総数は96であるから、48（96×1/2＝48）以上の議決権を有する組合員が出席することで、総会の会議は成立する。

☞ 合 ②分冊 p67 **4**~ 速 p357 **5**~

ウ 　**適切**　組合員が**組合員総数の5分の1以上及び議決権総数の5分の1以上**に当たる組合員の同意を得て、会議の目的を示して総会の招集を請求した場合には、理事長は、2週間以内にその請求があった日から4週間以内の日（会議の目的が建替え決議又はマンション敷地売却決議であるときは、2か月と2週間以内の日）を会日とする臨時総会の招集の通知を発しなければならない〈標規（単）44条1項〉。本問の組合員総数は90であり、議決権総数は96であるから、総会の招集を請求するには、組合員数18（90×1/5＝18）以上及び議決権数20（96×1/5＝19.2）以上の同意が必要である。

☞ 合 ②分冊 p67 **4**~ 速 p357 **5**~

エ 　**適切**　規約の制定、変更又は廃止に関する総会の議事は、**組合員総数の4分の3以上及び議決権総数の4分の3以上**で決する〈標規（単）47条3項1号〉。本問の組合員総数は90であり、議決権総数は96であるから、総会で規約変更の決議をするためには、組合員数68（90×3/4＝67.5）以上及び議決権数72（96×3/4＝72）以上の賛成が必要である。

☞ 合 ②分冊 p67 **4**~ 速 p357 **5**~

以上より、不適切なものはア、イの二つであり、本問の正解肢は2となる。

正解 ②
（正解率51%）

肢別解答率
受験生はこう答えた！

1	25%
2	51%
3	19%
4	4%

難易度 **普**

㉕ 総会

2024年度 問31　Check ☐☐☐　重要度 ▶ A

総会の招集に関する次の記述のうち、標準管理規約（単棟型）によれば、最も不適切なものはどれか。

1 　総会の招集通知には、会議の日時、場所及び目的を示す必要があり、会議の目的が規約の変更であるときは、その議案の要領をも示す必要がある。

2 　総会の招集通知は、対象物件内に居住する組合員及び通知のあて先の届出のない組合員に対しては、その内容を所定の掲示場所に掲示することをもって、これに代えることができる。

3 　建替え決議又はマンション敷地売却決議以外を目的とする総会を招集する場合、少なくとも会議を開く日の1週間前までに、組合員に対し、総会の招集通知をしなければならない。

4 　建替え決議又はマンション敷地売却決議を目的とする総会を招集する場合、少なくとも会議を開く日の1か月前までに、当該招集の際に通知すべき事項について、組合員に対し説明を行うための説明会を開催しなければならない。

50　　LEC東京リーガルマインド　2025年版 出る順管理業務主任者 分野別過去問題集　②分冊

1 適切　総会を招集するには、少なくとも会議を開く日の2週間前（会議の目的が建替え決議又はマンション敷地売却決議であるときは2か月前）までに、会議の日時、場所（WEB会議システム等を用いて会議を開催するときは、その開催方法）及び目的を示して、組合員に通知を発しなければならない〈標規(単)43条1項〉。総会の招集の通知をする場合において、**会議の目的が規約の制定、変更又は廃止であるときは、その議案の要領をも通知しなければならない**〈同条4項、47条3項1号〉。

👉 速 p357 **5**〜

2 適切　総会の招集の通知は、**対象物件内に居住する組合員及び総会の招集の通知の宛先の届出のない組合員**に対しては、その内容を所定の掲示場所に掲示することをもって、これに代えることができる〈標規(単)43条3項〉。

👉 合 ②分冊 p67 **4**〜　速 p357 **5**〜

3 不適切　総会を招集するには、少なくとも会議を開く日の**2週間前**（会議の目的が建替え決議又はマンション敷地売却決議であるときは2か月前）までに、会議の日時、場所（WEB会議システム等を用いて会議を開催するときは、その開催方法）及び目的を示して、組合員に通知を発しなければならない〈標規(単)43条1項〉。

👉 合 ②分冊 p67 **4**〜　速 p357 **5**〜

4 適切　建替え決議又はマンション敷地売却決議を目的とする総会を招集する場合、少なくとも会議を開く日の**1か月前**までに、当該招集の際に通知すべき事項について組合員に対し説明を行うための**説明会**を開催しなければならない〈標規(単)43条7項〉。

👉 速 p357 **5**〜

正解 **3**　（正解率65%）

肢別解答率　受験生はこう答えた！

肢	解答率
1	1%
2	16%
3	65%
4	17%

難易度　普

㉖ 総会

2024年度 問33　　　Check ☐☐☐　重要度 ▶ A

総会の会議及び議事に関する次の記述のうち、標準管理規約（単棟型）によれば、適切なものはいくつあるか。

ア　総会の会議は、組合員総数の半数以上の組合員が出席しなければならない。

イ　規約の変更に関する総会の議事は、組合員総数の3分の2以上及び議決権総数の3分の2以上で決する。

ウ　総会においては、招集通知によりあらかじめ通知した事項についてのみ、決議することができる。

エ　管理費の額については、出席組合員の議決権の過半数で決する。

1 一つ
2 二つ
3 三つ
4 四つ

52　**LEC**東京リーガルマインド　2025年版 出る順管理業務主任者 分野別過去問題集　②分冊

ア **不適切** 総会の会議（WEB会議システム等を用いて開催する会議を含む。）は、**議決権総数の半数以上を有する組合員が出席しなければならない**〈標規(単)47条1項〉。
　☞ 合 ②分冊 p67 **4**〜　速 p357 **5**〜

イ **不適切** 規約の制定、変更又は廃止に関する総会の議事は、**組合員総数の4分の3以上及び議決権総数の4分の3以上**で決する〈標規(単)47条3項1号〉。
　☞ 合 ②分冊 p67 **4**〜　速 p357 **5**〜

ウ **適切** 総会においては、総会の招集の通知により**あらかじめ通知した事項についてのみ**、決議することができる〈標規(単)47条10項〉。
　☞ 合 ②分冊 p67 **4**〜

エ **適切** 管理費等及び使用料の額並びに賦課徴収方法については、**総会の決議を経**なければならない〈標規(単)48条6号〉。この総会の決議は、**出席組合員の議決権の過半数**で決する〈同47条2項〉。
　☞ 合 ②分冊 p67 **4**〜　速 p357 **5**〜

以上より、適切なものはウ、エの二つであり、本問の正解肢は2となる。

正解 2（正解率45%）

肢別解答率 受験生はこう答えた！
1　12%
2　45%
3　40%
4　3%

難易度 **難**

27 理事会

2018年度 問31　　　*Check* ☐☐☐　重要度 ▶ B

理事会に関する次の取扱いのうち、標準管理規約によれば、最も適切なものはどれか。

1 　出席が予定されていた理事が急病になったので、理事会の決議によって、その配偶者の出席を認め、議決権を代理行使してもらった。

2 　組合員から、給排水管の改修を伴う浴室の改修工事についての「専有部分修繕等工事申請書」が提出されたので、理事の過半数の承諾を得て、電磁的方法により承認の決議をした。

3 　海外出張のため出席できない理事に対して、理事会の決議によって、議決権行使書により議決権を行使してもらった。

4 　不正が明らかになった会計担当理事の役職を解くため、入院中で出席できない理事に対して、理事会の決議によって、委任状により議決権を行使してもらった。

1 **不適切** 理事の代理出席（議決権の行使を含む。）を、**規約において認める明文の規定がない場合に認めることは適当でない**〈標規（単）コ53条関係②〉。したがって、理事会の決議により、理事会において、理事の配偶者の出席を認め、理事の配偶者による議決権の代理行使を認めることはできない。
☞ 合 ②分冊 p82 5～ 速 p370 6～

2 **適切** 区分所有者は、その専有部分について、修繕等であって共用部分又は他の専有部分に影響を与えるおそれのあるものを行おうとするときは、あらかじめ、理事長にその旨を申請し、書面による承認を受けなければならない〈標規（単）17条1項〉。理事長は、この申請について、理事会の決議により、その承認又は不承認を決定しなければならない〈同条3項〉。この理事会の決議は、**理事の過半数の承諾があるとき**は、書面又は電磁的方法による決議によることができる〈同53条2項〉。本肢の場合、理事の過半数の承認があるので、電磁的方法により承認の決議をすることができる。
☞ 合 ②分冊 p82 5～ 速 p370 6～

3 **不適切** 理事がやむを得ず欠席する場合には、代理出席によるのではなく、事前に議決権行使書又は意見を記載した書面を出せるようにすることが考えられる。これを認める場合には、理事会に出席できない理事が、あらかじめ通知された事項について、書面をもって表決することを認める旨を、**規約の明文の規定で定めることが必要である**〈標規（単）コ53条関係④〉。したがって、理事会の決議により、議決権行使書による議決権行使を認めることはできない。
☞ 合 ②分冊 p82 5～ 速 p370 6～

4 **不適切** 理事の代理出席（議決権の行使を含む。）を、**規約において認める明文の規定がない場合に認めることは適当でない**〈標規（単）コ53条関係②〉。したがって、理事会の決議によっては、議決権の代理行使をさせることはできない。
☞ 合 ②分冊 p82 5～ 速 p370 6～

正解 2
（正解率 46%）

肢別解答率 受験生はこう答えた！
1 21%
2 46%
3 20%
4 14%

難易度 **難**

28 理事会

2021年度 問31 Check ☐☐☐ 重要度 ▶ B

甲マンションにおいて、理事会に出席できない理事の取扱い等に関する次の記述のうち、標準管理規約（単棟型）によれば、最も適切なものはどれか。なお、甲マンションの管理規約は、標準管理規約（単棟型）と同一の定めがあるものとし、そのコメントに基づく別段の定めはないものとする。

1 外国に出張中で理事会に出席できない理事がいたが、議長（理事長）一任の委任状の提出を求めた。

2 議題が「長期修繕計画の変更案について」と既に決まっていたため、理事会に出席できない理事には議決権行使書の提出を求めた。

3 専有部分の改良工事の申請について、理事会に出席できない理事がいたため、電磁的方法による決議をしようとしたとき、監事は電磁的方法について反対したが、理事の過半数の承諾があったので、当該申請について電磁的方法により理事会で決議した。

4 病気で入院中の理事がいたので、その理事に代わって、その理事の配偶者に、理事会への出席と決議への参加を求めた。

56 LEC東京リーガルマインド 2025年版 出る順管理業務主任者 分野別過去問題集 ②分冊

1 不適切 理事は、総会で選任され、組合員のため、誠実にその職務を遂行するものであるから、理事会には**本人**が出席して、議論に参加し、議決権を行使することが求められる〈標規（単）コ53条関係①〉。したがって、理事の代理出席（議決権の代理行使を含む。）を、**規約において認める旨の明文の規定がない場合に認めることは適当でない**〈同コ53条関係②〉。したがって、規約の定めなく、委任状の提出を求めることは適切でない。

☞ 合 ②分冊 p82 5～ 速 p370 6～

2 不適切 理事がやむを得ず欠席する場合には、代理出席によるのではなく、事前に議決権行使書又は意見を記載した書面を出せるようにすることが考えられる。これを認める場合には、理事会に出席できない理事が、あらかじめ通知された事項について、書面をもって表決することを認める旨を、**規約の明文の規定で定めることが必要である**〈標規（単）コ53条関係④〉。したがって、規約の定めなく、議決権行使書の提出を求めることは適切でない。

☞ 合 ②分冊 p82 5～ 速 p370 6～

3 適切 専有部分の修繕等に係る承認又は不承認については、**理事の過半数の承諾**があるときは、書面又は電磁的方法による決議によることができる〈標規（単）53条2項、54条1項5号、17条〉。本肢の場合、理事の過半数の承諾があるので、監事が反対したとしても、電磁的方法による決議によることができる。

☞ 合 ②分冊 p82 5～ 速 p370 6～

4 不適切 理事は、総会で選任され、組合員のため、誠実にその職務を遂行するものであるから、理事会には**本人**が出席して、議論に参加し、議決権を行使することが求められる〈標規（単）コ53条関係①〉。したがって、理事の代理出席（議決権の代理行使を含む。）を、**規約において認める旨の明文の規定がない場合に認めることは適当でない**〈同コ53条関係②〉。したがって、規約の定めなく、理事の配偶者に理事会への出席と決議への参加を求めることは適切でない。

☞ 合 ②分冊 p82 5～ 速 p370 6～

正解 3
（正解率 63%）

肢別解答率 受験生はこう答えた！
1　3%
2　23%
3　63%
4　10%

難易度 普

㉙ 理事会

2022年度 問31　　　Check ☐☐☐　重要度 ▶ **B**

理事会に関する次の記述のうち、標準管理規約（単棟型）によれば、適切なものはいくつあるか。

ア　会計担当理事の会計担当の職を解くことは、出席理事の過半数により決することができる。

イ　ＷＥＢ会議システムを用いて理事会を開催する場合は、当該理事会における議決権行使の方法等を、規約や細則において定めなければならない。

ウ　理事会の議事録については、議長及び議長の指名する2名の理事会に出席した理事がこれに署名しなければならない。

エ　総会提出議案である収支予算案は、理事の過半数の承諾があるときは、電磁的方法により決議することができる。

1 一つ

2 二つ

3 三つ

4 なし

ア **適切** 理事長、副理事長及び**会計担当理事**は、**理事会の決議によって、理事のうちから選任し、又は解任する**〈標規(単)35条3項〉。理事会の会議（WEB会議システム等を用いて開催する会議を含む。）は、理事の半数以上が出席しなければ開くことができず、その議事は**出席理事の過半数**で決する〈同53条1項〉。したがって、会計担当理事の会計担当の職を解くことは、出席理事の過半数により決することができる。

👉 合 ②分冊 p58 **3**~ 速 p349 **3**~

イ **不適切** WEB会議システム等を用いて開催する理事会を開催する場合は、当該理事会における議決権行使の方法等を、**規約や細則において定めることも考えられる**〈標規(単)コメント53条関係⑤〉ものの、これらを定めることは義務づけられてはいない。

👉 合 ②分冊 p82 **5**~ 速 p370 **6**~

ウ **適切** 理事会の議事録には、議事の経過の要領及びその結果を記載し、**議長及び議長の指名する2名の理事会に出席した理事**がこれに**署名**しなければならない〈標規(単)53条4項、49条2項〉。

👉 合 ②分冊 p82 **5**~ 速 p370 **6**~

エ **不適切** 専有部分の修繕等、敷地及び共用部分等の保存又は窓ガラス等の改良についての承認又は不承認については、**理事の過半数の承諾**があるときは、書面又は電磁的方法による決議によることができる〈標規(単)53条2項〉。収支予算案につき、書面又は電磁的方法による決議によることはできない。

👉 合 ②分冊 p82 **5**~ 速 p370 **6**~

以上より、適切なものはア、ウの二つであり、本問の正解肢は2となる。

正解 2（正解率43%）

肢別解答率 受験生はこう答えた！
① 11%
② 43%
③ 44%
④ 2%

難易度 **難**

③⓪ 会計

2017年度 問12

Check ☐☐☐　重要度 ▶ **A**

標準管理規約によれば、管理費等に関する次の記述のうち、最も不適切なものはどれか。

1 管理費等の負担割合を定めるに当たっては、共用部分等の使用頻度等は勘案しない。

2 管理組合は、目的を問わず、必要な範囲内において借入れをすることができる。

3 収支決算の結果、管理費に余剰を生じた場合には、その余剰は翌年度における管理費に充当する。

4 管理費等の額については、各区分所有者の共用部分の共有持分に応じて算出する。

1 適切 管理費等の負担割合を定めるに当たっては、**使用頻度等は勘案しない**〈標規（単）コ 25 条関係①〉。
　☞ 合 ②分冊 p44 ②〜　速 p335 ②〜

2 不適切 管理組合は、**標準管理規約（単棟型）28 条 1 項に定める業務を行うため必要な範囲内において**、借入れをすることができる〈標規（単）63 条〉。
　☞ 合 ②分冊 p97 ②〜　速 p382 ②〜

3 適切 収支決算の結果、管理費に余剰を生じた場合には、その余剰は**翌年度における管理費に充当する**〈標規（単）61 条 1 項〉。
　☞ 合 ②分冊 p97 ②〜　速 p382 ②〜

4 適切 管理費等の額については、**各区分所有者の共用部分の共有持分に応じて**算出する〈標規（単）25 条 2 項〉。
　☞ 合 ②分冊 p44 ②〜　速 p335 ②〜

正解 **2**（正解率93％）

肢別解答率 受験生はこう答えた！
1　1％
2　93％
3　3％
4　3％

難易度 **易**

31 会計

2018年度 問12

Check ☐☐☐ 重要度 ▶ **A**

管理組合の会計等における理事長の職務に関する次の記述のうち、標準管理規約によれば、最も不適切なものはどれか。

1 毎会計年度の収支予算案を通常総会に提出し、その承認を得なければならない。

2 会計年度の開始後、収支予算案が通常総会で承認を得るまでの間に、通常の管理に要する経費のうち、経常的であり、かつ、収支予算案が通常総会で承認を得る前に支出することがやむを得ないと認められるものについては、理事会の承認を得ずに支出を行うことができる。

3 収支予算を変更しようとするときは、その案を臨時総会に提出し、その承認を得なければならない。

4 毎会計年度の収支決算案を監事の会計監査を経て、通常総会に報告し、その承認を得なければならない。

1 適切 理事長は、毎会計年度の収支予算案を**通常総会に提出し、その承認を得な
ければならない**〈標規(単)58条1項〉。
合 ②分冊 p91 **1**~ 速 p378 **1**~

2 不適切 理事長は、会計年度の開始後、収支予算案につき通常総会による承認
を得るまでの間に、通常の管理に要する経費のうち、経常的であり、かつ、通常
総会による承認を得る前に支出することがやむを得ないと認められるものについ
て、支出が必要となった場合には、**理事会の承認を得て**その支出を行うことがで
きる〈標規(単)58条3項1号〉。
合 ②分冊 p91 **1**~ 速 p378 **1**~

3 適切 収支予算を変更しようとするときは、理事長は、その案を**臨時総会に提出
し、その承認を得なければならない**〈標規(単)58条2項〉。
合 ②分冊 p91 **1**~ 速 p378 **1**~

4 適切 理事長は、毎会計年度の収支決算案を監事の会計監査を経て、**通常総会
に報告し、その承認を得なければならない**〈標規(単)59条〉。
合 ②分冊 p91 **1**~ 速 p378 **1**~

正解 2
（正解率90%）

肢別解答率 受験生はこう答えた！
1 3%
2 90%
3 4%
4 4%

難易度 **易**

32 会計

2019年度 問12 Check ☐☐☐ 重要度 ▶ A

区分所有者が負担する管理費及び修繕積立金に関する次の記述のうち、標準管理規約（単棟型）によれば、最も不適切なものはどれか。

1 管理組合は、官公署との渉外業務に要する経費を負担してはならない。

2 管理組合は、共用部分等に係る火災保険料、地震保険料その他の損害保険料を支払うため、修繕積立金を取り崩して充当してはならない。

3 管理組合は、マンション管理業者に対する管理委託業務費を支払うため、修繕積立金を取り崩して充当してはならない。

4 管理組合は、一定年数の経過ごとに計画的に行う修繕に関する経費を金融機関からの借入金で賄った場合においては、当該借入金の償還に充てるため、修繕積立金を取り崩すことができる。

1 不適切 管理費は、標準管理規約（単棟型）32条に規定する**管理組合の業務に要する費用**（修繕積立金を充当すべき経費を除く。）に充当する〈標規(単)27条11号〉。ここで、管理組合は、**官公署、町内会等との渉外業務を行う**〈同32条11号〉。したがって、管理組合は、官公署との渉外業務に要する経費を負担することができる。

合 ②分冊 p44 **2**〜　速 p335 **2**〜

2 適切 管理費は、**共用部分等に係る火災保険料、地震保険料その他の損害保険料**に充当する〈標規(単)27条5号〉。したがって、管理組合は、本肢の損害保険料には管理費を充当し、修繕積立金を取り崩して充当してはならない。

合 ②分冊 p44 **2**〜　速 p335 **2**〜

3 適切 管理費は、**委託業務費**に充当する〈標規(単)27条8号〉。したがって、管理組合は、本肢の管理委託業務費には管理費を充当し、修繕積立金を取り崩して充当してはならない。

合 ②分冊 p44 **2**〜　速 p335 **2**〜

4 適切 管理組合は、**一定年数の経過ごとに計画的に行う修繕の経費に充てるため借入れをしたときは、修繕積立金をもってその償還に充てることができる**〈標規(単)28条4項、1項1号〉。

合 ②分冊 p44 **2**〜　速 p335 **2**〜

正解 **1**（正解率91％）

肢別解答率　受験生はこう答えた！
1　91％
2　4％
3　1％
4　4％

難易度　**易**

33 会計

2020年度 問12

Check ☐☐☐　重要度 ▶ A

管理組合の会計等に関する次の記述のうち、標準管理規約の定めによれば、最も適切なものはどれか。

1 管理組合は、通常の管理に要する経費の支払いに不足が生じた場合には、理事長は、理事会の決議を経て、業務を行うため必要な範囲内の借入れをすることができる。

2 管理組合は、収支決算の結果、管理費に余剰を生じた場合には、その余剰は修繕積立金として積み立てなければならない。

3 管理組合は、管理費等に不足を生じた場合には、総会の決議により、組合員に対して共用部分の共有持分に応じて、その都度必要な金額の負担を求めることができる。

4 理事長は、毎会計年度の収支決算案について、やむを得ない場合には、通常総会での承認後に会計監査を受けることができる。

1 **不適切** 管理組合は、**標準管理規約（単棟型）28条1項に定める特別の管理にあたる業務を行うため必要な範囲内において、借入れをすることができる**〈標規(単)63条〉。したがって、通常の管理に要する経費の支払に不足が生じた場合には、借入れをすることはできない。
☞ 合 ②分冊 p44 **2**〜 速 p335 **2**〜

2 **不適切** 収支決算の結果、管理費に余剰を生じた場合には、その余剰は**翌年度における管理費に充当する**〈標規(単)61条1項〉。
☞ 合 ②分冊 p97 **2**〜 速 p382 **2**〜

3 **適切** 管理費等に不足を生じた場合には、管理組合は組合員に対して、各区分所有者の共用部分の共有持分に応じた負担割合により、**その都度必要な金額の負担を求めることができる**〈標規(単)61条2項、25条2項〉。この際、総会の決議を要するか否かは争いのあるところであるが、いずれにしても、総会の決議を経ていれば、問題は生じない。したがって、管理組合は、管理費等に不足が生じた場合には、総会の決議により、組合員に対して共用部分の共有持分に応じて、その都度必要な金額の負担を求めることができる。
☞ 合 ②分冊 p97 **2**〜 速 p382 **2**〜

4 **不適切** 理事長は、毎会計年度の収支決算案を**監事の会計監査を経て**、通常総会に報告し、その承認を得なければならない〈標規(単)59条〉。したがって、監事の会計監査は、通常総会の承認後に受けることはできない。
☞ 合 ②分冊 p91 **1**〜 速 p378 **1**〜

正解 **3**
（正解率91%）

肢別解答率 受験生はこう答えた！
1　3%
2　3%
3　91%
4　3%

難易度 **易**

34 会計

2021年度 問12　Check ☐☐☐　重要度 ▶ A

管理組合の会計等に関する次の記述のうち、標準管理規約（単棟型）によれば、不適切なものはいくつあるか。

ア　預金口座に係る印鑑等の保管にあたっては、適切な取扱い方法を検討し、その取扱いについて総会の承認を得て細則等に定めておくことが望ましい。

イ　理事会の議決事項の中には、収支決算案、事業報告案、収支予算案及び事業計画案がある。

ウ　災害等により総会の開催が困難である場合に、応急的な修繕工事の実施等を理事会で決議したときには、理事会は、当該工事の実施に充てるための修繕積立金の取崩しについて決議できるが、資金の借入れについては決議できない。

エ　修繕積立金の保管及び運用方法を決めるにあたっては、理事会の決議だけで足り、総会の決議は不要である。

1　一つ

2　二つ

3　三つ

4　四つ

68　LEC東京リーガルマインド　2025年版 出る順管理業務主任者 分野別過去問題集　②分冊

ア 適切 預金口座に係る印鑑等の保管に当たっては、施錠の可能な場所（金庫等）に保管し、印鑑の保管と鍵の保管を理事長と副理事長に分けるなど、**適切な取扱い方法を検討し、その取扱いについて総会の承認を得て細則等に定めておくことが望ましい**〈標規（単）コ62条関係〉。
☞ 合 ②分冊 p91 **1**〜 速 p382 **2**〜

イ 適切 理事会は、**収支決算案、事業報告案、収支予算案及び事業計画案**を決議する〈標規（単）54条1項1号〉。
☞ 合 ②分冊 p82 **5**〜 速 p370 **6**〜

ウ 不適切 理事会は、災害等により総会の開催が困難である場合における応急的な修繕工事の実施等を決議する〈標規（単）54条1項12号〉。理事会は、この決議をした場合においては、当該決議に係る応急的な修繕工事の実施に充てるための**資金の借入れ及び修繕積立金の取崩し**について決議することができる〈同条2項〉。
☞ 合 ②分冊 p82 **5**〜 速 p370 **6**〜

エ 不適切 修繕積立金の保管及び運用方法については、**総会の決議**を経なければならない〈標規（単）48条7号〉。
☞ 合 ②分冊 p67 **4**〜 速 p357 **5**〜

以上より、不適切なものはウ、エの二つであり、本問の正解肢は2となる。

35 会計

2022年度 問13　Check ☐☐☐　重要度 ▶ A

管理組合の会計等に関する次の記述のうち、標準管理規約（単棟型）によれば、最も不適切なものはどれか。

1 　理事長は、管理組合の会計年度の開始後、通常総会において収支予算案の承認を得るまでの間に、通常の管理に要する経費のうち、経常的であり、かつ、通常総会において収支予算案の承認を得る前に支出することがやむを得ないと認められるものについては、理事会の承認を得て支出を行うことができ、当該支出は収支予算案による支出とみなされる。

2 　駐車場使用料収入は、当該駐車場の管理に要する費用に充てるほか、修繕積立金として積み立てる。

3 　収支決算の結果、管理費に余剰を生じた場合には、その余剰は翌年度における管理費に充当する。

4 　管理組合の会計処理に関する細則の変更は、総会の特別多数決議を経なければならない。

70　**LEC**東京リーガルマインド　2025年版 出る順管理業務主任者 分野別過去問題集 ②分冊

1 適切　理事長は、管理組合の会計年度の開始後、通常総会における収支予算案の承認を得るまでの間に、通常の管理に要する経費のうち、経常的であり、かつ、通常総会における収支予算案の承認を得る前に支出することがやむを得ないと認められるものの支出が必要となった場合には、**理事会の承認**を得てその支出を行うことができる〈標規（単）58条3項1号〉。この支出は、通常総会において収支予算案の承認を得たときは、**当該収支予算案による支出とみなす**〈同条4項〉。
合 ②分冊 p91 **1**〜　速 p378 **1**〜

2 適切　駐車場使用料その他の敷地及び共用部分等に係る使用料は、それらの管理に要する費用に充てるほか、**修繕積立金**として積み立てる〈標規（単）29条〉。
合 ②分冊 p44 **2**〜　速 p335 **2**〜

3 適切　収支決算の結果、**管理費に余剰**を生じた場合には、その余剰は翌年度における**管理費に充当**する〈標規（単）61条1項〉。
合 ②分冊 p97 **2**〜　速 p382 **2**〜

4 不適切　規約及び使用細則等の制定、変更又は廃止については、総会の決議を経なければならない〈標規（単）48条1号〉。**使用細則等の制定、変更又は廃止**の総会の決議は、**出席組合員の議決権の過半数**で決し〈同47条2項〉、特別多数決議を経る必要はない。
合 ②分冊 p67 **4**〜　速 p357 **5**〜

正解 4
（正解率82%）

肢別解答率　受験生はこう答えた！

1	10%
2	5%
3	4%
4	82%

難易度　**易**

㊱ 会計

2022年度 問30

Check ☐☐☐ 重要度 ▶ **A**

次の記述のうち、標準管理規約（単棟型）によれば、修繕積立金を取り崩して充当することができるものとして最も適切なものはどれか。

1 建物の建替えに係る合意形成に必要となる事項の調査に要する経費に充当する場合

2 共用部分の階段のすべり止めに数箇所の剥離が生じたため、その補修費に充当する場合

3 共用部分に係る火災保険料に充当する場合

4 ＷＥＢ会議システムを用いて理事会を開催するため、パソコン数台を購入する費用に充当する場合

1 適切　建物の建替え及びマンション敷地売却に係る合意形成に必要となる事項の調査には、**修繕積立金**を取り崩して充当することができる〈標規（単）28条1項4号〉。
☞ 合 ②分冊 p44 **2**～　速 p335 **2**～

2 不適切　**経常的な補修費**には、**管理費**を充当する〈標規（単）27条6号〉。
☞ 合 ②分冊 p44 **2**～　速 p335 **2**～

3 不適切　共用部分等に係る火災保険料、地震保険料その他の**損害保険料**には、**管理費**を充当する〈標規（単）27条5号〉。
☞ 合 ②分冊 p44 **2**～　速 p335 **2**～

4 不適切　**備品費、通信費その他の事務費**には、**管理費**を充当する〈標規（単）27条4号〉。パソコンは、管理組合の備品となるから、これを購入する費用には管理費を充当する。
☞ 合 ②分冊 p44 **2**～　速 p335 **2**～

	肢別解答率	
正解 **1**（正解率86%）	受験生はこう答えた！	**1** 86% **2** 11% **3** 1% **4** 1%

難易度　**易**

37 会計

2024年度 問30　　　*Check* ☐☐☐　重要度 ▶ **B**

会計等に関する理事長の次の説明のうち、標準管理規約（単棟型）によれば、不適切なものはいくつあるか。

ア　大規模修繕工事に必要な費用の借入は、総会の普通決議により行うことができますし、その償還は、積み立てられた修繕積立金を充てることができます。

イ　管理費に余剰が生じた場合には、その余剰は修繕積立金に充当します。

ウ　修繕積立金については、管理費とは区分して経理しなければなりません。

エ　駐車場使用料を管理費及び修繕積立金とは区分して経理をするためには、管理規約の改正が必要です。

1　一つ

2　二つ

3　三つ

4　なし

ア **適切** 一定年数の経過ごとに計画的に行う修繕に要する経費に充てるための資金の借入れについては、**総会の決議**を経なければならない〈標規(単)48条10号〉。この総会の決議は、普通決議、すなわち、出席組合員の議決権の過半数で行う〈同47条2項〉。また、管理組合は、上記経費に充てるため借入れをしたときは、修繕積立金をもってその**償還**に**充てることができる**〈同28条4項〉。

☞ 合 ②分冊 p44 2~、②分冊 p77 4 9　速 p335 2~、p364 5 7

イ **不適切** 収支決算の結果、管理費に余剰を生じた場合には、その余剰は**翌年度における管理費**に充当する〈標規(単)61条1項〉。

☞ 合 ②分冊 p97 2~　速 p382 2~

ウ **適切** 修繕積立金については、管理費とは**区分して経理**しなければならない〈標規(単)28条5項〉。

☞ 合 ②分冊 p44 2~　速 p335 2~

エ **適切** 駐車場使用料その他の敷地及び共用部分等に係る使用料は、それらの管理に要する費用に充てるほか、**修繕積立金として積み立てる**〈標規(単)29条〉。駐車場使用料を管理費及び修繕積立金と区分して経理する場合、駐車場の管理に要する費用に充てた後の残額を修繕積立金と区分して経理して、修繕積立金として積み立てないことになることから、上記規定と抵触することになる。そのため、本肢のような区分経理を行う場合には、管理規約の改正が必要となる。

☞ 合 ②分冊 p44 2~　速 p335 2~

以上より、不適切なものはイの一つであり、本問の正解肢は1となる。

正解 1 (正解率 44%)

肢別解答率 受験生はこう答えた！
1 44%
2 42%
3 12%
4 2%

難易度 **難**

38 団地型

2017年度 問31 Check ☐☐☐ 重要度 ▶ C

ともに専有部分のある建物であるA棟及びB棟の2棟からなる団地に関する次の記述のうち、マンション標準管理規約（団地型）及びマンション標準管理規約（団地型）コメント（平成28年3月31日国土動指第91号・国住マ第77号。国土交通省土地・建設産業局長・同住宅局長通知。）の定めによれば、最も不適切なものはどれか。

1 A棟の外壁タイル剥離の全面補修工事の実施及びそれに充てるためのA棟の各棟修繕積立金の取崩しには、A棟の棟総会の決議が必要である。

2 B棟の建替えに係る合意形成に必要となる事項の調査の実施及びその経費に充当するためのB棟の各棟修繕積立金の取崩しには、B棟の棟総会の決議が必要である。

3 A棟の区分所有者Cに対し、区分所有法第59条の競売請求の訴えを提起するには、A棟の棟総会の決議が必要である。

4 B棟の建物の一部が滅失した場合、その共用部分を復旧するには、B棟の棟総会の決議が必要である。

76 **LEC**東京リーガルマインド 2025年版 出る順管理業務主任者 分野別過去問題集 ②分冊

1 不適切
各棟の共用部分について、一定年数の経過ごとに計画的に行う修繕や、不測の事故その他特別の事由により必要となる修繕の実施及びそれに充てるための各棟修繕積立金の取崩しについては、**団地総会の決議**を経なければならない〈標規(団)50条10号、29条1項1号、2号〉。したがって、本肢の場合、A棟の棟総会の決議は必要でない。

合 ②分冊 p112 ②～　速 p392 ①～

2 適切
建替え等に係る合意形成に必要となる事項の調査の実施及びその経費に充当する場合の各棟修繕積立金の取崩しについては、**棟総会の決議**を経なければならない〈標規(団)72条6号〉。したがって、本肢の場合、B棟の棟総会の決議が必要である。

合 ②分冊 p115 ③～　速 p392 ①～

3 適切
区分所有法59条1項に規定する競売請求の訴えの提起については、**棟総会の決議**を経なければならない〈標規(団)72条2号〉。本肢の場合、A棟の棟総会の決議が必要である。

合 ②分冊 p115 ③～　速 p392 ①～

4 適切
建物の一部が滅失した場合の滅失した棟の共用部分の復旧については、**棟総会の決議**を経なければならない〈標規(団)72条3号〉。本肢の場合、B棟の棟総会の決議が必要である。

合 ②分冊 p115 ③～　速 p392 ①～

正解 1 （正解率27%）

肢別解答率 受験生はこう答えた！
1 27%
2 29%
3 20%
4 24%

難易度 難

39 団地型

2019年度 問30　　Check ☐☐☐　重要度 ▶ B

次の記述のうち、標準管理規約（団地型）の定めによれば、団地総会の決議を必要とせず、棟総会の決議のみで決することができる事項はどれか。

1 各棟修繕積立金の保管及び運用方法

2 棟を同一規模の建物に建て替える場合の建替え決議の承認

3 各棟の階段及び廊下の補修工事

4 建物の一部が滅失した場合の滅失した棟の共用部分の復旧

78　**LEC**東京リーガルマインド　2025年版 出る順管理業務主任者 分野別過去問題集　②分冊

1 団地総会の決議を必要とする
団地修繕積立金及び各棟修繕積立金の保管及び運用方法については、**団地総会の決議を経なければならない**〈標規(団)50条7号〉。
☞ 合 ②分冊 p112 **2**~ 速 p392 **1**~

2 団地総会の決議を必要とする
区分所有法69条1項の場合の建替えの承認決議は、**団地総会の決議を経なければならない**〈標規(団)50条12号〉。
☞ 合 ②分冊 p112 **2**~ 速 p392 **1**~

3 団地総会の決議を必要とする
各棟の共用部分についての一定年数の経過ごとに計画的に行う修繕の実施については、団地総会の決議を経なければならない〈標規(団)50条10号〉。したがって、各棟の階段及び廊下の補修工事については、**団地総会の決議を経なければならない**。

4 棟総会の決議のみで決することができる
建物の一部が滅失した場合の滅失した棟の共用部分の復旧については、**棟総会の決議を経なければならない**〈標規(団)72条3号〉。
☞ 合 ②分冊 p115 **3**~ 速 p392 **1**~

正解 **4**（正解率39%）

肢別解答率 受験生はこう答えた！
1 9%
2 8%
3 44%
4 39%

難易度 **難**

40 団地型

2021年度 問29　　　*Check* ☐☐☐　重要度 ▶ **C**

団地の雑排水管等の管理及び更新工事に関する次の記述のうち、標準管理規約（団地型）によれば、適切なものはいくつあるか。

ア　全棟の雑排水管の高圧洗浄に要する費用は、その年度の事業計画・予算の承認を得ていれば、管理費から支出することができる。

イ　各棟の雑排水管の立て管及び継手部分の更新工事に要する費用は、各棟修繕積立金から支出することができない。

ウ　新築時から全棟の全住戸に設置されている給湯器ボイラーの一斉取替えに要する費用は、管理組合の普通決議により、団地修繕積立金から支出することができる。

エ　集会所の雑排水管の更新工事に要する費用は、管理組合の普通決議により、団地修繕積立金から支出することができる。

1 一つ

2 二つ

3 三つ

4 四つ

ア 適切 管理費は、共用設備の保守維持費及び運転費に充当する〈標規（団）27条3号〉。配管の清掃等に要する費用については、第27条第3号の**「共用設備の保守維持費」として管理費を充当すること**が可能である〈同コ21条関係⑦〉。

イ 不適切 各棟修繕積立金は、**それぞれの棟の共用部分の一定年数の経過ごとに計画的に行う修繕に要する経費**に充当することができる〈標規（団）29条1項1号〉。ここで、各棟の雑排水管の立て管及び継手部分は、**棟の共用部分である**〈別表第2〉から、これらの更新工事に要する費用には、各棟修繕積立金を充てることができる。

👉 合 ②分冊 p112 2〜

ウ 不適切 団地修繕積立金は、**土地、附属施設及び団地共用部分の特別の管理に要する経費**に充当する〈標規（団）28条1項〉。全住戸に設置されている給湯器ボイラーは**専有部分である**から、その取替えに要する費用に、団地修繕積立金を充てることはできない。

👉 合 ②分冊 p112 2〜

エ 適切 団地修繕積立金は、**土地、附属施設及び団地共用部分の一定年数の経過ごとに計画的に行う修繕に要する経費**に充当することができる〈標規（団）28条1項1号〉。ここで、集会所は**団地共用部分である**〈別表第2〉から、その雑排水管の更新工事に要する費用には、団地修繕積立金を充てることができる。

👉 合 ②分冊 p112 2〜

以上より、適切なものはア、エの二つであり、本問の正解肢は2となる。

正解 2
（正解率57%）

肢別解答率
受験生はこう答えた！

1	14%
2	57%
3	25%
4	4%

難易度 **普**

41 複合用途型

2019年度 問32　Check □□□　重要度 ▶ B

複合用途型マンションに関する次の記述のうち、標準管理規約（複合用途型）によれば、最も適切なものはどれか。（改題）

1 管理組合は、区分所有者が納入する費用について、全体管理費、住宅一部管理費、店舗一部管理費及び全体修繕積立金の4つに区分して経理しなければならない。

2 駐車場使用料は、その管理に要する費用に充てるほか、全体修繕積立金、住宅一部修繕積立金又は店舗一部修繕積立金として積み立てる。

3 新たに店舗部分の区分所有者となった者は、店舗として使用する場合の営業形態及び営業行為について書面で届け出なければ、組合員の資格を取得することができない。

4 管理組合には、その意思決定機関として、住宅部分の区分所有者で構成する住宅部会及び店舗部分の区分所有者で構成する店舗部会を置かなければならない。

82　LEC東京リーガルマインド 2025年版 出る順管理業務主任者 分野別過去問題集 ②分冊

第3編 マンション標準管理規約

1 不適切　管理組合は、**全体管理費、住宅一部管理費、店舗一部管理費、全体修繕積立金、住宅一部修繕積立金、店舗一部修繕積立金**ごとにそれぞれ区分して経理しなければならない〈標規(複)32条〉。
　☞ 合 ②分冊 p118 **1**〜　速 p394 **2**〜

2 適切　駐車場使用料その他の敷地及び共用部分等に係る使用料は、それらの管理に要する費用に充てるほか、**全体修繕積立金、住宅一部修繕積立金又は店舗一部修繕積立金として積み立てる**〈標規(複)33条〉。

3 不適切　組合員の資格は、**区分所有者となったときに取得し**、区分所有者でなくなったときに喪失する〈標規(複)34条〉。したがって、新たに店舗部分の区分所有者となった者は、本肢の届出をすることなく、組合員の資格を取得する。

4 不適切　管理組合は、住戸部分の区分所有者で構成する住宅部会及び店舗部分の区分所有者で構成する店舗部会を置く〈標規(複)60条1項〉。住宅部会及び店舗部会は、**管理組合の意思を決定する機関ではない**〈同コ60条関係①〉。
　☞ 合 ②分冊 p122 **3**〜　速 p394 **2**〜

正解 2（正解率76%）

肢別解答率　受験生はこう答えた！
1　9%
2　76%
3　5%
4　10%

難易度　**易**

42 その他

2018年度 問37　　Check ☐☐☐　重要度 ▶ C

標準管理規約に定める、マンションの管理に外部専門家を活用する場合の次の記述のうち、最も不適切なものはどれか。（改題）

1　「理事・監事外部専門家型」とは、理事会管理方式において、理事や監事に外部専門家が加わり、理事会の運営面の不全の改善を図るものであり、外部役員の選任・解任規定、役員の欠格要件、外部役員の業務執行のチェック体制について規約の規定等の整備が必要である。

2　「理事長外部専門家型」とは、理事会管理方式において、理事長に外部専門家が加わるものであり、理事長の選任・解任規定、理事長の業務執行に関する理事会の監督体制について規約の規定等の整備が必要である。

3　「外部管理者・理事会監督型」とは、理事長が管理者を兼任することを撤廃し、外部専門家による管理者管理方式をとるものであり、理事会が監事的立場となり、管理者の業務執行を直接に監視するものである。

4　「外部管理者・総会監督型」とは、理事会制度を撤廃し、管理者管理方式をとるもので、管理者及び監事を外部専門家が担当し、各区分所有者は、総会を通じた監督にとどまることから管理の負担は最も軽減される。

84　**LEC**東京リーガルマインド　2025年版 出る順管理業務主任者 分野別過去問題集　②分冊

1 適切　「理事・監事外部専門家型」とは、**理事会を設け、役員に外部専門家を選任する方式**である。理事会の運営面の不全を改善を図るためにとられる方式である。この方式をとる場合、外部役員の選任・解任規定、役員の欠格要件、外部役員の業務執行のチェック体制について規約の規定等の整備が必要となる〈標規(単)別添1〉。

2 適切　「理事長外部専門家型」とは、**理事会を設け、理事長に外部専門家を入れる方式**である。この方式をとる場合、理事長の選任・解任規定、理事長の業務執行に関する理事会の監督体制について規約の規定等の整備が必要となる〈標規(単)別添1〉。

3 適切　「外部管理者・理事会監督型」とは、**理事長が管理者を兼任することを撤廃し、理事長とは別に、外部専門家を管理者に選任する方式**である。この方式をとる場合、理事会が監事的立場となり、管理者の業務執行を直接に監視することを想定している〈標規(単)別添1〉。

4 不適切　「外部管理者・総会監督型」とは、**理事会を設けずに、外部専門家を管理者に選任する方式**である。この方式では、**区分所有者から監事を選任して、管理者の業務執行を監視する**とともに、総会でも管理者の業務執行を監督することを想定している〈標規(単)別添1〉。

正解 **4**（正解率 **73%**）

肢別解答率 受験生はこう答えた！
肢	解答率
1	1%
2	4%
3	22%
4	73%

難易度　**易**

43 その他

2018年度 問38　　*Check* ☐☐☐　重要度 ▶ **B**

専有部分の範囲に関する次の記述のうち、標準管理規約によれば、不適切なものはいくつあるか。

ア　天井、床及び壁は、躯体の中心線から内側が専有部分である。

イ　玄関扉は、錠及び内部塗装部分のみが専有部分である。

ウ　窓枠は専有部分に含まれないが、窓ガラスは専有部分である。

エ　雨戸又は網戸は、専有部分に含まれない。

1　一つ

2　二つ

3　三つ

4　四つ

86　**LEC**東京リーガルマインド　2025年版 出る順管理業務主任者 分野別過去問題集　②分冊

| ア | 不適切 | 天井、床及び壁は、**躯体部分を除く部分**を専有部分とする〈標規(単)7条2項1号〉。 |

☞ 合 ②分冊 p10 **2**~ 速 p310 **1**~

| イ | 適切 | 玄関扉は、**錠及び内部塗装部分**を専有部分とする〈標規(単)7条2項2号〉。 |

☞ 合 ②分冊 p10 **2**~ 速 p310 **1**~

| ウ | 不適切 | 窓枠及び窓ガラスは、**専有部分に含まれない**〈標規(単)7条2項3号〉。 |

☞ 合 ②分冊 p10 **2**~ 速 p310 **1**~

| エ | 適切 | 雨戸又は網戸がある場合は、標準管理規約(単棟型)7条2項3号に追加するとされ〈標規(単)コ7条関係④〉、雨戸又は網戸は、窓枠及び窓ガラスと同様に、**専有部分に含まれない**。 |

☞ 合 ②分冊 p10 **2**~ 速 p310 **1**~

以上より、不適切なものはア、ウの二つであり、本問の正解肢は2となる。

44 その他

2019年度 問29　　　Check ☐☐☐　重要度 ▶ A

次のア～オのうち、標準管理規約（単棟型）の定めによれば、共用部分の範囲に属するものはいくつあるか。

ア　インターネット通信設備

イ　雑排水管の配管継手

ウ　集合郵便受箱

エ　トランクルーム

オ　給湯器ボイラー

1 二つ
2 三つ
3 四つ
4 五つ

ア 属する　インターネット通信設備は、**共用部分の範囲に属する**〈標規(単)別表第2〉。
　　👉 合 ②分冊 p10 **2**~　速 p311 **2**~

イ 属する　雑排水管の配管継手及び立て管は、**共用部分の範囲に属する**〈標規(単)別表第2〉。
　　👉 合 ②分冊 p10 **2**~　速 p311 **2**~

ウ 属する　集合郵便受箱は、**共用部分の範囲に属する**〈標規(単)別表第2〉。
　　👉 合 ②分冊 p10 **2**~　速 p311 **2**~

エ 属する　トランクルームは、**共用部分の範囲に属する**〈標規(単)別表第2〉。
　　👉 合 ②分冊 p10 **2**~　速 p311 **2**~

オ 属しない　メーターボックス（給湯器ボイラー等の設備を除く。）は、共用部分の範囲に属する〈標規(単)別表第2〉。したがって、給湯器ボイラーは、**共用部分の範囲に属しない**。
　　👉 合 ②分冊 p10 **2**~　速 p311 **2**~

以上より、共用部分の範囲に属するものはア、イ、ウ、エの四つであり、本問の正解肢は3となる。

正解 3　（正解率 64%）
肢別解答率　受験生はこう答えた！
1　4%
2　24%
3　64%
4　8%
難易度　普

45 その他

2024年度 問34

Check ☐☐☐ 重要度 ▶ B

管理組合の業務に関する次の記述のうち、標準管理規約（単棟型）によれば、不適切なものはいくつあるか。

ア 管理組合は、官公署、町内会等との渉外業務を行う。

イ 管理組合は、マンション及び周辺の風紀、秩序及び安全の維持、防災並びに居住環境の維持及び向上に関する業務を行う。

ウ 管理組合は、建替え等に係る合意形成に必要となる事項の調査に関する業務を行う。

エ 管理組合は、修繕積立金の運用を行う。

1 一つ
2 二つ
3 三つ
4 なし

ア 適切 管理組合は、建物並びにその敷地及び附属施設の管理のため、**官公署、町内会等との渉外業務**を行う〈標規(単)32条11号〉。
👉 合 ②分冊 p53 **1**〜 速 p347 **2**〜

イ 適切 管理組合は、建物並びにその敷地及び附属施設の管理のため、マンション及び周辺の**風紀、秩序及び安全の維持、防災並びに居住環境の維持及び向上に関する業務**を行う〈標規(単)32条12号〉。
👉 合 ②分冊 p53 **1**〜 速 p347 **2**〜

ウ 適切 管理組合は、建物並びにその敷地及び附属施設の管理のため、**建替え等に係る合意形成**に必要となる事項の調査に関する業務を行う〈標規(単)32条4号〉。
👉 合 ②分冊 p53 **1**〜 速 p347 **2**〜

エ 適切 管理組合は、建物並びにその敷地及び附属施設の管理のため、**修繕積立金の運用**を行う〈標規(単)32条10号〉。
👉 合 ②分冊 p53 **1**〜 速 p347 **2**〜

以上より、不適切なものはなく、本問の正解肢は4となる。

正解 4
（正解率73%）

肢別解答率 受験生はこう答えた！
1　17%
2　7%
3　3%
4　73%

難易度　**易**

46 総合

2018年度 問30　Check ☐☐☐　重要度 ▶ A

甲マンションに居住している組合員Aが死亡し、同居する妻Bと、甲マンションの近隣に住む子Cが共同相続した場合に関する次の記述のうち、標準管理規約によれば、最も適切なものはどれか。

1　総会の招集通知を発するときは、BとCの両方に対して発しなければならない。

2　Cが議決権を行使する者としての届出をしたときは、Bは、議決権を行使することができない。

3　BとCが議決権を行使する者の届出をしなかったときは、BとCは、その相続分に応じて議決権を行使することができる。

4　Cは、甲マンションに現に居住している組合員ではないので、管理組合の役員になることはできない。

1 **不適切** 専有部分が数人の共有に属するときは、集会の招集の通知は、**議決権を行使すべき者（その者がないときは、共有者の1人）**にすれば足りる〈区35条2項〉。したがって、BとCの両方に対して総会の招集の通知を発することは義務づけられない。
☞ 合 ①分冊 p310 **2**〜 速 p250 **2**〜

2 **適 切** 住戸1戸が数人の共有に属する場合、その議決権行使については、これら共有者をあわせて1の組合員とみなし〈標規(単)46条2項〉、1の組合員とみなされる者は、**議決権を行使する者1名を選任し**、その者の氏名をあらかじめ総会開会までに理事会に届け出なければならない〈同条3項〉。**選任されなかった者は、議決権を行使することができなくなる**。本肢の場合、Cが議決権を行使する者であり、Bは、議決権を行使することができない。
☞ 合 ②分冊 p67 **4**〜 速 p357 **5**〜

3 **不適切** 住戸1戸が数人の共有に属する場合、その議決権行使については、これら共有者を**あわせて1の組合員とみなす**〈標規(単)46条2項〉。したがって、B及びCは、1の組合員とみなされ、**BとCが、その相続分に応じて議決権を行使することはできない**。
☞ 合 ②分冊 p67 **4**〜 速 p357 **5**〜

4 **不適切** 理事及び監事は、総会の決議によって、**組合員のうちから選任する**〈標規(単)35条2項〉。したがって、理事及び監事は、**マンションに現に居住している組合員から選任する必要はない**。Cは、Aが有していた区分所有権を相続しており、組合員であるから、必要な手続を経て、管理組合の役員となることができる。
☞ 合 ②分冊 p58 **3**〜 速 p349 **3**〜

正解 2
（正解率88%）

肢別解答率 受験生はこう答えた！
1: 3%
2: 88%
3: 3%
4: 6%

難易度 **易**

(47) 総合

2018年度 問33　Check ☐☐☐　重要度 ▶ A

次の表は、各項目について、A欄には区分所有法の原則的な内容、B欄には標準管理規約の原則的な内容をそれぞれ記載したものであるが、A欄、B欄の内容の組み合わせとして、最も不適切なものは次の1～4のうちどれか。

	項目	A欄	B欄
1	集会（総会）の招集通知の発信日（会議の目的が、建替え決議又はマンション敷地売却決議である場合を除く。）	会日より少なくとも1週間前に発しなければならない	少なくとも会議を開く日の2週間前までに発しなければならない
2	共用部分の負担の割合	壁その他の区画の内側線で囲まれた部分の水平投影面積による専有部分の床面積の割合	界壁の中心線で囲まれた部分の面積による専有部分の床面積の割合
3	集会（総会）の議事の普通決議要件	区分所有者及び議決権の各過半数	総組合員の議決権の過半数
4	集会（通常総会）の開催	少なくとも毎年1回招集しなければならない	毎年1回新会計年度開始以後2か月以内に招集しなければならない

94　**LEC**東京リーガルマインド　2025年版 出る順管理業務主任者 分野別過去問題集　②分冊

第3編 マンション標準管理規約

1 **適切**　区分所有法上、集会の招集の通知は、**会日より少なくとも1週間前に**、会議の目的たる事項を示して、各区分所有者に発しなければならない〈区35条1項〉。他方、標準管理規約上、総会を招集するには、**少なくとも会議を開く日の2週間前**（会議の目的が建替え決議又はマンション敷地売却決議であるときは2か月前）までに、会議の日時、場所（WEB会議システム等を用いて会議を開催するときは、その開催方法）及び目的を示して、組合員に通知を発しなければならない〈標規(単)43条1項〉。
☞ 合 ②分冊 p67 **4**〜 速 p357 **5**〜

2 **適切**　区分所有法上、共用部分の各共有者は、規約に別段の定めがない限りその持分に応じて、共用部分の負担に任じ、共用部分から生ずる利益を収取する〈区19条〉。共用部分の共有者の持分は、その有する専有部分の床面積の割合により〈区14条1項〉、「専有部分の床面積」は、**壁その他の区画の内側線で囲まれた部分の水平投影面積による**〈同条3項〉。他方、標準管理規約上、管理費等の額については、各区分所有者の共用部分の共有持分に応じて算出する〈標規(単)25条2項〉。共有持分の割合については、専有部分の床面積の割合により、この床面積は、**壁心計算（界壁の中心線で囲まれた部分の面積を算出する方法をいう。）**による〈同コ10条関係①〉。
☞ 合 ②分冊 p14 **1**〜 速 p314 **1**〜

3 **不適切**　区分所有法上、集会の議事は、区分所有法又は規約に別段の定めがない限り、**区分所有者及び議決権の各過半数**で決する〈区39条1項〉。他方、標準管理規約上、総会の議事は、**出席組合員の議決権の過半数**による〈標規(単)47条2項〉。
☞ 合 ②分冊 p67 **4**〜 速 p357 **5**〜

4 **適切**　区分所有法上、管理者がある場合、管理者は、**少なくとも毎年1回集会を**招集しなければならない〈区34条2項〉。他方、標準管理規約上、理事長は、通常総会を、**毎年1回新会計年度開始以後2か月以内に**招集しなければならない〈標規(単)42条3項〉。
☞ 合 ②分冊 p67 **4**〜 速 p357 **5**〜

正解 ③
（正解率54%）

肢別解答率
受験生はこう答えた！

肢	解答率
1	13%
2	24%
3	54%
4	9%

難易度 **普**

総合

48 総合

2018年度 問35　Check ☐☐☐　重要度 ▶ A

マンションにおける平穏な居住環境の維持を目的として、暴力団員（暴力団員による不当な行為の防止等に関する法律第2条第6号に規定する暴力団員をいう。以下同じ。）への専有部分の貸与を禁止する場合等における次の記述のうち、区分所有法の規定、標準管理規約及び判例によれば、最も不適切なものはどれか。

1 組合員が、その専有部分を賃貸する場合、契約の相手方が暴力団員でないこと及び契約後に暴力団員にならないことを確約することを、当該賃貸借契約に定めなければならない。

2 組合員が、その専有部分を賃貸する場合、契約の相手方が暴力団員であることが判明したときには、管理組合は、相当の期間を定めた催告後、区分所有者に代理して解約権を行使することができることを、当該賃貸借契約に定めなければならない。

3 組合員が所有する専有部分を暴力団組長に賃貸した場合、常時暴力団員が出入りするなど、居住者の日常生活に著しい障害を与えているときは、管理組合の管理者又は集会において指定された区分所有者は、区分所有法第60条に基づき、当該専有部分の占有者に弁明の機会を与え、当該賃貸借契約の解除及び専有部分の引渡しを請求することができる。

4 暴力団員である者又は暴力団員でなくなった日から5年を経過しない者は、管理組合の役員となることができない。

1 適切 区分所有者は、その専有部分を貸与する場合には、その貸与に係る契約に、**契約の相手方が暴力団員ではないこと及び契約後において暴力団員にならないことを確約する条項を定めなければならない**〈標規(単)19条の2第1項1号〉。
☞ 合 ②分冊 p31 **7**~　速 p327 **7**~

2 不適切 区分所有者は、その専有部分を貸与する場合には、その貸与に係る契約に、契約の相手方が暴力団員であることが判明した場合には、**何らの催告を要せずして**、区分所有者は当該契約を解約することができる旨の条項、区分所有者が上記の解約権を行使しないときは、管理組合は、区分所有者を代理して解約権を行使することができる旨の条項を定めなければならない〈標規(単)19条の2第1項2号、3号〉。
☞ 合 ②分冊 p31 **7**~　速 p327 **7**~

3 適切 占有者が区分所有者の共同の利益に反する行為をした場合又はその行為をするおそれがある場合において、**その行為による区分所有者の共同生活上の障害が著しく、他の方法によってはその障害を除去して共用部分の利用の確保その他の区分所有者の共同生活の維持を図ることが困難であるときは**、区分所有者の全員又は管理組合法人は、集会の決議に基づき、訴えをもって、当該行為に係る占有者が占有する専有部分の使用又は収益を目的とする契約の解除及びその専有部分の引渡しを請求することができる〈区60条1項〉。上記の集会の決議をするには、あらかじめ、**当該占有者に対し、弁明する機会を与えなければならない**〈同条2項、58条3項〉。また、**管理者又は集会において指定された区分所有者**は、集会の決議により、区分所有者の全員のために、上記の請求の訴訟を提起することができる〈区60条2項、57条3項〉。
☞ 合 ①分冊 p273 **6**~　速 p213 **6**~

4 適切 暴力団員等（暴力団員又は暴力団員でなくなった日から5年を経過しない者をいう。）は、役員となることができない〈標規(単)36条の2第3号〉。
☞ 合 ②分冊 p58 **3**~　速 p349 **3**~

正解 **2** （正解率 52%）

肢別解答率 受験生はこう答えた！
1　6%
2　52%
3　32%
4　11%

難易度 普

49 総合

2019年度 問41　Check ☐☐☐ 重要度 ▶ A

マンションの損害保険に関する次の記述のうち、区分所有法、地震保険に関する法律及び標準管理規約（単棟型）によれば、最も不適切なものはどれか。

1 　地震若しくは噴火又はこれらによる津波を直接又は間接の原因とする火災、損壊、埋没、流失による損害（政令で定めるものに限る。）をてん補する地震保険契約は、火災保険契約等特定の損害保険契約に附帯して締結される。

2 　共用部分に係る損害保険料は、各区分所有者が、その有する専有部分の床面積の割合に応じて負担するが、規約でこれと異なる定めをすることができる。

3 　理事長（管理者）は、共用部分に係る損害保険契約に基づく保険金額の請求及び受領について、区分所有者を代理する。

4 　共用部分について、損害保険契約をするか否かの決定を、理事会の決議により行う旨を規約で定めることはできない。

第3編 マンション標準管理規約

1 適切 地震保険契約とは、地震若しくは噴火又はこれらによる津波を直接又は間接の原因とする火災、損壊、埋没又は流失による損害（政令で定めるものに限る。）を政令で定める金額によりてん補するものであり〈地震保険に関する法律2条2項2号〉、**特定の損害保険契約に附帯して締結されるものである**〈同条項3号〉。

2 適切 各区分所有者は、**規約に別段の定めがない限り**その共用部分の持分に応じて、共用部分の負担に任じる〈区19条〉。「共用部分の持分」は、区分所有者の有する専有部分の床面積の割合による〈区14条1項〉。共用部分に係る損害保険料は、「共用部分の負担」にあたり、各区分所有者は、その有する専有部分の床面積の割合に応じて負担するが、規約でこれと異なる定めをすることができる。

☞ 合 ①分冊 p248 2〜　速 p192 2〜

3 適切 理事長は、**共用部分に係る損害保険契約に基づく保険金額の請求及び受領**につき、区分所有者を**代理する**〈標規（単）24条2項〉。

☞ 合 ②分冊 p36 1〜　速 p330 1〜

4 不適切 共用部分の管理に関する事項は、集会の決議で決する〈区18条1項本文〉が、**規約で別段の定めをすることができる**〈同条2項〉。損害保険契約をすることは、共用部分の管理に関する事項であるとみなされる〈同条4項〉から、規約で、これを理事会の決議により行う旨を定めることができる。

☞ 合 ①分冊 p248 2〜　速 p192 2〜

正解 4（正解率 69%）

肢別解答率 受験生はこう答えた！
1　5%
2　18%
3　8%
4　69%

難易度 普

50 総合

2021年度 問30　　Check ☐☐☐　重要度 ▶ B

次の記述のうち、標準管理規約（単棟型）又は標準管理規約（複合用途型）によれば、適切なものはいくつあるか。

ア　窓枠及び窓ガラスの一斉交換工事は、総会の普通決議により行うことができる。

イ　店舗用階段を店舗用エレベーターに変更する工事を行うためには、店舗部会の特別多数決議のみで足りる。

ウ　新築時から全戸に設置されている台所・浴室の換気扇の一斉取替えは、総会の普通決議により行うことができる。

エ　ＩＴ化工事に関し、既存のパイプスペースを利用して光ファイバー・ケーブルを敷設する工事は、総会の普通決議により行うことができる。

1 一つ
2 二つ
3 三つ
4 四つ

ア 適切 窓枠、窓ガラス、玄関扉等の一斉交換工事は、**総会の普通決議**によって行うことができる〈標規(単)コ47条関係⑥ク〉。
👉 合 ②分冊 p67 ❹〜 速 p357 ❺〜

イ 不適切 階段室部分を改造したり、建物の外壁に新たに外付けしたりして、**エレベーターを新たに設置**する工事は**総会の特別多数決議**により行うことができる〈標規(複)コ51条関係⑥ア〉。

ウ 不適切 専有部分の管理は、各区分所有者の判断で行う。ここで、専有部分の専用に供される設備のうち共用部分内にある部分以外のものは専有部分であり〈標規(単)7条3項〉、本肢の換気扇は専有部分であるから、これらの取替えは、総会の普通決議によっては行うことはできない。

エ 適切 IT化工事に関し、光ファイバー・ケーブルの敷設工事のうち、既存のパイプスペースを利用するなど**共用部分の形状に変更を加えることなく実施できるもの**は、**総会の普通決議**によって行うことができる〈標規(単)コ47条関係⑥オ〉。
👉 合 ②分冊 p67 ❹〜 速 p357 ❺〜

以上より、適切なものはア、エの二つであり、本問の正解肢は2となる。

正解 2 （正解率39%）

肢別解答率 受験生はこう答えた！
1 5%
2 39%
3 52%
4 4%

難易度 難

51 総合

2021年度 問38　　　*Check* ☐☐☐　重要度 ▶ **A**

次の記述のうち、区分所有法の規定、標準管理規約（単棟型）及び判例によれば、理事会の決議のみで行うことができるものはいくつあるか。

ア　管理組合の業務を委託するマンション管理業者を変更すること。

イ　組合員が利用していないマンションの屋上部分に、携帯電話基地局の設置を認めて、電信電話会社から賃料収益を得る契約を締結すること。

ウ　敷地及び共用の施設での禁煙細則案と、それに伴う規約の改正案を検討するために、別途の予算を要さずに組合員で構成される専門委員会を設置すること。

エ　管理者である理事長が1箇月入院することになったため、理事長と他の理事との職務を交代すること。

1 一つ

2 二つ

3 三つ

4 四つ

ア **できない** 組合管理部分に関する管理委託契約の締結については、**総会の決議**を経なければならない〈標規(単)48条16号〉。
　👉 合 ②分冊 p67 ❹〜　速 p357 ❺〜

イ **できない** 管理組合は、**総会の決議**を経て、敷地及び共用部分等（駐車場及び専用使用部分を除く。）の一部について、第三者に使用させることができる〈標規(単)16条2項〉。
　👉 合 ②分冊 p25 ❹〜　速 p322 ❹〜

ウ **できる** 理事会は、その責任と権限の範囲内において、専門委員会を設置し、特定の課題を調査又は検討させることができる〈標規(単)55条1項〉。
　👉 合 ②分冊 p82 ❺〜　速 p370 ❻〜

エ **できる** 理事長、副理事長及び会計担当理事は、理事会の決議によって、理事のうちから選任し、又は解任する〈標規(単)35条3項〉。理事会の決議による理事長の選任及び解任が可能であれば、本肢のような理事長と他の理事との職務を交代することも可能であると解される。
　👉 合 ②分冊 p58 ❸〜　速 p349 ❸〜

以上より、理事会の決議のみで行うことができるものはウ、エの二つであり、本問の正解肢は2となる。

正解 2（正解率72%）

肢別解答率　受験生はこう答えた！
1　18%
2　72%
3　8%
4　2%

難易度　**易**

52 総合

2022年度 問32

Check ☐☐☐ 重要度 ▶ A

マンション管理組合総会での議決権行使に関する議長の取扱いについての次の記述のうち、民法、標準管理規約（単棟型）、標準管理規約（団地型）及び標準管理規約（複合用途型）によれば、不適切なものはいくつあるか。

ア ２住戸を有する区分所有者が、同一議案について１住戸の議決権は反対し、他の１住戸の議決権は賛成する議決権行使書を提出したので、それらの議決権行使を認めた。

イ 団地総会において、当該団地１号棟の組合員Ａが当該団地５号棟の組合員Ｂを代理人とする委任状を提出したので、ＢによるＡの議決権行使を認めた。

ウ 全ての議案に「反対」の記載があり、当該区分所有者の署名はなされているが、押印がないため有効な議決権行使書として認めなかった。

エ 店舗の営業制限が議題になっているため、当該店舗区分所有者からの委任状を提出した弁護士に、弁護士であることを理由に議決権行使を認めた。

1 一つ
2 二つ
3 三つ
4 四つ

ア　不適切　1人の区分所有者の議案に対する意思は**1つの議案に対して1つである**から、2つの議決権を持っている場合、1つの議案に対し議決権の1つを賛成に投じ、他方の議決権を反対に投じるような議決権行使は**認められない**。

イ　適切　組合員が代理人により議決権を行使しようとする場合において、その代理人は、①その組合員の配偶者（婚姻の届出をしていないが事実上婚姻関係と同様の事情にある者を含む。）又は1親等の親族、②その組合員の住戸に同居する親族、③他の組合員のいずれかでなければならない〈標規（団）48条5項〉。Bは、5号棟の組合員で、「他の組合員」にあたり、Aの議決権行使の代理人になることができるので、その議決権行使を認めることは適切である。

ウ　不適切　議決権行使書とは、総会の開催前に、総会の招集者に提出する、各議案ごとの賛否を記載した書面をいう〈標規（単）コ46条関係⑥〉。議決権行使書の様式は、特に定められていない。本肢の議決権行使書は、**押印を欠く**ものであるが、**区分所有者の署名があり**、また、全ての議案に反対する旨の**賛否の記載はあるので、有効な議決権行使書**である。

👉 **合** ②分冊 p67 **4**〜　**速** p357 **5**〜

エ　不適切　組合員が代理人により議決権を行使しようとする場合において、その代理人は、①その組合員の**配偶者**（婚姻の届出をしていないが事実上婚姻関係と同様の事情にある者を含む。）**又は1親等の親族**、②その組合員の住戸に**同居する親族**、③**他の組合員**のいずれかでなければならない〈標規（複）50条5項〉。弁護士は、上記のいずれにもあたらず、組合員の議決権行使の代理人となることはできず、弁護士であることを理由に議決権行使を認めることはできない。

以上より、不適切なものはア、ウ、エの三つであり、本問の正解肢は3となる。

正解 3
（正解率57%）

肢別解答率
受験生はこう答えた！

1	8%
2	28%
3	57%
4	7%

難易度　普

53 総合

2023年度 問9　Check ☐☐☐　重要度 ▶ A

総会又は理事会の決議に関する次の記述のうち、標準管理規約（単棟型）によれば、最も不適切なものはどれか。

1 修繕積立金の保管及び運用方法は、総会の決議事項とされる。

2 管理費等及び使用料の額並びに賦課徴収方法は、総会の決議事項とされる。

3 役員活動費の額及び支払方法を決めるにあたっては、理事会の決議で足りる。

4 災害等により総会の開催が困難である場合に、応急的な修繕工事の実施等を理事会で決議したときには、当該工事の実施に伴い必要となる資金の借入れを決めるにあたっても理事会の決議で足りる。

1 **適切** 修繕積立金の保管及び運用方法については、**総会の決議**を経なければならない〈標規（単）48条7号〉。
👉 合 ②分冊 p67 **4**〜 速 p357 **5**〜

2 **適切** 管理費等及び使用料の額並びに賦課徴収方法については、**総会の決議**を経なければならない〈標規（単）48条6号〉。
👉 合 ②分冊 p67 **4**〜 速 p357 **5**〜

3 **不適切** 役員の選任及び解任並びに役員活動費の額及び支払方法については、**総会の決議**を経なければならない〈標規（単）48条2号〉。
👉 合 ②分冊 p67 **4**〜 速 p357 **5**〜

4 **適切** 理事会は、災害等により総会の開催が困難である場合における**応急的な修繕工事の実施等**を決議する〈標規（単）54条1項12号〉。**理事会**は、上記決議をした場合においては、当該決議に係る応急的な修繕工事の実施に充てるための**資金の借入れ及び修繕積立金の取崩し**について決議することができる〈同条2項〉。
👉 合 ②分冊 p36 **1**〜 速 p370 **6**〜

正解 3
（正解率 79%）

肢別解答率 受験生はこう答えた！
1　3%
2　1%
3　79%
4　17%

難易度 **易**

54 総合

2023年度 問28 | Check ☐☐☐ 重要度 ▶ **A**

専有部分の占有者等に関する次の記述のうち、標準管理規約（単棟型）によれば、最も適切なものはどれか。

1 総会の議題が専有部分でのペットの飼育を禁止にする件であったため、同居しているペットの飼い主である甥を代理人として議決権を行使させた。

2 管理費等相当額を家賃に含めて支払っている賃借人は、管理費等の値上げが総会の議題となっている場合でも、利害関係人として管理組合の会計帳簿の閲覧請求をすることができない。

3 水漏れ事故により、他の専有部分に対して物理的に又は機能上重大な影響を与えるおそれがあることから、理事長が調査をするために専有部分への立入りを請求しても、賃借人は、賃貸人である区分所有者の承諾がない限り当該専有部分への立入りを拒むことができる。

4 区分所有者は、専有部分を第三者に賃貸する場合には、規約及び使用細則に定める事項を賃借人に遵守させる旨を誓約する書面を管理組合に提出しなければならない。

108　LEC東京リーガルマインド　2025年版 出る順管理業務主任者 分野別過去問題集　②分冊

1 適切 組合員が代理人により総会の議決権を行使しようとする場合において、その代理人は、①その組合員の**配偶者**(婚姻の届出をしていないが事実上婚姻関係と同様の事情にある者を含む。)又は**1親等の親族**、②その組合員の住戸に**同居する親族**、③**他の組合員**でなければならない〈標規(単)46条5項〉。同居する甥は、②にあたり、議決権行使の代理人となることができる。

合 ②分冊 p67 **4**〜 速 p357 **5**〜

2 不適切 理事長は、**会計帳簿**、什器備品台帳その他の帳票類を作成して保管し、組合員又は**利害関係人の理由を付した書面による請求**があったときは、これらを**閲覧させなければならない**〈標規(単)64条1項〉。「利害関係人」とは、敷地、専有部分に対する担保権者、差押え債権者、**賃借人**、組合員からの媒介の依頼を受けた宅地建物取引業者等法律上の利害関係がある者をいい〈同コ64条関係①〉、賃借人は、利害関係人として、管理組合の会計帳簿の閲覧請求をすることができる。

合 ②分冊 p98 **3**〜 速 p384 **3**〜

3 不適切 敷地及び共用部分等の管理を行う者は、管理を行うために必要な範囲内において、他の者が管理する専有部分又は専用使用部分への立入りを請求することができる〈標規(単)23条1項〉。立入りを請求された者は、**正当な理由がなければこれを拒否してはならない**〈同条2項〉。

合 ②分冊 p36 **1**〜 速 p330 **1**〜

4 不適切 区分所有者は、その専有部分を第三者に貸与する場合においては、その貸与に係る契約に規約及び使用細則に定める事項を遵守する旨の条項を定めるとともに、**契約の相手方**に規約及び使用細則に定める事項を遵守する旨の誓約書を**管理組合に提出**させなければならない〈標規(単)19条2項〉。区分所有者は、本肢の書面を管理組合に提出することを義務づけられていない。

合 ②分冊 p31 **7**〜 速 p327 **7**〜

正解 **1**
(正解率 31%)

肢別解答率 受験生はこう答えた！
1 31%
2 28%
3 2%
4 38%

難易度 **難**

55 総合

2023年度 問37   Check ☐☐☐   重要度 ▶ A

管理規約違反行為、使用細則違反行為又は義務違反行為に関する次の記述のうち、区分所有法及び標準管理規約（単棟型）によれば、**不適切なものはいくつあるか**。

ア 管理規約上ペットの飼育が禁止されているマンションにおいて、住戸の賃借人がペットを飼育している場合、理事長は、理事会の決議を経て、賃貸人である区分所有者に対して警告をすることはできるが、当該賃借人に対して警告をすることはできない。

イ 区分所有者が、専有部分の使用細則に違反して、常習的に深夜に大音量でピアノの演奏をしていることから、当該行為の差止めを求めて訴訟を提起する場合には、総会の決議を経る必要がある。

ウ 区分所有者が共用部分の破壊行為を繰り返すなどして他の区分所有者の共同の利益に反する行為を行い、他の区分所有者の共同生活上の障害が著しいことから、訴えをもって当該区分所有者による専有部分の使用の禁止を請求する旨の集会の決議をするには、あらかじめ、当該区分所有者に対し、弁明する機会を与えなければならない。

エ 区分所有者に対し、管理規約違反行為の差止めを求める訴訟を提起する場合は、理事長は当該区分所有者に対して違約金としての弁護士費用を請求することができる。

1 一つ

2 二つ

3 三つ

4 なし

110   **LEC**東京リーガルマインド 2025年版 出る順管理業務主任者 分野別過去問題集 ②分冊

ア ｜不適切｜ 区分所有者若しくはその同居人又は**専有部分の貸与を受けた者**若しくはその同居人が、法令、規約又は使用細則等に違反したとき、又は対象物件内における共同生活の秩序を乱す行為を行ったときは、理事長は、**理事会の決議を経て****その区分所有者等**に対し、その是正等のため必要な**勧告又は指示若しくは警告**を行うことができる〈標規（単）67条1項〉。住戸の賃借人は、ペットを飼育しており、規約に違反しているので、理事長は、理事会の決議を経てその賃借人に対し、その是正等のため必要な勧告又は指示若しくは警告を行うことができる。

👉 ｜合｜②分冊 p102 **1**～ ｜速｜ p386 **1**～

イ ｜不適切｜ 区分所有者等が規約若しくは使用細則等に違反したとき、又は区分所有者等若しくは区分所有者等以外の第三者が敷地及び共用部分等において不法行為を行ったときは、理事長は、**理事会の決議**を経て、**行為の差止め**、排除又は原状回復のための必要な措置の請求に関し、管理組合を代表して、**訴訟その他法的措置を追行することができる**〈標規（単）67条3項1号〉。したがって、理事長は、理事会の決議を経て、使用細則に違反する行為をする区分所有者に対する行為の差止め請求に関し、管理組合を代表して、訴えを提起することができるので、総会の決議を経る必要はない。

👉 ｜合｜②分冊 p102 **1**～ ｜速｜ p386 **1**～

ウ ｜適切｜ 区分所有者が区分所有者の共同の利益に反する行為をした場合又はその行為をするおそれがある場合において、その行為による区分所有者の共同生活上の障害が著しく、共同の利益に反する行為の停止等の請求によってはその障害を除去して共用部分の利用の確保その他の区分所有者の共同生活の維持を図ることが困難であるときは、他の区分所有者の全員又は管理組合法人は、**集会の決議**に基づき、**訴えをもって**、相当の期間の当該行為に係る区分所有者による**専有部分の使用の禁止**を請求することができる〈区58条1項〉。上記の集会の決議をするには、あらかじめ、**当該区分所有者に対し、弁明する機会を与えなければならない**〈同条3項〉。

👉 ｜合｜①分冊 p269 **4**～ ｜速｜ p211 **4**～

エ ｜適切｜ 標準管理規約（単棟型）67条3項1号の規定に基づいて訴えを提起する場合、理事長は、請求の相手方に対し、**違約金としての弁護士費用**及び差止め等の諸費用を**請求することができる**〈標規（単）67条4項〉。したがって、標準管理規約（単棟型）67条3項1号の規定に基づいて、区分所有者に対し、管理規約違反行為の差止めを求める訴訟を提起した場合は、理事長は当該区分所有者に対して違約金としての弁護士費用を請求することができる。

👉 ｜合｜②分冊 p102 **1**～ ｜速｜ p386 **1**～

以上より、不適切なものはア、イの二つであり、本問の正解肢は2となる。

正解 2
（正解率47%）

肢別解答率
受験生はこう答えた！

1	33%
2	47%
3	18%
4	3%

難易度 **難**

56 総合

2024年度 問35　　Check ☐☐☐　重要度 ▶ A

マンションの専有部分又は共用部分の区分に関する次の記述のうち、標準管理規約（単棟型）によれば、適切なものの組合せはどれか。

ア　マンション内の雑排水管については、その管の敷設されている位置にかかわらず、一律に共用部分に分類される。

イ　住戸内の壁紙は区分所有者が自ら張り替えられるが、住戸間の界壁のコンクリート躯体部分については、区分所有者が自ら加工を施すことはできない。

ウ　住戸に接するバルコニーは共用部分に当たるが、住戸の専有部分と一体として取り扱うことが妥当であるため、接する住戸の区分所有者に専用使用権が認められる。

1 ア・イ
2 ア・ウ
3 イ・ウ
4 ア・イ・ウ

ア **不適切** 専有部分の専用に供される設備のうち共用部分内にある部分以外のものは、専有部分とする〈標規(単)7条3項〉。したがって、専有部分の専用に供される雑排水管のうち**共用部分内にある部分以外のもの**は、専有部分に分類され、その管の敷設されている位置にかかわらず、一律に共用部分に分類されるわけではない。

👉 合 ②分冊 p10❷～ 速 p311❷～

イ **適切** 天井、床及び壁は、**躯体部分を除く部分**を専有部分とする〈標規(単)7条2項1号〉。したがって、住戸内の壁紙は専有部分にあたるので、区分所有者は、これを自ら張り替えることができる。他方、躯体部分は、専有部分以外の建物の部分であるから共用部分であり、区分所有者が自ら加工を施すことはできない。

👉 合 ②分冊 p10❷～ 速 p310❶～

ウ **適切** バルコニーは、共用部分である〈標規(単)8条、別表第2〉。もっとも、**バルコニーに接する住戸の区分所有者**は、当該バルコニーにつき**専用使用権**を有する〈同14条1項、別表第4〉。

👉 合 ②分冊 p22❷～ 速 p319❷～

以上より、適切なものの組合せはイ・ウであり、本問の正解肢は3となる。

57 総合

2024年度 問36   *Check* ☐☐☐ 重要度 ▶ **A**

総会及び理事会に関する次の記述のうち、標準管理規約（単棟型）によれば、最も適切なものはどれか。

1 計画修繕工事として鉄部塗装工事、外壁補修工事、エレベーター設備の更新工事を実施するにあたっては、総会において組合員総数の4分の3以上及び議決権総数の4分の3以上により議決する必要がある。

2 収支予算を変更しようとする場合に、理事長は、その案を理事会に提出し、その承認を得れば足りる。

3 婚姻の届出をしていないが組合員と事実上婚姻関係と同様の事情にある者は、組合員の代理人となることができる。

4 組合員が代理人により議決権を行使しようとする場合は、当該組合員が代理権を証する書面を理事長に提出しなければならない。

1 **不適切** 計画修繕工事に関し、鉄部塗装工事、外壁補修工事、屋上等防水工事、給水管更生・更新工事、照明設備、共聴設備、消防用設備、エレベーター設備の更新工事は**普通決議**で実施可能と考えられる〈標規(単)コ47条関係⑥キ〉。
☞ 合 ②分冊 p67 **4**〜　速 p357 **5**〜

2 **不適切** 収支予算を変更しようとするときは、理事長は、その案を**臨時総会**に提出し、その承認を得なければならない〈標規(単)58条2項〉。
☞ 合 ②分冊 p67 **4**〜　速 p357 **5**〜

3 **適切** 組合員の配偶者（**婚姻の届出をしていないが事実上婚姻関係と同様の事情にある者を含む。**）又は1親等の親族は、議決権行使の代理人となることができる〈標規(単)46条5項1号〉。
☞ 合 ②分冊 p67 **4**〜　速 p357 **5**〜

4 **不適切** 組合員又は**代理人**は、代理権を証する書面を理事長に提出しなければならない〈標規(単)46条6項〉。したがって、組合員ではなく代理人が代理権を証する書面を理事長に提出してもよい。
☞ 合 ②分冊 p67 **4**〜　速 p357 **5**〜

正解 **3**
（正解率 **49%**）

肢別解答率 受験生はこう答えた！
1 13%
2   2%
3 49%
4 36%

難易度 **難**

58 総合

2024年度 問37 Check ☐☐☐ 重要度 ▶ C

次の記述のうち、標準管理規約（単棟型）、標準管理規約（団地型）及び標準管理規約（複合用途型）によれば、不適切なものはいくつあるか。ただし、「標準管理規約」とのみ記載の場合は、標準管理規約（単棟型）、標準管理規約（団地型）及び標準管理規約（複合用途型）を全て含むものとする。

ア 標準管理規約は、マンションの管理又は使用に関する事項等について定めることにより、区分所有者及び団地建物所有者の共同の利益を増進し、良好な住環境を確保することを目的としている。

イ 標準管理規約は、管理組合が、各マンションの実態に応じて、管理規約を制定、変更する際の参考として定めたものであり、特別な事情がない限りこれに準拠しなければならない。

ウ 標準管理規約（団地型）では、管理主体は団地建物所有者であり、共用部分と土地は、それぞれ団地共用部分と棟別共用部分、団地の土地と棟別敷地に区別され、団地と棟別の管理費等の収支については、それぞれ団地総会と棟総会によって議案が決議される。

エ 標準管理規約（複合用途型）では、住宅部会と店舗部会の管理組織が構成されるため、店舗部分の承継人は、元の区分所有者が滞納した店舗一部管理費と店舗一部修繕積立金のみを承継することになる。

1 一つ
2 二つ
3 三つ
4 四つ

ア **適切** 標準管理規約（単棟型）は、マンションの管理又は使用に関する事項等について定めることにより、区分所有者の共同の利益を増進し、**良好な住環境を確保**することを目的とする〈標規(単)1条〉。標準管理規約（団地型）、標準管理規約（複合用途型）も同様である〈標規(団)1条、標規(複)1条〉。

👉 合 ②分冊 p6 ❷〜 速 p307 ❷〜

イ **不適切** 標準管理規約で示している事項については、マンションの規模、居住形態等それぞれのマンションの個別の事情を考慮して、必要に応じて、**合理的に修正**し活用することが望ましい〈標規(単)コ全般関係④〉。標準管理規約（団地型）、標準管理規約（複合用途型）も同様である〈標規(団)コ全般関係⑦、標規(複)コ全般関係⑦〉。

👉 合 ②分冊 p4 ❶〜 速 p306 ❶〜

ウ **不適切** 例えば、標準管理規約（団地型）9条は、「対象物件のうち、土地、団地共用部分及び附属施設は団地建物所有者の共有とし、棟の共用部分はその棟の区分所有者の共有とする。」と規定しており、団地共用部分と棟の共用部分を区別しているものの、土地を**団地の土地と棟別敷地に区別していない**。また、収支決算及び収支予算は、**団地総会によって議案が決議され**〈標規(団)50条3号、4号〉、棟総会においては決議されない〈同72条参照〉。

エ **不適切** 管理組合が全体管理費等及び一部管理費等について有する債権は、**区分所有者の特定承継人**に対しても行うことができる〈標規(複)27条〉。したがって、店舗部分の承継人は、元の区分所有者が滞納した全体管理費等も承継する。

以上より、不適切なものはイ、ウ、エの三つであり、本問の正解肢は3となる。

正解 3
（正解率 47%）

肢別解答率 受験生はこう答えた！
1 13%
2 38%
3 47%
4 1%

難易度 **難**

第4編 マンション管理適正化法

年度別出題論点一覧

第4編 マンション管理適正化法	2015 H27	2016 H28	2017 H29	2018 H30	2019 R1	2020 R2	2021 R3	2022 R4	2023 R5	2024 R6
定義			1	1					1	
マンション管理士										
マンション管理業者	3	4	2	3	4	4	4	3	3	4
管理業務主任者	1		1	1		1	1	1		
基本方針	1	1	1		1					1
その他								1	1	
計	5	5	5	5	5	5	5	5	5	5

※表内の数字は出題問題数を指します。
※2015、2016年度は購入者特典の「分野別過去問題集プラス2」に掲載しています。
※マンション管理士試験合格者は、本編「マンション管理適正化法」の5問は免除となります。

1 定義

2017年度 問48　　　Check ☐☐☐　重要度 ▶ A

「マンション」の定義に関する次の記述のうち、マンション管理適正化法の規定によれば、正しいものはどれか。

1　2以上の区分所有者が存する建物であって、人の居住の用に供する専有部分のある建物は、「マンション」に当たらない。

2　2以上の区分所有者が存する建物であって、人の居住の用に供する専有部分のある建物の附属施設は、「マンション」に当たらない。

3　一団地内において、2以上の区分所有者が存する建物であってその専有部分のすべてを事務所又は店舗の用に供する建物と、専有部分のない建物であって居住の用に供する建物のみからなる、数棟の建物の所有者の共有に属する附属施設は、「マンション」に当たる。

4　一団地内において、2以上の区分所有者が存する建物であって人の居住の用に供する専有部分のある建物を含む、数棟の建物の所有者の共有に属する土地は、「マンション」に当たる。

120　**LEC**東京リーガルマインド　2025年版 出る順管理業務主任者 分野別過去問題集　②分冊

マンションとは、次に掲げるものをいう〈適2条1号〉。
① 2以上の区分所有者が存する建物で人の居住の用に供する専有部分のあるもの並びにその敷地及び附属施設
② 一団地内の土地又は附属施設(これらに関する権利を含む。)が当該団地内にある①に掲げる建物を含む数棟の建物の所有者(専有部分のある建物にあっては、区分所有者)の共有に属する場合における当該土地及び附属施設

1 誤 本肢の建物は、①にあたり、「マンション」に**あたる**。
☞ 合 ②分冊 p137 **2**~ 速 p406 **2**~

2 誤 本肢の建物は①にあたるので、その附属施設も①にあたり、「マンション」に**あたる**。
☞ 合 ②分冊 p137 **2**~ 速 p406 **2**~

3 誤 本肢の建物はいずれも①にあたらない。そのため、本肢の附属施設は②にあたらず、「マンション」に**あたらない**。
☞ 合 ②分冊 p137 **2**~ 速 p406 **2**~

4 正 本肢の建物には①にあたるものが含まれる。そのため、本肢の土地は②にあたり、「マンション」に**あたる**。
☞ 合 ②分冊 p137 **2**~ 速 p406 **2**~

正解 4
(正解率 84%)

肢別解答率 受験生はこう答えた!
1 0%
2 5%
3 10%
4 84%

難易度 **易**

② 定義

2018年度 問47

Check ☐☐☐ 重要度 ▶ A

マンション管理適正化法第2条に規定する用語の意義に関する次の記述のうち、マンション管理適正化法によれば、誤っているものはどれか。

1 マンションとは、2以上の区分所有者が存する建物で人の居住の用に供する専有部分のあるもの並びにその敷地及び附属施設をいうが、この場合、専有部分に居住する者がすべて賃借人であるときも含まれる。

2 管理者等とは、区分所有法第25条第1項の規定により選任された管理者又は区分所有法第49条第1項の規定により置かれた理事をいう。

3 管理事務とは、マンションの管理に関する事務であって、管理組合の会計の収入及び支出の調定及び出納並びに専有部分を除くマンションの維持又は修繕に関する企画又は実施の調整を含むものをいう。

4 マンション管理業とは、管理組合から委託を受けて、基幹事務を含むマンションの管理事務を行う行為で業として行うものであり、当該基幹事務すべてを業として行うものをいうが、「業として行う」に該当するためには、営利目的を要し、また、反復継続的に管理事務を行っている必要がある。

1 正　マンションとは、①2以上の区分所有者が存する建物で人の居住の用に供する専有部分のあるもの並びにその敷地及び附属施設、②一団地内の土地又は附属施設（これらに関する権利を含む。）が当該団地内にある①に掲げる建物を含む数棟の建物の所有者（専有部分のある建物にあっては、区分所有者）の共有に属する場合における当該土地及び附属施設をいう〈適2条1号〉。①の建物は、専有部分に居住している者について規定されていないので、これが**すべて賃借人であっても差し支えない**。

　　合 ②分冊 p137 2〜　速 p406 2〜

2 正　管理者等とは、区分所有法25条1項（同法66条において準用する場合を含む。）の規定により選任された**管理者**又は同法49条1項（同法66条において準用する場合を含む。）の規定により置かれた**理事**をいう〈適2条4号〉。

　　速 p406 2〜

3 正　管理事務とは、**マンションの管理に関する事務であって、基幹事務（管理組合の会計の収入及び支出の調定及び出納並びにマンション（専有部分を除く。）の維持又は修繕に関する企画又は実施の調整をいう。）を含むもの**をいう〈適2条6号〉。

　　合 ②分冊 p154 2〜　速 p414 1〜

4 誤　マンション管理業とは、管理組合から委託を受けて管理事務を行う行為で**業として行うもの**（マンションの区分所有者等が当該マンションについて行うものを除く。）をいう〈適2条7号〉。「業として行う」に該当するか否かについては、**営利目的を要さず**、また、反復継続的に管理事務を行っているかどうか等の個別の事案を総合勘案して判断すべきものである〈平成13年国総動51号〉。

　　合 ②分冊 p154 1〜　速 p414 1〜

正解 **4**
（正解率 61％）

肢別解答率　受験生はこう答えた！
1　9％
2　20％
3　10％
4　61％

難易度　普

LEC東京リーガルマインド　2025年版 出る順管理業務主任者 分野別過去問題集　②分冊　123

3 定義

2023年度 問47　Check ☐☐☐　重要度 ▶ A

マンション管理適正化法第2条に規定される用語に関する次の記述のうち、マンション管理適正化法によれば、適切なものはいくつあるか。

ア　マンションとは、2以上の区分所有者が存する建物で人の居住の用に供する専有部分のあるもの並びにその敷地及び附属施設をいうが、この場合、専有部分に居住する者が全て賃借人であるときは含まれない。

イ　マンション管理業とは、管理組合から委託を受けて、基幹事務すべてを含むマンションの管理事務を行う行為で業として行うものであり、当該基幹事務の一部のみを業として行う場合はマンション管理業に該当しない。

ウ　マンション管理業者とは、国土交通省に備えるマンション管理業者登録簿に登録を受けてマンション管理業を営む者をいう。

エ　管理業務主任者とは、管理業務主任者試験に合格した者で、国土交通大臣の登録を受けた者をいう。

1 一つ
2 二つ
3 三つ
4 四つ

124　LEC東京リーガルマインド　2025年版 出る順管理業務主任者 分野別過去問題集　②分冊

ア **不適切** 2以上の区分所有者が存する建物で人の居住の用に供する専有部分のあるもの並びにその敷地及び附属施設は、マンションにあたる〈適2条1号〉。専有部分に居住する者が全て賃借人であったとしても、上記をみたせば、その建物並びにその敷地及び附属施設は、マンションに含まれる。
☞ 合 ②分冊 p137 ②~ 速 p406 ②~

イ **適切** マンション管理業とは、**管理組合から委託を受けて管理事務を行う行為を業として行うもの**（マンションの区分所有者等が当該マンションについて行うものを除く。）をいう〈適2条7号〉。ここで、管理事務とは、マンションの管理に関する事務であって、**基幹事務**（管理組合の会計の収入及び支出の調定及び出納並びにマンション（専有部分を除く。）の維持又は修繕に関する企画又は実施の調整をいう。）**を含むもの**をいい〈同条6号〉、マンションの管理に関する事務であっても、**基幹事務の一部しか含まないものは、管理事務**にあたらないから、これを管理組合から委託を受けて行ったとしても、マンション管理業に該当しない。
☞ 合 ②分冊 p137 ②~ 速 p406 ②~

ウ **適切** マンション管理業者とは、国土交通省に備えるマンション管理業者登録簿に**登録を受けてマンション管理業を営む者**をいう〈適2条8号〉。
☞ 合 ②分冊 p137 ②~ 速 p406 ②~

エ **不適切** 管理業務主任者とは、**管理業務主任者証の交付を受けた者**をいう〈適2条9号〉。
☞ 合 ②分冊 p137 ②~ 速 p406 ②~

以上より、適切なものはイ、ウの二つであり、本問の正解肢は2となる。

正解 ② （正解率 **49%**）

肢別解答率 受験生はこう答えた！
① 41%
② 49%
③ 9%
④ 1%

難易度 **難**

4 マンション管理業者

2017年度 問47　Check ☐☐☐　重要度 ▶ A

マンション管理業者が行う、マンション管理適正化法第77条の規定に基づく管理事務の報告に関する次の記述のうち、マンション管理適正化法によれば、正しいものはどれか。

1 マンション管理業者は、管理事務の委託を受けた管理組合に管理者等が置かれているときは、管理業務主任者（マンション管理適正化法第2条第9号に規定する者をいう。以下同じ。）をして、当該管理者等に対し、当該管理事務に関する報告をさせるとともに、説明会を開催し、区分所有者等に対しても、同様に報告をさせなければならない。

2 管理事務報告書には、報告の対象となる期間、管理組合の会計の収入及び支出の状況のほか、管理受託契約の内容に関する事項を記載しなければならない。

3 マンション管理業者による管理事務に関する報告の説明会の開催が必要な場合、当該説明会の参加者の参集の便を十分に考慮した結果であれば、説明会を開催する日時及び場所の掲示を開始する時期は、開催日まで1週間を下回ってもよい。

4 マンション管理業者は、管理組合の管理者等に対し、管理事務に関する報告を行う際に、管理業務主任者を同席させていれば、管理業務主任者ではない従業者に当該報告をさせることができる。

126　**LEC**東京リーガルマインド　2025年版 出る順管理業務主任者 分野別過去問題集　②分冊

1 **誤** マンション管理業者は、管理事務の委託を受けた管理組合に管理者等が置かれているときは、管理事務を委託した管理組合の事業年度終了後、遅滞なく、当該期間における管理受託契約に係るマンションの管理の状況について所定の事項を記載した管理事務報告書を作成し、管理業務主任者をして、これを**管理者等に交付して説明をさせなければならない**〈適77条1項、適規88条1項〉。区分所有者等への報告は義務づけられていない。

☞ 合 ②分冊 p176 **4**〜 速 p445 **3**〜

2 **正** 管理事務報告書には、①**報告の対象となる期間**、②**管理組合の会計の収入及び支出の状況**、③①②のほか、**管理受託契約の内容に関する事項**を記載しなければならない〈適規88条1項〉。

☞ 合 ②分冊 p178 **4**〜 速 p445 **3**〜

3 **誤** マンション管理業者は、**説明会の開催日の1週間前までに説明会の開催の日時及び場所**について、当該管理組合を構成するマンションの区分所有者等の見やすい場所に掲示しなければならない〈適規89条3項〉。したがって、本肢の掲示を開始する時期は、開催日まで1週間を下回ってはならない。

☞ 合 ②分冊 p176 **4**〜 速 p445 **3**〜

4 **誤** マンション管理業者は、管理事務の委託を受けた管理組合に管理者等が置かれているときは、管理事務を委託した管理組合の事業年度終了後、遅滞なく、当該期間における管理受託契約に係るマンションの管理の状況について所定の事項を記載した管理事務報告書を作成し、**管理業務主任者をして**、これを管理者等に交付して説明をさせなければならない〈適77条1項、適規88条1項〉。管理業務主任者でない者に報告をさせることはできない。

☞ 合 ②分冊 p176 **4**〜 速 p445 **3**〜

正解 ②
（正解率78%）

肢別解答率
受験生はこう答えた！

1	13%
2	78%
3	8%
4	1%

難易度 易

5 マンション管理業者

2017年度 問50

Check ☐☐☐ 重要度 ▶ A

マンション管理業者であるAが、管理組合であるBに、マンション管理適正化法第73条の規定に基づき、同条第1項各号に定める事項を記載した書面（以下、本問において「契約の成立時の書面」という。）の交付を行う場合に関する次の記述のうち、マンション管理適正化法によれば、正しいものはどれか。なお、Bには管理者が置かれており、当該管理者はAではないものとする。（改題）

1 Aは、Bと新たに管理受託契約を締結したが、その契約の成立時の書面をBの管理者にのみ交付した。

2 Aは、Bと従前の管理受託契約と同一の条件で契約を更新したが、当該更新契約に係る契約の成立時の書面を新たに交付せずに、Bの管理者に対して、従前の管理受託契約を締結した際の契約の成立時の書面の写しのみを交付した。

3 Aは、Bと新たに管理受託契約を締結したが、Bが新築マンションの管理組合であり、当該契約が当該マンションの人の居住の用に供する独立部分の引渡しの日のうち最も早い日から1年の期間中に契約期間が満了するものであったので、Bの管理者に対し、契約の成立時の書面を交付しなかった。

4 Aは、Bと新たに管理受託契約を締結したことから、契約の成立時の書面を作成したが、その際に、Aの従業者である管理業務主任者Cの記名ではなく、Cの管理業務主任者証の写しを添付してBの管理者に交付した。

マンション管理業者は、管理組合から管理事務の委託を受けることを内容とする契約を締結したときは、当該管理組合の管理者等（当該マンション管理業者が当該管理組合の管理者等である場合又は当該管理組合に管理者等が置かれていない場合にあっては、当該管理組合を構成するマンションの区分所有者等全員）に対し、遅滞なく、所定の事項を記載した書面を交付しなければならない〈適73条1項〉。

1 正 マンション管理業者は、管理組合の管理者等が置かれている場合には、**その管理者等**に対して、契約の成立時の書面を交付しなければならないが、別途、管理組合を構成するマンションの**区分所有者等全員に交付することは義務づけられ**ていない。
☞ 合 ②分冊 p175 ❸～ 速 p444 ❷～

2 誤 契約の成立時の書面は、**契約を更新した場合にも交付しなければならない**。したがって、Aは、更新契約に係る契約の成立時の書面を新たに交付しなければならない。
☞ 合 ②分冊 p175 ❸～ 速 p444 ❷～

3 誤 本肢の場合、管理組合から管理事務の委託を受けることを内容とする契約を締結しているから、マンション管理業者は、契約の成立時の書面を**交付しなければならない**。
☞ 合 ②分冊 p175 ❸～ 速 p444 ❷～

4 誤 マンション管理業者は、契約の成立時の書面を作成するときは、**管理業務主任者をして**、当該書面に**記名させなければならない**〈適73条2項〉。
☞ 合 ②分冊 p175 ❸～ 速 p444 ❷～

正解 1
（正解率64％）

肢別解答率 受験生はこう答えた！
1 64％
2 7％
3 24％
4 4％

難易度 普

6 マンション管理業者

2018年度 問48　　　Check ☐☐☐　重要度 ▶ **B**

マンション管理業者が行うマンション管理適正化法第72条の規定に基づく重要事項の説明等に関する次の記述のうち、マンション管理適正化法によれば、正しいものはいくつあるか。（改題）

ア　マンション管理業者は、管理受託契約を更新しようとする場合において、従前の管理受託契約に比して管理事務の内容及び実施方法の範囲を拡大し、管理事務に要する費用の額を同一とし又は減額しようとする場合、あらかじめ、重要事項の説明会を開催する必要はない。

イ　管理業務主任者は重要事項を記載した書面に記名をすべきこととされているが、この場合において「記名」されるべき管理業務主任者は、原則として、重要事項について十分に調査検討し、それらの事項が真実に合致し誤り及び記載漏れがないかどうか等を確認した者であって、実際に当該重要事項説明書をもって重要事項説明を行う者である。

ウ　マンション管理業者は、いわゆる「団地組合」が形成されており、その内部に複数の別の管理組合が存在している場合でこれらの組合からそれぞれ委託を受けて管理事務を行っている場合にあっては、重要事項の説明は、それぞれの管理組合の管理者等及び区分所有者等に対して行わなければならない。

エ　マンション管理業者は、管理組合から管理事務の委託を受けることを内容とする契約を締結しようとするときは、当該契約締結の1週間前までに、重要事項の説明会を開催しなければならない。

1　一つ

2　二つ

3　三つ

4　四つ

ア **正** マンション管理業者は、従前の管理受託契約と同一の条件で管理組合との管理受託契約を更新しようとするときは、あらかじめ、当該管理組合を構成するマンションの区分所有者等全員に対し、重要事項を記載した書面を交付しなければならず〈適72条2項〉、当該管理組合に管理者等が置かれているときは、当該管理者等に対し、管理業務主任者をして、重要事項について、これを記載した書面を交付して説明をさせなければならない〈同条3項〉。しかし、説明会を開催する必要はない。ここで、**従前の管理受託契約に比して管理事務の内容及び実施方法の範囲を拡大し、管理事務に要する費用の額を同一とし又は減額しようとする場合、「同一の条件」にあたり**〈平成14年国総動309号〉、重要事項の説明会を開催する必要はない。

☞ **合** ②分冊 p169 **2**~ **速** p440 **1**~

イ **正** マンション管理業者は、重要事項を記載した書面を作成するときは、管理業務主任者をして、当該書面に記名させなければならない〈適72条5項〉。この場合において「記名」されるべき管理業務主任者は、原則として、**重要事項について十分に調査検討し、それらの事項が真実に合致し誤り及び記載漏れがないかどうか等を確認した者であって、実際に当該重要事項説明書をもって重要事項説明を行う者である**〈平成14年国総動309号〉。

☞ **合** ②分冊 p169 **2**~ **速** p440 **1**~

ウ **正** いわゆる「団地組合」が形成されており、その内部に複数の別の管理組合が存在している場合でこれらの組合からそれぞれ委託を受けて管理事務を行っている場合にあっては、重要事項説明は、**それぞれの管理組合の管理者等及び区分所有者等に対して行わなければならない**〈平成14年国総動309号〉。

エ **誤** マンション管理業者は、管理受託契約を締結しようとするときは、**あらかじめ**、説明会を開催し、当該管理組合を構成するマンションの区分所有者等及び当該管理組合の管理者等に対し、管理業務主任者をして、重要事項について説明をさせなければならない〈適72条1項前段〉。上記のとおり、重要事項の説明会は、あらかじめ、管理受託契約を締結するまでに実施しなければならないが、**管理受託契約締結の1週間前までに実施することは義務づけられていない**。

☞ **合** ②分冊 p169 **2**~ **速** p440 **1**~

以上より、正しいものはア、イ、ウの三つであり、本問の正解肢は3となる。

正解 ③ (正解率36%)

肢別解答率 受験生はこう答えた！

1	14%
2	41%
3	36%
4	9%

難易度 難

⑦ マンション管理業者

2018年度 問49 ☑ Check ☐☐☐ 重要度 ▶ A

管理組合の財産の分別管理に関する次の記述のうち、マンション管理適正化法によれば、誤っているものはどれか。

1 収納口座とは、マンションの区分所有者等から徴収された修繕積立金等金銭又はマンション管理適正化法施行規則（以下、本問において「規則」という。）第87条第1項に規定する財産を預入し、一時的に預貯金として管理するための口座であって、マンション管理業者を名義人とすることもできるものをいう。

2 収納・保管口座とは、マンションの区分所有者等から徴収された修繕積立金等金銭を預入し、又は修繕積立金等金銭若しくは規則第87条第1項に規定する財産の残額を収納口座から移し換え、これらを預貯金として管理するための口座であって、管理組合等を名義人とするものをいう。

3 マンション管理業者は、規則第87条第2項第1号イに定める方法により修繕積立金等金銭を管理する場合にあっては、保管口座に係る管理組合の印鑑、預貯金の引出用のカードその他これらに類するものを管理してはならないが、管理組合に管理者等が置かれていない場合において、管理者等が選任されるまでの比較的短い期間に限り保管する場合は、この限りでない。

4 マンション管理業者は、規則第87条第2項第1号イに定める方法により修繕積立金等金銭を管理する場合において、マンション管理業者から委託を受けた者がマンションの区分所有者等から修繕積立金等金銭を徴収するときは、マンションの区分所有者等から徴収される1月分の修繕積立金等金銭の合計額以上の額につき、有効な保証契約を締結していなければならない。

---

132 **LEC**東京リーガルマインド 2025年版 出る順管理業務主任者 分野別過去問題集 ②分冊

1 **正** 収納口座とは、**マンションの区分所有者等から徴収された修繕積立金等金銭又はマンション管理適正化法施行規則87条1項に規定する財産を預入し、一時的に預貯金として管理するための口座**をいう〈適規87条6項1号〉。口座の名義人について限定はないので、**マンション管理業者を名義人とすることもできる。**

合 ②分冊 p182 **2**~ 速 p451 **2**~

2 **誤** 収納・保管口座とは、**マンションの区分所有者等から徴収された修繕積立金等金銭を預入し、預貯金として管理するための口座であって、管理組合等を名義人とするもの**をいう〈適規87条6項3号〉。収納・保管口座を設けて修繕積立金等金銭を管理する場合、収納口座を設けない〈同条2項1号ハ〉ため、**修繕積立金等金銭などを収納口座から収納・保管口座に移し換えない。**

合 ②分冊 p182 **2**~ 速 p451 **2**~

3 **正** マンション管理業者は、マンション管理適正化法施行規則87条2項1号イからハまでに定める方法により修繕積立金等金銭を管理する場合にあっては、保管口座又は収納・保管口座に係る管理組合等の**印鑑、預貯金の引出用のカードその他これらに類するものを管理してはならない**〈適規87条4項本文〉。もっとも、**管理組合に管理者等が置かれていない場合において、管理者等が選任されるまでの比較的短い期間に限り保管することは、例外的に認められる**〈同条項ただし書〉。

合 ②分冊 p182 **2**~ 速 p451 **2**~

4 **正** マンション管理業者は、マンション管理適正化法施行規則87条2項1号イに定める方法により修繕積立金等金銭を管理する場合にあっては、マンションの区分所有者等から徴収される1月分の修繕積立金等金銭の合計額以上の額につき**有効な保証契約を締結していなければならない**〈適規87条3項本文〉。例外的に、有効な保証契約を締結していることを義務づけられない場合もあるが、マンション管理業者から委託を受けた者がマンションの区分所有者等から修繕積立金等金銭を徴収する場合、要件をみたさず〈同条項1号参照〉、有効な保証契約を締結していなければならない。

合 ②分冊 p182 **2**~ 速 p451 **2**~

正解 2
（正解率 48%）

肢別解答率 受験生はこう答えた！
1　22%
2　48%
3　19%
4　12%

難易度　**難**

8 マンション管理業者

2018年度 問50

Check ☐☐☐ 重要度 ▶ **A**

マンション管理業者が行うマンション管理適正化法第77条の規定に基づく管理事務の報告に関する次の記述のうち、マンション管理適正化法によれば、誤っているものはいくつあるか。

ア マンション管理業者は、管理事務の委託を受けた管理組合に管理者等が置かれていないときは、定期に、説明会を開催し、当該管理組合を構成するマンションの区分所有者等に対し、管理業務主任者をして、当該管理事務に関する報告をさせなければならない。

イ 管理業務主任者は、管理事務の報告を行うときは、その相手方から求められなければ、管理業務主任者証を提示する必要はない。

ウ マンション管理業者は、管理事務の委託を受けた管理組合に管理者等が置かれているときは、管理事務の報告を行う場合、報告の対象となる期間、管理組合の会計及び支出の状況のほか、管理受託契約の内容に関する事項を記載した管理事務報告書を作成し、管理業務主任者をして、これを管理者等に交付して説明をさせなければならない。

エ マンション管理業者は、管理事務の委託を受けた管理組合に管理者等が置かれていないときは、管理事務に関する報告の説明会の開催日の1週間前までに、当該説明会の開催の日時及び場所について、当該管理組合を構成するマンションの区分所有者等の見やすい場所に掲示しなければならない。

1 一つ

2 二つ

3 三つ

4 四つ

ア 正 マンション管理業者は、管理事務の委託を受けた管理組合に**管理者等が置かれていないときは**、定期に、**説明会を開催し**、当該管理組合を構成するマンションの区分所有者等に対し、**管理業務主任者をして**、当該管理事務に関する報告をさせなければならない〈適77条2項〉。

👉 合 ②分冊 p176 **4**~ 速 p445 **3**~

イ 誤 管理業務主任者は、管理事務の報告につき説明をするときは、説明の相手方に対し、**管理業務主任者証を提示しなければならない**〈適77条3項〉。これは、**説明の相手方から求められなくとも、提示しなければならない**。

👉 合 ②分冊 p198 **2**~ 速 p432 **5**~

ウ 正・誤 マンション管理業者は、管理事務の委託を受けた管理組合に管理者等が置かれているときは、管理事務を委託した管理組合の事業年度終了後、遅滞なく、当該期間における管理受託契約に係るマンションの管理の状況について、**①報告の対象となる期間、②管理組合の会計の収入及び支出の状況、③①②に掲げるもののほか、管理受託契約の内容に関する事項**を記載した管理事務報告書を作成し、管理業務主任者をして、これを管理者等に交付して説明をさせなければならない〈適77条1項、適規88条1項〉。問題文においては、「管理組合の会計及び支出の状況」となっており、②に照らし、正しいとも誤りともとれる余地がある。

👉 合 ②分冊 p176 **4**~ 速 p445 **3**~

エ 正 マンション管理業者は、管理事務の委託を受けた管理組合に管理者等が置かれていないときは、定期に、説明会を開催し、当該管理組合を構成するマンションの区分所有者等に対し、管理業務主任者をして、当該管理事務に関する報告をさせなければならない〈適77条2項〉。この場合、マンション管理業者は、**説明会の開催日の1週間前までに説明会の開催の日時及び場所**について、当該管理組合を構成するマンションの区分所有者等の**見やすい場所に掲示しなければならない**〈適規89条3項〉。

👉 合 ②分冊 p176 **4**~ 速 p445 **3**~

以上より、誤っているものはイの一つ又はイ、ウの二つであり、本問の正解肢は1、2となる。
（※本解説は、一般社団法人マンション管理業協会の発表のとおり正解肢を1、2として作成しております。）

正解 1 2
（正解率 **?**%）

肢別解答率 受験生はこう答えた！

	解答率
1	62%
2	29%
3	8%
4	1%

難易度 **?**

9 マンション管理業者

2019年度 問47　　Check ☐☐☐　重要度 ▶ **A**

マンション管理業者が行うマンション管理適正化法第76条の規定に基づく財産の分別管理に関する次の記述のうち、マンション管理適正化法によれば、最も不適切なものはどれか。

1 マンション管理業者は、マンション管理適正化法施行規則第87条第2項第1号イに定める方法により修繕積立金等金銭を管理する場合にあっては、原則、保管口座に係る管理組合等の印鑑、預貯金の引出用のカードその他これらに類するもの（以下、本肢において「印鑑等」という。）を管理してはならないが、管理者から依頼を受けた場合は、一時的に当該保管口座の印鑑等を管理することができる。

2 マンション管理業者は、マンション管理適正化法施行規則第87条第3項に基づき保証契約を締結しなければならない場合において、管理委託契約の契約期間の途中に当該保証契約の期間が満了するときは、当該保証契約の更新等を行う必要がある。

3 分別管理の対象となる財産とは、管理組合から委託を受けて修繕積立金として管理する金銭又は有価証券及び管理組合又はマンションの区分所有者等から受領した管理費用に充当する金銭又は有価証券である。

4 マンション管理業者は、管理組合から委託を受けて有価証券を管理する場合においては、金融機関又は証券会社に、当該有価証券の保管場所を自己の固有財産及び他の管理組合の財産である有価証券の保管場所と明確に区分させ、かつ、当該有価証券が受託契約を締結した管理組合の有価証券であることを判別できる状態で管理させなければならない。

136　LEC東京リーガルマインド　2025年版 出る順管理業務主任者 分野別過去問題集　②分冊

[1] **不適切** マンション管理業者は、マンション管理適正化法施行規則87条2項1号イからハまでに定める方法により修繕積立金等金銭を管理する場合にあっては、保管口座又は収納・保管口座に係る管理組合等の印鑑、預貯金の引出用のカードその他これらに類するものを管理してはならない〈適規87条4項本文〉。もっとも、**管理組合に管理者等が置かれていない場合において、管理者等が選任されるまでの比較的短い期間に限り保管する場合**は、マンション管理業者が、保管口座又は収納・保管口座に係る管理組合等の印鑑等を管理することができる〈同条項ただし書〉。本肢の場合、管理者が置かれているから、マンション管理業者は、保管口座の印鑑等を管理することはできない。
☞ 合 ②分冊 p182 ②~ 速 p451 ②~

[2] **適切** マンション管理業者は、マンション管理適正化法施行規則87条2項1号イ又はロに定める方法により修繕積立金等金銭を管理する場合にあっては、マンションの区分所有者等から徴収される1月分の修繕積立金等金銭又は管理に充当する金銭の合計額以上の額につき有効な保証契約を締結していなければならない〈適規87条3項本文〉。「有効な保証契約」とは、**マンション管理業者が保証契約を締結していなければならないすべての期間にわたって、マンション管理適正化法施行規則87条3項に規定する保証契約を締結していることが必要である**との趣旨である。したがって、管理委託契約の契約期間の途中で保証契約の期間が満了する場合には、**当該保証契約の更新等をしなければならない**〈平成21年国総動47号〉。

[3] **適切** 分別管理の対象となる財産は、**管理組合から委託を受けて修繕積立金として管理する金銭又は有価証券及び管理組合又はマンションの区分所有者等から受領した管理費用に充当する金銭又は有価証券**である〈適76条、適規87条1項〉。
☞ 合 ②分冊 p181 ①~ 速 p450 ①~

[4] **適切** マンション管理業者は、修繕積立金等が有価証券である場合、**金融機関又は証券会社に、当該有価証券の保管場所を自己の固有財産及び他の管理組合の財産である有価証券の保管場所と明確に区分させ、かつ、当該有価証券が受託契約を締結した管理組合の有価証券であることを判別できる状態で管理させる方法**により、管理しなければならない〈適規87条2項2号〉。
☞ 合 ②分冊 p188 ③~ 速 p457 ③~

正解 [1] (正解率69％)

肢別解答率 受験生はこう答えた！
[1] 69％
[2] 6％
[3] 19％
[4] 6％

難易度 普

⑩ マンション管理業者

2019年度 問48 Check ☐☐☐ 重要度 ▶ A

マンション管理業者が行うマンション管理適正化法第 72 条の規定に基づく重要事項の説明等に関する次の記述のうち、マンション管理適正化法によれば、最も適切なものはどれか。

1 マンション管理業者は、新規に管理受託契約を締結しようとする場合において、当該マンション管理業者が管理者等に選任されているときは、重要事項の説明会を開催する必要はない。

2 マンション管理業者は、重要事項並びに説明会の日時及び場所を記載した書面を作成し、管理組合を構成するマンションの区分所有者等及び当該管理組合の管理者等の全員に対し交付するときは、管理業務主任者をして、当該書面に記名させなければならない。

3 マンション管理業者は、管理者等の置かれた管理組合と、従前の管理受託契約と同一の条件で管理受託契約を更新しようとするときは、当該管理者等に対して、管理業務主任者をして、重要事項について記載した書面を交付して説明すれば足りる。

4 マンション管理業者は、当初の管理受託契約に係る変更契約を締結しようとする場合においては、同一の条件でない管理受託契約に変更するときであっても、管理組合の管理者等に対して、管理業務主任者をして、重要事項について記載した書面を交付して説明すれば足りる。

---

138 LEC東京リーガルマインド　2025年版 出る順管理業務主任者 分野別過去問題集　②分冊

[1] **不適切** マンション管理業者は、管理受託契約を締結しようとするときは、あらかじめ、国土交通省令で定めるところにより**説明会を開催し**、当該管理組合を構成するマンションの区分所有者等及び当該管理組合の管理者等に対し、管理業務主任者をして、重要事項について説明をさせなければならない〈適72条1項前段〉。したがって、マンション管理業者が管理者等に選任されている場合においても、重要事項の説明会を開催しなければならない。

☞ 合 ②分冊 p169 ❷～ 速 p440 ❶～

[2] **適切** マンション管理業者は、管理受託契約を締結しようとするときは、説明会を開催しなければならず、その説明会の日の1週間前までに、当該管理組合を構成するマンションの区分所有者等及び当該管理組合の管理者等の全員に対し、重要事項並びに説明会の日時及び場所を記載した書面を交付しなければならない〈適72条1項後段〉。マンション管理業者は、上記書面を作成するときは、**管理業務主任者をして、当該書面に記名させなければならない**〈同条5項〉。

☞ 合 ②分冊 p169 ❷～ 速 p440 ❶～

[3] **不適切** マンション管理業者は、従前の管理受託契約と同一の条件で管理組合との管理受託契約を更新しようとするときは、あらかじめ、**当該管理組合を構成するマンションの区分所有者等全員に対し、重要事項を記載した書面を交付しなければならない**〈適72条2項〉。したがって、本肢の場合、管理者等に対して、管理業務主任者をして、重要事項について記載した書面を交付して説明させるだけでは足りない。

☞ 合 ②分冊 p169 ❷～ 速 p440 ❶～

[4] **不適切** マンション管理業者は、当初の管理受託契約を同一の条件でない管理受託契約に変更する場合、**新規に管理受託契約を締結する場合と同様の手続を経なければならない**。つまり、マンション管理業者は、あらかじめ、国土交通省令で定めるところにより**説明会を開催し**、当該管理組合を構成するマンションの区分所有者等及び当該管理組合の管理者等に対し、管理業務主任者をして、重要事項について説明をさせなければならない〈適72条1項前段〉。したがって、管理組合の管理者等に対して、管理業務主任者をして、重要事項について記載した書面を交付して説明するだけでは足りない。

☞ 合 ②分冊 p169 ❷～ 速 p440 ❶～

正解 ②（正解率 **59%**）

肢別解答率 受験生はこう答えた！
① 2%
② 59%
③ 37%
④ 2%

難易度 **普**

⑪ マンション管理業者

2019年度 問49　　　*Check* ☐☐☐　重要度 ▶ **A**

マンション管理業者が行うマンション管理適正化法第77条の規定に基づく管理事務の報告に関する次の記述のうち、マンション管理適正化法によれば、最も適切なものはどれか。

1　マンション管理業者は、管理事務の委託を受けた管理組合に管理者等が置かれている場合であっても、当該管理者等に報告するとともに、説明会を開催し、当該管理組合を構成する区分所有者等全員に対して、管理業務主任者をして、当該管理事務の報告をさせなければならない。

2　マンション管理業者は、管理組合の同意があれば、当該管理組合の管理者等に対し、管理業務主任者以外の者をして報告させることができる。

3　管理事務報告書には、報告の対象となる期間、管理組合の会計の収入及び支出の状況並びにその他管理受託契約の内容に関する事項を記載しなければならない。

4　管理事務の報告の説明会が開催される場合においては、説明会の参加者の参集の便を考慮して、説明会の開催日の2週間前までに、当該説明会を開催する日時及び場所の掲示をしなければならない。

140　LEC東京リーガルマインド　2025年版 出る順管理業務主任者 分野別過去問題集　②分冊

1 **不適切** マンション管理業者は、管理事務の委託を受けた管理組合に管理者等が置かれているときは、管理事務を委託した管理組合の事業年度終了後、遅滞なく、当該期間における管理受託契約に係るマンションの管理の状況について所定の事項を記載した管理事務報告書を作成し、**管理業務主任者をして、これを管理者等に交付して説明をさせなければならない**〈適77条1項、適規88条1項〉。したがって、**説明会を開催することは義務づけられていない**。

👉 合 ②分冊 p176 **4**〜 速 p445 **3**〜

2 **不適切** マンション管理業者は、管理事務の委託を受けた管理組合に管理者等が置かれているときは、国土交通省令で定めるところにより、定期に、当該管理者等に対し、**管理業務主任者をして**、当該管理事務に関する報告をさせなければならない〈適77条1項〉。したがって、マンション管理業者は、管理組合の同意があったとしても、当該管理組合の管理者等に対し、管理業務主任者以外の者をして報告させることはできない。

👉 合 ②分冊 p176 **4**〜 速 p445 **3**〜

3 **適切** 管理事務報告書には、**①報告の対象となる期間、②管理組合の会計の収入及び支出の状況、③その他管理受託契約の内容に関する事項**を記載する〈適規88条1項〉。

👉 合 ②分冊 p178 **4**〜 速 p445 **3**〜

4 **不適切** 管理事務の報告の説明会が開催される場合、その説明会は、できる限り説明会に参加する者の参集の便を考慮して開催の日時及び場所を定め、管理事務の委託を受けた管理組合ごとに開催する〈適規89条2項〉。また、マンション管理業者は、**説明会の開催日の1週間前までに**説明会の開催の日時及び場所について、当該管理組合を構成するマンションの区分所有者等の見やすい場所に掲示しなければならない〈同条3項〉。

👉 合 ②分冊 p176 **4**〜 速 p445 **3**〜

正解 3
（正解率 85%）

肢別解答率 受験生はこう答えた！
1: 6%
2: 2%
3: 85%
4: 7%

難易度 **易**

⑫ マンション管理業者

2019年度 問50　　*Check* ☐☐☐　重要度 ▶ **A**

マンション管理業者の登録等に関する次の記述のうち、マンション管理適正化法によれば、最も不適切なものはどれか。

1　マンション管理業の更新の登録を受けようとする者は、登録の有効期間満了の日の90日前から30日前までの間に登録申請書を提出しなければならないが、当該有効期間の満了の日までにその申請に対する処分がなされないときは、従前の登録は、当該有効期間の満了後もその処分がなされるまでの間は、なお効力を有する。

2　マンション管理業の登録申請書に記載すべき事務所とは、本店又は支店（商人以外の者にあっては、主たる事務所又は従たる事務所）のほか、継続的に業務を行うことができる施設を有する場所で、マンション管理業に係る契約の締結又は履行に関する権限を有する使用人を置く事務所をいう。

3　国土交通大臣は、マンション管理適正化法施行規則により算定した、マンション管理業の登録を受けようとする者の資産額が1,000万円以上でない場合においては、その登録を拒否しなければならない。

4　マンション管理業者がマンション管理業を廃止した場合においては、マンション管理業者であった個人又はマンション管理業者であった法人を代表する役員は、その日から30日以内に、その旨を国土交通大臣に届け出なければならない。

[1] 適切　マンション管理業の更新の登録を受けようとする者は、登録の有効期間満了の日の90日前から30日前までの間に登録申請書を提出しなければならない〈適規50条〉。マンション管理業の更新の登録の申請があった場合において、登録の有効期間の満了の日までにその申請に対する処分がなされないときは、**従前の登録は、その有効期間の満了後もその処分がなされるまでの間は、なお効力を有する**〈適44条4項〉。
👉 合 ②分冊 p159 [2]〜　速 p415 [3]〜

[2] 適切　マンション管理業の登録申請書に記載すべき事務所とは、①**本店又は支店（商人以外の者にあっては、主たる事務所又は従たる事務所）**、②①のほか、継続的に業務を行うことができる施設を有する場所で、**マンション管理業に係る契約の締結又は履行に関する権限を有する使用人を置くもの**をいう〈適規52条〉。
👉 合 ②分冊 p159 [2]〜　速 p415 [3]〜

[3] 不適切　国土交通大臣は、マンション管理業の登録の登録申請者がマンション管理業を遂行するために必要と認められる国土交通省令で定める基準に適合する財産的基礎を有しない者であるときは、その登録を拒否しなければならない〈適47条13号〉。この「国土交通省令で定める基準」とは、所定の算定方法により算定した資産額が、**300万円以上**であることをいう〈適規54条〉。
👉 合 ②分冊 p159 [2]〜　速 p415 [3]〜

[4] 適切　マンション管理業者がマンション管理業を廃止した場合においては、マンション管理業者であった個人又はマンション管理業者であった法人を代表する役員は、**その日から30日以内**に、その旨を国土交通大臣に届け出なければならない〈適50条1項5号〉。
👉 合 ②分冊 p164 [3]〜　速 p418 [4]〜

正解 [3]（正解率86%）

肢別解答率 受験生はこう答えた！
[1] 5%
[2] 4%
[3] 86%
[4] 4%

難易度　易

⑬ マンション管理業者

2020年度 問47　　　Check ☐☐☐　重要度 ▶ A

マンション管理業者Aが行う業務に関する次のア～エの記述のうち、マンション管理適正化法に違反するものを全て含む組合せは、次の1～4のうちどれか。

ア　Aは、管理組合から委託を受けた管理事務に関する帳簿について、各事業年度の末日をもって閉鎖し、3年間保存した後に、これを廃棄した。

イ　Aは、国土交通大臣に登録事項変更届出書により届出を行い、マンション管理業者登録簿に神奈川支店（従たる事務所）の登録を受けたが、すでに東京本店（主たる事務所）に標識が掲げられているため神奈川支店に標識を掲げることなくマンション管理業を行った。

ウ　Aは、自己が区分所有者ではなく、かつ、管理者が区分所有者であるマンションの管理組合と管理委託契約を締結したため、当該管理組合の管理者に対して、遅滞なく、契約の成立時の書面を交付した。

エ　Aは、管理組合から委託を受けた管理事務のうち、基幹事務の全てを当該管理組合の承諾を得て一括して他社に再委託した。

1 　ア・イ

2 　ア・ウ

3 　ア・イ・エ

4 　イ・ウ・エ

ア 　**違反する**　　マンション管理業者は、管理組合から委託を受けた管理事務について、国土交通省令で定めるところにより、帳簿を作成し、これを保存しなければならない〈適75条〉。マンション管理業者は、この帳簿を各事業年度の末日をもって閉鎖するものとし、**閉鎖後5年間**当該帳簿を保存しなければならない〈適規86条3項〉。Aは、帳簿を3年しか保存していないので、マンション管理適正化法に違反する。

　　合 ②分冊 p192 **1**~　　**速** p460 **2**~

イ 　**違反する**　　マンション管理業者は、**その事務所ごとに**、公衆の見やすい場所に、国土交通省令で定める標識を掲げなければならない〈適71条〉。Aは、事務所である神奈川支店に標識を掲げていないので、マンション管理適正化法に違反する。

　　合 ②分冊 p194 **4**~　　**速** p462 **5**~

ウ 　**違反しない**　　マンション管理業者は、管理組合から管理事務の委託を受けることを内容とする契約を締結したときは、**当該管理組合の管理者等（当該マンション管理業者が当該管理組合の管理者等である場合又は当該管理組合に管理者等が置かれていない場合にあっては、当該管理組合を構成するマンションの区分所有者等全員）に対し**、遅滞なく、所定の事項を記載した書面を交付しなければならない〈適73条1項〉。Aは、管理組合の管理者に対して、契約の成立時の書面を交付しているので、マンション管理適正化法に違反しない。

　　合 ②分冊 p175 **3**~　　**速** p444 **2**~

エ 　**違反する**　　マンション管理業者は、管理組合から委託を受けた管理事務のうち基幹事務については、**これを一括して他人に委託してはならない**〈適74条〉。Aは、基幹事務の全てを一括して他社に再委託しているので、マンション管理適正化法に違反する。

　　合 ②分冊 p189 **5**~　　**速** p460 **1**~

以上より、マンション管理適正化法に違反するものを全て含む組合せはア・イ・エであり、本問の正解肢は3となる。

正解 3
（正解率89%）

肢別解答率
受験生はこう答えた！

肢	解答率
1	2%
2	1%
3	89%
4	8%

難易度　**易**

⑭ マンション管理業者

2020年度 問48   *Check* ☐☐☐   重要度 ▶ **A**

管理組合の財産の分別管理に関する次の記述のうち、マンション管理適正化法によれば、正しいものの組合せはどれか。

ア マンション管理業者は、修繕積立金等金銭を収納口座で管理するにあたり、管理組合の収納口座の印鑑を保管する場合に、管理組合の承諾があれば、マンションの区分所有者等から徴収される1月分の修繕積立金等金銭の合計額以上の額につき有効な保証契約を締結する必要はない。

イ マンション管理業者は、管理事務の委託を受けた管理組合に管理者等が置かれていないときは、毎月、管理事務の委託を受けた当該管理組合のその月における会計の収入及び支出の状況に関する書面を作成し、翌月末日までに、当該書面を当該管理組合の区分所有者等に交付しなければならない。

ウ マンション管理業者は、修繕積立金等金銭を管理するにあたり、管理組合に管理者等が置かれていない場合で管理者等が選任されるまでの比較的短い期間を除き、保管口座又は収納・保管口座に係る管理組合等の印鑑、預貯金の引出用のカードその他これらに類するものを管理してはならない。

エ 収納・保管口座とは、マンションの区分所有者等から徴収された修繕積立金等金銭を預入し、預貯金として管理するための口座であって、管理組合等を名義人とするものをいう。

1 ア・イ
2 ア・ウ
3 イ・エ
4 ウ・エ

---

146 **LEC**東京リーガルマインド 2025年版 出る順管理業務主任者 分野別過去問題集 ②分冊

ア 誤　マンション管理業者は、収納口座と保管口座を設けて修繕積立金等金銭を管理する場合にあっては、マンションの区分所有者等から徴収される1月分の修繕積立金等金銭又は管理費用に充当する金銭の合計額以上の額につき有効な保証契約を締結していなければならない〈適規87条3項本文〉。もっとも、①修繕積立金等金銭若しくは管理費用に充当する金銭がマンションの区分所有者等からマンション管理業者が受託契約を締結した管理組合等を名義人とする収納口座に直接預入される場合又はマンション管理業者若しくはマンション管理業者から委託を受けた者がマンションの区分所有者等から修繕積立金等金銭若しくは管理費用に充当する金銭を徴収しない場合であり、かつ、②**マンション管理業者が、管理組合等を名義人とする収納口座に係る当該管理組合等の印鑑、預貯金の引出用のカードその他これらに類するものを管理しない場合**には、保証契約の締結は不要となる〈同条項ただし書〉。本肢の場合、②をみたしていないので、保証契約の締結が必要である。

☞ 合 ②分冊 p182 **2**～　速 p451 **2**～

イ 誤　マンション管理業者は、毎月、管理事務の委託を受けた管理組合のその月（以下「対象月」という。）における会計の収入及び支出の状況に関する書面を作成し、翌月末日までに、当該書面を当該管理組合の管理者等に交付しなければならない〈適規87条5項前段〉。この場合において、**当該管理組合に管理者等が置かれていないときは、**当該書面の交付に代えて、対象月の属する当該管理組合の事業年度の終了の日から2月を経過する日までの間、当該書面をその事務所ごとに備え置き、当該管理組合を構成するマンションの区分所有者等の求めに応じ、当該マンション管理業者の業務時間内において、**これを閲覧させなければならない**〈同条項後段〉。したがって、管理組合に管理者等が置かれていない場合には、書面を交付することは義務づけられない。

☞ 合 ②分冊 p188 **4**～　速 p457 **4**～

ウ 正　マンション管理業者は、修繕積立金等金銭を管理する場合にあっては、**管理組合に管理者等が置かれていない場合において、管理者等が選任されるまでの比較的短い期間に限り保管するときを除き、**保管口座又は収納・保管口座に係る管理組合等の印鑑、預貯金の引出用のカードその他これらに類するものを**管理してはならない**〈適規87条4項〉。

☞ 合 ②分冊 p182 **2**～　速 p451 **2**～

エ 正　収納・保管口座とは、**マンションの区分所有者等から徴収された修繕積立金等金銭を預入し、預貯金として管理するための口座であって、管理組合等を名義人とするものをいう**〈適規87条6項3号〉。

☞ 合 ②分冊 p182 **2**～　速 p451 **2**～

以上より、正しいものの組合せはウ・エであり、本問の正解肢は4となる。

正解 4（正解率89%）

肢別解答率 受験生はこう答えた！

1	1%
2	3%
3	8%
4	89%

難易度 **易**

15 マンション管理業者

2020年度 問49 Check ☐☐☐ 重要度 ▶ A

マンション管理業の登録に関する次の記述のうち、マンション管理適正化法の規定によれば、正しいものはどれか。

1 マンション管理業者が更新の登録の申請を行った場合において、従前の登録の有効期間の満了の日までにその申請に対する処分がなされないときは、当該マンション管理業者の従前の登録は、当該有効期間の満了によりその効力を失う。

2 登録を受けていた個人が死亡した場合に、その相続人は、当該個人が死亡した日から30日以内にその旨を国土交通大臣に届け出なければならない。

3 マンション管理業を営もうとする者は、その役員のうちに、破産手続開始の決定を受けた後、復権を得てから2年を経過しない者がいる場合には、マンション管理業の登録を受けることができない。

4 マンション管理業を営もうとする者は、その役員のうちに、マンション管理適正化法の規定により、罰金の刑に処せられ、その刑の執行が終わった日から2年を経過しない者がいる場合には、マンション管理業の登録を受けることができない。

---

148 LEC東京リーガルマインド 2025年版 出る順管理業務主任者 分野別過去問題集 ②分冊

1 誤　マンション管理業者の登録につき更新の登録の申請があった場合において、従前の登録の有効期間の満了の日までにその申請に対する処分がなされないときは、従前の登録は、その有効期間の満了後もその処分がなされるまでの間は、**なお効力を有する**〈適44条4項〉。

☞ 合 ②分冊 p159 **2**～　速 p415 **3**～

2 誤　マンション管理業者が死亡した場合においては、その相続人は、**その事実を知った日から30日以内**に、その旨を国土交通大臣に届け出なければならない〈適50条1項1号〉。したがって、マンション管理業者の登録を受けた個人が死亡した日から30日以内に、届出を行うことは義務づけられない。

☞ 合 ②分冊 p164 **3**～　速 p418 **4**～

3 誤　国土交通大臣は、**マンション管理業者の登録の登録申請者が法人であり、その役員のうちに破産手続開始の決定を受けて復権を得ない者があるときは、その登録を拒否しなければならない**〈適47条1項10号、1号〉。したがって、マンション管理業を営もうとする者の役員のうちに、破産手続開始の決定を受けた者があったとしても、すでに復権を得ているのであれば、復権を得てから2年を経過していなくても、その登録申請者はマンション管理業者の登録を受けることができる。

☞ 合 ②分冊 p159 **2**～　速 p415 **3**～

4 正　国土交通大臣は、**マンション管理業者の登録の登録申請者が法人であり、その役員のうちにマンション管理適正化法の規定により罰金の刑に処せられ、その執行を終わり、又は執行を受けることがなくなった日から2年を経過しない者があるときは、その登録を拒否しなければならない**〈適47条1項10号、6号〉。したがって、マンション管理業を営もうとする者の役員のうちに、マンション管理適正化法の規定により罰金の刑に処せられ、その刑の執行が終わった日から2年を経過しない者がいる場合には、その登録申請者はマンション管理業者の登録を受けることができない。

☞ 合 ②分冊 p159 **2**～　速 p415 **3**～

正解 **4**（正解率64％）

肢別解答率　受験生はこう答えた！
1　4％
2　16％
3　16％
4　64％

難易度　普

16 マンション管理業者

2020年度 問50   *Check* ☐☐☐ 重要度 ▶ **A**

マンション管理業者が行うマンション管理適正化法第72条の規定に基づく重要事項の説明等及び同法第73条の規定に基づく契約の成立時の書面の交付に関する次の記述のうち、マンション管理適正化法によれば、誤っているものはどれか。（改題）

1 マンション管理業者は、管理組合から管理事務の委託を受けることを内容とする契約を締結したときは、当該管理組合の管理者等に対し、遅滞なく、管理業務主任者をして、契約の成立時の書面を交付して説明をさせなければならない。

2 マンション管理業者は、契約の成立時に交付すべき書面を作成するときは、管理業務主任者をして、当該書面に記名させなければならない。

3 マンション管理業者は、管理組合から管理事務の委託を受けることを内容とする契約を新たに締結しようとするときは、あらかじめ、説明会を開催し、当該管理組合を構成するマンションの区分所有者等及び当該管理組合の管理者等に対し、管理業務主任者をして、重要事項の説明をさせなければならない。ただし、新たに建設されたマンションの分譲に通常要すると見込まれる期間その他の管理組合を構成するマンションの区分所有者等が変動することが見込まれる期間として国土交通省令で定める期間中に契約期間が満了するものではないこととする。

4 マンション管理業者は、重要事項の説明会を開催するときは、できる限り説明会に参加する者の参集の便を考慮して開催の日時及び場所を定め、管理事務の委託を受けた管理組合ごとに開催するものとする。

150   **LEC**東京リーガルマインド 2025年版 出る順管理業務主任者 分野別過去問題集 ②分冊

1 **誤** マンション管理業者は、管理組合から管理事務の委託を受けることを内容とする契約を締結したときは、当該管理組合の管理者等（当該マンション管理業者が当該管理組合の管理者等である場合又は当該管理組合に管理者等が置かれていない場合にあっては、当該管理組合を構成するマンションの区分所有者等全員）に対し、遅滞なく、**所定の事項を記載した書面を交付しなければならない**〈適73条1項〉。マンション管理業者は、管理業務主任者をして、契約の成立時の書面を交付して説明をさせることは義務づけられない。

☞ **合** ②分冊 p175 **3** ～ **速** p444 **2** ～

2 **正** マンション管理業者は、契約の成立時に交付すべき書面を作成するときは、**管理業務主任者をして、当該書面に記名させなければならない**〈適73条2項〉。

☞ **合** ②分冊 p175 **3** ～ **速** p444 **2** ～

3 **正** マンション管理業者は、管理組合から管理事務の委託を受けることを内容とする契約（新たに建設されたマンションの分譲に通常要すると見込まれる期間その他の管理組合を構成するマンションの区分所有者等が変動することが見込まれる期間として国土交通省令で定める期間中に契約期間が満了するものを除く。）を締結しようとするときは、あらかじめ、国土交通省令で定めるところにより**説明会を開催し、当該管理組合を構成するマンションの区分所有者等及び当該管理組合の管理者等に対し、管理業務主任者をして、重要事項について説明をさせなければならない**〈適72条1項、適規82条〉。

☞ **合** ②分冊 p169 **2** ～ **速** p440 **1** ～

4 **正** 重要事項の説明会は、**できる限り説明会に参加する者の参集の便を考慮して開催**の日時及び場所を定め、管理事務の委託を受けた管理組合ごとに開催するものとする〈適規83条1項〉。

☞ **合** ②分冊 p169 **2** ～ **速** p440 **1** ～

正解 1
（正解率64%）

肢別解答率 受験生はこう答えた！

1	64%
2	8%
3	10%
4	18%

難易度 **普**

17 マンション管理業者

2021年度 問46　Check □□□　重要度 ▶ A

マンション管理業者が行うマンション管理適正化法に基づく契約の成立時の書面の交付に関する次の記述のうち、最も不適切なものはどれか。

1 法第73条第1項の規定によれば、マンション管理業者は、管理組合から管理事務の委託を受けることを内容とする契約を締結したときは、当該管理組合の管理者等（当該マンション管理業者が当該管理組合の管理者等である場合又は当該管理組合に管理者等が置かれていない場合にあっては、当該管理組合を構成するマンションの区分所有者等全員）に対し、遅滞なく、契約の成立時の書面を交付しなければならない。

2 マンション管理業者は、法第73条第1項の規定に基づく書面の交付に代えて、当該書面に記載すべき事項を、電子情報処理組織を使用する方法その他の情報通信の技術を利用する方法により提供する場合においては、管理組合の管理者等又は管理組合を構成するマンションの区分所有者等の承諾を得る必要はない。

3 法第73条第1項の規定によれば、マンション管理業者が、管理組合から管理事務の委託を受けることを内容とする契約を締結した場合において、管理事務の一部の再委託に関する定めがあるときは、契約の成立時に交付する書面にその内容を記載しなければならない。

4 マンション管理業者が、法第73条第1項の規定に違反して、虚偽の記載のある書面を交付したときは、30万円以下の罰金に処せられる。

152　LEC東京リーガルマインド　2025年版 出る順管理業務主任者 分野別過去問題集　②分冊

1 適切　マンション管理業者は、管理組合から管理事務の委託を受けることを内容とする契約を締結したときは、当該管理組合の管理者等（当該マンション管理業者が当該管理組合の管理者等である場合又は当該管理組合に管理者等が置かれていない場合にあっては、当該管理組合を構成するマンションの区分所有者等全員）に対し、遅滞なく、**契約の成立時の書面を交付しなければならない**〈適73条1項〉。
☞ 合 ②分冊 p175 3〜　速 p444 2〜

2 不適切　マンション管理業者は、契約の成立時の書面の交付に代えて、政令で定めるところにより、**当該管理組合の管理者等又は当該管理組合を構成するマンションの区分所有者等の承諾**を得て、当該書面に記載すべき事項を電子情報処理組織を使用する方法その他の情報通信の技術を利用する方法であって管理業務主任者の記名の措置に代わる措置を講ずるものとして国土交通省令で定めるものにより提供することができる〈適73条3項〉。
☞ 合 ②分冊 p175 3〜　速 p444 2〜

3 適切　契約の成立時の書面には、**管理事務の一部の再委託**に関する定めがあるときは、**その内容を記載しなければならない**〈適73条1項4号〉。
☞ 合 ②分冊 p175 3〜

4 適切　マンション管理業者が、マンション管理適正化法73条1項の規定に違反して、書面を交付せず、若しくは所定の事項を記載しない書面若しくは**虚偽の記載のある書面を交付したとき**は、30万円以下の罰金に処する〈適109条1項6号〉。
☞ 合 ②分冊 p228 4〜　速 p475 4〜

正解 2（正解率94%）

肢別解答率　受験生はこう答えた！
1　1%
2　94%
3　2%
4　3%

難易度　**易**

⑱ マンション管理業者

2021年度 問47

Check ☐☐☐　重要度 ▶ A

マンション管理業者がマンション管理適正化法第72条の規定に基づく重要事項を記載した書面の交付、説明を行う場合における次の記述のうち、マンション管理適正化法によれば、適切なものはいくつあるか。なお、管理者等は認定管理者等でないものとする。（改題）

ア　マンション管理業者は、新たに建設されたマンションが分譲された場合、当該マンションの人の居住の用に供する独立部分の引渡しの日のうち最も早い日から1年の間に契約期間が満了する管理組合との管理受託契約を締結しようとするときであっても、当該管理組合を構成するマンションの区分所有者等及び当該管理組合の管理者等に対し、重要事項を記載した書面を交付し、管理業務主任者をして、説明をさせなければならない。

イ　マンション管理業者は、重要事項説明会の開催日の1週間前までに説明会の開催の日時及び場所について、管理組合を構成するマンションの区分所有者等及び管理組合の管理者等の見やすい場所に掲示しなければならない。

ウ　マンション管理業者は、重要事項説明会を開催するときは、できる限り説明会に参加する者の参集の便を考慮して開催の日時及び場所を定め、管理事務の委託を受けた管理組合ごとに開催するものとする。

エ　法第72条第3項の規定によれば、マンション管理業者は、従前の管理受託契約と同一の条件で管理組合との管理受託契約を更新しようとする場合において、当該管理組合に管理者等が置かれているときは、当該管理者等に対し、管理業務主任者をして、重要事項について、これを記載した書面を交付して説明をさせなければならない。

1 一つ
2 二つ
3 三つ
4 四つ

154　LEC東京リーガルマインド　2025年版 出る順管理業務主任者 分野別過去問題集 ②分冊

ア 不適切 　マンション管理業者は、管理受託契約を締結しようとするときは、あらかじめ、国土交通省令で定めるところにより説明会を開催し、当該管理組合を構成するマンションの区分所有者等及び当該管理組合の管理者等に対し、管理業務主任者をして、重要事項について説明をさせなければならない〈適72条1項前段〉。もっとも、**新たに建設されたマンションを分譲した場合**において、当該マンションの人の居住の用に供する独立部分の引渡しの日のうち最も早い日から**1年の期間中に契約期間が満了するものは、「管理受託契約」にあたらず、重要事項の説明は義務づけられない**〈適規82条1号〉。

☞ 合 ②分冊 p169 ❷〜　速 p440 ❶〜

イ 適切 　マンション管理業者は、説明会の開催日の1週間前までに説明会の開催の日時及び場所について、当該管理組合を構成するマンションの区分所有者等及び当該管理組合の管理者等の**見やすい場所に掲示しなければならない**〈適規83条2項〉。

☞ 合 ②分冊 p169 ❷〜　速 p440 ❶〜

ウ 適切 　説明会は、**できる限り説明会に参加する者の参集の便を考慮して開催の日時及び場所を定め**、管理事務の委託を受けた管理組合ごとに開催するものとする〈適規83条1項〉。

☞ 合 ②分冊 p169 ❷〜　速 p440 ❶〜

エ 適切 　マンション管理業者は、**従前の管理受託契約と同一の条件**で管理組合との管理受託契約を更新しようとする場合において当該管理組合に管理者等が置かれているときは、原則として、**当該管理者等に対し、管理業務主任者をして、重要事項について、これを記載した書面を交付して説明をさせなければならない**〈適72条3項本文〉。

☞ 合 ②分冊 p169 ❷〜　速 p440 ❶〜

以上より、適切なものはイ、ウ、エの三つであり、本問の正解肢は3となる。

正解 3
（正解率58%）

肢別解答率 受験生はこう答えた！
1　6%
2　32%
3　58%
4　4%

難易度 普

19 マンション管理業者

2021年度 問49　　　*Check* ☐☐☐　重要度 ▶ **A**

マンション管理業者が行うマンション管理適正化法第76条の規定に基づく管理組合の財産の分別管理に関する次の記述のうち、マンション管理適正化法によれば、適切なものを全て含む組合せはどれか。

ア　マンション管理業者は、管理組合から委託を受けて管理する修繕積立金等については、自己の固有財産及び他の管理組合の財産と分別して管理しなければならない。

イ　マンション管理業者は、同法施行規則第87条第2項第1号ハに定める方法により収納・保管口座で修繕積立金等金銭を管理する場合にあっては、マンションの区分所有者等から徴収される1月分の修繕積立金等金銭の合計額以上の額につき有効な保証契約を締結していなければならない。

ウ　マンション管理業者は、修繕積立金等金銭を管理するにあたり、管理組合に管理者等が置かれていない場合で管理者等が選任されるまでの比較的短い期間に限り保管する場合を除き、保管口座又は収納・保管口座に係る管理組合等の印鑑、預貯金の引出用のカードその他これらに類するものを管理してはならない。

エ　保管口座とは、マンションの区分所有者等から徴収された修繕積立金を預入し、又は修繕積立金等金銭若しくは管理組合又はマンションの区分所有者等から受領した管理費用に充当する金銭の残額を収納口座から移し換え、これらを預貯金として管理するための口座であって、管理組合等を名義人とするものをいう。

1 ア・ウ
2 イ・エ
3 ア・ウ・エ
4 ア・イ・ウ・エ

ア 　**適切**　マンション管理業者は、管理組合から委託を受けて管理する修繕積立金その他国土交通省令で定める財産については、整然と管理する方法として国土交通省令で定める方法により、**自己の固有財産及び他の管理組合の財産と分別して管理しなければならない**〈適76条〉。

👉 **合** ②分冊 p181 **1**〜　**速** p450 **1**〜

イ 　**不適切**　マンション管理業者は、マンション管理適正化法施行規則87条2項1号**イ又はロに定める方法**により収納口座と保管口座を設けて修繕積立金等金銭を管理する場合にあっては、マンションの区分所有者等から徴収される1月分の修繕積立金等金銭又は管理費用に充当する金銭の合計額以上の額につき**有効な保証契約を締結していなければならない**〈適規87条3項〉。収納・保管口座を設けて修繕積立金等金銭を管理する場合、保証契約を締結していることは義務づけられない。

👉 **合** ②分冊 p182 **2**〜　**速** p451 **2**〜

ウ 　**適切**　マンション管理業者は、修繕積立金等金銭を管理する場合にあっては、**管理組合に管理者等が置かれていない場合において、管理者等が選任されるまでの比較的短い期間に限り保管する場合を除き、**保管口座又は収納・保管口座に係る管理組合等の印鑑、預貯金の引出用のカードその他これらに類するものを管理してはならない〈適規87条4項〉。

👉 **合** ②分冊 p182 **2**〜　**速** p451 **2**〜

エ 　**適切**　保管口座とは、**マンションの区分所有者等から徴収された修繕積立金を預入し、又は修繕積立金等金銭若しくはマンションの区分所有者等から受領した管理費用に充当する金銭の残額を収納口座から移し換え、これらを預貯金として管理するための口座であって、管理組合等を名義人とするもの**をいう〈適規87条6項2号〉。

👉 **合** ②分冊 p182 **2**〜　**速** p451 **2**〜

以上より、適切なものを全て含む組合せはア・ウ・エであり、本問の正解肢は3となる。

正解 3
（正解率56%）

肢別解答率 受験生はこう答えた！
1　3%
2　1%
3　56%
4　39%

難易度　**普**

⑳ マンション管理業者

2021年度 問50   *Check* ☐☐☐   重要度 ▶ **A**

マンション管理業の登録に関する次の記述のうち、マンション管理適正化法によれば、適切なものを全て含む組合せはどれか。

ア マンション管理業の更新の登録を受けようとする者は、登録の有効期間満了の日の90日前から30日前までの間に登録申請書を提出しなければならない。

イ マンション管理業者が更新の登録の申請を行った場合において、従前の登録の有効期間の満了の日までにその申請に対する処分がなされないときは、当該マンション管理業者の従前の登録は、当該有効期間の満了後もその処分がなされるまでの間は、なお効力を有する。

ウ マンション管理業を営もうとする者は、法人でその役員のうちに、「暴力団員による不当な行為の防止等に関する法律」第2条第6号に規定する暴力団員又は同号に規定する暴力団員でなくなった日から5年を経過しない者がいた場合は、マンション管理業の登録を受けることができない。

エ マンション管理業者が、マンション管理業を廃止した場合においては、その日から2週間以内に、その旨を国土交通大臣に届け出なければならない。

1 ア・イ
2 ア・ウ
3 ア・イ・ウ
4 イ・ウ・エ

158 LEC東京リーガルマインド 2025年版 出る順管理業務主任者 分野別過去問題集 ②分冊

ア **適切** マンション管理業の更新の登録を受けようとする者は、**登録の有効期間満了の日の 90 日前から 30 日前までの間に登録申請書を提出しなければならない**〈適規 50 条〉。
　👉 合 ②分冊 p159 ②～ 速 p415 ③～

イ **適切** マンション管理業の登録につき、更新の登録の申請があった場合において、従前の登録の有効期間の満了の日までにその申請に対する処分がなされないときは、**従前の登録は、その登録の有効期間の満了後もその処分がなされるまでの間は、なお効力を有する**〈適 44 条 4 項〉。
　👉 合 ②分冊 p159 ②～ 速 p415 ③～

ウ **適切** 国土交通大臣は、登録申請者が法人でその役員のうちに暴力団員による不当な行為の防止等に関する法律 2 条 6 号に規定する**暴力団員又は同号に規定する暴力団員でなくなった日から 5 年を経過しない者**があるものであるときは、その登録を拒否しなければならない〈適 47 条 10 号、7 号〉。
　👉 合 ②分冊 p159 ②～ 速 p415 ③～

エ **不適切** マンション管理業者がマンション管理業を廃止した場合においては、マンション管理業者であった個人又はマンション管理業者であった法人を代表する役員は、**その日から 30 日以内**に、その旨を国土交通大臣に届け出なければならない〈適 50 条 1 項 5 号〉。
　👉 合 ②分冊 p164 ③～ 速 p418 ④～

以上より、適切なものを全て含む組合せはア・イ・ウであり、本問の正解肢は 3 となる。

正解 ③（正解率82%）

肢別解答率 受験生はこう答えた！
1　10%
2　　3%
3　82%
4　　4%

難易度　易

21 マンション管理業者

2022年度 問47　Check ☐☐☐　重要度 ▶ A

次のマンション管理適正化法第72条の（　ア　）〜（　ウ　）に入る語句の組合せとして、最も適切なものはどれか。

（重要事項の説明等）

第72条　マンション管理業者は、管理組合から管理事務の委託を受けることを内容とする契約（新たに建設されたマンションの分譲に通常要すると見込まれる期間その他の管理組合を構成するマンションの区分所有者等が変動することが見込まれる期間として国土交通省令で定める期間中に契約期間が満了するものを除く。以下「管理受託契約」という。）を締結しようとするとき（次項に規定するときを除く。）は、あらかじめ、国土交通省令で定めるところにより説明会を開催し、当該管理組合を構成するマンションの区分所有者等及び当該管理組合の管理者等に対し、（　ア　）をして、管理受託契約の内容及びその履行に関する事項であって国土交通省令で定めるもの（以下「重要事項」という。）について説明をさせなければならない。この場合において、マンション管理業者は、当該説明会の日の（　イ　）までに、当該管理組合を構成するマンションの区分所有者等及び当該管理組合の管理者等の全員に対し、重要事項並びに説明会の日時及び場所を記載した書面を交付しなければならない。

2　マンション管理業者は、従前の管理受託契約と同一の条件で管理組合との管理受託契約を更新しようとするときは、あらかじめ、当該管理組合を構成するマンションの区分所有者等全員に対し、重要事項を記載した書面を交付しなければならない。

3　前項の場合において当該管理組合に管理者等が置かれているときは、マンション管理業者は、当該管理者等に対し、（　ア　）をして、重要事項について、これを記載した書面を交付して説明をさせなければならない。ただし、当該説明は、（　ウ　）から重要事項について説明を要しない旨の意思の表明があったときは、マンション管理業者による当該（　ウ　）に対する重要事項を記載した書面の交付をもって、これに代えることができる。

4　〜　7　（略）

	（　ア　）	（　イ　）	（　ウ　）
1	管理業務主任者	前日	認定管理者等
2	管理業務主任者	一週間前	監事
3	従業者	前日	監事
4	管理業務主任者	一週間前	認定管理者等

完成文は、以下のとおりである。

（重要事項の説明等）
第72条　マンション管理業者は、管理組合から管理事務の委託を受けることを内容とする契約（新たに建設されたマンションの分譲に通常要すると見込まれる期間その他の管理組合を構成するマンションの区分所有者等が変動することが見込まれる期間として国土交通省令で定める期間中に契約期間が満了するものを除く。以下「管理受託契約」という。）を締結しようとするとき（次項に規定するときを除く。）は、あらかじめ、国土交通省令で定めるところにより説明会を開催し、当該管理組合を構成するマンションの区分所有者等及び当該管理組合の管理者等に対し、（**ア＝管理業務主任者**）をして、管理受託契約の内容及びその履行に関する事項であって国土交通省令で定めるもの（以下「重要事項」という。）について説明をさせなければならない。この場合において、マンション管理業者は、当該説明会の日の（**イ＝一週間前**）までに、当該管理組合を構成するマンションの区分所有者等及び当該管理組合の管理者等の全員に対し、重要事項並びに説明会の日時及び場所を記載した書面を交付しなければならない。
2　マンション管理業者は、従前の管理受託契約と同一の条件で管理組合との管理受託契約を更新しようとするときは、あらかじめ、当該管理組合を構成するマンションの区分所有者等全員に対し、重要事項を記載した書面を交付しなければならない。
3　前項の場合において当該管理組合に管理者等が置かれているときは、マンション管理業者は、当該管理者等に対し、（**ア＝管理業務主任者**）をして、重要事項について、これを記載した書面を交付して説明をさせなければならない。ただし、当該説明は、（**ウ＝認定管理者等**）から重要事項について説明を要しない旨の意思の表明があったときは、マンション管理業者による当該（**ウ＝認定管理者等**）に対する重要事項を記載した書面の交付をもって、これに代えることができる。
4　～　7　（略）

以上より、ア＝管理業務主任者、イ＝一週間前、ウ＝認定管理者等であり、本問の正解肢は4となる。

ア　合 ②分冊 p169 ②～　速 p440 ①～
イ　合 ②分冊 p169 ②～　速 p440 ①～
ウ　合 ②分冊 p169 ②～　速 p440 ①～

22 マンション管理業者

2022年度 問48　　　Check ☐☐☐　重要度 ▶ **A**

マンション管理業者が管理組合から管理事務を受託する際の次の記述のうち、マンション管理適正化法によれば、適切なものを全て含む組合せはどれか。

ア　マンション管理業者は、管理組合から管理事務の委託を受けることを内容とする契約を締結したときは、当該管理組合の管理者等（当該マンション管理業者が当該管理組合の管理者等である場合又は当該管理組合に管理者等が置かれていない場合にあっては、当該管理組合を構成するマンションの区分所有者等全員）に対し、遅滞なく、管理事務の対象となるマンションの部分等を記載した書面を交付しなければならず、当該書面を作成するときは、管理業務主任者をして、当該書面に記名させなければならない。

イ　マンション管理業者は、管理組合から委託を受けた管理事務について、管理受託契約を締結した年月日や管理組合の名称等を記載した帳簿を作成し、また、当該帳簿を各事業年度の末日をもって閉鎖するものとし、閉鎖後5年間当該帳簿を保存しなければならない。

ウ　マンション管理業者は、管理組合から委託を受けた管理事務のうち基幹事務については、当該管理組合の管理者等が承諾すれば、これを一括して他人に委託することができる。

1 ア・イ

2 ア・ウ

3 イ・ウ

4 ア・イ・ウ

162　LEC東京リーガルマインド　2025年版 出る順管理業務主任者 分野別過去問題集　②分冊

ア **適切** マンション管理業者は、管理組合から管理事務の委託を受けることを内容とする契約を締結したときは、当該管理組合の管理者等（当該マンション管理業者が当該管理組合の管理者等である場合又は当該管理組合に管理者等が置かれていない場合にあっては、当該管理組合を構成するマンションの区分所有者等全員）に対し、遅滞なく、**所定の事項を記載した書面を交付**しなければならない〈適73条1項〉。マンション管理業者は、この書面を作成するときは、**管理業務主任者をして、当該書面に記名**させなければならない〈同条2項〉。

👉 合 ②分冊 p175 **3**〜 速 p444 **2**〜

イ **適切** マンション管理業者は、管理組合から委託を受けた管理事務について、国土交通省令で定めるところにより、**帳簿を作成**し、これを**保存**しなければならない〈適75条〉。マンション管理業者は、この帳簿に、管理受託契約を締結した年月日や管理受託契約を締結した管理組合の名称などを記載する〈適規86条1項〉。また、マンション管理業者は、この帳簿を各事業年度の末日をもって閉鎖するものとし、**閉鎖後5年間**当該帳簿を保存しなければならない〈同条3項〉。

👉 合 ②分冊 p192 **1**〜 速 p460 **2**〜

ウ **不適切** マンション管理業者は、管理組合から委託を受けた管理事務のうち**基幹事務については、これを一括して他人に委託してはならない**〈適74条〉。したがって、マンション管理業者は、管理組合から委託を受けた管理事務のうち基幹事務については、管理組合の管理者等が承諾したとしても、これを一括して他人に委託してはならない。

👉 合 ②分冊 p189 **5**〜 速 p460 **1**〜

以上より、適切なものを全て含む組合せはア・イであり、本問の正解肢は1となる。

正解 1
（正解率93%）

肢別解答率
受験生は
こう答えた！

1	93%
2	2%
3	3%
4	2%

難易度 **易**

㉓ マンション管理業者

2022年度 問49 Check ☐☐☐ 重要度 ▶ A

修繕積立金等が金銭である場合における財産の分別管理に関する次の記述のうち、マンション管理適正化法によれば、最も不適切なものはどれか。

1 マンション管理業者は、マンションの区分所有者等から徴収された修繕積立金等金銭を収納・保管口座に預入し、当該収納・保管口座において預貯金として管理する方法による場合、マンションの区分所有者等から徴収される1月分の修繕積立金等金銭以上の額につき有効な保証契約を締結していなければならない。

2 マンション管理業者は、保管口座又は収納・保管口座に係る管理組合等の印鑑、預貯金の引出用のカードその他これらに類するものを管理してはならない。ただし、管理組合に管理者等が置かれていない場合において、管理者等が選任されるまでの比較的短い期間に限り保管する場合は、この限りでない。

3 管理組合に管理者等が置かれていない場合には、マンション管理業者は、毎月、管理事務の委託を受けた当該管理組合のその月における会計の収入及び支出の状況に関する書面を作成し、対象月の属する当該管理組合の事業年度の終了の日から2月を経過する日までの間、当該書面をその事務所ごとに備え置き、当該管理組合を構成するマンションの区分所有者等の求めに応じ、当該マンション管理業者の業務時間内において、これを閲覧させなければならない。

4 マンション管理業者は、管理組合から委託を受けて管理する修繕積立金等金銭を整然と管理する方法により、自己の固有財産及び他の管理組合の財産と分別して管理しなければならない。

164 LEC東京リーガルマインド 2025年版 出る順管理業務主任者 分野別過去問題集 ②分冊

1 不適切　マンション管理業者は、**収納口座と保管口座を設ける方法により修繕積立金等金銭を管理する場合**にあっては、マンションの区分所有者等から徴収される1月分の修繕積立金等金銭又は管理費用に充当する金銭の合計額以上の額につき有効な**保証契約**を締結していなければならない〈適規87条3項本文〉。本肢の場合、マンション管理業者は、収納・保管口座を設けて修繕積立金等金銭を管理しており、収納口座と保管口座を設ける方法により、修繕積立金等金銭を管理していないので、マンションの区分所有者等から徴収される1月分の修繕積立金等金銭以上の額につき有効な保証契約を締結することは義務づけられない。

☞ 合 ②分冊 p182 **2**～　速 p451 **2**～

2 適切　マンション管理業者は、修繕積立金等金銭を管理する場合にあっては、保管口座又は収納・保管口座に係る管理組合等の印鑑、預貯金の引出用のカードその他これらに類するものを管理してはならない〈適規87条4項本文〉。もっとも、**管理組合に管理者等が置かれていない場合において、管理者等が選任されるまでの比較的短い期間に限り保管する場合**は、この限りでない〈同条項ただし書〉。

☞ 合 ②分冊 p182 **2**～　速 p451 **2**～

3 適切　マンション管理業者は、毎月、管理事務の委託を受けた管理組合のその月（以下「対象月」という。）における会計の収入及び支出の状況に関する書面を作成し、翌月末日までに、当該書面を当該管理組合の管理者等に交付しなければならない〈適規87条5項前段〉。この場合において、当該管理組合に管理者等が置かれていないときは、当該書面の交付に代えて、対象月の属する当該管理組合の**事業年度の終了の日から2月を経過する日までの間、当該書面をその事務所ごとに備え置き**、当該管理組合を構成するマンションの区分所有者等の求めに応じ、当該マンション管理業者の業務時間内において、これを**閲覧**させなければならない〈同条項後段〉。

☞ 合 ②分冊 p188 **4**～　速 p457 **4**～

4 適切　マンション管理業者は、管理組合から委託を受けて管理する修繕積立金その他国土交通省令で定める財産については、整然と管理する方法として国土交通省令で定める方法により、**自己の固有財産及び他の管理組合の財産と分別して管理**しなければならない〈適76条〉。

☞ 合 ②分冊 p181 **1**～　速 p450 **1**～

正解 1
（正解率64%）

肢別解答率
受験生はこう答えた！

1	64%
2	6%
3	26%
4	3%

難易度 **普**

24 マンション管理業者

2023年度 問48

Check ☐☐☐ 重要度 ▶ A

マンション管理業者が行うマンション管理適正化法第72条の規定に基づく重要事項の説明等に関する次の記述のうち、マンション管理適正化法によれば、適切なものはいくつあるか。

ア マンション管理業者は、管理受託契約を締結しようとするときは、その契約締結日の1週間前までに、説明会を開催し、管理組合を構成するマンションの区分所有者等及び当該管理組合の管理者等に対し、管理業務主任者をして、重要事項について説明をさせなければならない。

イ マンション管理業者は、従前の管理受託契約と同一の条件で管理組合との管理受託契約を更新しようとするときは、あらかじめ、当該管理組合を構成するマンションの区分所有者等全員に対し、重要事項を記載した書面を交付しなければならない。

ウ マンション管理業者が、重要事項を記載した書面の交付に代えて、当該書面に記載すべき事項を電子情報処理組織を使用する方法その他の情報通信の技術を利用する方法により提供する場合において、管理組合を構成するマンションの区分所有者等又は当該管理組合の管理者等の承諾を得る必要はない。

エ 管理業務主任者は、重要事項の説明をするときは、相手方からの請求の有無にかかわらず、管理業務主任者証を提示しなければならない。

1 一つ

2 二つ

3 三つ

4 四つ

ア 不適切 マンション管理業者は、管理受託契約を締結しようとするときは、あらかじめ、国土交通省令で定めるところにより**説明会を開催**し、当該管理組合を構成するマンションの**区分所有者等及び当該管理組合の管理者等**に対し、**管理業務主任者をして、重要事項について説明をさせなければならない**〈適72条1項前段〉。したがって、管理受託契約の締結日の1週間前までに説明をさせることは義務づけられていない。

👉 合 ②分冊 p169 **2**~　速 p440 **1**~

イ 適切 マンション管理業者は、従前の管理受託契約と**同一の条件**で管理組合との管理受託契約を更新しようとするときは、あらかじめ、**当該管理組合を構成するマンションの区分所有者等全員**に対し、**重要事項を記載した書面を交付しなければならない**〈適72条2項〉。

👉 合 ②分冊 p169 **2**~　速 p440 **1**~

ウ 不適切 マンション管理業者は、重要事項を記載した書面の交付に代えて、政令で定めるところにより、管理組合を構成するマンションの**区分所有者等又は当該管理組合の管理者等の承諾を得て**、当該書面に記載すべき事項を電子情報処理組織を使用する方法その他の情報通信の技術を利用する方法であって管理業務主任者の記名に代わる措置を講ずるものとして国土交通省令で定めるものにより提供することができる〈適72条6項前段〉。したがって、本肢の方法により重要事項を提供する場合、管理組合を構成するマンションの区分所有者等又は当該管理組合の管理者等の承諾を得なければならない。

👉 合 ②分冊 p169 **2**~　速 p440 **1**~

エ 適切 管理業務主任者は、重要事項の説明をするときは、説明の相手方に対し、**管理業務主任者証を提示しなければならない**〈適72条4項〉。したがって、管理業務主任者は、重要事項の説明をするときは、相手方からの請求の有無にかかわらず、管理業務主任者証を提示しなければならない。

👉 合 ②分冊 p169 **2**~　速 p440 **1**~

以上より、適切なものはイ、エの二つであり、本問の正解肢は2となる。

正解 ②
（正解率51%）

肢別解答率
受験生はこう答えた！

1	8%
2	51%
3	39%
4	1%

難易度 **普**

㉕ マンション管理業者

2023年度 問49　　　*Check* ☐☐☐　重要度 ▶ **A**

マンション管理業者Aが、管理組合Bから委託を受けて、Bの修繕積立金等金銭の管理を行う場合に関する次の記述のうち、マンション管理適正化法に違反する記述のみを全て含むものは次の1〜4のうちどれか。

ア　Aは、マンション管理適正化法施行規則（以下、本問において「規則」という。）第87条第2項第1号イに定める方法によりBの修繕積立金等金銭の管理を行っており、Bの管理者等の承認を得て、Bを名義人とする収納口座に係る印鑑及びBを名義人とする保管口座に係る印鑑のいずれも管理している。

イ　Aは、規則第87条第2項第1号ロに定める方法によりBの修繕積立金等金銭の管理を行っており、Bを名義人とする収納口座に係る印鑑を管理しているが、Bの承認を得て、その月分として徴収されたものから当該月中の管理事務に要した費用を控除した残額を、引き続き当該収納口座において管理している。

ウ　Aは、規則第87条第2項第1号ハに定める方法によりBの修繕積立金等金銭の管理を行っているが、Bの区分所有者等から徴収される一月分の修繕積立金等金銭の合計額以上の額につき有効な保証契約を締結していない。

1 ア・イ
2 ア・ウ
3 イ・ウ
4 ア・イ・ウ

ア 　**違反する**　マンション管理業者は、修繕積立金等金銭を管理する場合にあっては、**保管口座又は収納・保管口座に係る管理組合等の印鑑、預貯金の引出用のカード**その他これらに類するものを**管理してはならない**〈適規87条4項本文〉。したがって、Aは、マンション管理適正化法施行規則87条2項1号イに定める方法によりBの修繕積立金等金銭の管理を行っている場合、Bの管理者等の承諾を得ても、Bを名義人とする保管口座に係る印鑑を管理してはならない。

👉 **合** ②分冊p182 **2**～　**速** p451 **2**～

イ 　**違反する**　マンション管理適正化法施行規則87条2項1号ロに定める方法とは、マンションの区分所有者等から徴収された**修繕積立金**（金銭に限る。）**を保管口座に預入**し、当該保管口座において預貯金として管理するとともに、マンションの区分所有者等から徴収された**管理費用に充当する金銭を収納口座に預入**し、毎月、その月分として徴収された管理費用に充当する金銭から当該月中の**管理事務に要した費用を控除した残額**を、翌月末日までに**収納口座から保管口座に移し換え**、当該保管口座において預貯金として管理する方法をいう。したがって、Aは、Bの承諾を得たとしても、その月分として徴収された管理費用に充当する金銭から当該月中の管理事務に要した費用を控除した残額を、引き続き収納口座において管理することはできない。なお、修繕積立金等金銭又は管理費用に充当する金銭を収納口座に預入する場合において、①マンション管理適正化法施行規則87条3項各号のいずれにも該当し、かつ、②その月分として徴収された修繕積立金等金銭又は管理費用に充当する金銭から当該月中の管理事務に要した費用を控除した残額を引き続き当該収納口座において管理することを管理組合等が承認している場合には、同法施行規則87条2項1号イ又はロに規定する方法としてその月分として徴収された修繕積立金等金銭又は管理費用に充当する金銭から当該月中の管理事務に要した費用を控除した残額を、翌月末日までに収納口座から保管口座に移し換え、当該保管口座において預貯金として管理しているものと解して差し支えない〈平成21年国総動47号〉。本肢の場合、AがBを名義人とする収納口座に係る印鑑を管理していることから、①をみたさず、マンション管理適正化法に違反する。

👉 **合** ②分冊p182 **2**～　**速** p451 **2**～

ウ 　**違反しない**　マンション管理業者は、マンション管理適正化法施行規則87条2項1号**イ又はロ**に定める方法により修繕積立金等金銭を管理する場合にあっては、マンションの区分所有者等から徴収される1月分の修繕積立金等金銭又は管理費用に充当する金銭の合計額以上の額につき**有効な保証契約を締結していなければならない**〈適規87条3項本文〉。収納・保管口座を設けて修繕積立金等金銭を管理する場合、保証契約を締結していることは義務づけられない。

👉 **合** ②分冊p182 **2**～　**速** p451 **2**～

以上より、マンション管理適正化法に違反する記述のみを全て含むものはア・イであり、本問の正解肢は1となる。

正解 1
（正解率70％）

肢別解答率 受験生はこう答えた！		
1	70%	
2	11%	
3	4%	
4	16%	

難易度 **易**

26 マンション管理業者

2023年度 問50 Check ☐☐☐ 重要度 ▶ A

マンション管理業者に関する次の記述のうち、マンション管理適正化法によれば、最も適切なものはどれか。

1 マンション管理業者は、公衆の見やすい場所に、その登録番号等を記載した標識を掲示しなければならないが、当該マンション管理業者が複数の事務所を有する場合は、そのうち主たる事務所にのみ掲示すればよい。

2 国土交通大臣は、マンション管理業者の役員が、「暴力団員による不当な行為の防止等に関する法律」第2条第6号に規定する暴力団員であることが判明した場合は、当該マンション管理業者に対し、1年以内の期間を定めて、その業務の全部又は一部の停止を命ずることができる。

3 マンション管理業者は、契約の成立時の書面を交付するときは、管理組合に管理者等（当該マンション管理業者が当該管理組合の管理者等である場合を除く。）が置かれている場合には、当該管理組合の管理者等に対してのみ交付すればよい。

4 マンション管理業者は、毎月、管理事務の委託を受けた管理組合のその月における会計の収入及び支出の状況に関する書面を作成し、当該管理組合の管理者等に交付していれば、マンション管理適正化法第77条に規定する管理事務の報告を行うときは、当該管理組合の事業年度に係る会計の収入及び支出の状況については報告を省略することができる。

---

170 LEC東京リーガルマインド 2025年版 出る順管理業務主任者 分野別過去問題集 ②分冊

1 不適切
マンション管理業者は、その**事務所ごとに**、公衆の見やすい場所に、国土交通省令で定める**標識を掲げなければならない**〈適71条〉。したがって、マンション管理業者は、複数の事務所を有する場合、その複数の事務所に標識を掲げなければならない。
☞ 合 ②分冊 p194 4~ 速 p462 5~

2 不適切
国土交通大臣は、マンション管理業者の**役員が暴力団員等**であったときは、当該マンション管理業者の**登録を取り消さなければならない**〈適83条1号、47条10号、7号〉。したがって、1年以内の期間を定めて、その業務の全部又は一部の停止を命ずることはできない〈適82条参照〉。
☞ 合 ②分冊 p223 2~ 速 p470 2~

3 適切
マンション管理業者は、管理組合から管理事務の委託を受けることを内容とする契約を締結したときは、**当該管理組合の管理者等**（当該マンション管理業者が当該管理組合の管理者等である場合又は当該管理組合に管理者等が置かれていない場合にあっては、当該管理組合を構成するマンションの区分所有者等全員）に対し、遅滞なく、**契約の成立時の書面を交付しなければならない**〈適73条1項〉。
☞ 合 ②分冊 p175 3~ 速 p444 2~

4 不適切
マンション管理業者は、毎月、管理事務の委託を受けた管理組合の**その月における会計の収入及び支出の状況に関する書面**を作成し、翌月末日までに、当該書面を当該管理組合の管理者等に**交付しなければならない**〈適規87条5項前段〉。また、マンション管理業者は、管理事務の委託を受けた管理組合に管理者等が置かれているときは、管理事務を委託した管理組合の事業年度終了後、遅滞なく、**管理事務報告書**を作成し、管理業務主任者をして、これを管理者等に**交付して**、管理組合の事業年度に係る管理組合の会計の収入及び支出の状況などを**説明する**〈適77条、適規88条1項〉。したがって、マンション管理業者は、マンション管理適正化法施行規則87条5項に基づいて、管理事務の委託を受けた管理組合のその月における会計の収入及び支出の状況に関する書面を作成し管理組合の管理者等に交付したとしても、**別途**、マンション管理適正化法77条に基づいて、当該管理組合の事業年度に係る会計の収入及び支出の状況について報告しなければならず、これを**省略することはできない**。
☞ 合 ②分冊 p178 4~ 速 p445 3~

正解 3 （正解率 78%）

㉗ マンション管理業者

2024年度 問47　　　*Check* ☐☐☐　重要度 ▶ **A**

マンション管理業の登録に関する次の記述のうち、マンション管理適正化法によれば、最も適切なものはどれか。

1　マンション管理業の更新の登録を受けようとする者は、登録の有効期間満了の日の30日前から10日前までの間に登録申請書を提出しなければならない。

2　法人でその役員のうちに、禁錮以上の刑に処せられ、その執行を終わり、又は執行を受けることがなくなった日から2年を経過しない者がいるときは、マンション管理業の登録を受けることができない。

3　マンション管理業者が法人である場合、その役員の氏名に変更があったときは、その日から90日以内に、その旨を国土交通大臣に届け出なければならない。

4　個人であるマンション管理業者が死亡した場合は、その相続人は、死亡した日から30日以内に、その旨を国土交通大臣に届け出なければならない。

1 不適切　マンション管理業の登録の有効期間の満了後引き続きマンション管理業を営もうとする者は、更新の登録を受けなければならない〈適44条3項〉。更新の登録を受けようとする者は、**登録の有効期間満了の日の90日前から30日前までの間に登録申請書を提出しなければならない**〈適規50条〉。

2 適切　国土交通大臣は、マンション管理業の登録を申請した者が、法人であってその役員のうちに**禁錮以上の刑に処せられ、その執行を終わり、又は執行を受けることがなくなった日から2年を経過しない者**があるものであるときは、その登録を拒否しなければならない〈適47条10号、5号〉。

3 不適切　マンション管理業者は、登録事項に変更があったときは、その日から30日以内に、その旨を国土交通大臣に届け出なければならない〈適48条1項〉。マンション管理業者が法人である場合、その役員の氏名は、登録事項である〈適45条1項3号〉から、**その変更があった日から30日以内に**、その旨を国土交通大臣に届け出なければならない。

4 不適切　マンション管理業者が死亡した場合においては、その相続人は、**その事実を知った日から30日以内に**、その旨を国土交通大臣に届け出なければならない〈適50条1項1号〉。

正解 **2**（正解率90％）

肢別解答率　受験生はこう答えた！
1　1％
2　90％
3　3％
4　6％

難易度　易

㉘ マンション管理業者

2024年度 問48　　　*Check* □□□　重要度 ▶ **A**

マンション管理業者の業務に関する次の記述のうち、マンション管理適正化法によれば、適切なものの組合せはどれか。ただし、書面の交付に代えて電磁的方法により提供する場合については考慮しないものとする。

ア　マンション管理業者は、従前の管理受託契約と同一の条件で管理組合との管理受託契約を更新しようとするときは、あらかじめ、説明会を開催し、当該管理組合を構成するマンションの区分所有者等及び当該管理組合の管理者等に対し、管理業務主任者をして、重要事項について説明をさせなければならない。

イ　マンション管理業者は、管理組合との管理受託契約を締結したときは、当該マンション管理業者が当該管理組合の管理者等である場合にあっては、当該管理組合を構成するマンションの区分所有者等全員に対し、遅滞なく、契約の成立時の書面を交付しなければならない。

ウ　マンション管理業者は、管理事務の委託を受けた管理組合に管理者等が置かれていないときは、定期に、説明会を開催し、当該管理組合を構成するマンションの区分所有者等に対し、管理業務主任者をして、当該管理事務に関する報告をさせなければならない。

1. ア・イ
2. ア・ウ
3. イ・ウ
4. ア・イ・ウ

174　LEC東京リーガルマインド　2025年版 出る順管理業務主任者 分野別過去問題集　②分冊

ア **不適切** マンション管理業者は、従前の管理受託契約と同一の条件で管理組合との管理受託契約を更新しようとするときは、あらかじめ、当該管理組合を構成するマンションの区分所有者等全員に対し、重要事項を記載した書面を交付しなければならない〈適72条2項〉とともに、当該管理組合に**管理者等が置かれているときは**、原則として、**当該管理者等**に対し、管理業務主任者をして、重要事項について、これを記載した書面を交付して説明をさせなければならない〈同条3項〉。したがって、本肢の場合、マンション管理業者は、説明会を開催すること、マンションの区分所有者等に対して説明をさせることを義務づけられない。

☞ **合** ②分冊 p169 **2**~ **速** p440 **1**~

イ **適切** マンション管理業者は、管理組合から管理事務の委託を受けることを内容とする契約を締結したときは、当該管理組合の管理者等（**当該マンション管理業者が当該管理組合の管理者等である場合又は当該管理組合に管理者等が置かれていない場合にあっては、当該管理組合を構成するマンションの区分所有者等全員**）に対し、遅滞なく、契約の成立時の書面を交付しなければならない〈適73条1項〉。

☞ **合** ②分冊 p175 **3**~ **速** p444 **2**~

ウ **適切** マンション管理業者は、管理事務の委託を受けた管理組合に**管理者等が置かれていないときは**、国土交通省令で定めるところにより、定期に、**説明会を開催し**、当該管理組合を構成するマンションの**区分所有者等**に対し、管理業務主任者をして、当該管理事務に関する報告をさせなければならない〈適77条2項〉。

☞ **合** ②分冊 p176 **4**~ **速** p445 **3**~

以上より、適切なものの組合せはイ・ウであり、本問の正解肢は3となる。

正解 **3** （正解率87%）	肢別解答率 受験生はこう答えた！		難易度 **易**

1	3%
2	4%
3	87%
4	5%

㉙ マンション管理業者

2024年度 問49　　Check ☐☐☐　重要度 ▶ A

マンション管理業者が、マンション管理適正化法施行規則第87条第2項第1号イに定める方法により、管理組合の修繕積立金等金銭を管理する場合において、次の記述のうち、マンション管理適正化法によれば、最も不適切なものはどれか。ただし、当該管理組合に管理者等は置かれているものとする。

1　マンション管理業者は、保管口座に係る管理組合等の印鑑、預貯金の引出用のカードその他これらに類するものを管理してはならない。

2　収納口座とは、マンションの区分所有者等から徴収された修繕積立金等金銭を預入し、一時的に預貯金として管理するための口座であって、管理組合を名義人とする必要がある。

3　マンション管理業者は、マンション管理業者から委託を受けた者がマンションの区分所有者等から修繕積立金等金銭を徴収する場合には、マンションの区分所有者等から徴収される1月分の修繕積立金等金銭の合計額以上の額につき有効な保証契約を締結していなければならない。

4　マンション管理業者は、毎月、管理事務の委託を受けた管理組合のその月における会計の収入及び支出の状況に関する書面を作成し、翌月末日までに、当該書面を当該管理組合の管理者等に交付しなければならない。

マンション管理適正化法施行規則87条2項1号イに定める方法とは、マンションの区分所有者等から徴収された修繕積立金等金銭を収納口座に預入し、毎月、その月分として徴収された修繕積立金等金銭から当該月中の管理事務に要した費用を控除した残額を、翌月末日までに収納口座から保管口座に移し換え、当該保管口座において預貯金として管理する方法をいう。

1 **適切** マンション管理業者は、マンション管理適正化法施行規則87条2項1号イからハまでに定める方法により修繕積立金等金銭を管理する場合にあっては、保管口座又は収納・保管口座に係る管理組合等の**印鑑、預貯金の引出用のカードその他これらに類するもの**を管理してはならない〈適規87条4項本文〉。もっとも、管理組合に管理者等が置かれていない場合において、管理者等が選任されるまでの比較的短い期間に限り保管する場合は、この限りでない〈同条項ただし書〉。本問の場合、管理組合に管理者等が置かれているので、マンション管理業者は、保管口座に係る管理組合等の印鑑、預貯金の引出用のカードその他これらに類するものを管理してはならない。

☞ 合 ②分冊 p182 **2**〜 速 p451 **2**〜

2 **不適切** 収納口座とは、マンションの区分所有者等から徴収された修繕積立金等金銭又は管理費用に充当する金銭を預入し、一時的に預貯金として管理するための口座をいう〈適規87条6項1号〉。**口座の名義人に限定はない。**

☞ 合 ②分冊 p182 **2**〜 速 p451 **2**〜

3 **適切** マンション管理業者は、マンション管理適正化法施行規則87条2項1号イ又はロに定める方法により修繕積立金等金銭を管理する場合にあっては、マンションの区分所有者等から徴収される1月分の修繕積立金等金銭又は管理費用に充当する金銭の合計額以上の額につき有効な保証契約を締結していなければならない〈適規87条3項本文〉。もっとも、①修繕積立金等金銭若しくは管理費用に充当する金銭が**管理組合等を名義人とする収納口座に直接預入される場合又はマンション管理業者若しくはマンション管理業者から委託を受けた者がマンションの区分所有者等から修繕積立金等金銭若しくは管理費用に充当する金銭を徴収しない場合**であり、かつ②マンション管理業者が、管理組合等を名義人とする収納口座に係る当該管理組合等の印鑑、預貯金の引出用のカードその他これらに類するものを管理しない場合には、この限りでない〈同条項ただし書〉。本肢の場合、①をみたしていないので、マンション管理業者は、マンションの区分所有者等から徴収される1月分の修繕積立金等金銭の合計額以上の額につき有効な保証契約を締結していなければならない。

☞ 合 ②分冊 p182 **2**〜 速 p451 **2**〜

4 **適切** マンション管理業者は、**毎月**、管理事務の委託を受けた管理組合のその月における**会計の収入及び支出の状況に関する書面**を作成し、翌月末日までに、当該書面を当該管理組合の**管理者等**に交付しなければならない〈適規87条5項本文〉。

☞ 合 ②分冊 p188 **4**〜 速 p457 **4**〜

正解 2（正解率82%）

肢別解答率 受験生はこう答えた！

1	4%	
2	82%	
3	10%	
4	4%	

難易度 **易**

30 マンション管理業者

2024年度 問50 Check □□□ 重要度▶A

マンション管理業者Aが、管理組合Bから委託を受けて管理事務を行う場合において、次の記述のうち、マンション管理適正化法（以下本問において「法」という。）に違反するものはどれか。

1 Aは、基幹事務のうち、Bの会計の収入及び支出の調定に関する業務のみを第三者に再委託した。

2 Aは、Bと管理受託契約を締結した時、法第73条に規定する契約の成立時の書面を作成し、管理業務主任者をして当該書面に記名させ、管理業務主任者でない者からBの管理者に対して交付させた。

3 Aは、Bから委託を受けた管理事務について、法第75条に規定する帳簿を作成し事務所に備え置いていたが、Aの事業年度の末日をもって当該帳簿を閉鎖し、閉鎖後3年が経過した後、当該帳簿を処分した。

4 Aは、Bとの管理受託契約の期間中に、マンション管理業を廃止し、マンション管理業者の登録の効力を失ったが、その後も、Bからの委託に係る管理事務を結了する目的の範囲内で業務を行った。

1 違反しない　マンション管理業者は、管理組合から委託を受けた管理事務のうち**基幹事務については、これを一括して他人に委託してはならない**〈適74条〉。Bの会計の収入及び支出の調定に関する業務は、基幹事務の一部である〈適2条6号〉から、Aは、これを再委託しても、基幹事務を一括して他人に委託したことにはならないので、マンション管理適正化法には違反しない。

☞ 合 ②分冊 p189 **5**〜　速 p460 **1**〜

2 違反しない　マンション管理業者は、管理組合から管理事務の委託を受けることを内容とする契約を締結したときは、当該管理組合の管理者等（当該マンション管理業者が当該管理組合の管理者等である場合又は当該管理組合に管理者等が置かれていない場合にあっては、当該管理組合を構成するマンションの区分所有者等全員）に対し、遅滞なく、契約の成立時の書面を交付しなければならない〈適73条1項〉。また、マンション管理業者は、契約の成立時の書面を作成するときは、管理業務主任者をして、当該書面に記名させなければならない〈同条2項〉。**契約の成立時の書面を管理業務主任者に交付させることは義務づけられていない**ので、Aは、Bと管理受託契約を締結したときに、管理業務主任者でない者からBの管理者に対して契約の成立時の書面を交付しても、マンション管理適正化法に違反しない。

☞ 合 ②分冊 p175 **3**〜　速 p444 **2**〜

3 違反する　マンション管理業者は、管理組合から委託を受けた管理事務について、国土交通省令で定めるところにより、帳簿を作成し、これを保存しなければならない〈適75条〉。マンション管理業者は、この帳簿を各事業年度の末日をもって閉鎖するものとし、**閉鎖後5年間当該帳簿を保存しなければならない**〈適規86条3項〉。Aは、Bから委託を受けた管理事務について作成した帳簿を閉鎖後3年が経過した後に処分しており、閉鎖後5年間保存していないことから、マンション管理適正化法に違反する。

☞ 合 ②分冊 p192 **1**〜　速 p460 **2**〜

4 違反しない　マンション管理業者の登録を受けない者は、マンション管理業を営んではならない〈適53条〉。ここで、マンション管理業者の登録がその効力を失った場合には、当該マンション管理業者であった者又はその一般承継人は、当該マンション管理業者の管理組合からの委託に係る管理事務を結了する目的の範囲内においては、なおマンション管理業者とみなす〈適89条〉。Aは、Bとの管理受託契約の期間中に、マンション管理業者の登録の効力を失い、マンション管理業者の登録を受けない者となったものの、Bからの委託に係る管理事務を**結了する目的の範囲内**ではマンション管理業者とみなされるので、その範囲内で業務を行うことはマンション管理適正化法に違反しない。

☞ 合 ②分冊 p164 **3**〜　速 p418 **4**〜

正解 3（正解率86%）

肢別解答率		
1	4%	
2	6%	
3	86%	
4	4%	

難易度　易

③① 管理業務主任者

2017年度 問49　　Check ☐☐☐　重要度 ▶ A

管理業務主任者に関する次の記述のうち、マンション管理適正化法によれば、正しいものはどれか。

1 マンション管理業者の従業者である管理業務主任者は、その事務を行うに際し、管理業務主任者証を携帯しているため、マンション管理業者の従業者であることを証する証明書の携帯は省略することができる。

2 管理業務主任者が、管理業務主任者として行う事務に関し、不正又は著しく不当な行為をし、その情状が特に重いときは、国土交通大臣は、当該管理業務主任者の登録を取り消さなければならない。

3 管理業務主任者は、登録を受けている事項のうち、その住所に変更があった場合には、遅滞なく、その旨を国土交通大臣に届け出るとともに、管理業務主任者証を添えて提出し、その訂正を受けなければならない。

4 管理業務主任者は、管理業務主任者証の亡失によりその再交付を受けた後において、亡失した管理業務主任者証を発見したときは、速やかに、発見した管理業務主任者証を廃棄しなければならない。

1 誤 マンション管理業者は、国土交通省令で定めるところにより、**使用人その他の従業者**に、その従業者であることを証する証明書を携帯させなければ、その者をその業務に従事させてはならない〈適88条1項〉。マンション管理業者は、**その従業者が管理業務主任者である場合にも、上記の証明書を携帯させなければならない**。

☞ 合 ②分冊 p194 5~ 速 p462 6~

2 正 国土交通大臣は、管理業務主任者が**管理業務主任者として行う事務に関し、不正又は著しく不当な行為をし、情状が特に重いときは**、その登録を取り消さなければならない〈適65条1項4号、64条1項3号〉。

☞ 合 ②分冊 p226 3~ 速 p473 3~

3 誤 管理業務主任者は、登録事項の変更の届出をする場合において、**管理業務主任者証の記載事項に変更があったときは**、当該届出に管理業務主任者証を添えて提出し、その訂正を受けなければならない〈適62条2項〉。ここで、**管理業務主任者の住所は、管理業務主任者証の記載事項ではない**〈適60条1項、適規74条1項参照〉ので、**訂正を受ける必要はない**。

☞ 合 ②分冊 p211 2~ 速 p427 3~

4 誤 管理業務主任者は、管理業務主任者証の亡失によりその再交付を受けた後において、亡失した管理業務主任者証を発見したときは、速やかに、発見した管理業務主任者証を国土交通大臣に**返納しなければならない**〈適規77条4項〉。

☞ 合 ②分冊 p212 4~ 速 p427 3~

正解 2
（正解率 79%）

肢別解答率 受験生はこう答えた！
1 0%
2 79%
3 19%
4 2%

難易度 **易**

㉜ 管理業務主任者

2018年度 問46　　Check ☐☐☐　重要度 ▶ A

管理業務主任者に関する次の記述のうち、マンション管理適正化法によれば、誤っているものはどれか。

1　管理業務主任者とは、管理業務主任者試験に合格した者で、管理事務に関し2年以上の実務の経験を有するもの又は国土交通大臣がその実務の経験を有するものと同等以上の能力を有すると認めたものであり、国土交通大臣の登録を受けた者をいう。

2　専任の管理業務主任者は、原則として、マンション管理業（マンション管理適正化法第2条第7号に規定するものをいう。以下同じ。）を営む事務所に常勤して、専らマンション管理業に従事する必要があるが、当該事務所がマンション管理業以外の業種を兼業している場合等で、当該事務所において一時的にマンション管理業の業務が行われていない間に他の業種に係る業務に従事することは差し支えない。

3　管理業務主任者試験に合格した者で、管理事務に関し2年以上の実務の経験を有するものは、国土交通大臣の登録を受けることができるが、マンション管理適正化法第65条第1項第2号に該当することにより登録を取り消され、その取消しの日から2年を経過しない者は登録を受けることはできない。

4　マンション管理業者（法人である場合においては、その役員）が管理業務主任者であるときは、その者が自ら主として業務に従事するマンション管理業を営む事務所については、その者は、その事務所に置かれる成年者である専任の管理業務主任者とみなされる。

182　LEC東京リーガルマインド　2025年版 出る順管理業務主任者 分野別過去問題集　②分冊

1 誤　管理業務主任者とは、**管理業務主任者証の交付を受けた者**をいう〈適2条9号〉。国土交通大臣の登録を受けた者であっても、管理業務主任者証の交付を受けていない者は、管理業務主任者にはあたらない。

☞ 合 ②分冊 p196 **1**〜　速 p422 **1**〜

2 正　マンション管理業者は、その事務所ごとに、事務所の規模を考慮して国土交通省令で定める数の成年者である専任の管理業務主任者を置かなければならない〈適56条1項本文〉。この「専任」とは、原則として、**マンション管理業を営む事務所に常勤（マンション管理業者の通常の勤務時間を勤務することをいう。）して、専らマンション管理業に従事する状態**をいうが、当該事務所がマンション管理業以外の業種を兼業している場合等で、**当該事務所において一時的にマンション管理業の業務が行われていない間に他の業種に係る業務に従事することは差し支えない**〈平成14年国総動309号〉。

☞ 合 ②分冊 p196 **1**〜　速 p430 **4**〜

3 正　管理業務主任者試験に合格した者で、**管理事務に関し2年以上の実務の経験を有するもの**又は国土交通大臣がその実務の経験を有するものと同等以上の能力を有すると認めたものは、国土交通大臣の登録を受けることができる〈適59条1項本文〉。もっとも、**マンション管理適正化法65条1項2号に該当することにより登録を取り消され、その取消しの日から2年を経過しない者は、上記登録を受けることはできない**〈同条項5号〉。

☞ 合 ②分冊 p204 **2**〜　速 p423 **2**〜

4 正　マンション管理業者（法人である場合においては、その役員）が管理業務主任者であるときは、**その者が自ら主として業務に従事する事務所については、**その者は、その事務所に置かれる**成年者である専任の管理業務主任者とみなす**〈適56条2項〉。

☞ 合 ②分冊 p196 **1**〜　速 p430 **4**〜

正解 1
（正解率 23%）

肢別解答率　受験生はこう答えた！
1 23%
2 52%
3 13%
4 12%

難易度 **難**

㉝ 管理業務主任者

2020年度 問46

Check ☐☐☐ 重要度 ▶ A

管理業務主任者及び管理業務主任者証に関する次の記述のうち、マンション管理適正化法の規定によれば、**誤っているもの**はいくつあるか。

ア 管理業務主任者証の交付を受けようとする者（試験合格日から1年以内の者を除く。）は、登録講習機関が行う講習を、交付の申請の日の90日前から30日前までに受講しなければならない。

イ 管理業務主任者証の有効期間は、3年である。

ウ 管理業務主任者の登録を受けた者は、登録を受けた事項に変更があったときは、遅滞なく、その旨を国土交通大臣に届け出なければならない。

エ 管理業務主任者は、国土交通大臣から管理業務主任者としてすべき事務を行うことを禁止する処分を受けたときは、速やかに、管理業務主任者証を国土交通大臣に提出しなければならない。

1 一つ

2 二つ

3 三つ

4 四つ

ア 誤　管理業務主任者証の交付を受けようとする者は、原則として、登録講習機関が行う講習で**交付の申請の日前6月以内に行われるもの**を受けなければならない〈適60条2項〉。したがって、交付の申請の日の90日前から30日前までに講習を受講しなければならないわけではない。
👉 合 ②分冊 p210 **1**〜　速 p427 **3**〜

イ 誤　管理業務主任者証の有効期間は、**5年**である〈適60条3項〉。
👉 合 ②分冊 p211 **3**〜　速 p427 **3**〜

ウ 正　管理業務主任者の登録を受けた者は、登録を受けた事項に変更があったときは、**遅滞なく**、その旨を国土交通大臣に届け出なければならない〈適62条1項〉。
👉 合 ②分冊 p211 **2**〜　速 p427 **3**〜

エ 正　管理業務主任者は、**国土交通大臣から管理業務主任者としてすべき事務を行うことを禁止する処分を受けたときは**、速やかに、管理業務主任者証を国土交通大臣に提出しなければならない〈適60条5項、64条2項〉。
👉 合 ②分冊 p226 **3**〜　速 p473 **3**〜

以上より、誤っているものはア、イの二つであり、本問の正解肢は2となる。

正解 2（正解率68%）

肢別解答率　受験生はこう答えた！
1　20%
2　68%
3　11%
4　1%

難易度　普

③④ 管理業務主任者

2021年度 問48　Check ☐☐☐　重要度 ▶ A

管理業務主任者及び管理業務主任者証に関する次の記述のうち、マンション管理適正化法によれば、適切なものはいくつあるか。

ア 管理業務主任者証の有効期間は、5年である。

イ 管理業務主任者が、管理業務主任者証がその効力を失ったにもかかわらず、速やかに、管理業務主任者証を国土交通大臣に返納しない場合は、10万円以下の過料に処せられる。

ウ 管理業務主任者証の有効期間は、申請により更新することができる。

エ 管理業務主任者が、管理業務主任者として行う事務に関し、不正又は著しく不当な行為をし、その情状が特に重いときは、国土交通大臣は、当該管理業務主任者の登録を取り消さなければならない。

1 一つ
2 二つ
3 三つ
4 四つ

186　LEC東京リーガルマインド　2025年版 出る順管理業務主任者 分野別過去問題集　②分冊

ア 適切 管理業務主任者証の有効期間は、**5年**である〈適60条3項〉。
　　合 ②分冊 p211 ③〜　速 p427 ③〜

イ 適切 管理業務主任者は、管理業務主任者の登録が消除されたとき、又は**管理業務主任者証がその効力を失ったとき**は、速やかに、管理業務主任者証を国土交通**大臣に返納しなければならない**〈適60条4項〉。この規定に違反した者は、10万円以下の**過料に処する**〈適113条2号〉。
　　合 ②分冊 p228 ④〜　速 p475 ④〜

ウ 適切 管理業務主任者証の有効期間は、**申請により更新する**〈適61条1項〉。
　　合 ②分冊 p211 ③〜　速 p427 ③〜

エ 適切 国土交通大臣は、管理業務主任者が管理業務主任者として行う事務に関し、**不正又は著しく不当な行為をし、その情状が特に重いとき**は、その**登録を取り消さなければならない**〈適65条1項4号、64条1項3号〉。
　　合 ②分冊 p226 ③〜　速 p473 ③〜

以上より、適切なものはア、イ、ウ、エの四つであり、本問の正解肢は4となる。

正解 4
（正解率 45%）

肢別解答率 受験生はこう答えた！
1　2%
2　13%
3　39%
4　45%

難易度 難

㉟ 管理業務主任者

2022年度 問50　　*Check* ☐☐☐　重要度 ▶ **A**

次の管理業務主任者の設置に関する規定の（　ア　）～（　ウ　）に入る語句の組合せとして、マンション管理適正化法によれば、最も適切なものはどれか。

（管理業務主任者の設置）
マンション管理適正化法第56条第1項
　マンション管理業者は、その（　ア　）ごとに、（　ア　）の規模を考慮して国土交通省令で定める数の成年者である専任の管理業務主任者を置かなければならない。ただし、人の居住の用に供する独立部分（区分所有法第1条に規定する建物の部分をいう。以下同じ。）が国土交通省令で定める数以上である第2条第1号イに掲げる建物の区分所有者を構成員に含む管理組合から委託を受けて行う管理事務を、その業務としない（　ア　）については、この限りでない。

（法第56条第1項の国土交通省令で定める管理業務主任者の数）
マンション管理適正化法施行規則第61条
　国土交通省令で定める管理業務主任者の数は、マンション管理業者が管理事務の委託を受けた管理組合の数を（　イ　）で除したもの（1未満の端数は切り上げる。）以上とする。

（法第56条第1項の国土交通省令で定める人の居住の用に供する独立部分の数）
マンション管理適正化法施行規則第62条
　国土交通省令で定める人の居住の用に供する独立部分の数は、（　ウ　）とする。

	（　ア　）	（　イ　）	（　ウ　）
1	事務所	10	3
2	営業所	30	6
3	営業所	10	3
4	事務所	30	6

188　**LEC**東京リーガルマインド　2025年版 出る順管理業務主任者 分野別過去問題集　②分冊

完成文は、以下のとおりである。

(管理業務主任者の設置)
マンション管理適正化法第56条第1項
　マンション管理業者は、その(**ア＝事務所**)ごとに、(**ア＝事務所**)の規模を考慮して国土交通省令で定める数の成年者である専任の管理業務主任者を置かなければならない。ただし、人の居住の用に供する独立部分(区分所有法第1条に規定する建物の部分をいう。以下同じ。)が国土交通省令で定める数以上である第2条第1号イに掲げる建物の区分所有者を構成員に含む管理組合から委託を受けて行う管理事務を、その業務としない(**ア＝事務所**)については、この限りでない。

(法第56条第1項の国土交通省令で定める管理業務主任者の数)
マンション管理適正化法施行規則第61条
　国土交通省令で定める管理業務主任者の数は、マンション管理業者が管理事務の委託を受けた管理組合の数を(**イ＝30**)で除したもの(1未満の端数は切り上げる。)以上とする。

(法第56条第1項の国土交通省令で定める人の居住の用に供する独立部分の数)
マンション管理適正化法施行規則第62条
　国土交通省令で定める人の居住の用に供する独立部分の数は、(**ウ＝6**)とする。

以上より、ア＝事務所、イ＝30、ウ＝6であり、本問の正解肢は4となる。

36 基本方針

2017年度 問46　Check ☐☐☐　重要度 ▶ A

次の記述のうち、マンションの管理の適正化の推進を図るための基本的な方針（令和3年国土交通省告示第1286号）に定められているものはいくつあるか。（改題）

ア　防災・減災、防犯に加え、日常的なトラブルの防止などの観点からも、マンションにおけるコミュニティ形成は重要なものであり、管理組合においても、区分所有法に則り、良好なコミュニティの形成に積極的に取り組むことが重要である。

イ　管理業務の委託や工事の発注等については、事業者の選定に係る意思決定の透明性確保や利益相反等に注意して、適正に行われる必要があるが、とりわけ外部の専門家が管理組合の管理者等又は役員に就任する場合においては、マンションの区分所有者等から信頼されるような発注等に係るルールの整備が必要である。

ウ　管理組合の管理者等は、維持修繕を円滑かつ適切に実施するため、設計に関する図書等を保管することが重要であり、この図書等について、マンション管理業者の求めに応じ、適時閲覧できるようにすることが重要である。

エ　マンションを購入しようとする者は、マンションの管理の重要性を十分認識し、売買契約だけでなく、管理規約、使用細則、管理委託契約、長期修繕計画等管理に関する事項に十分に留意することが重要である。

1 一つ

2 二つ

3 三つ

4 四つ

190　**LEC**東京リーガルマインド　2025年版 出る順管理業務主任者 分野別過去問題集　②分冊

ア 定められている 防災・減災、防犯に加え、日常的なトラブルの防止などの観点からも、マンションにおけるコミュニティ形成は重要なものであり、管理組合においても、区分所有法に則り、**良好なコミュニティの形成に積極的に取り組むことが重要である**〈基本方針三2(7)〉。

☞ 合 ②分冊 p239 **2**〜 速 p478 **1**〜

イ 定められている 管理業務の委託や工事の発注等については、事業者の選定に係る意思決定の透明性確保や利益相反等に注意して、適正に行われる必要があるが、とりわけ外部の専門家が管理組合の管理者等又は役員に就任する場合においては、**マンションの区分所有者等から信頼されるような発注等に係るルールの整備が必要である**〈基本方針三2(6)〉。

☞ 合 ②分冊 p239 **2**〜 速 p478 **1**〜

ウ 定められていない 管理組合の管理者等は、維持修繕を円滑かつ適切に実施するため、設計に関する図書等を保管することが重要である。また、この図書等について、**マンションの区分所有者等の求めに応じ**、適時閲覧できるようにすることが重要である〈基本方針三2(5)〉。

☞ 合 ②分冊 p239 **2**〜 速 p478 **1**〜

エ 定められている マンションを購入しようとする者は、マンションの管理の重要性を十分認識し、**売買契約だけでなく、管理規約、使用細則、管理委託契約、長期修繕計画等管理に関する事項に十分に留意することが重要である**〈基本方針三3〉。

☞ 合 ②分冊 p239 **2**〜 速 p478 **1**〜

以上より、マンションの管理の適正化に関する指針に定められているものはア、イ、エの三つであり、本問の正解肢は3となる。

正解 3
（正解率**59%**）

肢別解答率
受験生はこう答えた！

1	2%	
2	15%	
3	59%	
4	23%	

難易度 普

37 基本方針

2019年度 問46　　*Check* ☐☐☐　重要度 ▶ **A**

次のア～エの記述のうち、マンションの管理の適正化の推進を図るための基本的な方針によれば、適切なものはいくつあるか。（改題）

ア 管理組合は、マンションの快適な居住環境を確保するため、あらかじめ、共用部分の範囲及び管理費用を明確にし、トラブルの未然防止を図ることが重要である。

イ 建設後相当の年数を経過したマンションにおいては、長期修繕計画の検討を行う際には、必要に応じ、建替え等についても視野に入れて検討することが望ましい。

ウ 複合用途型マンションにあっては、住宅部分と非住宅部分との利害の調整を図り、その管理、費用負担等について適切な配慮をすることが重要である。

エ マンションの管理には専門的な知識を要する事項が多いため、管理組合は、問題に応じ、マンション管理士等専門的知識を有する者の支援を得ながら、主体性をもって適切な対応をするよう心がけることが重要である。

1 一つ

2 二つ

3 三つ

4 四つ

ア 適切　管理組合は、マンションの快適な居住環境を確保するため、あらかじめ、**共用部分の範囲及び管理費用を明確にし、トラブルの未然防止を図る**ことが重要である〈基本方針三 2(3)〉。
　　合 ②分冊 p239 ②〜　速 p478 ①〜

イ 適切　建設後相当の年数を経過したマンションにおいては、長期修繕計画の検討を行う際には、必要に応じ、**建替え等についても視野に入れて検討することが望ましい**〈基本方針三 2(5)〉。
　　合 ②分冊 p239 ②〜　速 p478 ①〜

ウ 適切　複合用途型マンションにあっては、住宅部分と非住宅部分との**利害の調整を図り**、その管理、費用負担等について**適切な配慮をすることが重要**である〈基本方針三 2(8)〉。
　　合 ②分冊 p239 ②〜　速 p478 ①〜

エ 適切　マンションの管理には専門的な知識を要する事項が多いため、管理組合は、問題に応じ、マンション管理士等専門的知識を有する者の支援を得ながら、**主体性をもって適切な対応をするよう心がけることが重要**である〈基本方針三 1(3)〉。
　　合 ②分冊 p239 ②〜　速 p478 ①〜

以上より、適切なものはア、イ、ウ、エの四つであり、本問の正解肢は 4 となる。

38 基本方針

2024年度 問46　Check ☐☐☐　重要度 ▶ A

次の記述のうち、「マンションの管理の適正化の推進を図るための基本的な方針」（令和3年9月28日 国土交通省告示第1286号）別紙2に示されているマンション管理適正化法第5条の4に規定する管理計画の認定の基準として、最も不適切なものはどれか。

1 管理者等が定められていること

2 マンションの適切な管理のため、管理規約において災害等の緊急時や管理上必要なときの専有部の立ち入り、修繕等の履歴情報の管理等について定められていること

3 管理費及び修繕積立金等について明確に区分して経理が行われていること

4 長期修繕計画の作成または見直しが10年以内に行われていること

1 適切　**管理者等**が定められていることは、マンション管理適正化法5条の4に規定する管理計画の認定の基準の1つである。
👉 合 ②分冊 p139 ⑥〜　速 p478 ❶〜

2 適切　マンションの適切な管理のため、管理規約において**災害等の緊急時や管理上必要なときの専有部の立ち入り、修繕等の履歴情報の管理等**について定められていることは、マンション管理適正化法5条の4に規定する管理計画の認定の基準の1つである。
👉 合 ②分冊 p139 ⑥〜　速 p478 ❶〜

3 適切　管理費及び修繕積立金等について**明確に区分して**経理が行われていることは、マンション管理適正化法5条の4に規定する管理計画の認定の基準の1つである。
👉 合 ②分冊 p139 ⑥〜　速 p478 ❶〜

4 不適切　長期修繕計画の作成または見直しが**7年以内**に行われていることは、マンション管理適正化法5条の4に規定する管理計画の認定の基準の1つである。
👉 合 ②分冊 p139 ⑥〜　速 p478 ❶〜

正解 4（正解率91%）

肢別解答率 受験生はこう答えた！
1　4%
2　4%
3　1%
4　91%

難易度 易

39 その他

2022年度 問46

Check ☐☐☐ 重要度 ▶ A

次の記述のうち、マンション管理適正化法によれば、不適切なものはいくつあるか。

ア 国土交通大臣は、住生活基本法第15条第1項に規定する全国計画との調和が保たれたマンションの管理の適正化の推進を図るための基本的な方針を定めなければならない。

イ 都道府県等は、あらかじめマンション管理適正化推進計画を作成したうえで、管理組合の管理者等（管理者等が置かれていないときは、当該管理組合を構成するマンションの区分所有者等。）に対し、マンションの管理の適正化を図るために必要な助言及び指導をしなければならない。

ウ 管理組合の管理者等は、国土交通省令で定めるところにより、当該管理組合による管理計画を作成し、計画作成都道府県知事等の認定を申請することができる。

エ 計画作成都道府県知事等は、認定管理者等が認定管理計画に従って管理計画認定マンションの管理を行っていないと認めるときは、直ちに、当該認定管理計画の認定を取り消すことができる。

1 一つ
2 二つ
3 三つ
4 四つ

196 　LEC東京リーガルマインド　2025年版 出る順管理業務主任者 分野別過去問題集　②分冊

ア 適切 国土交通大臣は、マンションの管理の適正化の推進を図るための基本的な方針(以下「**基本方針**」という。)を定めなければならない〈適3条1項〉。基本方針は、住生活基本法15条1項に規定する**全国計画との調和**が保たれたものでなければならない〈同条3項〉。
☞ 合 ②分冊 p138 ③~ 速 p409 ③~

イ 不適切 都道府県等は、マンション管理適正化指針に即し、管理組合の管理者等(管理者等が置かれていないときは、当該管理組合を構成するマンションの区分所有者等)に対し、マンションの管理の適正化を図るために必要な**助言及び指導をすることができる**〈適5条の2第1項〉。都道府県等は、本肢の助言及び指導をすることを義務づけられていない。
☞ 合 ②分冊 p138 ⑤~ 速 p409 ③~

ウ 適切 管理組合の管理者等は、国土交通省令で定めるところにより、当該管理組合によるマンションの管理に関する計画(**管理計画**)を作成し、**計画作成都道府県知事等の認定を申請することができる**〈適5条の3第1項〉。
☞ 合 ②分冊 p139 ⑥~ 速 p410 ④~

エ 不適切 計画作成都道府県知事等は、認定管理者等が認定管理計画に従って管理計画認定マンションの管理を行っていないと認めるときは、当該認定管理者等に対し、**相当の期限を定めて、その改善に必要な措置を命ずることができる**〈適5条の9〉。認定管理者等がこの**命令に違反**したときは、計画作成都道府県知事等は、**管理計画の認定を取り消すことができる**〈適5条の10第1項1号〉。したがって、計画作成都道府県知事等は、認定管理者等が認定管理計画に従って管理計画認定マンションの管理を行っていないと認めたときであっても、直ちに、当該認定管理計画の認定を取り消すことはできない。
☞ 合 ②分冊 p139 ⑥~ 速 p410 ④~

以上より、不適切なものはイ、エの二つであり、本問の正解肢は2となる。

正解 2
(正解率 35%)

肢別解答率 受験生はこう答えた!
① 53%
② 35%
③ 9%
④ 3%

難易度 難

40 その他

2023年度 問46 Check ☐☐☐ 重要度 ▶ C

マンション管理適正化法に関する次の記述のうち、適切なものはいくつあるか。

ア　都道府県等は、マンション管理適正化推進計画に基づく措置の実施に関して特に必要があると認めるときは、関係地方公共団体、管理組合、マンション管理業者に対し、調査を実施するため必要な協力を求めることができる。

イ　管理組合は、マンション管理適正化指針の定めるところに留意して、マンションを適正に管理するよう自ら努めなければならないとされているが、マンションの区分所有者等の役割については規定されていない。

ウ　市長は、区域内のマンションにおいて管理組合の運営がマンション管理適正化指針に照らして著しく不適切であることを把握したときは、当該管理組合の管理者等に対し、マンション管理適正化指針に即したマンションの管理を行うよう勧告することができる。

エ　管理組合の管理者等は、管理計画の認定を受けるために申請する当該管理計画の中には、当該マンションの修繕その他の管理に係る資金計画を必ず記載しなければならない。

1 一つ
2 二つ
3 三つ
4 四つ

ア **適切** 都道府県等は、マンション管理適正化推進計画の作成及び変更並びにマンション管理適正化推進計画に基づく措置の実施に関して特に必要があると認めるときは、**関係地方公共団体、管理組合、マンション管理業者その他の関係者**に対し、**調査を実施するため必要な協力を求めることができる**〈適3条の2第6項〉。

イ **不適切** マンションの区分所有者等は、マンションの管理に関し、**管理組合の一員としての役割を適切に果たすよう努めなければならない**〈適5条2項〉。このように、マンション管理適正化法は、マンションの区分所有者等の役割を規定している。

ウ **適切** 都道府県知事（市又はマンション管理適正化推進行政事務を処理する町村の区域内にあっては、それぞれの長）は、管理組合の運営がマンション管理適正化指針に照らして**著しく不適切**であることを把握したときは、**当該管理組合の管理者等**に対し、マンション管理適正化指針に即したマンションの管理を行うよう**勧告**することができる〈適5条の2第2項〉。
☞ 合 ②分冊 p138 5～ 速 p409 3～

エ **適切** 管理組合の管理者等は、国土交通省令で定めるところにより、当該管理組合によるマンションの管理に関する計画を作成し、マンション管理適正化推進計画を作成した都道府県等の長の認定を申請することができる〈適5条の3第1項〉。この管理計画には、①当該マンションの**修繕その他の管理の方法**、②当該マンションの**修繕その他の管理に係る資金計画**、③当該マンションの**管理組合の運営の状況**、④その他国土交通省令で定める事項を記載しなければならない〈同条2項〉。
☞ 合 ②分冊 p139 6～ 速 p410 4～

以上より、適切なものはア、ウ、エの三つであり、本問の正解肢は3となる。

正解 3 （正解率44%）

肢別解答率 受験生はこう答えた！
1 10%
2 43%
3 44%
4 3%

難易度 **難**

LEC東京リーガルマインド 2025年版 出る順管理業務主任者 分野別過去問題集 ②分冊 199

memo

●「解答かくしシート」で解答・解説を隠そう！
　問題を解く前に解答・解説が見えないようにしたい方は、
　「解答かくしシート」をご利用ください。

解答かくしシート

破線にそってハサミ等で切り取ってご使用ください。

LEC東京リーガルマインド

持ち運びに便利な「セパレート方式」

色紙

① この緑色の厚紙を本体に残し、分冊冊子をつまんでください。
② 冊子をしっかりとつかんで手前に引っ張り、取り外してください。

※緑色の厚紙と分冊冊子は、のりで接着されていますので、丁寧に分解・取り外してください。なお、分解・取り外しの際の破損等による返品・交換には応じられませんのでご注意ください。

使いやすさアップ!「分冊背表紙シール」

① 破線(……)を切り取る。
② 実線(──)を山折りに。
③ 分冊の背表紙に貼る。

持ち運びに便利!

2025年版

合格の
れっく
LEC

出る順
Deru jun
Kanrigyoumushuninsha
管理業務主任者

分野別
過去問題集

③分冊　管理実務・
会計・設備系編

れっく
LEC東京リーガルマインド 編著

**2025年版
出る順管理業務主任者 分野別過去問題集
管理実務・会計・設備系編**

第③分冊

第5編　管理実務

			重要度	難易度	
①標準管理委託契約書	2017年度 問 7	A	易	2
②標準管理委託契約書	2017年度 問 8	A	易	4
③標準管理委託契約書	2017年度 問 9	A	普	6
④標準管理委託契約書	2017年度 問26	A	易	8
⑤標準管理委託契約書	2017年度 問28	B	難	10
⑥標準管理委託契約書	2018年度 問 7	A	難	12
⑦標準管理委託契約書	2018年度 問 8	A	易	14
⑧標準管理委託契約書	2018年度 問 9	A	易	16
⑨標準管理委託契約書	2019年度 問 7	B	難	18
⑩標準管理委託契約書	2019年度 問 8	A	易	20
⑪標準管理委託契約書	2019年度 問 9	B	難	22
⑫標準管理委託契約書	2019年度 問13	A	易	24
⑬標準管理委託契約書	2020年度 問 7	A	易	26
⑭標準管理委託契約書	2020年度 問 8	A	易	28
⑮標準管理委託契約書	2020年度 問 9	A	普	30
⑯標準管理委託契約書	2021年度 問 6	A	易	32
⑰標準管理委託契約書	2021年度 問 7	A	普	34
⑱標準管理委託契約書	2021年度 問 8	A	易	36
⑲標準管理委託契約書	2021年度 問13	A	易	38
⑳標準管理委託契約書	2022年度 問 6	A	易	40
㉑標準管理委託契約書	2022年度 問 7	A	易	42
㉒標準管理委託契約書	2022年度 問 8	B	普	44
㉓標準管理委託契約書	2023年度 問 5	A	普	46
㉔標準管理委託契約書	2023年度 問 6	A	易	48
㉕標準管理委託契約書	2023年度 問 7	A	易	50
㉖標準管理委託契約書	2023年度 問 8	A	易	52
㉗標準管理委託契約書	2024年度 問 4	A	易	54
㉘標準管理委託契約書	2024年度 問 5	A	易	56
㉙標準管理委託契約書	2024年度 問 6	A	易	58
㉚標準管理委託契約書	2024年度 問 7	A	易	60
㉛標準管理委託契約書	2024年度 問 8	B	普	62
㉜滞納対策	2017年度 問10	A	易	64
㉝滞納対策	2018年度 問10	A	易	66
㉞滞納対策	2018年度 問11	A	易	68

i

☐☐☐	㉟滞納対策	2019年度 問10	A	易	70
☐☐☐	㊱滞納対策	2020年度 問10	A	易	72
☐☐☐	㊲滞納対策	2020年度 問11	A	易	74
☐☐☐	㊳滞納対策	2021年度 問9	A	易	76
☐☐☐	㊴滞納対策	2021年度 問10	B	難	78
☐☐☐	㊵滞納対策	2021年度 問11	A	易	80
☐☐☐	㊶滞納対策	2022年度 問9	A	易	82
☐☐☐	㊷滞納対策	2022年度 問10	A	普	84
☐☐☐	㊸滞納対策	2022年度 問11	A	易	86
☐☐☐	㊹滞納対策	2023年度 問39	A	易	88
☐☐☐	㊺滞納対策	2023年度 問40	A	易	90
☐☐☐	㊻滞納対策	2024年度 問39	A	易	92
☐☐☐	㊼滞納対策	2024年度 問40	A	易	94
☐☐☐	㊽不動産登記法	2018年度 問44	A	難	96
☐☐☐	㊾不動産登記法	2020年度 問40	A	易	98
☐☐☐	㊿不動産登記法	2024年度 問42	A	易	100
☐☐☐	51個人情報保護法	2018年度 問43	A	普	102
☐☐☐	52個人情報保護法	2020年度 問41	A	易	104
☐☐☐	53個人情報保護法	2023年度 問42	A	易	106
☐☐☐	54消費者契約法	2018年度 問41	B	普	108
☐☐☐	55消費者契約法	2021年度 問40	B	普	110
☐☐☐	56その他	2020年度 問42	C	難	112
☐☐☐	57その他	2021年度 問43	C	難	114
☐☐☐	58その他	2021年度 問44	C	易	116
☐☐☐	59その他	2022年度 問43	C	普	118
☐☐☐	60その他	2022年度 問44	B	普	120
☐☐☐	61その他	2023年度 問43	B	普	122
☐☐☐	62その他	2023年度 問44	B	易	124
☐☐☐	63その他	2024年度 問43	B	難	126
☐☐☐	64その他	2024年度 問44	B	難	128

第6編　会計

			重要度	難易度	
☐☐☐	①仕訳	2017年度 問14	A	易	132
☐☐☐	②仕訳	2017年度 問15	A	易	134
☐☐☐	③仕訳	2018年度 問14	A	易	136
☐☐☐	④仕訳	2018年度 問15	A	易	138
☐☐☐	⑤仕訳	2019年度 問15	A	易	140
☐☐☐	⑥仕訳	2019年度 問16	A	易	142
☐☐☐	⑦仕訳	2020年度 問15	A	易	144

□□□	⑧仕訳	2020年度	問16	**A**	易	146
□□□	⑨仕訳	2021年度	問15	**A**	易	148
□□□	⑩仕訳	2021年度	問16	**A**	易	150
□□□	⑪仕訳	2022年度	問15	**A**	易	152
□□□	⑫仕訳	2022年度	問16	**A**	易	154
□□□	⑬仕訳	2023年度	問12	**A**	易	156
□□□	⑭仕訳	2023年度	問13	**A**	易	158
□□□	⑮仕訳	2024年度	問11	**A**	易	160
□□□	⑯仕訳	2024年度	問12	**A**	易	162
□□□	⑰計算書類	2021年度	問14	**A**	易	164
□□□	⑱計算書類	2022年度	問14	**A**	易	166
□□□	⑲計算書類	2023年度	問11	**A**	易	168
□□□	⑳計算書類	2024年度	問10	**A**	易	170
□□□	㉑税務	2017年度	問16	**A**	易	172
□□□	㉒税務	2018年度	問16	**B**	難	174
□□□	㉓税務	2020年度	問14	**A**	易	176
□□□	㉔税務	2024年度	問9	**A**	易	178

第7編　建築・設備

				重要度	難易度	
□□□	①建築構造	2017年度	問19	**B**	普	182
□□□	②建築構造	2019年度	問21	**A**	易	184
□□□	③建築構造	2021年度	問19	**A**	易	186
□□□	④遮音	2017年度	問21	**C**	普	188
□□□	⑤給水	2021年度	問20	**A**	易	190
□□□	⑥給水	2022年度	問22	**A**	普	192
□□□	⑦給水	2023年度	問18	**A**	易	194
□□□	⑧給水	2023年度	問19	**C**	普	196
□□□	⑨排水・通気・浄化槽	2017年度	問22	**B**	普	198
□□□	⑩排水・通気・浄化槽	2017年度	問23	**C**	普	200
□□□	⑪排水・通気・浄化槽	2019年度	問23	**B**	難	202
□□□	⑫排水・通気・浄化槽	2021年度	問21	**C**	難	204
□□□	⑬電気	2017年度	問24	**C**	易	206
□□□	⑭電気	2018年度	問22	**C**	易	208
□□□	⑮電気	2019年度	問25	**B**	難	210
□□□	⑯電気	2023年度	問20	**A**	普	212
□□□	⑰消防用設備等	2019年度	問24	**B**	難	214
□□□	⑱長期修繕計画	2019年度	問27	**A**	普	216
□□□	⑲長期修繕計画	2019年度	問28	**A**	易	218
□□□	⑳長期修繕計画	2020年度	問26	**B**	易	220

iii

□□□ ㉑長期修繕計画 ………… 2020年度 問27 B 普 222
□□□ ㉒長期修繕計画 ………… 2020年度 問28 A 普 224
□□□ ㉓長期修繕計画 ………… 2021年度 問25 B 易 226
□□□ ㉔長期修繕計画 ………… 2021年度 問26 A 普 228
□□□ ㉕長期修繕計画 ………… 2021年度 問27 A 普 230
□□□ ㉖長期修繕計画 ………… 2022年度 問25 A 易 232
□□□ ㉗長期修繕計画 ………… 2022年度 問26 B 易 234
□□□ ㉘長期修繕計画 ………… 2022年度 問27 B 易 236
□□□ ㉙長期修繕計画 ………… 2022年度 問28 A 普 238
□□□ ㉚長期修繕計画 ………… 2023年度 問21 A 難 240
□□□ ㉛長期修繕計画 ………… 2023年度 問22 A 易 242
□□□ ㉜長期修繕計画 ………… 2023年度 問23 A 易 244
□□□ ㉝長期修繕計画 ………… 2023年度 問24 B 難 246
□□□ ㉞長期修繕計画 ………… 2023年度 問25 A 易 248
□□□ ㉟長期修繕計画 ………… 2024年度 問20 A 普 250
□□□ ㊱長期修繕計画 ………… 2024年度 問21 A 普 252
□□□ ㊲長期修繕計画 ………… 2024年度 問22 A 普 254
□□□ ㊳長期修繕計画 ………… 2024年度 問23 A 易 256
□□□ ㊴長期修繕計画 ………… 2024年度 問24 B 易 258
□□□ ㊵劣化・調査・診断 ………… 2018年度 問19 A 難 260
□□□ ㊶劣化・調査・診断 ………… 2018年度 問26 A 易 262
□□□ ㊷劣化・調査・診断 ………… 2021年度 問18 A 普 264
□□□ ㊸劣化・調査・診断 ………… 2022年度 問19 C 難 266
□□□ ㊹劣化・調査・診断 ………… 2023年度 問16 A 普 268
□□□ ㊺劣化・調査・診断 ………… 2023年度 問17 C 難 270
□□□ ㊻劣化・調査・診断 ………… 2024年度 問17 B 易 272
□□□ ㊼修繕工事・改修工事 ………… 2018年度 問28 B 難 274
□□□ ㊽修繕工事・改修工事 ………… 2022年度 問20 B 普 276
□□□ ㊾修繕工事・改修工事 ………… 2024年度 問18 C 難 278
□□□ ㊿防水 ………… 2021年度 問17 C 易 280
□□□ (51)耐震 ………… 2017年度 問20 C 普 282
□□□ (52)耐震 ………… 2018年度 問27 A 難 284
□□□ (53)その他 ………… 2020年度 問19 B 易 286
□□□ (54)その他 ………… 2020年度 問22 C 易 288
□□□ (55)その他 ………… 2021年度 問22 B 普 290
□□□ (56)その他 ………… 2022年度 問21 C 難 292
□□□ (57)その他 ………… 2022年度 問23 A 易 294
□□□ (58)総合 ………… 2018年度 問20 A 易 296
□□□ (59)総合 ………… 2020年度 問23 B 難 298

第8編　設備系法令

				重要度	難易度	
①建築基準法	……………………	2017年度	問17	B	易	302
②建築基準法	……………………	2017年度	問18	B	易	304
③建築基準法	……………………	2017年度	問27	B	難	306
④建築基準法	……………………	2018年度	問17	C	難	308
⑤建築基準法	……………………	2018年度	問18	C	難	310
⑥建築基準法	……………………	2019年度	問17	A	易	312
⑦建築基準法	……………………	2019年度	問18	C	難	314
⑧建築基準法	……………………	2019年度	問19	A	普	316
⑨建築基準法	……………………	2020年度	問17	B	普	318
⑩建築基準法	……………………	2020年度	問18	C	?	320
⑪建築基準法	……………………	2021年度	問23	A	難	322
⑫建築基準法	……………………	2022年度	問17	A	普	324
⑬建築基準法	……………………	2022年度	問24	A	易	326
⑭建築基準法	……………………	2023年度	問14	C	普	328
⑮建築基準法	……………………	2024年度	問13	B	易	330
⑯建築基準法	……………………	2024年度	問14	C	普	332
⑰水道法	…………………………	2018年度	問21	C	難	334
⑱水道法	…………………………	2024年度	問19	B	易	336
⑲消防法	…………………………	2018年度	問23	C	難	338
⑳消防法	…………………………	2020年度	問20	A	易	340
㉑消防法	…………………………	2020年度	問21	B	易	342
㉒消防法	…………………………	2021年度	問24	A	易	344
㉓消防法	…………………………	2022年度	問18	A	易	346
㉔消防法	…………………………	2023年度	問15	A	易	348
㉕消防法	…………………………	2024年度	問15	B	難	350
㉖消防法	…………………………	2024年度	問16	A	易	352
㉗その他	…………………………	2017年度	問25	C	易	354
㉘その他	…………………………	2017年度	問43	C	普	356
㉙その他	…………………………	2018年度	問24	C	易	358
㉚その他	…………………………	2018年度	問25	C	普	360
㉛その他	…………………………	2019年度	問20	C	難	362
㉜その他	…………………………	2019年度	問22	C	普	364
㉝その他	…………………………	2019年度	問44	A	易	366
㉞その他	…………………………	2020年度	問24	B	難	368
㉟その他	…………………………	2020年度	問44	C	?	370
㊱その他	…………………………	2021年度	問42	B	難	372
㊲その他	…………………………	2022年度	問42	B	易	374

v

第5編

管理実務

年度別出題論点一覧

第5編　管理実務	2015 H27	2016 H28	2017 H29	2018 H30	2019 R1	2020 R2	2021 R3	2022 R4	2023 R5	2024 R6
標準管理委託契約書	3	3	5	3	4	3	4	3	4	5
滞納対策	1	2	1	2	1	2	3	3	2	2
不動産登記法		1		1		1				1
個人情報保護法	1			1		1			1	
消費者契約法		1		1			1			
その他						1	2	2	2	2
計	5	7	6	8	5	8	10	8	9	10

※表内の数字は出題問題数を指します。
※2015、2016年度は購入者特典の「分野別過去問題集プラス2」に掲載しています。

① 標準管理委託契約書

2017年度 問7　　Check ☐☐☐　重要度 ▶ A

次の記述のうち、標準管理委託契約書の定めによれば、最も不適切なものはどれか。（改題）

1　マンション管理業者（マンション管理適正化法第2条第8号に規定する者をいう。以下同じ。）は、管理事務（マンション管理適正化法第2条第6号に規定するものをいう。以下同じ。）を行うため必要があるときは、管理組合の組合員及びその所有する専有部分の占有者（以下「組合員等」という。）に対して、その専有部分又は専用使用部分への立入りを請求することができる。

2　マンション管理業者は、地震等の災害により、管理組合のために、緊急に行う必要がある業務で、管理組合の承認を受ける時間的な余裕がないものについては、管理組合の承認を受けないで実施することができるが、この場合において、マンション管理業者は、速やかに、書面をもって、その業務の内容及び実施に要した費用の額を管理組合に通知しなければならない。

3　マンション管理業者は、火災等の事故（マンション管理業者の責めによらない場合に限る。）により管理組合又は管理組合の組合員等が受けた損害について、その損害額が一定額を超えるときは、その一定額を超える損害部分については、賠償する責任を負わない。

4　マンション管理業者は、管理事務を行うため必要なときは、管理組合の組合員等に対し、管理組合に代わって、建物の保存に有害な行為の中止を求めることができるが、マンション管理業者が中止を求めても、なお管理組合の組合員等がその行為を中止しない場合、マンション管理業者は、その内容を報告したときは、その責めを免れる。

2　　LEC東京リーガルマインド　2025年版 出る順管理業務主任者 分野別過去問題集　③分冊

1 適切　マンション管理業者は、管理事務を行うため必要があるときは、組合員等に対して、その専有部分又は専用使用部分への立入りを請求することができる〈標契14条1項〉。
☞ 合 ③分冊 p45 5～　速 p537 5～

2 適切　マンション管理業者は、**災害又は事故等の事由**により、管理組合のために、**緊急に行う必要がある業務**で、管理組合の承認を受ける時間的な余裕がないものについては、管理組合の承認を受けないで実施することができる〈標契9条1項前段〉。この場合において、マンション管理業者は、速やかに、**書面をもって**、その業務の内容及びその実施に要した費用の額を管理組合に**通知しなければならない**〈同条項後段〉。
☞ 合 ③分冊 p42 1～　速 p534 1～

3 不適切　マンション管理業者は、管理組合又はその組合員等が、**災害又は事故等**（マンション管理業者の責めによらない場合に限る。）による損害を受けたときは、その損害を賠償する**責任を負わない**〈標契19条〉。これは、損害額によらずに、そのすべての損害につき、賠償する責任を負わないことを意味する。
☞ 合 ③分冊 p35 2～　速 p525 2～

4 適切　マンション管理業者は、管理事務を行うため必要なときは、管理組合の組合員等に対し、管理組合に代わって、**建物の保存に有害な行為の中止を求めることができる**〈標契12条1項2号〉。マンション管理業者は、上記の中止を求めても、なお組合員等がその行為を中止しないときは、書面をもって管理組合にその内容を**報告しなければならず**（同条3項）、この報告を行った場合、マンション管理業者はさらなる**中止要求の責務を免れ**、その後の中止等の要求は**管理組合が行う**（同条4項）。
☞ 合 ③分冊 p43 3～　速 p535 3～

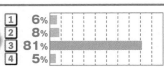

2 標準管理委託契約書

2017年度 問8　　Check ☐☐☐　重要度 ▶ A

次の記述のうち、標準管理委託契約書の定めによれば、最も適切なものはどれか。（改題）

1　マンション管理業者は、管理組合の管理規約の原本、総会議事録、総会議案書等を、マンション管理業者の事務所で保管する。

2　マンション管理業者は、当該業者の使用人等が、管理事務の遂行に関し、管理組合又は組合員等に損害を及ぼしたときは、管理組合又は組合員等に対し、使用者としての責任を負う。

3　マンション管理業者は、管理対象部分に係る各種の点検、検査等を実施した場合、その結果を管理組合に口頭で報告すると共に、改善等の必要がある事項については、書面をもって、具体的な方策を管理組合に助言する。

4　管理組合は、マンション管理業者がマンション管理業（マンション管理適正化法第2条第7号に規定するものをいう。）の登録の取消しの処分を受けたとしても、管理委託契約を解除することはできない。

4　**LEC**東京リーガルマインド　2025年版 出る順管理業務主任者 分野別過去問題集　③分冊

[1] 不適切 マンション管理業者は、管理組合の管理規約の原本、総会議事録、総会議案書等を、**管理組合の事務所**で保管する〈標契別表第一2(3)③ニ〉。
☞ 合 ③分冊 p18 ❸~ 速 p510 ❸~

[2] 適切 マンション管理業者は、**その使用人等が**、**管理事務の遂行に関し**、**管理組合又はその組合員等に損害を及ぼしたとき**は、管理組合又はその組合員等に対し、使用者としての**責任を負う**〈標契16条〉。
☞ 合 ③分冊 p24 ❶~ 速 p520 ❶~

[3] 不適切 マンション管理業者は、管理対象部分に係る各種の点検、検査等の結果を管理組合に**書面**をもって報告するとともに、改善等の必要がある事項については、具体的な方策を書面をもって管理組合に助言する〈標契別表第一2(3)①〉。
☞ 合 ③分冊 p18 ❸~ 速 p510 ❸~

[4] 不適切 管理組合は、マンション管理業者が**マンション管理業の登録の取消しの処分を受けたとき**は、管理委託契約を**解除することができる**〈標契20条2項4号〉。
☞ 合 ③分冊 p50 ❶~ 速 p542 ❶~

正解 [2]（正解率95%）

肢別解答率 受験生はこう答えた！
[1] 2%
[2] 95%
[3] 3%
[4] 1%

難易度 易

③ 標準管理委託契約書

2017年度 問9　Check ☐☐☐　重要度 ▶ A

宅地建物取引業者（宅地建物取引業法第2条第3号に規定する者をいう。以下同じ。）が、管理組合の組合員から、当該組合員が所有する専有部分の売却の依頼を受け、その媒介等の業務のために、宅地建物取引業法施行規則第16条の2に定める事項等について、マンション管理業者に確認を求めてきた場合等の当該管理組合に代わって行うマンション管理業者の対応に関する次の記述のうち、標準管理委託契約書の定めによれば、最も不適切なものはどれか。（改題）

1　管理組合の組合員が、当該組合員が所有する専有部分の売却等を目的とする情報収集のために、理由を付した書面により管理組合の収支及び予算の状況の開示を求めてきたときは、マンション管理業者はそのことについて開示するものとする。

2　宅地建物取引業者が、理由を付した書面により管理規約の提供を求めてきたときは、マンション管理業者は管理規約の写しを提供するものとする。

3　マンション管理業者は、管理規約の提供等に要する費用を、管理規約等の提供を行う相手方である宅地建物取引業者から受領することができる。

4　宅地建物取引業者が、理由を付した書面により管理費等の変更予定等について開示を求めてきたときは、変更予定の有無のいずれかを記載するが、変更について検討中の場合は、「変更予定有（○年○月から）」と記載する。

6　　**LEC**東京リーガルマインド　2025年版 出る順管理業務主任者 分野別過去問題集　③分冊

マンション管理業者は、管理組合の組合員から当該組合員が所有する専有部分の売却等の依頼を受けた宅地建物取引業者が、その媒介等の業務のために、理由を付した書面の提出又は当該書面を電磁的方法により提出することにより、管理組合の管理規約、管理組合が作成し保管する会計帳簿、什器備品台帳及びその他の帳票類並びに管理組合が保管する長期修繕計画書及び設計図書の提供又は標準管理委託契約書別表第五に掲げる事項の開示を求めてきたときは、管理組合に代わって、当該宅地建物取引業者に対し、管理規約等の写しを提供し、別表第五に掲げる事項について書面をもって、又は電磁的方法により開示するものとする〈標契15条1項前段〉。

1 適切 マンション管理業者は、**管理組合の組合員が、当該組合員が所有する専有部分の売却等を目的とする情報収集のために上記の提供等を求めてきたときも、上記の提供等を行う**〈標契15条1項後段〉。管理組合の収支及び予算の状況は、別表第五に掲げられており〈同別表第五6(1)〉、本肢の場合、マンション管理業者は、管理組合の収支及び予算の状況について開示する。

👉 合 ③分冊 p24 **1**〜 速 p520 **1**〜

2 適切 本肢の場合、マンション管理業者は、管理規約の提供を求める宅地建物取引業者に対し、**管理規約の写しを提供する。**

👉 合 ③分冊 p24 **1**〜 速 p520 **1**〜

3 適切 マンション管理業者は、管理規約等の提供又は別表第五に掲げる事項の開示に要する費用をこれを行う**相手方から受領することができる**〈標契15条2項〉。

👉 合 ③分冊 p24 **1**〜 速 p520 **1**〜

4 不適切 管理費等の変更予定等は、別表第五に掲げられており〈標契別表第五6(3)〉、本肢の場合、マンション管理業者は、管理費等の変更予定等について開示する。書面を交付して開示する場合、その書面には、**変更予定有（　年　月から）、変更予定無、検討中**の別を記載する〈同別表第五6(3)〉。

👉 合 ③分冊 p24 **1**〜 速 p520 **1**〜

正解 4
（正解率 68％）

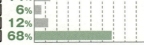

4 標準管理委託契約書

2017年度 問26　　　*Check* ☐☐☐ 重要度 ▶ **A**

マンションの維持保全とマンション管理業者に関する次の記述のうち、最も不適切なものはどれか。（改題）

1　建築基準法によれば、マンション管理業者は、マンションの維持保全に関し、同法に規定されている義務を負い、当該マンションの所有者と管理組合にはその義務がない。

2　標準管理委託契約書によれば、マンション管理業者は、管理組合の長期修繕計画の見直しが必要であると判断した場合には、書面をもって当該管理組合に助言する。

3　標準管理委託契約書によれば、マンション管理業者は、管理組合がマンションの維持又は修繕（大規模修繕を除く修繕又は保守点検等。）を当該マンション管理業者以外の業者に行わせる場合、当該工事に関する見積書の受理、管理組合と受注業者との取次ぎ、実施の確認を行う。

4　標準管理委託契約書によれば、マンション管理業者が、長期修繕計画案の作成業務を行う場合は、本契約とは別個の契約とする。

8　**LEC**東京リーガルマインド　2025年版 出る順管理業務主任者 分野別過去問題集　③分冊

1 **不適切** 所定の**建築物の所有者又は管理者**は、その建築物の敷地、構造及び建築設備を常時適法な状態に維持するため、必要に応じ、その**建築物の維持保全に関する準則又は計画を作成し、その他適切な措置を講じなければならない**〈建基8条2項前段〉。したがって、マンションの所有者と管理組合には、マンションの維持保全に関する上記の義務がある場合がある。

☞ 合 ③分冊 p396 **4**~ 速 p770 **4**~

2 **適切** マンション管理業者は、管理組合の長期修繕計画における修繕積立金の額が著しく低額である場合若しくは設定額に対して実際の積立額が不足している場合又は管理事務を実施する上で把握したマンションの劣化等の状況に基づき、当該計画の修繕工事の内容、実施予定時期、工事の概算費用若しくは修繕積立金の**見直しが必要であると判断した場合**には、**書面をもって**管理組合に助言する〈標契別表第一1(3)一〉。

☞ 合 ③分冊 p10 **2**~ 速 p500 **2**~

3 **適切** マンション管理業者は、管理組合がマンションの維持又は修繕(大規模修繕を除く修繕又は保守点検等。)を外注により**マンション管理業者以外の業者に行わせる場合には、見積書の受理、管理組合と受注業者との取次ぎ、実施の確認を**行う〈標契別表第一1(3)二〉。

☞ 合 ③分冊 p10 **2**~ 速 p500 **2**~

4 **適切** 長期修繕計画案の作成業務並びに建物・設備の劣化状況等を把握するための調査・診断の実施及びその結果に基づき行う当該計画の見直し業務を実施する場合は、管理委託契約とは**別個の契約**とする〈標契別表第一1(3)一〉。

☞ 合 ③分冊 p10 **2**~ 速 p500 **2**~

正解 1
(正解率94%)

肢別解答率
受験生は
こう答えた!

1	94%
2	0%
3	3%
4	2%

難易度 **易**

5 標準管理委託契約書

2017年度 問28　　Check ☐☐☐　重要度 ▶ B

標準管理委託契約書の定めによれば、管理対象部分に関する次の記述のうち、不適切なものはいくつあるか。

ア エレベーターホールは、「専有部分に属さない建物の部分」に含まれる。

イ テレビ共同受信設備は、「専有部分に属さない建物の附属物」に含まれる。

ウ 専用庭は、「規約共用部分」に含まれる。

エ 管理事務室は、「附属施設」に含まれる。

1 一つ

2 二つ

3 三つ

4 四つ

10　**LEC**東京リーガルマインド　2025年版 出る順管理業務主任者 分野別過去問題集 ③分冊

ア 適切 エレベーターホールは、「専有部分に属さない建物の部分」に含まれる〈標契2条5号ロ〉。
☞ 速 p498 **3**~

イ 適切 テレビ共同受信設備は、「専有部分に属さない建物の附属物」に含まれる〈標契2条5号ハ〉。
☞ 速 p498 **3**~

ウ 不適切 専用庭は、「附属施設」に含まれる〈標契2条5号ホ〉。
☞ 速 p498 **3**~

エ 不適切 管理事務室は、「規約共用部分」に含まれる〈標契2条5号ニ〉。
☞ 速 p498 **3**~

以上より、不適切なものはウ、エの二つであり、本問の正解肢は2となる。

正解 **2**
（正解率**43%**）

肢別解答率
受験生は
こう答えた！

1	47%	
2	43%	
3	9%	
4	1%	

難易度 **難**

⑥ 標準管理委託契約書

2018年度 問7　　　　　Check ☐☐☐　重要度 ▶ A

次の記述のうち、標準管理委託契約書によれば、適切なものはいくつあるか。（改題）

ア　マンション管理業者（マンション管理適正化法第2条第8号に規定する者をいう。以下同じ。）の管理対象部分は、原則として敷地及び共用部分等であるが、専有部分である設備のうち共用部分と構造上一体となった配管や配線は共用部分と一体で管理を行う必要があるため、管理組合が管理を行うとされている場合において、管理組合から依頼があるときに管理委託契約に含めることも可能である。

イ　マンション管理業者は、管理事務の遂行に際して組合員等に関する個人情報を取り扱う場合には、管理委託契約の目的の範囲において取り扱い、正当な理由なく、第三者に提供、開示又は漏えいしてはならない。

ウ　マンション管理業者は、管理組合に対し、自らが、暴力団、暴力団関係企業、総会屋、社会運動等標ぼうゴロ若しくはこれらに準ずる者又はその構成員ではないことを確約するが、管理委託契約の有効期間内に、当該確約に反する事実が判明した場合、管理組合が当該契約を解除するには、マンション管理業者に対して相当の期間を定めて催告しなければならない。

エ　マンション管理業者は、管理組合が、管理委託契約にかかるマンションの維持又は修繕（大規模修繕を除く修繕又は保守点検等。）を外注により、当該マンション管理業者以外の業者に行わせる場合、見積書の受理を行うが、当該見積書の内容に対する助言は含まれない。

1 一つ
2 二つ
3 三つ
4 四つ

12　　LEC東京リーガルマインド　2025年版 出る順管理業務主任者 分野別過去問題集　③分冊

ア 適切 マンション管理業者の管理対象部分は、原則として敷地及び共用部分等であるが、**専有部分である設備のうち共用部分と構造上一体となった部分（配管、配線等）**は共用部分と一体で管理を行う必要があるため、管理組合が管理を行うとされている場合において、**管理組合から依頼があるときに管理委託契約に含めることも可能である**〈標契コ3条関係③〉。
☞ 速 p496 **2**~

イ 適切 マンション管理業者は、管理事務の遂行に際して組合員等に関する個人情報を取り扱う場合には、管理委託契約の**目的の範囲において取り扱い**、正当な理由なく、第三者に提供、開示又は漏えいしてはならない〈標契18条2項〉。
☞ 合 ③分冊 p24 **1**~ 速 p520 **1**~

ウ 不適切 管理組合及びマンション管理業者は、それぞれ相手方に対し、自らが、暴力団、暴力団関係企業、総会屋、社会運動等標ぼうゴロ若しくはこれらに準ずる者又はその構成員ではないことを確約する〈標契27条1号〉。管理組合又はマンション管理業者の一方について、上記確約に反する事実が判明したときは、その相手方は、**何らの催告を要せずして**、管理委託契約を解除することができる〈同20条2項5号〉。
☞ 合 ③分冊 p47 **7**~ 速 p539 **7**~

エ 適切 マンション管理業者は、管理組合がマンションの維持又は修繕（大規模修繕を除く修繕又は保守点検等。）を外注により当該マンション管理業者以外の業者に行わせる場合には、**見積書の受理**、管理組合と受注業者との取次ぎ、実施の確認を行う〈標契別表第一1(3)二〉。この「見積書の受理」には、**見積書の内容に対する助言等は含まれない**〈標契コ別表第一1(3)関係⑤〉。
☞ 合 ③分冊 p10 **2**~ 速 p500 **2**~

以上より、適切なものはア、イ、エの三つであり、本問の正解肢は3となる。

正解 3（正解率 20%）

肢別解答率 受験生はこう答えた！
1　8%
2　71%
3　20%
4　1%

難易度 難

7 標準管理委託契約書

2018年度 問8　　Check ☐☐☐　重要度 ▶ **A**

マンションの維持又は修繕に関する企画又は実施の調整の業務に関する次の記述のうち、標準管理委託契約書によれば、最も不適切なものはどれか。（改題）

1 マンション管理業者は、管理組合が、管理委託契約にかかるマンションの維持又は修繕（大規模修繕を除く修繕又は保守点検等。）を外注により、当該マンション管理業者以外の業者に行わせる場合、実施の確認を行うこととされているが、当該実施の確認は、管理員が外注業務の完了の立会いにより確認できる内容のもののほか、管理員業務に含まれていない場合又は管理員が配置されていない場合には、マンション管理業者の使用人等が完了の立会いを行うことにより確認できる内容のものをいう。

2 マンション管理業者は、管理組合の長期修繕計画における修繕積立金の額が著しく低額である場合若しくは設定額に対して実際の積立額が不足している場合又は管理事務（マンション管理適正化法第2条第6号に規定するものをいう。以下同じ。）を実施する上で把握したマンションの劣化等の状況に基づき、当該計画の修繕工事の内容若しくは修繕積立金の見直しが必要であると判断した場合には、書面又は口頭により当該管理組合に助言をする。

3 長期修繕計画案の作成業務以外にも、必要な年度に特別に行われ、業務内容の独立性が高いという業務の性格から、建物・設備の性能向上に資する改良工事の企画又は実施の調整の業務をマンション管理業者に委託するときは、管理委託契約とは別個の契約にすることが望ましい。

4 長期修繕計画案の作成及び見直しは、長期修繕計画標準様式、長期修繕計画作成ガイドライン、長期修繕計画作成ガイドラインコメント（平成20年6月国土交通省公表（令和3年9月改訂））を参考にして作成することが望ましい。

1 適切　マンション管理業者は、管理組合がマンションの維持又は修繕（大規模修繕を除く修繕又は保守点検等。）を外注により当該マンション管理業者以外の業者に行わせる場合には、見積書の受理、管理組合と受注業者との取次ぎ、**実施の確認を行う**〈標契別表第一1(3)二〉。この「実施の確認」とは、**管理員が管理員業務として行う外注業務の完了の立会いにより確認できる内容**のもののほか、管理員業務に含まれていない場合又は管理員が配置されていない場合には、マンション管理業者の使用人等が完了の立会いを行うことにより確認できる内容のものをいう〈同後段〉。

👉 **合** ③分冊 p10 **2**〜　**速** p500 **2**〜

2 不適切　マンション管理業者は、管理組合の長期修繕計画における修繕積立金の額が著しく低額である場合若しくは設定額に対して実際の積立額が不足している場合又は管理事務を実施する上で把握したマンションの劣化等の状況に基づき、当該計画の修繕工事の内容、実施予定時期、工事の概算費用若しくは修繕積立金の**見直しが必要であると判断した場合には、書面をもって管理組合に助言する**〈標契別表第一1(3)一〉。口頭による助言は認められない。

👉 **合** ③分冊 p10 **2**〜　**速** p500 **2**〜

3 適切　長期修繕計画案の作成業務（長期修繕計画案の作成のための建物等劣化診断業務を含む。）以外にも、必要な年度に特別に行われ、業務内容の独立性が高いという業務の性格から、**建物・設備の性能向上に資する改良工事の企画又は実施の調整（耐震改修工事、防犯化工事、バリアフリー化工事、IT化工事等）を**マンション管理業者に委託するときは、**管理委託契約とは別個の契約にすることが望ましい**〈標契コ別表第一1(3)関係②〉。

👉 **合** ③分冊 p10 **2**〜　**速** p500 **2**〜

4 適切　長期修繕計画案の作成及び見直しは、長期修繕計画標準様式、長期修繕計画作成ガイドライン、長期修繕計画作成ガイドラインコメント（平成20年6月国土交通省公表（令和3年9月改訂））を**参考にして作成することが望ましい**〈標契コ別表第一1(3)関係①〉。

👉 **合** ③分冊 p10 **2**〜　**速** p500 **2**〜

正解 2
（正解率70%）

肢別解答率
受験生はこう答えた！

1	23%
2	70%
3	5%
4	2%

難易度 **易**

8 標準管理委託契約書

2018年度 問9　　Check ☐☐☐　重要度 ▶ A

次の記述のうち、標準管理委託契約書によれば、最も不適切なものはどれか。（改題）

1 宅地建物取引業者（宅地建物取引業法第2条第3号に規定する者をいう。以下同じ。）が媒介等の業務のために、管理規約等の提供・開示を求めてきた場合に、マンション管理業者が、当該宅地建物取引業者に対して、管理規約等の提供・開示を行うときは、管理規約等において宅地建物取引業者等への提供・開示に関する根拠が明確に規定されるとともに、これと整合的に管理委託契約書においてマンション管理業者による提供・開示に関して規定されることが必要である。

2 マンション管理業者は、理事会支援業務や総会支援業務について、区分所有法及び管理組合の管理規約に照らし、当該管理組合の管理者等以外に、正規に招集の権限があると考えられる者から当該支援業務に関する契約書に規定する業務の履行の要求があった場合は、これを拒否すべき正当な理由がある場合を除き、業務を履行すべきである。

3 理事会及び総会の議事録については、議事の経過の要点及びその結果を記載する必要があり、「議事の経過」とは議題、議案、討議の内容及び採決方法等を指すところ、それらの要点を記載することで足り、すべての発言を一言一句記録するものではないが、議事に影響を与える重要な発言は記録することに留意する必要がある。

4 マンション管理業者が管理事務の一部を第三者に再委託した場合においては、当該マンション管理業者は、再委託した管理事務の適正な処理について、管理組合に対する責任を免れる。

16　**LEC**東京リーガルマインド　2025年版 出る順管理業務主任者 分野別過去問題集 ③分冊

1 適切
本来、宅地建物取引業者等への管理組合の管理規約等の提供及び別表第五に掲げる事項の開示は管理規約及び使用細則の規定に基づき管理組合が行うべきものであるため、これらの事務をマンション管理業者が行う場合にあっては、**管理規約及び使用細則において宅地建物取引業者等への提供・開示に関する根拠が明確に規定されるとともに**、これと整合的に**管理委託契約書においてマンション管理業者による提供・開示に関して規定される**ことが必要である〈標契コ15条関係②〉。
👉 合 ③分冊 p24 ❶〜 速 p520 ❶〜

2 適切
理事会支援業務や総会支援業務について、区分所有法及び管理組合の管理規約に照らし、**管理組合の管理者等以外の正規に招集の権限があると考えられる者から当該支援業務に関する契約書に規定する業務の履行の要求があった場合にも**、これを拒否すべき正当な理由がある場合を除き、マンション管理業者は**業務を履行すべきものである**〈標契コ別表第一2関係⑨〉。
👉 合 ③分冊 p18 ❸〜 速 p510 ❸〜

3 適切
理事会及び総会の議事録については、**議事の経過の要点及びその結果を記載する必要がある**。「議事の経過」とは議題、議案、討議の内容及び採決方法等を指すが、それらの要点を記載することで足り、すべての発言を一言一句記録するものではない。しかし、**議事に影響を与える重要な発言は記録することに留意する**〈標契コ別表第一2関係⑤〉。
👉 合 ③分冊 p18 ❸〜 速 p510 ❸〜

4 不適切
マンション管理業者は、事務管理業務の一部又は管理員業務、清掃業務若しくは建物・設備等管理業務の全部若しくは一部を、別紙1に従って第三者に再委託することができる〈標契4条1項〉。マンション管理業者が上記規定に基づき管理事務を第三者に再委託した場合においては、**マンション管理業者は、再委託した管理事務の適正な処理について、管理組合に対して、責任を負う**〈同条2項〉。
👉 合 ③分冊 p24 ❶〜 速 p520 ❶〜

正解 4 （正解率97%）

肢別解答率 受験生はこう答えた！
1: 1%
2: 1%
3: 1%
4: 97%

難易度 易

⑨ 標準管理委託契約書

2019年度 問7 Check ☐☐☐ 重要度 ▶ **B**

次のア〜エの記述のうち、標準管理委託契約書によれば、適切なものはいくつあるか。（改題）

ア マンション管理業者（マンション管理適正化法第2条第8号に規定する者をいう。以下同じ。）が行う管理事務（マンション管理適正化法第2条第6号に規定するものをいう。以下同じ。）の対象となる部分は、管理規約により管理組合が管理すべき部分のうち、マンション管理業者が受託して管理する部分であり、オートロック設備や宅配ボックスも管理事務の対象に含まれる。

イ マンション管理業者が行う管理事務の内容として、事務管理業務、管理員業務、清掃業務、建物・設備等管理業務及び警備業法に定める警備業務がある。

ウ マンション管理業者は、建築基準法第12条第1項に規定する特定建築物定期調査及び同条第3項に規定する特定建築物の建築設備等定期検査を行うとともに、その報告等に係る補助を行うものとする。

エ マンション管理業者は、受託した管理事務の内容にかかわらず、災害又は事故等の事由により、管理組合のために、緊急に行う必要がある業務で、管理組合の承認を受ける時間的な余裕がないものについては、管理組合の承認を受けないで実施することができる。

1 一つ
2 二つ
3 三つ
4 四つ

ア **適切** 管理対象部分とは、**管理規約により管理組合が管理すべき部分のうち、マンション管理業者が受託して管理する部分**をいう〈標契コ2条関係①〉。オートロック設備や宅配ボックスは、これに含まれる〈標契2条5号ハ〉。
👉 速 p498 ❸～

イ **不適切** 管理事務の内容として、事務管理業務、管理員業務、清掃業務、建物・設備等管理業務がある〈標契3条〉。他方、**警備業法に定める警備業務は、管理事務に含まれない**〈同コ全般関係③〉。
👉 速 p496 ❷～

ウ **適切** マンション管理業者は、**建築基準法12条1項に規定する特定建築物定期調査及び同条3項に規定する特定建築物の建築設備等定期検査を行う**〈標契別表第四1(2)(3)〉。また、マンション管理業者は、管理組合に代わって、消防計画の届出、消防用設備等点検報告、特定建築物定期調査又は特定建築物の建築設備等定期検査の**報告等に係る補助を行う**〈同別表第一2(3)②一〉。
👉 合 ③分冊 p18 ❸～ 速 p510 ❸～

エ **適切** マンション管理業者は、**所定の災害又は事故等の事由により**、管理組合のために、**緊急に行う必要がある業務**で、管理組合の承認を受ける時間的な余裕がないものについては、管理組合の承認を受けないで実施することができる〈標契9条1項前段〉。
👉 合 ③分冊 p42 ❶～ 速 p534 ❶～

以上より、適切なものはア、ウ、エの三つであり、本問の正解肢は3となる。

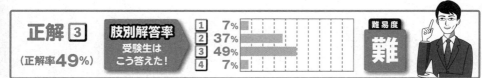

⑩ 標準管理委託契約書

2019年度 問8　Check ☐☐☐　重要度 ▶ A

次の記述のうち、標準管理委託契約書によれば、最も不適切なものはどれか。

1 マンション管理業者が、管理委託契約の有効期間内に、自ら又は第三者を利用して、相手方に対する脅迫的な言動又は暴力を用いる行為をしないことの確約に反する行為をした場合には、管理組合は、相当の期間を定めて催告しなければ、当該契約を解除することができない。

2 マンション管理業者が、管理委託契約に従い、組合員に対し管理費等の督促を行っても、なお当該組合員が支払わないときは、その責めを免れるものとし、その後の収納の請求は管理組合が行うものとする。

3 消費税法等の税制の制定又は改廃により、税率等の改定があった場合には、委託業務費のうちの消費税額等は、その改定に基づく額に変更するものとする。

4 マンション管理業者が、専有部分内を対象とする業務を実施しようとする場合においては、費用負担をめぐってトラブルにならないよう、基本的に便益を受ける者が費用を負担することに留意した契約方法とする必要がある。

1 不適切 管理組合及びマンション管理業者は、それぞれ相手方に対し、管理委託契約の有効期間内に、自ら又は第三者を利用して、相手方に対する脅迫的な言動又は暴力を用いる行為をしないことを確約する〈標契27条4号イ〉。管理組合又はマンション管理業者の一方について、上記確約に反する事実が判明したときは、その相手方は、**何らの催告を要せずして**、管理委託契約を解除することができる〈同20条2項5号〉。

☞ 合 ③分冊 p47 **7**〜 速 p539 **7**〜

2 適切 マンション管理業者は、事務管理業務のうち、出納業務を行う場合において、管理組合の組合員に対し、所定の方法により管理費等の督促を行っても、なお当該組合員が支払わないときは、**その責めを免れるものとし**、その後の収納の請求は**管理組合が行う**〈標契11条1項〉。

☞ 合 ③分冊 p43 **2**〜 速 p534 **2**〜

3 適切 管理組合及びマンション管理業者は、管理委託契約締結後の法令改正に伴い管理事務又は委託業務費を変更する必要が生じたときは、協議の上、管理委託契約を変更することができる〈標契24条本文〉。もっとも、**消費税法等の税制の制定又は改廃により、税率等の改定があった場合**には、委託業務費のうちの消費税額等は、**その改定に基づく額に変更する**〈同条ただし書〉。

☞ 合 ③分冊 p51 **2**〜 速 p544 **4**〜

4 適切 マンション管理業者によって専有部分内を対象とする業務が想定されるが、費用負担をめぐってトラブルにならないよう、原則として**便益を受ける者が費用を負担**することに留意した契約方法とする必要がある〈標契コ3条関係③〉。

☞ 速 p496 **2**〜

正解 **1**
(正解率 **84%**)

肢別解答率
受験生は
こう答えた！

1 84%
2 3%
3 1%
4 12%

難易度 **易**

⑪ 標準管理委託契約書

2019年度 問9　Check ☐☐☐　重要度 ▶ B

次の記述のうち、標準管理委託契約書によれば、最も不適切なものはどれか。（改題）

1　管理組合又はマンション管理業者は、その相手方が、管理委託契約に定められた義務の履行を怠った場合は、相当の期間を定めてその履行を催告し、相手方が当該期間内に、その義務を履行しないときは、当該契約を解除することができる。

2　管理事務を受託する管理組合のマンションにおけるマンション管理業者の免責事項については、排水設備の能力以上に機械式駐車場内に雨水流入があったときの車両に対する損害等、必要に応じて具体的な内容を記載することができる。

3　マンション管理業者は、管理事務を受託する管理組合のマンションにおいて滅失、き損、瑕疵等の事実を知った場合においては、書面をもって、当該管理組合に通知しなければならない。

4　マンション管理業者は、マンション管理適正化法の規定に基づく処分を受けたときには、管理事務を受託する管理組合に対して、速やかに、書面をもって、通知しなければならない。

1 適切 管理組合又はマンション管理業者は、その相手方が、管理委託契約に定められた義務の履行を怠った場合は、相当の期間を定めてその履行を**催告**し、相手方が当該期間内に、その義務を**履行しないとき**は、管理委託契約を**解除すること**ができる〈標契20条1項前段〉。

☞ 合 ③分冊 p50 **1**~　速 p542 **1**~

2 適切 マンション管理業者の免責事項について、昨今のマンションを取り巻く環境の変化、特に感染症がまん延したり、予期できない自然災害等が増えてきていることから、当該マンションの地域性、設備の状況に応じて、管理組合及びマンション管理業者の**協議の上**、例えば、「感染症の拡大のため予定していた総会等の延期に係る会場賃借・設営に対する損害」、「排水設備の能力以上に機械式駐車場内に雨水流入があったときの車両に対する損害」等、**必要に応じて具体的な内容を記載することも考えられる**〈標契コ17条関係〉。

☞ 合 ③分冊 p35 **2**~　速 p525 **2**~

3 不適切 管理組合又はマンション管理業者は、マンションにおいて滅失、き損、瑕疵等の事実を知った場合においては、速やかに、その状況を相手方に通知しなければならない〈標契13条1項〉。これは、**書面によることは義務づけられていない**。

☞ 合 ③分冊 p45 **4**~　速 p536 **4**~

4 適切 マンション管理業者は、マンション管理適正化法の規定に基づき処分を受けたときは、速やかに、**書面をもって**、管理組合に通知しなければならない〈標契13条2項5号〉。

☞ 合 ③分冊 p45 **4**~　速 p536 **4**~

正解 **3**（正解率44%）

肢別解答率 受験生はこう答えた！
1: 12%
2: 30%
3: 44%
4: 13%

難易度 **難**

12 標準管理委託契約書

2019年度 問13

Check ☐☐☐ 重要度 ▶ A

マンション管理業者が行う管理組合への管理事務の報告等に関する次の記述のうち、標準管理委託契約書によれば、適切なものの組み合わせはどれか。

ア マンション管理業者は、管理組合の事業年度終了後、管理組合と合意した期限内に、当該年度における管理事務の処理状況及び管理組合の会計の収支の結果を記載した書面を管理組合に交付し、管理業務主任者をして、報告をさせなければならない。

イ マンション管理業者は、毎月末日までに、前月における管理組合の会計の収支状況に関する書面を管理組合に交付し、管理業務主任者をして、報告をさせなければならない。

ウ マンション管理業者は、管理組合から請求があるときは、管理事務の処理状況及び管理組合の会計の収支状況についての書面を管理組合に交付し、管理業務主任者をして、報告をさせなければならない。

エ マンション管理業者は、管理組合の会計の収支状況に関する書面について、あらかじめ管理組合が当該書面の交付に代えて電磁的方法による交付を承諾した場合には、当該方法による交付を行うことができる。

1 ア・イ
2 ア・エ
3 イ・ウ
4 ウ・エ

ア 　**適切**　マンション管理業者は、管理組合の事業年度終了後○月以内に、管理組合に対し、当該年度における管理事務の処理状況及び管理組合の会計の収支の結果を記載した書面を交付し、**管理業務主任者**をして、報告をさせなければならない〈標契10条1項〉。

☞ **合** ③分冊 p24 **1**〜　　**速** p520 **1**〜

イ 　**不適切**　マンション管理業者は、毎月月末までに、管理組合に対し、前月における管理組合の会計の収支状況に関する書面を**交付しなければならない**〈標契10条2項〉。別途請求がなければ、報告をする必要はない。

☞ **合** ③分冊 p24 **1**〜　　**速** p520 **1**〜

ウ 　**不適切**　マンション管理業者は、管理組合から請求があるときは、管理事務の処理状況及び管理組合の会計の収支状況について報告を行わなければならない〈標契10条3項〉。この報告は、**管理業務主任者をして行わせることは義務づけられていない**。

☞ **合** ③分冊 p24 **1**〜　　**速** p520 **1**〜

エ 　**適切**　あらかじめ、管理組合がその会計の収支状況に関する書面の交付に代えて**電磁的方法による交付を承諾した場合**には、マンション管理業者は、当該方法による交付を**行うことができる**〈標契別表第一1(1)③〉。

☞ **合** ③分冊 p24 **1**〜　　**速** p520 **1**〜

以上より、適切なものの組み合わせはア・エであり、本問の正解肢は2となる。

正解 2
（正解率78%）

肢別解答率
受験生はこう答えた！

1	8%
2	78%
3	5%
4	8%

難易度 易

⑬ 標準管理委託契約書

2020年度 問7 Check ☐☐☐ 重要度 ▶ A

次のア～エの記述のうち、標準管理委託契約書の定めによれば、適切なものはいくつあるか。（改題）

ア 管理組合又はマンション管理業者は、その相手方が、本契約に定められた義務の履行を怠った場合は、直ちに本契約を解除することができる。

イ 管理組合は、マンション管理業者に、破産手続、会社更生手続、民事再生手続その他法的倒産手続開始の申立て、若しくは私的整理の開始があったときは、本契約を解除することができる。

ウ 管理組合は、マンション管理業者がマンション管理適正化法の規定に違反し、マンション管理業の登録の取消しの処分を受けたときは、本契約を解除することができる。

エ 管理組合又はマンション管理業者は、その相手方に対し、少なくとも一月前に書面で解約の申入れを行うことにより、本契約を終了させることができる。

[1] 一つ
[2] 二つ
[3] 三つ
[4] 四つ

ア　不適切　管理組合又はマンション管理業者は、その相手方が、管理委託契約に定められた義務の履行を怠った場合は、**相当の期間を定めてその履行を催告し、相手方が当該期間内に、その義務を履行しないときは**、管理委託契約を解除することができる〈標契20条1項前段〉。したがって、履行の催告をすることなく、直ちに管理委託契約を解除することはできない。

　　👉　合　③分冊 p50 ❶～　速　p542 ❶～

イ　適切　管理組合は、マンション管理業者に、**破産手続、会社更生手続、民事再生手続その他法的倒産手続開始の申立て、若しくは私的整理の開始があったとき**は、管理委託契約を解除することができる〈標契20条2項2号〉。

　　👉　合　③分冊 p50 ❶～　速　p542 ❶～

ウ　適切　管理組合は、**マンション管理業者がマンション管理業の登録の取消しの処分を受けたとき**は、管理委託契約を解除することができる〈標契20条2項4号〉。

　　👉　合　③分冊 p50 ❶～　速　p542 ❶～

エ　不適切　管理組合又はマンション管理業者は、その相手方に対し、**少なくとも3月前に書面で解約の申入れを行うことにより**、管理委託契約を終了させることができる〈標契21条〉。したがって、例えば、1月前に解約の申入れを行っても、管理委託契約を終了させることはできない。

　　👉　合　③分冊 p50 ❶～　速　p542 ❶～

以上より、適切なものはイ、ウの二つであり、本問の正解肢は2となる。

正解 ②
（正解率 78%）

肢別解答率　受験生はこう答えた！
① 9%
② 78%
③ 11%
④ 1%

難易度　易

⑭ 標準管理委託契約書

2020年度 問8　　　Check ☐☐☐　重要度 ▶ A

次の記述のうち、標準管理委託契約書の定めによれば、最も不適切なものはどれか。（改題）

1　マンション管理業者は、建物・設備等管理業務の全部を第三者に再委託することはできない。

2　マンション管理業者は、管理事務を第三者に再委託した場合においては、再委託した管理事務の適正な処理について、管理組合に対して、責任を負う。

3　マンション管理業者が管理事務を第三者に再委託する場合、管理委託契約締結時に再委託先の名称が明らかなときは、管理組合に対して通知することが望ましい。

4　マンション管理業者から適法に管理事務の再委託を受けた者は、更に第三者に委託を行うことができる。

1 **不適切** マンション管理業者は、事務管理業務の一部又は**管理員業務、清掃業務若しくは建物・設備等管理業務の全部若しくは一部**を、別紙1に従って第三者に再委託(再委託された者が更に委託を行う場合以降も含む。)することができる〈標契4条1項〉。したがって、マンション管理業者は、建物・設備等管理業務の全部を、第三者に再委託することができる。

合 ③分冊 p24 **1**~ 速 p520 **1**~

2 **適切** マンション管理業者は、管理事務を第三者に再委託した場合においては、**再委託した管理事務の適正な処理について、管理組合に対して、責任を負う**〈標契4条2項〉。

合 ③分冊 p24 **1**~ 速 p520 **1**~

3 **適切** 管理委託契約締結時に再委託先の名称が明らかな場合又は契約締結後に明らかになったときには、**管理組合に通知することが望ましい**〈標契コ4条関係②〉。

合 ③分冊 p24 **1**~ 速 p520 **1**~

4 **適切** マンション管理業者は、事務管理業務の一部又は管理員業務、清掃業務若しくは建物・設備等管理業務の全部若しくは一部を、別紙1に従って第三者に再委託(**再委託された者が更に委託を行う場合以降も含む。**) することができる〈標契4条1項〉。したがって、マンション管理業者から管理事務の再委託を受けた者は、更に第三者に委託を行うことができる。

合 ③分冊 p24 **1**~ 速 p520 **1**~

正解 **1**
(正解率**82%**)

肢別解答率 受験生はこう答えた！
1 82%
2 2%
3 7%
4 9%

難易度 **易**

⑮ 標準管理委託契約書

2020年度 問9　　　Check ☐☐☐　重要度 ▶ **A**

マンションの維持又は修繕に関する企画又は実施の調整の業務に関する次のア～エの記述のうち、標準管理委託契約書の定めによれば、**適切なもの**はいくつあるか。（改題）

ア　マンション管理業者は、管理組合の長期修繕計画における修繕積立金の額が著しく低額である場合若しくは設定額に対して実際の積立額が不足している場合又は管理事務を実施する上で把握した本マンションの劣化等の状況に基づき、当該計画の修繕工事の内容、実施予定時期、工事の概算費用若しくは修繕積立金の見直しが必要であると判断した場合には、書面をもって管理組合に助言する。

イ　マンション管理業者が、管理組合の委託により、長期修繕計画案の作成業務並びに建物・設備の劣化状況等を把握するための調査・診断の実施及びその結果に基づき行う当該計画の見直し業務を実施する場合には、管理委託契約とは別個の契約にすることが望ましい。

ウ　マンション管理業者は、管理組合が本マンションの維持又は修繕（大規模修繕を除く修繕又は保守点検等。）を外注により、当該マンション管理業者以外の業者に行わせる場合には、見積書の受理、管理組合と受注業者との取次ぎ、実施の確認を行う。

エ　「大規模修繕」とは、建物の全体又は複数の部位について、修繕積立金を充当して行う計画的な修繕又は特別な事情により必要となる修繕等をいう。

1　一つ
2　二つ
3　三つ
4　四つ

ア 適切　マンション管理業者は、管理組合の長期修繕計画における修繕積立金の額が著しく低額である場合若しくは設定額に対して実際の積立額が不足している場合又は管理事務を実施する上で把握したマンションの劣化等の状況に基づき、当該計画の修繕工事の内容、実施予定時期、工事の概算費用若しくは修繕積立金の**見直しが必要であると判断した場合には、書面をもって管理組合に助言する**〈標契別表第一1(3)一〉。
☞ 合 ③分冊 p10 ❷～　速 p500 ❷～

イ 適切　長期修繕計画案の作成業務並びに建物・設備の劣化状況等を把握するための調査・診断の実施及びその結果に基づき行う当該計画の見直し業務を実施する場合は、**管理委託契約とは別個の契約とする**〈標契別表第一1(3)一〉。
☞ 合 ③分冊 p10 ❷～　速 p500 ❷～

ウ 適切　マンション管理業者は、管理組合がマンションの維持又は修繕（大規模修繕工事を除く修繕又は保守点検等。）を外注によりマンション管理業者以外の業者に行わせる場合には、**見積書の受理、管理組合と受注業者との取次ぎ、実施の確認を行う**〈標契別表第一1(3)二〉。
☞ 合 ③分冊 p10 ❷～　速 p500 ❷～

エ 適切　標準管理委託契約書別表第一1(3)二「マンション（専有部分を除く。）の維持又は修繕に関する企画又は実施の調整」における大規模修繕とは、**建物の全体又は複数の部位について、修繕積立金を充当して行う計画的な修繕又は特別な事情により必要となる修繕等**をいう〈標契コ別表第一1(3)関係④〉。
☞ 合 ③分冊 p10 ❷～　速 p500 ❷～

以上より、適切なものはア、イ、ウ、エの四つであり、本問の正解肢は4となる。

正解 4（正解率 53%）

肢別解答率　受験生はこう答えた！
1　1%
2　7%
3　40%
4　53%

難易度　普

⑯ 標準管理委託契約書

2021年度 問6　　*Check* ☐☐☐　重要度 ▶ **A**

次の記述のうち、標準管理委託契約書によれば、最も不適切なものはどれか。（改題）

1 マンション管理業者は、事務管理業務の管理事務の全部を、第三者に再委託することができる。

2 管理組合は、マンション管理業者に管理事務を行わせるために不可欠な管理事務室、管理用倉庫、清掃員控室、器具、備品等を無償で使用させるものとする。

3 マンション管理業者は、事務管理業務のうち出納業務を行う場合において、管理組合の組合員に対し管理委託契約に従って管理費等の督促を行っても、なお当該組合員が支払わないときは、その責めを免れるものとし、その後の収納の請求は管理組合が行うものとする。

4 管理組合又はマンション管理業者は、解除事由の有無にかかわらず、その相手方に対し、少なくとも3月前に書面で解約の申入れを行うことにより、本契約を終了させることができる。

32　　LEC東京リーガルマインド　2025年版 出る順管理業務主任者 分野別過去問題集　③分冊

1 **不適切** マンション管理業者は、**事務管理業務の一部**又は管理員業務、清掃業務若しくは建物・設備等管理業務の全部若しくは一部を、別紙1に従って第三者に再委託することができる〈標契4条1項〉。したがって、マンション管理業者は、事務管理業務の全部を、第三者に再委託することはできない。
👉 合 ③分冊 p24 ❶ 速 p520 ❶~

2 **適切** 管理組合は、マンション管理業者に管理事務を行わせるために不可欠な**管理事務室、管理用倉庫、清掃員控室、器具、備品等を無償**で使用させる〈標契7条1項〉。
👉 合 ③分冊 p40 ❹ 速 p530 ❹~

3 **適切** マンション管理業者は、事務管理業務のうち出納業務を行う場合において、管理組合の組合員に対し管理委託契約に従って**管理費等の督促を行っても、なお当該組合員が支払わないときは、その責めを免れる**ものとし、その後の収納の請求は管理組合が行う〈標契11条1項〉。
👉 合 ③分冊 p43 ❷ 速 p534 ❷~

4 **適切** 管理組合又はマンション管理業者は、その相手方に対し、少なくとも**3月前に書面で解約の申入れを行う**ことにより、管理委託契約を終了させることができる〈標契21条〉。
👉 合 ③分冊 p50 ❶ 速 p542 ❶~

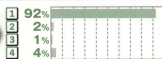

17 標準管理委託契約書

2021年度 問7 Check ☐☐☐ 重要度 ▶ A

宅地建物取引業者が、管理組合の組合員から、当該組合員が所有する専有部分の売却の依頼を受け、その媒介の業務のために、管理規約等の提供及び「別表第5（宅地建物取引業者等の求めに応じて開示する事項）」に掲げる事項の開示を求めてきた場合に、マンション管理業者が当該管理組合に代わって行う対応に関する次の記述のうち、標準管理委託契約書によれば、適切なものはいくつあるか。ただし、マンション管理業者は、その対応にあたって組合員等の個人情報の保護等を踏まえながら行うものとする。（改題）

ア マンション管理業者は、管理規約等の提供等の業務に要する費用を当該宅地建物取引業者から受領することはできない。

イ マンション管理業者は、当該組合員が管理費等を滞納していることが明らかな場合であっても、当該宅地建物取引業者に対し、その清算に関する必要な措置を求めることはできない。

ウ マンション管理業者が管理規約等の提供等を行う場合にあっては、管理規約及び使用細則において宅地建物取引業者等への提供・開示に関する根拠が明確に規定されるとともに、これと整合的に管理委託契約書においてマンション管理業者による提供・開示に関して規定されることが必要である。

エ 宅地建物取引業者を通じて専有部分の購入等を予定する者に管理組合の財務・管理に関する情報を提供・開示することは、当該購入予定者等の利益の保護等に資するとともに、マンション内におけるトラブルの未然防止、組合運営の円滑化、マンションの資産価値の向上等の観点からも有意義である。

1 一つ

2 二つ

3 三つ

4 四つ

マンション管理業者は、管理組合の組合員から当該組合員が所有する専有部分の売却等の依頼を受けた宅地建物取引業者が、その媒介等の業務のために、理由を付した書面の提出又は当該書面を電磁的方法により提出することにより、管理組合の管理規約、管理組合が作成し保管する会計帳簿、什器備品台帳及びその他の帳票類並びに管理組合が保管する長期修繕計画書及び設計図書の提供又は標準管理委託契約書別表第五に掲げる事項の開示を求めてきたときは、管理組合に代わって、当該宅地建物取引業者に対し、管理規約等の写しを提供し、別表第五に掲げる事項について書面をもって、又は電磁的方法により開示するものとする〈標契15条1項前段〉。

ア 　**不適切**　マンション管理業者は、管理規約等の提供等に要する費用をその相手方から**受領することができる**〈標契15条2項〉。
👉 合 ③分冊 p24 **1**～ 速 p520 **1**～

イ 　**不適切**　マンション管理業者は、組合員が管理費等を滞納しているときは、管理組合に代わって、宅地建物取引業者に対し、**その清算に関する必要な措置を求めることができる**〈標契15条3項〉。
👉 合 ③分冊 p24 **1**～ 速 p520 **1**～

ウ 　**適切**　本来、宅地建物取引業者への管理規約等の提供及び別表第五に掲げる事項の開示は管理規約及び使用細則の規定に基づき管理組合が行うべきものであるため、これらの事務をマンション管理業者が行う場合にあっては、**管理規約及び使用細則において宅地建物取引業者等への提供・開示に関する根拠が明確に規定されるとともに、これと整合的に管理委託契約書においてマンション管理業者による提供・開示に関して規定される**ことが必要である〈標契コ15条関係②〉。
👉 合 ③分冊 p24 **1**～ 速 p520 **1**～

エ 　**適切**　宅地建物取引業者又は売主たる組合員を通じて専有部分の購入等を予定する者に管理組合の財務・管理に関する情報を提供・開示することは、**当該購入予定者等の利益の保護等に資する**とともに、マンション内における**トラブルの未然防止、組合運営の円滑化、マンションの資産価値の向上等の観点からも有意義である**〈標契コ15条関係①〉。
👉 合 ③分冊 p24 **1**～ 速 p520 **1**～

以上より、適切なものはウ、エの二つであり、本問の正解肢は2となる。

正解 **2**
（正解率52%）

肢別解答率
受験生はこう答えた！

1	6%
2	52%
3	39%
4	2%

難易度 **普**

⑱ 標準管理委託契約書

2021年度 問8   *Check* ☐☐☐ 重要度 ▶ A

次の記述のうち、標準管理委託契約書によれば、最も不適切なものはどれか。

1 マンション管理業者は、地震の発生により、管理組合のために、緊急に行う必要がある業務で、管理組合の承認を受ける時間的な余裕がないものについて、管理組合の承認を受けないで実施した場合においては、速やかに、書面をもって、その業務の内容及びその実施に要した費用の額を管理組合に通知しなければならない。

2 管理組合は、マンション管理業者が火災の発生により、緊急に行う必要がある業務を遂行する上でやむを得ず支出した費用であれば、その発生原因が当該マンション管理業者の責めによるものであったとしても、当該マンション管理業者に対して、その費用を速やかに支払わなければならない。

3 マンション管理業者は、漏水の発生により、管理組合のために緊急に行う必要がある場合、専有部分等に立ち入ることができるが、この場合において、マンション管理業者は、管理組合及びマンション管理業者が立ち入った専有部分等に係る組合員等に対し、事後速やかに、報告をしなければならない。

4 マンション管理業者は、マンション管理業者の責めによらない火災の発生により、管理組合又は管理組合の組合員等が損害を受けたときは、その損害を賠償する責任を負わない。

1 適切　マンション管理業者は、地震等の災害又は火災等の事故等の事由により、管理組合のために、緊急に行う必要がある業務で、管理組合の承認を受ける時間的な余裕がないものについては、**管理組合の承認を受けないで実施することができる**〈標契9条1項前段〉。マンション管理業者は、上記業務を行った場合、**速やかに、書面をもって、その業務の内容及びその実施に要した費用の額を管理組合に通知しなければならない**〈同条項後段〉。

☞ 合 ③分冊 p42 **1**〜　速 p534 **1**〜

2 不適切　マンション管理業者は、地震等の災害又は火災等の事故等の事由により、管理組合のために、緊急に行う必要がある業務で、管理組合の承認を受ける時間的な余裕がないものについては、管理組合の承認を受けないで実施することができる〈標契9条1項前段〉。管理組合は、マンション管理業者が上記業務を遂行する上でやむを得ず支出した費用については、速やかに、マンション管理業者に支払わなければならない〈同条2項本文〉。もっとも、**マンション管理業者の責めによる事故等の場合は、この限りでない**〈同条項ただし書〉。本肢の火災は、マンション管理業者の責めによるものであるから、管理組合は、マンション管理業者に対して、緊急に行う必要がある業務を遂行する上でやむを得ず支出した費用を支払うことは義務づけられない。

☞ 合 ③分冊 p42 **1**〜　速 p534 **1**〜

3 適切　マンション管理業者は、地震等の災害又は火災等の事故等の事由により、**管理組合のために緊急に行う必要がある場合、専有部分等に立ち入ることができる**〈標契14条3項前段〉。この場合において、マンション管理業者は、管理組合及びマンション管理業者が立ち入った専有部分等に係る組合員等に対し、**事後速やかに、報告をしなければならない**〈同条項後段〉。

☞ 合 ③分冊 p45 **5**〜　速 p537 **5**〜

4 適切　マンション管理業者は、管理組合又は組合員等が、地震等の災害又は火災等の事故等（**マンション管理業者の責めによらない場合に限る。**）による損害を受けたときは、その損害を賠償する**責任を負わない**〈標契19条〉。

☞ 合 ③分冊 p35 **2**〜　速 p525 **2**〜

正解 2
（正解率95%）

肢別解答率
受験生は
こう答えた！

1	2%
2	95%
3	2%
4	1%

難易度 **易**

⑲ 標準管理委託契約書

2021年度 問13　　Check ☐☐☐　重要度 ▶ A

マンション管理業者による管理事務の報告等に関する次の記述のうち、標準管理委託契約書によれば、最も適切なものはどれか。

1　マンション管理業者は、管理組合の事業年度終了後あらかじめ管理委託契約書で定められた期間内に、管理組合に対し、当該年度における管理事務の処理状況及び管理組合の会計の収支の結果を記載した書面を交付し、報告しなければならないが、その報告をする者は管理業務主任者である必要はない。

2　マンション管理業者は、毎月末日までに、管理組合に対し、前月における管理事務の処理状況に関する書面を交付しなければならない。

3　管理組合からマンション管理業者に対し、あらかじめ管理委託契約書で定められていない時期に、管理事務の処理状況及び管理組合の会計の収支状況について報告を行うよう請求があるときは、マンション管理業者は、管理業務主任者をして、その報告をさせなければならない。

4　マンション管理業者が、管理組合に対し、管理事務の処理状況及び管理組合の会計の収支状況について報告を行う場合に、管理組合は、マンション管理業者に対し、それらに係る関係書類の提示を求めることができる。

38　**LEC**東京リーガルマインド　2025年版 出る順管理業務主任者 分野別過去問題集　③分冊

1　**不適切**　マンション管理業者は、管理組合の事業年度終了後○月以内に、管理組合に対し、当該年度における管理事務の処理状況及び管理組合の会計の収支の結果を記載した書面を交付し、**管理業務主任者をして**、報告をさせなければならない〈標契10条1項〉。
☞ 合 ③分冊 p24 ❶　速 p520 ❶～

2　**不適切**　マンション管理業者は、毎月末日までに、管理組合に対し、前月における管理組合の**会計の収支状況に関する書面**を交付しなければならない〈標契10条2項〉。管理事務の処理状況に関する書面を毎月交付することは義務づけられていない。
☞ 合 ③分冊 p24 ❶　速 p520 ❶～

3　**不適切**　マンション管理業者は、管理組合から請求があるときは、管理事務の処理状況及び管理組合の会計の収支状況について報告を行わなければならない〈標契10条3項〉。この報告は、1項の報告とは異なり、**管理業務主任者にさせることは義務づけられていない**。
☞ 合 ③分冊 p24 ❶　速 p520 ❶～

4　**適切**　マンション管理業者が、管理組合に対し、管理事務の処理状況及び管理組合の会計の収支状況について報告を行う場合、管理組合は、マンション管理業者に対し、**管理事務の処理状況及び管理組合の会計の収支に係る関係書類の提示を求めることができる**〈標契10条4項〉。
☞ 合 ③分冊 p24 ❶　速 p520 ❶～

正解 4（正解率81%）

20 標準管理委託契約書

2022年度 問6　　　*Check* ☐☐☐　重要度 ▶ **A**

標準管理委託契約書「別表第1 事務管理業務」に関する次の記述のうち、最も適切なものはどれか。（改題）

1　マンション管理業者は、年に一度、管理組合の組合員の管理費等の滞納状況を、当該管理組合に報告する。

2　マンション管理業者は、長期修繕計画案の作成業務並びに建物・設備の劣化状況等を把握するための調査・診断の実施及びその結果に基づき行う当該計画の見直し業務を実施する場合は、本契約の一部として追加・変更することで対応する。

3　マンション管理業者は、管理組合の要求に基づいて、自己の名をもって総会議事録を作成し、組合員等に交付する。

4　マンション管理業者は、管理対象部分に係る各種の点検、検査等の結果を管理組合に報告するとともに、改善等の必要がある事項については、具体的な方策を当該管理組合に助言する。

1 不適切　マンション管理業者は、**毎月**、管理組合の組合員の管理費等の滞納状況を、管理組合に報告する〈標契別表第一1(2)②一〉。
☞ 合 ③分冊 p10 **2**～　速 p500 **2**～

2 不適切　マンション管理業者は、長期修繕計画案の作成業務並びに建物・設備の劣化状況等を把握するための調査・診断の実施及びその結果に基づき行う当該計画の見直し業務を実施する場合は、**管理委託契約とは別個の契約とする**〈標契別表第一1(3)一〉。
☞ 合 ③分冊 p10 **2**～　速 p500 **2**～

3 不適切　マンション管理業者は、管理組合がマンション管理業者の協力を必要とするときの**総会議事録案の作成**を行う〈標契別表第一2(2)六〉。マンション管理業者は、総会議事録案を作成するにとどまり、総会議事録を作成しない。
☞ 合 ③分冊 p18 **3**～　速 p510 **3**～

4 適切　マンション管理業者は、管理対象部分に係る**各種の点検、検査等の結果を管理組合に報告**するとともに、改善等の必要がある事項については、**具体的な方策を管理組合に助言**する〈標契別表第一2(3)①〉。
☞ 合 ③分冊 p18 **3**～　速 p510 **3**～

正解 **4**（正解率90％）

肢別解答率　受験生はこう答えた！
1	4%
2	4%
3	2%
4	90%

難易度　易

㉑ 標準管理委託契約書

2022年度 問7 Check ☐☐☐ 重要度 ▶ A

標準管理委託契約書に関する次の記述のうち、最も不適切なものはどれか。（改題）

1 標準管理委託契約書は、管理組合が管理事務をマンション管理業者に委託する場合を想定しており、警備業法に定める警備業務、消防法に定める防火管理者が行う業務は、管理事務に含まれない。

2 マンション管理業者の管理対象部分は敷地及び共用部分等であるが、専有部分の設備であっても、管理組合が管理を行うとされている場合において、管理組合から依頼があるときには、契約内容にこれを含めることも可能である。

3 管理事務室は、管理組合がマンション管理業者に管理事務を行わせるため、有償で使用させるものとしている。

4 組合員が滞納した管理費等の督促については、弁護士法第72条の規定を踏まえ、債権回収はあくまで管理組合が行うものであることに留意し、マンション管理業者の管理費等滞納者に対する督促に関する協力について、事前に協議が調っている場合は、協力内容、費用の負担等に関し、具体的に規定するものとする。

1 適切 標準管理委託契約書は、マンション管理適正化法2条6号に定める管理事務をマンション管理業者に委託する場合を想定しているため、マンション管理適正化法3章に定めるマンション管理計画認定制度及び民間団体が行う評価制度等に係る業務並びに**警備業法に定める警備業務、消防法に定める防火管理者が行う業務は、管理事務に含まれない**〈標契コ全般関係③〉。
　速 p496 **2**～

2 適切 マンション管理業者の管理対象部分は、原則として敷地及び共用部分等であるが、**専有部分である設備のうち共用部分と構造上一体となった部分**（配管、配線等）は共用部分と一体で管理を行う必要があるため、管理組合が管理を行うとされている場合において、管理組合から依頼があるときに管理委託契約に含めることも可能である〈標契コ3条関係③〉。
　速 p496 **2**～

3 不適切 管理組合は、マンション管理業者に管理事務を行わせるために不可欠な管理事務室、管理用倉庫、清掃員控室、器具、備品等を**無償**で使用させるものとする〈標契7条1項〉。
　合 ③分冊 p40 **4**～　速 p530 **4**～

4 適切 マンション管理業者は、管理組合の組合員に対し管理費等の督促を行っても、なおこれを支払わないときは、その**責めを免れる**ものとし、その後の収納の請求は管理組合が行うものとする〈標契11条1項〉。この場合において、管理組合がマンション管理業者の協力を必要とするときは、管理組合及びマンション管理業者は、その協力方法について協議するものとする〈同条2項〉。その際には、弁護士法72条の規定を踏まえ、**債権回収はあくまで管理組合が行うものであること**に留意し、**マンション管理業者の管理費等滞納者に対する督促に関する協力**について、事前に協議が調っている場合は、**協力内容**（管理組合の名義による配達証明付内容証明郵便による督促等）、**費用の負担等に関し、具体的に規定する**ものとする〈同コ10条関係〉。
　合 ③分冊 p43 **2**～　速 p534 **2**～

正解 **3**
（正解率**94%**）

肢別解答率
受験生は
こう答えた！

1	2%
2	2%
3	94%
4	1%

22 標準管理委託契約書

2022年度 問8　　　　*Check* ☐☐☐　重要度 ▶ **B**

標準管理委託契約書「別表第2 管理員業務」に関する次の記述のうち、最も不適切なものはどれか。（改題）

1 受付等の業務には、利害関係人に対する管理規約等の閲覧が含まれる。

2 点検業務には、建物の外観目視点検、無断駐車等の確認が含まれる。

3 立会業務には、災害、事故等の処理の立会い、そのための専有部分の鍵の保管が含まれる。

4 報告連絡業務には、立会結果等の報告、事故等発生時の連絡が含まれる。

1 適切　受付等の業務には、①管理組合が定める各種使用申込の受理及び報告、②管理組合が定める組合員等異動届出書の受理及び報告、③**利害関係人に対する管理規約等の閲覧**、④共用部分の鍵の管理及び貸出し、⑤管理用備品の在庫管理、⑥引越業者等に対する指示が含まれる〈標契別表第二 2(1)〉。
☞ 速 p516 **1**〜

2 適切　点検業務には、①建物、諸設備及び諸施設の**外観目視点検**、②照明の点灯及び消灯並びに管球類等の点検、交換（高所等危険箇所は除く。）、③諸設備の運転及び作動状況の点検並びにその記録、④**無断駐車等の確認**が含まれる〈標契別表第二 2(2)〉。
☞ 速 p516 **1**〜

3 不適切　立会業務には、①管理事務の実施に係る外注業者の業務の着手、実施の立会い、②ゴミ搬出時の際の立会い、③**災害、事故等の処理の立会い**が含まれる〈標契別表第二 2(3)〉。災害、事故等の処理の立会いのための専有部分の鍵の保管は、これに含まれない。
☞ 速 p516 **1**〜

4 適切　報告連絡業務には、①管理組合の文書の配布又は掲示、②各種届出、点検結果、**立会結果等の報告**、③**災害、事故等発生時の連絡、報告**が含まれる〈標契別表第二 2(4)〉。
☞ 速 p516 **1**〜

正解 ③
（正解率62%）

肢別解答率
受験生はこう答えた！

1	29%
2	8%
3	62%
4	1%

難易度 普

㉓ 標準管理委託契約書

2023年度 問5　Check ☐☐☐　重要度 ▶ A

管理事務の内容及び実施方法に関する次の記述のうち、標準管理委託契約書によれば、不適切な記述のみを全て含むものは次の1～4のうちどれか。

ア 別表第1に掲げる事務管理業務のうち、理事会の円滑な運営を支援する理事会支援業務は、マンション管理業者自らが理事会の運営主体となって行う業務である。

イ 別表第2に掲げる管理員業務のうち、立会業務における実施の立会いとは、外注業者の業務中、管理員が常に立ち会うことをいう。

ウ 管理組合がマンション管理業者に長期修繕計画案の作成業務を委託する場合は、当該業務の性格から、管理委託契約に含むものとすることが望ましい。

1 ア・イ
2 ア・ウ
3 イ・ウ
4 ア・イ・ウ

46　**LEC**東京リーガルマインド　2025年版 出る順管理業務主任者 分野別過去問題集　③分冊

ア **不適切** 理事会支援業務は、理事会の円滑な運営を支援するものであるが、理事会の運営主体があくまで**管理組合**であることに留意する〈標契コ別表第一２関係①〉。

☞ 合 ③分冊 p18 **3**～ 速 p510 **3**～

イ **不適切** マンション管理業者の管理員は、管理事務の実施に係る**外注業者の業務の着手、実施の立会い**を行う〈標契別表第二２(3)一〉。「実施の立会い」とは、**終業又は業務の完了確認等を行うもの**であり、外注業者の業務中、常に立会うことを意味しない〈同コ別表第二関係⑨〉。

☞ 速 p516 **1**～

ウ **不適切** マンション管理業者は、長期修繕計画案の作成業務並びに建物・設備の劣化状況等を把握するための調査・診断の実施及びその結果に基づき行う当該計画の見直し業務を実施する場合は、管理委託契約とは**別個の契約とする**〈標契別表第一１(3)一〉。

☞ 合 ③分冊 p10 **2**～ 速 p500 **2**～

以上より、不適切な記述のみを全て含むものはア・イ・ウであり、本問の正解肢は４となる。

正解 4 （正解率68%）

肢別解答率 受験生はこう答えた！

1	14%	
2	12%	
3	7%	
4	68%	

難易度 **普**

LEC東京リーガルマインド　2025年版 出る順管理業務主任者 分野別過去問題集　③分冊

㉔ 標準管理委託契約書

2023年度 問6　　Check ☐☐☐　重要度 ▶ A

管理委託契約の解除等に関する次の記述のうち、標準管理委託契約書によれば、最も不適切なものはどれか。

1 　管理組合及びマンション管理業者は、その相手方に対し、少なくとも3月前に書面又は口頭で解約の申入れを行うことにより、管理委託契約を終了させることができる。

2 　管理委託契約の更新について申出があった場合において、その有効期間が満了する日までに更新に関する協議がととのう見込みがないときは、管理組合及びマンション管理業者は、当該契約と同一の条件で、期間を定めて暫定契約を締結することができる。

3 　マンション管理業者が管理組合に対し、自らの役員が反社会的勢力ではないことを確約したが、当該確約に反する申告をしたことが判明した場合、管理組合は何らの催告を要せずして、管理委託契約を解除することができる。

4 　管理組合及びマンション管理業者は、その相手方が、管理委託契約に定められた義務の履行を怠った場合は、相当の期間を定めてその履行を催告し、相手方が当該期間内に、その義務を履行しないときは、当該契約を解除することができる。

48　　**LEC**東京リーガルマインド　2025年版 出る順管理業務主任者 分野別過去問題集 ③分冊

1 不適切　管理組合又はマンション管理業者は、その相手方に対し、少なくとも3月前に書面で解約の申入れを行うことにより、管理委託契約を終了させることができる〈標契21条〉。したがって、管理組合及びマンション管理業者は、口頭による解約の申入れによっては、管理委託契約を終了させることはできない。
☞ 合 ③分冊 p50 **1**〜　速 p542 **1**〜

2 適切　管理委託契約の更新について申出があった場合において、その有効期間が満了する日までに更新に関する協議が調う見込みがないときは、管理組合及びマンション管理業者は、**管理委託契約と同一の条件で**、期間を定めて**暫定契約を締結することができる**〈標契23条2項〉。
☞ 合 ③分冊 p52 **3**〜　速 p543 **3**〜

3 適切　管理組合及びマンション管理業者は、それぞれ相手方に対し、自らの役員が反社会的勢力ではないことを確約する〈標契27条2号〉。管理組合又はマンション管理業者の一方について、上記確約に反する事実が判明したときは、その相手方は、**何らの催告を要せずして**、管理委託契約を**解除することができる**〈同20条2項5号〉。
☞ 合 ③分冊 p47 **7**〜　速 p539 **7**〜

4 適切　管理組合又はマンション管理業者は、**その相手方が、管理委託契約に定められた義務の履行を怠った場合**は、相当の期間を定めてその履行を**催告**し、相手方が当該期間内に、その義務を履行しないときは、管理委託契約を**解除することができる**〈標契20条1項前段〉。
☞ 合 ③分冊 p50 **1**〜　速 p542 **1**〜

正解 **1**（正解率88%）

肢別解答率　受験生はこう答えた！
1　88%
2　5%
3　5%
4　3%

難易度　易

㉕ 標準管理委託契約書

2023年度 問7　　　Check ☐☐☐　重要度 ▶ A

標準管理委託契約書に関する次の記述のうち、適切な記述のみを全て含むものは次の1～4のうちどれか。

ア　マンションの専有部分である設備のうち共用部分と構造上一体となった部分の管理を、管理組合が行うとされている場合において、管理組合からマンション管理業者に対して依頼があるときには、当該部分の管理を管理委託契約に含めることも可能である。

イ　マンション管理業者は、管理組合の組合員が管理費等を滞納したときは、その支払の督促を行うが、督促しても当該組合員がなお滞納管理費等を支払わないときは、マンション管理業者は当該滞納にかかる督促業務を終了する。

ウ　宅地建物取引業者が、管理組合の組合員から当該組合員が所有する専有部分の売却の依頼を受け、その媒介の業務のために、理由を付した書面により管理規約の提供を求めてきたときは、マンション管理業者は、当該管理組合に代わって、当該宅地建物取引業者に対し、管理規約の写しを提供することになるが、その場合、その提供に要する費用を当該宅地建物取引業者から受領することができる。

1 ア・イ

2 ア・ウ

3 イ・ウ

4 ア・イ・ウ

50　**LEC**東京リーガルマインド　2025年版 出る順管理業務主任者 分野別過去問題集　③分冊

ア **適切** マンション管理業者の管理対象部分は、原則として敷地及び共用部分等であるが、**専有部分である設備のうち共用部分と構造上一体となった部分**（配管、配線等）は共用部分と一体で管理を行う必要があるため、**管理組合が管理を行う**とされている場合において、管理組合から依頼があるときに**管理委託契約に含めることも可能である**〈標契コ３条関係③〉。

☞ 速 p496 ❷～

イ **適切** マンション管理業者は、管理組合の組合員が管理費等を滞納したときは、最初の支払期限から起算して○月の間、電話若しくは自宅訪問又は督促状の方法により、その支払の督促を行う〈標契別表第一１(2)②二〉。上記方法により**督促しても管理組合の組合員がなお滞納管理費等を支払わないとき**は、マンション管理業者はその業務を終了する〈同三〉。

☞ 合 ③分冊 p43 ❷～　速 p534 ❷～

ウ **適切** マンション管理業者は、管理組合の組合員から当該組合員が所有する専有部分の売却等の依頼を受けた宅地建物取引業者が、その媒介等の業務のために、理由を付した書面又は当該書面を電磁的方法により提出することにより、管理組合の管理規約、管理組合が作成し保管する会計帳簿、什器備品台帳及びその他の帳票類並びに管理組合が保管する長期修繕計画書及び設計図書の提供又は標準管理委託契約書別表第五に掲げる事項の開示を求めてきたときは、管理組合に代わって、当該宅地建物取引業者に対し、管理規約等の写しを提供し、同別表第五に掲げる事項について書面をもって、又は電磁的方法により開示するものとする〈標契15条１項前段〉。マンション管理業者は、この**業務に要する費用**を管理規約等の提供等を行う**相手方から受領することができる**〈同条２項〉。

☞ 合 ③分冊 p24 ❶～　速 p520 ❶～

以上より、適切な記述のみを全て含むものはア・イ・ウであり、本問の正解肢は４となる。

正解 ④（正解率80%）

肢別解答率　受験生はこう答えた！
① 5%
② 13%
③ 3%
④ 80%

難易度 **易**

㉖ 標準管理委託契約書

2023年度 問8　Check ☐☐☐　重要度 ▶ A

標準管理委託契約書に関する次の記述のうち、適切なものはいくつあるか。

ア 標準管理委託契約書は、典型的な住居専用の単棟型マンションに共通する管理事務に関する標準的な契約内容を定めたものであり、実際の契約書作成に当たっては、特別な事情がない限り本契約書を使用しなければならない。

イ 管理組合は、管理事務としてマンション管理業者に委託する事務（別表第1から別表第4までに定める事務）のため、マンション管理業者に委託業務費を支払うが、マンション管理業者が管理事務を実施するのに必要となる水道光熱費、通信費、消耗品費等の諸費用は、当該マンション管理業者が負担する。

ウ マンション管理業者は、台風の影響により、管理組合のために、緊急に行う必要がある業務で、管理組合の承認を受ける時間的な余裕がないものについて、管理組合の承認を受けないで実施した場合においては、速やかに、口頭でその業務の内容及びその実施に要した費用の額を管理組合に通知すれば足りる。

エ マンション管理業者は、管理組合がマンションの維持又は修繕（大規模修繕を除く修繕又は保守点検等。）を外注により当該マンション管理業者以外の業者に行わせる場合、見積書の受理を行うが、当該業務には、その見積書の内容に対する助言等は含まれない。

1 一つ
2 二つ
3 三つ
4 四つ

---

52 LEC東京リーガルマインド 2025年版 出る順管理業務主任者 分野別過去問題集 ③分冊

ア **不適切** 標準管理委託契約書は、典型的な住居専用の単棟型マンションに共通する管理事務に関する標準的な契約内容を定めたものであり、実際の契約書作成に当たっては、**個々の状況や必要性に応じて適宜内容の追加・修正・削除を行いつつ活用されるべきもの**である〈標契コ全般関係②〉。標準管理委託契約書は、単なるひな形であるから、これを使用することを義務づけられるものではない。

☞ 合 ③分冊 p4 **2**～ 速 p496 **2**～

イ **不適切** 管理組合は、管理事務としてマンション管理業者に委託する事務(標準管理委託契約書別表第一から別表第四までに定める事務)のため、マンション管理業者に委託業務費を支払う〈標契6条1項〉。また、**管理組合は、委託業務費**のほか、マンション管理業者が管理事務を実施するのに伴い必要となる**水道光熱費、通信費、消耗品費等の諸費用を負担する**〈同条4項〉。

☞ 合 ③分冊 p40 **3**～ 速 p530 **3**～

ウ **不適切** マンション管理業者は、地震、台風などの所定の災害又は所定の事故等の事由により、管理組合のために、**緊急に行う必要がある業務**で、管理組合の承認を受ける時間的な余裕がないものについては、**管理組合の承認を受けないで実施することができる**〈標契9条1項前段〉。この場合において、マンション管理業者は、速やかに、**書面をもって**、その業務の内容及びその実施に要した費用の額を管理組合に通知しなければならない〈同条項後段〉。

☞ 合 ③分冊 p42 **1**～ 速 p534 **1**～

エ **適切** マンション管理業者は、管理組合がマンションの維持又は修繕(大規模修繕を除く修繕又は保守点検等。)を外注によりマンション管理業者以外の業者に行わせる場合には、見積書の受理、管理組合と受注業者との取次ぎ、実施の確認を行う〈標契別表第一1(3)二〉。「見積書の受理」には、**見積書の提出を依頼する業者への現場説明や見積書の内容に対する管理組合への助言等**(見積書の内容や依頼内容との整合性の確認の範囲を超えるもの)**は含まれない**〈同コ別表第一1(3)関係⑤〉。

☞ 合 ③分冊 p10 **2**～ 速 p500 **2**～

以上より、適切なものはエの一つであり、本問の正解肢は1となる。

正解 1
(正解率85%)

肢別解答率
受験生はこう答えた!

1	85%
2	13%
3	1%
4	1%

難易度 **易**

27 標準管理委託契約書

2024年度 問4 Check ☐☐☐ 重要度 ▶ A

次の記述のうち、標準管理委託契約書によれば、最も適切なものはどれか。

1 マンション管理業者が管理事務の一部を第三者に再委託した場合は、再委託した管理事務の適正な処理について、当該マンション管理業者は、管理組合に対して責任を負わない。

2 管理組合は、マンション管理業者に管理事務を行わせるために管理事務室を使用させる場合は、有償で使用させるものとする。

3 マンション管理業者が行う管理事務の内容として、事務管理業務、管理員業務、清掃業務、建物・設備等管理業務及び警備業法に定める警備業務がある。

4 マンション管理業者は、あらかじめ、管理組合の承諾を得た場合は、管理事務の処理状況及び管理組合の会計の収支状況に係る管理組合に対する報告を、WEB会議システムにより行うことができる。

1 不適切 マンション管理業者が管理事務を第三者に再委託した場合においては、**マンション管理業者は、再委託した管理事務の適正な処理について、管理組合に対して、責任を負う**〈標契4条2項〉。
☞ 合 ③分冊 p24 **1**~　速 p520 **1**~

2 不適切 管理組合は、マンション管理業者に管理事務を行わせるために不可欠な管理事務室、管理用倉庫、清掃員控室、器具、備品等を**無償**で使用させるものとする〈標契7条1項〉。
☞ 合 ③分冊 p40 **4**~　速 p530 **4**~

3 不適切 管理事務の内容として、①事務管理業務、②管理員業務、③清掃業務、④建物・設備等管理業務がある〈標契3条〉。**警備業法に定める警備業務及び消防法に定める防火管理者が行う業務は、管理事務に含まれない**〈同コ全般関係③〉。
☞ 合 ③分冊 p4 **2**~　速 p496 **2**~

4 適切 マンション管理業者は、管理組合から請求があるときは、管理事務の処理状況及び管理組合の会計の収支状況について報告を行わなければならない〈標契10条3項〉。マンション管理業者は、**管理組合の承諾を得た場合**は、上記報告をWEB会議システム等により行うことができる〈同25条2項〉。
☞ 合 ③分冊 p48 **8**~　速 p537 **6**~

正解 **4**
（正解率95%）

肢別解答率 受験生はこう答えた！
1　1%
2　0%
3　4%
4　95%

難易度 **易**

28 標準管理委託契約書

2024年度 問5　　Check ☐☐☐　重要度 ▶ A

管理組合Aとマンション管理業者Bが管理委託契約を締結した場合に関する次の記述のうち、標準管理委託契約書によれば、最も不適切なものはどれか。

1 A及びBは、管理委託契約の成立の証として契約書1通を作成し、A及びBが記名押印した上、Aが当該契約書を保有した。

2 Bは、Aの組合員から専有部分の売却の依頼を受けた宅地建物取引業者からの求めに応じて、Aに代わって、当該宅地建物取引業者に対し、管理規約の写しを提供し、その提供に要した費用を当該宅地建物取引業者から受領した。

3 Bは、漏水の発生により、Aのために業務を緊急に行う必要があったため、Aの組合員が現に居住する専有部分に立ち入って業務を実施し、A及び当該組合員に対し、事後速やかに報告を行った。

4 Aは、Bがマンション管理業の登録の取消しの処分を受けたため、Bに対して何らの催告をせず、Bとの管理委託契約を解除した。

1 不適切
標準管理委託契約書は、管理委託契約の成立の証として**契約書2通を作成し**、管理組合及びマンション管理業者が記名押印した上、**各自1通を保有する**としている。

2 適切
マンション管理業者は、管理組合の組合員から当該組合員が所有する専有部分の売却等の依頼を受けた宅地建物取引業者が、その媒介等の業務のために、**理由を付した書面**の提出又は当該書面を電磁的方法により提出することにより、管理組合の管理規約、管理組合が作成し保管する会計帳簿、什器備品台帳及びその他の帳票類並びに管理組合が保管する長期修繕計画書及び設計図書の提供又は別表第五に掲げる事項の開示を求めてきたときは、管理組合に代わって、当該宅地建物取引業者に対し、管理規約等の写しを提供し、別表第五に掲げる事項について**書面をもって**、又は**電磁的方法**により開示するものとする〈標契15条1項前段〉。マンション管理業者は、上記**業務に要する費用**を管理規約等の提供又は別表第五に掲げる事項の開示を行う相手方から**受領することができる**ものとする〈同条2項〉。

合 ③分冊 p24 **1**〜　速 p520 **1**〜

3 適切
マンション管理業者は、**災害又は事故等の事由**により、管理組合のために、**緊急に行う必要がある業務**で、管理組合の承認を受ける**時間的な余裕がないもの**については、**管理組合の承認を受けないで実施することができる**〈標契9条1項前段〉。また、マンション管理業者は、災害又は事故等の事由により、管理組合のために緊急に行う必要がある場合、専有部分等に立ち入ることができる〈同14条3項前段〉。この場合において、マンション管理業者は、管理組合及びマンション管理業者が立ち入った専有部分等に係る組合員等に対し、**事後速やかに**、報告をしなければならない〈同条項後段〉。

合 ③分冊 p45 **5**〜　速 p537 **5**〜

4 適切
管理組合は、マンション管理業者がマンション管理業の登録の取消しの処分を受けたときは、何らの**催告を要せずして**、管理委託契約を解除することができる〈標契20条2項4号〉。

合 ③分冊 p50 **1**〜　速 p542 **1**〜

正解 1
（正解率84%）

肢別解答率 受験生はこう答えた！
1 84%
2 3%
3 6%
4 7%

難易度 **易**

29 標準管理委託契約書

2024年度 問6 — *Check* ☐☐☐ 重要度 ▶ **A**

管理委託契約の解除、解約及び更新に関する次の記述のうち、標準管理委託契約書によれば、**不適切なもの**の組合せはどれか。

ア 管理組合又はマンション管理業者は、その相手方が、管理委託契約に定められた義務の履行を怠った場合は、催告なしに当該契約を解除することができる。

イ 管理組合又はマンション管理業者は、その相手方に対し、少なくとも3月前に書面で解約の申入れを行うことにより、管理委託契約を終了させることができる。

ウ 管理委託契約の更新について、管理組合及びマンション管理業者いずれからも申出がないときは、当該契約は従前の契約と同一の条件で、自動的に更新される。

1 ア・イ
2 ア・ウ
3 イ・ウ
4 ア・イ・ウ

ア **不適切** 管理組合又はマンション管理業者は、その相手方が、管理委託契約に定められた義務の履行を怠った場合は、**相当の期間を定めてその履行を催告し**、相手方が当該期間内に、その義務を履行しないときは、管理委託契約を解除することができる〈標契20条1項〉。

👉 合 ③分冊 p50 **1**~ 速 p542 **1**~

イ **適切** 管理組合又は**マンション管理業者**は、その相手方に対し、少なくとも**3月前に書面**で解約の申入れを行うことにより、管理委託契約を終了させることができる〈標契21条〉。

👉 合 ③分冊 p52 **3**~ 速 p543 **3**~

ウ **不適切** 管理委託契約の更新について、管理組合、マンション管理業者**いずれからも申出がないとき**は、管理委託契約は**有効期間満了をもって終了**する〈標契23条3項〉。

👉 合 ③分冊 p52 **3**~ 速 p543 **3**~

以上より、不適切なものの組合せはア・ウであり、本問の正解肢は2となる。

正解 2
（正解率 **87%**）

肢別解答率 受験生はこう答えた！
1　7%
2　87%
3　2%
4　4%

難易度 易

㉚ 標準管理委託契約書

2024年度 問7　　Check ☐☐☐　重要度 ▶ A

次の記述のうち、標準管理委託契約書によれば、適切なものはいくつあるか。

ア 管理組合がマンション管理業者に対して管理事務に関する指示を行う場合には、法令の定めに基づく場合を除き、管理組合の管理者等又は管理組合の指定する当該管理組合の役員から、マンション管理業者の使用人等のうち当該マンション管理業者が指定した者に対して行う。

イ マンション管理業者は、マンション管理適正化法の規定に基づき処分を受けたときは、速やかに、書面又は口頭で、管理組合に通知しなければならない。

ウ マンション管理業者は、管理事務を行うため必要なときは、管理組合の組合員等に対し、管理組合に代わって、管理規約に違反する行為の中止を求めることができる。

エ マンション管理業者は、管理組合の管理規約の原本、総会議事録、総会議案書等を、当該マンション管理業者の事務所で保管する。

1 一つ
2 二つ
3 三つ
4 四つ

60　LEC東京リーガルマインド　2025年版 出る順管理業務主任者 分野別過去問題集　③分冊

ア 適切　管理委託契約に基づく管理組合のマンション管理業者に対する管理事務に関する指示については、法令の定めに基づく場合を除き、**管理組合の管理者等又は管理組合の指定する管理組合の役員**が**マンション管理業者の使用人等のうちマンション管理業者が指定した者**に対して行うものとする〈標契8条〉。
　👉 合 ③分冊 p47 **7**~　速 p538 **7**~

イ 不適切　マンション管理業者は、マンション管理適正化法の規定に基づき処分を受けたときは、速やかに、**書面をもって**、管理組合に通知しなければならない〈標契13条2項5号〉。
　👉 合 ③分冊 p45 **4**~　速 p536 **4**~

ウ 適切　マンション管理業者は、管理事務を行うため必要なときは、管理組合の**組合員等に対し**、**管理組合に代わって**、法令、管理規約、使用細則又は総会決議等に違反する**行為の中止を求めることができる**〈標契12条1項1号〉。
　👉 合 ③分冊 p43 **3**~　速 p535 **3**~

エ 不適切　マンション管理業者は、管理組合の管理規約の原本、総会議事録、総会議案書等を、**管理組合の事務所**で保管する〈標契別表第一　2(3)③二〉。
　👉 合 ③分冊 p18 **3**~　速 p510 **3**~

以上より、適切なものはア、ウの二つであり、本問の正解肢は2となる。

正解 **2**（正解率73%）

肢別解答率　受験生はこう答えた！
① 10%
② 73%
③ 15%
④ 2%

難易度 **易**

31 標準管理委託契約書

2024年度 問8　　　*Check* ☐☐☐　重要度 ▶ **B**

管理事務の内容及び実施方法に関する次の記述のうち、標準管理委託契約書によれば、最も不適切なものはどれか。

1 　管理組合が大規模修繕工事実施設計及び工事監理業務をマンション管理業者に委託するときは、業務内容の独立性が高いという当該業務の性格から、管理委託契約とは別個の契約にすることが望ましい。

2 　出納業務として、マンションの各専有部分の水道料の計算、収納をマンション管理業者に委託することができる。

3 　マンション管理業者は、管理組合に代わって、管理組合が行うべき共用部分に係る損害保険契約やマンション内の駐車場の使用契約に関する事務を行う。

4 　管理員業務における立会業務として、工事の完了確認を行う場合には、外注業者による工事が設計図書のとおりに実施されているかいないかを確認する。

[1] 適切　管理組合が**大規模修繕工事実施設計**及び**工事監理業務**をマンション管理業者に委託するときは、必要な年度に特別に行われ、業務内容の独立性が高いという業務の性格から、**管理委託契約とは別個の契約**にすることが望ましい〈標契コ別表第一　1(3)関係②二〉。
　👉 合 ③分冊 p10❷~　速 p500❷~

[2] 適切　**出納業務**として、マンションの各専有部分の**水道料の計算、収納**をマンション管理業者に委託することができる〈標契コ別表第一　1(2)関係〉。
　👉 合 ③分冊 p10❷~　速 p500❷~

[3] 適切　マンション管理業者は、管理組合に代わって、管理組合が行うべき**共用部分に係る損害保険契約、マンション内の駐車場等の使用契約、マンション管理士その他マンション管理に関する各分野の専門的知識を有する者との契約等に係る事務**を行う〈標契別表第一　2(1)③〉。
　👉 合 ③分冊 p18❸~　速 p510❸~

[4] **不適切**　マンション管理業者は、管理員業務における立会業務として、管理事務の実施に係る外注業者の業務の着手、実施の立会いを行う〈標契別表第二　2(3)一〉。工事の完了確認を行う場合は、工事が設計図書のとおりに実施されているかいないかを確認するものではなく、**外観目視等によりその完了を確認することや外注業者から業務終了の報告を受ける**〈同コ別表第2関係⑨〉。
　👉 速 p516❶~

正解 [4]（正解率56%）

32 滞納対策

2017年度 問10

Check ☐☐☐ 重要度 ▶ A

管理組合Aが、区分所有者Bに対してマンションの滞納管理費を請求するために、民事訴訟法に定められている「少額訴訟」を利用する場合に関する次の記述のうち、誤っているものはどれか。

1 AとBは、口頭弁論が続行された場合を除き、第1回口頭弁論期日前又はその期日において、すべての主張と証拠を提出しなければならない。

2 Bは、所定の時期までは、少額訴訟を通常の訴訟手続に移行させる旨の申述をすることができる。

3 Aが、同一の年に同一の簡易裁判所において、少額訴訟による審理及び裁判を求めることができる回数には制限がある。

4 A又はBが、少額訴訟の終局判決に対する不服申立てをするには、地方裁判所に控訴をしなければならない。

1 **正** 当事者は、口頭弁論が続行された場合を除き、**最初にすべき口頭弁論の期日前又はその期日において、すべての攻撃又は防御の方法を提出しなければならない**〈民訴370条2項〉。

2 **正** 被告は、**被告が最初にすべき口頭弁論の期日において弁論をし、又はその期日が終了するまでは、訴訟を通常の手続に移行させる旨の申述をすることができる**〈民訴373条1項〉。
👉 合 ③分冊 p55 **2**〜 速 p551 **2**〜

3 **正** 少額訴訟による審理及び裁判は、**同一の簡易裁判所において同一の年に10回を超えて求めることはできない**〈民訴368条1項ただし書、民訴規223条〉。
👉 合 ③分冊 p55 **2**〜 速 p551 **2**〜

4 **誤** 少額訴訟の終局判決に対しては、**控訴をすることができない**〈民訴377条〉。
👉 合 ③分冊 p55 **2**〜 速 p551 **2**〜

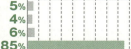

㉝ 滞納対策

2018年度 問10　Check ☐☐☐　重要度 ▶ **A**

マンションの管理費の滞納等に関して、管理業務主任者（マンション管理適正化法第2条9号に規定する者をいう。以下同じ。）が管理組合の管理者等に対して行った次のア～エの説明のうち、誤っているものの組み合わせはどれか。

ア　滞納管理費の額が60万円以下のときは、民事訴訟法に定める「少額訴訟」の手続によらなければなりません。

イ　管理費を滞納している区分所有者が死亡した場合、当該区分所有権を取得する相続人が決定していなくても、すべての相続人に対し、その法定相続分に応じて滞納管理費を請求することができます。

ウ　専有部分の売買契約によって、区分所有権を取得した買主は、売主が滞納していた管理費の支払債務を負いますが、売主の支払債務がなくなるわけではありません。

エ　区分所有者が破産手続開始の決定を受けたときは、当該区分所有者は、破産手続開始決定の日の翌日以降の管理費の支払債務を負わなくてよいことになります。

1　ア・ウ
2　ア・エ
3　イ・ウ
4　イ・エ

66　**LEC**東京リーガルマインド　2025年版 出る順管理業務主任者 分野別過去問題集　③分冊

ア 誤　簡易裁判所においては、**訴訟の目的の価額が60万円以下の金銭の支払の請求を目的とする訴え**について、少額訴訟による審理及び裁判を**求めることができる**〈民訴368条1項本文〉。したがって、滞納管理費の額が60万円以下のときは、民事訴訟法に定める「少額訴訟」の手続によることができるが、この手続によることが義務づけられるわけではない。

☞ 合 ③分冊 p55 ❷〜　速 p551 ❷〜

イ 正　債務者が死亡し、相続人が数人ある場合に、被相続人の金銭債務その他の可分債務は、**法律上当然に分割され、各共同相続人がその相続分に応じてこれを承継する**〈最判昭和34.6.19〉。したがって、本肢の場合、すべての相続人に対し、その法定相続分に応じて滞納管理費を請求することができる。

☞ 合 ①分冊 p160 ❷〜　速 p136 ❷〜

ウ 正　規約により区分所有者に対して生じる管理費債権は、債務者たる区分所有者の特定承継人に対しても行うことができる〈区8条〉。**この場合、債務者たる区分所有者は債務を免れるわけではない。**本肢の場合、区分所有権を取得した買主は、売主が滞納していた管理費の支払債務を負い、また、売主の支払債務も存続する。

☞ 合 ①分冊 p259 ❷〜　速 p202 ❸〜

エ 誤　**免責許可の決定が確定したときは、破産者は、破産手続による配当を除き、原則として、破産債権について、その責任を免れる**〈破253条1項〉。ここで、破産債権とは、破産者に対し破産手続開始前の原因に基づいて生じた財産上の請求権であって、財団債権に該当しないものをいう〈破2条5項〉。したがって、破産手続開始の決定を受けただけでは、破産債権について、免責されるわけではなく、また、免責許可の決定が確定したとしても、破産手続開始決定の日の翌日以降の管理費債権は「破産債権」に該当しないので、区分所有者は本肢の管理費の支払債務につき免責されない。

☞ 合 ③分冊 p60 ❹〜　速 p556 ❹〜

以上より、誤っているものの組み合わせはア・エであり、本問の正解肢は2となる。

正解 2（正解率87%）

肢別解答率　受験生はこう答えた！
1　6%
2　87%
3　3%
4　5%

難易度　易

34 滞納対策

2018年度 問11　　Check ☐☐☐　重要度 ▶ **A**

マンションの管理費の滞納に対する対策及び法的手続に関する次の記述のうち、最も適切なものはどれか。（改題）

1 管理組合が管理費を滞納している区分所有者に書面で督促する場合、内容証明郵便で行わなければ、「催告」に該当せず、時効の完成猶予の効力を生じない。

2 管理規約に管理費の遅延損害金の定めがない場合には、管理組合は、民法所定の法定利率による遅延損害金を請求することができない。

3 管理費を滞納している区分所有者が、自己破産の申立てを行い、破産手続開始の決定を受けた場合、管理組合は、先取特権の実行を除き、破産手続に参加しなければ、滞納管理費の回収をすることができない。

4 管理費を滞納している区分所有者が行方不明の場合は、管理組合は、その者に対して、滞納管理費の支払請求についての訴えを提起することはできない。

1 不適切　催告があったときは、その時から6か月を経過するまでの間は、時効は、完成しない〈民150条1項〉。この「催告」は、相手方に対して義務の履行を請求する行為などであり、**内容証明郵便で行うものに限られない。**
☞ 合 ①分冊 p95 **5**～　速 p44 **2**～

2 不適切　債務者がその債務の本旨に従った履行をしないときは、債権者は、これによって生じた損害の賠償を請求することができる〈民415条1項〉。金銭の給付を目的とする債務の不履行については、その損害賠償の額は、原則として、債務者が遅滞の責任を負った最初の時点における**法定利率によって定める**〈民419条1項〉。管理費債務は、金銭の給付を目的とする債務であるから、管理費を滞納した場合、規約に管理費に関する遅延損害金の定めがなかったとしても、民法所定の法定利率による遅延損害金を請求することができる。
☞ 合 ①分冊 p104 **2**～　速 p52 **2**～

3 適切　破産債権は、破産法に特別の定めがある場合を除き、**破産手続によらなければ、行使することができない**〈破100条1項〉。したがって、管理組合は、原則として、破産手続に参加しなければ、滞納管理費の回収をすることができない。
☞ 合 ③分冊 p60 **4**～　速 p556 **4**～

4 不適切　当事者の住所、居所その他送達をすべき場所が知れない場合には、裁判所書記官は、申立てにより、公示送達をすることができる〈民訴110条1項1号〉。したがって、管理費を滞納している区分所有者が行方不明の場合には、公示送達によって、訴状を送達することができるから、**訴えを提起することができる。**
☞ 合 ③分冊 p60 **4**～　速 p556 **4**～

正解 **3**
（正解率91％）

肢別解答率　受験生はこう答えた！
1　6%
2　2%
3　91%
4　1%

難易度　**易**

㉟ 滞納対策

2019年度 問10　　Check ☐☐☐　重要度 ▶ **A**

マンションの管理費又はその滞納に関する次の記述のうち、民法、民事訴訟法及び区分所有法の規定によれば、正しいものはどれか。

1 競売によって区分所有権を買い受けた者は、通常の売買の場合と異なり、前区分所有者の滞納管理費の支払債務を承継しない。

2 区分所有者は、自己の所有する住戸を賃貸し、そこに賃借人が居住するときでも、管理費の支払債務を負う。

3 管理者が病気で長期入院した場合においては、その期間の滞納管理費の消滅時効は、完成しない。

4 管理者は、滞納管理費に対する支払請求訴訟を提起するためには、管理費の滞納者に対し、あらかじめ書面により滞納管理費に対する支払督促をしておかなければならない。

1 **誤** 管理費等債権は、債務者たる区分所有者の特定承継人に対しても行うことができる〈区8条〉。「特定承継人」とは、区分所有者から、売買、贈与等の個々の原因に基づいて区分所有権を承継取得する者をいい、**強制執行や担保権の実行による売却**を原因として、区分所有権を承継取得する者も含まれる〈東京地判平成 9.6.26〉。したがって、競売によって区分所有権を買い受けた者も、前区分所有者の滞納管理費の支払債務を承継する。

☞ 合 ①分冊 p259 **2**~ 速 p202 **3**~

2 **正** 管理費債務は、**規約に基づいて、区分所有者が負担する**ものである。したがって、区分所有者は、自己の所有する住戸を賃貸している場合においても、管理費の支払債務を負う。

☞ 合 ①分冊 p248 **2**~ 速 p192 **2**~

3 **誤** 債権は、**権利を行使することができる時**から10年間行使しないときは、時効によって消滅する〈民166条1項2号〉。この「権利を行使することができる」とは、権利を行使し得る期限の未到来や、条件の未成就のような**権利行使についての法律上の障害がない状態**をさす〈最判昭和 49.12.20〉。管理者が病気で長期入院したことは、権利行使についての事実上の障害にすぎず、これがあったとしても、消滅時効は進行し、消滅時効は完成することもある。

☞ 合 ①分冊 p95 **5**~ 速 p44 **2**~

4 **誤** 支払督促をすることは、給付の訴えをするための要件とはなっていない。したがって、管理者は、**支払督促をせずに、滞納管理費の支払を請求する訴えを提起することは可能**である。

正解 **2**
（正解率93%）

肢別解答率 受験生はこう答えた！

1 2%
2 93%
3 2%
4 3%

㊱ 滞納対策

2020年度 問10

Check ☐☐☐ 重要度 ▶ A

マンション甲の管理組合の理事長兼管理者Aが、甲の管理費を滞納する区分所有者Bに対して、滞納管理費の請求訴訟を提起する場合に関する次の記述のうち、民事訴訟法及び裁判所法の規定によれば、誤っているものはどれか。

1 Aは、裁判所に対して訴えを提起する前に、Bに対して内容証明郵便による催告を行うことが必要である。

2 Bが行方不明である場合であっても、AがBに対して裁判所に訴えを提起することはできる。

3 Bの滞納額が140万円を超えない場合は、Aは、簡易裁判所に対して訴えを提起することができる。

4 Aが、裁判所に訴えを提起した場合に、Bが甲とは別の場所を生活の本拠としているときは、裁判所からのBへの訴状は、Bが生活の本拠としている住所に送達される。

72 　**LEC**東京リーガルマインド　2025年版 出る順管理業務主任者 分野別過去問題集 ③分冊

1 誤　訴えの提起は、**事前に催告をすることなく、することができる。**

2 正　訴えを提起する場合、訴状を裁判所に提出し〈民訴134条1項〉、提出された訴状は被告に送達しなければならない〈同法138条1項〉。ここで、**当事者の住所、居所その他送達をすべき場所が知れない場合**には、裁判所書記官は、申立てにより、**公示送達をすることができる**〈同法110条1項1号〉ことから、Bが行方不明であっても、送達をすることは可能であり、Aは、裁判所に対して、訴えを提起することは可能である。

☞ 合 ③分冊 p60 ❹～　速 p556 ❹～

3 正　簡易裁判所は、**訴訟の目的の価額が140万円を超えない請求**について第一審の裁判権を有する〈裁判所法33条1項1号〉。したがって、Bの滞納額が140万円を超えない場合は、Aは、簡易裁判所に対して、訴えを提起することができる。

☞ 合 ③分冊 p54 ❶～　速 p550 ❶～

4 正　送達は、原則として、送達を受けるべき者の**住所**、居所、営業所又は事務所においてする〈民訴103条1項本文〉。ここで、「住所」とは、**その者の生活の本拠**をいう〈民22条〉から、Bが生活の本拠としている場所がBの「住所」であり、そこで送達をする。

正解 **1**
（正解率 **82%**）

肢別解答率　受験生はこう答えた！
1　82%
2　2%
3　11%
4　5%

難易度　**易**

37 滞納対策

2020年度 問11　　　　　*Check* ☐☐☐　重要度 ▶ **A**

少額訴訟に関する次の記述のうち、民事訴訟法によれば、正しいものはどれか。

1　少額訴訟による審理及び裁判を求めることができる回数は、同一人が、同一の簡易裁判所において、同一年に10回までである。

2　少額訴訟の終局判決に不服のある当事者は、控訴をすることができる。

3　少額訴訟の被告は、いつでも、通常の訴訟手続に移行させる旨の申述をすることができる。

4　少額訴訟における被告は、反訴を提起することができる。

1 正 少額訴訟による審理及び裁判は、**同一の簡易裁判所において同一の年で10回を超えてこれを求めることはできない**〈民訴368条1項ただし書、民訴規223条〉。
　　合 ③分冊 p55 ②～　速 p551 ②～

2 誤 少額訴訟の終局判決に対しては、**控訴をすることができない**〈民訴377条〉。
　　合 ③分冊 p55 ②～　速 p551 ②～

3 誤 被告は、訴訟を通常の手続に移行させる旨の申述をすることができる〈民訴373条1項本文〉。もっとも、**被告が最初にすべき口頭弁論の期日において弁論をし、又はその期日が終了した後は、することができない**〈同条項ただし書〉。したがって、被告は、いつでも、本肢の申述をすることができるわけではない。
　　合 ③分冊 p55 ②～　速 p551 ②～

4 誤 少額訴訟においては、**反訴を提起することができない**〈民訴369条〉。
　　合 ③分冊 p55 ②～　速 p551 ②～

正解 1
（正解率86%）

肢別解答率
受験生はこう答えた！

1　86%
2　4%
3　8%
4　3%

難易度　易

38 滞納対策

2021年度 問9 　　　　Check ☐☐☐　重要度 ▶ A

管理業務主任者が、管理費の滞納問題について、管理組合の理事会で行った次の説明のうち、最も不適切なものはどれか。

1 　管理費を滞納している区分所有者がその有する専有部分を第三者に賃貸しているときは、現に専有部分に居住している賃借人が、管理組合に対して管理費の支払義務を負います。

2 　専有部分を2名の区分所有者が各2分の1の持分で共有しているときには、管理組合は、そのいずれか一方の区分所有者に対して滞納管理費の全額を請求することができます。

3 　区分所有者が自己破産し、破産手続開始の決定があったときには、管理組合は、滞納管理費債権について、破産手続に参加することができます。

4 　滞納管理費について、マンション管理業者は、地方裁判所においては、管理組合の訴訟代理人になることはできません。

76　　LEC東京リーガルマインド　2025年版 出る順管理業務主任者 分野別過去問題集　③分冊

1 **不適切** 管理費は、規約の定めに基づいて、**区分所有者が負担**するものである。したがって、賃借人は、管理組合に対して管理費の支払義務を負わない。
☞ 合 ①分冊 p324 **1**〜 速 p260 **1**〜

2 **適切** 専有部分を共有する者が負う管理費等の支払債務は、不可分債務と解される〈東京高判平成 20.5.28〉。数人が不可分債務を負担するときは、債権者は、その**不可分債務者の 1 人に対し、又は同時に若しくは順次にすべての不可分債務者に対し、履行を請求することができる**〈民 430 条、436 条〉。したがって、管理組合は、専有部分を共有する区分所有者のいずれか一方に対して滞納管理費の全額を請求することができる。
☞ 合 ①分冊 p143 **5**〜 速 p123 **4**〜

3 **適切** **破産債権者は、その有する破産債権をもって破産手続に参加することができる**〈破 103 条 1 項〉。破産債権者とは、破産債権を有する債権者をいい〈破 2 条 6 項〉、破産債権とは、破産者に対し破産手続開始前の原因に基づいて生じた財産上の請求権であって、財団債権（破産手続によらないで破産財団から随時弁済を受けることができる債権）に該当しないものをいう〈同条 5 項〉。**管理組合は、破産者である区分所有者に対し滞納管理費債権を有しているから、破産債権者にあたる**。したがって、滞納管理費債権について、破産手続に参加することができる。
☞ 合 ③分冊 p60 **4**〜 速 p556 **4**〜

4 **適切** 地方裁判所においては、法令により裁判上の行為をすることができる代理人のほか、**弁護士でなければ訴訟代理人となることができない**〈民訴 54 条 1 項〉。したがって、滞納管理費について、マンション管理業者は、地方裁判所においては、管理組合の訴訟代理人となることはできない。

正解 1
（正解率 96%）

肢別解答率 受験生はこう答えた！
1 96%
2 1%
3 1%
4 2%

難易度 **易**

39 滞納対策

2021年度 問10　Check □□□　重要度 ▶ B

管理費の滞納が生じたときにとられる通常の民事訴訟によらない法的手段に関する次の記述のうち、最も適切なものはどれか。

1 「内容証明郵便による督促」の場合は、簡便な手続であるが、消滅時効の完成猶予をさせる催告としての効力は生じない。

2 「支払督促」による場合は、簡易裁判所に申し立てることにより書記官が支払を命ずる簡略な手続であるが、債務者から異議申立てがなされると通常の訴訟に移行してしまう。

3 「調停」による場合は、弁護士等の専門家に依頼することはできないが、手続が訴訟に比べ簡明であり、調停委員の意見には強制力があることから、紛争が早期に解決される。

4 「少額訴訟」による場合は、通常訴訟に比べ、少ない経済的負担で迅速かつ効果的に解決することができるが、訴訟の目的の価額が60万円以下に制限されるため、滞納額が60万円を超えるときは、制限額以下に分割したとしてもこの手続を利用できない。

1 不適切 催告があったときは、**その時から6か月を経過するまでの間は、時効は、完成しない**〈民150条1項〉。催告とは、債権者が債務者に対して履行を請求することをいい、**内容証明郵便による督促もこれにあたる**。したがって、内容証明郵便による督促によっても、消滅時効の完成猶予の効力が生じる。
☞ 合 ①分冊 p95 **5**〜 速 p44 **2**〜

2 適切 支払督促の申立ては、債務者の普通裁判籍の所在地を管轄する簡易裁判所の裁判所書記官に対してする〈民訴383条1項〉。債務者は、支払督促に対して、督促異議の申立てをすることができ〈民訴390条、393条〉、**適法な督促異議の申立てがあったときは**、督促異議に係る請求については、その目的の価額に従い、支払督促の申立ての時に、支払督促を発した裁判所書記官の所属する簡易裁判所又はその所在地を管轄する地方裁判所に**訴えの提起があったものとみなす**〈民訴395条前段〉。
☞ 合 ③分冊 p57 **3**〜 速 p554 **3**〜

3 不適切 調停は、当事者の互譲により紛争を解決する手段であり、**調停委員の意見に強制力はない**。

4 不適切 簡易裁判所においては、訴訟の目的の価額が**60万円以下の金銭の支払**の請求を目的とする訴えについて、少額訴訟による審理及び裁判を求めることができる〈民訴368条1項本文〉。訴訟の目的の価額は、原告が自由に決定することができるので、滞納額のうち60万円以下の部分を請求する訴えを提起することができ、この場合、少額訴訟により審理及び裁判をするのが相当でないと認められるなど特段の事情がある場合を除き、少額訴訟を利用することができる。
☞ 合 ③分冊 p55 **2**〜 速 p551 **2**〜

正解 **2** （正解率42%）

肢別解答率 受験生はこう答えた！
1: 5%
2: 42%
3: 6%
4: 47%

難易度 **難**

40 滞納対策

2021年度 問11　Check □□□　重要度 ▶ A

管理費の滞納に関する次の記述のうち、最も不適切なものはどれか。

1　滞納者が、所有している専有部分を売却し、区分所有者でなくなった場合、その専有部分の買受人である区分所有者が滞納管理費債務を承継し、当該滞納者は滞納管理費債務を免れる。

2　滞納者が破産手続開始の決定を受けた場合でも、その決定だけでは、当該滞納者は管理費の支払義務を免れるわけではない。

3　滞納者が死亡し、その相続人全員が相続放棄した場合には、いずれの相続人も滞納管理費債務を負わない。

4　管理規約に管理費について遅延損害金の定めがない場合でも、民法に定める法定利率によって遅延損害金を請求することができる。

1 不適切　管理費債権は、債務者たる区分所有者の**特定承継人に対しても行うこと
ができる**〈区8条〉。したがって、債務者たる区分所有者の特定承継人に対して
管理費を請求することはできるが、**債務者たる区分所有者に対しても管理費を請求
することができる**。

👉 合 ①分冊 p259 ❷〜　速 p202 ❸〜

2 適切　**免責許可の決定が確定したとき**は、破産者は、原則として、破産債権につ
いて、その責任を免れる〈破253条1項〉。したがって、破産手続開始の決定だ
けでは、管理費の滞納者は、管理費の支払義務を免れない。

👉 合 ③分冊 p60 ❹〜　速 p556 ❹〜

3 適切　相続の放棄をした者は、その相続に関しては、**初めから相続人とならなかっ
たものとみなす**〈民939条〉。相続の放棄をした者は、相続人でなく、被相続人の
滞納管理費債務を承継しないので、滞納管理費債務を負わない。

👉 合 ①分冊 p170 ❸〜　速 p143 ❸〜

4 適切　債務者がその債務の本旨に従った履行をしないときは、債権者は、これ
によって生じた損害の賠償を請求することができる〈民415条1項本文〉。**金銭
の給付を目的とする債務の不履行**については、その**損害賠償の額**は、債務者が遅滞
の責任を負った最初の時点における**法定利率によって定める**〈民419条1項本文〉。
管理費債務は、金銭の給付を目的とする債務であるから、管理規約に管理費につ
いて遅延損害金の定めがない場合でも、上記の民法の規定により、法定利率によっ
て遅延損害金を請求することができる。

👉 合 ①分冊 p104 ❷〜　速 p52 ❷〜

正解 **1**（正解率88%）

肢別解答率　受験生はこう答えた！
1　88%
2　3%
3　7%
4　2%

難易度　**易**

㊶ 滞納対策

2022年度 問9　　　Check ☐☐☐　重要度 ▶ A

管理費の滞納に関する次の記述のうち、民法及び民事訴訟法によれば、最も適切なものはどれか。

1　管理組合が、管理費の滞納者に対し、滞納管理費の支払を内容証明郵便で請求した後、その時から6箇月を経過するまでの間に、再度、滞納管理費の支払を内容証明郵便で請求すれば、あらためて時効の完成猶予の効力が生じる。

2　管理費を滞納している区分所有者が死亡した場合、遺産分割によって当該マンションを相続した相続人が滞納債務を承継し、他の相続人は滞納債務を承継しない。

3　管理費の滞納者が、滞納額25万円の一部であることを明示し、管理組合に対し5万円を支払った場合には、残りの20万円については、時効の更新の効力を有する。

4　管理費の滞納者が行方不明になった場合には、管理組合は、当該滞納者に対し、滞納管理費の支払についての訴えを提起することができない。

82　**LEC**東京リーガルマインド　2025年版 出る順管理業務主任者 分野別過去問題集　③分冊

1 不適切　催告があったときは、その時から **6 か月**を経過するまでの間は、時効は、完成しない〈民 150 条 1 項〉。もっとも、催告によって時効の完成が猶予されている間にされた**再度の催告は、時効の完成猶予の効力を有しない**〈同条 2 項〉。
☞ 合 ①分冊 p95 5～　速 p44 2～

2 不適切　債務者が死亡し、相続人が数人ある場合に、被相続人の**金銭債務その他の可分債務は、法律上当然に分割され、各共同相続人がその相続分に応じてこれを承継する**〈最判昭和 29.4.8〉。したがって、遺産分割によってマンションを相続した相続人以外の相続人も滞納債務を承継する。
☞ 合 ①分冊 p160 2～　速 p136 2～

3 適切　時効は、権利の承認があったときは、その時から新たにその進行を始める〈民 152 条 1 項〉。**一部の弁済であることを明示してした一部弁済は、残部についての権利の承認にあたる**。したがって、本肢の場合、滞納額の残部 20 万円については、時効の更新が生じる。
☞ 合 ①分冊 p95 5～　速 p44 2～

4 不適切　訴えを提起する場合、訴状を裁判所に提出し〈民訴 134 条 1 項〉、提出された訴状は被告に送達しなければならない〈同法 138 条 1 項〉。ここで、当事者の住所、居所その他送達をすべき場所が知れない場合には、裁判所書記官は、申立てにより、**公示送達**をすることができる〈同法 110 条 1 項 1 号〉ことから、管理費の滞納者が行方不明であっても、送達をすることは可能であり、管理組合は、裁判所に対して、滞納管理費の支払についての訴えを提起することは可能である。
☞ 合 ③分冊 p60 4～　速 p556 4～

正解 ③
（正解率 82%）

肢別解答率　受験生はこう答えた！
1　4%
2　12%
3　82%
4　2%

難易度　易

42 滞納対策

2022年度 問10　　Check ☐☐☐　重要度 ▶ A

管理組合Aが、区分所有者Bに対して滞納管理費の支払を請求するために民事訴訟法上の「少額訴訟」を利用する場合に関する次の記述のうち、適切なものはいくつあるか。

ア　A又はBが、当該少額訴訟の終局判決に対して不服があるときは、管轄の地方裁判所に控訴することができる。

イ　Bは、訴訟が係属している間であれば、いつでも、当該少額訴訟を通常の訴訟手続に移行させる旨の申述をすることができる。

ウ　Bが滞納している管理費の総額が70万円である場合に、Aは、訴訟の目的の価額を60万円として少額訴訟を利用することができる。

エ　Bは、当該少額訴訟において反訴を提起することはできない。

1　一つ
2　二つ
3　三つ
4　四つ

84　**LEC**東京リーガルマインド　2025年版 出る順管理業務主任者 分野別過去問題集　③分冊

ア 不適切 少額訴訟の終局判決に対しては、**控訴をすることができない**〈民訴377条〉。
☞ 合 ③分冊 p55 **2**~ 速 p551 **2**~

イ 不適切 被告は、訴訟を通常の手続に移行させる旨の申述をすることができる〈民訴373条1項本文〉。もっとも、**被告が最初にすべき口頭弁論の期日において弁論をし、又はその期日が終了した後**は、この限りでない〈同条項ただし書〉。したがって、訴訟が係属していても、被告が最初にすべき口頭弁論の期日において弁論をするなどした後は、Bは、通常の訴訟手続に移行させる旨の申述をすることはできない。
☞ 合 ③分冊 p55 **2**~ 速 p551 **2**~

ウ 適切 簡易裁判所においては、訴訟の目的の価額が**60万円以下の金銭の支払の請求を目的とする訴え**について、少額訴訟による審理及び裁判を求めることができる〈民訴368条1項本文〉。訴訟の目的の価額は、原告が自由に決定することができるので、滞納額のうち60万円を請求する訴えを提起することができ、この場合、少額訴訟により審理及び裁判をするのが相当でないと認められるなど特段の事情がある場合を除き、少額訴訟を利用することができる。
☞ 合 ③分冊 p55 **2**~ 速 p551 **2**~

エ 適切 少額訴訟においては、**反訴を提起することができない**〈民訴369条〉。
☞ 合 ③分冊 p55 **2**~ 速 p551 **2**~

以上より、適切なものはウ、エの二つであり、本問の正解肢は2となる。

正解 **2**
（正解率67%）

肢別解答率
受験生はこう答えた！

1	15%	
2	67%	
3	17%	
4	1%	

難易度 **普**

43 滞納対策

2022年度 問11　　Check ☐☐☐　重要度 ▶ **A**

管理費の滞納に対する法的手続等に関する次の記述のうち、最も適切なものはどれか。

1 管理費を滞納している区分所有者が、不可抗力により、管理費を支払うことができないときは、債務不履行に係る遅延損害金の賠償については、不可抗力をもって抗弁とすることができる。

2 管理費を滞納している区分所有者からその区分所有するマンションを購入した買主は、売主の滞納管理費債務を承継するが、当該債務に係る遅延損害金の債務は承継しない。

3 管理組合は、管理費を滞納している区分所有者に対する訴訟の目的の価額が140万円を超えない場合は、簡易裁判所に訴えを提起することができる。

4 管理組合が、管理費を滞納している区分所有者に対し、滞納管理費の支払を普通郵便により催告しても、時効の完成猶予の効力は生じない。

1 **不適切** 金銭の給付を目的とする債務の不履行に係る損害賠償については、債務者は、**不可抗力をもって抗弁とすることができない**〈民419条3項〉。したがって、管理費を滞納した区分所有者は、債務不履行に係る遅延損害金の賠償につき、不可抗力をもって抗弁とすることはできない。
☞ 合 ①分冊 p104 **2**~ 速 p52 **2**~

2 **不適切** 管理費債権は、債務者たる区分所有者の**特定承継人に対しても行うことができる**〈区8条〉。上記規定により、特定承継人は、管理費債務に係る遅延損害金も引き継ぐ。
☞ 合 ①分冊 p259 **2**~ 速 p202 **3**~

3 **適切** 簡易裁判所は、訴訟の目的の価額が **140万円を超えない**請求について第一審の裁判権を有する〈裁判所法33条1項1号〉。したがって、管理組合は、管理費を滞納している区分所有者に対する訴訟の目的の価額が140万円を超えない場合は、簡易裁判所に訴えを提起することができる。
☞ 合 ③分冊 p55 **1**~ 速 p550 **1**~

4 **不適切** 催告があったときは、その時から **6か月**を経過するまでの間は、時効は、完成しない〈民150条1項〉。管理組合は、普通郵便により滞納管理費の支払の催告をしているので、時効の完成猶予の効力が生じる。
☞ 合 ①分冊 p95 **5**~ 速 p44 **2**~

正解 3 （正解率88%）

肢別解答率 受験生はこう答えた！
1 3%
2 3%
3 88%
4 6%

難易度 **易**

44 滞納対策

2023年度 問39　　Check ☐☐☐　重要度 ▶ A

マンションの管理費の滞納に関する次の記述のうち、民法及び区分所有法によれば、最も不適切なものはどれか。

1　管理組合は、管理費が滞納されている場合、管理規約に遅延損害金の定めがないときでも、遅延損害金を請求することができる。

2　賃借人が賃貸借契約により管理費を管理組合に支払っていた場合でも、当該賃借人が管理費の支払いを滞納したときは、当該管理組合は、賃貸人である区分所有者に滞納管理費を請求することができる。

3　専有部分の売買契約によって、滞納されていた管理費の支払義務は区分所有権を取得した買主に承継されるが、売主自身の支払義務が消滅するわけではない。

4　競売手続によってマンションの区分所有権を取得した場合には、買受人は、前区分所有者の滞納管理費の支払義務を承継しない。

1 適切　債務者がその**債務の本旨に従った履行をしないとき又は債務の履行が不能で**あるときは、債権者は、これによって生じた**損害の賠償を請求することができる**〈民415条1項本文〉。管理組合は、管理費が滞納されている場合、管理規約に遅延損害金の定めがないときでも、上記規定に基づいて、遅延損害金を請求することができる。

☞ 合 ①分冊 p104 **2**~ 　速 p52 **2**~

2 適切　管理費債務は、**区分所有者が規約に基づいて負担するもの**である。賃貸人である区分所有者は、管理費債務を負っているので、管理組合は、当該区分所有者に滞納管理費を請求することができる。

☞ 合 ①分冊 p248 **2**~ 　速 p192 **2**~

3 適切　管理費債権は、債務者たる区分所有者の**特定承継人に対しても行うことができる**〈区8条〉。これは、特定承継人が別途管理費債務を負担するにとどまり、**区分所有者の債務を消滅させるものではない**。したがって、専有部分の売買契約によって、滞納されていた管理費の支払義務は区分所有権を取得した買主も負担するが、売主自身の支払義務が消滅するわけではない。

☞ 合 ①分冊 p259 **2**~ 　速 p202 **3**~

4 不適切　管理費債権は、債務者たる区分所有者の**特定承継人に対しても行うことができる**〈区8条〉。特定承継とは、売買、贈与等の個々の原因に基づいて区分所有権を取得することをいい、**強制執行や担保権の実行による売却を原因とする取得も含まれる**。したがって、競売によってマンションの区分所有権を取得した者は、「区分所有権の特定承継人」にあたり、買受人は、前区分所有者の滞納管理費の支払義務を承継する。

☞ 合 ①分冊 p259 **2**~ 　速 p202 **3**~

正解 4
（正解率90%）

肢別解答率
受験生は
こう答えた！

1	4%
2	4%
3	3%
4	90%

難易度 **易**

45 滞納対策

2023年度 問40　Check ☐☐☐　重要度 ▶ A

マンションの管理費の滞納に関する次の記述のうち、民法、民事訴訟法及び区分所有法によれば、最も不適切なものはどれか。

1 管理費の滞納者が、管理組合に対し、滞納管理費の額と滞納している事実を認めた場合は、その時から、当該債権について時効の更新の効力が生じる。

2 管理費の滞納者が死亡した場合は、その相続人が、当該マンションに居住しているか否かにかかわらず、それぞれの相続分に応じて、当該滞納管理費債務を承継する。

3 管理費の滞納者に対して訴訟を提起するためには、事前に内容証明郵便による督促を行う必要がある。

4 管理費の滞納者が死亡し、その相続人全員が相続放棄した場合は、いずれの相続人も滞納管理費債務を負わない。

90　LEC東京リーガルマインド　2025年版 出る順管理業務主任者 分野別過去問題集　③分冊

1 適切 時効は、**権利の承認**があったときは、**その時から新たにその進行を始める**〈民152条1項〉。管理費の滞納者が、管理組合に対し、滞納管理費の額と滞納している事実を認めた場合、管理費債権の承認があったといえ、その時から管理費債権について時効の更新の効力が生じる。
☞ 合 ①分冊 p95 **5**～ 速 p44 **2**～

2 適切 相続人は、**相続開始の時から**、被相続人の財産に属した一切の権利義務を承継する〈民896条本文〉。また、各共同相続人は、**その相続分に応じて被相続人の権利義務を承継する**〈民899条〉。したがって、管理費の滞納者の相続人は、マンションに居住しているか否かにかかわらず、相続開始の時から、それぞれの相続分に応じて、滞納管理費債務を承継する。
☞ 合 ①分冊 p160 **2**～ 速 p136 **2**～

3 不適切 訴えを提起するのに、あらかじめ内容証明郵便により督促することは**義務づけられていない**。したがって、管理費の滞納者に対して訴訟を提起するのに、事前に内容証明郵便による督促を行う必要はない。

4 適切 **相続の放棄**をした者は、**その相続に関しては、初めから相続人とならなかったものとみなす**〈民939条〉。したがって、管理費の滞納者の相続人は、相続放棄をした場合、初めから相続人とならなかったものとみなされ、滞納管理費債務を承継しない。
☞ 合 ①分冊 p170 **3**～ 速 p143 **3**～

正解 **3**
（正解率 **91%**）

肢別解答率 受験生はこう答えた！
1: 5%
2: 2%
3: 91%
4: 2%

難易度 **易**

46 滞納対策

2024年度 問39 Check ☐☐☐ 重要度 ▶ A

マンションの管理費の滞納に関する次の記述のうち、民法、区分所有法、民事訴訟法及び破産法によれば、最も適切なものはどれか。

1 管理費の滞納者は、破産手続開始の決定を受けた場合には、管理組合に対して、同決定を受けた日の翌日以降の管理費の支払義務を負わない。

2 管理費が滞納されているマンションの住戸を購入した買主は、購入時点で前区分所有者の滞納の事実及びその額について知らなかった場合には、管理組合に対して当該滞納債務の支払義務を負わない。

3 管理費の滞納者が行方不明の場合であっても、管理組合は、その者に対して、滞納管理費の支払請求についての訴えを提起することができる。

4 管理規約に管理費債務については消滅時効を援用できない旨が定められている場合には、管理費の滞納者は、たとえ消滅時効が完成しても時効の援用をすることができない。

92　**LEC**東京リーガルマインド　2025年版 出る順管理業務主任者 分野別過去問題集　③分冊

第5編 管理実務 / 滞納対策

1 不適切 免責許可の決定が確定したときは、破産者は、破産手続による配当を除き、原則として、**破産債権について、その責任を免れる**〈破253条1項〉。ここで、破産債権とは、破産者に対し破産手続開始前の原因に基づいて生じた財産上の請求権であって、財団債権に該当しないものをいう〈破2条5項〉。したがって、破産手続開始の決定を受けただけでは、破産債権について、免責されるわけではなく、また、免責許可の決定が確定したとしても、破産手続開始決定の日の翌日以降の管理費債権は「破産債権」に該当しないので、区分所有者は本肢の管理費の支払債務につき免責されない。

☞ 合 ③分冊 p60 ❹~　速 p556 ❹~

2 不適切 規約により区分所有者に対して生じる管理費債権は、債務者たる**区分所有者の特定承継人**に対しても行うことができる〈区8条〉。本肢の買主は、管理費債務の債務者たる区分所有者の特定承継人であるから、購入時点で前区分所有者の滞納の事実及びその額について知らなかったとしても、管理組合に対して滞納債務の支払義務を負う。

☞ 合 ①分冊 p259 ❷~　速 p202 ❸~

3 適切 訴えを提起する場合、訴状を裁判所に提出し〈民訴134条1項〉、提出された訴状は被告に送達しなければならない〈民訴138条1項〉。ここで、当事者の住所、居所その他送達をすべき場所が知れない場合には、裁判所書記官は、申立てにより、**公示送達**をすることができる〈民訴110条1項1号〉ことから、管理費の滞納者が行方不明であっても、送達をすることは可能であり、管理組合は、裁判所に対して、滞納者に対する滞納管理費の支払請求についての訴えを提起することは可能である。

☞ 合 ③分冊 p60 ❹~　速 p556 ❹~

4 不適切 時効の利益は、**あらかじめ放棄することができない**〈民146条〉。本肢の規約の定めは、区分所有者に時効の利益をあらかじめ放棄させるものであり、無効であるから、管理費の滞納者は、消滅時効が完成した場合、時効の援用をすることができる。

☞ 合 ①分冊 p95 ❺~　速 p44 ❷~

正解 ３ （正解率 97%）

肢別解答率 受験生はこう答えた！
肢	解答率
1	1%
2	1%
3	97%
4	0%

難易度 **易**

47 滞納対策

2024年度 問40

Check ☐☐☐ 重要度 ▶ A

管理組合Aが、区分所有者Bに対してマンションの滞納管理費を請求するために、民事訴訟法に定められている「少額訴訟」を利用する場合に関する次の記述のうち、最も不適切なものはどれか。

1 少額訴訟によって訴えを提起する場合、その上限額は60万円である。

2 30万円を超える少額訴訟の場合には、地方裁判所に提起しなければならない。

3 Aが、同一の年に同一の簡易裁判所において、少額訴訟による審理及び裁判を求めることができる回数には制限がある。

4 AとBは、口頭弁論が続行された場合を除き、第1回口頭弁論期日前又はその期日において、すべての主張と証拠を提出しなければならない。

1 適切　簡易裁判所においては、**訴訟の目的の価額が60万円以下の金銭の支払の請求を目的とする訴え**について、少額訴訟による審理及び裁判を求めることができる〈民訴368条1項本文〉。したがって、少額訴訟によって訴えを提起する場合、その上限額は60万円である。
👉 合 ③分冊 p55 ②〜　速 p551 ②〜

2 不適切　簡易裁判所においては、訴訟の目的の価額が60万円以下の金銭の支払の請求を目的とする訴えについて、少額訴訟による審理及び裁判を求めることができる〈民訴368条1項本文〉。したがって、少額訴訟による審理及び裁判を求める場合、簡易裁判所に訴えを提起しなければならない。
👉 合 ③分冊 p55 ②〜　速 p551 ②〜

3 適切　簡易裁判所においては、訴訟の目的の価額が60万円以下の金銭の支払の請求を目的とする訴えについて、少額訴訟による審理及び裁判を求めることができる〈民訴368条1項本文〉。もっとも、**同一の簡易裁判所において同一の年に10回を超えてこれを求めることができない**〈同条項ただし書、民訴規223条〉。したがって、Aが、同一の年に同一の簡易裁判所において、少額訴訟による審理及び裁判を求めることができる回数には制限がある。
👉 合 ③分冊 p55 ②〜　速 p551 ②〜

4 適切　当事者は、口頭弁論が続行された場合を除き、**最初にすべき口頭弁論の期日前又はその期日において、すべての攻撃又は防御の方法を提出しなければならない**〈民訴370条2項〉。したがって、AとBは、口頭弁論が続行された場合を除き、第1回口頭弁論期日前又はその期日において、すべての主張と証拠を提出しなければならない。
👉 速 p551 ②〜

正解 **2** （正解率96％）

肢別解答率 受験生はこう答えた！
① 2％
② 96％
③ 1％
④ 1％

難易度 **易**

48 不動産登記法

2018年度 問44

Check ☐☐☐ 重要度 ▶ A

次の記述のうち、不動産登記法によれば、誤っているものはどれか。

1 登記記録の甲区及び乙区に記録する登記事項がない場合には、甲区及び乙区は作成されず、所有権の登記がない不動産（規約共用部分である旨の登記又は団地規約共用部分である旨の登記がある建物を除く。）については、表題部に所有者の氏名又は名称及び住所並びに所有者が2人以上であるときはその所有者ごとの持分が記録される。

2 敷地権付き区分建物において、表題部所有者から所有権を取得した者が、所有権の保存の登記を申請するときは、当該敷地権の登記名義人の承諾を得なければならない。

3 仮登記の登記権利者は、登記義務者の承諾書を添付して、単独で仮登記を申請することができる。

4 処分禁止の仮処分、差押え、所有権の買戻権の登記は、登記記録の権利部の乙区に記録される。

1 **正** 登記記録の甲区及び乙区に記録する登記記録がない場合には、甲区及び乙区は**作成されない**。土地及び建物の表題部には、所有権の登記がない不動産（共用部分である旨の登記又は団地共用部分である旨の登記がある建物を除く。）については、**所有者の氏名又は名称及び住所並びに所有者が2人以上であるときはその所有者ごとの持分**を記録しなければならない〈不27条3号〉。

2 **正** 区分建物にあっては、表題部所有者から所有権を取得した者も、所有権の保存の登記の申請をすることができる〈不74条2項前段〉。この場合において、当該建物が敷地権付き区分建物であるときは、**当該敷地権の登記名義人の承諾を得なければならない**〈同条項後段〉。
☞ 合 ③分冊 p71 **7**〜 速 p564 **7**〜

3 **正** 権利に関する登記の申請は、**登記権利者及び登記義務者が共同してしなければならない**〈不60条〉。もっとも、仮登記は、仮登記の登記義務者の承諾があるとき及び仮登記を命ずる処分があるときは、**当該仮登記の登記権利者が単独で申請**することができる〈不107条1項〉。

4 **誤** 権利部は、甲区及び乙区に区分し、甲区には**所有権に関する登記の登記事項**を記録するものとし、乙区には**所有権以外の権利に関する登記の登記事項**を記録するものとする〈不規4条4項〉。処分禁止の仮処分、差押え、所有権の買戻しの登記は、所有権に関する登記であるから、登記記録の権利部の甲区に記録される。
☞ 合 ③分冊 p63 **2**〜 速 p558 **2**〜

正解 **4**（正解率 **49%**）

肢別解答率 受験生はこう答えた！
1 20%
2 22%
3 10%
4 49%

難易度 **難**

49 不動産登記法

2020年度 問40　　Check ☐☐☐　重要度 ▶ A

不動産登記法に関する次の記述のうち、正しいものはどれか。

1　区分建物の所有権に関する事項は、登記記録の甲区欄に記録され、所有権の仮登記、仮差押え登記は乙区欄に記録される。

2　区分建物の表示に関する登記における区分建物の床面積は、各階ごとに壁その他の区画の中心線で囲まれた部分の水平投影面積（いわゆる壁心計算による面積）により算出する。

3　権利に関する登記を申請する場合において、その申請情報と併せて登記原因を証する情報をその登記所に提供しなければならない。

4　登記記録の表題部には、土地又は建物の固定資産税評価額も記録される。

1 誤　登記記録は、表題部及び権利部に区分して作成する〈不12条〉。権利部は、甲区及び乙区に区分し、甲区には**所有権に関する登記の登記事項**を記録するものとし、乙区には所有権以外の権利に関する登記の登記事項を記録するものとする〈不規4条4項〉。所有権の仮登記、仮差押え登記も、所有権に関する登記であるから、**甲区に記録される**。
　合 ③分冊 p63 ②〜　速 p558 ②〜

2 誤　建物の床面積は、各階ごとに壁その他の区画の中心線（区分建物にあっては、壁その他の区画の**内側線**）で囲まれた部分の水平投影面積により算出する〈不規115条〉。
　合 ③分冊 p66 ④〜

3 正　権利に関する登記を申請する場合には、申請人は、法令に別段の定めがある場合を除き、その申請情報と併せて**登記原因を証する情報を提供しなければならない**〈不61条〉。
　合 ③分冊 p65 ③〜　速 p560 ④〜

4 誤　登記記録の表題部には、土地又は建物の固定資産税評価額は**記録されない**〈不27条、34条、44条参照〉。
　合 ③分冊 p63 ②〜

正解 3
（正解率76%）

肢別解答率　受験生はこう答えた！
1　4%
2　19%
3　76%
4　0%

難易度 易

50 不動産登記法

2024年度 問42　Check ☐☐☐　重要度 ▶ A

次の記述のうち、不動産登記法によれば、最も不適切なものはどれか。

1 　登記記録は、表題部及び権利部に区分して作成され、権利部は、甲区及び乙区に区分され、抵当権に関する登記事項は甲区に記録される。

2 　権利に関する登記の申請は、法令に別段の定めがある場合を除き、登記権利者及び登記義務者が共同してしなければならない。

3 　区分建物が属する一棟の建物が新築された場合における表題登記の申請は、当該一棟の建物に属する他の区分建物についての表題登記の申請と併せてしなければならない。

4 　区分建物の表示に関する登記における区分建物の床面積は、各階ごとに壁その他の区画の内側線で囲まれた部分の水平投影面積により算出する。

100　LEC東京リーガルマインド　2025年版 出る順管理業務主任者 分野別過去問題集　③分冊

[1] 不適切　登記記録は、表題部及び権利部に区分して作成する〈不12条〉。また、権利部は、甲区及び乙区に区分し、甲区には所有権に関する登記の登記事項を記録するものとし、乙区には**所有権以外の権利に関する登記の登記事項**を記録するものとする〈不規4条4項〉。抵当権は、所有権以外の権利であるから、その登記事項は**乙区に記録される**。
☞ 合 ③分冊 p63 [2]〜　速 p558 [2]〜

[2] 適切　権利に関する登記の申請は、法令に別段の定めがある場合を除き、登記権利者及び登記義務者が**共同してしなければならない**〈不60条〉。
☞ 合 ③分冊 p65 [3]〜　速 p560 [4]〜

[3] 適切　区分建物が属する一棟の建物が新築された場合における当該区分建物についての表題登記の申請は、当該新築された一棟の建物に属する他の区分建物についての表題登記の申請と**併せてしなければならない**〈不48条1項〉。
☞ 合 ③分冊 p71 [7]〜　速 p564 [7]〜

[4] 適切　建物の床面積は、各階ごとに壁その他の区画の中心線（**区分建物**にあっては、壁その他の区画の**内側線**）で囲まれた部分の水平投影面積により算出する〈不規115条〉。
☞ 合 ③分冊 p66 [4]〜

正解 [1]
（正解率 79%）

肢別解答率　受験生はこう答えた！
[1] 79%
[2] 7%
[3] 4%
[4] 11%

難易度　易

51 個人情報保護法

2018年度 問43 Check ☐☐☐ 重要度 ▶ A

個人情報の保護に関する法律第2条（定義）に関する以下のア〜エの文章について、（ a ）〜（ d ）に入る語句の組み合わせとして、正しいものは次の1〜4のうちどれか。（改題）

ア 「個人情報」とは、（ a ）に関する情報であって、当該情報に含まれる氏名、生年月日その他の記述等（文書、図画若しくは電磁的記録）に記載され、若しくは記録され、又は音声、動作その他の方法を用いて表された一切の事項（個人識別符号を除く。）により特定の個人を識別することができるもの、又は個人識別符号が含まれるものをいう。

イ 「個人情報データベース等」とは、個人情報を含む情報の（ b ）であって、特定の個人情報を電子計算機を用いて検索できるように体系的に構成したもの及び特定の個人情報を容易に検索することができるように体系的に構成したものとして政令で定めるものであって、利用方法からみて個人の権利利益を害するおそれが少ないものとして政令で定めるものを除くものをいう。

ウ 「個人情報取扱事業者」とは、（ c ）を事業の用に供している者であって、国の機関、地方公共団体、独立行政法人等、地方独立行政法人を除く者をいう。

エ 「（ d ）」とは、個人情報取扱事業者が、開示、内容の訂正、追加又は削除、利用の停止、消去及び第三者への提供の停止を行うことのできる権限を有する個人データであって、その存否が明らかになることにより公益その他の利益が害されるものとして政令で定めるもの以外のものをいう。

	（ a ）	（ b ）	（ c ）	（ d ）
1	個人	集合物	個人データ	特別保護データ
2	生存する個人	集合物	個人情報データベース等	保有個人データ
3	個人	総体	個人情報データベース等	特別保護データ
4	生存する個人	総体	個人データ	保有個人データ

102 **LEC**東京リーガルマインド 2025年版 出る順管理業務主任者 分野別過去問題集 ③分冊

完成文は以下のとおりである。

- **ア** 「個人情報」とは、（**a＝生存する個人**）に関する情報であって、当該情報に含まれる氏名、生年月日その他の記述等（文書、図画若しくは電磁的記録）に記載され、若しくは記録され、又は音声、動作その他の方法を用いて表された一切の事項（個人識別符号を除く。）により特定の個人を識別することができるもの、又は個人識別符号が含まれるものをいう。

- **イ** 「個人情報データベース等」とは、個人情報を含む情報の（**b＝集合物**）であって、特定の個人情報を電子計算機を用いて検索できるように体系的に構成したもの及び特定の個人情報を容易に検索することができるように体系的に構成したものとして政令で定めるものであって、利用方法からみて個人の権利利益を害するおそれが少ないものとして政令で定めるものを除くものをいう。

- **ウ** 「個人情報取扱事業者」とは、（**c＝個人情報データベース等**）を事業の用に供している者であって、国の機関、地方公共団体、独立行政法人等、地方独立行政法人を除く者をいう。

- **エ** 「（**d＝保有個人データ**）」とは、個人情報取扱事業者が、開示、内容の訂正、追加又は削除、利用の停止、消去及び第三者への提供の停止を行うことのできる権限を有する個人データであって、その存否が明らかになることにより公益その他の利益が害されるものとして政令で定めるもの以外のものをいう。

以上より、a＝生存する個人、b＝集合物、c＝個人情報データベース等、d＝保有個人データとなり、本問の正解肢は2となる。

合 ③分冊 p80 2～ 速 p570 2～

52 個人情報保護法

2020年度 問41

Check ☐☐☐ 重要度 ▶ A

管理業務主任者が、マンションの管理組合の役員に対して説明した内容に関する次の記述のうち、「個人情報の保護に関する法律」によれば、誤っているものはどれか。

1 管理組合の組合員の氏名が記載されている名簿が、紙面によるものであっても、五十音順など一定の規則に従って整理・分類され、容易に検索できるものであれば、その名簿上の氏名は「個人データ」に該当します。

2 マンションの共用部分に設置された防犯カメラに映る映像は、特定の個人が識別できるものであれば「個人情報」に該当します。

3 このマンションの居住者の数は、5,000人を超えていないので、管理組合は、個人情報取扱事業者に該当せず、この法律の対象にはなりません。

4 マンション管理業者は、特定の組合員から当該本人が識別される保有個人データの開示を求められたときは、その開示に係る手数料を徴収することができます。

1 **正** 個人データとは、個人情報データベース等を構成する個人情報をいう〈個16条3項〉。ここで、個人情報データベース等には、個人情報を含む情報の集合物であって、これに含まれる個人情報を**一定の規則に従って整理**することにより特定の個人情報を**容易に検索することができるように体系的に**構成した情報の集合物であって、**目次、索引その他検索を容易にするためのもの**を有するものが含まれ〈同条1項、個令4条2項〉、本肢の名簿も個人情報データベース等にあたる。したがって、本肢の名簿上の氏名は、個人情報データベース等を構成する個人情報であるから、個人データにあたる。

👉 合 ③分冊 p80 **2**~ 速 p570 **2**~

2 **正** 個人情報とは、**生存する個人に関する情報**であって、①当該情報に含まれる氏名、生年月日その他の記述等（文書、図画若しくは電磁的記録に記載され、若しくは記録され、又は音声、動作その他の方法を用いて表された一切の事項（個人識別符号を除く。）をいう。）により**特定の個人を識別することができるもの**（他の情報と容易に照合することができ、それにより特定の個人を識別することができることとなるものを含む。）、又は②個人識別符号を含むものをいう〈個2条1項〉。本肢の防犯カメラの映像も、特定の個人が識別できるものであれば、上記①にあたり、**個人情報に該当する**。

👉 合 ③分冊 p80 **2**~ 速 p570 **2**~

3 **誤** 個人情報取扱事業者とは、**個人情報データベース等を事業の用に供している者**をいう〈個16条2項〉。上記にあたる者は、当該個人情報データベース等を構成する個人情報によって識別される特定の個人の**数にかかわらず**、個人情報取扱事業者にあたる。

👉 合 ③分冊 p80 **2**~ 速 p570 **2**~

4 **正** 本人は、個人情報取扱事業者に対し、当該本人が識別される保有個人データの開示を請求することができる〈個33条1項〉。個人情報取扱事業者は、この開示の請求を受けたときは、当該開示の実施に関し、**手数料を徴収することができる**〈個38条1項〉。

👉 合 ③分冊 p83 **3**~ 速 p573 **3**~

正解 **3**	肢別解答率			
(正解率96%)	受験生はこう答えた！	**1**	1%	
		2	1%	
		3	96%	
		4	2%	

難易度 **易**

53 個人情報保護法

2023年度 問42　　*Check* ☐☐☐　重要度 ▶ A

「個人情報の保護に関する法律」に関する次の記述のうち、最も適切なものはどれか。

1 　個人情報取扱事業者は、個人情報を取得した場合は、あらかじめその利用目的を公表している場合を除き、速やかに、その利用目的を、本人に通知し、又は公表しなければならない。

2 　管理組合は、「個人情報取扱事業者」に該当しない。

3 　管理組合の総会議事録の署名欄に書かれた氏名は、「個人情報」に該当しない。

4 　管理組合の組合員の氏名が記載されている組合員名簿が、電子計算機を用いて検索することができるように体系的に構成したものではなく、紙面で作成されている場合、五十音順など一定の規則に従って整理することにより、容易に検索できるようなときであっても、その組合員名簿は「個人情報データベース等」に該当しない。

1 適切 個人情報取扱事業者は、個人情報を取得した場合は、あらかじめその**利用目的を公表**している場合を除き、速やかに、その**利用目的を、本人に通知**し、又は公表しなければならない〈個21条1項〉。
☞ 合 ③分冊 p83 **3**~ 速 p573 **3**~

2 不適切 個人情報取扱事業者とは、**個人情報データベース等を事業の用に供している者**をいう〈個16条2項〉。管理組合は、組合員名簿を作成するなどして、個人情報データベース等をマンションの管理の用に供している場合、個人情報取扱事業者に該当する。
☞ 合 ③分冊 p80 **2**~ 速 p570 **2**~

3 不適切 **生存する個人**に関する情報であって、当該情報に含まれる氏名、生年月日その他の記述等により**特定の個人を識別することができるもの**は、個人情報にあたる〈個2条1項1号〉。管理組合の総会議事録の署名欄に書かれた氏名は、特定の個人を識別することができるものであるから、個人情報に該当し得る。
☞ 合 ③分冊 p80 **2**~ 速 p570 **2**~

4 不適切 **個人情報を含む情報の集合物**であって、これに含まれる個人情報を一定の規則に従って整理することにより特定の個人情報を**容易に検索することができるように体系的に構成したもの**であって、目次、索引その他検索を容易にするためのものを有するものは、個人情報データベース等に該当する〈個16条1項2号、個令4条2項〉。組合員名簿は、個人情報を含む情報の集合物であるから、50音順など一定の規則に従って整理することにより、容易に検索できるようなものである場合、個人情報データベース等に該当し得る。
☞ 合 ③分冊 p80 **2**~ 速 p570 **2**~

正解 **1**（正解率90%）

肢別解答率 受験生はこう答えた！
1　90%
2　3%
3　7%
4　1%

難易度 **易**

54 消費者契約法

2018年度 問41　　　Check ☐☐☐　重要度 ▶ B

消費者契約法の適用に関する次の記述のうち、誤っているものはどれか。

1　宅地建物取引業者ではないA株式会社が、宅地建物取引業者であるB株式会社に対し、社宅用としてマンションの1住戸を売却する契約には、消費者契約法が適用されない。

2　複合用途の賃貸用共同住宅を経営する個人Cが、個人経営者であるDに、当該共同住宅の1階の店舗部分をDの事業のために賃貸する契約には、消費者契約法が適用される。

3　宅地建物取引業者である個人Eが、賃貸用共同住宅を経営する個人Fから、自らの居住用として当該共同住宅の1室を賃借する契約には、消費者契約法が適用される。

4　賃貸用共同住宅を経営する個人Gが、宅地建物取引業者であるH株式会社に対し、当該共同住宅の媒介を依頼する契約には、消費者契約法が適用されない。

消費者契約法は、消費者契約に適用される。消費者契約とは、**消費者と事業者との間で締結される契約**をいう〈消契2条3項〉。ここで、消費者とは、**個人（事業として又は事業のために契約の当事者となる場合におけるものを除く。）** をいい〈同条1項〉、事業者とは、**法人その他の団体及び事業として又は事業のために契約の当事者となる場合における個人**をいう〈同条2項〉。

1 **正** A株式会社及びB株式会社は、いずれも法人であるから、**いずれも事業者にあたる**。したがって、本肢の契約は、**事業者と事業者との間で締結される契約**であり、消費者契約にあたらない。そのため、本肢の契約には、**消費者契約法は適用されない**。

☞ 合 ③分冊 p92 **2**〜 速 p578 **2**〜

2 **誤** Cは、賃貸用共同住宅を経営する者である。したがって、Cは、当該共同住宅の1室を賃貸する契約を締結する場合、「事業として…契約の当事者となる」個人であるから、**事業者にあたる**。また、Dは、個人経営者であり、本肢の契約を、Dの事業のためにするから、「事業のために契約の当事者となる」個人であり、**事業者にあたる**。したがって、本肢の契約は、**事業者と事業者との間で締結される契約**であり、消費者契約にあたらない。そのため、本肢の契約には、**消費者契約法は適用されない**。

☞ 合 ③分冊 p92 **2**〜 速 p578 **2**〜

3 **正** Eは、宅地建物取引業者である。しかし、本肢の契約は自らの居住のために締結するものであるから、Eは、「事業として又は事業のために契約の当事者となる」個人ではなく、**消費者にあたる**。他方、Fは、賃貸用共同住宅を経営する者である。したがって、Fは、当該共同住宅の1室を賃貸する契約を締結する場合、「事業として…契約の当事者となる」個人であるから、**事業者にあたる**。したがって、本肢の契約は、**消費者と事業者との間で締結される契約**であり、消費者契約にあたる。そのため、本肢の契約には、**消費者契約法が適用される**。

☞ 合 ③分冊 p92 **2**〜 速 p578 **2**〜

4 **正** Gは、賃貸用共同住宅を経営する者である。したがって、Gは、当該共同住宅の媒介を依頼する契約を締結する場合、「事業のために契約の当事者となる」個人であるから、**事業者にあたる**。また、H株式会社は、法人であるから、**事業者にあたる**。したがって、本肢の契約は、**事業者と事業者との間で締結される契約**であり、消費者契約にあたらない。そのため、本肢の契約には、**消費者契約法は適用されない**。

☞ 合 ③分冊 p92 **2**〜 速 p578 **2**〜

正解 2
（正解率60%）

肢別解答率 受験生はこう答えた！
1　11%
2　60%
3　13%
4　17%

難易度 普

55 消費者契約法

2021年度 問40　　*Check* ☐☐☐　重要度 ▶ **B**

マンションの売買又は賃貸借に関する次の記述のうち、消費者契約法が適用されるものはいくつあるか。

ア　マンションの分譲業者が、マンションの一住戸を合同会社に、その従業員の個人居住用として使用することの明示を受けて売却する契約

イ　宅地建物取引業者が、いわゆる「買取再販事業」として、既存のマンションを購入し、個人に居住用として売却する契約

ウ　個人が、マンションの賃貸業者から、1階の店舗部分を店舗用として賃借する契約

エ　マンションの賃貸業者から、マンションの一住戸を個人の居住用として賃借する契約の場合に、その賃借人が個人の宅地建物取引業者であるとき

1 一つ
2 二つ
3 三つ
4 四つ

110　**LEC**東京リーガルマインド　2025年版 出る順管理業務主任者 分野別過去問題集　③分冊

消費者契約法は、消費者契約に適用される。消費者契約とは、**消費者と事業者との間で締結される契約**をいう〈消契2条3項〉。ここで、消費者とは、**個人（事業として又は事業のために契約の当事者となる場合におけるものを除く。）** をいい〈同条1項〉、事業者とは、**法人その他の団体及び事業として又は事業のために契約の当事者となる場合における個人**をいう〈同条2項〉。

ア `適用されない`　マンションの分譲業者は、その事業としてマンションの一住戸を売却しているから、事業者にあたる。また、合同会社は法人であるから、事業者にあたる。したがって、本肢の契約は、**事業者と事業者との間で締結される契約**であり、消費者契約にあたらない。そのため、本肢の契約には、消費者契約法は**適用されない**。

👉 合 ③分冊 p92 **2**〜　速 p578 **2**〜

イ `適用される`　本肢の宅地建物取引業者は、買取再販事業として、マンションを売却しているから、事業者にあたる。他方、相手方の個人は、居住用としてマンションを購入しているから、消費者にあたる。したがって、本肢の契約は、**消費者と事業者との間で締結される契約**であり、消費者契約にあたる。そのため、本肢の契約には、消費者契約法が**適用される**。

👉 合 ③分冊 p92 **2**〜　速 p578 **2**〜

ウ `適用されない`　マンションの賃貸業者は、その事業として店舗部分を賃貸しているから、事業者にあたる。また、相手方の個人は、店舗用に店舗部分を賃借しているから、「事業のために契約の当事者となる」個人であり、事業者にあたる。したがって、本肢の契約は、**事業者と事業者との間で締結される契約**であり、消費者契約にあたらない。そのため、本肢の契約には、消費者契約法は**適用されない**。

👉 合 ③分冊 p92 **2**〜　速 p578 **2**〜

エ `適用される`　マンションの賃貸業者は、その事業として一住戸を賃貸しているから、事業者にあたる。他方、相手方の個人は、居住用として一住戸を賃借しているから、「事業として又は事業のために契約の当事者となる」個人ではなく、消費者にあたる。したがって、本肢の契約は、**消費者と事業者との間で締結される契約**であり、消費者契約にあたる。そのため、本肢の契約には、消費者契約法が**適用される**。

👉 合 ③分冊 p92 **2**〜　速 p578 **2**〜

以上より、消費者契約法が適用されるものはイ、エの二つであり、本問の正解肢は2となる。

正解 2
（正解率54%）

肢別解答率　受験生はこう答えた！

1	19%
2	54%
3	24%
4	3%

難易度　**普**

56 その他

2020年度 問42

Check ☐☐☐ 重要度 ▶ C

マンションにおける住宅宿泊事業に関する次の記述のうち、「住宅宿泊事業法」及び「住宅宿泊事業施行要領（ガイドライン）」によれば、適切なものはいくつあるか。

ア 区分所有者は、当該マンションの管理規約に住宅宿泊事業を禁止する旨の規定がなければ、専有部分を住宅宿泊事業の用に供することができる。

イ マンションで住宅宿泊事業を行う場合は、住宅宿泊事業者は、標識の掲示場所等の取扱いについて、予め管理組合と相談することが望ましい。

ウ 住宅宿泊事業者は、住宅の家屋内に、台所、浴室、便所、洗面設備を設けなければならない。

エ 住宅宿泊事業を営む場合に、住宅に人を宿泊させることができる日数は1年間で90日が上限である。

1 一つ

2 二つ

3 三つ

4 四つ

ア **不適切** 分譲マンション（住宅がある建物が2以上の区分所有者が存する建物で人の居住の用に供する専有部分のあるものである場合）の専有部分で住宅宿泊事業を営もうとする場合、区分所有者は、**マンションの管理規約に住宅宿泊事業を禁止する旨の定めがなければ**、専有部分を住宅宿泊事業の用に供することができる〈住宅宿泊事業法3条2項7号、同法施行規則4条3項13号参照〉。ここで、「規約に住宅宿泊事業を営むことを禁止する旨の定めがない」には、規約に住宅宿泊事業を営むことについての定めがない場合において、管理組合に届出住宅において住宅宿泊事業を営むことを禁止する意思がないことを含む〈同法施行規則4条3項13号〉。したがって、マンションの管理規約に住宅宿泊事業を禁止する旨の規定がなかったとしても、例えば、管理組合の総会や理事会における住宅宿泊事業を営むことを禁止する方針の決議がなされている場合には、専有部分を住宅宿泊事業の用に供することはできない。

イ **適切** 分譲マンション（住宅がある建物が2以上の区分所有者が存する建物で人の居住の用に供する専有部分のあるものである場合）の場合は、標識の掲示場所等の取扱いについて、**予め管理組合と相談することが望ましい**〈住宅宿泊事業法施行要領（ガイドライン）2-2⑻①〉。

ウ **適切** 住宅宿泊事業の用に供する住宅は、**その家屋内に台所、浴室、便所及び洗面設備が設けられているものでなければならない**〈住宅宿泊事業法2条1項1号、同法施行規則1条〉。

エ **不適切** 住宅宿泊事業とは、旅館業法に規定する営業者以外の者が宿泊料を受けて住宅に人を宿泊させる事業であって、人を宿泊させる日数として国土交通省令・厚生労働省令で定めるところにより算定した日数が1年間で**180日**を超えないものをいう〈住宅宿泊事業法2条3項〉。したがって、住宅宿泊事業を営む場合に、住宅に人を宿泊させることができる日数は1年間で180日が上限である。

以上より、適切なものはイ、ウの二つであり、本問の正解肢は2となる。

57 その他

2021年度 問43　Check ☐☐☐　重要度 ▶ C

国土交通省が公表している分譲マンションの新規供給戸数及びストック戸数の推計に関する次の記述のうち、最も適切なものはどれか。

1 　築40年超の分譲マンションの戸数は、令和元年末において、分譲マンションストック総数の約3割を占めている。

2 　公表の対象となっている分譲マンションとは、中高層（3階建て以上）・分譲・共同建で、鉄筋コンクリート、鉄骨鉄筋コンクリート又は鉄骨造の住宅をいう。

3 　令和元年末における分譲マンションストック総数に対して、平成27年の国勢調査による一世帯当たり平均人員をかけると、国民の約2割が分譲マンションに居住していることになる。

4 　令和元年末現在の分譲マンションストック総数は、約500万戸である。

114　LEC東京リーガルマインド　2025年版 出る順管理業務主任者 分野別過去問題集　③分冊

1 不適切　築40年超のマンションの戸数は、令和元年末において、分譲マンションストック総数の**約14%**を占める。

2 適切　公表の対象となっている分譲マンションとは、**中高層（3階建て以上）・分譲・共同建で、鉄筋コンクリート、鉄骨鉄筋コンクリート又は鉄骨造の住宅**をいう。

3 不適切　令和元年末における分譲マンションストック総数に対して、平成27年の国勢調査による一世帯当たり平均人員をかけると、**国民の約1割**が分譲マンションに居住していることになると推計される。

4 不適切　令和元年末現在の分譲マンションストック総数は、**約665.5万戸**である。

正解 **2**（正解率25%）

肢別解答率　受験生はこう答えた！
1　34%
2　25%
3　23%
4　16%

難易度　難

58 その他

2021年度 問44 Check ☐☐☐ 重要度 ▶ C

賃貸住宅管理業法によれば、次の記述のうち、最も適切なものはどれか。ただし、勧誘者とは、特定転貸事業者が特定賃貸借契約の締結についての勧誘を行わせる者をいう。

1 特定転貸事業者又は勧誘者は、特定賃貸借契約に基づき賃借した賃貸住宅を第三者に転貸する事業に係る特定賃貸借契約の条件について広告をするときは、特定賃貸借契約に基づき特定転貸事業者が支払うべき家賃、賃貸住宅の維持保全の実施方法、特定賃貸借契約の解除に関する事項その他の国土交通省令で定める事項について、著しく事実に相違する表示をし、又は実際のものよりも著しく優良であり、若しくは有利であると人を誤認させるような表示をしてはならない。

2 特定転貸事業者は、特定賃貸借契約を締結しようとするときは、特定賃貸借契約の相手方となろうとする者(特定転貸事業者である者その他の特定賃貸借契約に係る専門的知識及び経験を有すると認められる者として国土交通省令で定めるものを除く。)に対し、業務管理者をして、当該特定賃貸借契約を締結するまでに、特定賃貸借契約の内容及びその履行に関する事項であって国土交通省令で定めるものについて、書面を交付して説明しなければならない。

3 特定転貸事業者は、国土交通省令で定めるところにより、当該特定転貸事業者の業務及び財産の状況を記載した書類を、特定賃貸借契約に関する業務を行う営業所又は事務所に備え置き、特定賃貸借契約の相手方又は相手方となろうとする者の求めに応じ、その写しを交付しなければならない。

4 特定転貸事業者は、第29条の不当な勧誘等の禁止の規定に違反して、故意に事実を告げない場合、懲役若しくは罰金に処せられるか、又はこれを併科されるが、勧誘者は、特定転貸事業者と同様に違反したとしても罰則の対象にはならない。

1 適切　特定転貸事業者又は勧誘者（特定転貸事業者が特定賃貸借契約の締結についての勧誘を行わせる者をいう。）は、特定賃貸借契約に基づき賃借した賃貸住宅を第三者に転貸する事業に係る特定賃貸借契約の条件について広告をするときは、特定賃貸借契約に基づき特定転貸事業者が支払うべき家賃、賃貸住宅の維持保全の実施方法、特定賃貸借契約の解除に関する事項その他の国土交通省令で定める事項について、**著しく事実に相違する表示をし、又は実際のものよりも著しく優良であり、若しくは有利であると人を誤認させるような表示をしてはならない**〈賃28条〉。

2 不適切　特定転貸事業者は、特定賃貸借契約を締結しようとするときは、特定賃貸借契約の相手方となろうとする者（特定転貸事業者である者その他の特定賃貸借契約に係る専門的知識及び経験を有すると認められる者として国土交通省令で定めるものを除く。）に対し、当該特定賃貸借契約を締結するまでに、**特定賃貸借契約の内容及びその履行に関する事項であって国土交通省令で定めるものについて、書面を交付して説明しなければならない**〈賃30条1項〉。この説明は、**業務管理者に行わせる必要はない**。

3 不適切　特定転貸事業者は、国土交通省令で定めるところにより、当該特定転貸事業者の業務及び財産の状況を記載した書類を、特定賃貸借契約に関する業務を行う営業所又は事務所に備え置き、特定賃貸借契約の相手方又は相手方となろうとする者の求めに応じ、**閲覧させなければならない**〈賃32条〉。写しの交付は義務づけられていない。

4 不適切　特定転貸事業者又は**勧誘者**は、特定賃貸借契約の締結の勧誘をするに際し、又はその解除を妨げるため、特定賃貸借契約の相手方又は相手方となろうとする者に対し、当該特定賃貸借契約に関する事項であって特定賃貸借契約の相手方又は相手方となろうとする者の**判断に影響を及ぼすこととなる重要なものにつき、故意に事実を告げず、又は不実のことを告げる行為をしてはならない**〈賃29条1号〉。この規定に違反して、故意に事実を告げず、又は不実のことを告げたときは、その違反行為をした者は、6月以下の懲役若しくは50万円以下の罰金に処し、又はこれを併科する〈賃42条2号〉。

59 その他

2022年度 問43

Check ☐☐☐ 重要度 ▶ C

次の記述のうち、国土交通省が公表している分譲マンションに関する統計・データ等によれば、最も適切なものはどれか。

1 令和2年末時点における分譲マンションストック総数は、900万戸を超えている。

2 分譲マンションストック総数は、昭和43年以降増加傾向であったが、令和元年をピークに減少に転じている。

3 令和2年末時点における築40年超の分譲マンション戸数は100万戸を超えており、令和12年末には200万戸、令和22年末には400万戸を超える見込みとなっている。

4 建替えが行われたマンションの件数は、令和3年4月1日時点の累計で、100件未満である。

1 不適切　令和2年末時点における分譲マンションストック総数は**約675.3万戸**であり、900万戸を超えていない。

2 不適切　分譲マンションストック総数は、昭和43年以降増加傾向にあり、令和2年でも**増加傾向**は続いている。

3 適切　令和2年末における築40年超のマンションは103.3万戸であり、**100万戸を超えている**。また、令和12年末には231.9万戸となり、**200万戸を超える見込**みとなっている。さらに、令和22年末には404.6万戸となり、**400万戸を超える**見込みとなっている。

4 不適切　建替えが行われたマンションの件数は、令和3年4月1日時点の累計で、263件で、**100件を超えている**。

正解 **3**
（正解率**64%**）

肢別解答率
受験生は
こう答えた！

1	13%
2	6%
3	64%
4	16%

難易度　普

60 その他

2022年度 問44　Check ☐☐☐　重要度 ▶ B

次の賃貸住宅管理業法第1条の（　ア　）～（　ウ　）に入る語句の組合せとして、最も適切なものはどれか。

（目的）
第1条　この法律は、社会経済情勢の変化に伴い国民の生活の基盤としての（　ア　）の役割の重要性が増大していることに鑑み、（　ア　）の入居者の居住の安定の確保及び（　ア　）の賃貸に係る事業の公正かつ円滑な実施を図るため、賃貸住宅管理業を営む者に係る（　イ　）を設け、その業務の適正な運営を確保するとともに、（　ウ　）の適正化のための措置等を講ずることにより、良好な居住環境を備えた（　ア　）の安定的な確保を図り、もって国民生活の安定向上及び国民経済の発展に寄与することを目的とする。

	（　ア　）	（　イ　）	（　ウ　）
1	賃貸住宅	登録制度	特定賃貸借契約
2	共同住宅	免許制度	特定賃貸借契約
3	共同住宅	申請制度	建物賃貸借契約
4	賃貸住宅	認可制度	建物賃貸借契約

120　**LEC**東京リーガルマインド　2025年版 出る順管理業務主任者 分野別過去問題集　③分冊

完成文は、以下のとおりである。

（目的）
第1条　この法律は、社会経済情勢の変化に伴い国民の生活の基盤としての（**ア＝賃貸住宅**）の役割の重要性が増大していることに鑑み、（ア＝賃貸住宅）の入居者の居住の安定の確保及び（**ア＝賃貸住宅**）の賃貸に係る事業の公正かつ円滑な実施を図るため、賃貸住宅管理業を営む者に係る（**イ＝登録制度**）を設け、その業務の適正な運営を確保するとともに、（**ウ＝特定賃貸借契約**）の適正化のための措置等を講ずることにより、良好な居住環境を備えた（**ア＝賃貸住宅**）の安定的な確保を図り、もって国民生活の安定向上及び国民経済の発展に寄与することを目的とする。

以上より、ア＝賃貸住宅、イ＝登録制度、ウ＝特定賃貸借契約であり、本問の正解肢は１となる。

61 その他

2023年度 問43　　Check ☐☐☐　重要度 ▶ B

国土交通省が公表している分譲マンションの統計・データ等に関する次の記述のうち、最も適切なものはどれか。

1 2021年末時点における分譲マンションストック総数は、700万戸を超えている。

2 マンションの新規供給戸数は、2000年以降、一貫して増加傾向にある。

3 「平成30年度マンション総合調査結果」によると、現在の修繕積立金の積立額が長期修繕計画に比べて不足しているマンションは、3割を超えている。

4 「平成30年度マンション総合調査結果」によると、回答した区分所有者のうち永住するつもりである区分所有者は、6割には満たない。

1 不適切　2021年末時点における**分譲マンションストック総数**は、685.9万戸であり、**700万戸を超えていない**。

2 不適切　**マンションの新規供給戸数**は、**2010年に大きく減少**するなどしており、2000年以降、一貫して増加傾向にあるとはいえない。

3 適切　「平成30年度マンション総合調査結果」によると、計画上の修繕積立金の積立額と現在の修繕積立金の積立額の差は、**現在の積立額が計画に比べて不足しているマンション**が34.8％となっており、**3割を超えている**といえる。

4 不適切　「平成30年度マンション総合調査結果」によると、回答した区分所有者のうち、現在、**永住するつもりであると回答したものは62.8％**であり、**6割を超えているといえる**。

62 その他

2023年度 問44　　　*Check* ☐☐☐　重要度 ▶ **B**

賃貸住宅管理業法に関する次の記述のうち、最も適切なものはどれか。

1 賃貸住宅管理業を営もうとする者は、二以上の都道府県の区域内に事務所を設置してその事業を営もうとする場合は国土交通大臣の、一の都道府県の区域内にのみ事務所を設置してその事業を営もうとする場合は当該事務所の所在地を管轄する都道府県知事の登録を受けなければならない。

2 賃貸住宅管理業者の登録は、5年ごとにその更新を受けなければ、その期間の経過によって効力を失うが、更新の申請期間内に申請があった場合、登録の有効期間の満了の日までにその申請に対する処分がされないときは、その処分がされるまでの間は、なお効力を有する。

3 賃貸住宅管理業者は、その営業所又は事務所ごとに、賃貸住宅管理業に従事する者の数に対し、その割合が5分の1以上となる数の業務管理者を置かなければならない。

4 賃貸住宅管理業者は、管理受託契約を締結しようとするときは、賃貸人に対し、当該管理受託契約を締結するまでに、賃貸住宅管理業法に定める事項について、書面を交付して説明しなければならないが、賃貸人の承諾を得た場合に限り、この説明を省略することができる。

124　LEC東京リーガルマインド　2025年版 出る順管理業務主任者 分野別過去問題集　③分冊

1 不適切　賃貸住宅管理業を営もうとする者は、**国土交通大臣の登録**を受けなければならない〈賃3条1項本文〉。都道府県知事の登録を受ける必要はない。
　合 ③分冊 p104 **3**〜　速 p586 **3**〜

2 適切　賃貸住宅管理業の登録は、**5年**ごとにその更新を受けなければ、その期間の経過によって、その効力を失う〈賃3条2項〉。もっとも、賃貸住宅管理業の登録の更新の申請があった場合において、**登録の有効期間の満了の日までにその申請に対する処分がされないときは、従前の登録は、登録の有効期間の満了後もその処分がされるまでの間は、なおその効力を有する**〈同条3項〉。

3 不適切　賃貸住宅管理業者は、その営業所又は事務所ごとに、**1人以上**の業務管理者を選任しなければならない〈賃12条1項〉。したがって、営業所又は事務所で賃貸住宅管理業に従事する者の数にかかわらず、1人を置けば足りる。
　合 ③分冊 p104 **3**〜　速 p586 **3**〜

4 不適切　賃貸住宅管理業者は、管理受託契約を締結しようとするときは、管理業務を委託しようとする賃貸住宅の賃貸人に対し、当該管理受託契約を締結するまでに、**重要事項について、書面を交付して説明しなければならない**〈賃13条1項〉。賃貸人の承諾を得たとしても、上記の書面の交付及び説明を省略することはできない。
　合 ③分冊 p104 **3**〜　速 p586 **3**〜

63 その他

2024年度 問43

Check ☐☐☐ 重要度 ▶ B

国土交通省が公表している分譲マンションの統計・データ等に関する次の記述のうち、最も適切なものはどれか。

1 マンションの新規供給戸数は、2008年以降、一貫して減少している。

2 2022年末時点における築40年以上のマンションのストック戸数は、10年前と比べると、約2倍に増加している。

3 マンション建替円滑化法に基づくマンション敷地売却の実績は、2016年以降毎年10件以上ある。

4 建替え工事が完了したマンションの件数は、2023年3月時点の累計で、250件を超えている。

1 不適切　新設住宅着工戸数を年度別で見ると、例えば、2010年度から2013年度は**増加傾向**にある。したがって、マンションの新規供給戸数は、2008年以降、一貫して減少しているとはいえない。

2 不適切　2022年末時点における築40年以上のマンションのストック戸数は125.7万戸である。これは、10年前の2012年末の戸数29.3万戸と比べると、**約4倍**に増加しているといえる。

3 不適切　マンション建替え円滑化法に基づくマンション敷地売却の実績は、2016年から2023年3月までの**累積で10件**であり、2016年以降毎年10件以上あるとはいえない。

4 適切　建替え工事が完了したマンションの件数は、2023年3月時点の累計で**282件**であり、250件を超えている。

正解 **4**
（正解率**49%**）

肢別解答率
受験生はこう答えた！

1	2%
2	37%
3	12%
4	49%

難易度　**難**

64 その他

2024年度 問44　Check ☐☐☐　重要度 ▶ **B**

次の記述のうち、賃貸住宅管理業法によれば、最も不適切なものはどれか。ただし、書面の交付に代えて電磁的方法により提供する場合については考慮しないものとする。

1　「特定賃貸借契約」とは、特定転貸事業者が賃貸人から賃借した賃貸住宅について、当該特定転貸事業者と当該賃貸住宅に入居しようとする者との間で締結される賃貸借契約をいう。

2　特定転貸事業者又は勧誘者（特定転貸事業者が特定賃貸借契約の締結についての勧誘を行わせる者をいう。）は、特定賃貸借契約の条件について広告をするときは、法令で定める事項について、著しく事実に相違する表示をし、又は実際のものよりも著しく優良であり、若しくは有利であると人を誤認させるような表示をしてはならない。

3　特定転貸事業者は、特定賃貸借契約を締結しようとするときは、その相手方となろうとする者に対し、当該特定賃貸借契約を締結するまでに、法令で定める事項について、書面を交付して説明しなければならないが、当該相手方が宅地建物取引業者である場合は、この限りでない。

4　特定転貸事業者は、当該特定転貸事業者の業務及び財産の状況を記載した書類を、特定賃貸借契約に関する業務を行う営業所又は事務所に備え置き、特定賃貸借契約の相手方のみならず、相手方となろうとする者についても、その者の求めに応じ、当該書類を閲覧させなければならない。

1 **不適切** 「特定賃貸借契約」とは、賃貸住宅の**賃貸借契約**（賃借人が人的関係、資本関係その他の関係において賃貸人と密接な関係を有する者として国土交通省令で定める者であるものを除く。）であって、賃借人が当該賃貸住宅を第三者に**転貸する事業を営むことを目的として締結されるものをいう**〈賃2条4項〉。
☞ 合 ③分冊 p102 ②〜 速 p584 ②〜

2 **適切** 特定転貸事業者又は勧誘者（特定転貸事業者が特定賃貸借契約の締結についての勧誘を行わせる者をいう。）は、特定賃貸借契約に基づき賃借した賃貸住宅を第三者に転貸する事業に係る特定賃貸借契約の条件について広告をするときは、特定賃貸借契約に基づき特定転貸事業者が支払うべき家賃、賃貸住宅の維持保全の実施方法、特定賃貸借契約の解除に関する事項その他の国土交通省令で定める事項について、**著しく事実に相違する表示をし、又は実際のものよりも著しく優良であり、若しくは有利であると人を誤認させるような表示をしてはならない**〈賃28条〉。
☞ 合 ③分冊 p104 ④〜 速 p587 ④〜

3 **適切** 特定転貸事業者は、特定賃貸借契約を締結しようとするときは、特定賃貸借契約の相手方となろうとする者（**特定転貸事業者である者その他の特定賃貸借契約に係る専門的知識及び経験を有すると認められる者として国土交通省令で定めるものを除く。**）に対し、当該特定賃貸借契約を締結するまでに、特定賃貸借契約の内容及びその履行に関する事項であって国土交通省令で定めるものについて、書面を交付して説明しなければならない〈賃30条1項〉。宅地建物取引業者は、「特定転貸事業者である者その他の特定賃貸借契約に係る専門的知識及び経験を有すると認められる者として国土交通省令で定めるもの」にあたり〈賃規44条3号〉、特定賃貸借契約の相手方となろうとする者が、宅地建物取引業者である場合、書面を交付して説明することを義務づけられない。
☞ 合 ③分冊 p104 ④〜 速 p587 ④〜

4 **適切** 特定転貸事業者は、国土交通省令で定めるところにより、当該特定転貸事業者の業務及び財産の状況を記載した書類を、特定賃貸借契約に関する業務を行う営業所又は事務所に備え置き、特定賃貸借契約の相手方又は相手方となろうとする者の求めに応じ、**閲覧させなければならない**〈賃32条〉。

正解 1
（正解率 36%）

肢別解答率 受験生はこう答えた！
1 36%
2 1%
3 46%
4 17%

難易度 **難**

第6編 会計

年度別出題論点一覧

第6編 会計	2015 H27	2016 H28	2017 H29	2018 H30	2019 R1	2020 R2	2021 R3	2022 R4	2023 R5	2024 R6
仕訳	2	2	2	2	2	2	2	2	2	2
計算書類							1	1	1	
税務	1	1	1	1		1				1
計	3	3	3	3	2	3	3	3	3	3

※表内の数字は出題問題数を指します。

※2015、2016年度は購入者特典の「分野別過去問題集プラス2」に掲載しています。

1 仕訳

2017年度 問14

Check ☐☐☐　重要度 ▶ A

管理組合の活動における以下の取引に関して、平成29年3月分の仕訳として最も適切なものは次のうちどれか。ただし、この管理組合の会計年度は、毎年4月1日から翌年3月31日までとし、期中の取引においても、企業会計原則に基づき厳格な発生主義によって経理しているものとする。

（取　引）

平成29年3月31日に、次の内容の諸費用690,000円を普通預金から振込みにより支払った。

（諸費用支払明細）

①	損害保険料（掛捨保険、平成29年4月1日～平成30年3月31日までの1年分の保険料）	240,000円
②	漏水補修工事費用（平成29年4月実施予定工事の着手金）	200,000円
③	雑排水管清掃費用（平成29年2月実施完了、2月請求、3月支払分）	100,000円
④	水道光熱費（平成29年3月分）	150,000円
	合　計	690,000円

（単位：円）

1

（借　方）		（貸　方）	
前払保険料	240,000	普通預金	690,000
前払金	200,000		
未払金	100,000		
水道光熱費	150,000		

2

（借　方）		（貸　方）	
支払保険料	240,000	普通預金	690,000
修繕費	200,000		
未払金	100,000		
水道光熱費	150,000		

3

（借　方）		（貸　方）	
支払保険料	240,000	普通預金	690,000
前払金	200,000		
未払金	100,000		
水道光熱費	150,000		

4

（借　方）		（貸　方）	
前払保険料	240,000	普通預金	690,000
前払金	200,000		
排水管洗浄費	100,000		
水道光熱費	150,000		

〔損害保険料について〕
　発生主義によると、掛捨保険の保険料は、**毎月、その月分を支出として計上**する。**前払いをした場合**には、**前払保険料として処理**する。本問の損害保険料 240,000 円は、平成 29 年 4 月 1 日～平成 30 年 3 月 31 日までの保険料であり、平成 29 年 3 月 31 日の時点では前払いとなるため、前払保険料として処理する。

（借　方）		（貸　方）		
前払保険料	240,000	普通預金	240,000	…①

〔漏水補修工事費用について〕
　発生主義によると、工事費用は、**工事完了時に支出として計上**する。**工事完了前に工事費用の全部又は一部を支払った場合**には、**前払金として処理**する。本問の漏水補修工事費用 200,000 円は、平成 29 年 4 月実施予定工事の着手金であり、平成 29 年 3 月 31 日の時点では前払いとなるため、前払金として処理する。

（借　方）		（貸　方）		
前払金	200,000	普通預金	200,000	…②

〔雑排水管清掃費用について〕
　発生主義によると、清掃費用は、**清掃完了時に支出として計上**する。この支出に対応する**出金がない場合、未払金として処理**する。本問の漏水補修工事費用 100,000 円は、平成 29 年 2 月実施完了の清掃の費用であり、同年 2 月の時点で未払金として処理されている。平成 29 年 3 月 31 日、未払いとなっていた清掃費用を支払ったので、未払金を減少させる。

（借　方）		（貸　方）		
未払金	100,000	普通預金	100,000	…③

〔水道光熱費について〕
　発生主義によると、水道光熱費は、**毎月、その月分を支出として計上**する。

（借　方）		（貸　方）		
水道光熱費	150,000	普通預金	150,000	…④

〔まとめ〕
　平成 29 年 3 月分の仕訳は、上記の①～④であり、これを合算すると以下の仕訳となる。

（借　方）		（貸　方）	
前払保険料	240,000	普通預金	690,000
前払金	200,000		
未払金	100,000		
水道光熱費	150,000		

以上より、本問の正解肢は 1 となる。

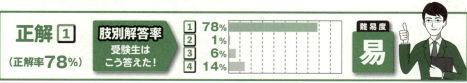

2 仕訳

2017年度 問15

Check ☐☐☐　重要度 ▶ A

管理組合の活動における以下の取引に関して、平成 29 年 3 月分の仕訳として最も適切なものは次のうちどれか。ただし、この管理組合の会計年度は、毎年 4 月 1 日から翌年 3 月 31 日までとし、期中の取引においても、企業会計原則に基づき厳格な発生主義によって経理しているものとする。

（取　引）

平成 29 年 3 月に、敷地内駐車場の利用者から、管理組合の普通預金に 950,000 円の入金があった。その内訳は、以下のとおりである。なお、3 月分駐車場使用料のうち 80,000 円については、3 月末現在、入金されていない。

　（平成 29 年 3 月入金の内訳）
2 月分駐車場使用料	100,000 円
3 月分駐車場使用料	240,000 円
4 月分駐車場使用料	560,000 円
新規契約分敷金	50,000 円
合　計	950,000 円

（単位：円）

1

（借　方）		（貸　方）	
普通預金	950,000	未収入金	100,000
		駐車場使用料収入	240,000
		前受金	560,000
		預り金	50,000

2

（借　方）		（貸　方）	
普通預金	950,000	未収入金	100,000
未収入金	80,000	駐車場使用料収入	370,000
		前受金	560,000

3

（借　方）		（貸　方）	
普通預金	950,000	未収入金	100,000
未収入金	80,000	駐車場使用料収入	320,000
		前受金	560,000
		預り金	50,000

4

（借　方）		（貸　方）	
普通預金	950,000	未収入金	100,000
		駐車場使用料収入	290,000
		前受金	560,000

発生主義によれば、駐車場使用料は、**毎月、その月分を収入として計上**し、その収入に対応する**入金がなかった場合**には、**未収入金として処理**する。また、**前受けをした場合**には、**前受金として処理**する。

〔2月分駐車場使用料について〕
　平成29年3月の時点で、2月分駐車場使用料の入金があったことから、2月分駐車場使用料は、平成29年2月の時点では、未収入金として処理されている。平成29年3月にこれが支払われたので、未収入金を減少させる。

（借　方）		（貸　方）		
普通預金	100,000	未収入金	100,000	…①

〔3月分駐車場使用料について〕
　3月分駐車場使用料は、入金のあった240,000円と入金のなかった80,000円とを合算した320,000円である。これを収入として計上し、入金のなかった分は未収入金として処理する。

（借　方）		（貸　方）		
普通預金	240,000	駐車場使用料収入	320,000	…②
未収入金	80,000			

〔4月分駐車場使用料について〕
　4月分駐車場使用料は、平成29年3月の時点では、前受けとなるから、前受金として処理する。

（借　方）		（貸　方）		
普通預金	560,000	前受金	560,000	…③

〔新規契約分敷金について〕
　敷金は、駐車場使用料が支払われない場合などの担保として交付される金銭であり、駐車場使用料などが滞りなく支払われている場合には返還されるので、**受取時に預り金として負債に計上する**。したがって、新規契約分敷金についての仕訳は以下のとおりである。

（借　方）		（貸　方）		
普通預金	50,000	預り金	50,000	…④

〔まとめ〕
　平成29年3月分の仕訳は、上記の①〜④であり、これを合算すると以下の仕訳となる。

（借　方）		（貸　方）	
普通預金	950,000	未収入金	100,000
未収入金	80,000	駐車場使用料収入	320,000
		前受金	560,000
		預り金	50,000

以上より、本問の正解肢は3となる。

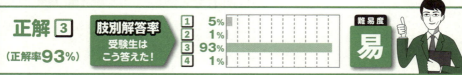

3 仕訳

2018年度 問14　　Check ☐☐☐　重要度 ▶ A

管理組合の活動における以下の取引に関して、平成30年3月分の仕訳として最も適切なものは次のうちどれか。ただし、この管理組合の会計年度は、毎年4月1日から翌年3月31日までとし、期中の取引においても、企業会計原則に基づき厳格な発生主義によって経理しているものとする。

（取引）

平成30年4月20日に、マンション管理業者を通じて、以下の内訳の請求書が管理組合宛に届いたので、同年4月30日に普通預金から振込により支払った。

（請求書の内訳）
①	5月分委託業務費	1,200,000円
②	3月分電話料	15,000円
③	3月分電気料	175,000円
④	5月分管理事務室用コピー機リース料	20,000円
	合計	1,410,000円

1

（借　方）		（貸　方）	
通信費	15,000	普通預金	190,000
水道光熱費	175,000		

2

（借　方）		（貸　方）	
通信費	15,000	未払金	190,000
水道光熱費	175,000		

3

（借　方）		（貸　方）	
通信費	15,000	未払金	190,000
水道光熱費	175,000	委託業務費	1,200,000
前払金	1,220,000	リース料	20,000

4

（借　方）		（貸　方）	
委託業務費	1,200,000	普通預金	1,410,000
通信費	15,000		
水道光熱費	175,000		
リース料	20,000		

136　　LEC東京リーガルマインド　2025年版 出る順管理業務主任者 分野別過去問題集　③分冊

〔委託業務費について〕
　発生主義によると、委託業務費は、**その月分を支出として計上し、前払いをした場合**には、**前払金として処理**する。本問の委託業務費は、平成30年5月分であり、平成30年3月の段階では、支出として計上しない。また、この委託業務費は平成30年4月に支払ったのであり、平成30年3月の段階では、支払をしておらず、前払金を計上しない。したがって、本問の委託業務費については、平成30年3月には仕訳をしない。

〔電話料について〕
　発生主義によると、電話料は、**その月分を支出として計上し、その月に未払いである場合**には、**未払金として処理**する。本問の電話料は3月分であるから、平成30年3月に支出して計上する。また、この電話料は4月に支払っているから、3月の段階では未払いである。したがって、以下の仕訳をする。

（借　方）		（貸　方）		
通信費	15,000	未払金	15,000	…①

〔電気料について〕
　発生主義によると、電気料は、**その月分を支出として計上し、その月に未払いである場合**には、**未払金として処理**する。本問の電気料は3月分であるから、平成30年3月に支出して計上する。また、この電気料は4月に支払っているから、3月の段階では未払いである。したがって、以下の仕訳をする。

（借　方）		（貸　方）		
水道光熱費	175,000	未払金	175,000	…②

〔リース料について〕
　発生主義によると、リース料は、**その月分を支出として計上し、前払いをした場合**には、**前払金として処理**する。本問のリース料は、平成30年5月分であり、平成30年3月の段階では、支出として計上しない。また、このリース料は平成30年4月に支払ったのであり、平成30年3月の段階では、支払をしておらず、前払金を計上しない。したがって、本問のリース料については、平成30年3月には仕訳をしない。

〔まとめ〕
　以上より、平成30年3月分の仕訳として行うものは①②であり、これらを合算した以下の仕訳を行うことになる。

（借　方）		（貸　方）	
通信費	15,000	未払金	190,000
水道光熱費	175,000		

以上より、本問の正解肢は2となる。

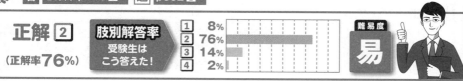

4 仕訳

2018年度 問15

Check ☐☐☐ 重要度 ▶ A

管理組合の活動における以下の取引に関して、平成 30 年 3 月分の仕訳として最も適切なものは次のうちどれか。ただし、この管理組合の会計年度は、毎年 4 月 1 日から翌年 3 月 31 日までとし、期中の取引においても、企業会計原則に基づき厳格な発生主義によって経理しているものとする。

（取引）

外壁の補修工事及び防犯カメラの設置について見積書を取得し、平成 30 年 1 月に、総会の決議を経た上で、甲社及び乙社に、それぞれ見積書記載の内容のとおり発注した。甲社及び乙社の見積書の内容は以下のとおりである。

（見積書の内容）

件名	外壁補修工事	防犯カメラ設置
会社名	甲社	乙社
金額	250,000 円	3,500,000 円（取付費含む）
期間	着工予定日 　平成 30 年 3 月 5 日 工事完了、引渡予定日 　平成 30 年 3 月 15 日	着手予定日 　平成 30 年 2 月 25 日 設置完了、引渡予定日 　平成 30 年 3 月 5 日
支払条件	引渡日の 1 か月後に指定口座に振込	着手時、手付金 500,000 円 残金は引渡日の 10 日後に指定口座に振込

それぞれは、見積書の期間のとおり行われ、予定の日に引渡しを受けたので、必要な支払について、見積書の支払条件のとおり、普通預金から振込により支払った。

1

（借　方）		（貸　方）	
什器備品	3,500,000	前払金	500,000
修繕費	250,000	普通預金	3,000,000
		未払金	250,000

2

（借　方）		（貸　方）	
什器備品	3,500,000	普通預金	3,500,000
修繕費	250,000	未払金	250,000

3

（借　方）		（貸　方）	
修繕費	3,750,000	前払金	500,000
		普通預金	3,250,000

4

（借　方）		（貸　方）	
什器備品	3,750,000	前払金	500,000
		普通預金	3,000,000
		未払金	250,000

〔外壁補修工事について〕
　発生主義によると、修繕費は、**工事完了時を支出として計上し、未払いの場合**には、**未払金として処理**する。本問の外壁補修工事は、平成30年3月15日に完了しているから、その工事費を、平成30年3月に支出として計上する。ただ、その支払は引渡し日の1か月後である平成30年4月15日に行う予定であるから、平成30年3月の段階では未払いとなるので、未払金として処理する。したがって、以下の仕訳を行う。

（借　方）		（貸　方）	
修繕費	250,000	未払金	250,000　…①

〔防犯カメラ設置について〕
　平成30年2月に、500,000円を手付金として前払いしているから、**前払金を計上**する。
〈平成30年2月の仕訳〉

（借　方）		（貸　方）	
前払金	500,000	普通預金	500,000

　平成30年3月5日に防犯カメラが設置され、設置費用3,500,000円のうち、**手付金として支払った500,000円を設置費用にあて**、残部3,000,000円は引渡し日の10日後である**平成30年3月15日に支払った**から、以下の仕訳を行う。
〈平成30年3月の仕訳〉

（借　方）		（貸　方）	
什器備品	3,500,000	前払金	500,000　…②
		普通預金	3,000,000

〔まとめ〕
　以上より、平成30年3月分の仕訳として行うものは①②であり、これらを合算した以下の仕訳を行うことになる。

（借　方）		（貸　方）	
什器備品	3,500,000	前払金	500,000
修繕費	250,000	普通預金	3,000,000
		未払金	250,000

以上より、本問の正解肢は1となる。

5 仕訳

2019年度 問15　Check □□□　重要度 ▶ A

管理組合の活動における以下のア～エの取引に関し、平成31年3月分のア～エそれぞれの仕訳として、最も適切なものは、次の1～4のうちのどれか。なお、この管理組合の会計は、企業会計の原則に基づき、毎月厳格な発生主義によって経理しているものとする。

《管理組合の会計年度：毎年4月1日から翌年3月31日まで》

ア	排水管塗装工事一式	560,000 円
	平成31年2月1日　発注した	
	平成31年2月28日　完成した	
	平成31年3月20日　普通預金にて支払った	
イ	防犯カメラ取替（取付費も含む）	450,000 円
	平成31年3月1日　発注した	
	平成31年3月15日　取付を完了した	
	平成31年3月20日　普通預金にて支払った	
ウ	高置水槽清掃	100,000 円
	平成31年3月1日　発注した	
	平成31年3月21日　清掃を完了した	
	平成31年4月20日　普通預金にて支払う予定	
エ	エレベーター改良工事	6,800,000 円
	平成31年3月1日　発注した	
	平成31年3月1日　前払金として3,000,000円を普通預金にて支払った	
	平成31年3月10日　工事に着手した	
	平成31年4月30日　完成する予定	
	令和元年5月20日　普通預金にて残金を支払う予定	

1 アの取引に関わる平成31年3月分の仕訳　　　　　　　　　　　（単位：円）

（借　方）		（貸　方）	
修繕費	560,000	普通預金	560,000

2 イの取引に関わる平成31年3月分の仕訳

（借　方）		（貸　方）	
修繕費	450,000	普通預金	450,000

3 ウの取引に関わる平成31年3月分の仕訳

（借　方）		（貸　方）	
清掃費	100,000	未払金	100,000

4 エの取引に関わる平成31年3月分の仕訳

（借　方）		（貸　方）	
前払金	3,000,000	普通預金	3,000,000
付属設備	3,800,000	未払金	3,800,000

1 不適切
発生主義によると、修繕費は**工事完了時に支出として計上**する。本肢の場合、平成31年2月28日に工事が完成しているから以下の仕訳を行う。

（借　方）		（貸　方）	
修繕費	560,000	未払金	560,000

平成31年3月20日に未払いであった工事代金を支払ったので、未払金を減少させる。

（借　方）		（貸　方）	
未払金	560,000	普通預金	560,000

☞ 合 ③分冊 p140 ❸〜　速 p602 ❷〜

2 不適切
防犯カメラのような什器備品は、**資産として計上**する。

（借　方）		（貸　方）	
什器備品	450,000	普通預金	450,000

☞ 合 ③分冊 p140 ❸〜　速 p602 ❷〜

3 適切
発生主義によると、清掃費は**完了時に支出として計上**する。本肢の場合、平成31年3月21日に清掃が完了していることから、清掃費を計上する。また、この時点では未払いであるから、未払金を計上する。

（借　方）		（貸　方）	
清掃費	100,000	未払金	100,000

☞ 合 ③分冊 p140 ❸〜　速 p602 ❷〜

4 不適切
前払いをした場合には、その時点で前払金を計上する。付属設備は前払いの時点では**計上しない**。

（借　方）		（貸　方）	
前払金	3,000,000	普通預金	3,000,000

☞ 合 ③分冊 p140 ❸〜　速 p602 ❷〜

正解 3（正解率 73%）

肢別解答率 受験生はこう答えた！
1 7%
2 11%
3 73%
4 9%

難易度 易

6 仕訳

2019年度 問16　　*Check* ☐☐☐　重要度 ▶ **A**

管理組合の活動における以下のア〜エの入金状況に関し、平成31年3月分のア〜エを合わせた仕訳として、最も適切なものは、次の1〜4のうちのどれか。
なお、この管理組合の会計は、企業会計の原則に基づき、毎月厳格な発生主義によって経理しているものとする。
《管理組合の会計年度：毎年4月1日から翌年3月31日まで》

ア	平成31年2月末日までに普通預金口座に入金された管理費・修繕積立金	
(内訳)	① 平成31年3月分管理費	1,300,000 円
	② 平成31年3月分修繕積立金	650,000 円
	合計	1,950,000 円
イ	平成31年3月1日から3月末日までに普通預金口座に入金された管理費	
(内訳)	① 平成31年2月以前分	150,000 円
	② 平成31年3月分	200,000 円
	③ 平成31年4月分	1,200,000 円
	合計	1,550,000 円
ウ	平成31年3月1日から3月末日までに普通預金口座に入金された修繕積立金	
(内訳)	① 平成31年2月以前分	70,000 円
	② 平成31年3月分	100,000 円
	③ 平成31年4月分	600,000 円
	合計	770,000 円
エ	平成31年3月末日までに普通預金口座に入金されていない管理費・修繕積立金	
(内訳)	① 平成31年3月分管理費	60,000 円
	② 平成31年3月分修繕積立金	30,000 円
	合計	90,000 円

〈平成31年3月分の仕訳〉　　　　　　　　　　　　　　　　　　　　　　　（単位：円）

1

（借　方）		（貸　方）	
普通預金	2,320,000	管理費収入	1,550,000
		修繕積立金収入	770,000

2

（借　方）		（貸　方）	
前受金	1,950,000	管理費収入	2,760,000
普通預金	2,320,000	修繕積立金収入	1,380,000
未収入金	90,000	未収入金	220,000

3

（借　方）		（貸　方）	
前受金	1,950,000	管理費収入	1,500,000
普通預金	2,320,000	修繕積立金収入	750,000
管理費収入	60,000	前受金	1,800,000
修繕積立金収入	30,000	未収入金	310,000

4

（借　方）		（貸　方）	
前受金	1,950,000	管理費収入	1,560,000
普通預金	2,320,000	修繕積立金収入	780,000
未収入金	90,000	前受金	1,800,000
		未収入金	220,000

発生主義によると、管理費収入、修繕積立金収入は、**毎月、その月分を収入として計上し**、その収入に対応する入金がなかった場合には、未収入金として処理する。また、前受けをした場合には、前受金として処理する。

〔平成31年2月以前分の管理費及び修繕積立金〕
問題文イ、ウから、平成31年3月の時点で、同年2月以前分の管理費150,000円及び修繕積立金70,000円を合計した220,000円の入金がなされていることから、同年2月以前には、管理費及び修繕積立金220,000円の入金がなされておらず、未収入金として処理されている。同年3月に、上記の未収分につき入金がされているから、**未収入金を減少させる。**

(借　方)		(貸方)		
普通預金	220,000	未収入金	220,000	…①

〔平成31年3月分の管理費及び修繕積立金〕
問題文ア、イ、ウ、エから、平成31年3月分の管理費は、2月に前受けをした1,300,000円と3月に入金のあった200,000円と入金のない60,000円とを合計した1,560,000円であり、**これを収入として計上する。**また、平成31年3月分の修繕積立金は、2月に前受けをした650,000円と3月に入金のあった100,000円と入金のない30,000円とを合計した780,000円であり、**これを収入として計上する。**入金のなかった管理費60,000円と修繕積立金30,000円とを合計した90,000円は未収入金として処理する。また、2月に前受けをした管理費1,300,000円と修繕積立金650,000円は同年2月に前受金が計上されているから、これを減少させる。

(借　方)		(貸方)		
普通預金	300,000	管理費収入	1,560,000	…②
未収入金	90,000	修繕積立金収入	780,000	
前受金	1,950,000			

〔平成31年4月分の管理費及び修繕積立金〕
平成31年4月分の管理費、修繕積立金は、**同年3月の時点では、収入として計上せず、前受金として処理する。**

(借　方)		(貸方)		
普通預金	1,800,000	前受金	1,800,000	…③

〔まとめ〕
平成31年3月に行うべき仕訳は①②③であるから、これらを合算したものが平成31年3月分の仕訳である。

(借　方)		(貸方)	
前受金	1,950,000	管理費収入	1,560,000
普通預金	2,320,000	修繕積立金収入	780,000
未収入金	90,000	前受金	1,800,000
		未収入金	220,000

以上より、本問の正解肢は4となる。

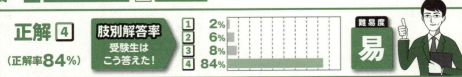

7 仕訳

2020年度 問15 　重要度 ▶ A

管理組合における以下の①～③の活動に関し、令和2年3月分の仕訳として最も適切なものは、次の1～4のうちどれか。ただし、会計処理は、毎月次において発生主義の原則によるものとする。

《管理組合の会計年度：毎年4月1日から翌年3月31日まで》

活動
令和2年3月中の管理組合の普通預金の入金内訳は、次の①から③の通りである。

① 令和2年2月以前分に係る収入として		② 令和2年3月分に係る収入として	
管理費収入	100,000 円	管理費収入	150,000 円
修繕積立金収入	30,000 円	修繕積立金収入	45,000 円
駐車場使用料収入	5,000 円	駐車場使用料収入	10,000 円
計	135,000 円	計	205,000 円

③ 令和2年4月分に係る収入として
管理費収入　　　　　1,200,000円
修繕積立金収入　　　　360,000円
駐車場使用料収入　　　150,000円
　　計　　　　　　　1,710,000円

3月分収入合計　　2,050,000 円

(単位：円)

1
(借　方)		(貸　方)	
普通預金	2,050,000	管理費収入	1,450,000
		修繕積立金収入	435,000
		駐車場使用料収入	165,000

2
(借　方)		(貸　方)	
普通預金	2,050,000	未収入金	135,000
		管理費収入	1,350,000
		修繕積立金収入	405,000
		駐車場使用料収入	160,000

3
(借　方)		(貸　方)	
普通預金	2,050,000	管理費収入	250,000
		修繕積立金収入	75,000
		駐車場使用料収入	15,000
		前受金	1,710,000

4
(借　方)		(貸　方)	
普通預金	2,050,000	未収入金	135,000
		管理費収入	150,000
		修繕積立金収入	45,000
		駐車場使用料収入	10,000
		前受金	1,710,000

発生主義によると、**管理費等及び駐車場使用料は、毎月、その月分を収入として計上し、その収入に対応する入金がなかった場合には、未収入金として処理する**。また、前受けをした場合には、前受金として処理する。

〔①について〕
　令和2年3月の時点で、同年2月以前分の管理費等及び駐車場使用料の入金があったことから、これらの管理費等及び駐車場使用料は、同年3月より前に未収入金として処理されている。同年3月にこれが支払われたので、**未収入金を減少させる**。

（借　方）		（貸　方）		
普通預金	135,000	未収入金	135,000	…ア

〔②について〕
　3月分の管理費等及び駐車場使用料は、令和2年3月に**収入として計上する**。

（借　方）		（貸　方）		
普通預金	205,000	管理費収入	150,000	…イ
		修繕積立金収入	45,000	
		駐車場使用料収入	10,000	

〔③について〕
　令和2年4月分の管理費等及び駐車場使用料は、**同年3月の時点では、前受けとなる**から、**前受金として処理する**。

（借　方）		（貸　方）		
普通預金	1,710,000	前受金	1,710,000	…ウ

〔まとめ〕
　令和2年3月分の仕訳は、上記ア、イ、ウであり、これらを合算すると以下の仕訳となる。

（借　方）		（貸　方）	
普通預金	2,050,000	未収入金	135,000
		管理費収入	150,000
		修繕積立金収入	45,000
		駐車場使用料収入	10,000
		前受金	1,710,000

以上より、本問の正解肢は4となる。

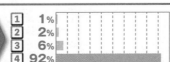

8 仕訳

2020年度 問16　Check ☐☐☐　重要度 ▶ A

管理組合における以下の①～③の活動に関し、令和2年3月分の仕訳として最も適切なものは、次の1～4のうちどれか。ただし、会計処理は、毎月次において発生主義の原則によるものとする。

《管理組合の会計年度：毎年4月1日から翌年3月31日まで》

活動

① 　令和2年2月3日に発注し、令和2年2月15日に工事が実施され、令和2年2月20日に工事が完了した排水管更新工事の代金85万円を、令和2年3月20日に普通預金から支払った。

② 　令和2年2月25日に150万円で発注した什器備品としての監視用カメラの取付工事が、令和2年3月2日に完了したという報告があり、代金は令和2年3月末に普通預金から支払った。

③ 　外階段の塗装剥がれに伴う修理として、令和2年3月12日に塗装業を営むA社に300万円にて発注し、工事は令和2年4月1日から5日間にわたって実施され、その支払は工事完了から1週間以内に、普通預金から振込む予定である。

（単位：円）

1

（借　方）		（貸　方）	
修繕費	3,000,000	普通預金	850,000
建物付属設備	850,000	前払金	3,000,000
什器備品	1,500,000	未払金	1,500,000

2

（借　方）		（貸　方）	
修繕費	3,000,000	普通預金	5,350,000
建物付属設備	850,000		
前払金	1,500,000		

3

（借　方）		（貸　方）	
未払金	850,000	普通預金	2,350,000
什器備品	1,500,000		

4

（借　方）		（貸　方）	
修繕費	3,000,000	普通預金	2,350,000
建物付属設備	850,000	未払金	3,000,000
前払金	1,500,000		

146　**LEC**東京リーガルマインド　2025年版 出る順管理業務主任者 分野別過去問題集　③分冊

〔①について〕
　発生主義によると、**修繕費は、工事完了時に支出として計上し**、未払いの場合には、未払金として処理する。①の排水管更新工事は、令和2年2月20日に完了しているから、同年2月の時点では未払金として処理する。同年3月20日に支払がなされたので、未払金を減少させる。

（借　方）		（貸　方）		
未払金	850,000	普通預金	850,000	…ア

〔②について〕
　什器備品は、**取得時に、資産として計上する**。②の監視用カメラは、令和2年3月2日に取付工事が完了しているので、同年3月に什器備品として計上する。

（借　方）		（貸　方）		
什器備品	1,500,000	普通預金	1,500,000	…イ

〔③について〕
　発生主義によると、**修繕費は、工事完了時に支出として計上し**、前払いの場合には、前払金として処理する。③の修理は、令和2年3月には完了しておらず、また、前払いもしていないから、令和2年3月には、③につき仕訳をしない。

〔まとめ〕
　令和2年3月分の仕訳は、上記ア、イであり、これらを合算すると以下の仕訳となる。

（借　方）		（貸　方）	
未払金	850,000	普通預金	2,350,000
什器備品	1,500,000		

以上より、本問の正解肢は3となる。

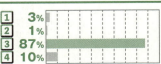

9 仕訳

2021年度 問15 Check ☐☐☐ 重要度 ▶ **A**

管理組合における以下の①～③の活動に関し、令和3年3月分の仕訳として最も適切なものは、次の1～4のうちどれか。ただし、会計処理は毎月次において発生主義の原則によって処理されているものとする。
（管理組合の会計年度：毎年4月1日から翌年3月31日まで）

活動
令和3年3月中の管理組合の普通預金の入金の内訳は、次の①～③の通りである。

① 令和3年2月以前分

管理費収入	1月分	100,000円		
	2月分	150,000円	計	250,000円
修繕積立金収入	1月分	10,000円		
	2月分	20,000円	計	30,000円

② 令和3年3月分

管理費収入	3月分	250,000円		
修繕積立金収入	3月分	50,000円	計	300,000円

③ 令和3年4月分

管理費収入	4月分	2,500,000円		
修繕積立金収入	4月分	500,000円	計	3,000,000円
			合　計	3,580,000円

（単位：円）

1

（借　方）		（貸　方）	
普通預金	3,580,000	未収入金	280,000
		管理費収入	250,000
		修繕積立金収入	50,000
		前受金	3,000,000

2

（借　方）		（貸　方）	
普通預金	3,580,000	管理費収入	3,000,000
		修繕積立金収入	580,000

3

（借　方）		（貸　方）	
普通預金	3,580,000	管理費収入	500,000
		修繕積立金収入	80,000
		前受金	3,000,000

4

（借　方）		（貸　方）	
普通預金	3,580,000	未収入金	280,000
		管理費収入	2,750,000
		修繕積立金収入	550,000

148　**LEC**東京リーガルマインド　2025年版 出る順管理業務主任者 分野別過去問題集　③分冊

発生主義によると、管理費等は、毎月、**その月分を収入として計上し**、その収入に対応する入金がなかった場合には、未収入金として処理する。また、前受けをした場合には、前受金として処理する。

〔①について〕
　令和3年3月の時点で、同年2月以前分の管理費等の入金があったことから、これらの管理費等は、同年3月より前に未収入金として処理されている。同年3月にこれが支払われたので、**未収入金を減少させる**。

（借　方）		（貸　方）		
普通預金	280,000	未収入金	280,000	…ア

〔②について〕
　3月分の管理費等は、令和3年3月に**収入として計上する**。

（借　方）		（貸　方）		
普通預金	300,000	管理費収入	250,000	…イ
		修繕積立金収入	50,000	

〔③について〕
　令和3年4月分の管理費等は、同年3月の時点では、前受けとなるから、**前受金として処理する**。

（借　方）		（貸　方）		
普通預金	3,000,000	前受金	3,000,000	…ウ

〔まとめ〕
　令和3年3月分の仕訳は、上記ア、イ、ウであり、これらを合算すると以下の仕訳となる。

（借　方）		（貸　方）	
普通預金	3,580,000	未収入金	280,000
		管理費収入	250,000
		修繕積立金収入	50,000
		前受金	3,000,000

以上より、本問の正解肢は1となる。

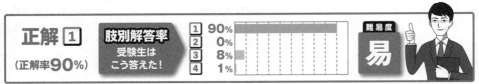

⑩ 仕訳

2021年度 問16

Check ☐☐☐　重要度 ▶ A

管理組合における以下の①～③の活動に関し、令和3年3月分の仕訳として最も適切なものは、次の1～4のうちどれか。ただし、会計処理は毎月次において発生主義の原則によって処理されているものとする。
（管理組合の会計年度：毎年4月1日から翌年3月31日まで）

活動

① 令和2年12月1日に壁面の補修のためにA社に発注し、令和3年2月末日に完了した塗装工事の代金2,350,000円を令和3年3月15日に普通預金から支払った。

② 令和3年1月10日にB社に1,200,000円で発注した外階段の補修工事について、令和3年3月15日にB社から完了報告があり、工事代金は令和3年4月15日に普通預金から支払われる。

③ 令和3年3月1日にC社に350,000円で発注した備品である除雪機が、令和3年4月1日に納入され、納入後10日以内にその代金が支払われる契約となっている。

（単位：円）

1

（借　方）		（貸　方）	
未払金	2,350,000	普通預金	2,350,000
修繕費	1,200,000	未払金	1,200,000

2

（借　方）		（貸　方）	
修繕費	3,550,000	普通預金	2,350,000
		未払金	1,200,000

3

（借　方）		（貸　方）	
未払金	2,350,000	普通預金	3,550,000
修繕費	1,200,000		

4

（借　方）		（貸　方）	
修繕費	3,550,000	普通預金	3,550,000
備品	350,000	未払金	350,000

〔①について〕
　発生主義によると、**修繕費は、工事完了時に支出として計上**し、未払いの場合には、未払金として処理する。①の塗装工事は、令和3年2月末日に完了しているものの、その代金の支払は同年3月になされているから、同年2月の時点では未払金として処理されている。同年3月15日に支払がなされたので、未払金を減少させる。

（借　方）		（貸　方）		
未払金	2,350,000	普通預金	2,350,000	…ア

〔②について〕
　発生主義によると、**修繕費は、工事完了時に支出として計上**し、未払いの場合には、未払金として処理する。②の補修工事は、令和3年3月15日に完了しているが、工事代金は令和3年4月15日に支払う予定であり、3月の時点では未払いとなるから、未払金として処理する。

（借　方）		（貸　方）		
修繕費	1,200,000	未払金	1,200,000	…イ

〔③について〕
　備品は、取得時に、資産として計上する。③の除雪機は、令和3年4月1日に納入される予定であるから、令和3年3月の時点では、これを取得していない。また、代金の支払も令和3年4月の予定であるから、令和3年3月の時点では、支払はしない。したがって、令和3年3月には、③につき仕訳をしない。

〔まとめ〕
　令和3年3月分の仕訳は、上記ア、イであり、これらを合算すると以下の仕訳となる。

（借　方）		（貸　方）	
未払金	2,350,000	普通預金	2,350,000
修繕費	1,200,000	未払金	1,200,000

以上より、本問の正解肢は1となる。

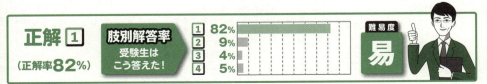

11 仕訳

2022年度 問15　重要度 ▶ A

管理組合における以下の①～③の活動に関し、令和4年3月分の仕訳として、最も適切なものはどれか。ただし、会計処理は毎月次において発生主義の原則によって処理されているものとする。

(管理組合の会計年度：毎年4月1日から翌年3月31日まで)

活動
令和4年3月中の管理組合の普通預金の入金の内訳は、次の①～③の通りである。

① 令和4年2月以前分		② 令和4年3月分	
管理費収入	250,000 円	管理費収入	350,000 円
修繕積立金収入	70,000 円	修繕積立金収入	100,000 円
駐車場使用料収入	10,000 円	駐車場使用料収入	20,000 円
専用庭使用料収入	3,000 円	専用庭使用料収入	6,000 円
計	333,000 円	計	476,000 円

③ 令和4年4月以降分			
管理費収入	2,600,000 円		
修繕積立金収入	750,000 円		
駐車場使用料収入	70,000 円		
専用庭使用料収入	15,000 円		
計	3,435,000 円	合　計	4,244,000 円

(単位：円)

1

(借　方)		(貸　方)	
普通預金	4,244,000	未収入金	333,000
		管理費収入	2,950,000
		修繕積立金収入	850,000
		駐車場使用料収入	90,000
		専用庭使用料収入	21,000

2

(借　方)		(貸　方)	
普通預金	4,244,000	管理費収入	3,200,000
		修繕積立金収入	920,000
		駐車場使用料収入	100,000
		専用庭使用料収入	24,000

3

(借　方)		(貸　方)	
普通預金	4,244,000	管理費収入	600,000
		修繕積立金収入	170,000
		駐車場使用料収入	30,000
		専用庭使用料収入	9,000
		前受金	3,435,000

4

(借　方)		(貸　方)	
普通預金	4,244,000	未収入金	333,000
		管理費収入	350,000
		修繕積立金収入	100,000
		駐車場使用料収入	20,000
		専用庭使用料収入	6,000
		前受金	3,435,000

発生主義によると、管理費等、駐車場使用料及び専用庭使用料は、毎月、その月分を収入として計上する。その収入に対応する入金がなかった場合には、未収入金として処理する。また、前受けをした場合には、前受金として処理する。
〔①について〕
　令和4年3月の時点で、同年2月以前分の管理費等、駐車場使用料及び専用庭使用料の入金があったことから、これらは、同年3月より前に**未収入金**として処理されている。同年3月にこれらが支払われたので、未収入金を**減少させる**。

（借　方）		（貸　方）		
普通預金	333,000	未収入金	333,000	…ア

〔②について〕
　3月分の管理費等、駐車場使用料及び専用庭使用料は、令和4年3月に**収入として計上**する。

（借　方）		（貸　方）		
普通預金	476,000	管理費収入	350,000	…イ
		修繕積立金収入	100,000	
		駐車場使用料収入	20,000	
		専用庭使用料収入	6,000	

〔③について〕
　令和4年4月以降分の管理費等、駐車場使用料及び専用庭使用料は、同年3月の時点では、前受けとなるから、**前受金**として処理する。

（借　方）		（貸　方）		
普通預金	3,435,000	前受金	3,435,000	…ウ

〔まとめ〕
　令和4年3月分の仕訳は、上記ア、イ、ウであり、これらを合算すると以下の仕訳となる。

（借　方）		（貸　方）	
普通預金	4,244,000	未収入金	333,000
		管理費収入	350,0000
		修繕積立金収入	100,000
		駐車場使用料収入	20,000
		専用庭使用料収入	6,000
		前受金	3,435,000

以上より、本問の正解肢は4となる。

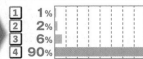

⑫ 仕訳

2022年度 問16　　　Check ☐☐☐　重要度 ▶ **A**

管理組合における以下の①〜③の活動に関し、令和4年3月分の仕訳として、最も適切なものはどれか。ただし、会計処理は毎月次において発生主義の原則によって処理されているものとする。

（管理組合の会計年度：毎年4月1日から翌年3月31日まで）

活動

①　令和4年1月に防犯カメラ更新工事をA社に3,500,000円で発注し、令和4年2月末日に更新が完了した。その代金は令和4年3月15日に普通預金から支払った。

②　給水ポンプに係る機器が故障したので、その修理を令和4年3月5日にB社に450,000円で発注した。令和4年3月10日にB社から完了報告があり、その代金は令和4年4月20日に普通預金から支払う予定である。

③　6年周期で実施される避難階段の錆止め塗布について、令和4年3月15日にC社に1,000,000円で発注し、錆止め塗布は令和4年4月15日から20日の間に実施し、その工事代金は完了月の月末に支払う契約となっている。

（単位：円）

1

（借　方）		（貸　方）	
修繕費	1,450,000	未払金	1,450,000
未払金	3,500,000	普通預金	3,500,000

2

（借　方）		（貸　方）	
修繕費	3,950,000	普通預金	3,950,000

3

（借　方）		（貸　方）	
未払金	3,500,000	普通預金	3,500,000
修繕費	450,000	未払金	450,000

4

（借　方）		（貸　方）	
器具備品	3,500,000	普通預金	3,500,000
修繕費	450,000	未払金	450,000

〔①について〕
　備品は、**取得時**に、資産として計上する。①の更新工事は令和4年2月に完了し、管理組合は、令和4年2月に防犯カメラを取得しているものの、その代金の支払は3月であるから、令和4年2月の時点では**未払金**として処理されている。令和4年3月15日に支払がなされたので、未払金を減少させる。

（借　方）		（貸　方）		
未払金	3,500,000	普通預金	3,500,000	…ア

〔②について〕
　発生主義によると、修繕費は、**工事完了時**に支出として計上する。未払いの場合には、**未払金**として処理する。②の修繕工事は、令和4年3月10日に完了しているものの、工事代金は令和4年4月20日に支払う予定であり、3月の時点では未払いとなるから、未払金として処理する。

（借　方）		（貸　方）		
修繕費	450,000	未払金	450,000	…イ

〔③について〕
　発生主義によると、修繕費は、工事完了時に支出として計上する。前払いがあった場合には、**前払金**として処理する。③の錆止め塗布工事は、令和4年4月15日以降に実施される予定であるから、令和4年3月の時点では、**修繕費を計上しない**。また、代金の支払は令和4年4月の予定であるから、令和4年3月の時点で支払はない。したがって、令和4年3月には、③につき**仕訳をしない**。

〔まとめ〕
　令和4年3月分の仕訳は、上記ア、イであり、これらを合算すると以下の仕訳となる。

（借　方）		（貸　方）	
未払金	3,500,000	普通預金	3,500,000
修繕費	450,000	未払金	450,000

以上より、本問の正解肢は3となる。

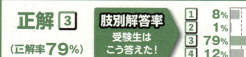
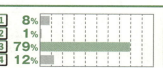

⑬ 仕訳

2023年度 問12　　Check ☐☐☐　重要度 ▶ A

甲管理組合における以下の活動に関し、令和5年3月分の仕訳として、最も適切なものはどれか。ただし、会計処理は毎月次において発生主義の原則によって処理されているものとする。

(甲管理組合の会計年度：毎年4月1日から翌年3月31日まで)

活動
　令和5年3月31日に、組合員から管理費等合計 3,000,000 円を徴収し、甲管理組合の普通預金口座に入金した。入金の内訳は以下のとおりである。

① 管理費入金内訳
令和5年2月以前分	120,000 円	
令和5年3月分	80,000 円	
令和5年4月分	2,200,000 円	2,400,000 円

② 修繕積立金入金内訳
令和5年2月以前分	60,000 円	
令和5年3月分	40,000 円	
令和5年4月分	500,000 円	600,000 円

合　計　3,000,000 円

(単位：円)

1

(借　方)		(貸　方)	
普通預金	3,000,000	管理費収入	2,400,000
		修繕積立金収入	600,000

2

(借　方)		(貸　方)	
普通預金	3,000,000	未収入金	180,000
		管理費収入	80,000
		修繕積立金収入	40,000
		前受金	2,700,000

3

(借　方)		(貸　方)	
普通預金	3,000,000	未収入金	180,000
		管理費収入	2,280,000
		修繕積立金収入	540,000

4

(借　方)		(貸　方)	
普通預金	3,000,000	未収入金	200,000
		修繕積立金収入	100,000
		前受金	2,700,000

発生主義によると、管理費等は、毎月、**その月分を収入として計上**し、その収入に対応する入金がなかった場合には、**未収入金**として処理する。また、前受けをした場合には、**前受金**として処理する。

〔令和5年2月以前分について〕
　令和5年3月の時点で、同年2月以前分の管理費等の入金があったことから、これらの管理費等は、同年3月より前に未収入金として処理されている。同年3月にこれが支払われたので、**未収入金を減少**させる。

（借　方）		（貸　方）		
普通預金	180,000	未収入金	180,000	…ア

〔令和5年3月分について〕
　令和5年3月分の管理費等は、令和5年3月に**収入として計上**する。

（借　方）		（貸　方）		
普通預金	120,000	管理費収入	80,000	…イ
		修繕積立金収入	40,000	

〔令和5年4月分について〕
　令和5年4月分の管理費等は、同年3月の時点では、前受けとなるから、**前受金として処理**する。

（借　方）		（貸　方）		
普通預金	2,700,000	前受金	2,700,000	…ウ

〔まとめ〕
　令和5年3月分の仕訳は、上記ア、イ、ウであり、これらを合算すると以下の仕訳となる。

（借　方）		（貸　方）	
普通預金	3,000,000	未収入金	180,000
		管理費収入	80,000
		修繕積立金収入	40,000
		前受金	2,700,000

以上より、本問の正解肢は2となる。

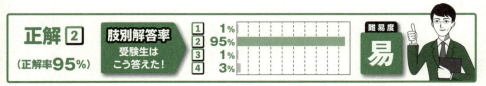

⑭ 仕訳

2023年度 問13

Check ☐☐☐ 重要度 ▶ A

甲管理組合における以下の活動に関し、令和5年3月分の仕訳として、最も適切なものはどれか。ただし、会計処理は毎月次において発生主義の原則によって処理されているものとする。

（甲管理組合の会計年度：毎年4月1日から翌年3月31日まで）

活動

令和5年4月1日以降、駐車場1区画につき月額使用料20,000円、敷金として当該使用料の2箇月分にて新規利用者5人に1区画ずつ貸し出すこととし、令和5年3月中に、甲管理組合の普通預金口座に合計300,000円の入金があった。その内訳は以下のとおりである。

令和5年3月中の入金の内訳

敷金	200,000 円
令和5年4月分使用料	100,000 円
合　計	300,000 円

（単位：円）

1

（借　方）		（貸　方）	
普通預金	300,000	前受金	300,000

2

（借　方）		（貸　方）	
普通預金	300,000	駐車場使用料収入	100,000
		預り金	200,000

3

（借　方）		（貸　方）	
普通預金	300,000	前受金	100,000
		預り金	200,000

4

（借　方）		（貸　方）	
普通預金	300,000	駐車場使用料収入	300,000

158　LEC東京リーガルマインド　2025年版 出る順管理業務主任者 分野別過去問題集　③分冊

〔敷金について〕
　敷金は、駐車場使用料が支払われない場合などの担保として交付される金銭であり、駐車場使用料などが滞りなく支払われている場合には返還されるので、**受取時に預り金として負債に計上**する。したがって、敷金についての仕訳は以下のとおりである。

（借　方）		（貸　方）		
普通預金	200,000	預り金	200,000	…ア

〔令和5年4月分使用料について〕
　発生主義によれば、駐車場使用料は、毎月、**その月分を収入として計上**する。前受けをした場合には、**前受金**として処理する。令和5年4月分駐車場使用料は、令和5年3月の時点では、前受けとなるから、前受金として処理する。

（借　方）		（貸　方）		
普通預金	100,000	前受金	100,000	…イ

〔まとめ〕
　令和5年3月分の仕訳は、上記ア、イであり、これらを合算すると以下の仕訳となる。

（借　方）		（貸　方）	
普通預金	300,000	前受金	100,000
		預り金	200,000

以上より、本問の正解肢は3となる。

⑮ 仕訳

2024年度 問11　　Check ☐☐☐　重要度 ▶ **A**

甲管理組合における以下の活動に関し、令和6年3月分の仕訳として、最も適切なものはどれか。ただし、会計処理は毎月次において発生主義の原則によって処理されているものとする。なお、積立保険料は、満期返戻金付きとする。

（甲管理組合の会計年度：毎年4月1日から翌年3月31日まで）

活動

　甲管理組合は、保険期間を5年、保険料支払方法を年払いとする「修繕積立保険」に加入しており、令和6年3月1日に令和6年3月1日から令和7年2月末までの期間1年分の保険料1,440,000円を普通預金口座から支払った。なお、当該保険料の明細は、以下のとおりである。

①	危険保険料	720,000 円
②	積立保険料	720,000 円
修繕積立保険料	合　計	1,440,000 円

1

（借　方）		（貸　方）	
支払保険料	1,440,000	普通預金	1,440,000

2

（借　方）		（貸　方）	
保険積立金	1,440,000	普通預金	1,440,000

3

（借　方）		（貸　方）	
支払保険料	720,000	普通預金	1,440,000
保険積立金	720,000		

4

（借　方）		（貸　方）	
支払保険料	60,000	普通預金	1,440,000
前払保険料	660,000		
保険積立金	720,000		

〔危険保険料について〕
　発生主義によると、危険保険料は、**月ごとに、その月に対応する額を支出として計上**する。**前払いをした場合**には、**前払保険料として処理**する。令和6年3月1日に支払った危険保険料は、令和6年3月1日から令和7年2月末までのものであるから、令和6年3月分は支出として計上し、その他の分は、前払保険料として処理する。

（借　方）		（貸　方）		
支払保険料	60,000	普通預金	720,000	…ア
前払保険料	660,000			

〔積立保険料について〕
　積立保険料は、返戻される受取保険金の元本となるので、**支払時に資産として計上**する。令和6年3月1日に支払った積立保険料については、以下の仕訳をする。

（借　方）		（貸　方）		
保険積立金	720,000	普通預金	720,000	…イ

〔まとめ〕
　令和6年3月分の仕訳は、上記ア、イであり、これらを合算すると以下の仕訳となる。

（借　方）		（貸　方）	
支払保険料	60,000	普通預金	1,440,000
前払保険料	660,000		
保険積立金	720,000		

以上より、本問の正解肢は4となる。

⑯ 仕訳

2024年度 問12　　Check ☐☐☐　重要度 ▶ A

甲管理組合における以下の活動に関し、令和 6 年 3 月分の仕訳として、最も適切なものはどれか。ただし、会計処理は毎月次において発生主義の原則によって処理されているものとする。

（甲管理組合の会計年度：毎年 4 月 1 日から翌年 3 月 31 日まで）

活動
　令和 6 年 3 月 31 日に、組合員から管理費等合計 3,000,000 円を徴収し、甲管理組合の普通預金口座に入金をした。入金の内訳は以下のとおりである。

① 令和 6 年 2 月以前分
　管理費収入　　　　　60,000 円
　修繕積立金収入　　　30,000 円　　　　　　　　　　　90,000 円

② 令和 6 年 3 月分
　管理費収入　　　　 120,000 円
　修繕積立金収入　　　60,000 円　　　　　　　　　　 180,000 円

③ 令和 6 年 4 月以降分
　管理費収入　　　 1,820,000 円
　修繕積立金収入　　 910,000 円　　　　　　　　　 2,730,000 円

　　　　　　　　　　　　　　　　　　合　計　　　　 3,000,000 円

（単位：円）

1

（借　方）		（貸　方）	
普通預金	3,000,000	管理費収入	2,000,000
		修繕積立金収入	1,000,000

2

（借　方）		（貸　方）	
普通預金	3,000,000	未収入金	90,000
		管理費収入	1,940,000
		修繕積立金収入	970,000

3

（借　方）		（貸　方）	
普通預金	3,000,000	未収入金	90,000
		管理費収入	120,000
		修繕積立金収入	60,000
		前受金	2,730,000

4

（借　方）		（貸　方）	
普通預金	3,000,000	管理費収入	180,000
		修繕積立金収入	90,000
		前受金	2,730,000

発生主義によると、管理費等は、毎月、**その月分を収入として計上**する。その収入に対応する入金がなかった場合には、未収入金として処理する。また、前受けをした場合には、前受金として処理する。

〔①について〕
　令和 6 年 3 月の時点で、同年 2 月以前分の管理費等の入金があったことから、これらは、同年 3 月より前に未収入金として処理されている。同年 3 月にこれらが支払われたので、**未収入金を減少させる。**

（借　方）		（貸　方）		
普通預金	90,000	未収入金	90,000	…ア

〔②について〕
　令和 6 年 3 月分の管理費等は、令和 6 年 3 月に**収入として計上する。**

（借　方）		（貸　方）		
普通預金	180,000	管理費収入	120,000	…イ
		修繕積立金収入	60,000	

〔③について〕
　令和 6 年 4 月以降分の管理費等は、同年 3 月の時点では前受けとなるから、**前受金として処理する。**

（借　方）		（貸　方）		
普通預金	2,730,000	前受金	2,730,000	…ウ

〔まとめ〕
　令和 6 年 3 月分の仕訳は、上記ア、イ、ウであり、これらを合算すると以下の仕訳となる。

（借　方）		（貸　方）	
普通預金	3,000,000	未収入金	90,000
		管理費収入	120,000
		修繕積立金収入	60,000
		前受金	2,730,000

以上より、本問の正解肢は 3 となる。

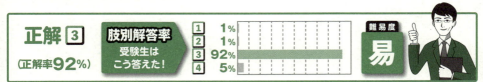

17 計算書類

2021年度 問14 Check ☐☐☐ 重要度 ▶ **A**

以下の貸借対照表（勘定式）は、甲管理組合の令和3年3月末日の決算において作成された一般（管理費）会計にかかる未完成の貸借対照表である。貸借対照表を完成させるために、表中の（A）及び（B）の科目と金額の組合せとして最も適切なものは、次の1〜4のうちどれか。

一般（管理費）会計貸借対照表
令和3年3月31日現在

（単位：円）

資産の部		負債・繰越金の部	
科　目	金　額	科　目	金　額
現金	100,000	未払金	200,000
普通預金	900,000	預り金	100,000
（　A　）		（　B　）	
未収入金	100,000	次期繰越剰余金	800,000
資産の部　合計	1,500,000	負債・繰越金の部　合計	1,500,000

	資産の部	科目	金額	負債・繰越金の部	科目	金額
1	A	前払金	400,000	B	前受金	400,000
2	A	前払金	600,000	B	前受金	600,000
3	A	前受金	400,000	B	前払金	400,000
4	A	前受金	600,000	B	前払金	600,000

164　LEC東京リーガルマインド　2025年版 出る順管理業務主任者 分野別過去問題集　③分冊

〔Aについて〕
　Aは、資産の部に計上されているので、その**勘定科目は資産項目**である。選択肢上、Aの勘定科目の候補としては、前払金と前受金が挙げられている。**前払金は資産項目**であり、前受金は負債項目であるから、Aの勘定科目は、前払金が適切である。
　また、**資産の部の金額の合計**から、以下の関係式が成り立つ。
　資産の部の金額の合計 1,500,000 円 = 現金 100,000 円 + 普通預金 900,000 円 + A（前払金）x 円 + 未収入金 100,000 円
　これを解いて、A（前払金）x 円 = 400,000 円であるから、Aの金額は 400,000 円である。

〔Bについて〕
　Bは、負債・繰越金の部に計上されているので、その**勘定科目は負債項目又は繰越金科目**である。選択肢上、Bの勘定科目の候補としては、前払金と前受金が挙げられている。前払金は資産項目であり、**前受金は負債項目**であるから、Bの勘定科目は、前受金が適切である。
　また、**負債・繰越金の部の金額の合計**から、以下の関係式が成り立つ。
　負債・繰越金の部の金額の合計 1,500,000 円 = 未払金 200,000 円 + 預り金 100,000 円 + B（前受金）y 円 + 次期繰越剰余金 800,000 円
　これを解いて、B（前受金）y 円 = 400,000 円であるから、Bの金額は 400,000 円である。

以上より、本問の正解肢は 1 となる。

18 計算書類

2022年度 問14 *Check* ☐☐☐ 重要度 ▶ **A**

以下の表アは、甲管理組合の令和4年3月末日の決算において作成された一般（管理費）会計に係る未完成の貸借対照表（勘定式）である。表アを完成させるために、表ア中の（A）及び（B）に入る科目と金額の組合せとして最も適切なものは、表イの1～4のうちどれか。

一般（管理費）会計貸借対照表
令和4年3月31日現在

表ア
(単位：円)

資産の部		負債・繰越金の部	
科　目	金　額	科　目	金　額
現金預金	1,000,000	未払金	300,000
		預り金	200,000
（　A　）		（　B　）	
未収入金	500,000	次期繰越金	1,500,000
什器及び備品	500,000		
資産の部合計	2,100,000	負債・繰越金の部合計	2,100,000

表イ
(単位：円)

	A　資産の部		B　負債・繰越金の部	
	科　目	金　額	科　目	金　額
1	仮払金	200,000	仮受金	200,000
2	仮受金	200,000	仮払金	200,000
3	仮受金	100,000	仮払金	100,000
4	仮払金	100,000	仮受金	100,000

〔Aについて〕
　Aは、**資産の部に計上**されているので、その勘定科目は資産項目である。選択肢上、Aの勘定科目の候補としては、仮払金と仮受金が挙げられている。**仮払金は資産項目**であり、仮受金は負債項目であるから、Aの勘定科目は、仮払金が適切である。
　また、資産の部の金額の合計から、以下の関係式が成り立つ。
　資産の部の金額の合計 2,100,000 円＝
　現金預金 1,000,000 円＋A（仮払金）x 円＋未収入金 500,000 円＋什器及び備品 500,000 円
　これを解いて、A（仮払金）x 円＝100,000 円であるから、Aの金額は 100,000 円である。
　　合 ③分冊 p120 ⑥〜　速 p594 ④〜

〔Bについて〕
　Bは、**負債・繰越金の部に計上**されているので、その勘定科目は負債項目又は繰越金項目である。選択肢上、Bの勘定科目の候補としては、仮払金と仮受金が挙げられている。仮払金は資産項目であり、**仮受金は負債項目**であるから、Bの勘定科目は、仮受金が適切である。
　また、負債・繰越金の部の金額の合計から、以下の関係式が成り立つ。
　負債・繰越金の部の金額の合計 2,100,000 円＝
　未払金 300,000 円＋預り金 200,000 円＋B（仮受金）y 円＋次期繰越金 1,500,000 円
　これを解いて、B（仮受金）y 円＝100,000 円であるから、Bの金額は 100,000 円である。
　　合 ③分冊 p120 ⑥〜　速 p594 ④〜

以上より、本問の正解肢は 4 となる。

19 計算書類

2023年度 問11 Check ☐☐☐ 重要度 ▶ A

以下の表アは、甲管理組合の令和5年3月末日の決算において作成された一般（管理費）会計に係る未完成の貸借対照表（勘定式）である。表アを完成させるために、表ア中の（A）及び（B）に入る科目と金額の組合せとして最も適切なものは、表イの1～4のうちどれか。

一般（管理費）会計貸借対照表
令和5年3月31日現在

表ア （単位：円）

資産の部		負債・繰越金の部	
科　目	金　額	科　目	金　額
現金預金	300,000	未払金	200,000
未収入金	100,000		
（　A　）		（　B　）	
什器及び備品	400,000	次期繰越金	500,000
資産の部合計	1,000,000	負債・繰越金の部合計	1,000,000

表イ （単位：円）

	A　資産の部		B　負債・繰越金の部	
	科　目	金　額	科　目	金　額
1	前受金	200,000	前払金	300,000
2	前払金	200,000	前受金	300,000
3	前受金	300,000	前払金	200,000
4	前払金	300,000	前受金	200,000

〔Aについて〕

　Aは、資産の部に計上されているので、その勘定科目は資産項目である。選択肢上、Aの勘定科目の候補としては、前払金と前受金が挙げられている。**前払金は資産項目**であり、前受金は負債項目であるから、Aの勘定科目は、前払金が適切である。

　また、資産の部**合計**から、以下の関係式が成り立つ。

　資産の部合計 1,000,000 円＝現金預金 300,000 円＋未収入金 100,000 円＋A（前払金）x 円＋什器及び備品 400,000 円

　これを解いて、A（前払金）x 円＝ 200,000 円であるから、Aの金額は 200,000 円である。

　👉 合 ③分冊 p133 2〜　速 p598 1〜

〔Bについて〕

　Bは、負債・繰越金の部に計上されているので、その勘定科目は負債項目又は繰越金項目である。選択肢上、Bの勘定科目の候補としては、前払金と前受金が挙げられている。前払金は資産項目であり、**前受金は負債項目**であるから、Bの勘定科目は、前受金が適切である。

　また、負債・繰越金の部**合計**から、以下の関係式が成り立つ。

　負債・繰越金の部合計 1,000,000 円＝未払金 200,000 円＋B（前受金）y 円＋次期繰越金 500,000 円

　これを解いて、B（前受金）y 円＝ 300,000 円であるから、Bの金額は 300,000 円である。

　👉 合 ③分冊 p133 2〜　速 p598 1〜

以上より、本問の正解肢は 2 となる。

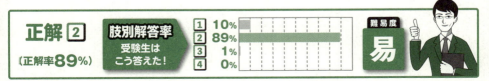

㉠ 計算書類

2024年度 問10 ・ *Check* ☐☐☐ 重要度 ▶ **A**

以下の表アは、甲管理組合の令和6年3月末日の決算において作成された一般（管理費）会計に係る未完成の貸借対照表（勘定式）である。表アを完成させるために、表ア中の（A）から（D）までに入る科目の組合せとして最も適切なものは、表イの1から4までのうちどれか。

一般（管理費）会計貸借対照表
令和6年3月31日現在

表ア
（単位：円）

資産の部		負債・繰越金の部	
科　目	金　額	科　目	金　額
現金預金	300,000	預り金	100,000
（　A　）	100,000	（　C　）	300,000
（　B　）	200,000	（　D　）	100,000
什器及び備品	400,000	次期繰越金	500,000
資産の部合計	1,000,000	負債・繰越金の部合計	1,000,000

表イ

	資産の部		負債・繰越金の部	
	（　A　）	（　B　）	（　C　）	（　D　）
1	未払金	前受金	未収入金	前払金
2	未収入金	前受金	未払金	前払金
3	未払金	前払金	未収入金	前受金
4	未収入金	前払金	未払金	前受金

170 **LEC**東京リーガルマインド　2025年版 出る順管理業務主任者 分野別過去問題集 ③分冊

〔A及びBについて〕

　A及びBは、資産の部に計上されている科目であるから、**資産項目**である。選択肢上、Aの科目の候補としては未払金及び未収入金が挙げられ、Bの科目の候補としては前受金及び前払金が挙げられている。Aの科目の候補の**未収入金**、Bの科目の候補の**前払金**は、**資産項目**であるから、これらが適切である。

〔C及びDについて〕

　C及びDは、負債・繰越金の部に計上されている科目であるから、**負債項目**又は**繰越金項目**である。選択肢上、Cの科目の候補としては未払金及び未収入金が挙げられ、Dの科目の候補としては前受金及び前払金が挙げられている。Cの科目の候補の**未払金**、Dの科目の候補の**前受金**は、**負債項目**であるから、これらが適切である。

以上より、A＝未収入金、B＝前払金、C＝未払金、D＝前受金となり、本問の正解肢は4となる。

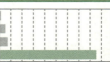

㉑ 税務

2017年度 問16　　Check ☐☐☐　重要度 ▶ A

管理組合の活動に係る税務の取扱いに関する次の記述のうち、最も適切なものはどれか。

1 消費税法上、消費税の納税義務者は事業者とされ、法人格を有しない管理組合及び管理組合法人は納税義務者とはならない。

2 消費税法上、管理組合が、組合員との駐車場使用契約に基づき収受した使用料は、課税取引として課税対象となる。

3 消費税法上、管理組合の支出のうち、火災保険料等の損害保険料は、課税取引として課税対象となる。

4 法人税法上、管理組合法人が、その共用部分を携帯電話基地局設置のために通信事業者に賃貸することは、収益事業に該当する。

[1] 不適切　事業者とは、個人事業者及び法人をいい〈消税2条1項4号〉、人格のない社団等は、法人とみなされる〈消税3条〉。したがって、法人格を有しない管理組合及び管理組合法人は、**事業者にあたり、原則として、納税義務者となる**〈消税5条1項〉。
☞ 合 ③分冊 p156 **1**～　速 p612 **1**～

[2] 不適切　管理組合が、組合員との駐車場使用契約に基づき収受した使用料は、**課税対象とならない**。
☞ 合 ③分冊 p156 **1**～　速 p612 **1**～

[3] 不適切　管理組合の支出のうち、火災保険料等の損害保険料は、**課税対象とならない**。
☞ 合 ③分冊 p156 **1**～　速 p612 **1**～

[4] 適切　収益事業とは、販売業、製造業その他の政令で定める事業で、継続して事業場を設けて行われるものをいう〈法税2条13号〉。「政令で定める事業」には、管理組合法人が行う**不動産貸付業が含まれる**〈法税令5条1項5号〉。したがって、本肢の賃貸は、収益事業に該当する。
☞ 合 ③分冊 p156 **1**～　速 p612 **1**～

正解 [4]（正解率93%）

肢別解答率　受験生はこう答えた！
[1] 2%
[2] 3%
[3] 2%
[4] 93%

22 税務

2018年度 問16　　Check ☐☐☐　重要度 ▶ **B**

次のうち、消費税法によれば、管理組合が当課税期間において、必ず消費税の課税事業者となるものはどれか。なお、本問の管理組合は適格請求書発行事業者でないものとする。（改題）

1　基準期間における管理組合が運営する売店の売上高は 820 万円、組合員以外の第三者からの駐車場使用料収入は 120 万円であり、特定期間の当該売店の売上高は 750 万円、組合員以外の第三者からの駐車場使用料収入は 60 万円であったが、特定期間の給与等支払額は 1,025 万円であった。

2　基準期間における管理組合の全収入は 1,120 万円で、その内訳は、管理費等収入が 950 万円、駐車場使用料収入が 145 万円（組合員以外の第三者からのもの 28 万円を含む）、専用庭使用料収入が 25 万円であったが、基準期間以降についても、同額の収入構成であった。

3　基準期間における管理組合の課税売上高は 890 万円、特定期間の課税売上高は 1,020 万円であったが、特定期間の給与等支払額は 650 万円であった。

4　基準期間における管理組合の課税売上高は 850 万円、特定期間の課税売上高は 1,050 万円であったが、特定期間の給与等支払額は 1,020 万円であった。

事業者のうち、その課税期間に係る**基準期間における課税売上高が1,000万円以下である者（適格請求書発行事業者を除く。）** については、消費税を納める義務を免除する〈消税9条1項本文〉。もっとも、その事業年度に係る**特定期間（前事業年度開始の日以後6か月の期間）における課税売上高が1,000万円を超えるとき**は、上記規定が適用されず〈消税9条の2第1項〉、消費税を納める義務を免除されない。また、この「特定期間における課税売上高」に代えて、**特定期間中に支払った給与等の合計額**をもって消費税法9条の2第1項の判定をすることもできる〈同条3項〉。

1 課税事業者とならない 本肢の管理組合の課税期間に係る基準期間における課税売上高は、売店の売上高820万円、組合員以外の第三者からの駐車場使用料収入120万円を合算した**940万円**であり、1,000万円以下である。また、本肢の管理組合の事業年度に係る特定期間における課税売上高は、売店の売上高750万円、組合員以外の第三者からの駐車場使用料収入60万円を合算した**810万円**であり、1,000万円を超えない。したがって、本肢の管理組合は、必ず消費税の課税事業者となるとはいえない。
合 ③分冊 p156 ¶~　速 p612 ¶~

2 課税事業者とならない 本肢の管理組合の課税期間に係る基準期間における課税売上高は、組合員以外の第三者からの駐車場使用料収入**28万円**であり、1,000万円以下である。また、本肢の管理組合の事業年度に係る特定期間における課税売上高は、組合員以外の第三者からの駐車場使用料収入**14万円**であると推測され、1,000万円を超えない。したがって、本肢の管理組合は、必ず消費税の課税事業者となるとはいえない。
合 ③分冊 p156 ¶~　速 p612 ¶~

3 課税事業者とならない 本肢の管理組合の課税期間に係る基準期間における課税売上高は、**890万円**であり、1,000万円以下である。また、本肢の管理組合の事業年度に係る特定期間における給与等支払額は**650万円**であり、1,000万円を超えない。したがって、本肢の管理組合は、必ず消費税の課税事業者となるとはいえない。
合 ③分冊 p156 ¶~　速 p612 ¶~

4 必ず課税事業者となる 本肢の管理組合の課税期間に係る基準期間における課税売上高は、**850万円**であり、1,000万円以下である。他方、本肢の管理組合の事業年度に係る特定期間における課税売上高は**1,050万円**であり、また、同期間における給与等支払額は**1,020万円**であるから、いずれを用いても、1,000万円を超える。したがって、本肢の管理組合は、必ず消費税の課税事業者となる。
合 ③分冊 p156 ¶~　速 p612 ¶~

正解 4（正解率 28%）

肢別解答率　受験生はこう答えた！
1 21%
2 16%
3 35%
4 28%

難易度 **難**

㉓ 税務

2020年度 問14　　Check ☐☐☐　重要度 ▶ **A**

管理組合の税務の取扱いに関する次の記述のうち、**法人税法及び消費税法**によれば、最も**不適切**なものはどれか。

1 消費税法上、管理組合が大規模修繕工事のため、金融機関から借入れをする場合には、その借入金の支払利息は、課税されない。

2 法人税法上、管理組合が運営する駐車場の組合員のみへの貸付に係る使用料は、収益事業として課税される。

3 法人税法上、管理組合がマンションの共用部分を携帯電話の基地局設置のために通信事業者に賃貸する場合には、その賃貸料は、収益事業として課税される。

4 消費税法上、その事業年度の基準期間における課税売上高が1,000万円以下となる場合であっても、その事業年度に係る特定期間における課税売上高が1,000万円を超え、かつ、特定期間の給与総額が1,000万円を超えるときは、消費税の納税義務は免除されない。

1 適切　借入金利子には、消費税は課税されない。

2 不適切　管理組合は、人格のない社団等であると解され、**収益事業から生じた所得に限り課税される**〈法税4条1項ただし書〉。ここで、駐車場の貸付けが、区分所有者のみを対象とし、駐車場の敷地を区分所有者が所有し、その収入が通常の管理費等と区分されず、一体的に運用されているなどの事情がある場合には、**収益事業にあたらず、法人税は課税されない**。

3 適切　管理組合は、人格のない社団等であると解され、**収益事業から生じた所得に限り課税される**〈法税4条1項ただし書〉。ここで、管理組合がマンションの共用部分を携帯電話基地局設置のために通信事業者に賃貸する場合、これは**収益事業にあたり、法人税が課税される**。

4 適切　事業者のうち、その課税期間に係る基準期間における課税売上高が1,000万円以下である者（適格請求書発行事業者を除く。）については、消費税を納める義務を免除する〈消税9条1項〉。もっとも、その事業年度の基準期間における課税売上高が1,000万円以下である場合において、**その事業年度に係る特定期間における課税売上高が1,000万円を超えるときは、消費税を納める義務を免除されない**〈消税9条の2第1項〉。この判定は、特定期間における課税売上高に代えて、**特定期間における給与等支払額によってもすることができる**。したがって、その事業年度に係る特定期間における課税売上高が1,000万円を超え、かつ、特定期間における給与総額が1,000万円を超えるときは、消費税の納税義務は免除されない。

㉔ 税務

2024年度 問9　　Check ☐☐☐　重要度 ▶ **A**

管理組合の活動に係る税務の取扱いに関する次の記述のうち、不適切なものはいくつあるか。

ア 消費税法上、消費税の納税義務者は事業者とされ、法人格を有しない管理組合及び管理組合法人も納税義務者となる。

イ 消費税法上、管理組合が、組合員との駐車場使用契約に基づき収受した使用料は、不課税取引として課税対象とはならない。

ウ 消費税法上、管理組合の収入のうち、修繕積立金に係る預金から生じた受取利息は、課税取引として課税対象となる。

エ 法人税法上、管理組合法人が、その共用部分を看板設置のために事業者に賃貸することは、収益事業に該当する。

1 一つ
2 二つ
3 三つ
4 四つ

---

178 LEC東京リーガルマインド　2025年版 出る順管理業務主任者 分野別過去問題集　③分冊

ア **適切** 消費税の納税義務者は、事業者である〈消税4条1項〉。事業者とは、個人事業者及び法人をいい〈消税2条1項4号〉、また、人格のない社団等は、法人とみなす〈消税3条〉。したがって、法人格を有しない管理組合及び管理組合法人は、**事業者にあたり、納税義務者となる。**
👉 合 ③分冊 p156 **1**〜 速 p612 **1**〜

イ **適切** 管理組合が、組合員との駐車場使用契約に基づき収受した使用料は、不課税取引として、**課税対象とはならない。**
👉 合 ③分冊 p156 **1**〜 速 p612 **1**〜

ウ **不適切** 修繕積立金に係る預金から生じた受取利息は、非課税取引として、**課税対象とはならない。**

エ **適切** 収益事業とは、販売業、製造業その他の政令で定める事業で、継続して事業場を設けて行われるものをいう〈法税2条13号〉。所定の**不動産貸付業は、収益事業にあたり**〈法税令5条1項5号〉、管理組合法人がその共用部分を看板設置のために事業者に賃貸することは、**収益事業に該当する。**
👉 合 ③分冊 p156 **1**〜 速 p612 **1**〜

以上より、不適切なものはウの一つであり、本問の正解肢は1となる。

正解 1（正解率83％）

肢別解答率 受験生はこう答えた！
1 83%
2 12%
3 4%
4 2%

難易度 **易**

第7編 建築・設備

年度別出題論点一覧

第7編 建築・設備	2015 H27	2016 H28	2017 H29	2018 H30	2019 R1	2020 R2	2021 R3	2022 R4	2023 R5	2024 R6
建築構造			1		1		1			
建築材料										
断熱										
遮音			1							
給水	2						1	1	2	
排水・通気・浄化槽		1	2		1		1			
電気	1		1	1	1				1	
消防用設備等					1					
昇降機	1	1								
長期修繕計画						2	3	3	4	5	5
防犯										
劣化・調査・診断				2			1	1	2	1
修繕工事・改修工事		1		1				1		1
防水		1					1			
耐震		1	1	1						
アフターサービス	1									
その他	1	2				2	1	2		
総合	1			1		1				
計	7	7	6	6	6	6	9	9	10	7

※表内の数字は出題問題数を指します。
※2015、2016年度は購入者特典の「分野別過去問題集プラス2」に掲載しています。

1 建築構造

2017年度 問19　　　*Check* ☐☐☐　重要度 ▶ B

鉄骨鉄筋コンクリート造に関する次の記述のうち、最も不適切なものはどれか。

1　鉄骨鉄筋コンクリート造は、力学的には、鉄骨造と鉄筋コンクリート造それぞれの長所を生かした構造である。

2　鉄骨鉄筋コンクリート造は、高層建物に適しており、柱間のスパンを大きく取ることが可能となる。

3　建築基準法によれば、国土交通大臣が定めた構造方法を用いる部材及び国土交通大臣の認定を受けた部材を用いる場合を除き、鉄骨のかぶり厚さは、鉄筋のかぶり厚さと同様に3cm以上としなければならない。

4　建築基準法によれば、構造部分については、柱の防火被覆など一部の規定を除き、鉄骨造の規定が準用される。

182　LEC東京リーガルマインド　2025年版 出る順管理業務主任者 分野別過去問題集　③分冊

1 適切　鉄骨鉄筋コンクリート造は、力学的には、鉄骨造と鉄筋コンクリート造それぞれの長所を生かした構造である。

2 適切　鉄骨鉄筋コンクリート造は、**高層建物に適しており、柱間のスパンを大きく取ることが可能**となる。

3 不適切　国土交通大臣が定めた構造方法を用いる部材及び国土交通大臣の認定を受けた部材を用いる場合を除き、鉄骨鉄筋コンクリート造の鉄骨に対するコンクリートのかぶり厚さは、**5cm以上**としなければならない〈建基令79条の3〉。

4 適切　鉄骨鉄筋コンクリート造の建築物の構造部分については、柱の防火被覆など一部の規定を除き、**鉄骨造の規定が準用される**〈建基令79条の4〉。

正解 **3**
（正解率59%）

肢別解答率
受験生は
こう答えた！

1	1%
2	11%
3	59%
4	29%

難易度
普

2 建築構造

2019年度 問21

Check ☐☐☐ 重要度 ▶ **A**

マンションの構造・部材に関する次の記述のうち、最も適切なものはどれか。

1 建築基準法に定める「主要構造部」には、最下階の床は含まれない。

2 鉄筋に対するコンクリートのかぶり厚さが同じ場合において、鉄骨鉄筋コンクリート造は、鉄筋コンクリート造に比べ、耐火性が劣る。

3 1つの建築物で高さが部分的に異なる場合において、原則として、各部分の高さに応じて異なる構造方法による基礎を併用しなければならない。

4 全ての地域において、平成29年4月1日以降に申請する性能評価に基づく大臣認定によって新築される地上4階建て以上の免震建築物については、長周期地震動による影響を検討する必要はない。

---

184 **LEC**東京リーガルマインド 2025年版 出る順管理業務主任者 分野別過去問題集 ③分冊

1 適切 主要構造部とは、壁、柱、床、はり、屋根又は階段をいい、建築物の構造上重要でない間仕切壁、間柱、付け柱、揚げ床、**最下階の床**、回り舞台の床、小ばり、ひさし、局部的な小階段、屋外階段その他これらに類する建築物の部分を**除くものとする**〈建基2条5号〉。
☞ 合 ③分冊 p186 **2**~   速 p634 **2**~

2 不適切 鉄筋に対するコンクリートのかぶり厚さが同じ場合、鉄骨鉄筋コンクリート造は、鉄筋コンクリート造に比べ、**耐火性に劣るとはいえない**。
☞ 合 ③分冊 p178 **1**~   速 p628 **1**~

3 不適切 建築物には、その基礎について国土交通大臣が定める基準に従った構造計算によって構造耐力上安全であることが確かめられた場合を除き、異なる構造方法による基礎を**併用してはならない**〈建基令38条2項〉。
☞ 合 ③分冊 p172 **2**~   速 p624 **2**~

4 不適切 建築基準法20条1項1号に規定する認定を受けた高さが60mを超える建築物及び同認定を受ける地階を除く階数が3を超える免震建築物であって、平成29年4月1日以降に申請する性能評価に基づく同認定によって新築されるものについては、**長周期地震動による影響を検討する**〈平成28年国住指1111号〉。

正解 **1**
（正解率 76%）

肢別解答率 受験生はこう答えた！
1 76%
2 8%
3 12%
4 4%

難易度 **易**

③ 建築構造

2021年度 問19

Check ☐☐☐ 重要度 ▶ A

マンションの構造・部材に関する次の記述のうち、最も不適切なものはどれか。

1 免震装置を設置することにより、建築物がゆっくりと水平移動し、建築物に作用する地震力を低減する構造形式を免震構造という。

2 建築基準法に定める「主要構造部」には、建築物の構造上重要でない間仕切壁は、含まれない。

3 建築基準法によれば、1つの建築物で高さが部分的に異なる場合には、原則として、各部分の高さに応じて異なる構造方法による基礎を併用しなければならない。

4 建築基準法によれば、特定の要件を満たす場合を除いて、各戸の界壁は小屋裏又は天井裏に達していなければならない。

1 適切　免震構造は、**免震装置を配置することにより、地震力に対して建築物をゆっくりと水平移動させ、建築物に作用する地震力を低減する構造形式**である。
👉 合 ③分冊 p352 **3**~　速 p748 **3**~

2 適切　主要構造部とは、壁、柱、床、はり、屋根又は階段をいい、建築物の構造上重要でない**間仕切壁**、間柱、付け柱、揚げ床、最下階の床、回り舞台の床、小ばり、ひさし、局部的な小階段、屋外階段その他これらに類する建築物の部分を**除くものとする**〈建基2条5号〉。
👉 合 ③分冊 p186 **2**~　速 p634 **2**~

3 不適切　建築物には、原則として、**異なる構造方法による基礎を併用してはならない**〈建基令38条2項〉。
👉 合 ③分冊 p172 **2**~　速 p624 **2**~

4 適切　長屋又は共同住宅の**各戸の界壁は、原則として、小屋裏又は天井裏に達せしめなければならない**〈建基令114条1項〉。
👉 合 ③分冊 p398 **5**~　速 p772 **5**~

正解 **3**（正解率88%）

肢別解答率　受験生はこう答えた！
1　3%
2　7%
3　88%
4　2%

難易度 **易**

4 遮音

2017年度 問21 Check □□□ 重要度 ▶ C

音に関する次の記述のうち、最も不適切なものはどれか。

1 人間が聴き取ることのできる周波数帯は、約 20 ヘルツから 20,000 ヘルツである。

2 加齢性難聴は、低い周波数から始まり、次第に高い周波数でもみられるようになる。

3 人間が聴き取ることのできる最小の音圧は、周波数によってかなり変化する。

4 固体伝搬音とは、建物の躯体構造を伝わる振動によって居室内の壁面や天井面等から発生する音のことである。

1 適切　人間が聴き取ることができる周波数帯は、約20ヘルツから20,000ヘルツである。

2 不適切　加齢性難聴は、高い周波数から始まり、次第に低い周波数でもみられるようになる。

3 適切　人間が聴き取ることのできる最小の音圧は、周波数によって変化する。

4 適切　固体伝搬音とは、建物の躯体構造を伝わる振動によって居室内の壁面や天井面等から発生する音である。

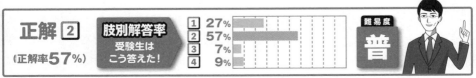

⑤ 給水

2021年度 問20　　Check ☐☐☐　重要度 ▶ A

上水の給水設備に関する次の記述のうち、最も不適切なものはどれか。

1 　水道法によれば、簡易専用水道とは、水道事業の用に供する水道及び専用水道以外の水道であって、水道事業の用に供する水道から供給を受ける水のみを水源とし、その供給を受けるために設けられる水槽の有効容量の合計が20㎥を超えるものをいう。

2 　建築基準法により、共同住宅の給水タンクに保守点検用のマンホールを設置する必要がある場合には、そのマンホールは、直径60cm以上の円が内接することができるものとしなければならない。

3 　給水管でのウォーターハンマーを防止するために、管内流速が過大とならないように流速は毎秒1.5～2.0ｍ以下が標準とされている。

4 　流しの水栓の開口部にあっては、あふれ面と水栓の開口部との垂直距離を保つ等、水の逆流防止のための有効な措置を講ずる。

[1] **不適切** 簡易専用水道とは、水道事業の用に供する水道及び専用水道以外の水道であって、水道事業の用に供する水道から供給を受ける水のみを水源とするもの（水道事業の用に供する水道から水の供給を受けるために設けられる水槽の有効容量の合計が **10㎥以下のものを除く。**）をいう〈水3条7項、水令2条〉。
👉 合 ③分冊 p225 ❸～ 速 p658 ❷～

[2] **適切** 給水タンク及び貯水タンクにマンホールを設ける場合、**直径60cm以上**の円が内接できるものとしなければならない〈昭和50年建設省告示1597号〉。
👉 合 ③分冊 p228 ❺～ 速 p661 ❹～

[3] **適切** ウォーターハンマーの防止の観点から、給水管内の流速を **1.5～2.0m/s** とすることは有効である。
👉 合 ③分冊 p238 ❼～ 速 p669 ❻～

[4] **適切** 水槽、流しその他水を入れ、又は受ける設備に給水する飲料水の配管設備の水栓の開口部にあっては、**これらの設備のあふれ面と水栓の開口部との垂直距離を適当に保つことその他の有効な水の逆流防止のための措置を講じなければならない** 〈建基令129条の2の4第2項2号〉。
👉 合 ③分冊 p228 ❺～ 速 p661 ❹～

正解 [1]
（正解率 **80%**）

肢別解答率 受験生はこう答えた！
[1] 80%
[2] 2%
[3] 13%
[4] 5%

難易度 **易**

6 給水

2022年度 問22　Check ☐☐☐　重要度 ▶ A

住戸セントラル給湯方式の熱源機器及び配管に関する次の記述のうち、最も不適切なものはどれか。

1　自然冷媒ヒートポンプ給湯機とは、貯湯タンクを設ける必要がなく、冷媒として二酸化炭素を用い水を昇温させた後、湯を直接、必要箇所へ供給できる給湯機である。

2　潜熱回収型ガス給湯機とは、燃焼ガス排気部に給水管を導き、燃焼時に熱交換して昇温してから、燃焼部へ水を送り再加熱するものである。

3　さや管ヘッダ式配管工法とは、住戸の入口近くにヘッダを設置し、床下などに各衛生器具と一対一で対応させたさや管を敷設しておき、後からさや管内に樹脂管を通管して配管する工法である。

4　ガス給湯機の能力表示における1号とは、毎分流量1ℓの水の温度を25℃上昇させる能力をいう。

[1] **不適切** 自然冷媒ヒートポンプ給湯機とは、自然冷媒を用いて、コンプレッサーで大気中の熱を効率よく集めて給湯のエネルギーを作り出す仕組みで、**貯湯タンクとヒートポンプユニット、これらをつなぐ配管で構成される**。
👉 合 ③分冊 p240 ⑧〜 速 p671 ⑦〜

[2] **適切** 潜熱回収型ガス給湯機とは、**燃焼ガス排気部に給水管を導き、燃焼時に熱交換して昇温してから、燃焼部へ水を送り再加熱する給湯機**である。

[3] **適切** さや管ヘッダ配管工法とは、住戸の入口近くに**ヘッダを設置**し、床下などに**各衛生器具と一対一で対応させたさや管を敷設**しておき、後からさや管内に樹脂管を通管して配管する工法である。
👉 速 p669 ⑥〜

[4] **適切** ガス給湯機の能力表示における1号とは、毎分流量**1リットル**の水の温度を**25℃**上昇させる能力をいう。
👉 合 ③分冊 p240 ⑧〜 速 p671 ⑦〜

正解 [1]
（正解率58%）

肢別解答率 受験生はこう答えた！
[1] 58%
[2] 10%
[3] 25%
[4] 6%

難易度 普

7 給水

2023年度 問18　重要度 ▶ A

給水方式及び給水設備に関する次の記述のうち、不適切なものはいくつあるか。

ア　水道直結増圧方式では、建物内の水が水道管に逆流しないように、逆流防止装置を設置する。

イ　建築基準法により、給水タンクに保守点検用のマンホールを設置する必要がある場合には、そのマンホールは、直径45cm以上の円が内接することができるものとしなければならない。

ウ　水道直結直圧方式は、使用水量変動などによる水圧条件が最も低下する時期にでも給水可能なように計画する。

1　一つ
2　二つ
3　三つ
4　なし

ア 適切 水道直結増圧方式では、建物内の水が水道管に逆流しないように、逆流防止装置を設置する。
☞ 合 ③分冊 p232 6~ 速 p665 5~

イ 不適切 給水タンク又は貯水タンクには、内部の保守点検を容易かつ安全に行うことができる位置に、マンホールを設けなければならない。このマンホールは、**直径 60cm 以上**の円が内接することができるものとしなければならない〈昭和50年建設省告示1597号〉。
☞ 合 ③分冊 p398 5~ 速 p661 4~

ウ 適切 **水道直結直圧方式**は、使用水量変動などによる**水圧条件が最も低下**する時期にでも**給水可能**なように計画する。
☞ 合 ③分冊 p232 6~ 速 p665 5~

以上より、不適切なものはイの一つであり、本問の正解肢は1となる。

正解 1
（正解率78%）
肢別解答率 受験生はこう答えた！
1 78%
2 16%
3 2%
4 4%
難易度 易

⑧ 給水

2023年度 問19　Check ☐☐☐　重要度 ▶ C

ガス設備及び給湯設備に関する次の記述のうち、最も不適切なものはどれか。

1　潜熱回収型ガス給湯機の潜熱回収で発生する酸性の凝縮水は、確実に機器内で中和処理し、排水系統に排出する。

2　湯待ち時間とは、給湯栓を開放してから湯が出てくるまでの時間のことである。

3　深夜電力温水器とは、夜間の電力を使用して加熱した水をタンク内にためておいて給湯するものである。

4　密閉燃焼式のガス機器の強制給排気方式（ＦＦ方式）とは、ファンにより屋外より燃焼用空気を取り入れ、自然換気力により排気する方式をいう。

1 適切 潜熱回収型ガス給湯機とは、高温の排気ガス中に含まれる水蒸気の熱を回収し、この熱であらかじめ加熱した水をさらに加熱して給湯することにより、効率よく給湯する給湯機である。潜熱回収により排気ガス中の水分が凝縮し、凝縮水が発生する。凝縮水には、燃焼排気ガス中の微量の成分が溶け込むため、pH3 程度の酸性となる。そのため、**確実に機器内で中和処理し、排水系統に排出する**。

2 適切 湯待ち時間とは、**給湯栓を開放してから湯が出てくるまでの時間**をいう。

3 適切 深夜電力温水器とは、**夜間の電力を使用**して加熱した水を**タンクにためておいて給湯する**ものである。

4 不適切 密閉燃焼式のガス機器の強制給排気方式（ＦＦ方式）とは、給排気筒を外気に接する壁などを貫通して屋外に出し、**送風機によって給排気筒を通して強制的に給排気を行う方式**をいう。

第7編 建築・設備

給水

正解 **4**
（正解率**69%**）

肢別解答率
受験生は
こう答えた！

1	19%
2	6%
3	6%
4	69%

難易度 **普**

9 排水・通気・浄化槽

2017年度 問22　　Check ☐☐☐　重要度 ▶ B

雨水排水設備に関する次の記述のうち、最も適切なものはどれか。

1 1㎜の雨が1㎡の面積に降ったときの量は、10リットルである。

2 敷地雨水管の流速は、毎秒2m以上になるように設計する。

3 敷地雨水管の起点や合流箇所、方向を変える箇所などに設置する雨水ますに設ける泥だまりは、100㎜以上とする。

4 敷地に降る雨の排水設備を設計する場合には、その排水設備が排水すべき敷地面積に、当該敷地に接する建物外壁面積の50%を加えて計算する。

1 不適切　1mmの雨が1㎡の面積に降ったときの量は、**1リットル**である。

2 不適切　敷地雨水管の管内流速は、**毎秒0.8〜3.0mの範囲**とすることができる。

3 不適切　雨水排水ますに設ける泥だまりの深さは、一般的に、**150mm以上**とする。
☞ 合 ③分冊 p246 ❸〜　速 p677 ❷〜

4 適切　敷地に降る雨の排水設備を設計する場合、外壁を流下する雨水量も考慮に入れるため、その排水設備が排水すべき敷地面積に、**当該敷地に接する建物外壁面積の50%を加えて計算する**。

10 排水・通気・浄化槽

2017年度 問23

Check ☐☐☐　重要度 ▶ C

浄化槽に関する次の記述のうち、最も不適切なものはどれか。（改題）

1 建築基準法によれば、屎尿浄化槽の漏水検査は、満水して12時間以上漏水しないことを確かめなければならない。

2 建築基準法によれば、地下浸透方式を除く合併処理浄化槽の汚物処理性能に関して、放流水に含まれる大腸菌数の個数についての技術的基準がある。

3 「建築物の用途別による屎尿浄化槽の処理対象人員算定基準（JIS A 3302）」によれば、「共同住宅」と「住宅」の算定基準は異なる。

4 浄化槽の主たる処理方法は、生物膜法と活性汚泥法に大別される。

[1] **不適切** 屎尿浄化槽は、満水して**24時間以上漏水しない**ことを確かめなければならない〈建基令33条〉。

[2] **適切** 地下浸透方式を除く合併処理浄化槽の汚物処理性能に関する技術的基準として、放流水に含まれる大腸菌数が、1ミリリットルにつき800コロニー形成単位以下とする性能を有するものであることとの内容が**定められている**〈建基令32条1項2号〉。

[3] **適切** 「建築物の用途別による屎尿浄化槽の処理対象人員算定基準（JIS A 3302）」によれば、「**共同住宅**」と「**住宅**」の算定基準は異なる。

[4] **適切** 浄化槽の主たる処理方法は、**生物膜法と活性汚泥法に大別**される。

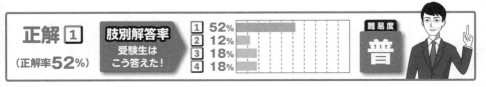

⑪ 排水・通気・浄化槽

2019年度 問23　Check □□□　重要度 ▶ B

雨水排水設備に関する次の記述のうち、最も不適切なものはどれか。

1 雨水排水管径の算定に用いる降水量は、各地域ごとの平均降水量を採用する。

2 雨水排水ますは、敷地雨水管の起点や合流箇所、方向を変える箇所、配管距離が長い箇所などの継手の代わりに設置し、敷地雨水管の掃除口の役目を果たすものである。

3 雨水排水ますには、雨水中に混在する泥などが排水管に流れ込まないようにするために、150mm以上の泥だまりを設ける。

4 雨水排水管を一般排水系統の敷地排水管と接続させる場合においては、排水管や下水道からの臭気の侵入を防ぐため、雨水排水系統にトラップますを設置する。

[1] **不適切** 雨水排水管径の算定に用いる降水量は、**各地域ごとの最大降水量**を採用する。

[2] **適切** 雨水排水ますは、敷地雨水管の起点や合流箇所、方向を変える箇所、配管距離が長い箇所などに設置する。雨水排水ますは、**保守点検や清掃を容易に**するために設置する。

[3] **適切** 雨水排水ますには、土砂が下水に流れ込むことを防止するため、**150mm以上の泥だめを設ける**。
☞ 合 ③分冊 p246 [3]～　速 p677 [2]～

[4] **適切** 雨水排水管を一般排水系統の敷地排水管と接続させる場合、**排水管や下水道からの臭気の侵入を防ぐ**ため、雨水排水系統にトラップますを設置する。

正解 [1]
（正解率 43%）

肢別解答率　受験生はこう答えた！
[1] 43%
[2] 21%
[3] 6%
[4] 29%

難易度 **難**

12 排水・通気・浄化槽

2021年度 問21

Check ☐☐☐ 重要度 ▶ C

建築基準法及び給排水衛生設備規準・同解説（公益社団法人 空気調和・衛生工学会）によれば、排水通気設備に関する次の記述のうち、最も不適切なものはどれか。

1 衛生器具の排水トラップは、二重トラップとならないように設けることとする。

2 通気弁は、吸気機能だけを有する弁で、排水通気管内が負圧になる部分のみに設ける。

3 特殊継手排水システムは、超高層共同住宅に対応するために、伸頂通気管と通気立て管を併設し、許容排水流量を大きくした排水通気方式である。

4 排水立て管の管径は、どの階においても最下部の管径と同一とする。

1 適切　二重トラップとは、**2つのトラップを直列に接続すること**をいう。これを行うと、トラップが破封したり排水の流れを阻害したりするので、**禁止されている**。
👉 合 ③分冊 p246 ③〜　速 p677 ②〜

2 適切　通気弁は、吸気機能だけを有する弁である。吸気によって負圧を解消するので、**排水通気管内が負圧になる部分のみに設ける**。

3 不適切　特殊継手排水システムは、伸頂通気方式の一種である。伸頂通気方式とは、**伸頂通気管によって通気を行う方式であり、通気立て管を設けない**。したがって、特殊継手排水システムでは、通気立て管を設けない。
👉 合 ③分冊 p246 ③〜　速 p677 ②〜

4 適切　排水立て管の管径は、**どの階においても最下部の管径と同一とする**。
👉 合 ③分冊 p246 ③〜　速 p677 ②〜

正解 **3**（正解率 **38%**）

肢別解答率　受験生はこう答えた！
肢	解答率
1	2%
2	35%
3	38%
4	25%

難易度　**難**

⑬ 電気

2017年度 問24

Check ☐☐☐　重要度 ▶ C

照明用LEDランプに関する次の記述のうち、最も不適切なものはどれか。

1 LED ランプから放射される全光束は、ルーメン単位で表される。

2 白色光の LED ランプは、一部の発光方式を除き、紫外線をほとんど放出しないため、照らされた物の退色を軽減できる。

3 LED ランプには、微量ながら水銀が含まれているので、破損に注意して処分しなければならない。

4 直管形の LED ランプを従来の蛍光灯照明器具に設置すると、発熱・発煙などの事故が起きる場合がある。

1 適切　LEDランプから放射される全光束は、**ルーメン単位で表される**。

2 適切　白色光のLEDランプは、一部の発光方式を除き、紫外線をほとんど放出しないため、照らされた物の**退色を軽減できる**。

3 不適切　LEDランプには、**水銀が含まれていない**。

4 適切　直管形のLEDランプと従来の蛍光灯照明器具の組合せを誤ると、発熱・発煙などの**事故が起こるおそれがある**。

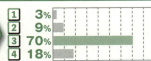

⑭ 電気

2018年度 問22

Check ☐☐☐ 重要度 ▶ C

住宅用分電盤に関する次の記述のうち、最も不適切なものはどれか。

1 分電盤内に設置されている漏電遮断器（漏電ブレーカー）及び配線用遮断器（安全ブレーカー）は、電力会社の所有物である。

2 電気設備の技術上必要な事項を規定した民間規格である内線規程（以下、本問において「内線規程」という。）によれば、単相3線式電路に施設する漏電遮断器は、中性線欠相保護機能付きのものとすることが望ましいとされている。

3 内閣府等が推奨している感震遮断機能付住宅用分電盤は、安全確保を行うことを目的に、揺れを感知すると警報を発し、一定時間を経過してから電気が遮断されるものである。

4 内線規程によれば、「地震時等に著しく危険な密集市街地」の住宅などには、感震遮断機能付住宅用分電盤を施設することが勧告的事項とされている。

1 不適切 　分電盤内には漏電遮断器（漏電ブレーカー）、配線用遮断器（安全ブレーカー）が設置されている。これらは、**需要家の所有物**である。

2 適切 　内線規程では、単相3線式電路に施設する漏電遮断器は、**中性線欠相保護機能付き**のものとすることが望ましいとされている。

3 適切 　感震遮断機能付住宅用分電盤は、**安全確保を行うことを目的**に、**揺れを感知すると警報を発し、一定時間を経過してから電気が遮断**されるものである。

4 適切 　内線規程では、「**地震時等に著しく危険な密集住宅地**」の住宅などには、感震遮断機能付住宅用分電盤を施設することが勧告的事項とされている。

第7編 建築・設備

電気

正解 **1**
（正解率**72%**）

肢別解答率
受験生は
こう答えた！

1	72%
2	5%
3	19%
4	5%

難易度 **易**

15 電気

2019年度 問25 Check ☐☐☐ 重要度 ▶ B

LEDランプ（エル・イー・ディー・ランプ）に関する次の記述のうち、最も不適切なものはどれか。

1 LEDランプは、同じ光束の場合において、白熱灯や蛍光灯よりも発熱量が少ない。

2 LEDランプは、電気用品安全法の規制の対象外となっている。

3 LEDランプは、消防法により設置が義務付けられる避難口誘導灯の光源に用いることができる。

4 LEDランプを、建築基準法により設置が義務付けられる非常用の照明装置の光源に用いる場合は、常温下で床面において水平面照度で2ルクス以上を確保することができるものとしなければならない。

1 適切　LEDランプは、同じ光束の場合、白熱灯や蛍光灯より**発熱量が少ない**。

2 不適切　LEDランプは、電気用品安全法の**規制の対象**となっている。

3 適切　LEDランプは、消防法により設置が義務づけられる避難口誘導灯の**光源に用いることができる**。

4 適切　LEDランプは、建築基準法により設置が義務づけられる非常用の照明装置の光源に用いる場合、常温下で床面において水平面照度で**2ルクス以上**を確保することができるものとしなければならない〈昭和45年建設省告示1830号〉。

第7編　建築・設備

電気

正解 **2**
（正解率**49%**）

肢別解答率 受験生はこう答えた！
1　2%
2　49%
3　1%
4　47%

難易度　**難**

LEC東京リーガルマインド　2025年版 出る順管理業務主任者 分野別過去問題集　③分冊　211

16 電気

2023年度 問20　　Check ☐☐☐　重要度 ▶ **A**

電気設備に関する次の記述のうち、最も不適切なものはどれか。

1 建築物への電力の供給は、供給電圧により、「低圧」、「高圧」、「特別高圧」の3種類に分けられる。

2 単相3線式では、電圧線と中性線を使用することで、100ボルトの電気機械器具が利用できる。

3 停電時の予備電源として蓄電池を用いる非常用の照明装置にあっては、充電を行うことなく30分間継続して点灯し、必要な照度を確保できるものでなければならない。

4 建築基準法により、設置が義務付けられる非常用の照明装置の照明器具にLEDランプを用いる場合は、常温下で床面において水平面照度で1ルクス以上を確保することができるものとしなければならない。

1 適切　建築物への電力の供給は、供給電圧により、**低圧、高圧、特別高圧**の3種類に分けられる〈電気設備に関する技術基準を定める省令2条1項〉。
☞ 合 ③分冊 p266 **1**～　速 p696 **1**～

2 適切　単相3線式では、**電圧線と中性線**を使用することで、**100ボルト**の電気機械器具が利用できる。
☞ 合 ③分冊 p266 **1**～　速 p696 **1**～

3 適切　非常用の照明装置の予備電源として蓄電池を用いる場合、充電を行うことなく**30分間継続**して非常用の照明装置を点灯し、必要な照度を確保できるものでなければならない〈昭和45年建設省告示1830号〉。
☞ 合 ③分冊 p398 **5**～　速 p772 **5**～

4 不適切　非常用の照明装置は、常温下で床面において水平面照度で1ルクス（蛍光灯又は**LEDランプを用いる場合**にあっては、**2ルクス**）以上を確保することができるものとしなければならない〈昭和45年建設省告示1830号〉。
☞ 合 ③分冊 p398 **5**～　速 p772 **5**～

正解 **4**
（正解率 **63%**）

肢別解答率　受験生はこう答えた！
1　9%
2　20%
3　7%
4　63%

難易度　普

17 消防用設備等

2019年度 問24

Check ☐☐☐ 重要度 ▶ B

次の消防用設備等のうち、消防法によれば、「消火活動上必要な施設」に該当するものはどれか。

1 屋外消火栓設備

2 非常コンセント設備

3 非常警報設備

4 誘導灯

1 該当しない　屋外消火栓設備は、**消火設備**に該当する〈消令7条2項9号〉。

2 該当する　非常コンセント設備は、**消火活動上必要な施設**に該当する〈消令7条6項〉。
☞ 合 ③分冊 p275 **2**〜　速 p704 **2**〜

3 該当しない　非常警報設備は、**警報設備**に該当する〈消令7条3項4号〉。
☞ 合 ③分冊 p275 **2**〜　速 p704 **2**〜

4 該当しない　誘導灯は、**避難設備**に該当する〈消令7条4項2号〉。
☞ 合 ③分冊 p275 **2**〜　速 p704 **2**〜

18 長期修繕計画

2019年度 問27

Check ☐☐☐ 重要度 ▶ A

国土交通省による「長期修繕計画作成ガイドライン」によれば、次の用語の定義として、最も不適切なものはどれか。

1 推定修繕工事とは、長期修繕計画において、計画期間内に見込まれる修繕工事及び改修工事をいう。

2 修繕積立金とは、計画修繕工事に要する費用に充当するための積立金をいう。

3 計画修繕工事とは、長期修繕計画に基づいて計画的に実施する修繕工事及び改修工事をいう。

4 大規模修繕工事とは、建物の全体又は複数の主要構造部について、計画修繕工事とは別に実施される、大規模な修繕工事及び改修工事をいう。

1 適切 推定修繕工事とは、長期修繕計画において、計画期間内に見込まれる修繕工事（補修工事（経常的に行う補修工事を除く。）を含む。）及び改修工事をいう〈長ガ1章4十三〉。
👉 合 ③分冊 p308 2〜　速 p724 2〜

2 適切 修繕積立金とは、計画修繕工事に要する費用に充当するための積立金をいう〈長ガ1章4十六〉。
👉 合 ③分冊 p308 2〜　速 p724 2〜

3 適切 計画修繕工事とは、長期修繕計画に基づいて計画的に実施する修繕工事及び改修工事をいう〈長ガ1章4十四〉。
👉 合 ③分冊 p308 2〜　速 p724 2〜

4 不適切 大規模修繕工事とは、建物の全体又は複数の部位について行う大規模な計画修繕工事（全面的な外壁塗装等を伴う工事）をいう〈長ガ1章4十五〉。
👉 合 ③分冊 p308 2〜　速 p724 2〜

19 長期修繕計画

2019年度 問28　　　*Check* ☐☐☐　重要度 ▶ **A**

国土交通省による「長期修繕計画作成ガイドライン」によれば、次の記述のうち、最も不適切なものはどれか。（改題）

1 新築マンションの場合においては、分譲会社が提示した長期修繕計画（案）と修繕積立金の額について、購入契約時の書面合意により分譲会社からの引渡しが完了した時点で決議したものとすることができる。

2 長期修繕計画の見直しに当たっては、必要に応じて専門委員会を設置するなど、検討を行うために管理組合内の体制を整えることが必要である。

3 長期修繕計画の見直しは、大規模修繕工事実施の直前又は直後に行うことにより、大規模修繕工事と大規模修繕工事の中間の時期に単独で行うことは不要となる。

4 計画修繕工事を実施する際は、その基本計画の検討時において、建物及び設備の現状、修繕等の履歴などの調査・診断を行い、その結果に基づいて内容や時期等を判断する。

218　LEC東京リーガルマインド　2025年版 出る順管理業務主任者 分野別過去問題集　③分冊

1 適切　新築マンションの場合は、分譲会社が提示した長期修繕計画（案）と修繕積立金の額について、**購入契約時の書面合意により分譲会社からの引渡しが完了した時点で決議したものとするか**、又は引渡し後速やかに開催する管理組合設立総会において、長期修繕計画及び修繕積立金の額の承認に関しても決議することがある〈長ガ2章2節1〉。

2 適切　長期修繕計画の見直しに当たっては、必要に応じて専門委員会を設置するなど、**検討を行うために管理組合内の体制を整えることが必要である**〈長ガ2章2節2〉。

3 不適切　長期修繕計画の見直しは、**大規模修繕工事と大規模修繕工事の中間の時期に単独で行う場合**、大規模修繕工事の直前に基本計画の検討に併せて行う場合、又は大規模修繕工事の実施の直後に修繕工事の結果を踏まえて行う場合がある〈長ガコ2章2節1〉。長期修繕計画の見直しを大規模修繕工事の実施の直前又は直後に行ったとしても、大規模修繕工事の中間の時期に単独で行うことを要する場合がある。

4 適切　長期修繕計画の推定修繕工事は、設定した内容や時期はおおよその目安であり、費用も概算であるから、計画修繕工事を実施する際は、その基本計画の検討時において、建物及び設備の現状、修繕等の履歴などの**調査・診断を行い、その結果に基づいて内容や時期等を判断する**〈長ガコ2章1節2二〉。

正解 **3**
（正解率89%）

肢別解答率　受験生はこう答えた！
1　9%
2　1%
3　89%
4　1%

難易度　**易**

⑳ 長期修繕計画

2020年度 問26　　*Check* ☐☐☐　重要度 ▶ B

国土交通省策定による長期修繕計画作成ガイドライン（以下、本問において「本ガイドライン」という。）によれば、次の記述のうち、「ガイドラインの目的」として最も不適切なものはどれか。

1　本ガイドラインは、適切な内容の長期修繕計画の作成を促すことを目的としている。

2　本ガイドラインは、長期修繕計画に基づいた修繕積立金の額の設定を促すことを目的としている。

3　本ガイドラインは、マンションの計画修繕工事の適時適切かつ円滑な実施を図ることを目的としている。

4　本ガイドラインは、外部の専門的知識を有する者による専門委員会を設置し、長期修繕計画における基本方針を決定させることを促すことを目的としている。

長期修繕計画作成ガイドラインは、マンションにおける長期修繕計画の作成又は見直し（以下「作成」という。）及び修繕積立金の額の設定に関して、基本的な考え方等と長期修繕計画標準様式を使用しての作成方法を示すことにより、**適切な内容の長期修繕計画の作成及びこれに基づいた修繕積立金の額の設定を促し、マンションの計画修繕工事の適時適切かつ円滑な実施を図ること**を目的とする〈長ガ1章1〉。

1 適切　本肢の事項は、長期修繕計画作成ガイドラインの目的として**挙げられている**。
　　合　③分冊 p308 ②～　速 p724 ②～

2 適切　本肢の事項は、長期修繕計画作成ガイドラインの目的として**挙げられている**。
　　合　③分冊 p308 ②～　速 p724 ②～

3 適切　本肢の事項は、長期修繕計画作成ガイドラインの目的として**挙げられている**。
　　合　③分冊 p308 ②～　速 p724 ②～

4 不適切　本肢の事項は、長期修繕計画作成ガイドラインの目的として**挙げられていない**。
　　合　③分冊 p308 ②～　速 p724 ②～

正解 **4**（正解率 83%）

肢別解答率　受験生はこう答えた！
1: 1%
2: 15%
3: 1%
4: 83%

難易度　易

㉑ 長期修繕計画

2020年度 問27　　Check ☐☐☐　重要度 ▶ B

国土交通省策定による長期修繕計画作成ガイドラインによれば、次の記述のうち、「長期修繕計画の作成の前提条件」として、適切なものはいくつあるか。（改題）

ア　推定修繕工事は、建物及び設備の性能・機能を新築時と同等水準に維持、回復させる修繕工事を基本とする。

イ　区分所有者の要望など必要に応じて、建物及び設備の性能を向上させる改良工事を設定する。

ウ　計画期間において、法定点検等の点検及び経常的な補修工事を適切に実施する。

エ　計画修繕工事の実施の要否、内容等は、事前に調査・診断を行い、その結果に基づいて判断する。

1　一つ

2　二つ

3　三つ

4　四つ

長期修繕計画の作成に当たっては、次に掲げる事項を前提条件とする〈長ガ2章1節2二〉。
① 推定修繕工事は、**建物及び設備の性能・機能を新築時と同等水準に維持、回復させる修繕工事を基本とする**。
② 区分所有者の要望など必要に応じて、**建物及び設備の性能を向上させる改良工事を設定する**。
③ 計画期間において、**法定点検等の点検及び経常的な補修工事を適切に実施する**。
④ 計画修繕工事の実施の要否、内容等は、**事前に調査・診断を行い、その結果に基づいて判断する**。

ア 適切 本肢は、上記①にあたる。
👉 速 p724 ❷〜

イ 適切 本肢は、上記②にあたる。
👉 速 p724 ❷〜

ウ 適切 本肢は、上記③にあたる。
👉 速 p724 ❷〜

エ 適切 本肢は、上記④にあたる。
👉 速 p724 ❷〜

以上より、適切なものはア、イ、ウ、エの四つであり、本問の正解肢は4となる。

22 長期修繕計画

2020年度 問28　　　Check ☐☐☐　重要度 ▶ A

国土交通省策定による長期修繕計画作成ガイドラインによれば、「修繕積立金の額の設定方法」に関する次の記述のうち、最も不適切なものはどれか。

1 修繕積立金の積立ては、長期修繕計画の作成時点において、計画期間に積み立てる修繕積立金の額を均等にする積立方式を基本とする。

2 長期修繕計画及び修繕積立金の額を一定期間（5年程度）ごとに見直しを行う規定を管理規約に定めることが望まれる。

3 修繕積立基金又は一時金の負担がある場合は、これらを修繕積立金会計とは区分して管理する。

4 専用庭等の専用使用料及び駐車場等の使用料から、それらの管理に要する費用に充当した残金を修繕積立金会計に繰り入れる。

[1] 適切　修繕積立金の積立ては、**長期修繕計画の作成時点において、計画期間に積み立てる修繕積立金の額を均等にする積立方式（均等積立方式）** を基本とする〈長ガ3章2節1〉。

[2] 適切　管理規約には、長期修繕計画及び修繕積立金の額を**一定期間（5年程度）ごとに見直しを行う規定**を定めることが望まれる〈長ガ2章1節3一〉。

[3] 不適切　購入時に将来の計画修繕工事に要する経費として修繕積立基金を負担する場合又は修繕積立金の総額の不足などから一時金を負担する場合は、これらを**修繕積立金会計に繰り入れる**〈長ガ3章2節2〉。

[4] 適切　区分所有者が積み立てる修繕積立金のほか、専用庭等の専用使用料及び駐車場等の使用料からそれらの管理に要する費用に充当した残金を、**修繕積立金会計に繰り入れる**〈長ガ3章2節2〉。

正解 [3]（正解率 54%）

肢別解答率 受験生はこう答えた！
[1] 6%
[2] 14%
[3] 54%
[4] 26%

難易度 普

㉓ 長期修繕計画

2021年度 問25　　　Check ☐☐☐　重要度 ▶ B

長期修繕計画の対象の範囲に関する次の記述のうち、長期修繕計画作成ガイドラインによれば、最も不適切なものはどれか。

1 単棟型のマンションの場合は、管理規約に定めた組合管理部分である敷地を全て対象とする。

2 単棟型のマンションの場合は、専有部分を全て対象としない。

3 団地型のマンションの場合は、一般的に、団地全体の土地、附属施設及び団地共用部分を対象とする。

4 団地型のマンションの場合は、一般的に、各棟の共用部分を対象とする。

226　**LEC**東京リーガルマインド　2025年版 出る順管理業務主任者 分野別過去問題集　③分冊

長期修繕計画においては、**単棟型**のマンションの場合、**管理規約に定めた組合管理部分である敷地、建物の共用部分及び附属施設（共用部分の修繕工事又は改修工事に伴って修繕工事が必要となる専有部分を含む。）** を対象とする。また、**団地型**のマンションの場合は、多様な所有・管理形態（管理組合、管理規約、会計等）があるが、一般的に、**団地全体の土地、附属施設及び団地共用部分並びに各棟の共用部分**を対象とする〈長ガ2章1節2一〉。

1 適切　単棟型のマンションの場合、管理規約に定めた組合管理部分である敷地は、すべて長期修繕計画の**対象とする**。
　速 p724 ②～

2 不適切　単棟型のマンションの場合、専有部分であっても、長期修繕計画の**対象とする場合がある**。
　速 p724 ②～

3 適切　団地型のマンションの場合、一般的に、団地全体の土地、附属施設及び団地共用部分は、長期修繕計画の**対象とする**。
　速 p724 ②～

4 適切　団地型のマンションの場合、一般的に、各棟の共用部分を長期修繕計画の**対象とする**。
　速 p724 ②～

正解 ②
（正解率 75%）

肢別解答率　受験生はこう答えた！
① 9%
② 75%
③ 3%
④ 13%

難易度　**易**

㉔ 長期修繕計画

2021年度 問26　　Check ☐☐☐　重要度 ▶ A

長期修繕計画作成ガイドラインに用いられている用語の定義について、最も不適切なものは
どれか。

1　推定修繕工事とは、長期修繕計画において、計画期間内に見込まれる修繕工事（補
修工事（経常的に行う補修工事を除く。）を含む。以下本問において同じ。）及び
改修工事をいう。

2　計画修繕工事とは、長期修繕計画に基づいて計画的に実施する修繕工事及び改
修工事をいう。

3　修繕工事費とは、計画修繕工事の実施に要する費用をいう。

4　修繕積立金とは、推定修繕工事に要する費用に充当するための積立金をいう。

1 適切　推定修繕工事とは、長期修繕計画において、**計画期間内に見込まれる修繕工事**（補修工事（経常的に行う補修工事を除く。）を含む。）及び改修工事をいう〈長ガ1章4十三〉。
👉 合 ③分冊 p308 **2**〜　速 p724 **2**〜

2 適切　計画修繕工事とは、長期修繕計画に基づいて**計画的に実施する修繕工事及び改修工事**をいう〈長ガ1章4十四〉。
👉 合 ③分冊 p308 **2**〜　速 p724 **2**〜

3 適切　修繕工事費とは、**計画修繕工事の実施に要する費用**をいう〈長ガ1章4十八〉。
👉 合 ③分冊 p308 **2**〜　速 p724 **2**〜

4 不適切　修繕積立金とは、**計画修繕工事に要する費用に充当するための積立金**をいう〈長ガ1章4十六〉。
👉 合 ③分冊 p308 **2**〜　速 p724 **2**〜

正解 **4**
（正解率 51%）

肢別解答率　受験生はこう答えた！
1　15%
2　4%
3　29%
4　51%

難易度　普

25 長期修繕計画

2021年度 問27　　Check ☐☐☐　重要度 ▶ **A**

長期修繕計画の見直しに関する以下のア〜ウの記述のうち、長期修繕計画作成ガイドラインによれば、適切なものを全て含む組合せは、次の1〜4のうちどれか。

ア 大規模修繕工事と大規模修繕工事の中間の時期に単独で、長期修繕計画の見直しを行う。

イ 大規模修繕工事の直前に基本計画の検討に併せて、長期修繕計画の見直しを行う。

ウ 大規模修繕工事の実施の直後に修繕工事の結果を踏まえて、長期修繕計画の見直しを行う。

1　ア
2　ア・ウ
3　イ・ウ
4　ア・イ・ウ

230　**LEC**東京リーガルマインド　2025年版 出る順管理業務主任者 分野別過去問題集　③分冊

長期修繕計画の見直しは、①大規模修繕工事と大規模修繕工事の**中間**の時期に単独で行う場合、②大規模修繕工事の**直前**に基本計画の検討に併せて行う場合、又は③大規模修繕工事の実施の**直後**に修繕工事の結果を踏まえて行う場合がある〈長ガコ3章1節10〉。

ア 適切 本肢は①にあたる。

イ 適切 本肢は②にあたる。

ウ 適切 本肢は③にあたる。

以上より、適切なものを全て含む組合せはア・イ・ウであり、本問の正解肢は4となる。

26 長期修繕計画

2022年度 問25

Check ☐☐☐ 重要度 ▶ A

長期修繕計画の作成に関する次の記述のうち、長期修繕計画作成ガイドラインによれば、最も不適切なものはどれか。

1 長期修繕計画の対象の範囲は、単棟型のマンションの場合、管理規約に定めた組合管理部分である敷地、建物の共用部分及び附属施設（共用部分の修繕工事又は改修工事に伴って修繕工事が必要となる専有部分を含む。）である。

2 計画期間の設定の際は、新築マンションの場合は30年以上で、かつ大規模修繕工事が2回含まれる期間以上とする必要があり、既存マンションの場合は20年以上の期間とする必要がある。

3 推定修繕工事費の算定における単価の設定の際は、新築マンション、既存マンションのどちらの場合であっても、修繕工事特有の施工条件等を考慮する。

4 長期修繕計画は、計画的に見直す必要があり、また、その際には、併せて、修繕積立金の額も見直す必要がある。

232 LEC東京リーガルマインド 2025年版 出る順管理業務主任者 分野別過去問題集 ③分冊

1 適切　単棟型のマンションの場合、**管理規約に定めた組合管理部分である敷地、建物の共用部分及び附属施設**（共用部分の修繕工事又は改修工事に伴って修繕工事が必要となる**専有部分を含む。**）を長期修繕計画の対象とする〈長ガ2章1節2一〉。
　合　③分冊 p308 **2**～　速 p724 **2**～

2 不適切　長期修繕計画の計画期間は、**30年以上**で、かつ大規模修繕工事が**2回**含まれる期間以上とする〈長ガ3章1節5〉。既存マンションの場合も上記による。
　合　③分冊 p308 **2**～　速 p724 **2**～

3 適切　単価は、**修繕工事特有の施工条件等を考慮**し、部位ごとに仕様を選択して、新築マンションの場合、設計図書、工事請負契約による請負代金内訳書等を参考として、また、既存マンションの場合、過去の計画修繕工事の契約実績、その調査データ、刊行物の単価、専門工事業者の見積価格等を参考として設定する〈長ガ3章1節8二〉。
　合　③分冊 p308 **2**～　速 p724 **2**～

4 適切　長期修繕計画は、建物及び設備の劣化の状況など不確定な事項を含んでいるので、**5年程度ごとに調査・診断を行い**、その結果に基づいて見直すことが必要であり、また、長期修繕計画の見直しと併せて、**修繕積立金の額も見直す**〈長ガ3章1節10〉。
　合　③分冊 p308 **2**～　速 p724 **2**～

正解 **2**（正解率 86%）

肢別解答率（受験生はこう答えた！）
1　8%
2　86%
3　4%
4　2%

難易度　易

㉗ 長期修繕計画

2022年度 問26　　　Check ☐☐☐　重要度 ▶ B

次の長期修繕計画作成ガイドライン本文のうち、「はじめに（2）長期修繕計画標準様式、長期修繕計画作成ガイドライン及び同コメントの必要性及び位置づけ②長期修繕計画標準様式、長期修繕計画作成ガイドライン及び同コメントの必要性」の（　ア　）～（　ウ　）に入る語句の組合せとして、最も適切なものはどれか。

　　建物等の劣化に対して適時適切に修繕工事等を行うために作成する長期修繕計画は、
　　i　計画期間
　　ii　推定修繕工事項目
　　iii　（　ア　）
　　iv　推定修繕工事費
　　v　収支計画
を含んだもので作成し、これに基づいて
　　vi　（　イ　）
の算出を行います。
　　長期修繕計画標準様式、長期修繕計画作成ガイドライン及び同コメントは、長期修繕計画の標準的な様式を示し、長期修繕計画を作成・見直しするための基本的な考え方と長期修繕計画標準様式を使用しての作成方法を示すことで、計画の内容及び修繕積立金額の設定等について（　ウ　）で合意形成を行いやすくするために作成したものです。

	（　ア　）	（　イ　）	（　ウ　）
1	修繕周期	修繕積立金の額	区分所有者間
2	修繕周期	見直し期間	理事会
3	推定修繕施工者	修繕積立金の額	理事会
4	推定修繕施工者	見直し期間	区分所有者間

234　　LEC東京リーガルマインド　2025年版　出る順管理業務主任者　分野別過去問題集　③分冊

完成文は、以下のとおり。

　建物等の劣化に対して適時適切に修繕工事等を行うために作成する長期修繕計画は、
　　ⅰ　計画期間
　　ⅱ　推定修繕工事項目
　　ⅲ　（**ア＝修繕周期**）
　　ⅳ　推定修繕工事費
　　ⅴ　収支計画
を含んだもので作成し、これに基づいて
　　ⅵ　（**イ＝修繕積立金の額**）
の算出を行います。
　長期修繕計画標準様式、長期修繕計画作成ガイドライン及び同コメントは、長期修繕計画の標準的な様式を示し、長期修繕計画を作成・見直しするための基本的な考え方と長期修繕計画標準様式を使用しての作成方法を示すことで、計画の内容及び修繕積立金額の設定等について（**ウ＝区分所有者間**）で合意形成を行いやすくするために作成したものです。

以上より、ア＝修繕周期、イ＝修繕積立金の額、ウ＝区分所有者間であり、本問の正解肢は1となる。

正解 1
（正解率95%）

肢別解答率　受験生はこう答えた！
1　95%
2　2%
3　2%
4　2%

難易度　**易**

28 長期修繕計画

2022年度 問27

Check ☐☐☐ 重要度 ▶ B

長期修繕計画の作成における管理組合の役割に関する次の記述のうち、長期修繕計画作成ガイドラインによれば、適切なものはいくつあるか。

ア 管理組合は、分譲会社から交付された設計図書、数量計算書等のほか、計画修繕工事の設計図書、点検報告書等の修繕等の履歴情報を整理し、区分所有者等の求めがあれば閲覧できる状態で保管することが必要である。

イ 管理組合は、長期修繕計画の見直しに当たっては、必要に応じて専門委員会を設置するなど、検討を行うために管理組合内の体制を整えることが必要である。

ウ 管理組合は、長期修繕計画の作成及び修繕積立金の額の設定に当たって、総会の開催に先立ち説明会等を開催し、その内容を区分所有者に説明するとともに、長期修繕計画について総会で決議することが必要である。

エ 管理組合は、長期修繕計画を管理規約等と併せて、区分所有者等から求めがあれば閲覧できるように保管することが必要である。

1 一つ
2 二つ
3 三つ
4 四つ

236　LEC東京リーガルマインド　2025年版 出る順管理業務主任者 分野別過去問題集　③分冊

ア 適切 管理組合は、分譲会社から交付された設計図書、数量計算書等のほか、計画修繕工事の設計図書、点検報告書等の**修繕等の履歴情報を整理**し、**区分所有者等の求めがあれば閲覧できる状態で保管**することが必要である〈長ガ2章1節3三〉。

イ 適切 長期修繕計画の見直しに当たっては、必要に応じて**専門委員会を設置**するなど、検討を行うために管理組合内の体制を整えることが必要である〈長ガ2章2節2〉。

ウ 適切 管理組合は、長期修繕計画の作成及び修繕積立金の額の設定に当たって、総会の開催に先立ち**説明会等を開催**し、その内容を区分所有者に説明するとともに、長期修繕計画について**総会で決議**することが必要である〈長ガ2章3節1〉。

エ 適切 管理組合は、長期修繕計画を管理規約等と併せて、**区分所有者等から求めがあれば閲覧できるように保管する**〈長ガ2章3節2〉。

以上より、適切なものはア、イ、ウ、エの四つであり、本問の正解肢は4となる。

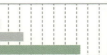

㉙ 長期修繕計画

2022年度 問28

Check ☐☐☐ 重要度 ▶ **A**

修繕積立金の額の目安を確認する場合に、長期修繕計画の計画期間（以下、本問において「計画期間」という。）全体における修繕積立金の専有面積当たりの月額単価の算出方法の式として、修繕積立金ガイドラインによれば、最も適切なものはどれか。ただし、機械式駐車場に係る修繕積立金は考慮しないものとする。

a：計画期間当初における修繕積立金の残高（円）
b：計画期間全体で集める修繕積立金の総額（円）
c：計画期間全体における専用使用料等からの繰入額の総額（円）
d：マンションの建築延床面積（㎡）
e：マンションの総専有床面積（㎡）
f：長期修繕計画の計画期間（ヶ月）
g：計画期間全体における修繕積立金の平均額（円／㎡・月）

1 $g = (a + b) \div d \div f$

2 $g = (a + b) \div e \div f$

3 $g = (a + b + c) \div d \div f$

4 $g = (a + b + c) \div e \div f$

計画期間全体における修繕積立金の平均額の算出式は、以下のとおり。

Z ＝（A ＋ B ＋ C）÷ X ÷ Y

A：計画期間**当初**における**修繕積立金の残高**（円）
B：計画期間**全体**で集める**修繕積立金の総額**（円）
C：計画期間全体における専用使用料等からの**繰入額の総額**（円）
X：マンションの**総専有床面積**（㎡）
Y：長期修繕計画の**計画期間**（ヶ月）
Z：計画期間**全体**における**修繕積立金の平均額**（円／㎡・月）

Z ＝ g、A ＝ a、B ＝ b、C ＝ c、X ＝ e、Y ＝ f であるから、本問の正解肢は 4 となる。

合 ③分冊 p315 ❸〜

㉚ 長期修繕計画

2023年度 問21　　Check ☐☐☐　重要度 ▶ A

長期修繕計画作成ガイドラインに関する次の記述のうち、適切なものはいくつあるか。

ア　単棟型のマンションの長期修繕計画は、管理規約に定めた組合管理部分である敷地も対象とする。

イ　建物及び設備の調査・診断を長期修繕計画の見直しのために単独で行う場合は、長期修繕計画に必要とされるすべての項目について漏れのないように行う。

ウ　計画修繕工事の実施の要否、内容等は、事前に調査・診断を行い、その結果に基づいて判断する。

エ　長期修繕計画は、将来実施する計画修繕工事の内容、時期、費用等を確定するものである。

1 一つ
2 二つ
3 三つ
4 四つ

ア 適切　単棟型のマンションの場合、**管理規約に定めた組合管理部分である敷地、建物の共用部分及び附属施設**（共用部分の修繕工事又は改修工事に伴って修繕工事が必要となる専有部分を含む。）**を対象とする**〈長ガ2章1節2一〉。
☞ 速 p724 ❷～

イ 適切　建物及び設備の調査・診断を長期修繕計画の見直しのために単独で行う場合は、**長期修繕計画に必要とされるすべての項目**について漏れのないように行う〈長ガコ2章2節4〉。
☞ 速 p724 ❷～

ウ 適切　長期修繕計画の作成に当たっては、計画修繕工事の実施の要否、内容等は、**事前に調査・診断を行い、その結果に基づいて判断することを前提条件とする**〈長ガ2章1節2二〉。
☞ 速 p724 ❷～

エ 不適切　長期修繕計画は、将来実施する計画修繕工事の内容、時期、費用等を確定するものではない〈長ガ2章1節2三〉。
☞ 速 p724 ❷～

以上より、適切なものはア、イ、ウの三つであり、本問の正解肢は3となる。

正解 3
（正解率49％）

肢別解答率　受験生はこう答えた！
1　6%
2　34%
3　49%
4　11%

難易度　難

㉛ 長期修繕計画

2023年度 問22　　*Check* ☐☐☐ 重要度 ▶ A

長期修繕計画作成ガイドラインに関する次の記述のうち、最も不適切なものはどれか。

1　修繕積立金は、不測の事故や自然災害（台風、大雨、大雪等）による被害の復旧など、特別な事由による修繕工事に要する経費に充当する場合に取り崩すことができる。

2　修繕積立金は、マンションの建替えを目的とした調査等に要する経費に充当する場合に取り崩すことができる。

3　修繕積立基金又は一時金の負担がある場合は、これらを修繕積立金会計とは区分して管理する。

4　長期修繕計画の作成に要する経費は、管理組合の財産状態等に応じて管理費又は修繕積立金のどちらからでも充当することができる。

1 適切　修繕積立金は、**不測の事故や自然災害**（台風、大雨、大雪等）による被害の復旧など、**特別な事由による修繕工事**に充当する場合に取り崩すことができる〈長ガコ2章1節3二〉。

2 適切　修繕積立金は、**マンションの建替えを目的とした調査等に要する経費**に充当する場合にも取り崩すことができる〈長ガコ2章1節3二〉。

3 不適切　購入時に将来の計画修繕工事に要する経費として**修繕積立基金**を負担する場合又は修繕積立金の総額の不足などから**一時金**を負担する場合は、これらを**修繕積立金会計に繰り入れる**〈長ガ3章2節2〉。

4 適切　長期修繕計画の作成（又は見直し）に要する経費及びそのために**事前に行う調査・診断に要する経費**は、管理組合の財産状態等に応じて**管理費又は修繕積立金**のどちらからでも充当することができる〈長ガコ2章1節3二〉。

32 長期修繕計画

2023年度 問23 Check □□□ 重要度 ▶ A

推定修繕工事項目の設定に関する次の記述のうち、長期修繕計画作成ガイドラインによれば、**不適切な記述のみを全て含むもの**は次の1～4のうちどれか。

ア 既存マンションにおける推定修繕工事項目は、新築時の設計図書に基づき設定すれば足りる。

イ 推定修繕工事項目の設定にあたって、修繕周期が計画期間に含まれないため推定修繕工事費を計上していない項目がある場合、その旨を明示する。

ウ 建物及び設備の性能向上に関する項目は、区分所有者等の要望など必要に応じて、追加することが望ましい。

1 ア
2 ア・ウ
3 イ・ウ
4 ア・イ・ウ

ア **不適切** 推定修繕工事項目は、新築マンションの場合は、設計図書等に基づいて、また、**既存マンションの場合は、現状の長期修繕計画を踏まえ、保管されている設計図書、修繕等の履歴、現状の調査・診断の結果等に基づいて設定する**〈長ガ3章1節6〉。
　☞ 合 ③分冊 p308 ②〜

イ **適切** マンションの形状、仕様等により該当しない項目、又は**修繕周期が計画期間に含まれないため推定修繕工事費を計上していない項目は、その旨を明示する**〈長ガ3章1節6〉。
　☞ 合 ③分冊 p308 ②〜

ウ **適切** 区分所有者等の要望など必要に応じて、**建物及び設備の性能向上に関する項目を追加することが望まれる**〈長ガ3章1節6〉。
　☞ 合 ③分冊 p308 ②〜

以上より、不適切な記述のみを全て含むものはアであり、本問の正解肢は1となる。

正解 1　（正解率91％）

肢	別解答率
1	91%
2	4%
3	4%
4	1%

難易度 **易**

33 長期修繕計画

2023年度 問24 Check ☐☐☐ 重要度 ▶ B

長期修繕計画作成ガイドラインに関する次の記述のうち、最も不適切なものはどれか。

1 長期修繕計画の構成は、マンションの建物・設備の概要等、調査・診断の概要、長期修繕計画の内容、修繕積立金の額の設定の4項目を基本とする。

2 長期修繕計画においては、会計状況、設計図書等の保管状況等の概要について示す必要がある。

3 長期修繕計画においては、維持管理の状況として、法定点検等の実施、調査・診断の実施、計画修繕工事の実施、長期修繕計画の見直し等について示す必要がある。

4 外壁の塗装や屋上防水などを行う大規模修繕工事の周期は部材や工事の仕様等により異なるが、一般的に12～15年程度である。

1 不適切　長期修繕計画の構成は、①マンションの**建物・設備の概要等**、②**調査・診断の概要**、③長期修繕計画の**作成・修繕積立金の額の設定の考え方**、④長期修繕計画の**内容**、⑤修繕積立金の**額の設定**の5項目を基本とする〈長ガ3章1節1〉。
☞ 合 ③分冊 p308 **2**〜　速 p724 **2**〜

2 適切　長期修繕計画においては、マンションの建物・設備の概要等として、敷地、建物・設備及び附属施設の概要（規模、形状等）、関係者、管理・所有区分、維持管理の状況（法定点検等の実施、調査・診断の実施、計画修繕工事の実施、長期修繕計画の見直し等）、**会計状況、設計図書等の保管状況等の概要**について示すことが必要である〈長ガ3章1節3〉。

3 適切　長期修繕計画においては、マンションの建物・設備の概要等として、敷地、建物・設備及び附属施設の概要（規模、形状等）、関係者、管理・所有区分、維持管理の状況（**法定点検等の実施、調査・診断の実施、計画修繕工事の実施、長期修繕計画の見直し等**）、会計状況、設計図書等の保管状況等の概要について示すことが必要である〈長ガ3章1節3〉。

4 適切　**外壁の塗装**や**屋上防水**などを行う大規模修繕工事の周期は部材や工事の仕様等により異なるが、一般的に**12〜15年**程度である〈長ガコ3章1節5〉。
☞ 合 ③分冊 p308 **2**〜　速 p724 **2**〜

正解 **1**（正解率25%）

肢別解答率　受験生はこう答えた！
1　25%
2　45%
3　3%
4　26%

難易度　難

㉞ 長期修繕計画

2023年度 問25　　　Check □□□　重要度 ▶ A

修繕積立金の二つの積立方式に関する次の記述のうち、修繕積立金ガイドラインによれば、最も不適切なものはどれか。

1　均等積立方式は、将来にわたり定額負担として設定するため、将来の増額を組み込んでおらず、安定的な修繕積立金の積立てができる。

2　均等積立方式であっても、その後の長期修繕計画の見直しにより増額が必要になる場合もある。

3　段階増額積立方式は、修繕資金需要に応じて積立金を徴収する方式であり、当初の負担額は小さく、多額の資金の管理の必要性が均等積立方式と比べて低い。

4　段階増額積立方式は、将来の増額が決まっているため、修繕積立金が不足することはない。

1 適切　均等積立方式とは、長期修繕計画で計画された修繕工事費の累計額を、計画期間中均等に積み立てる方式である。計画期間中は、修繕積立金を**定額負担**として設定し、**将来の増額を組み込んでおらず、安定的な修繕積立金の積立てができる**〈修ガ4〉。
☞ 合　③分冊 p315 **3**〜

2 適切　均等積立方式を採用した場合であっても、その後、修繕積立金の額の見直しが必要なくなる訳ではなく、**長期修繕計画の見直しによって増額が必要となる場合もある**〈修ガ4〉。
☞ 合　③分冊 p315 **3**〜

3 適切　段階増額積立方式とは、当初の積立額を抑え段階的に積立額を値上げする方式である。修繕資金需要に応じて積立金を徴収する方式であり、**当初の負担額は小さく、多額の資金の管理の必要性が均等積立方式と比べて低い**〈修ガ4〉。
☞ 合　③分冊 p315 **3**〜

4 不適切　段階増額積立方式は、将来の負担増を前提としているので、**増額しようとする際に区分所有者間の合意形成ができず修繕積立金が不足する**事例も生じている〈修ガ4〉。
☞ 合　③分冊 p315 **3**〜

正解 4
（正解率88%）

肢別解答率　受験生はこう答えた！
1　4%
2　1%
3　6%
4　88%

難易度 **易**

③⑤ 長期修繕計画

2024年度 問20

Check ☐☐☐　重要度 ▶ A

用語の定義に関する次の記述のうち、長期修繕計画作成ガイドラインによれば、適切なものはいくつあるか。

ア 推定修繕工事とは、長期修繕計画において、計画期間内に見込まれる修繕工事（補修工事（経常的に行う補修工事を除く。）を含む。）及び改修工事をいう。

イ 計画修繕工事とは、長期修繕計画に基づいて計画的に実施する修繕工事及び改修工事をいう。

ウ 大規模修繕工事とは、建物の全体又は複数の部位について行う大規模な計画修繕工事（全面的な外壁塗装等を伴う工事）をいう。

エ 推定修繕工事費とは、推定修繕工事に要する概算の費用をいう。

1 一つ

2 二つ

3 三つ

4 四つ

250　LEC東京リーガルマインド　2025年版 出る順管理業務主任者 分野別過去問題集　③分冊

ア 適切 推定修繕工事とは、長期修繕計画において、**計画期間内に見込まれる修繕工事**（補修工事（経常的に行う補修工事を除く。）を含む。）及び改修工事をいう〈長ガ1章4十三〉。
☞ 合 ③分冊 p308 ②〜　速 p724 ②〜

イ 適切 計画修繕工事とは、長期修繕計画に基づいて**計画的に実施する修繕工事及び改修工事**をいう〈長ガ1章4十四〉。
☞ 合 ③分冊 p308 ②〜　速 p724 ②〜

ウ 適切 大規模修繕工事とは、**建物の全体又は複数の部位について行う大規模な計画修繕工事**（全面的な外壁塗装等を伴う工事）をいう〈長ガ1章4十五〉。
☞ 合 ③分冊 p308 ②〜　速 p724 ②〜

エ 適切 推定修繕工事費とは、**推定修繕工事に要する概算の費用**をいう〈長ガ1章4十七〉。
☞ 合 ③分冊 p308 ②〜　速 p724 ②〜

以上より、適切なものはア、イ、ウ、エの四つであり、本問の正解肢は4となる。

正解 4（正解率 69%）

肢別解答率　受験生はこう答えた！
1　1%
2　4%
3　26%
4　69%

難易度　普

36 長期修繕計画

2024年度 問21　Check □□□ 重要度 ▶ A

次の記述のうち、長期修繕計画作成ガイドラインによれば、適切なものはいくつあるか。（改題）

ア　マンションの省エネ性能を向上させる改良工事を実施することは脱炭素社会の実現のみならず、各区分所有者の光熱費負担を低下させる観点からも有意義と考えられる。

イ　高経年のマンションの場合は、経年に応じて改修工事などに必要な費用が多額になっていくことが考えられ、必要に応じて建替えも視野に入れた修繕や改修の検討を行うことが望まれる。

ウ　管理組合は、財務・管理に関する情報について、マンションの購入予定者に対しても書面で交付することをあらかじめ管理規約において規定しておくことが望まれる。

エ　マンションには様々な形態、形状、仕様等があるうえ、立地条件も異なっていることから、これらに応じた適切な長期修繕計画とするため、必要に応じて標準様式の内容を追加して使用する。

1 一つ
2 二つ
3 三つ
4 四つ

ア **適切** マンションの省エネ性能を向上させる改良工事（壁や屋上の外断熱改修工事や窓の断熱改修工事等）を実施することは**脱炭素社会の実現のみならず、各区分所有者の光熱費負担を低下させる観点**からも有意義と考えられる〈長ガコ1章1〉。

イ **適切** 高経年のマンションの場合は、経年に応じて改修工事などに必要な費用が多額になっていくことが考えられる。**必要に応じて、建替えも視野に入れた修繕や改修の検討を行うこと**が望まれる〈長ガコ2章2節5〉。

ウ **適切** 管理組合は、財務・管理に関する情報について、マンションの購入予定者に対しても書面で交付することを**あらかじめ管理規約において規定しておくこと**が望まれる〈長ガコ2章3節3〉。

エ **適切** マンションには様々な形態、形状、仕様等があるうえ、立地条件も異なっていることから、これらに応じた適切な長期修繕計画とするため、**必要に応じて標準様式の内容を追加して使用する**〈長ガ3章1節2〉。

以上より、適切なものはア、イ、ウ、エの四つであり、本問の正解肢は4となる。

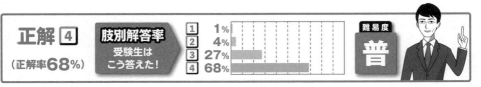

37 長期修繕計画

2024年度 問22 Check ☐☐☐ 重要度 ▶ A

収支計画の検討に関する次の記述のうち、長期修繕計画作成ガイドラインによれば、最も不適切なものはどれか。

1 計画期間に見込まれる推定修繕工事費の累計額が示され、その額を修繕積立金の累計額が下回らないように計画することが必要である。

2 推定修繕工事費は、消費税を含めた年度ごとの合計額と累計額が示されること、また、年度ごとの収支のほか、次年度繰越金（年度ごとの修繕積立金の残高）が示されることが必要である。

3 推定修繕工事項目に建物及び設備の性能を向上する改修工事に係る項目を設定する場合には、その費用を含めた収支計画とする。

4 機械式駐車場があり、駐車場使用料会計が設けられている場合であっても、駐車場の長期修繕計画は、全体の長期修繕計画に含めて作成することが望ましい。

1 適切 計画期間に見込まれる推定修繕工事費（借入金がある場合はその償還金を含む。）の累計額が示され、その額を**修繕積立金**（修繕積立基金、一時金、専用庭等の専用使用料及び駐車場等の使用料からの繰入れ並びに修繕積立金の運用益を含む。）の累計額が下回らないように計画することが必要である〈長ガ3章1節9〉。
合 ③分冊 p308 **2**～

2 適切 推定修繕工事費は、**消費税を含めた年度ごとの合計額と累計額**が示されること、また、**年度ごとの収支**のほか、**次年度繰越金**（年度ごとの修繕積立金の残高）が示されることが必要である〈長ガコ3章1節9〉。
合 ③分冊 p308 **2**～　速 p724 **2**～

3 適切 推定修繕工事項目に建物及び設備の性能を向上する改良工事に係る項目を設定する場合には、**その費用を含めた収支計画**とする〈長ガコ3章1節9〉。
合 ③分冊 p308 **2**～

4 不適切 二段式、多段式等の機械式駐車場があり、その点検や修繕に多額の費用を要することが想定される場合は、平置駐車場を含めて、管理費会計及び修繕積立金会計とは区分して駐車場使用料会計を設けることも考えられる。その場合の長期修繕計画の作成については、①**全体の長期修繕計画とは別に、駐車場単独の長期修繕計画を作成する**、②**駐車場単独の長期修繕計画及び保守点検の計画等に基づき、駐車場使用料の額を算定する**方法が考えられる〈長ガコ3章1節9〉。したがって、駐車場の長期修繕計画は、全体の長期修繕計画に含めて作成することが望ましいとはいえない。

正解 **4**
（正解率 67%）

肢別解答率
受験生はこう答えた！

1	14%
2	13%
3	6%
4	67%

㊳ 長期修繕計画

2024年度 問23　Check ☐☐☐　重要度 ▶ A

次の記述のうち、長期修繕計画作成ガイドラインによれば、最も不適切なものはどれか。

1 　推定修繕工事費の算定における単価の設定の際は、地域差について、労務費は地域差がほとんどない一方、材料費や仮設材のリース費等に一定の地域差があることを、必要に応じて考慮する。

2 　推定修繕工事費の算定における単価の設定の際は、新築マンション、既存マンションのどちらの場合であっても、修繕工事特有の施工条件等を考慮する。

3 　推定修繕工事の内容の設定、概算の費用の算出は、既存マンションの場合、保管されている設計図書のほか、修繕等の履歴、劣化状況等の調査・診断の結果に基づいて行う。

4 　収支計画の不確定な要素として、修繕積立金の運用利率、借入金の金利、物価・工事費価格及び消費税率の変動などがある。

[1] 不適切 単価の地域差について、材料費や仮設材のリース費等については地域差がほとんどない一方、**労務費は一定の地域差がある**〈長ガコ3章1節8二〉。

[2] 適切 単価は、**修繕工事特有の施工条件等を考慮し、部位ごとに仕様を選択して、**新築マンションの場合、設計図書、工事請負契約による請負代金内訳書等を参考として、また、既存マンションの場合、過去の計画修繕工事の契約実績、その調査データ、刊行物の単価、専門工事業者の見積価格等を参考として設定する〈長ガ3章1節8二〉。

[3] 適切 推定修繕工事の内容の設定、概算の費用の算出は、新築マンションの場合、設計図書、工事請負契約書による請負代金内訳書及び数量計算書等を参考にして、また、**既存マンションの場合、保管されている設計図書のほか、修繕等の履歴、劣化状況等の調査・診断の結果に基づいて行う**〈長ガ2章1節2三〉。

[4] 適切 収支計画には、**修繕積立金の運用利率、借入金の金利、物価・工事費価格及び消費税率の変動など不確定な要素がある**〈長ガ2章1節2三〉。

正解 [1]
（正解率93％）

肢別解答率 受験生はこう答えた！
[1] 93%
[2] 5%
[3] 1%
[4] 1%

39 長期修繕計画

2024年度 問24　　Check ☐☐☐　重要度 ▶ B

次の記述のうち、修繕積立金ガイドラインによれば、最も不適切なものはどれか。

1 修繕積立金は、共用部分について管理組合が行う修繕工事の費用に充当するための積立金であり、専有部分について各区分所有者が行うリフォームの費用は原則として含まれない。

2 超高層マンション（一般に地上20階以上）は、外壁等の修繕のための特殊な足場が必要となるほか、共用部分の占める割合が高くなる等のため、修繕工事費が増大する傾向にある。

3 修繕積立金ガイドラインで示している「修繕積立金の額の目安」は、長期修繕計画作成ガイドラインに概ね沿って策定された長期修繕計画の事例から導き出したものであり、修繕積立金の額がこの幅に収まっていなければ、直ちに不適切な水準の額といえる。

4 マンションの修繕工事費は、建物の形状や規模、立地、仕上げ材や設備の仕様に加え、区分所有者の機能向上に対するニーズ等、様々な要因によって変動するものである。

258　LEC東京リーガルマインド　2025年版 出る順管理業務主任者 分野別過去問題集　③分冊

1 適切　修繕積立金は、共用部分について管理組合が行う修繕工事の費用に充当するための積立金であり、**専有部分について各区分所有者が行うリフォームの費用は原則として含まれない**〈修ガ2(1)〉。

2 適切　超高層マンション（一般に地上20階以上）は、外壁等の修繕のための特殊な足場が必要となるほか、共用部分の占める割合が高くなる等のため、**修繕工事費が増大する傾向にある**〈修ガ3(2)〉。
　👉 合 ③分冊 p315 **3**〜　速 p728 **3**〜

3 不適切　修繕積立金ガイドラインで示している「修繕積立金の額の目安」は、長期修繕計画作成ガイドラインに概ね沿って策定された長期修繕計画の事例から導き出したものである〈修ガ3(1)〉。この目安は、**あくまでも事例調査から導き出した「目安」であり、修繕積立金の額が「目安」の範囲に収まっていないからといって、直ちに不適切であると判断されるわけではない**〈同3(1)〉。
　👉 合 ③分冊 p315 **3**〜

4 適切　マンションの修繕工事費は、建物の形状や規模・立地、仕上げ材や設備の仕様に加え、工事単価、区分所有者の機能向上に対するニーズ等、**様々な要因によって変動する**ものである〈修ガ3(3)〉。
　👉 合 ③分冊 p315 **3**〜　速 p728 **3**〜

正解 **3**
（正解率98%）

肢別解答率　受験生はこう答えた！
① 0%
② 0%
③ 98%
④ 1%

難易度　易

⑩ 劣化・調査・診断

2018年度 問19　Check ☐☐☐　重要度 ▶ A

鉄筋コンクリートに関する次の記述のうち、最も不適切なものはどれか。

1 　中性化とは、硬化したコンクリートが空気中の炭酸ガス（CO_2）の作用によって次第にアルカリ性を失って中性に近づく現象をいう。

2 　中性化の進行を遅らせるためには、モルタル塗り等の仕上げが有効である。

3 　アルカリ骨材反応とは、アルカリ反応性骨材と鉄筋が長期にわたって反応し、その鉄筋が発錆し膨張することにより、コンクリートにひび割れを生じたり崩壊したりする現象をいう。

4 　アルカリ骨材反応を抑制するためには、「コンクリート中のアルカリ総量の抑制」、「抑制効果のある混合セメントの使用」、「安全と認められる骨材の使用」の抑制対策のうち、いずれか一つについて確認をとらなければならない

[1] **適切** 中性化とは、硬化したコンクリートが空気中の炭酸ガスの作用により次第にアルカリ性を失って中性に近づく現象をいう。
　☞ 合 ③分冊 p331 ❷～　速 p734 ❷～

[2] **適切** モルタル塗り等の仕上げにより、中性化の進行を抑制することができる。
　☞ 合 ③分冊 p331 ❷～　速 p734 ❷～

[3] **不適切** アルカリ骨材反応とは、コンクリートの細孔溶液中の水酸化アルカリと骨材中の反応性鉱物との化学反応により生じた生成物が膨張し、ひび割れなどを発生させる現象である。
　☞ 合 ③分冊 p331 ❷～　速 p734 ❷～

[4] **適切** アルカリ骨材反応を抑制するためには、「コンクリート中のアルカリ総量の抑制」、「抑制効果のある混合セメントの使用」、「安全と認められる骨材の使用」の抑制対策の中のいずれか1つについて確認をとらなければならない。
　☞ 合 ③分冊 p331 ❷～　速 p734 ❷～

41 劣化・調査・診断

2018年度 問26　　Check ☐☐☐　重要度 ▶ A

鉄筋コンクリート造のマンションに生じる劣化現象とその推測される原因に関する次の記述のうち、最も不適切なものはどれか。

1 コンクリートの表面に白い粉状のものが付着していたので、鉄筋に塩害が生じていると判断した。

2 コンクリート柱の表面に水平な茶色のシミが出ている亀裂が、等間隔で数本確認されたので、内部の鉄筋に錆が生じていると判断した。

3 モルタル塗り面を鋼球型テストハンマーで叩くと、高く硬い音がしたので、浮きが無いと判断した。

4 北側外部に面した壁の室内側表面の壁紙に黒いしみのようなものが見えたので、カビが生じていると判断した。

262　　LEC東京リーガルマインド　2025年版 出る順管理業務主任者 分野別過去問題集　③分冊

[1] **不適切** 硬化したコンクリートの表面に出た白色の物質をエフロレッセンスといい、セメント中の石灰等が水に溶けて染み出し、空気中の炭酸ガスと化合して生じる。本肢の場合、鉄筋に塩害が生じていると判断するのは適切とはいえない。
合 ③分冊 p331 ②~ 速 p734 ②~

[2] **適切** 鉄筋が腐食すると、**膨張してコンクリートにひび割れが生じることがある**。また、鉄筋が腐食しているとひび割れ部から**錆が流出してひび割れ部周囲を茶色く汚**すことがある。本肢の場合、上記症状が見られるため、内部の鉄筋に錆が生じていると判断することは適切といえる。
合 ③分冊 p331 ②~ 速 p734 ②~

[3] **適切** モルタル塗りをテストハンマーで打撃した場合、**浮きがなければ高く硬い音がする**。本肢の場合、浮きがないと判断することは適切といえる。

[4] **適切** 北側は日当たりが悪く湿気が多くなり、**黒カビが発生することがある**。したがって、本肢の場合、カビが生えていると判断することは適切といえる。
合 ③分冊 p331 ②~ 速 p734 ②~

正解 [1] (正解率 75%)

肢別解答率 受験生はこう答えた！
[1] 75%
[2] 2%
[3] 21%
[4] 2%

難易度 **易**

42 劣化・調査・診断

2021年度 問18

Check ☐☐☐　重要度 ▶ A

鉄筋コンクリートに関する次の記述のうち、最も不適切なものはどれか。

1　建築基準法によれば、特定の要件を満たす部材を除いて、布基礎の立上り部分を除いた基礎においては、鉄筋に対するコンクリートのかぶり厚さは、捨コンクリートの部分を除き、6cm以上としなければならない。

2　コンクリートは、通常の使用範囲において温度上昇に伴う膨張の程度が鉄筋とほぼ等しい。

3　硬化したコンクリートが、空気中の二酸化炭素の作用によって次第にアルカリ性を失って中性に近づく現象を中性化という。

4　アルカリ骨材反応とは、アルカリ反応性骨材と鉄筋が長期にわたる化学反応により、その鉄筋が発錆し膨張することで、コンクリートにひび割れを生じたり崩壊したりする現象をいう。

264　LEC東京リーガルマインド　2025年版 出る順管理業務主任者 分野別過去問題集　③分冊

[1] **適切** 鉄筋に対するコンクリートのかぶり厚さは、特定の要件を満たす部材を除いて、基礎（布基礎の立上り部分を除く。）にあっては捨コンクリートの部分を除いて **6cm 以上**としなければならない〈建基令 79 条〉。

[2] **適切** コンクリートは、通常の使用範囲において**温度上昇に伴う膨張の程度が鉄筋とほぼ等しい**。

[3] **適切** コンクリートの中性化とは、空気中の二酸化炭素などの影響により、コンクリートのアルカリ性が徐々に失われ、中性に近づく現象をいう。

[4] **不適切** アルカリ骨材反応とは、コンクリートの細孔溶液中の水酸化アルカリと骨材中の反応性鉱物との化学反応により生じた生成物が膨張し、ひび割れなどを発生させる現象である。

43 劣化・調査・診断

2022年度 問19　　Check ☐☐☐　重要度 ▶ C

竣工後 25 年の時点で、コア採取によりコンクリートの中性化深さを測定したところ 20mm で
あった場合に、この中性化が、かぶり厚さ 40mm の鉄筋に到達するまで、竣工後 25 年時
点から要する年数として、最も適切なものはどれか。

1　中性化深さは経過年数（t）に比例するので、鉄筋に到達するまで約 25 年かか
る。

2　中性化深さは経過年数の二乗（t^2）に比例するので、鉄筋に到達するまで約
10 年かかる。

3　中性化深さは経過年数の平方根（$\sqrt{t}$）に比例するので、鉄筋に到達するまで
約 75 年かかる。

4　中性化深さは経過年数の立方根（$\sqrt[3]{t}$）に比例するので、鉄筋に到達するまで
約 175 年かかる。

中性化深さは、**経過年数の平方根に比例**し、中性化深さと経過年数との関係には、以下の式が成り立つ。

$$d\,(\text{mm}) = a\sqrt{t\,(年)}$$　　d：中性化深さ、a：中性化速度係数、t：経過年数

〔中性化速度係数 a の算定〕
　竣工後 25 年の時点で、中性化深さは 20mm であるから、以下が成り立つ。

$$20\,(\text{mm}) = a\sqrt{25\,(年)}$$

これを解いて、

$$a = 4$$

〔中性化が鉄筋に達するまで、竣工後 25 年時点から要する年数の算定〕
　鉄筋に達する中性化深さ（40mm）と、竣工から中性化が鉄筋に達するのに要する年数との関係は、以下のとおり。

$$40\,(\text{mm}) = 4\sqrt{t\,(年)}$$

これを解いて、

$$t = 100\,(年)$$

　したがって、竣工から中性化が鉄筋に達するのに 100 年かかるので、竣工後 25 年時点から中性化が鉄筋に達するのに要する年数は 75 年である。

以上より、本問の正解肢は 3 となる。

44 劣化・調査・診断

2023年度 問16　　　*Check* ☐☐☐　重要度 ▶ **A**

鉄筋コンクリート造のマンションの劣化等調査方法に関する次の記述のうち、「コンクリートのひび割れ調査，補修・補強指針 2022」（公益社団法人 日本コンクリート工学会）によれば、最も不適切なものはどれか。

1 クラックスケールにより、コンクリートのひび割れ幅を測定した。

2 反発度法により、コンクリートの圧縮強度を推定した。

3 電磁誘導法により、コンクリートの塩化物イオン濃度を推定した。

4 赤外線サーモグラフィにより、外壁のタイルの浮きを探査した。

1 **適切** クラックスケールは、**コンクリートのひび割れ幅**の調査に用いる。
☞ 合 ③分冊 p331 ❷〜 速 p734 ❷〜

2 **適切** 反発度法とは、コンクリートの表面をリバウンドハンマーによって打撃し、その反発度から**コンクリートの圧縮強度**を推定する試験方法である。
☞ 合 ③分冊 p331 ❷〜 速 p734 ❷〜

3 **不適切** 電磁誘導法は、試験コイルに交流電流を流すことによってできる磁界内に試験対象物を設置することによって**鉄筋などの対象物**の探査を行う試験方法である。
☞ 合 ③分冊 p331 ❷〜

4 **適切** 赤外線サーモグラフィ法は、建物の外壁タイルなどの剥離部と健常部との熱伝導の違いによる温度差を測定して、**外壁のタイルの浮き**を探査する調査方法である。
☞ 合 ③分冊 p331 ❷〜 速 p734 ❷〜

正解 3
（正解率66%）

肢別解答率 受験生はこう答えた！
1 3%
2 13%
3 66%
4 19%

難易度 普

45 劣化・調査・診断

2023年度 問17 重要度 ▶ C

マンションの壁面タイル（高さh）の剥落（はくらく）による事故の危険性のある範囲（R）として、「建築保全標準・同解説　JAMS 2 − RC　点検標準仕様書」（一般社団法人 日本建築学会）によれば、最も適切なものはどれか。ただし、壁面直下の通路では人が常時往来し、かつ強固な構造の屋根等の落下物防御施設や植込み等による立入を制限するものはないものとする。

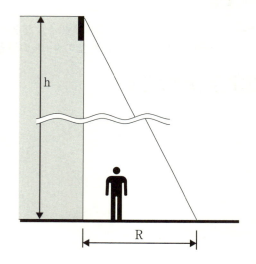

1. R = h／2

2. R = h／3

3. R = h／4

4. R = h／5

「建築保全標準・同解説　JAMS 2-RC　点検標準仕様書」によると、**災害危険度の大きい壁面**を、以下のように定めている。

当該壁面の前面かつ当該壁面の高さの概ね**2分の1**の水平面に、公道、不特定または多数の人が通行する私道、構内道路、広場を有するもの
　※　ただし、壁面直下に鉄筋コンクリート造、鉄骨造等の強固な落下物防御施設（屋根、庇等）が設置され、または植込み等により、影響角が完全にさえぎられ、災害の危険が無いと判断される部分を除くものとする。

したがって、マンションの壁面タイル（高さh）の剥落による事故の危険性のある範囲〔R〕は、
　R＝h／2
であり、本問の正解肢は1となる。

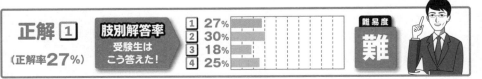

46 劣化・調査・診断

2024年度 問17

Check ☐☐☐ 重要度 ▶ B

コンクリートの中性化に関する次の文章の（A）から（C）までに入る語句の組合せとして、最も適切なものはどれか。

　中性化は、大気中の（　A　）がコンクリートに侵入し、コンクリートのアルカリ性が徐々に（　B　）していく現象である。この中性化深さの進行は、時間の（　C　）に比例して進行し、鉄筋に到達することによって鉄筋の発錆の危険が増大するとされている。

	（A）	（B）	（C）
1	酸素	上昇	平方根
2	酸素	低下	2乗
3	二酸化炭素	上昇	2乗
4	二酸化炭素	低下	平方根

完成文は以下のとおりである。

> 中性化は、大気中の（**A＝二酸化炭素**）がコンクリートに侵入し、コンクリートのアルカリ性が徐々に（**B＝低下**）していく現象である。この中性化深さの進行は、時間の（**C＝平方根**）に比例して進行し、鉄筋に到達することによって鉄筋の発錆の危険が増大するとされている。

以上より、A＝二酸化炭素、B＝低下、C＝平方根であり、本問の正解肢は4となる。

👉 合 ③分冊 p331 **2**~　速 p734 **2**~

正解 4
（正解率**78%**）

肢別解答率
受験生は
こう答えた！

1	3%	
2	11%	
3	7%	
4	78%	

難易度 **易**

47 修繕工事・改修工事

2018年度 問28 Check ☐☐☐ 重要度 ▶ B

マンションの屋上にコンクリート保護層のあるアスファルト防水が施工されている場合、建築改修工事監理指針によれば、改修工事の計画として最も適切なものは、次のうちどれか。

1 冬季の工事において、外気温の著しい低下が予想されるときは、既存保護層及び防水層を撤去し、塗膜防水を施工する。

2 最上階住戸の断熱性能の向上を目的として、既存保護層（立上り部等を除く）は撤去しないで、新たに、粘着層付改質アスファルトシートを用いた常温粘着工法による改質アスファルトシート防水を施工する。

3 工事費用を削減し、居住者に対する施工時の環境を改善するため、既存保護層及び防水層を撤去し、新たに熱工法によるアスファルト防水を施工する。

4 施工期間を短縮するため、既存保護層（立上り部等を除く）は撤去しないで、下地調整を行った後、その上にウレタンゴム系塗膜防水を施工する。

---

274 **LEC**東京リーガルマインド 2025年版 出る順管理業務主任者 分野別過去問題集 ③分冊

1 不適切　防水層の施工の良否は、施工時の気象条件に大きく左右されるので、十分に注意する。**気温が著しく低い場合には、原則として、施工を中止する。**
👉 合 ③分冊 p331 **2**〜　速 p734 **2**〜

2 不適切　粘着層付改質アスファルトシートを用いた常温粘着工法による改質アスファルト防水を施工しただけでは、**最上階住戸の断熱性能の向上を図ることはできない。**
👉 合 ③分冊 p331 **2**〜　速 p734 **2**〜

3 不適切　熱工法によるアスファルト防水を施工する場合、**煙や臭気が生じるため、**居住者に対する施工時の環境を改善するという観点からは適切ではない。
👉 合 ③分冊 p331 **2**〜　速 p734 **2**〜

4 適切　ウレタンゴム系塗膜防水では、超速硬化タイプもあり、これを利用して、**施工期間を短縮することができる。**
👉 合 ③分冊 p331 **2**〜　速 p734 **2**〜

48 修繕工事・改修工事

2022年度 問20　　　*Check* ☐☐☐　重要度 ▶ **B**

コンクリートのひび割れの補修に関する次の記述のうち、「コンクリートのひび割れ調査、補修・補強指針 2013」（公益社団法人 日本コンクリート工学会）によれば、最も不適切なものはどれか。

1　外気温の変動による挙動が小さいひび割れ幅 0.1mm の補修に、ポリマーセメントペーストによるひび割れ被覆工法を適用した。

2　外気温の変動による挙動が小さいひび割れ幅 0.5mm の補修に、アクリル樹脂系注入材による注入工法を適用した。

3　外気温の変動による挙動が大きいひび割れ幅 0.5mm の補修に、ポリマーセメントペーストによる注入工法を適用した。

4　外気温の変動による挙動が大きいひび割れ幅 1.0mm の補修に、可撓性エポキシ樹脂による充填工法を適用した。

1 適切　外気温の変動による挙動の**小さい**ひび割れ幅 0.2mm 以下の補修には、塗膜弾性防水材又は**ポリマーセメントペースト**によるひび割れ被覆工法を適用する。

2 適切　外気温の変動による挙動の**小さい**ひび割れ幅 0.2 〜 1.0mm の補修には、エポキシ樹脂注入材、**アクリル樹脂系注入材**又は注入用ポリマーセメントによる注入工法を適用する。

3 不適切　外気温の変動による挙動の**大きい**ひび割れ幅 0.2 〜 1.0mm の補修には、**軟式系エポキシ樹脂注入材又はアクリル樹脂系注入材**による注入工法を適用する。

4 適切　外気温の変動による挙動の**大きい**ひび割れ幅 1.0mm 以上の補修には、シーリング材（ウレタン樹脂、シリコン樹脂）又は**可撓性エポキシ樹脂**による充填工法を適用する。

49 修繕工事・改修工事

2024年度 問18

Check ☐☐☐ 重要度 ▶ C

鉄筋コンクリート造のマンションのコンクリート壁の劣化の補修に関する次の記述のうち、「建築保全標準・同解説 JAMS 4 −RC 補修・改修設計規準」（一般社団法人 日本建築学会）によれば、最も不適切なものはどれか。

1 コンクリートの乾燥収縮による幅0.3mm程度の挙動のあるひび割れ先行型劣化の補修に、Uカットシール材充填工法を選定した。

2 コンクリートのコールドジョイントによる幅0.2mm未満の、挙動のないひび割れ先行型劣化の補修に、シール工法を選定した。

3 中性化により発生した、鉄筋の腐食に伴うコンクリートの浮きに対し、断面修復による工法を選定した。

4 塩害によりコンクリートが浮きかかって生じたひび割れに対し、樹脂注入工法を選定した。

1 **適切** ひび割れ部の**挙動があり**、ひび割れ幅が 0.2mm 以上 1.0mm 以下のひび割れに、**U カットシール材充填工法**を選定することは適切である。

2 **適切** ひび割れ部の**挙動がなく**、ひび割れ幅が 0.2mm 未満のひび割れに、**シール工法**を選定することは適切である。

3 **適切** 断面修復とは、**鉄筋の腐食に伴うコンクリートの浮きや剥離**が生じた部分をはつり取り、断面修復材で埋め戻しを行うことである。中性化により発生した、鉄筋の腐食に伴うコンクリートの浮きに対し、断面修復による工法を選定することは適切である。

4 **不適切** 鉄筋コンクリート部材において、中性化あるいは塩害によって鉄筋腐食が進行し、腐食先行型のひび割れが生じた場合、**ひび割れ部を補修しただけでは不十分であり**、塩害によりコンクリートが浮きかかって生じたひび割れに対し、樹脂注入工法を選定することは不適切である。

正解 4
（正解率 32%）

肢別解答率 受験生はこう答えた！
1 18%
2 15%
3 36%
4 32%

難易度 **難**

50 防水

2021年度 問17 Check ☐☐☐ 重要度 ▶ C

マンションの屋上の防水に関する次の記述のうち、最も不適切なものはどれか。

1 メンブレン防水とは、被膜を形成して防水層を作る工法の総称である。

2 シート防水に用いられる、プラスチック系の材料等で作られたシートは、変形能力が大きく下地の動きに追従する。

3 建築改修工事監理指針によれば、外気温の著しい低下が予想されるときは、塗膜防水を施工しなければならない。

4 ウレタン系塗膜防水工法は、突出物の多い屋上の改修工事の際に、施工が容易なため採用されることが多い。

[1] 適切 メンブレン防水とは、**コンクリート躯体の上に皮膜を施して防水する工法**の総称である。
👉 合 ③分冊 p331 [2]〜 速 p734 [2]〜

[2] 適切 シート防水とは、**防水シートを貼り付けて防水層を形成する防水工法**である。プラスチック系の材料等で作られたシートは、変形能力が大きく**下地の動きに追従することができる**。
👉 合 ③分冊 p331 [2]〜 速 p734 [2]〜

[3] 不適切 防水層の施工の良否は、施工時の気象条件に大きく左右されるので、十分に注意する。**気温が著しく低い場合には、原則として、施工を中止する**。
👉 合 ③分冊 p331 [2]〜 速 p734 [2]〜

[4] 適切 ウレタン系塗膜防水工法は、液状の材料を用いて防水層を形成するため、**複雑な形状の下地にも施工することができる**。そのため、突起物の多い屋上の改修工事の際に、採用されることが多い。
👉 合 ③分冊 p331 [2]〜 速 p734 [2]〜

正解 [3]（正解率70%）

51 耐震

2017年度 問20   *Check* ☐☐☐ 重要度 ▶ **C**

地震に関する次の記述のうち、最も適切なものはどれか。

1 　地震の規模を表すマグニチュードは、その値が1増えるごとにエネルギーが約10倍になる。

2 　日本では、地震による揺れの強さを表す震度を7階級としている。

3 　日本では、現在でも、震度の判定は体感及び目視によっている。

4 　地震波にはP波とS波があり、P波の方がS波より速く伝わる性質がある。

[1] **不適切** 地震の規模を表すマグニチュードは、その値が1増えるごとにエネルギーが**約32倍**になる。

[2] **不適切** 日本では、地震による揺れの強さを表す震度を**10階級**（0、1、2、3、4、5弱、5強、6弱、6強、7）としている。

[3] **不適切** 日本では、現在、震度の判定は**震度計**により行っている。

[4] **適切** 地震波にはP波とS波がある。P波は秒速約7kmで伝わり、S波は秒速約4kmで伝わるので、**P波の方がS波より速く伝わる**性質がある。

52 耐震

2018年度 問27　　Check ☐☐☐　重要度 ▶ **A**

鉄筋コンクリート造のマンションの耐震改修の方法として、最も不適切なものはどれか。

1 　給水方法を高置水槽方式から直結増圧方式に変更し、屋上の高置水槽を撤去する。

2 　地震時にエキスパンションジョイント部のカバーが落下することを防止するため、そのカバーを両端で躯体に固定する。

3 　構造耐力上主要な独立柱に炭素繊維シートを巻き付ける。

4 　耐震設計において考慮していなかった非構造の腰壁が、構造耐力上主要な柱と接続している部分に、縁を切るためのスリットを入れる。

1 適切　屋上の高置水槽は、**地震時に強い地震力が加わり、転倒・脱落するおそれがある**。これを防止するため、給水方法を高置水槽方式から直結増圧方式に変更し、屋上の高置水槽を撤去することは耐震改修の方法として適切である。
　　合 ③分冊 p352 ③〜　速 p748 ③〜

2 不適切　エキスパンションジョイントのカバーの**両端を躯体に固定する**ことは、耐震改修の方法として適切とはいえない。
　　合 ③分冊 p352 ③〜　速 p748 ③〜

3 適切　既存建物の柱に炭素繊維シートを巻き付けることにより、**柱のじん性能を高める**ことができる。したがって、構造耐力上主要な独立柱に炭素繊維シートを巻き付けることは耐震改修の方法として適切である。
　　合 ③分冊 p352 ③〜　速 p748 ③〜

4 適切　柱に取り付く腰壁やそで壁と柱の間にスリットを設けることにより、**構造上のバランスの改善、じん性能の向上を図る**ことができる。したがって、耐震設計において考慮していなかった非構造の腰壁が構造耐力上主要な柱と接続している部分に、縁を切るためのスリットを入れることは耐震改修の方法として適切である。
　　合 ③分冊 p352 ③〜　速 p748 ③〜

正解 2（正解率40％）

肢別解答率　受験生はこう答えた！
1　24％
2　40％
3　2％
4　34％

難易度 難

53 その他

2020年度 問19

Check ☐☐☐ 重要度 ▶ B

建築物の換気に関する次の記述のうち、最も不適切なものはどれか。

1 住宅等の居室において、ホルムアルデヒドに関する技術的基準として、機械式換気設備の必要有効換気量の計算に求められる換気回数は、建築基準法によれば、原則として、3時間に1回である。

2 換気効率の指標の一つである「空気齢」は、その数値が大きいほど、その地点に供給される空気が汚染されている可能性が高い。

3 「自然換気」とは、建物の内外の温度差、外部風を利用して換気する方式のことである。

4 マンションの換気方式としても採用される「第3種換気方式」とは、自然給気と機械排気を組み合わせた換気方式である。

1 不適切 　ホルムアルデヒドに関する政令で定める技術的基準では、居室に機械換気設備を設ける場合、その有効換気量が所定の式によって計算した必要有効換気量以上でなければならないとされている〈建基令20条の8第1項1号〉。必要有効換気量を算出する際に用いる換気回数は、住宅等の居室の場合、1時間につき0.5回、すなわち、**2時間に1回**である。

☞ 合 ③分冊 p398 **5**~　速 p772 **5**~

2 適切 　空気齢とは、**吹出し空気が室内の各点に到達するまでに要する時間**をいう。この数値が大きいほど、その地点に供給される空気が汚染されている可能性が高い。

3 適切 　自然換気とは、**給気口及び排気口を設け、室内と室外との温度差による対流や風による圧力等、自然の条件を利用した換気方式**をいう。

☞ 合 ③分冊 p398 **5**~　速 p772 **5**~

4 適切 　第3種換気方式とは、**自然給気と機械排気を組み合わせた換気方式**をいう。第3種換気方式は、**マンションで多く採用されている**。

☞ 合 ③分冊 p398 **5**~　速 p772 **5**~

正解 1
（正解率83%）

肢別解答率
受験生はこう答えた！

1	83%
2	8%
3	2%
4	8%

難易度 **易**

54 その他

2020年度 問22　　Check ☐☐☐　重要度 ▶ C

石綿（アスベスト）に関する次の記述のうち、最も不適切なものはどれか。

1 微細な浮遊繊維が人体に有害となる石綿（アスベスト）の一つに、クロシドライト（青石綿）がある。

2 事業者は、石綿障害予防規則の定めにより、石綿健康診断の結果に基づく石綿健康診断個人票を作成し、これを当該労働者が当該事業場において常時石綿等を取り扱う業務に従事しないこととなった日から40年間保存しなければならない。

3 吹付け石綿及び吹付けロックウールでその含有する石綿の重量が当該建築材料の重量の0.1%を超えるものは、建築基準法により、建築材料としての使用は禁止されている。

4 建築物などの内外装仕上げに用いられる建築用仕上げ塗材については、過去に石綿を含有するものは製造されたことがない。

1 適切　微細な浮遊繊維が人体に有害となる石綿の1つに、**クロシドライト（青石綿）**がある。
👉 合 ③分冊 p398 5〜　速 p772 5〜

2 適切　事業者は、石綿健康診断の結果に基づき、石綿健康診断個人票を作成し、これを当該労働者が当該事業場において常時石綿等を取り扱う業務に従事しないこととなった日から **40年間**保存しなければならない〈石綿障害予防規則41条1項〉。

3 適切　石綿等をあらかじめ添加した建築材料（石綿等を飛散又は発散させるおそれがないものとして国土交通大臣が定めたもの又は国土交通大臣の認定を受けたものを除く。）を使用してはならない〈建基28条の2第2号〉。**吹付け石綿及び吹付けロックウールでその含有する石綿の重量が当該建築材料の重量の0.1%を超えるもの**は、上記の「国土交通大臣が定めたもの」にあたらず〈平成18年国土交通省告示1172号〉、**使用が禁止される。**
👉 合 ③分冊 p398 5〜　速 p772 5〜

4 不適切　建築物などの内外装仕上げに用いられる建築用仕上げ塗材については、過去に石綿を含有するものが**製造されたことがある。**

正解 **4**（正解率 91%）

肢	解答率
1	2%
2	2%
3	4%
4	91%

難易度 **易**

55 その他

2021年度 問22　　　Check ☐☐☐　重要度 ▶ B

換気設備に関する次の記述のうち、最も不適切なものはどれか。

1　建築基準法のホルムアルデヒドに関する技術的基準によれば、住宅等の居室における機械換気設備（居室内の空気を浄化して供給する方式を用いるものを除く。）の必要有効換気量は、居室の床面積に天井高さを乗じたものの0.5倍である。

2　全熱交換型の換気は、「第2種換気方式」である。

3　建築基準法によれば、換気設備を設けるべき調理室等に、火を使用する設備又は器具の近くに排気フードを有する排気筒を設ける場合においては、排気フードは、不燃材料で造らなければならない。

4　浴室や便所等の換気に用いる「第3種換気方式」では、必要換気量を確保するために、換気扇の運転時に給気を確保できるよう十分な大きさの給気口を設ける必要がある。

1 **適切** 居室を有する建築物の換気設備についてのホルムアルデヒドに関する技術的基準によれば、居室に設ける機械換気設備の必要有効換気量は、**居室の床面積に居室の天井の高さを乗じたものの 0.5 倍**である〈建基令 20 条の 8 第 1 項 1 号イ (1)〉。

☞ 合 ③分冊 p398 **5**〜 速 p772 **5**〜

2 **不適切** 全熱交換型の換気は、一般に、**第 1 種換気方式**（給気及び排気を機械によって行う機械換気方式）によって行う。

☞ 合 ③分冊 p262 **1**〜 速 p692 **1**〜

3 **適切** 建築物の調理室、浴室その他の室でかまど、こんろその他火を使用する設備若しくは器具を設けたもの（政令で定めるものを除く。）には、政令で定める技術的基準に従って、換気設備を設けなければならない〈建基 28 条 3 項〉。火を使用する設備又は器具の近くに排気フードを有する排気筒を設ける場合においては、**排気フードは、不燃材料で造らなければならない**〈建基令 20 条の 3 第 2 項 4 号〉。

4 **適切** 換気が有効に行われるためには、給気が重要である。特に第 3 種換気方式では留意が必要で、給気が十分に確保できないと換気扇の能力を大きくしても必要換気量を確保することはできない。そのため、**必要な換気量を確保できるよう十分な大きさの給気口を設ける必要がある。**

☞ 合 ③分冊 p262 **1**〜 速 p692 **1**〜

正解 **2**
（正解率 **59%**）

肢別解答率 受験生はこう答えた！
1　27%
2　59%
3　1%
4　13%

56 その他

2022年度 問21 Check ☐☐☐ 重要度 ▶ C

マンションの塗装部分の汚れや付着物の除去方法に関する次の記述のうち、「建築保全標準・同解説　JAMS 4 −RC　補修・改修設計規準」（一般社団法人 日本建築学会）によれば、最も不適切なものはどれか。

1 塵埃については、ブラシを用いて水洗いした。

2 カビについては、ワイヤブラシでかき落とした後に、水洗いした。

3 油脂類については、中性洗剤洗いをした後に、水洗いした。

4 鉄錆については、ディスクグラインダーを用いて除去した後に、水洗いした。

292　LEC東京リーガルマインド　2025年版 出る順管理業務主任者 分野別過去問題集　③分冊

1 適切 塵埃については、**ブラシを用いた水洗い又は高圧水洗**で**洗浄**する。

2 不適切 カビについては、ワイヤブラシ等でかき落とし、**アルコール拭き又は塩素系漂白剤等で殺菌処理**する。

3 適切 油脂類については、**中性洗剤洗いをした後に水洗い**するか、洗剤拭きする。

4 適切 鉄錆については、ワイヤブラシ、**ディスクグラインダー等を用いて除去**するか、又はシュウ酸希釈液を用いて鉄錆を除去し、直ちに**水洗い**する。

57 その他

2022年度 問23　Check ☐☐☐　重要度 ▶ A

換気設備に関する次の記述のうち、最も不適切なものはどれか。

1　全熱交換型の換気は、「第1種換気方式」である。

2　建築基準法によれば、居室には、政令で定める技術的基準に従って換気設備を設けた場合を除いて、換気のための窓その他の開口部を設け、その換気に有効な部分の面積は、その居室の床面積に対して、20分の1以上としなければならない。

3　換気効率の指標の一つである「空気齢」は、その数値が小さいほど、その地点に供給される空気が汚染されている可能性が高い。

4　建築基準法によれば、建築物の調理室等で火を使用する設備又は器具の近くに排気フードを有する排気筒を設ける場合においては、排気フードは、不燃材料で造らなければならない。

1 適切　全熱交換型の換気は、「**第1種換気方式**」である。
　　　合 ③分冊 p262 **1**〜　速 p692 **1**〜

2 適切　居室には、政令で定める技術的基準に従って換気設備を設けた場合を除いて、換気のための窓その他の開口部を設け、その換気に有効な部分の面積は、その居室の床面積に対して、**20分の1**以上としなければならない〈建基28条2項〉。
　　　合 ③分冊 p398 **5**〜　速 p772 **5**〜

3 不適切　空気齢とは、吹出し空気が室内の各点に到達するまでに要する時間をいう。この数値が**大きい**ほど、その地点に供給される空気が汚染されている可能性が高い。

4 適切　建築物の調理室、浴室その他の室でかまど、こんろその他火を使用する設備若しくは器具を設けたものには、原則として、政令で定める技術的基準に従って、換気設備を設けなければならず〈建基28条3項〉。火を使用する設備又は器具の近くに排気フードを有する排気筒を設ける場合においては、排気フードは、**不燃材料で造らなければならない**〈建基令20条の3第2項4号〉。

正解 **3**（正解率**89%**）

肢別解答率　受験生はこう答えた！

肢	%
1	6%
2	4%
3	89%
4	1%

難易度　**易**

58 総合

2018年度 問20　　Check ☐☐☐　重要度 ▶ A

給排水衛生設備に関する次の記述のうち、最も不適切なものはどれか。

1　飲料水の給水タンク等の天井が蓋を兼ねていない場合に当該給水タンク等に設けるマンホールは、外部から内部の保守点検を容易かつ安全に行うことができる小規模な給水タンク等を除き、直径60cm以上の円が内接できるものとする。

2　飲料水の給水タンクの局部震度法による設計用標準震度は、同じ耐震クラスでは、地階よりも屋上の方が大きい。

3　ガス瞬間式給湯器の能力表示は、一般に「号」で表され、1号は、流量毎分1リットルの水の温度を25℃上昇させる能力を表している。

4　排水横管の必要最小こう配は、管径が大きくなるほど大きくなる。

[1] 適切　給水タンク等の天井がふたを兼ねていない場合に当該給水タンク等に設けるマンホールは、外部から内部の保守点検を容易かつ安全に行うことができる小規模な給水タンク等を除き、**直径60cm以上**の円が内接できるものとする〈昭和50年建設省告示1597号〉。
☞ 合 ③分冊 p398 5～　速 p661 4～

[2] 適切　飲料水の給水タンクの局部震度法による設計用標準震度は、同じ耐震クラスでは、**地階よりも屋上のほうが大きい**。

[3] 適切　ガス瞬間式給湯器の能力表示は、一般に「号」で表される。1号は、**流量毎分1リットルの水の温度を25℃上昇させる能力**をいう。
☞ 合 ③分冊 p240 8～　速 p671 7～

[4] 不適切　排水横管の必要最小勾配は、**管径が大きくなるほど小さくなる**。
☞ 合 ③分冊 p246 3～　速 p677 2～

正解 [4]（正解率86%）

肢別解答率 受験生はこう答えた！
1　2%
2　6%
3　6%
4　86%

難易度　易

59 総合

2020年度 問23　Check ☐☐☐　重要度 ▶ B

給排水衛生設備に関する次の記述のうち、給排水衛生設備基準・同解説（公益社団法人空気調和・衛生工学会）によれば、最も不適切なものはどれか。

1 排水口空間とは、間接排水管の管端と、一般排水系統に直結している水受け容器又は排水器具のあふれ縁との間の鉛直距離をいう。

2 インバートますとは、雨水中に含まれる土砂などを阻集するために、泥だめを設けたますをいう。

3 逆サイホン作用とは、水受け容器中に吐き出された水、使用された水、又はその他の液体が給水管内に生じた負圧による吸引作用のため、給水管内に逆流することをいう。

4 伸頂通気管とは、最上部の排水横管が排水立て管に接続した点よりも更に上方へ、その排水立て管を立ち上げ、これを通気管に使用する部分をいう。

1 **適切** 排水口空間とは、間接排水管の管端と、一般排水系統に直結している水受け容器又は排水器具のあふれ縁との間の鉛直距離をいう。
☞ 合 ③分冊 p228 5~

2 **不適切** インバートますは、汚水排水系統で用いられるますで、泥だめは設けない。

3 **適切** 逆サイホン作用とは、水受け容器中に吐き出された水、使用された水、又はその他の液体が給水管内に生じた負圧による吸引作用のため、給水管内に逆流することをいう。
☞ 合 ③分冊 p238 7~

4 **適切** 伸頂通気管とは、最上部の排水横枝管が排水立て管に接続した点よりも更に上方へ、その排水立て管を立ち上げて、これを通気管に使用する部分をいう。
☞ 合 ③分冊 p246 3~ 速 p677 2~

正解 2
（正解率 40%）

肢別解答率 受験生はこう答えた！
1 26%
2 40%
3 26%
4 8%

難易度 難

第8編 設備系法令

年度別出題論点一覧

第8編 設備系法令	2015 H27	2016 H28	2017 H29	2018 H30	2019 R1	2020 R2	2021 R3	2022 R4	2023 R5	2024 R6
都市計画法										
建築基準法	4	2	3	2	3	2	1	2	1	2
水道法		1		1						1
消防法		2		1		2	1	1	1	2
警備業法										
その他	1	1	2	2	3	2	1	1		
総合	1									
計	6	6	5	6	6	6	3	4	2	5

※表内の数字は出題問題数を指します。
※2015、2016年度は購入者特典の「分野別過去問題集プラス2」に掲載しています。

1 建築基準法

2017年度 問17 Check ☐☐☐ 重要度 ▶ B

建築物の階数等に関する次の記述のうち、建築基準法によれば、誤っているものはどれか。

1 建築物の敷地が斜面又は段地である場合で、建築物の部分によって階数を異にする場合においては、これらの階数のうち最大のものが、その建築物の階数となる。

2 昇降機塔、装飾塔、物見塔その他これらに類する建築物の屋上部分の水平投影面積の合計が、当該建築物の建築面積の8分の1以下のものは階数に算入しない。

3 地階の倉庫、機械室その他これらに類する部分の水平投影面積の合計が、当該建築物の建築面積の8分の1以下のものは階数に算入しない。

4 地階とは、床が地盤面下にある階で、床面から地盤面までの高さがその階の天井の高さの2分の1以上のものをいう。

1 正 階数は、建築物の一部が吹抜きとなっている場合、建築物の敷地が斜面又は段地である場合その他**建築物の部分によって階数を異にする場合**においては、これらの階数のうち**最大なもの**による〈建基令2条1項8号後段〉。

2 正 **昇降機塔、装飾塔、物見塔その他これらに類する建築物の屋上部分**又は地階の倉庫、機械室その他これらに類する建築物の部分で、**水平投影面積の合計がそれぞれ当該建築物の建築面積の8分の1以下のものは、当該建築物の階数に算入しない**〈建基令2条1項8号前段〉。

3 正 昇降機塔、装飾塔、物見塔その他これらに類する建築物の屋上部分又は**地階の倉庫、機械室その他これらに類する建築物の部分**で、**水平投影面積の合計がそれぞれ当該建築物の建築面積の8分の1以下のものは、当該建築物の階数に算入しない**〈建基令2条1項8号前段〉。

4 誤 地階とは、床が地盤面下にある階で、床面から地盤面までの高さがその階の天井の高さの**3分の1以上**のものをいう〈建基令1条2号〉。

正解 4（正解率81%）

2 建築基準法

2017年度 問18　Check ☐☐☐　重要度 ▶ B

住宅における居住のための居室に関する次の記述のうち、建築基準法によれば、誤っているものはどれか。

1 居室の天井の高さは、一室で天井の高さの異なる部分がない場合においては、2.4m以上でなければならない。

2 居室を2階に設ける場合には、採光のための窓その他の開口部を設け、その採光に有効な部分の面積は、当該居室の床面積に対して、7分の1以上としなければならない。

3 政令で定める技術的基準に従った換気設備を設けない限り、居室には、換気のための窓その他の開口部を設け、その換気に有効な部分の面積は、当該居室の床面積に対して、20分の1以上としなければならない。

4 国土交通大臣が定めるところにより、からぼりその他の空地に面する開口部を設けて直接土に接する外壁、床及び屋根又はこれらの部分に水の浸透を防止するための防水層が設けられていれば、居室を地階に設けることができる。

1 誤 居室の天井の高さは、**2.1 m以上**でなければならない〈建基令21条1項〉。

2 正 住宅の居住のための居室には、原則として、採光のための窓その他の開口部を設け、その採光に有効な部分の面積は、その居室の床面積に対して、**7分の1以上**としなければならない〈建基28条1項本文、建基令19条3項〉。

3 正 居室には、政令で定める技術的基準に従って換気設備を設けた場合を除き、換気のための窓その他の開口部を設け、その換気に有効な部分の面積は、その居室の床面積に対して、**20分の1以上**としなければならない〈建基28条2項〉。

4 正 住宅の居室、学校の教室、病院の病室又は寄宿舎の寝室で地階に設けるものは、壁及び床の防湿の措置その他の事項について衛生上必要な政令で定める技術的基準に適合するものとしなければならない〈建基29条〉。国土交通大臣が定めるところにより、からぼりその他の空地に面する開口部を設けて直接土が接する外壁、床及び屋根又はこれらの部分に水の浸透を防止するための防水層が設けられている場合、**「政令で定める技術的基準」**をみたし〈建基令22条の2〉、**住宅の居室を地階に設けることができる。**

正解 1
(正解率77%)

肢別解答率 受験生はこう答えた！
1 77%
2 9%
3 2%
4 11%

難易度 **易**

3 建築基準法

2017年度 問27

Check ☐☐☐ 重要度 ▶ B

建築基準法第12条に規定する建築設備等の報告、検査等に関する次の記述のうち、誤っているものはどれか。

1 排煙設備の排煙風量測定の定期報告の時期は、5年の間隔をおいて特定行政庁が定める時期（建築基準法施行規則で別途定めるものを除く。）とする。

2 防火設備の定期報告の時期は、種類、用途、構造等に応じて、おおむね6月から1年まで（ただし、国土交通大臣が定める検査の項目については、1年から3年まで）の間隔をおいて特定行政庁が定める時期（建築基準法施行規則で別途定めるものを除く。）とする。

3 非常用の照明装置に白熱灯を用いる場合には、避難上必要となる最も暗い部分の水平床面においての照度が1ルクス以上であることを確認する。

4 昇降機を含む特定建築設備等について、一級建築士若しくは二級建築士又は建築設備等検査員資格者証の交付を受けている者は、建築基準法施行規則で定める定期検査を行うことができる。

1 誤　特定建築設備等の検査に関する結果の報告の時期は、建築設備等の種類、用途、構造等に応じて、**おおむね6月から1年まで**（ただし、国土交通大臣が定める検査の項目については、1年から3年まで）の間隔をおいて特定行政庁が定める時期（建築基準法施行規則で別途定めるものを除く。）とする〈建基規6条1項〉。排煙設備は、特定建築設備等にあたることがあり、その報告の時期は、上記のとおりであるから、5年の間隔をおいて定められない。

☞ 合 ③分冊 p396 4〜　速 p770 4〜

2 正　特定建築設備等の検査に関する結果の報告の時期は、建築設備等の種類、用途、構造等に応じて、**おおむね6月から1年まで**（ただし、国土交通大臣が定める検査の項目については、1年から3年まで）の間隔をおいて特定行政庁が定める時期（建築基準法施行規則で別途定めるものを除く。）とする〈建基規6条1項〉。防火設備は、特定建築設備等にあたることがあり、その報告の時期は、上記に従う。

☞ 合 ③分冊 p396 4〜　速 p770 4〜

3 正　非常用の照明装置に白熱灯を用いる場合には、**避難上必要となる部分のうち最も暗い部分の水平床面においての照度**を低照度測定用照度計により測定し、その照度が**1ルクス以上**であることを確認する〈平成20年国土交通省告示285号、昭和45年建設省告示1830号〉。

4 正　特定建築設備等（昇降機及び特定建築物の昇降機以外の建築設備等をいう。）で安全上、防火上又は衛生上特に重要であるものとして政令で定めるもの及び当該政令で定めるもの以外の特定建築設備等で特定行政庁が指定するものの所有者は、これらの特定建築設備等について、国土交通省令で定めるところにより、定期に、**一級建築士若しくは二級建築士又は建築設備等検査員資格者証の交付を受けている者**に検査をさせて、その結果を特定行政庁に報告しなければならない〈建基12条3項〉。したがって、一級建築士若しくは二級建築士又は建築設備等検査員資格者証の交付を受けている者は、本肢の定期検査を行うことができる。

☞ 合 ③分冊 p396 4〜　速 p770 4〜

正解 1（正解率41％）

肢別解答率　受験生はこう答えた！
1 41％
2 16％
3 25％
4 19％

難易度　難

4 建築基準法

2018年度 問17　Check ☐☐☐　重要度 ▶ C

建築基準法による「日影による中高層の建築物の高さの制限」（以下、本問において「日影規制」という。）に関する次の記述のうち、正しいものはどれか。

1 日影規制の対象区域とは、同法別表第4に掲げる地域又は区域の全部又は一部で、地方公共団体の条例で指定する区域をいう。

2 日影規制の対象となる用途地域には、中高層住居専用地域は含まれるが、近隣商業地域、準工業地域は含まれない。

3 同法によれば、日影は、冬至日の日本標準時による午前8時から午後5時までの間において、平均地盤面に生ずるもので判断する。

4 建築物が日影規制の対象区域外にあれば、高さが10mを超える建築物でも日影規制は適用されない。

308　LEC東京リーガルマインド　2025年版 出る順管理業務主任者 分野別過去問題集　③分冊

1 正　日影規制の対象区域は、**建築基準法別表第四（い）欄の各項に掲げる地域又は区域の全部又は一部で地方公共団体の条例で指定する区域**である〈建基56条の2第1項〉。

2 誤　日影規制の対象となる用途地域には、第一種中高層住居専用地域及び第二種中高層住居専用地域が含まれる〈建基別表第四　二〉。また、**近隣商業地域及び準工業地域も含まれる**〈同表三〉。

3 誤　日影は、**冬至日の真太陽時による午前8時から午後4時まで**（道の区域内にあっては、午前9時から午後3時まで）の間において、所定の平均地盤面からの高さの水平面に生ずるもので判断する〈建基56条の2第1項〉。

4 誤　対象区域外にある高さが10mを超える建築物で、冬至日において、対象区域内の土地に日影を生じさせるものは、当該対象区域内にある建築物とみなして、建築基準法56条の2第1項に規定する**日影規制を適用する**〈建基56条の2第4項〉。

正解 **1**（正解率 34%）

肢別解答率　受験生はこう答えた！
1: 34%
2: 21%
3: 28%
4: 17%

難易度 **難**

5 建築基準法

2018年度 問18　Check ☐☐☐　重要度 ▶ C

補強コンクリートブロック造の塀に関する次の記述のうち、建築基準法によれば、誤っているものはどれか。ただし、国土交通大臣が定める基準に従った構造計算によって構造耐力上安全であることの確認はしていないものとする。

1　塀の高さは3m以下とする。

2　塀の高さが1.2mを超える場合には、長さ3.4m以下ごとに、所定の基準に従った控壁を設ける。

3　塀の高さが1.2mを超える場合には、塀の基礎の丈は35cm以上とし、根入れの深さは30cm以上とする。

4　同法第12条に基づく定期調査報告の対象となる塀についての劣化及び損傷の状況は、目視、下げ振り等により確認する。

1 誤　補強コンクリートブロック造の塀の高さは、**2.2 m以下**とする〈建基令62条の8第1号〉。

2 正　補強コンクリートブロック造の塀は、**その高さが1.2 mを超える場合**には、長さ**3.4 m以下**ごとに、径9㎜以上の鉄筋を配置した控壁で基礎の部分において壁面から高さの5分の1以上突出したものを設ける〈建基令62条の8第5号〉。

3 正　補強コンクリートブロック造の塀は、**その高さが1.2 mを超える場合**には、その基礎の丈は**35㎝以上**とし、根入れの深さは**30㎝以上**とする〈建基令62条の8第7号〉。

4 正　建築基準法12条に基づく定期調査報告においては、組積造の塀又は補強コンクリートブロック造の塀等の劣化及び損傷の状況を、**目視、下げ振り等により確認する**〈平成20年国土交通省告示282号〉。

正解 1
（正解率43%）

6 建築基準法

2019年度 問17　　Check ☐☐☐　重要度 ▶ **A**

直上階の居室の床面積の合計が 200㎡を超える地上階における共同住宅の共用階段に関する次の記述のうち、（　a　）～（　d　）に入る数値の組み合わせとして、建築基準法によれば、正しいものはどれか。ただし、この階段は、屋外階段ではないものとする。

階段の踊場は、高さ（　a　）m以内ごとに設けなければならない。その踊場と階段の幅は（　b　）cm以上、蹴上げの寸法は（　c　）cm以下、踏面の寸法は（　d　）cm以上でなければならない。

	（　a　）	（　b　）	（　c　）	（　d　）
1	4	120	20	24
2	3	120	24	20
3	4	100	20	24
4	3	100	24	20

完成文は以下のとおりである。

階段の踊場は、高さ（**a＝4**）m以内ごとに設けなければならない。その踊場と階段の幅は（**b＝120**）cm以上、蹴上げの寸法は（**c＝20**）cm以下、踏面の寸法は（**d＝24**）cm以上でなければならない。

以上より、a＝4、b＝120、c＝20、d＝24であり、本問の正解肢は1となる。

☞ 合 ③分冊 p398 **5**〜 速 p772 **5**〜

7 建築基準法

2019年度 問18   Check ☐☐☐   重要度 ▶ C

用途地域内の建築制限に関する次の記述のうち、建築基準法の規定によれば、正しいものはどれか。ただし、特定行政庁の許可は受けないものとし、用途地域以外の地域、地区等は考慮しないものとする。

1 共同住宅は、工業地域に建築することができる。

2 倉庫業を営む倉庫は、第一種中高層住居専用地域に建築することができる。

3 旅館は、第二種中高層住居専用地域に建築することができる。

4 病院は、田園住居地域に建築することができる。

1 正　共同住宅は、工業地域内に建築してはならない建築物に挙げられておらず〈建基48条12項〉、**工業地域に建築することができる。**
☞ 合 ③分冊 p375 **5**〜

2 誤　倉庫業を営む倉庫は、第一種中高層住居専用地域内に建築することができる建築物に挙げられておらず〈建基48条3項〉、**第一種中高層住居専用地域に建築することはできない。**
☞ 合 ③分冊 p375 **5**〜

3 誤　旅館は、第二種中高層住居専用地域内に建築してはならない建築物に挙げられており〈建基48条4項〉、**第二種中高層住居専用地域に建築することはできない。**
☞ 合 ③分冊 p375 **5**〜

4 誤　病院は、田園住居地域内に建築することができる建築物に挙げられておらず〈建基48条8項〉、**田園住居地域に建築することはできない。**
☞ 合 ③分冊 p375 **5**〜

8 建築基準法

2019年度 問19

Check ☐☐☐ 重要度 ▶ A

建築物の容積率に関する次の記述のうち、建築基準法によれば、最も適切なものはどれか。

1 容積率の限度が前面道路の幅員によって定まる場合において、当該前面道路が2以上あるときは、それらの幅員のうち最小のものが、容積率の算定の基礎となる数値として採用される。

2 容積率を算定する場合において、宅配ボックス設置部分の床面積は、その敷地内の全ての建築物の各階の床面積の合計に100分の1を乗じて得た面積を限度として、延べ面積には算入されない。

3 エレベーターの昇降路の部分の床面積は、容積率の算定の基礎となる延べ面積に算入される。

4 容積率に関する制限を受ける地域、地区又は区域が2以上にわたる場合において、その敷地面積の過半を占める地域、地区又は区域の限度が適用される。

[1] **不適切** 前面道路（前面道路が2以上あるときは、その幅員の最大のもの）の幅員が12m未満である建築物の容積率は、当該前面道路の幅員のメートルの数値に、所定の数値を乗じたもの以下でなければならない〈建基52条2項〉。
☞ 合 ③分冊 p422 ❻~　速 p787 ❻~

[2] **適切** 延べ面積は、建築物の各階の床面積の合計による〈建基令2条1項4号本文〉。もっとも、建築物の容積率を算定する場合、宅配ボックスを設ける部分の床面積は、当該敷地内の建築物の各階の床面積の合計（同一敷地内に2以上の建築物がある場合においては、それらの建築物の各階の床面積の合計の和）に100分の1を乗じて得た面積を限度として、延べ面積に算入しない〈同条1項4号ただし書ヘ、3項6号〉。
☞ 合 ③分冊 p422 ❻~　速 p787 ❻~

[3] **不適切** 建築物の容積率の算定の基礎となる延べ面積には、エレベーターの昇降路の部分又は共同住宅の共用の廊下若しくは階段の用に供する部分の床面積は、算入しない〈建基52条6項1号、2号、建基令135条の16〉。
☞ 合 ③分冊 p422 ❻~　速 p787 ❻~

[4] **不適切** 建築物の敷地が建築物の容積率に関する制限を受ける地域、地区又は区域の2以上にわたる場合においては、当該建築物の容積率は、当該各地域、地区又は区域内の建築物の容積率の限度にその敷地の当該地域、地区又は区域内にある各部分の面積の敷地面積に対する割合を乗じて得たものの合計以下でなければならない〈建基52条7項〉。
☞ 合 ③分冊 p422 ❻~　速 p787 ❻~

9 建築基準法

2020年度 問17　　　*Check* ☐☐☐　重要度 ▶ **B**

次の記述のうち、建築基準法によれば、誤っているものはどれか。

1 準耐火構造が要求される建築物は、耐火構造で建てることも可能である。

2 火炎を遮る設備である防火設備には、ドレンチャー、防火戸などがある。

3 建築基準法による「主要構造部」と、建築基準法施行令による「構造耐力上主要な部分」に共通して規定されている部材として、壁、柱などがある。

4 建築物の用途・規模などに応じて、内装の仕上げ材料の制限を受ける部位は、壁、天井及び床である。

1 **正** 耐火構造とは、壁、柱、床その他の建築物の部分の構造のうち、耐火性能に関して政令で定める技術的基準に適合する鉄筋コンクリート造、れんが造その他の構造で、国土交通大臣が定めた構造方法を用いるもの又は国土交通大臣の認定を受けたものをいう〈建基2条7号〉。また、準耐火構造とは、壁、柱、床その他の建築物の部分の構造のうち、準耐火性能に関して政令で定める技術的基準に適合するもので、国土交通大臣が定めた構造方法を用いるもの又は国土交通大臣の認定を受けたものをいう〈同条7号の2〉。ここで、**耐火性能は、準耐火性能よりも厳しいものである**。そのため、耐火構造で建てた建築物は準耐火構造の要求をみたすから、準耐火構造が要求される建築物は、耐火構造で建てることも可能である。
☞ 合 ③分冊 p390 **2**～ 速 p765 **2**～

2 **正** 防火設備とは、**防火戸、ドレンチャーその他火炎を遮る設備**をいう〈建基令109条1項〉。

3 **正** 主要構造部とは、**壁、柱**、床、はり、屋根又は階段をいい、建築物の構造上重要でない間仕切壁、間柱、付け柱、揚げ床、最下階の床、回り舞台の床、小ばり、ひさし、局部的な小階段、屋外階段その他これらに類する建築物の部分を除くものとする〈建基2条5号〉。また、構造耐力上主要な部分とは、基礎、基礎ぐい、**壁、柱**、小屋組、土台、斜材（筋かい、方づえ、火打材その他これらに類するものをいう。）、床版、屋根版又は横架材（はり、けたその他これらに類するものをいう。）で、建築物の自重若しくは積載荷重、積雪荷重、風圧、土圧若しくは水圧又は地震その他の震動若しくは衝撃を支えるものをいう〈建基令1条3号〉。したがって、主要構造部と構造耐力上主要な部分に共通して規定されている部材としては、壁、柱などがあるといえる。
☞ 合 ③分冊 p186 **2**～ 速 p634 **2**～

4 **誤** 特殊建築物等は、政令で定めるものを除き、政令で定める技術的基準に従って、その**壁及び天井**（天井のない場合においては、屋根）の室内に面する部分の仕上げを防火上支障がないようにしなければならない〈建基35条の2〉。したがって、内装の仕上げ材料の制限を受ける部位は壁及び天井の室内に面する部分であり、床は制限を受けない。

正解 **4**	**肢別解答率** 受験生はこう答えた！	**難易度**
（正解率61%）	**1** 3% **2** 16% **3** 20% **4** 61%	**普**

LEC東京リーガルマインド　2025年版 出る順管理業務主任者 分野別過去問題集　③分冊　**319**

⑩ 建築基準法

2020年度 問18 | *Check* ☐☐☐ 重要度 ▶ **C**

都市計画区域における建築物の工事のうち、建築基準法によれば、建築物の建築等に関する申請及び確認が**不要なもの**は、次のうちどれか。

1 既存建築物の全部又は一部を除却し、それらの建築物又は建築物の部分を、従前と同様の用途・構造・規模のものに建て替える改築をする建築工事

2 建築物の主要構造部の一種以上について行う過半の修繕工事

3 増築、改築、大規模の修繕又は大規模の模様替えを行わずに、ホテルを、用途を変更して共同住宅とする工事

4 準防火地域内にある既存建築物と同一敷地内に、床面積の合計が15.0㎡の土地に定着する物置を増築する建築工事

[1] **不要** 建築主は、都市計画区域若しくは準都市計画区域（いずれも都道府県知事が都道府県都市計画審議会の意見を聴いて指定する区域を除く。）内における建築物を建築しようとする場合においては、建築物の建築等に関する申請及び確認を受けなければならない〈建基6条1項3号〉。もっとも、上記規定は、**防火地域及び準防火地域外において建築物を増築し、改築し、又は移転しようとする場合で、その増築、改築又は移転に係る部分の床面積の合計が10㎡以内であるときについては、適用しない**〈同条2項〉。ここで、建築とは、建築物を新築し、増築し、**改築し、又は移転することをいい**〈建基2条13号〉、本肢の改築工事を行おうとする場合、原則として、建築物の建築等に関する申請及び確認が必要となるものの、建築基準法6条2項の要件をみたした場合には、例外的に不要となる。

合 ③分冊 p396 ❸～ 速 p769 ❸～

[2] **不要** 建築主は、建築基準法6条1項1号又は2号に掲げる建築物の大規模の修繕又は大規模の模様替をしようとする場合においては、建築物の建築等に関する申請及び確認を受けなければならない（建基6条1項1号、2号）。本肢の修繕工事は大規模の修繕である（同法2条14号）ものの、本肢の建築物が建築基準法6条1項1号又は2号までに掲げる建築物でない場合には、建築物の建築等に関する申請及び確認は不要となる。

合 ③分冊 p396 ❸～ 速 p769 ❸～

[3] **不要** 建築物の用途を変更して建築基準法6条1項1号の特殊建築物のいずれかとする場合（当該用途の変更が政令で指定する類似の用途相互間におけるものである場合を除く。）においては、建築物の建築等に関する申請及び確認を受けなければならない（建基87条1項）。本肢の共同住宅の延べ面積が200㎡を超えない場合、本肢の共同住宅は建築基準法6条1項1号の特殊建築物に該当しないため、建築物の建築等に関する申請及び確認は不要である。

合 ③分冊 p396 ❸～ 速 p769 ❸～

[4] **必要** 建築主は、都市計画区域若しくは準都市計画区域（いずれも都道府県知事が都道府県都市計画審議会の意見を聴いて指定する区域を除く。）内における建築物を建築しようとする場合においては、建築物の建築等に関する申請及び確認を受けなければならない〈建基6条1項3号〉。もっとも、上記規定は、**防火地域及び準防火地域外において建築物を増築し、改築し、又は移転しようとする場合で、その増築、改築又は移転に係る部分の床面積の合計が10㎡以内であるときについては、適用しない**〈同条2項〉。本肢の工事は、**準防火地域内での増築工事である**から、建築基準法6条2項の適用はなく、建築物の建築等に関する申請及び確認が必要となる。

合 ③分冊 p396 ❸～ 速 p769 ❸～

（※本解説は、一般社団法人マンション管理業協会の発表のとおり、正解肢を1、2、3として作成しております。）

正解 1 2 3
（正解率 ? %）

肢別解答率 受験生はこう答えた！
[1] 15%
[2] 23%
[3] 30%
[4] 32%

難易度 ?

11 建築基準法

2021年度 問23　Check □□□　重要度 ▶ A

建築基準法第2条（用語の定義）に関する次の記述のうち、最も不適切なものはどれか。

1　特殊建築物には、病院、劇場、百貨店、工場などのほか、共同住宅も含まれる。

2　建築設備とは、建築物に設ける電気、ガス、給水、排水、換気、暖房、冷房、消火、排煙若しくは汚物処理の設備又は煙突、昇降機若しくは避雷針をいう。

3　居室とは、居住、執務、作業、集会、娯楽その他これらに類する目的のために継続的に使用する室をいう。

4　建築とは、建築物を新築し、増築し、改築し、移転し、大規模の修繕をし、又は大規模の模様替えをすることをいう。

1 **適切** 特殊建築物とは、学校（専修学校及び各種学校を含む。）、体育館、**病院**、**劇場**、観覧場、集会場、展示場、**百貨店**、市場、ダンスホール、遊技場、公衆浴場、旅館、**共同住宅**、寄宿舎、下宿、**工場**、倉庫、自動車車庫、危険物の貯蔵場、と畜場、火葬場、汚物処理場その他これらに類する用途に供する建築物をいう〈建基2条2号〉。本肢で挙げられた建築物は、いずれも特殊建築物に含まれる。

2 **適切** 建築設備とは、建築物に設ける**電気**、**ガス**、**給水**、**排水**、**換気**、**暖房**、**冷房**、**消火**、排煙若しくは汚物処理の設備又は煙突、**昇降機**若しくは避雷針をいう〈建基2条3号〉。

3 **適切** 居室とは、**居住**、執務、作業、**集会**、**娯楽**その他これらに類する目的のために継続的に使用する室をいう〈建基2条4号〉。

4 **不適切** 建築とは、建築物を新築し、増築し、改築し、又は移転することをいう〈建基2条13号〉。**大規模の修繕及び大規模の模様替は、建築に含まれない。**

正解 **4**
（正解率 45%）

肢別解答率 受験生はこう答えた！
1 26%
2 17%
3 11%
4 45%

難易度 **難**

12 建築基準法

2022年度 問17　　Check ☐☐☐　重要度 ▶ A

建築基準法第2条及び同法施行令第1条の用語の定義に関する次の記述のうち、最も不適切なものはどれか。

1 「建築物」とは、土地に定着する工作物のうち、屋根及び柱若しくは壁を有するもの（これに類する構造のものを含む。）などをいい、建築設備を含まない。

2 「敷地」とは、一の建築物又は用途上不可分の関係にある二以上の建築物のある一団の土地をいう。

3 「主要構造部」とは、壁、柱、床、はり、屋根又は階段をいい、建築物の構造上重要でない部分を除く。

4 「大規模の修繕」とは、建築物の主要構造部の一種以上について行う過半の修繕をいう。

[1] 不適切　建築物とは、土地に定着する工作物のうち、屋根及び柱若しくは壁を有するもの（これに類する構造のものを含む。）、これに附属する門若しくは塀、観覧のための工作物又は地下若しくは高架の工作物内に設ける事務所、店舗、興行場、倉庫その他これらに類する施設（鉄道及び軌道の線路敷地内の運転保安に関する施設並びに跨線橋、プラットホームの上家、貯蔵槽その他これらに類する施設を除く。）をいい、建築設備を含むものとする〈建基2条1号〉。
合 ③分冊 p390 2～　速 p765 2～

[2] 適切　敷地とは、一の建築物又は用途上不可分の関係にある二以上の建築物のある一団の土地をいう〈建基令1条1号〉。
合 ③分冊 p390 2～　速 p765 2～

[3] 適切　主要構造部とは、壁、柱、床、はり、屋根又は階段をいい、建築物の構造上重要でない間仕切壁、間柱、付け柱、揚げ床、最下階の床、回り舞台の床、小ばり、ひさし、局部的な小階段、屋外階段その他これらに類する建築物の部分を除くものとする〈建基2条5号〉。
合 ③分冊 p186 2～　速 p634 2～

[4] 適切　大規模の修繕とは、建築物の主要構造部の一種以上について行う過半の修繕をいう〈建基2条14号〉。
合 ③分冊 p390 2～　速 p765 2～

正解 [1]（正解率67％）

肢別解答率　受験生はこう答えた！
[1] 67%
[2] 10%
[3] 15%
[4] 8%

13 建築基準法

2022年度 問24　　　Check ☐☐☐　重要度 ▶ A

エレベーターに関する次の記述のうち、建築基準法によれば、最も不適切なものはどれか。

1　地震時等管制運転装置とは、地震等の加速度を検知して、自動的に、かごを昇降路の出入口の戸の位置に停止させ、かつ、当該かごの出入口の戸及び昇降路の出入口の戸を開き、又はかご内の人がこれらの戸を開くことができることとする安全装置をいう。

2　乗用エレベーターには、駆動装置又は制御器に故障が生じ、かご及び昇降路のすべての出入口の戸が閉じる前にかごが昇降したときなどに、自動的にかごを制止する安全装置を設けなければならない。

3　火災時などの災害時に消防隊が人の救助活動及び消火活動に利用するための非常用エレベーターは、高さ40mを超える建築物に設置が義務付けられている。

4　非常用エレベーターの乗降ロビーの床面積は、非常用エレベーター1基について10㎡以上としなければならない。

326　LEC東京リーガルマインド　2025年版 出る順管理業務主任者 分野別過去問題集　③分冊

1 適切　地震時等管制運転装置とは、地震その他の衝撃により生じた所定の加速度を検知し、**自動的に**、**かごを昇降路の出入口の戸の位置に停止**させ、かつ、当該かごの出入口の戸及び昇降路の出入口の戸を開き、又はかご内の人がこれらの**戸を開くことができることとする装置**をいう〈建基令129条の10第3項2号〉。
　👉 合　③分冊 p398 **5**～　速 p772 **5**～

2 適切　エレベーターには、駆動装置又は制御器に故障が生じ、**かご及び昇降路のすべての出入口の戸が閉じる前にかごが昇降した場合などに、自動的にかごを制止する装置**を設けなければならない〈建基令129条の10第3項1号〉。
　👉 合　③分冊 p398 **5**～　速 p772 **5**～

3 不適切　高さ**31m**をこえる建築物（政令で定めるものを除く。）には、非常用の昇降機を設けなければならない〈建基34条2項〉。
　👉 合　③分冊 p398 **5**～　速 p772 **5**～

4 適切　非常用エレベーターの乗降ロビーの床面積は、非常用エレベーター1基について**10㎡**以上としなければならない〈建基令129条の13の3第3項7号〉。
　👉 合　③分冊 p398 **5**～　速 p772 **5**～

正解 **3**
（正解率 **91%**）

肢別解答率　受験生はこう答えた！
1　2%
2　1%
3　91%
4　6%

難易度　**易**

14 建築基準法

2023年度 問14　　Check ☐☐☐　重要度 ▶ C

次の建築基準法第1条の規定の（ア）から（ウ）に入る語句の組合せとして、最も適切なものはどれか。

（目的）
第1条　この法律は、建築物の敷地、構造、設備及び用途に関する（ア）基準を定めて、国民の（イ）、健康及び財産の保護を図り、もつて（ウ）の増進に資することを目的とする。

	（ ア ）	（ イ ）	（ ウ ）
1	標準となる	生命	社会の利便性
2	最低の	生命	公共の福祉
3	最低の	生活	社会の利便性
4	標準となる	生活	公共の福祉

完成文は以下のとおりである。

(目的)
第1条　この法律は、建築物の敷地、構造、設備及び用途に関する（**ア＝最低の**）基準を定めて、国民の（**イ＝生命**）、健康及び財産の保護を図り、もつて（**ウ＝公共の福祉**）の増進に資することを目的とする。

以上より、（ア）＝最低の、（イ）＝生命、（ウ）＝公共の福祉となり、本問の正解肢は2となる。

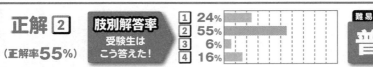

15 建築基準法

2024年度 問13　　Check ☐☐☐　重要度 ▶ B

建築基準法第12条第1項に規定される建築物等の状況の調査・報告に関する次の記述のうち、最も不適切なものはどれか。

1 特定行政庁への報告は、5年間隔で行わなければならない。

2 特定行政庁への報告は、建築物の所有者と管理者が異なる場合においては、管理者が行わなければならない。

3 調査は、一級建築士、二級建築士又は建築物調査員にさせなければならない。

4 調査の項目、方法及び結果の判定基準は国土交通大臣の定めるところによるものとする。

建築基準法6条1項1号に掲げる建築物で安全上、防火上又は衛生上特に重要であるものとして政令で定めるもの及び当該政令で定めるもの以外の特定建築物で特定行政庁が指定するものの所有者（所有者と管理者が異なる場合においては、管理者）は、これらの建築物の敷地、構造及び建築設備について、国土交通省令で定めるところにより、定期に、一級建築士若しくは二級建築士又は建築物調査員にその状況の調査（これらの建築物の敷地及び構造についての損傷、腐食その他の劣化の状況の点検を含み、これらの建築物の建築設備等についての検査を除く。）をさせて、その結果を特定行政庁に報告しなければならない〈建基12条1項〉。

1 **不適切**　特定行政庁への報告の時期は、建築物の用途、構造、延べ面積等に応じて、**おおむね6月から3年まで**の間隔をおいて特定行政庁が定める時期である〈建基規5条1項〉。したがって、特定行政庁への報告は、少なくとも3年間隔で行われることになる。

☞ 合 ③分冊 p396 **4**〜　速 p770 **4**〜

2 **適切**　上記のとおり、特定行政庁への報告は、建築物の**所有者と管理者が異なる場合**においては、**管理者**が行わなければならない。

☞ 合 ③分冊 p396 **4**〜　速 p770 **4**〜

3 **適切**　上記のとおり、調査は、**一級建築士若しくは二級建築士又は建築物調査員**にさせなければならない。

☞ 合 ③分冊 p396 **4**〜　速 p770 **4**〜

4 **適切**　調査は、建築物の敷地、構造及び建築設備の状況について安全上、防火上又は衛生上支障がないことを確認するために十分なものとして行うものとし、当該調査の項目、方法及び結果の判定基準は**国土交通大臣の定めるところによる**ものとする〈建基規5条2項〉。

第8編　設備系法令

建築基準法

正解 1
（正解率74%）

肢別解答率
受験生は
こう答えた！

1	74%
2	18%
3	6%
4	2%

難易度 **易**

16 建築基準法

2024年度 問14 Check ☐☐☐ 重要度 ▶ C

建築基準法において、建築物の容積率の算定に当たり、その全部又は一部の床面積を算入しないこととされている次の建築物の部分のうち、共同住宅及び老人ホーム等においてのみ適用されるものはどれか。

1 エレベーターの昇降路の部分

2 共用の廊下又は階段の用に供する部分

3 専ら防災のために設ける備蓄倉庫の用途に供する部分

4 宅配ボックスを設ける部分

1 **広く適用される** 建築物の容積率の算定の基礎となる延べ面積には、エレベーターの昇降路の部分の床面積は、算入しない〈建基52条6項1号、建基令135条の16〉。これは、**共同住宅及び老人ホーム等以外の建築物にも適用される**。
☞ 合 ③分冊 p422 **6**〜 速 p787 **6**〜

2 **共同住宅及び老人ホーム等においてのみ適用される** 建築物の容積率の算定の基礎となる延べ面積には、**共同住宅又は老人ホーム等の共用の廊下又は階段の用に供する部分の床面積は、算入しない**〈建基52条6項2号〉。
☞ 合 ③分冊 p422 **6**〜 速 p787 **6**〜

3 **広く適用される** 建築物の容積率の算定の基礎となる延べ面積には、専ら防災のために設ける備蓄倉庫の用途に供する部分の床面積を算入しない〈建基令2条1項4号ロ〉。これは、**共同住宅及び老人ホーム等以外の建築物にも適用される**。
☞ 合 ③分冊 p422 **6**〜 速 p787 **6**〜

4 **広く適用される** 建築物の容積率の算定の基礎となる延べ面積には、宅配ボックスを設ける部分の床面積を算入しない〈建基令2条1項4号ヘ〉。これは、**共同住宅及び老人ホーム等以外の建築物にも適用される**。
☞ 合 ③分冊 p422 **6**〜 速 p787 **6**〜

正解 **2**（正解率 54%）

肢別解答率 受験生はこう答えた！
1 17%
2 54%
3 16%
4 14%

難易度 **普**

⑰ 水道法

2018年度 問21　　　Check ☐☐☐ 重要度 ▶ C

給水装置に関する次の記述のうち、水道法によれば、正しいものはどれか。

1　水道水を受水槽に受けて給水しているマンションにおいては、水道事業者の施設した配水管から分岐して設けられた給水管及びこれに直結している受水槽の給水用具までが給水装置に該当する。

2　水道事業者は、当該水道によって水の供給を受ける者の給水装置の構造及び材質が、政令で定める基準に適合していないときであっても、その者に対する給水を停止することはできない。

3　「給水装置の構造及び材質の基準に関する省令」では、一定のものを除く給水装置は、厚生労働大臣が定める耐圧に関する試験により1.0メガパスカルの静水圧を1分間加えたとき、水漏れ、変形、破損その他の異常を生じないこととしている。

4　「給水装置の構造及び材質の基準に関する省令」では、給水装置から金属等が浸出し、汚染されることを防止するために、「水質基準に関する省令」に定められる51種類の水質基準項目について、浸出液の濃度が基準値以下であることを確認しなければならないとしている。

1 **正** 給水装置とは、**需要者に水を供給するために水道事業者の施設した配水管から分岐して設けられた給水管及びこれに直結する給水用具**をいう〈水3条9項〉。本肢の給水管及び受水槽の給水器具は、これにあたる。

2 **誤** 水道事業者は、当該水道によって水の供給を受ける者の**給水装置の構造及び材質が、政令で定める基準に適合していないとき**は、供給規程の定めるところにより、その者の給水契約の申込を拒み、又はその者が給水装置をその基準に適合させるまでの間**その者に対する給水を停止することができる**〈水16条〉。

3 **誤** 給水装置（所定のものを除く。）は、耐圧性能試験により**1.75メガパスカル**の静水圧を1分間加えたとき、水漏れ、変形、破損その他の異常を生じないものでなければならない〈給水装置の構造及び材質の基準に関する省令1条1項1号〉。

4 **誤** 飲用に供する水を供給する給水装置は、浸出性能試験により供試品について浸出させたとき、その浸出液は、**給水装置の構造及び材質の基準に関する省令別表第1の上欄に掲げる事項につき**、水栓その他給水装置の末端に設置されている給水用具にあっては同表の中欄に掲げる基準に適合し、それ以外の給水装置にあっては同表の下欄に掲げる基準に適合しなければならない〈給水装置の構造及び材質の基準に関する省令2条1項〉。項目は給水装置の構造及び材質の基準に関する省令別表に挙げられており、水質基準に関する省令に定められたものとは異なる。

正解 **1**
（正解率 **19%**）

肢別解答率 受験生はこう答えた！
1　19%
2　7%
3　14%
4　61%

難易度 **難**

⑱ 水道法

2024年度 問19

Check ☐☐☐ 重要度 ▶ B

次の記述のうち、水道法によれば、最も不適切なものはどれか。

1 　給水装置とは、需要者に水を供給するために水道事業者の施設した配水管から分岐して設けられた給水管及びこれに直結する給水用具をいう。

2 　専用水道は、寄宿舎等の自家用水道等で、1日最大給水量30㎥以上で、50人を超える者にその居住に必要な水を供給するものをいう。

3 　簡易専用水道の供給を受けるために設けられる水槽の有効容量の合計は、10㎥を超えるものとする。

4 　簡易専用水道とは、水道事業の用に供する水道及び専用水道以外の水道であって、水道事業の用に供する水道から供給を受ける水のみを水源とするものをいう。ただし、その用に供する施設の規模が政令で定める基準以下のものを除く。

1 適切 給水装置とは、需要者に水を供給するために水道事業者の施設した配水管から分岐して設けられた給水管及びこれに直結する給水用具をいう〈水3条9項〉。
 合 ③分冊 p225 **3**~ 速 p658 **2**~

2 不適切 専用水道とは、寄宿舎、社宅、療養所等における自家用の水道その他水道事業の用に供する水道以外の水道であって、①**100人を超える者**にその居住に必要な水を供給するもの、②その水道施設の1日最大給水量が**20㎥を超える**もののいずれかに該当するものをいう〈水3条6項本文、水令1条2項〉。
 合 ③分冊 p225 **3**~ 速 p658 **2**~

3 適切 簡易専用水道とは、水道事業の用に供する水道及び専用水道以外の水道であって、水道事業の用に供する水道から供給を受ける水のみを水源とするものをいう〈水3条7項本文〉。もっとも、水道事業の用に供する水道から水の供給を受けるために設けられる水槽の有効容量の合計が**10㎥以下のものを除く**〈同条ただし書、水令2条〉。したがって、簡易専用水道で水の供給を受けるために設けられる水槽の有効容量の合計は、10㎥を超えるものとなる。
 合 ③分冊 p225 **3**~ 速 p658 **2**~

4 適切 簡易専用水道とは、水道事業の用に供する水道及び専用水道以外の水道であって、水道事業の用に供する水道から供給を受ける水のみを水源とするものをいう〈水3条7項本文〉。もっとも、水道事業の用に供する水道から水の供給を受けるために設けられる水槽の有効容量の合計が**10㎥以下のものを除く**〈同条ただし書、水令2条〉。
 合 ③分冊 p225 **3**~ 速 p658 **2**~

正解 **2**
(正解率 **79%**)

肢別解答率 受験生はこう答えた！
1   1%
2 79%
3 13%
4   7%

難易度 **易**

⑲ 消防法

2018年度 問23

Check ☐☐☐ 重要度 ▶ C

次の記述のうち、「特定共同住宅等における必要とされる防火安全性能を有する消防の用に供する設備等に関する省令」によれば、誤っているものはどれか。（改題）

1 「特定共同住宅等」には、建物全体をホテルの用途に供する建物も含まれる。

2 住居専用のマンションにおいて、住宅用消火器及び消火器具は、火災の拡大を初期に抑制する性能を主として有する「通常用いられる消防用設備等」に代えて用いることのできる設備等に含まれる。

3 住居専用のマンションにおいて、共同住宅用自動火災報知設備は、火災時に安全に避難することを支援する性能を主として有する「通常用いられる消防用設備等」に代えて用いることのできる設備等に含まれる。

4 住居専用のマンションにおいて、共同住宅用連結送水管は、消防隊による活動を支援する性能を主として有する「通常用いられる消防用設備等」に代えて用いることのできる設備等に含まれる。

1 誤　特定共同住宅等とは、①寄宿舎、下宿又は共同住宅の用途に供する防火対象物、②複合用途防火対象物（旅館、ホテル、宿泊所その他これらに類する用途及び寄宿舎、下宿又は共同住宅の用途並びに所定の福祉施設の用途以外の用途に供される部分が存せず、かつ、旅館、ホテル、宿泊所その他これらに類する用途及び所定の福祉施設の用途に供する各独立部分の床面積がいずれも100㎡以下であって、寄宿舎、下宿又は共同住宅の用途に供される部分の床面積の合計が、当該防火対象物の延べ面積の2分の1以上のものに限る。）であって、火災の発生又は延焼のおそれが少ないものとして、その位置、構造及び設備について消防庁長官が定める基準に適合するものをいう〈特定共同住宅消防設備令2条1号〉。**本肢の建物は、上記に該当せず、特定共同住宅等にあたらない。**

2 正　特定共同住宅等（住戸利用施設を除く。）において、火災の拡大を初期に抑制する性能（初期拡大抑制性能）を主として有する通常用いられる消防用設備等に代えて用いることができる必要とされる初期拡大抑制性能を主として有する消防の用に供する設備等として、**住宅用消火器及び消火器具が挙げられている**〈特定共同住宅消防設備令3条1項〉。

3 正　特定共同住宅等（住戸利用施設を除く。）において、火災時に安全に避難することを支援する性能（避難安全支援性能）を主として有する通常用いられる消防用設備等に代えて用いることができる必要とされる避難安全支援性能を主として有する消防の用に供する設備等として、**共同住宅用自動火災報知設備が挙げられている**〈特定共同住宅消防設備令4条1項〉。

4 正　特定共同住宅等（住戸、共用室及び管理人室について、その主たる出入口が階段室等に面する特定共同住宅等に限る。）において、消防隊による活動を支援する性能（消防活動支援性能）を主として有する通常用いられる消防用設備等（連結送水管及び非常コンセント設備に限る。）に代えて用いることができる必要とされる消防活動支援性能を主として有する消防の用に供する設備等は、**共同住宅用連結送水管及び共同住宅用非常コンセント設備とする**〈特定共同住宅消防設備令5条1項〉。

正解 1（正解率39％）

肢別解答率　受験生はこう答えた！
1　39％
2　8％
3　19％
4　34％

難易度　難

⑳ 消防法

2020年度 問20   Check ☐☐☐ 重要度 ▶ A

防火管理者に関する次の記述のうち、消防法の規定によれば、誤っているものはどれか。

1 居住者が 50 人以上である共同住宅では、防火管理者を選任する必要がある。

2 高さ 20m を超える建築物では、統括防火管理者を選任する必要がある。

3 甲種防火対象物である共同住宅についての防火管理者の資格を有する者には、当該共同住宅において防火管理上必要な業務を遂行することができる管理的又は監督的な地位にあるもので、総務大臣の登録を受けたものが行う甲種防火対象物の防火管理に関する講習の課程を修了した者が含まれる。

4 防火管理者の業務の中には、消防の用に供する設備、消防用水又は消火活動上必要な施設の点検及び整備がある。

1 **正** 共同住宅で収容人員が **50 人以上のもの**の管理について権原を有する者は、政令で定める資格を有する者のうちから防火管理者を定めなければならない〈消8条1項、消令1条の2第3項1号ハ〉。
☞ 合 ③分冊 p287 5〜 速 p713 5〜

2 **誤** **高層建築物（高さ 31 mを超える建築物をいう。）** その他政令で定める防火対象物で、その管理について権原が分かれているものの管理について権原を有する者は、政令で定める資格を有する者のうちから統括防火管理者を協議して定めなければならない〈消8条の2第1項〉。
☞ 合 ③分冊 p290 6〜 速 p716 6〜

3 **正** 共同住宅で収容人員が 50 人以上のものの管理について権原を有する者は、**政令で定める資格を有する者**のうちから防火管理者を定めなければならない〈消8条1項、消令1条の2第3項1号ハ〉。政令で定める資格を有する者は、**所定の要件をみたす者で、当該防火対象物において防火管理上必要な業務を適切に遂行することができる管理的又は監督的な地位にあるもの**であり〈消令3条1項〉、防火対象物が甲種防火対象物である場合、都道府県知事、消防本部及び消防署を置く市町村の消防長又は法人であって総務省令で定めるところにより総務大臣の登録を受けたものが行う甲種防火対象物の防火管理に関する講習の課程を修了した者は、上記の「所定の要件をみたす者」に**含まれる**。
☞ 合 ③分冊 p287 5〜 速 p713 5〜

4 **正** 防火管理者は、消防計画に基づいて、当該防火対象物について消火、通報及び避難の訓練の実施、**消防の用に供する設備、消防用水又は消火活動上必要な施設の点検及び整備**、火気の使用又は取扱いに関する監督、避難又は防火上必要な構造及び設備の維持管理並びに収容人員の管理その他防火管理上必要な業務を行わなければならない〈消令3条の2第2項〉。したがって、防火管理者の業務の中には、消防の用に供する設備、消防用水又は消火活動上必要な施設の点検及び整備があるといえる。
☞ 合 ③分冊 p287 5〜 速 p713 5〜

第8編 設備系法令

消防法

正解 2
（正解率 77%）

肢別解答率
受験生はこう答えた！
1　3%
2　77%
3　11%
4　10%

難易度 易

LEC東京リーガルマインド　2025年版 出る順管理業務主任者 分野別過去問題集　③分冊　341

21 消防法

2020年度 問21　Check ☐☐☐　重要度 ▶ B

住戸内に設置する住宅用防災機器に関する次の記述のうち、消防法によれば、誤っているものはどれか。

1 住宅用防災機器の設置は、新築住宅、既存住宅を問わず義務化されている。

2 就寝の用に供する居室には、住宅用防災機器を設置しなければならない。

3 共同住宅用スプリンクラー設備を設置した場合には、住宅用防災機器を設置しないことも可能である。

4 住宅用防災機器の設置場所は、天井面に限られ、壁面に設置してはならない。

1 正 住宅の用途に供される防火対象物（その一部が住宅の用途以外の用途に供される防火対象物にあっては、住宅の用途以外の用途に供される部分を除く。）の関係者は、住宅用防災機器の設置及び維持に関する基準に従って、住宅用防災機器を設置し、及び維持しなければならない〈消9条の2第1項〉。これは、**新築住宅、既存住宅を問わない。**
☞ 合 ③分冊 p286 4～ 速 p712 4～

2 正 **就寝の用に供する居室**には、住宅用防災機器を設置しなければならない〈消令5条の7第1項1号イ〉。
☞ 合 ③分冊 p286 4～ 速 p712 4～

3 正 **共同住宅用スプリンクラー設備**、共同住宅用自動火災報知設備又は住戸用自動火災報知設備を、それぞれ所定の技術上の基準に従い、又は当該技術上の基準の例により設置したときは、当該設備の有効範囲内の住宅の部分について**住宅用防災機器を設置しないことができる**〈消令5条の7第1項3号、住宅用防災機器の設置及び維持に関する条例の制定に関する基準を定める省令6条2号〉。
☞ 合 ③分冊 p286 4～ 速 p712 4～

4 誤 住宅用防災機器は、**天井又は壁の屋内に面する部分**（天井のない場合にあっては、屋根又は壁の屋内に面する部分）の所定の位置に設ける〈住宅用防災機器の設置及び維持に関する条例の制定に関する基準を定める省令7条2号、8条2項〉。したがって、住宅用防災機器は、壁面に設置することも可能である。
☞ 合 ③分冊 p286 4～ 速 p712 4～

第8編 設備系法令

消防法

正解 4
（正解率77%）

肢別解答率
受験生はこう答えた！

1	4%
2	8%
3	11%
4	77%

難易度 易

㉒ 消防法

2021年度 問24　　Check ☐☐☐　重要度 ▶ A

防火管理者に関する次の記述のうち、消防法によれば、最も不適切なものはどれか。ただし、本問において共同住宅とは消防法施行令別表第一（五）項ロに掲げる防火対象物とする。

1　高さ40mの共同住宅で100人が居住している場合に、その管理について権原が分かれているものの管理について権原を有する者は、統括防火管理者を協議して定めなければならない。

2　法第8条第1項の管理について権原を有する者は、政令で定める資格を有する者のうちから防火管理者を定め、政令で定めるところにより、消防計画に基づく消火、通報及び避難の訓練の実施を行わせなければならない。

3　法第8条第1項の管理について権原を有する者は、管理的又は監督的な地位にある者のいずれもが遠隔の地に勤務していることその他の事由により防火管理上必要な業務を適切に遂行することができない場合であっても、防火管理業務を外部へ委託することはできない。

4　法第8条第1項の管理について権原を有する者は、政令で定める資格を有する者のうちから防火管理者を定め、政令で定めるところにより、避難又は防火上必要な構造及び設備の維持管理を行わせなければならない。

1 適切　高層建築物（高さ **31 m を超える建築物**をいう。）その他政令で定める防火対象物で、**その管理について権原が分かれているものの管理について権原を有する者**は、政令で定める資格を有する者のうちから**統括防火管理者**（これらの防火対象物の全体について防火管理上必要な業務を統括する防火管理者）を協議して定めなければならない〈消8条の2第1項〉。

☞　合　③分冊 p290 6～　速 p716 6～

2 適切　学校、病院、工場、事業場、興行場、百貨店（これに準ずるものとして政令で定める大規模な小売店舗を含む。以下同じ。）、複合用途防火対象物（防火対象物で政令で定める二以上の用途に供されるものをいう。以下同じ。）その他多数の者が出入し、勤務し、又は居住する防火対象物で政令で定めるものの管理について権原を有する者は、政令で定める資格を有する者のうちから**防火管理者を定め**、政令で定めるところにより、**当該防火対象物について消防計画の作成、当該消防計画に基づく消火、通報及び避難の訓練の実施**、消防の用に供する設備、消防用水又は消火活動上必要な施設の点検及び整備、火気の使用又は取扱いに関する監督、避難又は防火上必要な構造及び設備の維持管理並びに収容人員の管理その他防火管理上必要な業務を行わせなければならない〈消8条1項〉。

☞　合　③分冊 p287 5～　速 p713 5～

3 不適切　防火管理者は、所定の要件を満たす者で、防火対象物において**防火管理上必要な業務を適切に遂行することができる管理的又は監督的な地位にあるもの**から選任しなければならない〈消8条1項、消令3条1項〉。もっとも、共同住宅その他総務省令で定める防火対象物で、管理的又は監督的な地位にある者のいずれもが**遠隔の地に勤務していることその他の事由により防火管理上必要な業務を適切に遂行することができない**と消防長又は消防署長が認める場合には、防火管理上必要な業務を適切に遂行するために必要な権限及び知識を有するものとして総務省令で定める要件を満たすものを防火管理者に選任することができる〈消令3条2項〉。したがって、本肢の場合、総務省令で定める要件を満たす外部の者を防火管理者に選任して、**防火管理業務を外部に委託することができる**。

☞　合　③分冊 p287 5～　速 p713 5～

4 適切　学校、病院、工場、事業場、興行場、百貨店、複合用途防火対象物その他多数の者が出入し、勤務し、又は居住する防火対象物で政令で定めるものの管理について権原を有する者は、政令で定める資格を有する者のうちから**防火管理者を定め**、政令で定めるところにより、当該防火対象物について消防計画の作成、当該消防計画に基づく消火、通報及び避難の訓練の実施、消防の用に供する設備、消防用水又は消火活動上必要な施設の点検及び整備、火気の使用又は取扱いに関する監督、**避難又は防火上必要な構造及び設備の維持管理**並びに収容人員の管理その他防火管理上必要な業務を行わせなければならない〈消8条1項〉。

☞　合　③分冊 p287 5～　速 p713 5～

正解 3
（正解率 91％）

肢別解答率　受験生はこう答えた！
1　4％
2　2％
3　91％
4　3％

難易度　**易**

23 消防法

2022年度 問18　　Check ☐☐☐　重要度 ▶ **A**

消防法第９条の２に規定する住宅用防災機器である住宅用防災警報器に関する次の記述のうち、最も不適切なものはどれか。

1 　住宅用防災警報器とは、住宅における火災の発生を未然に又は早期に感知して報知する警報器をいう。

2 　消防法の規定により住宅用防災警報器を設置する必要がある場合には、その住宅用防災警報器は、天井又は壁の屋内に面する部分に設置しなければならない。

3 　住宅用防災警報器は、市町村の火災予防条例による別段の定めがある場合を除き、台所にのみ設置すればよい。

4 　住宅の関係者には、住宅用防災警報器を設置する義務に加えて、適切に維持する義務が課せられている。

346　**LEC**東京リーガルマインド　2025年版 出る順管理業務主任者 分野別過去問題集　③分冊

1 適切　住宅用防災警報器とは、**住宅における火災の発生を未然に又は早期に感知し、及び報知する警報器**をいう〈消令5条の6第1号〉。
👉 合 ③分冊 p286 **4**～　速 p712 **4**～

2 適切　住宅用防災警報器又は住宅用防災報知設備の感知器は、**天井又は壁の屋内に面する部分**（天井のない場合にあっては、屋根又は壁の屋内に面する部分）に、火災の発生を未然に又は早期に、かつ、有効に感知することができるように設置しなければならない〈消令5条の7第1項2号〉。
👉 合 ③分冊 p286 **4**～　速 p712 **4**～

3 不適切　住宅用防災警報器又は住宅用防災報知設備の感知器は、**就寝の用に供する居室**などに設置しなければならない〈消令5条の7第1項1号〉。
👉 合 ③分冊 p286 **4**～　速 p712 **4**～

4 適切　住宅の関係者は、住宅用防災機器の設置及び維持に関する基準に従って、住宅用防災機器を設置し、及び**維持しなければならない**〈消9条の2第1項〉。住宅用防災警報器は、住宅用防災機器に含まれ〈消令5条の6第1号〉、住宅の関係者は、住宅用防災機器を設置する義務に加えて、適切に維持する義務も課されている。
👉 合 ③分冊 p286 **4**～　速 p712 **4**～

正解 **3**（正解率96%）

肢別解答率　受験生はこう答えた！
1　1%
2　2%
3　96%
4　1%

難易度　**易**

㉔ 消防法

2023年度 問15　　Check ☐☐☐　重要度 ▶ A

消防法に規定する防火管理者が行わなければならない業務に関する次の記述のうち、最も不適切なものはどれか。

1 防火管理者として選任された旨の都道府県知事への届出

2 消防計画に基づく消火、通報及び避難の訓練の実施

3 消防の用に供する設備等の点検及び整備

4 避難又は防火上必要な構造及び設備の維持管理

防火管理者は、防火対象物についての防火管理に係る**消防計画**に基づいて、当該防火対象物について以下の業務を行わなければならない〈消令3条の2第2項〉。
① **消火、通報及び避難の訓練の実施**
② **消防の用に供する設備、消防用水又は消火活動上必要な施設の点検及び整備**
③ 火気の使用又は取扱いに関する監督
④ **避難又は防火上必要な構造及び設備の維持管理**
⑤ 収容人員の管理
⑥ その他防火管理上必要な業務

1 不適切 防火管理者は、本肢の業務を行うことを義務づけられない。なお、**防火対象物の管理について権原を有する者は、防火管理者を定めたときは、遅滞なくその旨を所轄消防長又は消防署長に届け出なければならない**〈消8条2項前段〉。

2 適切 本肢の業務は、上記①にあたり、防火管理者は、これを行わなければならない。

3 適切 本肢の業務は、上記②にあたり、防火管理者は、これを行わなければならない。

4 適切 本肢の業務は、上記④にあたり、防火管理者は、これを行わなければならない。

正解 **1**（正解率 77%）

肢別解答率 受験生はこう答えた！
1 77%
2 1%
3 12%
4 11%

難易度 **易**

25 消防法

2024年度 問15　　　Check ☐☐☐　重要度 ▶ B

次に掲げる機器のうち、消防法第9条の2において、住宅の関係者が設置し、及び維持しなければならないものはどれか。

1 住宅用スプリンクラー

2 住宅用防災機器

3 消火器

4 漏電ブレーカー（漏電遮断機）

住宅の関係者は、**住宅用防災機器**の設置及び維持に関する基準に従って、**住宅用防災機器**を設置し、及び維持しなければならない〈消9条の2第1項〉。
　したがって、消防法9条の2において、住宅の関係者が設置し、及び維持しなければならないものは、住宅用防災機器であり、本問の正解肢は2となる。

☞ 合 ③分冊 p286 ④〜　速 p712 ④〜

正解 ②
(正解率 44%)

肢別解答率 受験生はこう答えた！
① 5%
② 44%
③ 28%
④ 22%

難易度 難

26 消防法

2024年度 問16　　　Check ☐☐☐　重要度 ▶ **A**

防火管理者に関する次の記述のうち、消防法によれば、最も不適切なものはどれか。ただし、本問において、「権原者」とは、マンションの管理に関する権原を有する者をいう。なお、本問において、「マンション」とは、消防法施行令別表第一（五）項ロに掲げる共同住宅とする。

1 居住者が30人のマンションでは、権原者は、防火管理者を定める必要がある。

2 防火管理者は、政令で定める資格を有している必要がある。

3 権原者は、防火管理者に、消防計画を作成させなければならない。

4 権原者は、防火管理者に、消防計画に基づく消火、通報及び避難の訓練を実施させなければならない。

共同住宅で収容人員50人以上のものの管理について権原を有する者は、政令で定める資格を有する者のうちから防火管理者を定め、政令で定めるところにより、当該防火対象物について消防計画の作成、当該消防計画に基づく消火、通報及び避難の訓練の実施、消防の用に供する設備、消防用水又は消火活動上必要な施設の点検及び整備、火気の使用又は取扱いに関する監督、避難又は防火上必要な構造及び設備の維持管理並びに収容人員の管理その他防火管理上必要な業務を行わせなければならない〈消8条1項、消令1条の2第3項1号ハ〉。

1 不適切　上記のとおり、**共同住宅で収容人員50人以上のものの権原者は、防火管理者を定めなければならない**。収容人員とは、当該防火対象物に出入し、勤務し、又は居住する者の数である〈消令1条の2第3項1号イ〉から、本肢のマンションの収容人員は30人であり、権原者は、防火管理者を定める必要はない。
　☞ 合 ③分冊 p287 **5**〜　速 p713 **5**〜

2 適切　上記のとおり、防火管理者は、**政令で定める資格を有している必要がある**。
　☞ 合 ③分冊 p287 **5**〜　速 p713 **5**〜

3 適切　上記のとおり、権原者は、**防火管理者**に、防火対象物について**消防計画の作成**を行わせなければならない。
　☞ 合 ③分冊 p287 **5**〜　速 p713 **5**〜

4 適切　上記のとおり、権原者は、**防火管理者**に、**消防計画に基づく消火、通報及び避難の訓練の実施**を行わせなければならない。
　☞ 合 ③分冊 p287 **5**〜　速 p713 **5**〜

正解 **1**
（正解率 **91**％）

肢別解答率		
1	91%	
2	5%	
3	1%	
4	3%	

受験生はこう答えた！

27 その他

2017年度 問25 Check □□□ 重要度 ▶ C

長期優良住宅の普及の促進に関する法律によれば、次の記述のうち、誤っているものはどれか。

1 同法の目的には、長期にわたり良好な状態で使用するための措置がその構造及び設備について講じられた優良な住宅の普及を促進することが含まれる。

2 同法における「建築」とは、住宅を新築することをいい、増築し、又は改築することを含まない。

3 長期優良住宅建築等計画の認定の申請に係る共同住宅の1戸の床面積の合計（共用部分の床面積を除く。）には、一定の基準がある。

4 所管行政庁から長期優良住宅建築等計画の認定を受けた者は、国土交通省令で定めるところにより、認定長期優良住宅の建築及び維持保全の状況に関する記録を作成し、これを保存しなければならない。

354　**LEC**東京リーガルマインド　2025年版 出る順管理業務主任者 分野別過去問題集　③分冊

1 正 　長期優良住宅の普及の促進に関する法律は、現在及び将来の国民の生活の基盤となる良質な住宅が建築され、及び長期にわたり良好な状態で使用されることが住生活の向上及び環境への負荷の低減を図る上で重要となっていることにかんがみ、**長期にわたり良好な状態で使用するための措置がその構造及び設備について講じられた優良な住宅の普及を促進するため**、国土交通大臣が策定する基本方針について定めるとともに、所管行政庁による長期優良住宅建築等計画の認定、当該認定を受けた長期優良住宅建築等計画に基づき建築及び維持保全が行われている住宅についての住宅性能評価に関する措置その他の措置を講じ、もって豊かな国民生活の実現と我が国の経済の持続的かつ健全な発展に寄与することを目的とする〈長期優良住宅の普及の促進に関する法律1条〉。

2 誤 　「建築」とは、住宅を**新築し、増築し、又は改築する**ことをいう〈長期優良住宅の普及の促進に関する法律2条2項〉。

3 正 　所管行政庁は、長期優良住宅建築等計画の認定の申請があった場合において、所定の基準に適合すると認めるときは、その認定をすることができる〈長期優良住宅の普及の促進に関する法律6条1項〉。この基準として、建築しようとする**共同住宅等の1戸の床面積の合計（共用部分の床面積を除く。）が40㎡**（地域の実情を勘案して所管行政庁が40㎡を下回らない範囲内で別に面積を定める場合には、その面積）以上であることが定められている〈同条項2号、同法施行規則4条2号〉。

4 正 　所管行政庁から長期優良住宅建築等計画の認定を受けた者は、国土交通省令で定めるところにより、認定長期優良住宅の建築及び維持保全の状況に関する**記録を作成し、これを保存しなければならない**〈長期優良住宅の普及の促進に関する法律11条1項〉。

正解 **2**
（正解率 **89%**）

肢別解答率
受験生は
こう答えた！

肢	解答率
1	1%
2	89%
3	3%
4	6%

難易度 **易**

㉘ その他

2017年度 問43

Check ☐☐☐ 重要度 ▶ C

次の記述のうち、「地震保険に関する法律」によれば、正しいものの組み合わせはどれか。

ア 地震保険は、地震若しくは噴火又はこれらによる津波を直接又は間接の原因とする火災、損壊、埋没又は流失による損害（政令に定めるものに限る。）をてん補することを内容とする損害保険である。

イ 地震保険は、火災保険等特定の損害保険に附帯して締結され、地震保険単独での締結はできない。

ウ 地震保険は、居住の用に供する建物のみを保険の目的とし、生活用動産を保険の目的とすることはできない。

エ 地震等により損害を受けた場合に支払われる保険金額は、損害の区分によって異なり、損害の区分として政令に定められているのは「全損」と「一部損」の2つである。

1 ア・イ

2 ア・エ

3 イ・ウ

4 ウ・エ

ア 　**正**　　地震保険は、地震若しくは噴火又はこれらによる津波を直接又は間接の原因とする火災、損壊、埋没又は流失による損害（政令で定めるものに限る。）を政令で定める金額によりてん補することを内容とする損害保険である〈地震保険に関する法律2条2項2号〉。

イ 　**正**　　地震保険は、**特定の損害保険契約に附帯して締結されるもの**である〈地震保険に関する法律2条2項3号〉。地震保険単独での締結はできない。

ウ 　**誤**　　地震保険は、**居住の用に供する建物又は生活用動産のみ**を保険の目的とする〈地震保険に関する法律2条2項1号〉。したがって、生活用動産を保険の目的とすることも可能である。

エ 　**誤**　　地震保険は、地震若しくは噴火又はこれらによる津波を直接又は間接の原因とする火災、損壊、埋没又は流失による損害（政令で定めるものに限る。）を政令で定める金額によりてん補することを内容とする損害保険である〈地震保険に関する法律2条2項2号〉。「政令で定める金額」は、損害の区分によって異なり、損害の区分は、**全損、大半損、小半損、一部損の4つ**である〈同法施行令1条1項〉。

以上より、正しいものの組み合わせはア・イであり、本問の正解肢は1となる。

正解 1
（正解率56%）

肢別解答率
受験生は
こう答えた！

肢	解答率
1	56%
2	29%
3	10%
4	4%

難易度
普

㉙ その他

2018年度 問24

Check ☐☐☐　重要度 ▶ C

住生活基本法に基づき、2021 年に閣議決定された「住生活基本計画（全国計画）」に関する次の記述のうち、誤っているものはどれか。（改題）

1 「新たな日常」やDX（デジタル・トランスフォーメーション）の進展等に対応した新しい住まい方の実現のうち、国民の新たな生活観をかなえる居住の場の多様化及び生活状況に応じて住まいを柔軟に選択できる居住の場の柔軟化の推進に関し、基本的な施策の一つに、「住宅内テレワークスペース、地域内のコワーキングスペース、サテライトオフィス等を確保し、職住一体・近接、在宅学習の環境整備を推進するとともに、宅配ボックスや自動水栓の設置等を進め、非接触型の環境整備を推進」が示された。

2 頻発・激甚化する災害新ステージにおける安全な住宅・住宅地の形成と被災者の住まいの確保のうち、安全な住宅・住宅地の形成に関し、基本的な施策の一つに、「食料、物資、エネルギー等を住宅単体・共同で確保し、災害による停電、断水時等にも居住継続が可能な住宅・住宅地のレジリエンス機能の向上」が示された。

3 脱炭素社会に向けた住宅循環システムの構築と良質な住宅ストックの形成のうち、長寿命化に向けた適切な維持管理・修繕、老朽化マンションの再生（建替え・マンション敷地売却）の円滑化に関し、基本的な施策の一つに、「マンションの適正管理や老朽化に関する基準の策定等により、地方公共団体による管理計画認定制度を定着させ、マンション管理の適正化や長寿命化、再生の円滑化を推進」が示された。

4 居住者の利便性や豊かさを向上させる住生活産業の発展のうち、地域経済を支える裾野の広い住生活産業の担い手の確保・育成に関し、基本的な施策の一つに、「住生活産業の市場規模をさらに拡大するための、新築住宅の供給戸数の増大に資する支援の推進」が示された。

1 **正** 住生活基本計画（全国計画）では、**「新たな日常」やDX（デジタル・トランスフォーメーション）の進展等に対応した新しい住まい方の実現**を目標の1つとして挙げており、その中で、国民の新たな生活観をかなえる居住の場の多様化及び生活状況に応じて住まいを柔軟に選択できる居住の場の柔軟化の推進を挙げている。これを実現するための基本的な施策として、「住宅内テレワークスペース、地域内のコワーキングスペース、サテライトオフィス等を確保し、職住一体・近接、在宅学習の環境整備を推進するとともに、宅配ボックスや自動水栓の設置等を進め、非接触型の環境整備を推進」が示されている。

2 **正** 住生活基本計画（全国計画）では、**頻発・激甚化する災害新ステージにおける安全な住宅・住宅地の形成と被災者の住まいの確保**を目標の1つとして挙げており、その中で、安全な住宅・住宅地の形成を挙げている。これを実現するための基本的な施策として、「食料、物資、エネルギー等を住宅単体・共同で確保し、災害による停電、断水時等にも居住継続が可能な住宅・住宅地のレジリエンス機能の向上」が示されている。

3 **正** 住生活基本計画（全国計画）では、**脱炭素社会に向けた住宅循環システムの構築と良質な住宅ストックの形成**を目標の1つとして挙げており、その中で、長寿命化に向けた適切な維持管理・修繕、老朽化マンションの再生（建替え・マンション敷地売却）の円滑化を挙げている。これを実現するための基本的な施策として、「マンションの適正管理や老朽化に関する基準の策定等により、地方公共団体による管理計画認定制度を定着させ、マンション管理の適正化や長寿命化、再生の円滑化を推進」が示されている。

4 **誤** 住生活基本計画（全国計画）では、**居住者の利便性や豊かさを向上させる住生活産業の発展**を目標の1つとして挙げており、その中で、地域経済を支える裾野の広い住生活産業の担い手の確保・育成を挙げている。しかし、これを実現するための基本的な施策として、「住生活産業の市場規模をさらに拡大するための、新築住宅の供給戸数の増大に資する支援の推進」は**示されていない**。

正解 4（正解率 83%）

肢別解答率 受験生はこう答えた！
1	1%
2	10%
3	6%
4	83%

難易度 **易**

㉚ その他

2018年度 問25　Check □□□　重要度 ▶ C

次の記述のうち、高齢者、障害者等の移動等の円滑化の促進に関する法律によれば、誤っているものはどれか。（改題）

1 共同住宅は特定建築物であり、特定建築物には、これに附属する建築物特定施設を含む。

2 建築主等は、特定建築物（特別特定建築物を除く。）の建築をしようとするときは、当該特定建築物を建築物移動等円滑化基準に適合させるために必要な措置を講ずるよう努めなければならない。

3 建築物移動等円滑化基準では、主として高齢者、障害者等が利用する階段は、回り階段以外の階段を設ける空間を確保することが困難であるときを除き、主たる階段は回り階段でないこととしている。

4 建築物移動等円滑化基準では、主として高齢者、障害者等が利用する駐車場を設ける場合には、そのうち1以上に、車椅子使用者が円滑に利用することができる駐車施設を3以上設けなければならない。

1 **正** 特定建築物とは、学校、病院、劇場、観覧場、集会場、展示場、百貨店、ホテル、事務所、**共同住宅**、老人ホームその他の多数の者が利用する政令で定める建築物又はその部分をいい、**これらに附属する建築物特定施設を含むものとする**〈バリアフリー2条18号〉。共同住宅は、特定建築物である（バリアフリー令4条9号）。

☞ 速 p799 **3**~

2 **正** 建築主等は、特定建築物（特別特定建築物を除く。以下同じ。）の建築（用途の変更をして特定建築物にすることを含む。）をしようとするときは、当該特定建築物を建築物移動等円滑化基準に適合させるために**必要な措置を講ずるよう努めなければならない**〈バリアフリー16条1項〉。

☞ 速 p799 **3**~

3 **正** 建築物移動等円滑化基準では、不特定かつ多数の者が利用し、又は主として高齢者、障害者等が利用する階段は、**回り階段以外の階段を設ける空間を確保することが困難であるときを除き、主たる階段は、回り階段でないこととしている**〈バリアフリー令12条6号〉。

4 **誤** 建築物移動等円滑化基準では、不特定かつ多数の者が利用し、又は主として高齢者、障害者等が利用する駐車場を設ける場合には、そのうち1以上に、車椅子使用者が円滑に利用することができる駐車施設を**1以上設けなければならない**〈バリアフリー令17条1項〉。

☞ 速 p799 **3**~

正解 4
（正解率 **52%**）

肢別解答率
受験生は
こう答えた！

1	17%
2	5%
3	26%
4	52%

難易度 **普**

㉛ その他

2019年度 問20

Check ☐☐☐　重要度 ▶ C

「特定住宅瑕疵担保責任の履行の確保等に関する法律」に関する次の記述のうち、最も不適切なものはどれか。

1　この法律は、「住宅の品質確保の促進等に関する法律」で定められた瑕疵担保責任の履行を確保するために制定された。

2　この法律が適用される住宅には、新築住宅であれば、賃貸住宅も含まれる。

3　建設業者は、注文住宅について、住宅建設瑕疵担保保証金の供託又は住宅建設瑕疵担保責任保険契約を締結しなければならない。

4　建設業者は、宅地建物取引業者が自ら売主となって買主に引き渡す新築の分譲住宅について、住宅販売瑕疵担保保証金の供託又は住宅販売瑕疵担保責任保険契約を締結しなければならない。

[1] 適切　特定住宅瑕疵担保責任の履行の確保等に関する法律は、①建築業者に対し、住宅の品質確保の促進等に関する法律94条1項に規定する担保の責任の履行を確保するため、住宅建設瑕疵担保保証金の供託などを義務づけたり、②宅地建物取引業者に対し、住宅の品質確保の促進等に関する法律95条1項に規定する瑕疵担保責任の履行を確保するため、住宅販売瑕疵担保保証金の供託などを義務づけたりするもので、本肢で挙げられた目的のために制定されたといえる。

[2] 適切　住宅とは、人の居住の用に供する家屋又は家屋の部分（人の居住の用以外の用に供する家屋の部分との共用に供する部分を含む。）をいう〈特定住宅瑕疵担保責任の履行の確保等に関する法律2条1項、品2条1項〉。賃貸住宅は、人の居住の用に供する家屋にあたり、新築住宅であれば、特定住宅瑕疵担保責任の履行の確保等に関する法律が適用される。

[3] 適切　建設業者は、毎年、基準日から3週間を経過する日までの間において、当該基準日前10年間に住宅を新築する建設工事の請負契約に基づき発注者に引き渡した新築住宅について、当該発注者に対する特定住宅建設瑕疵担保責任の履行を確保するため、住宅建設瑕疵担保保証金の供託をしていなければならない〈特定住宅瑕疵担保責任の履行の確保等に関する法律3条1項〉。住宅建設瑕疵担保保証金の額は、住宅建設瑕疵担保責任保険契約を締結していれば減額される〈同条2項〉ので、建設業者は、住宅建設瑕疵担保保証金の供託又は住宅建設瑕疵担保責任保険契約の締結をしなければならないといえる。

[4] 不適切　建設業者は、毎年、基準日から3週間を経過する日までの間において、当該基準日前10年間に住宅を新築する建設工事の請負契約に基づき発注者に引き渡した新築住宅について、当該発注者に対する特定住宅建設瑕疵担保責任の履行を確保するため、住宅建設瑕疵担保保証金の供託をしていなければならない〈特定住宅瑕疵担保責任の履行の確保等に関する法律3条1項〉。住宅販売瑕疵担保保証金の供託又は住宅販売瑕疵担保責任保険契約の締結は、宅地建物取引業者が行うべきことである。

正解 [4]
（正解率49%）

肢別解答率　受験生はこう答えた！
[1] 10%
[2] 29%
[3] 12%
[4] 49%

難易度　難

㉜ その他

2019年度 問22　　　Check ☐☐☐　重要度 ▶ **C**

次の記述のうち、建築士法の規定によれば、正しいものはどれか。

1　「設計図書」とは、建築物の建築工事の実施のために必要な現寸図を含む図面をいい、仕様書は含まれない。

2　「構造設計」とは、建築設備の各階平面図及び構造詳細図その他の建築設備に関する設計図書で国土交通省令で定めるものの設計をいう。

3　「工事監理」とは、その者の責任において、工事を設計図書と照合し、当該工事が設計図書のとおりに実施されているかいないかを確認することをいう。

4　建築士事務所に属する一級建築士は、2年ごとに、登録講習機関が行う講習を受けなければならない。

| 1 | 誤 | 「設計図書」とは、**建築物の建築工事の実施のために必要な図面（現寸図その他これに類するものを除く。）及び仕様書**をいう〈建築士法2条6項〉。したがって、現寸図は設計図書に含まれず、仕様書は設計図書に含まれる。

| 2 | 誤 | 「構造設計」とは、**基礎伏図、構造計算書その他の建築物の構造に関する設計図書で国土交通省令で定めるものの設計**をいう〈建築士法2条7項〉。

| 3 | 正 | 「工事監理」とは、**その者の責任において、工事を設計図書と照合し、それが設計図書のとおりに実施されているかいないかを確認することをいう**〈建築士法2条8項〉。

| 4 | 誤 | 一級建築士（建築士事務所に属するものに限る。）は、**3年以上5年以内において国土交通省令で定める期間ごとに、登録講習機関が行う講習を受けなければならない**〈建築士法22条の2第1号〉。

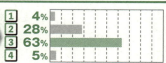

㉝ その他

2019年度 問44

Check ☐☐☐ 重要度 ▶ A

各種の法令に関する次の記述のうち、誤っているものはどれか。

1 「個人情報の保護に関する法律」によれば、個人情報取扱事業者であるマンション管理業者が、管理費を滞納している組合員の氏名及び滞納額が記載されたリストを、その管理事務を受託する管理組合に提出するときは、当該組合員の同意を得なければならない。

2 身体障害者補助犬法によれば、身体障害者補助犬を同伴して同法の定める施設等（住宅を除く。）の利用又は使用する身体障害者は、その身体障害者補助犬に、その者のために訓練された身体障害者補助犬である旨を明らかにするための表示をしなければならない。

3 消防法によれば、共同住宅等の一定の防火対象物の管理について権原を有する者は、防火管理者を定め、遅滞なく所轄消防長又は消防署長に届け出なければならない。

4 「高齢者、障害者等の移動等の円滑化の促進に関する法律」によれば、国民は、高齢者、障害者等の円滑な移動及び施設の利用を確保するために必要な協力をするよう努めなければならない。

1 **誤** 個人情報取扱事業者は、原則として、あらかじめ本人の同意を得ないで、個人データを第三者に提供してはならない〈個27条1項〉。もっとも、**人の生命、身体又は財産の保護のために必要がある場合であって、本人の同意を得ることが困難であるとき**は、本人の同意を得ることなく、個人データを第三者に提供することができる〈同条項2号〉。したがって、管理費を滞納している組合員の同意を得ることが困難である場合には、その同意を得ずに、組合員の氏名及び滞納額が記載されたリストを、管理組合に提出することができる。

☞ **合** ③分冊 p83 **3**～ **速** p573 **3**～

2 **正** 身体障害者補助犬法第4章に規定する施設等（住宅を除く。）の利用等を行う場合において身体障害者補助犬を同伴し、又は使用する身体障害者は、厚生労働省令で定めるところにより、その身体障害者補助犬に、その者のために訓練された身体障害者補助犬である旨を明らかにするための**表示をしなければならない**〈身体障害者補助犬法12条1項〉。

3 **正** 学校、病院、工場、事業場、興行場、百貨店（これに準ずるものとして政令で定める大規模な小売店舗を含む。）、複合用途防火対象物その他多数の者が出入し、勤務し、又は居住する防火対象物で政令で定めるものの管理について権原を有する者は、政令で定める資格を有する者のうちから**防火管理者を定めなければならない**〈消8条1項〉。上記の権原を有する者は、防火管理者を定めたときは、遅滞なくその旨を所轄消防長又は消防署長に**届け出なければならない**〈同条2項前段〉。

☞ **合** ③分冊 p290 **6**～ **速** p713 **5**～

4 **正** 国民は、高齢者、障害者等の自立した日常生活及び社会生活を確保することの重要性について理解を深めるとともに、これらの者が公共交通機関を利用して移動するために必要となる支援、これらの者の高齢者障害者等用施設等の円滑な利用を確保する上で必要となる適正な配慮その他のこれらの者の円滑な移動及び施設の利用を確保するために**必要な協力をするよう努めなければならない**〈バリアフリー7条〉。

正解 1
（正解率92%）

肢別解答率
受験生は
こう答えた！

1	92%
2	4%
3	1%
4	2%

難易度 易

34 その他

2020年度 問24   *Check* ☐☐☐ 重要度 ▶ **B**

「高齢者、障害者等の移動等の円滑化の促進に関する法律」に関する次の記述のうち、誤っているものはどれか。

1 この法律の基本理念の一つとして、この法律に基づく措置は、全ての国民が年齢、障害の有無その他の事情によって分け隔てられることなく共生する社会の実現に資することを旨として、行われなければならないと示されている。

2 建築主等とは、建築物の建築をしようとする者又は建築物の所有者をいい、管理者や占有者は含まれない。

3 共同住宅は、特別特定建築物には該当しない。

4 建築物特定施設には、廊下や階段などが含まれる。

368   **LEC**東京リーガルマインド 2025年版 出る順管理業務主任者 分野別過去問題集 ③分冊

1 **正** 高齢者、障害者等の移動等の円滑化の促進に関する法律に基づく措置は、高齢者、障害者等にとって日常生活又は社会生活を営む上で障壁となるような社会における事物、制度、慣行、観念その他一切のものの除去に資すること及び**全ての国民が年齢、障害の有無その他の事情によって分け隔てられることなく共生する社会の実現に資すること**を旨として、行われなければならない〈バリアフリー1条の2〉。

2 **誤** 建築主等とは、建築物の建築をしようとする者又は建築物の**所有者、管理者若しくは占有者**をいう〈バリアフリー2条16号〉。したがって、建築主等には、管理者や占有者も含まれる。

3 **正** 特別特定建築物とは、不特定かつ多数の者が利用し、又は主として高齢者、障害者等が利用する特定建築物その他の特定建築物であって、移動等円滑化が特に必要なものとして政令で定めるものをいう〈バリアフリー2条19号〉。**共同住宅は、これに該当しない**〈バリアフリー令5条参照〉。

☞ 速 p799 **3**〜

4 **正** 建築物特定施設とは、出入口、廊下、階段、エレベーター、便所、敷地内の通路、駐車場その他の建築物又はその敷地に設けられる施設で政令で定めるものをいう〈バリアフリー2条20号〉。廊下その他これに類するものや階段(その踊場を含む。)は、**建築物特定施設に含まれる**〈バリアフリー令6条2号、3号〉。

正解 2
(正解率 45%)

肢別解答率 受験生はこう答えた!
1 5%
2 45%
3 37%
4 13%

難易度 **難**

35 その他

2020年度 問44 Check ☐☐☐ 重要度 ▶ C

各種の法令に関する次の記述のうち、誤っているものはどれか。

1 「自動車の保管場所の確保等に関する法律」によれば、自動車を夜間（日没時から日出時までの時間をいう。）に道路上の同一の場所に引き続き8時間以上駐車してはならない。

2 警備業法によれば、警備業者は、警備業務を行うに当たって用いようとする服装の色、型式を変更したときは、主たる営業所の所在地を管轄する都道府県公安委員会に届け出なければならない。

3 郵便法によれば、郵便受箱を設置すべき高層建築物に設置する郵便受箱の郵便物の差入口の大きさは、縦2センチメートル以上、横16センチメートル以上のものでなければならない。

4 「建築物の耐震改修の促進に関する法律」によれば、建築物の所有者は、所管行政庁に対し、当該建築物について地震に対する安全性に係る基準に適合している旨の認定を申請することができるが、昭和56年の建築基準法施行令改正以前の耐震基準（旧耐震基準）に基づく建物は対象外である。

370　**LEC**東京リーガルマインド　2025年版 出る順管理業務主任者 分野別過去問題集　③分冊

1 **正** 何人も、自動車が夜間（日没時から日出時までの時間をいう。）に道路上の同一の場所に引き続き **8 時間以上駐車**することとなるような行為をしてはならない〈自動車の保管場所の確保等に関する法律 11 条 2 項 2 号〉。

☞ 速 p798 **2** ～

2 **誤** 警備業者は、警備業務を行うに当たって用いようとする服装の色、型式に変更があったときは、内閣府令で定めるところにより、**当該変更に係る公安委員会に**、変更に係る事項その他の内閣府令で定める事項を記載した届出書を提出しなければならない〈警 16 条 3 項、11 条 1 項前段〉。したがって、主たる営業所の所在地を管轄する公安委員会には、届出をしない。

☞ 合 ③分冊 p434 **4** ～ 速 p795 **1** ～

3 **正** 階数が 3 以上であり、かつ、その全部又は一部を住宅、事務所又は事業所の用に供する建築物で総務省令で定めるものには、総務省令の定めるところにより、その建築物の出入口又はその付近に郵便受箱を設置するものとする〈郵便法 43 条〉。この郵便受箱は、**郵便物の差入口の大きさが、縦 2cm 以上、横 16cm 以上のもの**でなければならない〈同法施行規則 11 条 4 号〉。

4 **誤** 建築物の所有者は、国土交通省令で定めるところにより、所管行政庁に対し、当該建築物について地震に対する安全性に係る基準に適合している旨の認定を申請することができる〈耐 22 条 1 項〉。所管行政庁は、上記申請があった場合において、当該申請に係る建築物が耐震関係規定又は地震に対する安全上これに準ずるものとして国土交通大臣が定める基準に適合していると認めるときは、その旨の認定をすることができる〈同条 2 項〉。ここで、「地震に対する安全上これに準ずるものとして国土交通大臣が定める基準」として、所定の耐震診断を行った結果、地震に対して安全な構造であることが確かめられたことが挙げられており〈平成 25 年国土交通省告示 1062 号〉、**旧耐震基準に基づく建物であっても、上記基準をみたした場合には、上記申請をすることができる。**

☞ 合 ③分冊 p352 **3** ～ 速 p802 **4** ～

（※本解説は、一般社団法人マンション管理業協会の発表のとおり正解肢を 2、4 として作成しております。）

第 8 編　設備系法令

その他

正解 **2 4**	肢別解答率		難易度
（正解率 **?** %）	受験生はこう答えた！	**1** 15%　**2** 11%　**3** 16%　**4** 58%	**?**

36 その他

2021年度 問42

Check ☐☐☐ 重要度 ▶ B

各種の法令に関する次の記述のうち、最も適切なものはどれか。

1 「景観法」によれば、景観計画区域内において、マンション等の建築物の外観を変更することとなる修繕若しくは模様替又は色彩の変更を行おうとする者は、あらかじめ、国土交通省令で定めるところにより、行為の種類、場所、設計又は施行方法、着手予定日その他国土交通省令で定める事項を景観行政団体の長に届け出なければならない。

2 「動物の愛護及び管理に関する法律」によれば、動物の所有者又は占有者は、その所有し、又は占有する動物の逸走を防止するために必要な措置を講じなければならず、これに違反した場合は、同法により一定の罰則が科せられる。

3 「個人情報の保護に関する法律」によれば、取り扱う個人情報によって識別される特定の個人の数の合計が、過去6月以内のいずれの日においても5,000を超えない管理組合は、同法の個人情報取扱事業者に該当しない。

4 「浄化槽法」によれば、浄化槽管理者は、使用されている浄化槽については、3年に1回、保守点検及び清掃をしなければならない。

372 LEC東京リーガルマインド 2025年版 出る順管理業務主任者 分野別過去問題集 ③分冊

1 適切　景観計画区域内において、建築物の新築、増築、改築若しくは移転、外観を変更することとなる修繕若しくは模様替又は色彩の変更をしようとする者は、あらかじめ、国土交通省令で定めるところにより、行為の種類、場所、設計又は施行方法、着手予定日その他国土交通省令で定める事項を景観行政団体の長に届け出なければならない〈景観法16条1項1号〉。

2 不適切　動物の所有者又は占有者は、その所有し、又は占有する動物の逸走を防止するために必要な措置を講ずるよう努めなければならない〈動物の愛護及び管理に関する法律7条3項〉。したがって、上記必要な措置を講じなければならないわけではない。また、上記規定に違反したとしても、刑罰は科されない。

3 不適切　個人情報取扱事業者とは、個人情報データベース等を事業の用に供している者をいう〈個16条2項〉。本肢のような管理組合であったとしても、個人情報データベース等を管理事務の用に供している場合は、個人情報取扱事業者に該当する。

合　③分冊 p80 ❷～　速 p570 ❷～

4 不適切　浄化槽管理者は、環境省令で定めるところにより、**毎年1回**（環境省令で定める場合にあっては、環境省令で定める回数）、浄化槽の保守点検及び浄化槽の清掃をしなければならない〈浄10条1項〉。したがって、3年に1回では足りない。

合　③分冊 p258 ❹～　速 p688 ❸～

正解 **1**
（正解率 42%）

肢別解答率　受験生はこう答えた！
1　42%
2　49%
3　4%
4　5%

難易度　難

37 その他

2022年度 問42　　Check ☐☐☐　重要度 ▶ B

次の記述のうち、地震保険に関する法律によれば、適切なものの組合せはどれか。

ア　地震保険契約は、居住の用に供する建物又は生活用動産のみを保険の目的とする。

イ　地震保険契約は、特定の損害保険契約に附帯して締結する必要がある。

ウ　地震保険契約は、地震による津波を間接の原因とする流失による損害は、てん補の対象としない。

エ　地震保険契約では、保険の対象である居住用建物が全損になったときに保険金が支払われ、一部損では保険金は支払われない。

1　ア・イ
2　ア・ウ
3　イ・エ
4　ウ・エ

ア **適切** 地震保険契約は、**居住の用に供する建物又は生活用動産のみ**を保険の目的とする〈地震保険に関する法律2条2項1号〉。

イ **適切** 地震保険契約は、**特定の損害保険契約に附帯**して締結される〈地震保険に関する法律2条2項3号〉。

ウ **不適切** 地震保険契約は、地震若しくは噴火又はこれらによる**津波を直接又は間接の原因とする火災、損壊、埋没又は流失による損害**(政令で定めるものに限る。)を政令で定める金額によりてん補するものである〈地震保険に関する法律2条2項2号〉。

エ **不適切** 地震保険契約は、地震若しくは噴火又はこれらによる津波を直接又は間接の原因とする火災、損壊、埋没又は流失による損害(政令で定めるものに限る。)を政令で定める金額によりてん補するものである〈地震保険に関する法律2条2項2号〉。「政令で定める損害」は、居住の用に供する建物又は生活用動産の**全損、大半損、小半損又は一部損**であり〈地震保険に関する法律施行令1条1項〉、居住用建物の一部損でも、保険金が支払われる。

以上より、適切なものの組合せはア・イであり、本問の正解肢は1となる。

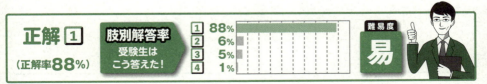

memo

memo

memo

●**「解答かくしシート」で解答・解説を隠そう！**
　問題を解く前に解答・解説が見えないようにしたい方は、
　「解答かくしシート」をご利用ください。

解答かくしシート

破線にそってハサミ等で切り取ってご使用ください。

LEC東京リーガルマインド